Das Kosmetikbuch
Lernfelder 5 bis 12

Herausgeberin:
Annabel A. Fendl

Autoren:
Juliane Crefeld
Annabel A. Fendl
Kerstin Haverkamp
Hannelore Helbing
Ralf Jentzen
Tanja Ueberschär
Hans-Udo Zenneck

Unter Mitarbeit von:
Annegret Baisch
Sibylle Carstens

2., aktualisierte Auflage

Handwerk und Technik · Hamburg

ISBN 978-3-582-0**3924**-8

Verlag Handwerk und Technik GmbH, Lademannbogen 135, 22339 Hamburg;
Postfach 63 05 00, 22331 Hamburg – 2012
E-Mail: info@handwerk-technik.de, Internet: www.handwerk-technik.de

Lithos, Satz und Layout: alias GmbH, 12526 Berlin
Druck und Weiterverarbeitung: DZA Druckerei zu Altenburg GmbH, 04600 Altenburg

Vorwort

„Das Kosmetikbuch in Lernfeldern, Fachstufen" schließt mit den Lernfeldern 5 bis 12 an den bereits erschienenen Grundstufenband an und begleitet die Auszubildenden durch das zweite und dritte Ausbildungsjahr bis zur Abschlussprüfung.

5 Waren bewirtschaften

6 Anwenden von kosmetischen Massagen

7 Schützen und Pflegen der Haut

8 Pflegen und Gestalten der Füße und der Nägel

9 Präsentieren und Verkaufen von Waren und Dienstleistungen

10 Unterstützen kosmetischer Behandlungen durch gesundheitsfördernde Maßnahmen

11 Unterscheiden kosmetischer Spezialbehandlungen

12 Gestalten mit dekorativer Kosmetik

Das kompakte zweibändige Werk präsentiert die gesamten Lerninhalte des KMK-Rahmenlehrplans schrittweise und übersichtlich und eignet sich zum Lernen während der Ausbildung und zur Prüfungsvorbereitung.

Wie im Grundstufenband beginnt jedes Lernfeld zur Einstimmung in die Thematik mit Situationen aus dem Berufsalltag einer Kosmetikerin. Die folgenden Texte sind verständlich formuliert und mit zahlreichen farbigen Fotos und didaktisch aufbereiteten Zeichnungen veranschaulicht. Methodisch abwechslungsreiche Aufgaben schließen die einzelnen Kapitel ab; zusätzlich befinden sich am Ende eines jeden Lernfelds Fragen zur Wiederholung.
INCI-Liste und Sachwortverzeichnis im Anhang erleichtern das Arbeiten mit dem Buch.

Folgende Elemente in der Randspalte unterstützen ein ganzheitliches Lernen:

- Erläuterungen der im laufenden Text rot markierten Fachbegriffe
- Zusatzinformationen, die den laufenden Text sinnvoll ergänzen
- rechtliche Bestimmungen
- wichtige Hygiene-Hinweise
- Internetlinks für nähere Informationen, Downloads und Rechercheaufträge
- Übersetzungen: Englisch-Deutsch und Deutsch-Englisch

Seitenverweise auf den Grundstufenband erfolgen mit „s. GSt.".

Fachbegriff = Erläuterung

Z

§

H

www.

Englisch = Deutsch
Deutsch = Englisch

Im Fachstufenband wurde besonderer Wert auf Beispiele aus der beruflichen Praxis gelegt, die der Handlungsorientierung dienen und Problemstellungen aufzeigen. Bei allen kosmetischen Behandlungen, die der Pflege, der Prophylaxe und dem Wohlbefinden gesunder Menschen dienen, werden die Grenzen zu medizinischen Bereichen beachtet.

Auch dieses Buch verwendet im Text die weibliche Form „Kosmetikerin". Selbstverständlich gelten die Ausführungen in gleichem Maße für die männlichen Auszubildenden. Mit der Bezeichnung „Kunden" sind sowohl männliche als auch weibliche Kunden gemeint.

Wir wünschen viel Erfolg bei der Arbeit mit diesem Buch. Für konstruktive Hinweise und Anregungen sind wir stets offen.

Autorenteam

Waren bewirtschaften

Situation

Sabrina hat von ihrer Chefin die Aufgabe bekommen, das Warensortiment des Kosmetikinstituts neu zu planen. Die Neuausrichtung zielt darauf ab, eine Position als Spezialinstitut für Naturkosmetik einzunehmen. Claudia soll sich eine Übersicht über Produkte und Anbieter der Naturkosmetik verschaffen und einen Vorschlag für ein passendes Warensortiment erarbeiten.

Sie überlegt sich, welche Kriterien bei der Sortimentsauswahl eine wichtige Rolle spielen könnten.

Situation

Sabrina ist mit ihrer Chefin Frau Berger auf der „Beauty-Messe“ in Düsseldorf unterwegs. Beide wollen gemeinsam nach neuen Lieferanten suchen, die Produkte passend zu ihrer Zielgruppe herstellen. Mit ihrem Kosmetikinstitut „Beauty-Star“ sprechen sie auch anspruchsvolle Frauen mittleren Alters mit gehobenem Einkommen an. Bei diesen spielt das Thema „Anti-Aging“ eine große Rolle. Die bisherigen Firmen „BIOde“ und „Hautnah“ haben nur wenige Anti-Aging-Produkte im Angebot. Deswegen wollen sie sich nach einem neuen Depot umschauen, das sowohl den ganzen Bereich der Gesichts- und Körperpflege abdeckt als auch umfangreiche Produkte im Bereich Anti-Aging bietet. Da Sabrina zum ersten Mal die „Beauty“ besucht, ist sie überrascht, wie groß die Anzahl der Anbieter ist und wie riesig die Auswahl an speziellen kosmetischen Produkten ausfällt. Nach welchen Gesichtspunkten soll sie bloß ein neues Depot auswählen?

Situation

Frau Müller ist eine Stammkundin des Kosmetikinstituts, in dem Sabrina arbeitet. Sie kauft regelmäßig Körper- und Gesichtspflegeprodukte der Firma „BIOde“. Eines Tages kommt sie in das Kosmetikinstitut und Frau Berger ist nicht da. Sie schaut sich fragend im Laden um und fragt schließlich Sabrina, wo sie die Augenpflege von „BIOde“ findet. Sabrina weiß, dass Frau Müller eine wichtige, aber auch anspruchsvolle Kundin ist, die durchaus deutlich macht, wenn sie unzufrieden ist. Was, wenn jetzt nichts mehr von der Augenpflege von BIOde vorrätig ist? Ihr fällt das Lager ein und sie findet tatsächlich noch fünf Packungen im Regal. Erleichtert kehrt sie zurück und ist froh, dass sie Frau Müller nicht enttäuschen muss. Diese nimmt noch einen Lippenstift der Firma „lipty“ mit, den sie in der Zwischenzeit entdeckt hat und zu dem ihr Sabrina einige nützliche Produkterklärungen geben kann. Als Sabrina die verkauften Artikel in die computergesteuerte Kasse eingibt, erscheint bei beiden Artikeln der Hinweis „Meldebestand erreicht – Ware bitte neu bestellen“. Diese Meldung sieht Sabrina zum ersten Mal. Was hat das zu bedeuten und was muss sie nun tun?

Kalkulation (lat. calculare = rechnen) = kaufmännisch: Berechnung
Sortiment = alle Produkte und Dienstleistungen, die im Kosmetikinstitut verkauft werden

5.1 Gestaltung des Warensortiments

Zu den Aufgaben der Kosmetikerin gehört es, **Waren zu bestellen, zu lagern** und **zu verkaufen.** Um Fehler in der Warenwirtschaft, die Geld- und Umsatzverluste zur Folge haben könnten, zu vermeiden, muss die Kosmetikerin berücksichtigen, wann sie die Waren bestellen, wie und wie lange sie diese lagern und an wen sie sie verkaufen möchte. Sie muss also viele Abläufe genau planen, kontrollieren und zeitlich aufeinander abstimmen, um den Grundstein für eine hohe Rentabilität und Wirtschaftlichkeit im Bestell- und Lagerwesen zu legen.
Bezüglich der Ware hat die Kosmetikerin ebenfalls die Aufgabe, unterschiedliche Kalkulationen durchzuführen. Es müssen Einkaufspreise beurteilt und auf ihre Wirtschaftlichkeit hin überprüft werden. Die Kosmetikerin sollte abschätzen können, welche Auswirkungen der Bestellzeitpunkt hat und zu welchem Preis die Waren mit Gewinn verkauft werden können.
Kosmetikerinnen sind bei der **Zusammenstellung des Sortiments** dafür verantwortlich, dass die Kunden, die das Kosmetikinstitut betreten, auch die Produkte finden, die sie suchen, und möglichst mit einem Produktkauf das Institut verlassen.
Des Weiteren müssen Kosmetikerinnen die **Preise** für ihre Waren unter Berücksichtigung vieler Faktoren festlegen. Produktverkäufe werden kontrolliert, um daraus die Daten für die weitere **Sortimentsplanung**, **Preiskalkulation** und **Lagerverwaltung** ermitteln zu können.
Waren gut zu bewirtschaften, ist einer der wichtigsten betriebswirtschaftlichen Erfolgsfaktoren in einem Kosmetikinstitut. Diese verantwortungsvolle Aufgabe erfordert ein umfangreiches Wissen in den Bereichen Sortimentsgestaltung, Warenkalkulation und Depot- und Lagerverwaltung.

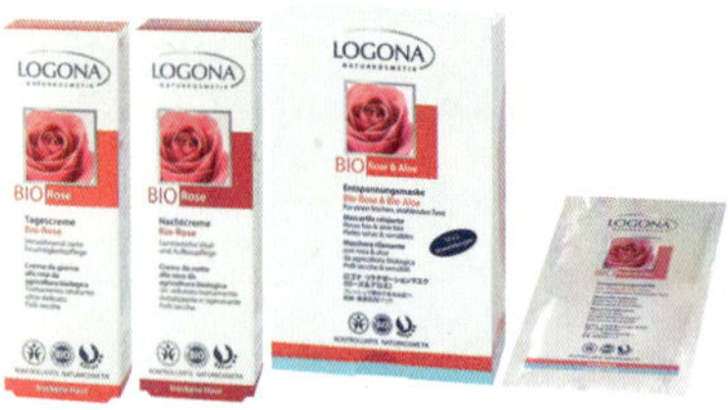

Sortiment für trockene Gesichtshaut

Der Kern eines Kosmetikinstituts ist das **Waren- und Dienstleistungsangebot**. Mit ihm wird der Umsatz getätigt und der Gewinn erwirtschaftet. Alles, was das Unternehmen macht, ist auf den Verkauf dieses Sortiments ausgerichtet. Mit der richtigen Sortimentsgestaltung kann sich ein Kosmetikinstitut unverwechselbar auf seinem Markt positionieren und sich von anderen Wettbewerbern abheben.

Gefülltes Warenregal

Rentabilität = profitability

5.1.1 Sortimentsauswahl

Beispiel:
Sabrina ist dabei, im Internet nach Anbietern von Naturkosmetikprodukten zu suchen, um sich einen ersten groben Überblick zu verschaffen. Sie stellt beim Stöbern fest, dass es schon zwei weitere Institute in der Nähe gibt, die sich auf Naturkosmetik spezialisiert haben. Außerdem hatte ihre Freundin Pia letzte Woche gesagt, Naturkosmetik sei doch nur was für „Ökos". Welche Angebote haben Chancen?

Eine Kosmetikerin sollte sich bei der Sortimentsauswahl zunächst folgende Fragen stellen:
- Welche **Zielgruppe** wollen wir ansprechen?
- Welche **Wettbewerber** haben wir bei unserem geplanten Angebot?
- Welche **Lieferanten** gibt es und wie sind die Einkaufsbedingungen?
- Wie ist die allgemeine **Konjunkturlage** und welche Auswirkungen hat diese auf unsere Produktwahl?

Zielgruppe: Die Zielgruppe eines Unternehmens ist eine durch bestimmte Eigenschaften festgelegte Personengruppe, die mit dem Angebot des Unternehmens gezielt angesprochen wird. Beispiele: Frauen, die über 40 Jahre alt sind. Personen mit einem hohen Einkommen.

Wettbewerber: Der Wettbewerber eines Kosmetikinstitutes ist ein anderes Kosmetikinstitut, das im gleichen Einzugsgebiet ebenfalls Kunden gewinnen möchte. Es besteht ein Wettbewerb um die gleichen Kunden.

Lieferanten: Die Lieferanten eines Kosmetikinstitutes sind alle Unternehmen, die das Kosmetikinstitut mit Produkten oder Dienstleistungen beliefern.

Konjunktur: Die allgemeine wirtschaftliche Lage eines Staates wird als Konjunktur bezeichnet.

Bei der Sortimentsauswahl sollten grundsätzlich zunächst folgende Punkte berücksichtigt werden:
- **Preis und Leistung in Bezug auf die Zielgruppe**
  Um diese Frage zu beantworten, muss die Kosmetikerin klare Vorstellungen über ihre Zielgruppe haben (s. S. 207).
  Nach dem Ausschlussverfahren kann ein Teil der Produkte beiseite gelegt werden, weil er nicht zur Zielgruppe und zur Preisgestaltung passt.
- **Wirkung und Hautverträglichkeit der Produkte**
  Ist die Frage nach der Zielgruppenentsprechung der Produkte geklärt, sollte überprüft werden, inwieweit die Produkte die vom Hersteller versprochenen Wirkungen und Hautverträglichkeiten aufweisen. Testprodukte können an sich selbst, an Kolleginnen, Freunden und Bekannten, aber auch unabhängig ausprobiert werden. Die entsprechenden Produktproben liefern die Hersteller auf Anfrage.
- **Beratungs- und Schulungsbedarf hinsichtlich der Produkte**
  Dieser Aspekt kann für das Kosmetikinstitut zusätzliche Kosten für Ausbildung und Personal bedeuten. Diese Kosten müssen in jedem Fall bei der Kalkulation der Preise berücksichtigt werden.

Kundin beim Auftragen eines Testprodukts

Da mit dem Sortiment möglichst hohe Umsätze und Gewinne erzielt werden sollen, spielen betriebswirtschaftliche Aspekte bei der Sortimentswahl ebenfalls eine wichtige Rolle.

Checkliste für die Sortimentsauswahl:

- ☐ Welche Gewinne können pro verkaufter Stückzahl mit der Produktlinie erzielt werden?
- ☐ Zu welchen Zahlungsbedingungen können die Produkte bezogen werden?
- ☐ Welche Lieferbedingungen bietet der Lieferant? (Verpackungs- und Portokosten)
- ☐ Wie sind die Abnahmemengen? Wie groß ist die damit verbundene Lagerhaltung?
- ☐ Unterstützt der Lieferant mit entsprechenden Serviceleistungen? (Werbematerial, Verpackungsmaterial, Displays)
- ☐ Wie sieht das Werbekonzept des Herstellers aus?
- ☐ Werden die Produkte auch beim Konkurrenten angeboten?
- ☐ Gibt es einen Gebietsschutz?

Antworten auf diese Fragen helfen, die Lieferanten zu bewerten. Diejenigen, die den Vorstellungen und Wünschen des Instituts am besten entsprechen, kommen in die engere Auswahl.

Zuletzt muss noch überlegt werden, welche zusätzlichen Kosten mit dem Wechsel von Lieferanten verbunden sind. So kann es unter Umständen notwendig sein, eine bestehende Lieferantenbeziehung zu kündigen.
In diesem Fall können Kosten oder sogar Verluste entstehen. Zum einen müssen eventuell alte Bestände zu einem geringen Preis verkauft werden und zum anderen verliert man vielleicht Kunden, die an die alte Produktlinie gewöhnt waren. Gleichzeitig müssen die neuen Produkte erst bei den Kunden und am Standort bekannt gemacht werden. Dabei entstehen entsprechende Kosten für Werbung etc. (s. S. 203 ff.).

Erst wenn die Kosmetikerin sich über alle Gesichtspunkte der Sortimentswahl im Klaren ist, sollte eine Entscheidung für das Sortiment getroffen werden.

Sortimentsbreite und -tiefe

Es ist für die Kosmetikerin nützlich, wenn sie ihr Sortiment strukturiert plant. Dazu teilt sie es nach Sortimentsbreite und -tiefe auf.

Mit der **Sortimentsbreite** legt die Kosmetikerin fest, in welchen Bereichen Produkte angeboten werden sollen. Sie kann in einem Kosmetikinstitut beispielsweise folgendermaßen aussehen:

Sortimentsbreite des Kosmetikinstituts „Beauty Star"

Gesichtspflegeprodukte	Körperpflegeprodukte	Sonnenschutzprodukte	Maniküreprodukte	Pediküreprodukte	Make-up-Produkte

Die einzelnen Bereiche in der Sortimentsbreite kann man auch als Produktgruppen bezeichnen.

Die **Sortimentstiefe** hilft der Kosmetikerin dabei, festzulegen, wie viele verschiedene Artikel es von den unterschiedlichen Herstellern in den einzelnen Produktgruppen gibt.

WWW. Viele Hersteller und deren Sortimente finden Sie im Internet unter: www.ki-online.de

Sortimentsbreite des Kosmetikinstituts „DiVa"

Sortimentstiefe des Kosmetikinstituts „DiVa"

Gesichtspflegeprodukte	Körperpflegeprodukte	Sonnenschutzprodukte	Maniküreprodukte	Pediküreprodukte	Produkte für dekorative Kosmetik
KennenlernSet Gesichtspflege der Firma „Hautnah"	Duschgel der Firma „Hautnah"	Sonnenmilch der Firma „SUNy"	Hand- und Nagelbalsam der Firma „MAKÜ"	Fußlotion der Firma „Pedes"	Lippenstift der Firma „BIOde"
Augenpflege der Firma „Hautnah"	Duschgel der Firma „BIOde"	Sonnenmilch der Firma „BIOde"	Hand- und Nagelbalsam der Firma „BIOde"	Fußlotion der Firma „BIOde"	Lippenstift der Firma „lipty"
Augenpflege der Firma „BIOde"	Geschenkset „Body" der Firma „Hautnah"	Sonnenschutz-Stick der Firma „SUNy"	Handlotion der Firma „MAKÜ"	Fußcreme der Firma „Pedes"	Make-up-Grundierung der Firma „Hautnah"
Maske der Firma „Hautnah"	Aroma-Körperpflege der Firma „BIOde"	Sonnenspray der Firma „SUNy"	Handlotion der Firma „Hautnah"	Fußpeeling der Firma „Pedes"	Eyeliner der Firma „lipty"
Maske der Firma „BIOde"	Feuchtigkeitsspray der Firma „Hautnah"	Sonnenspray der Firma „BIOde"	Handpeeling der Firma „MAKÜ"	Fußpeeling der Firma „BIOde"	Eyeliner der Firma „Hautnah"
...	...	...	...	...	...

Produkte für dekorative Kosmetik

Die richtige Mischung aus Sortimentsbreite und -tiefe hat eine entscheidende Bedeutung für den Erfolg eines Kosmetikinstituts. Als Fachgeschäft wird das Kosmetikinstitut eine schmale Angebotsbreite mit einer großen Sortimentstiefe bevorzugen. Kaufhäuser bevorzugen eher ein breites Sortiment mit geringerer Sortimentstiefe.

Sortimentserweiterung und -bereinigung

Die Arbeit an der Sortimentsbreite und -tiefe ist ein ständiger Prozess im Kosmetikinstitut. Der Markt und die Kundenbedürfnisse verändern sich ständig. Deswegen sollte das Sortiment regelmäßig überprüft und bei Bedarf angepasst werden. Die beiden wichtigsten Tätigkeiten der Kosmetikerin sind dabei, das Sortiment zu erweitern und zu bereinigen.

Pflegeprodukte für Männer

Beispiel:
Nachdem das „Managermagazin" einen Artikel veröffentlichte, welche Rolle ein gepflegtes Äußeres für die Karriere des modernen Managers hat, ist der Besuch von Männern im Kosmetikinstitut „Beauty Star" sprunghaft angestiegen. Im Verlauf einer Behandlung wird Sabrina oft gefragt, welche kosmetischen Produkte der Kunde regelmäßig anwenden sollte.

Steigt die Nachfrage (s. S. 8) nach einem Produkt, wird das Sortiment um neue Artikel oder Produktgruppen erweitert. Man spricht dann von einer **Sortimentserweiterung**.

Beispiel:
Bei der Überprüfung der Verkaufslisten stellt Sabrina fest, dass es verschiedene Produkte gibt, die richtige Verkaufsrenner sind, und andere, die ihr Dasein als Ladenhüter fristen. So sind die Verkaufszahlen der Anti-Aging-Cremes aller Marken in letzter Zeit deutlich nach oben gegangen, während die Handpeelings überhaupt nicht mehr verkauft werden.

Wenn die Nachfrage für ein Produkt sinkt, sollte der Artikel oder die Produktgruppe aus dem Sortiment genommen werden. In diesem Fall spricht man von einer **Sortimentsbereinigung**.

Dr. Hauschka Kosmetik

HB HILDEGARD BRAUKMANN Kräuter-Kosmetik

LOGONA NATURKOSMETIK

BABOR Ihre Schönheit in unseren Händen.

Verschiedene Kosmetiklabels

A

1. Wie lässt sich die Zielgruppe Ihres Ausbildungsbetriebs beschreiben?
2. Erstellen Sie eine Liste aller Wettbewerber Ihres Ausbildungsbetriebs.
3. Welche Lieferanten beliefern Ihren Ausbildungsbetrieb? Welche stimmen mit denen Ihrer Mitschülerinnen überein?
4. Welche Auswirkungen hat die derzeitige Konjunktur auf Ihren Ausbildungsbetrieb? Diskutieren Sie darüber mit Ihren Mitschülerinnen.
5. Stellen Sie in der Gruppe Ihr Wunschsortiment für ein Kosmetikinstitut zusammen. Berücksichtigen Sie das Sortiment Ihres Ausbildungsbetriebes und versuchen Sie gemeinsam, sinnvolle Produktergänzungen zu finden. Wie begründen Sie Ihre Auswahl?
6. Überlegen Sie, wie Sabrina und ihre Kolleginnen das Sortiment mit speziellen Produkten für Männer erweitern können.
7. Überlegen Sie, wie das Kosmetikinstitut das Sortiment den Entwicklungen entsprechend anpassen kann.

Markenname = label

5.1.2 Depot

Bei der Sortimentsgestaltung spielt die Auswahl der Depots eine wichtige Rolle. Unter „Depot" versteht man alle Produkte einer Kosmetikfirma, die im Kosmetikinstitut angeboten werden. Dabei ist es üblich, dass das Kosmetikinstitut mit mehreren Depots arbeitet, um den Kunden eine entsprechende Auswahl an Produkten zu bieten. Dazu kommen meist noch einzelne Kosmetikartikel verschiedener Anbieter. Zusammen ergibt das ein eigenes Produktsortiment des Kosmetikinstituts.

Bei der Zusammenstellung der Depots sollte die Kosmetikerin auf betriebswirtschaftliche und fachliche Aspekte achten.

Betriebswirtschaftliche Aspekte wahl	**Fachliche Aspekte bei der Depot-**
■ Wie sind Preise und Qualität auf die Zielgruppe abgestimmt? ■ Welche Handelsspanne hat die Kosmetiklinie des Depots? ■ Welche Zahlungsbedingungen räumt der Lieferant ein? ■ Welche Lieferbedingungen sind vorgesehen? ■ Mit welchem Service wird man vom Lieferanten unterstützt? ■ Wie sehen die Mindestbestellmengen und Abnahmeverpflichtungen bei der Depotwahl aus? ■ Wie hoch ist die Liquidität, welche durch die Depotwahl gebunden wird? ■ Gibt es eine Verpflichtung, alle Artikel des Depots abzunehmen (Depotverpflichtung)? ■ Gibt es eine Marketingunterstützung durch den Lieferanten? ■ Welches Image und welchen Bekanntheitsgrad hat der Lieferant bei der Zielgruppe des Instituts?	■ Entspricht das Depot den Erwartungen des Kosmetikinstituts hinsichtlich der Qualität? ■ Wie ist die Verträglichkeit der Produkte? ■ Stimmen die Produkte des Depots mit der Philosophie des Instituts überein? ■ Wie anwenderfreundlich sind die Produkte des Depots? ■ Wie schulungsintensiv sind die Produkte für die Mitarbeiter/-innen? ■ Wie erklärungsbedürftig sind die Produkte des Depots den Kunden gegenüber? ■ Enthält das Depot Produktlinien für alle Pflegeanforderungen?

Diese Aspekte helfen der Kosmetikerin, alle möglichen Lieferanten daraufhin zu überprüfen, ob sie für die Einrichtung eines Depots infrage kommen. Die Kosmetikerin kann anhand der Liste die Vor- und Nachteile der einzelnen Produktlinien im Depot zusammentragen und eine Entscheidung absichern.

A Vergleichen Sie die fachlichen Aspekte (s. Tabelle oben) bei den Lichtschutzmitteln zweier Anbieter. Welchen Anbieter würden Sie für Ihr Depot wählen?

Handelsspanne = Differenz zwischen Netto-Einkaufspreis und Netto-Verkaufspreis im Handel
Liquidität (lat. liquidus = flüssig, fließend) = Verfügbarkeit über genügend Zahlungsmittel, Zahlungsfähigkeit
Marketing = Vermarktung

Liquidität = liquidity

Zyklus (gr. Kiklos) = Kreis

5.1.3 Angebot und Nachfrage

Verkaufssituation

Im Wirtschaftsgeschehen nehmen Angebot und Nachfrage eine zentrale Rolle ein. Wie in jedem anderen Markt gibt es daher auch im Kosmetikmarkt zwei Gruppen:

Käufer (Nachfrager)	Verkäufer (Anbieter)
Bestimmen die Nachfrage nach Kosmetikprodukten	Bestimmen das Angebot an Kosmetikprodukten

Das Verhalten der Menschen auf den Märkten kann mit Angebot und Nachfrage beschrieben werden.
Alle auf einem Markt zum Verkauf angebotenen Güter und Dienstleistungen werden als **Angebot** bezeichnet.
Die **Nachfrage** definiert sich nach dem Verlangen nach Gütern und Dienstleistungen.
Der **Preis** und die Menge der gekauften Produkte resultieren aus der Kombination von Angebot und Nachfrage.

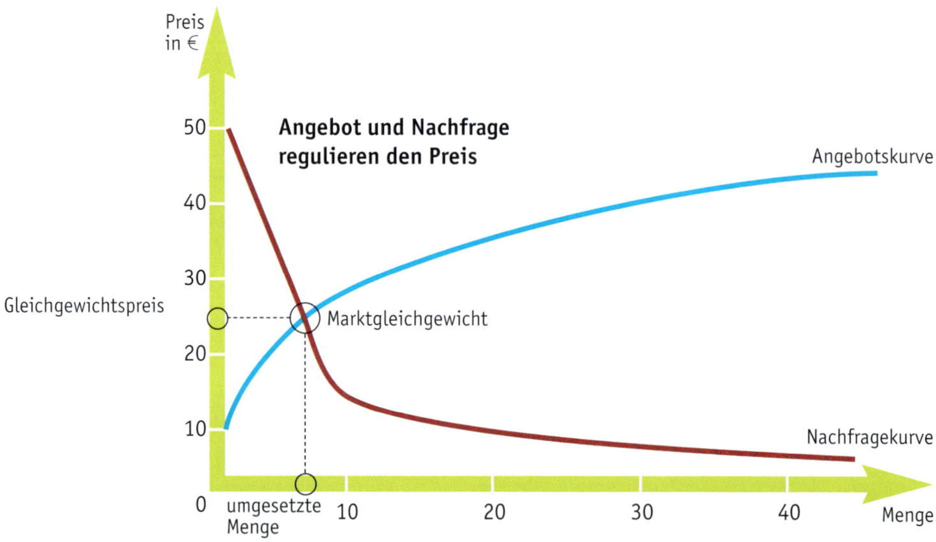

Im Normalfall steigt die Menge der angebotenen Güter bei steigenden Preisen. Umgekehrt sinkt das Angebot bei sinkenden Preisen.

In der Regel steigt die Nachfrage der Käufer bei sinkenden Preisen bzw. sinkt die Nachfrage bei steigenden Preisen.

Das **Marktgleichgewicht** ist erreicht, wenn die Menge des Angebots gleich der Menge der Nachfrage ist.

Produktlebenszyklus

Produktlebenszyklus = product life cycle

Jedes Produkt und jede Dienstleistung durchläuft einen sogenannten Lebenszyklus. Damit ist die Zeitdauer zwischen der Einführung des Produktes auf dem Markt und seiner Herausnahme aus dem Markt gemeint. Ein Produkt befindet sich auf dem Markt, solange es einen wirtschaftlichen Umsatz erzielt. Auch auf dem Kosmetikmarkt herrscht ein ständiges „Kommen" und „Gehen" an Produkten. Neue Produkte kommen auf den Markt, und bereits eingeführte Produkte werden den sich ändernden Marktverhältnissen angepasst. Erzielt ein Produkt keine Gewinne mehr, ist es wirtschaftlich nicht mehr tragfähig. Es wird dann in der Regel vom Markt genommen. Aus kaufmännischer Sicht ist die Höhe des Umsatzes und des Gewinns, den man mit einem Produkt erzielen kann, entscheidend. Deswegen unterteilt man in der Betriebswirtschaftslehre den Produktlebenszyklus in folgende fünf Phasen:

Flop = Misserfolg

I. Einführungsphase
II. Wachstumsphase
III. Reifephase
IV. Sättigungsphase
V. Rückgangsphase

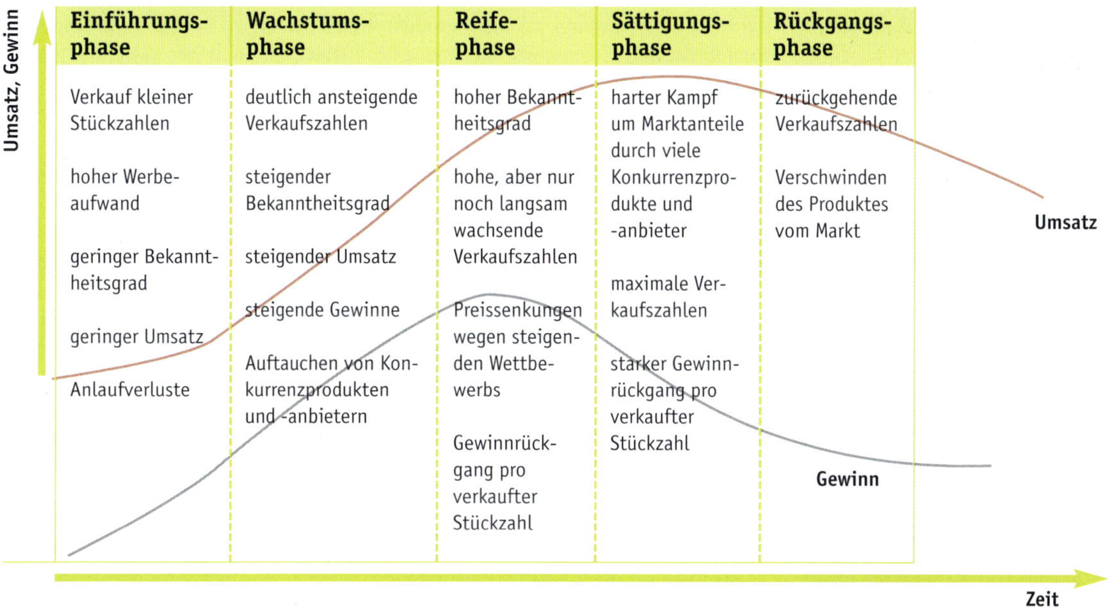

Bei der Gestaltung des Warensortiments ist diese Entwicklung ständig zu beobachten und bei Entscheidungen zu berücksichtigen.

Einführungsphase

In der Einführungsphase eines neuen Produkts ist dessen Bekanntheitsgrad bei den Kunden meistens gering. Deswegen muss zunächst in Werbung und Warenbestand investiert werden. In dieser Phase sind die Umätze gering und es entstehen Anfangsverluste. Wenn sich ein Produkt in dieser Phase befindet, sollte man sich gut überlegen, wie die Erfolgsaussichten sind. Werden diese als gut eingeschätzt, dann sollte das Produkt ins Warensortiment aufgenommen werden. Wenn man sich unsicher ist, sollte das Produkt so lange beobachtet werden, bis die weitere Entwicklung deutlicher wird. Wenn dem Produkt nur wenig Chancen gegeben werden, beim Kunden erfolgreich zu sein, sollte es nicht ins Sortiment aufgenommen werden.
Viele Produkte kommen über die Einführungsphase nicht hinweg und sind ein sogenannter Flop. Davon darf die Kosmetikerin nicht zu viele in ihrer Kosmetikpraxis haben.

Ein neues Produkt wird beworben

Konkurrenz, Wettbewerb = competition

Wachstumsphase
Ein erfolgreiches Kosmetikprodukt schafft es, in eine Wachstumsphase zu kommen. Man erkennt das daran, dass die Verkaufszahlen und der Bekanntheitsgrad deutlich ansteigen. Durch diesen Anstieg erhöht sich der Umsatz, und die Gewinne pro verkaufter Stückzahl sind recht hoch. Dies bleibt natürlich anderen Herstellern und Konkurrenten nicht verborgen. Einige Hersteller versuchen, ähnliche Produkte anzubieten, und die Mitbewerber fangen ebenfalls an, die Produkte in ihr Sortiment aufzunehmen. Damit beginnt die Reifephase eines erfolgreichen Produkts.

Reifephase
In der Reifephase hat der Bekanntheitsgrad des Produkts ein hohes Niveau erreicht. Die Verkaufszahlen sind recht hoch, wachsen aber nur noch sehr langsam. Zusätzlich sinken die Preise pro Stück durch den jetzt starken Wettbewerb. Viele wollen an dem erfolgreichen Produkt verdienen. Durch die hohen Verkaufszahlen wird ein hoher Gewinn mit dem Produkt erzielt. Es ist zu beobachten, wann das Produkt in die Sättigungsphase übergeht. Denn hier steigt der Konkurrenzkampf enorm an und die Wirtschaftlichkeit droht deutlich zu sinken.

Z Es ist für Sie sehr wichtig zu berücksichtigen, dass die Dauer der einzelnen Phasen je nach Produkt extrem unterschiedlich sein kann.

Sättigungsphase
In der Sättigungsphase erreicht das Produkt seine höchsten Verkaufszahlen. Jedoch sind mittlerweile viele Konkurrenzprodukte am Markt, und der Wettbewerb besteht aus einem harten Kampf der Hersteller und Konkurrenzanbieter um Marktanteile und Kunden. Dadurch werden nochmals Preissenkungen stattfinden, und die Gewinne pro verkaufter Stückzahl gehen stark zurück. Wenn sich ein Produkt in dieser Phase befindet, muss eine Kosmetikerin ständig beobachten, wann die Sättigungsphase zu Ende und in die Rückgangsphase übergeht.

Rückgangsphase
Die Rückgangsphase ist gekennzeichnet durch zurückgehende Verkaufszahlen und letztendlich durch das Verschwinden des Produktes vom Markt. Es gilt, rechtzeitig zu erkennen, wann sich das Produkt in dieser Phase befindet. Restbestände sollten schnell verkauft werden, um Platz für Nachfolgeprodukte im Sortiment zu schaffen. Dadurch werden allzu hohe Verluste durch Restbestände, die nicht mehr verkauft werden können, vermieden.

A

1. Geben Sie Beispiele für Angebot und Nachfrage an Kosmetikprodukten vor der Badesaison. Wie verändern sich Angebot und Nachfrage nach der Badesaison?
2. Sabrina und ihre Chefin waren auf einer Fortbildung zum Thema Angebots- und Sortimentsgestaltung für Kosmetikinstitute. Sie haben eine Menge über Produktlebenszyklen, Sortimentsbreite und -tiefe sowie Angebot und Nachfrage gelernt. Nun sitzen sie im Büro und haben beschlossen, das Sortiment ihres Kosmetikinstituts neu zu gestalten. Sie haben viele Hersteller angeschrieben und Kataloge, Preislisten und Infomaterial angefordert. Eine große Menge an Material liegt vor ihnen und muss ausgewertet werden. Ziel ist es, das neue Sortiment auszuwählen. Anhand welcher Kriterien sollte eine Sortimentsbereinigung erfolgen?

Kunde = customer

5.1.4 Sortimentskontrolle

Jede Kosmetikerin sollte einen Überblick über die wirtschaftliche Entwicklung des Sortiments behalten. Deswegen ist es notwendig, das Sortiment regelmäßig zu überprüfen. Bei der Sortimentskontrolle wird der geplante Umsatz, Bestand, Ertrag etc. mit dem Istzustand dieser Planzahlen verglichen. Ziel ist es, rechtzeitig Maßnahmen ergreifen zu können, die Fehlentwicklungen entgegenwirken. Ebenfalls kann man die Ergebnisse der Sortimentskontrolle bei den weiteren Planungen berücksichtigen.
Die Sortimentskontrolle ist ein wichtiger Teil der Sortimentssteuerung.

Regelkreis der Sortimentssteuerung

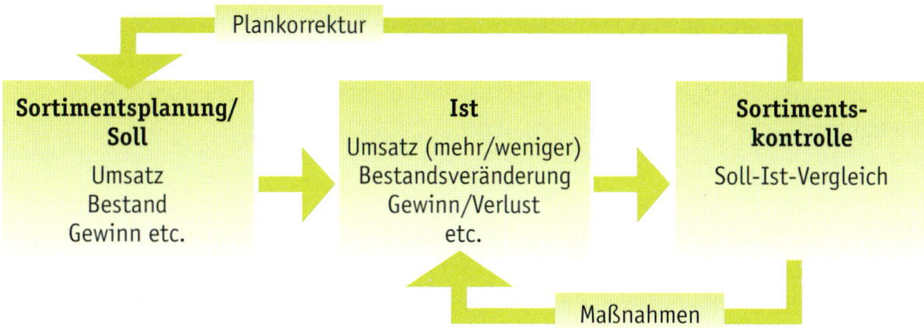

Die Sortimentskontrolle in der Kosmetikpraxis bezieht sich im Wesentlichen auf folgende Bereiche:

Umsatzkontrolle
- Warengruppen
- Artikelgruppen
- Preisgruppen
- Farben, Formen, Größen

Für das Kosmetikinstitut ist es wichtig, zu wissen, wie sich der Umsatz in verschiedenen Bereichen verhält. An der Veränderung kann die Kosmetikerin erkennen, in welchen Bereichen die Nachfrage steigt oder sinkt. Entsprechend kann das Kosmetikinstitut den Einkauf der Produkte anpassen.

Bestandskontrolle
- Sortierung
- Wareneingang
- Altersstruktur
- Lagerumschlag (s. S. 12 ff.)
- Warenpräsentation (s. S. 209 ff.)

Die Bestandskontrolle gibt Aufschluss darüber, wie die vorhandene Warenstruktur aufgebaut ist. Unter anderem stellt sie fest, wie oft und in welchen Mengen die Waren verkauft und bestellt werden. Gleichzeitig informiert sie darüber, ob der Warenbestand zeitgemäß ist und ob die Warenpräsentation den aktuellen Anforderungen genügt.

Deckungsbeitrag = Differenz zwischen erzielten Erlösen und variablen Kosten (s.S.225)

Kalkulationskontrolle

- Handelsspanne
- Preisänderung
- Deckungsbeitrag

Bei der Kalkulationskontrolle wird regelmäßig die Wirtschaftlichkeit der letzten Kalkulationen überprüft. Ihre Ergebnisse sind eine Entscheidungsgrundlage für Preisanpassungen.

Kostenkontrolle

- Personalproduktivität
- Flächenproduktivität
- Aktionskontrolle

Die Kostenkontrolle ermöglicht es der Kosmetikerin, regelmäßig festzustellen, ob die Kosten des Kosmetikinstitutes in einem wirtschaftlich guten Verhältnis zu den Umsätzen liegen. Sie hilft festzustellen, wann die Kosten des Instituts zu hoch werden, und gibt Hinweise darauf, in welchen Bereichen man Kosten sparen kann.

A Finden Sie heraus, wie in Ihrem Ausbildungsbetrieb die Sortimentskontrolle durchgeführt wird. Erstellen Sie eine Tabelle mit Maßnahmen, die erfolgen und die nicht erfolgen. Diskutieren Sie Ihre Ergebnisse in Gruppen und machen Sie gegebenenfalls Verbesserungsvorschläge.

5.2 Depot- und Lagerverwaltung

Lagerhaltung

Ein **Lager** dient zur **Aufbewahrung von Waren** aller Art. Es handelt sich dabei meistens um einen bestimmten Ort im Unternehmen, den Lagerraum. In ihm werden vorwiegend Handelswaren, Verpackungsmaterialien und weitere Utensilien gelagert.
Da ein Kosmetikinstitut in der Regel ein kleineres Unternehmen ist, wird dort sehr selten mit einem „großen Lager" gearbeitet. In den kleinen Abstellräumen wird nur ein geringer Teil der Warenbestände aufbewahrt, der größte Teil befindet sich in den Verkaufsräumen des Instituts. Dies ist heutzutage auch kein Problem mehr, da die meisten Lieferanten kurze Lieferzeiten anbieten. Viele schaffen es sogar, die Bestellungen eines Kosmetikinstituts innerhalb eines Tages zu liefern.
Für das Kosmetikinstitut hat das mehrere Vorteile. Die Raumkosten für einen großen Lagerraum können eingespart werden. Man braucht nicht so viele Waren zu bevorraten, die Geld binden, solange sie nicht verkauft sind.

Im Warenbestand des Kosmetikinstituts ist ein großer Teil des Vermögens gebunden. Er ist die Grundlage für die Möglichkeit, Waren zu verkaufen und Gewinne zu erzielen. Da man als Unternehmer aber zuerst die Handelsware einkaufen muss, ehe sie wieder verkauft werden kann, bedeutet dies ein **Risiko**. Bevor man die Waren nicht an den Endverbraucher verkauft hat, binden sie **Liquidität**. Dies beeinflusst die Zahlungsfähigkeit zum Beispiel für den Einkauf neuer Ware.

Für eine Kosmetikerin ist es wichtig, dass sie ständig einen Überblick über den Warenbestand und die Depots der einzelnen Hersteller hat. Sie sollte wissen, welche Waren schnell und häufig verkauft werden und welche liegen bleiben. Produkte, die schnell verkauft werden, muss die Kosmetikerin rechtzeitig nachbestellen, damit sie vorrätig sind, wenn Kunden danach fragen. Sogenannte Ladenhüter dürfen nicht nachbestellt werden. Für diese muss sie einen Weg finden, sie schnell zu veräußern, z. B. über reduzierte Preise. Das schafft in den Regalen Platz für neue Ware, die sich besser verkauft.

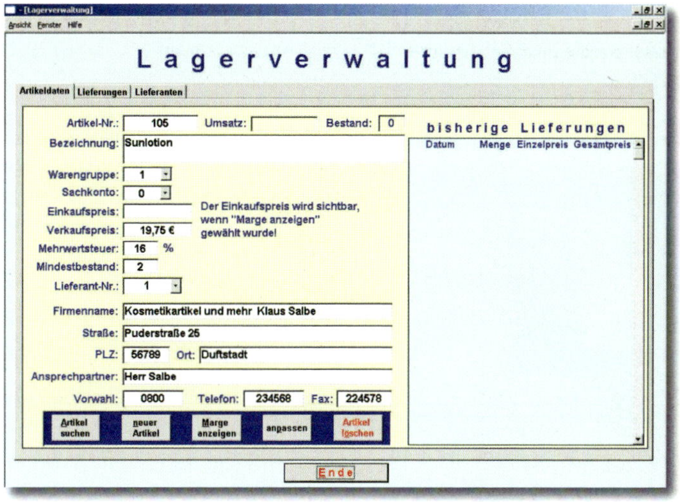

Oberfläche eines Lagerverwaltungsprogramms

Für die Lagerverwaltung ist der Einsatz eines Computers mit einem modernen **Lagerverwaltungsprogramm** sehr sinnvoll. Die Kosmetikerin erhält damit einen schnellen und stets aktuellen Überblick über den Warenbestand des Instituts.
Damit lässt sich – geordnet nach Artikel, Größe, Form, Farbe, Hersteller, Zeit und Anzahl – auswerten, wie sich der Warenbestand verändert hat. Man erkennt sehr schnell die erfolgreichen und weniger erfolgreichen Produkte im Warenbestand und kann entsprechend reagieren.

Bei der Einrichtung eines Lagers entstehen folgende Vor- und Nachteile:

Vorteile eines Lagers	Nachteile eines Lagers
Sicherung der Verkaufsbereitschaft	Raumkosten
Überbrückung von Lieferschwierigkeiten	Liquiditätsbindung
Ausnutzen von Preisvorteilen	Verwaltungs- und Bewirtschaftungskosten
Sicherung der Qualität der Produkte	Kapitalkosten
Übersichtliche Warenpräsentation im Verkaufsraum	Verderb, Verlust und Diebstahl

Letzten Endes sollte ein Lager in seiner Größe und Organisation immer auf wirtschaftlichen Überlegungen aufgebaut werden. Ziel ist es, den Produktverkauf und die Lagerung so zu koordinieren, dass so wenig Geld wie möglich in den Lagerbeständen gebunden ist und der Warenverkauf entsprechend der Nachfrage immer gesichert ist.

A Wie wird in Ihrem Ausbildungsbetrieb das Lager verwaltet? Stellen Sie die Vor- und Nachteile der Lagerverwaltung in Ihrem Ausbildungsbetrieb zusammen. Diskutieren Sie Ihre Beobachtungen mit Ihren Mitschülerinnen.

Lager = warehouse

Kabinettware = Produkte, die in der Kabine verwendet werden. Es handelt sich um größere Abpackungen, die für den Endverbraucher nicht zu erwerben sind.

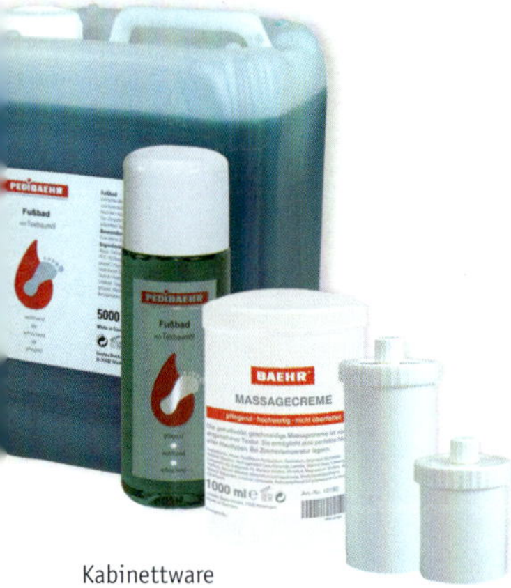

Kabinettware

Verkaufsware

5.2.1 Bedarfsermittlung, Bestellmengen und Bestellzeitpunkt

Bei der Lagerverwaltung geht es in erster Linie darum, den Bedarf an Waren zu ermitteln und die notwendigen Bestellmengen mit dem optimalen Bestellzeitpunkt festzulegen. Mit möglichst wenig Aufwand soll gewährleistet sein, dass die Kunden des Kosmetikinstituts stets das bekommen, was sie wünschen. Dabei ist der Warenbestand im Lager so niedrig wie möglich zu halten. Das spart liquide Mittel und Raumkosten für Miete und Bewirtschaftung.

Die wichtigsten Einflussgrößen bei der Lagerverwaltung:

Bedarfsermittlung	Bestellmenge	Bestellzeitpunkt
Wer braucht was?	**Wie viel brauchen wir von ... ?**	**Wann muss bestellt werden?**
■ Verbrauchsartikel für Kunden ■ Eigenbedarf der Kosmetikerin	■ Gesichtspflege • Lieferant A • Lieferant B ... ■ Körperpflege ■ Sonnenschutzprodukte ■ Maniküreprodukte ■ Pediküreprodukte ■ Dekorative Kosmetik ■ Kabinettware (Kabinenware)	■ Lieferzeiten ■ Wochentag ■ Uhrzeit bei Expresslieferungen ■ Meldebestand (s. S. 16) ■ Mindestbestand (s. S. 16)

Die Planung in der Lagerverwaltung sollte immer den Verkauf und die dafür notwendige Menge an Waren in den Mittelpunkt stellen. Dies garantiert eine möglichst hohe Kundenzufriedenheit und die Vermeidung von unnötigen Umsatzverlusten.

Bedarfsermittlung

Voraussetzung für die Ermittlung des optimalen Bedarfs ist es, den Markt und die eigene Kundschaft zu kennen und dabei die Entwicklung von Angebot und Nachfrage zu beobachten. Die Kosmetikerin sollte den Bedarf ihrer Kunden kennen, die geeigneten Produkte hierfür in ihrem Warenbestand halten und in regelmäßigen Abständen ergänzen und anpassen.

Die Bestellung von Waren ist immer zukunftsbezogen. Das heißt, wer den Bedarf für die Zukunft einschätzen will, hat es immer mit vielen Unsicherheiten zu tun. Als Orientierung können nur die Beobachtungen und Erkenntnisse der Gegenwart und der Vergangenheit dienen. Verlässliche Informationen dazu liefern Verkaufslisten, Computerstatistiken oder auch persönliche Erfahrungen.

> ***Beispiel:***
> *Ende März sollen die Sonnenschutzprodukte der Firma „SUNy" bestellt werden. Dazu wurde ein Computerausdruck über die Verkaufszahlen des letzten Jahres erstellt. Die Liste (auf Seite 15 oben) zeigt, wie viele Artikel der Firma „SUNy" im letzten Jahr monatsbezogen verkauft wurden.*

Der Computerausdruck zeigt die Verkaufszahlen des Vorjahres:

Artikel / Monat	April	Mai	Juni	Juli	Aug.	Sep.	Okt.	Nov.	Dez.	Jan.	Feb.	März
Sonnenmilch	5	15	30	35	32	20	15	3	10	1	2	4
Sonnenspray	3	9	12	20	17	10	8	2	5	0	1	2
Sonnenschutz-Stick	1	5	6	13	11	5	2	0	0	1	0	4

Artikel	Verkaufszahlen des ganzen Jahres	Verkaufszahlen pro Monat (durchschnittlich)	Verkaufszahlen Urlaubssaison April–Oktober	Verkaufszahlen pro Monat (durchschnittlich) April–Oktober
Sonnenmilch	172	14,33	152	21,71
Sonnenspray	89	7,42	79	11,28
Sonnenschutz-Stick	48	4,00	43	6,14

Kosmetikerin bei der Bedarfsermittlung

Aus der Tabelle zu den Verkaufszahlen kann man erkennen, dass der durchschnittliche Bedarf an Sonnenmilch über das Jahr gesehen bei einer Stückzahl von 14,33 im Monat liegt. Da die Verkaufszahlen in den Urlaubsmonaten deutlich höher sind, sollte dies bei der Bedarfseinschätzung berücksichtigt werden. Im Schnitt liegt der Bedarf in den Monaten April bis Oktober (Vor-, Haupt- und Nachsaison) bei 21,71 Flaschen.

Im nächsten Schritt muss die Kosmetikerin einschätzen, welche Entwicklung der Verkaufszahlen zu erwarten ist: Ist mit einem geringeren oder einem höheren Verkauf als in der Vergangenheit zu rechnen?
Hier spielt die Erfahrung und die Marktbeobachtung durch die Kosmetikerin eine wichtige Rolle.

Bestellmenge und Bestellzeitpunkt

Die Bedarfseinschätzung ergibt, wie viele von den jeweiligen Artikeln pro Monat durchschnittlich benötigt werden. Um die Lagerhaltung möglichst gering zu halten und Kosten zu sparen, ist es notwendig, festzustellen, wann welche Menge je Artikel beim Hersteller bestellt werden soll. Das ist abhängig von der Lieferzeit des Herstellers und den Verkaufszahlen je Artikel im Institut. Gleichzeitig muss die vermutete Mengenänderung im Verkauf berücksichtigt werden. Nun gilt es, die notwendige Bestellmenge exakt zu berechnen. Dazu muss zusätzlich darauf geachtet werden, dass noch ein restlicher Lagerbestand vorhanden sein könnte. Somit ergibt sich folgendes Berechnungsschema, das den Nettobedarf und damit die Bestellmenge festlegt:

	Verkaufsmenge der Vergangenheit
+	angenommene Mengenänderung
=	Bruttobedarf
–	bestellt, aber noch nicht geliefert
–	Lagerbestand
	Nettobedarf (Bestellmenge)

Damit es nicht zu Engpässen bei unvorhergesehenen Lieferschwierigkeiten im Lagerbestand kommt, ist es notwendig, dass immer ein **Mindestbestand** im Lager vorhanden ist. Er dient als sogenannte **eiserne Reserve**. Der Mindestbestand sichert die ständige Verfügbarkeit des Artikels für den Kunden. Wenn der Mindestbestand unterschritten wird, läuft man Gefahr, dass Kunden Artikel kaufen möchten, die nicht vorrätig sind. Dies kann zu Umsatzverlusten führen. Im schlimmsten Fall geht die Kundin zur Konkurrenz und kommt nicht mehr wieder.

Beispiel für ein Depot

Den Mindestbestand kann die Kosmetikerin folgendermaßen berechnen:

Mindestbestand = MinB
Tägliche Verkaufszahl = TVkZ

Zeitraum, in dem selbst beim Ausbleiben der Lieferung Ware vorrätig sein soll = t_{min}

Die Formel lautet: $MinB = TVkZ \times t_{min}$

Beispiel:

Sabrina hat die Sonnenmilch der Firma „SUNy" im Juni 30-mal verkauft.
Das bedeutet pro Tag bei 22 Verkaufstagen ca. 1,36-mal. Die Lieferzeit des Herstellers beträgt 5 Tage. Ihre Chefin hat festgelegt, dass mindestens 4 Tage lang genügend Ware vorrätig sein sollte, falls es einmal zu Lieferschwierigkeiten kommen sollte.

Sabrina berechnet den Mindestbestand folgendermaßen:

$MinB = TVkZ \times t_{min}$

$MinB = 1{,}36 \times 4$

$MinB = 5{,}44 = 6$

Der Mindestbestand an Sonnenmilch der Firma „SUNy" sollte im Lager des Instituts stets bei 6 Packungen liegen. Damit ist gesichert, dass auch bei unvorhergesehenen Lieferschwierigkeiten genügend Ware zum Verkauf da ist. Man nennt den Mindestbestand deswegen auch „Sicherheitsbestand".

Damit der Mindestbestand – unter Berücksichtigung der Lieferzeit – eines Artikels immer gesichert ist, sollte die Kosmetikerin rechtzeitig neue Ware bestellen. Dabei hilft ihr der **Meldebestand**.
Dies ist der Lagerbestand eines Artikels, bei dessen Unterschreitung ein Bestellvorgang ausgelöst werden muss. Früher musste die Kosmetikerin diesen Lagerbestand anhand von aufwendigen Listen überprüfen. Heutzutage hilft ihr ein leistungsfähiges Computerprogramm dabei. Darin muss die Kosmetikerin durch regelmäßige Eingabe der Ver- und Einkäufe den Bestand pflegen. Das Programm meldet dann automatisch, dass der Meldebestand erreicht wurde. Den Meldebestand kann die Kosmetikerin folgendermaßen ausrechnen:

Meldebestand = MB
Tägliche Verkaufszahl = TVkZ
Lieferzeit = t_{lz}

Die Formel lautet: $MB = (TVkZ \times t_{lz}) + MinB$

Beispiel:

Sabrina berechnet den Meldebestand folgendermaßen:

$MB = (TVkZ \times t_{lz}) + MinB$

$MB = (1{,}36 \times 5) + 6$

$MB = 12{,}8 = 13$

Sabrina wird bei einem Lagerbestand des Artikels von 13 Packungen eine neue Bestellung in Auftrag geben. Damit stellt sie sicher, dass der Lagerbestand bis zum regulären Eintreffen der Ware nicht unter den Mindestbestand fällt.

Da jede Bestellung mit Kosten verbunden ist, stellt sich die Frage, wie groß die optimale Bestellmenge ist. Dazu ist es wichtig, die Kosten der Bestellung einzuschätzen. Die Menge der bestellten Artikel verursacht Kosten im Bereich Beschaffung und Lagerung. Die Lagerkosten sind von der Menge der gelagerten Ware abhängig. Die Bestellung größerer Mengen bringt allerdings meistens einen Preisvorteil. Ein Konflikt, der gelöst werden muss. Dabei hilft die Bestimmung der **optimalen Bestellmenge**.

Beispiel:

Jahresbedarf Augencreme:	*250 Packungen*
Bestellkosten:	*10,00 €/Bestellung*
Lagerkostensatz:	*0,1 % vom Wert des Lagerbestandes*
Bezugspreis pro Stück:	*42,00 €*

Lagerkosten = storage costs

Die Berechnung der optimalen Bestellmenge kann mittels einer Tabelle erfolgen:

Jahresbedarf	Bestellkosten/ Bestellung ①	Bestellmenge in Stück/ Bestellung	Bestellhäufigkeit/Jahr	Lagerbestand in Stück (durchschn.) ②	Lagerkosten/ Jahr	Bestellkosten/ Jahr ③	Gesamtkosten/Jahr ④
250	10,00 €	20,83	12	10,42	10,42 €	120,00 €	130,42 €
250	10,00 €	22,73	11	11,36	11,36 €	110,00 €	121,36 €
250	10,00 €	25,00	10	12,50	12,50 €	100,00 €	112,50 €
250	10,00 €	27,78	9	13,89	13,89 €	90,00 €	103,89 €
250	10,00 €	31,25	8	15,63	15,63 €	80,00 €	95,63 €
250	10,00 €	35,71	7	17,86	17,86 €	70,00 €	87,86 €
250	10,00 €	41,67	6	20,83	20,83 €	60,00 €	80,83 €
250	10,00 €	50,00	5	25,00	25,00 €	50,00 €	75,00 €
250	**10,00 €**	**62,50**	**4**	**31,25**	**31,25 €**	**40,00 €**	**71,25 €**
250	10,00 €	83,33	3	41,67	41,67 €	30,00 €	71,67 €
250	10,00 €	125,00	2	62,50	62,50 €	20,00 €	82,50 €
250	10,00 €	250,00	1	125,00	125,00 €	10,00 €	135,00 €

① Bestellmenge/Bestellung = Jahresbedarf : Bestellhäufigkeit

② Lagerbestand (durchschn.) = Bestellmenge/Jahr : 2

③ Bestellkosten/Jahr = Bestellkosten/Bestellung x Bestellhäufigkeit/Jahr

④ Gesamtkosten/Jahr = Lagerkosten/Jahr + Bestellkosten/Jahr

Aus der Tabelle wird ersichtlich, dass die jährlichen Gesamtkosten dann am geringsten sind, wenn die Kosmetikerin 4-mal pro Jahr ca. 62 Packungen der Augenpflege bestellt. Das ist die optimale Bestellmenge. Damit kann sie den **Höchstbestand** im Lager festlegen, der notwendig ist, um einen zu hohen Lagerbestand infolge einer zu frühen Neubestellung zu vermeiden. Der Höchstbestand lässt sich nun einfach ausrechnen:

Höchstbestand = optimale Bestellmenge + Mindestbestand

Wenn man den Höchstbestand aller zu lagernden Artikel kennt, kann man ebenfalls den Bedarf an Lagerfläche besser einschätzen.

Um die notwendigen Bestellungen zu koordinieren, ist es notwendig, dass die Kosmetikerin mit einer Bestellliste arbeitet. Diese kann sie manuell oder mithilfe eines Computerprogramms erstellen. Die Bestellliste hilft ihr dabei, rechtzeitig zu erkennen, wann welcher Artikel bestellt werden muss. In der Bestellliste werden sämtliche Artikel des Warensortiments mit Lieferantenangabe eingetragen. In ihr wird der Ist-Bestand täglich mit dem Meldebestand und Mindestbestand verglichen. Ihr Aufbau sieht je nach Computerprogramm unterschiedlich aus. Der Grundaufbau ist jedoch immer der gleiche.
Als Beispiel könnte eine manuell erstellte Bestellliste folgendermaßen aussehen:

Kosmetikerin bei der Bestellung

Lieferant	Artikel	Ist-Bestand	Meldebestand	Mindestbestand	t_{lz}	TVkZ	t_{min}
BIOde	Augenpflege	20	18	8	5	2	4
BIOde	**Maske**	**8**	**9**	**4**	**5**	**1**	**4**
BIOde	Duschgel	31	27	12	5	3	4
Hautnah	Kennenlernset Gesichtspflege	14	7	3	7	0,5	6
Hautnah	**Duschgel**	**25**	**26**	**12**	**7**	**2**	**6**
SUNy	Sonnenmilch	32	28	12	4	4	4
SUNy	Sonnenspray	16	7	3	4	1	3
...							

Mithilfe der Liste kann die Kosmetikerin im o. g. Beispiel erkennen, dass die beiden Artikel „BIOde Maske" und „Hautnah Duschgel" den Meldebestand unterschritten haben und nun nachbestellt werden müssen. Gleichzeitig kann sie feststellen, dass bei der Firma BIOde alle Artikel in Kürze den Meldebestand erreichen werden. Dies bringt sie zu der Überlegung, Bezugskosten zu sparen, indem sie eine Sammelbestellung für alle BIOde-Artikel aufgibt. Da sie die Höchstbestände des Lagers vorher ausgerechnet hat, stimmt sie die Bestellmengen entsprechend ab.

A

1. Erklären Sie die Begriffe „Mindestbestand", „Meldebestand" und „Höchstbestand".
2. Erstellen Sie eine Bestellliste (s. oben) mit vier Artikeln. Versuchen Sie zunächst eine Schätzung der entsprechenden Zahlen. Erfassen Sie danach die tatsächlichen Zahlen. Wie hoch ist die Übereinstimmung?

5.2.2 Inventur

Zu einem bestimmten Stichtag werden alle vorhandenen Vermögenswerte und Schulden eines Unternehmens registriert. Man nennt diesen Vorgang Inventur. Im HGB (Handels-Gesetz-Buch) wird durch den Paragraphen 240 und in der Abgabenordnung (AO) durch die Paragraphen 140, 141 jeder Kaufmann zur Inventur verpflichtet. Man macht eine Inventur immer dann, wenn man ein Unternehmen gründet oder übernimmt. Ebenfalls macht man eine Inventur, wenn das Unternehmen geschlossen wird und zum Schluss eines jeden Geschäftsjahres. Hat man eine Inventur durchgeführt, erhält man als Ergebnis das Inventar.
Im Inventar sind alle Vermögenspositionen und Schulden erfasst. Sie werden nach Art, Menge und Wert aufgelistet.

Man unterscheidet drei Arten der Inventur:

Körperliche Inventur

Bei dieser Art der Inventur werden durch Zählen, Wiegen oder Messen die körperlich vorhandenen Gegenstände des Vermögens eines Unternehmens erfasst.

Buchinventur

In einem Kosmetikinstitut gibt es auch nicht körperliche Gegenstände und Schulden. Dazu gehören beispielsweise Bankguthaben, Forderungen und Verbindlichkeiten. Diese werden bei der Buchinventur auf der Grundlage von buchhalterischen Aufzeichnungen oder anderen Unterlagen wertmäßig erfasst.

Buchinventur und Anlageninventur werden in der Regel vom Unternehmer und dem Steuerberater durchgeführt. Hier spielen Bewertungsfragen und Abschreibungswerte eine große Rolle.

Inventur (lat. invenire, etwas vorfinden) = Bestandsaufnahme der Wirtschaftsgüter
Inventar = schriftliches Protokoll der Inventur
Forderungen = für das Unternehmen noch ausstehende Gelder aus offenen Kundenrechnungen, bei denen die Lieferung von Waren oder die Erbringung von Dienstleistungen erfolgte
Verbindlichkeiten = Summe der noch offenen finanziellen Verpflichtungen eines Unternehmens gegenüber seinen Lieferanten und sonstigen Gläubigern

Verbindlichkeiten = liabilities
Forderungen = outstanding money

Inventurvorgang

Bei der Inventur wird nur das Betriebsvermögen und nicht das private Vermögen erfasst.

Anlageninventur

Damit man keine aufwendige körperliche Bestandsaufnahme des beweglichen Anlagevermögens machen muss, wird die Anlageninventur in der Anlagenbuchhaltung eingesetzt. In ihr wird für jeden Gegenstand eine Anlagenkarte geführt. Auf diesen Anlagekarten müssen folgende Angaben gemacht werden:

- Wie ist die genaue Bezeichnung des Gegenstandes?
- Wie hoch ist der Bilanzwert am Bilanzstichtag?
- An welchem Tag wurde der Gegenstand angeschafft oder hergestellt?
- Wie hoch waren die Anschaffungs- oder Herstellungskosten?
- Wie lange ist die Nutzungsdauer?
- Welche jährliche Abschreibung findet statt?
- An welchem Tag ging der Gegenstand aus dem Anlagevermögen ab?

Inventurverfahren: Stichtagsinventur

Wenn die Bestände eines Kosmetikinstitutes an einem bestimmten Tag mengenmäßig erfasst und in eine Inventurliste eingetragen werden, spricht man von einer Stichtagsinventur.

Die Kosmetikerin im Kosmetikinstitut muss sich hauptsächlich mit der **körperlichen Inventur** beschäftigen und die Warenbestände sowie das bewegliche Anlagevermögen (Behandlungsgeräte, Behandlungsstühle, Computer etc.) **zählen**, wiegen und messen. Dies geschieht während der sogenannten **Stichtagsinventur**, die an einem Tag zwischen dem 21. Dezember und dem 10. Januar eines Jahres durchgeführt wird.

Eine Inventurliste für eine Stichtagsinventur kann folgendermaßen aussehen:

Lieferant	Artikel-bezeichnung	Artikel-Nr.	Soll-bestand	Zählung	Differenz
BIOde	Augenpflege	17-201	22	20	– 2
BIOde	Maske	17-202	9	8	– 1
BIOde	Duschgel	17-203	31	31	+/– 0
Hautnah	Kennenlernset Gesichtspflege	19-150	14	14	+/– 0
Hautnah	Duschgel	19-151	26	25	+ 1
SUNy	Sonnenmilch	21-032	32	32	+/– 0
SUNy	Sonnenspray	21-033	16	16	+/– 0
...					
...					
Zähler:		gezählt am:		Unterschrift:	

Inventurverfahren: Permanente Inventur

Um die Stichtagsinventurliste vorzubereiten und auch täglich den Überblick zu behalten, kann man eine **permanente Inventur** als fortlaufende Aufzeichnung durchführen. Ein Computerprogramm für Kosmetikinstitute ermöglicht das auf komfortable Art. Man kann mithilfe der permanenten Inventur ohne eine zeitlich parallele körperliche Bestandsaufnahme den am Stichtag vorhandenen Bestand feststellen. Allerdings ist dazu gleichzeitig die Führung einer Lagerbestandsliste und das Vorhandensein von überprüfbaren Unterlagen für alle Zu- und Abgänge notwendig. Hier helfen Wareneingangs- und Warenausgangslisten. In der folgenden Liste sind diese drei Listen für einen Artikel kombiniert:

Artikel: BIOde Augenpflege Artikel-Nr: 17-201

Datum	Anfangsbestand	Warenzugang	Warenabgang	Lagerbestand
17.05...	20	15	2	33
18.05...	33		1	32
19.05...	32		3	29
21.05...	29		5	24
24.05...	24		4	20
27.05...	20		2	18
28.05...	18		3	15
02.06...	15		4	11
04.06...	11	20	2	29
...				

Mit der Durchführung der **permanenten Inventur** ist es computergestützt sehr einfach, zum Inventurstichtag Differenzen zwischen dem aufgezeichneten Lagerbestand und dem gezählten Lagerbestand festzustellen.

Inventurverfahren: Verlegte Inventur

Es besteht unter besonderen Umständen (z. B. bei sehr großen Beständen oder wenn die Voraussetzungen für eine permanente Inventur fehlen) die Möglichkeit, eine Inventur zu verlegen. Diese kann dann an einem beliebigen Tag innerhalb der drei Monate vor dem Stichtag oder innerhalb der zwei Monate nach dem Stichtag durchgeführt werden.
Der am Aufnahmetag ermittelte Bestand wird nur wertmäßig (nicht mengenmäßig) auf den Stichtag fortgeschrieben oder zurückgerechnet, das Inventar trägt das Datum der tatsächlichen Aufnahme.

Wenn die verlegte Inventur vor dem Stichtag durchgeführt wird, setzt man die **Wertfortschreibung** ein:

Wertfortschreibungsverfahren					
Formel		Beispiel: Hautnah Duschgel			
			Anzahl	Wert/Stück	Gesamtwert
	Wert am Tag der Inventur	17. Oktober	25	4,33 €	108,25 €
+	Wert der Zugänge bis zum Stichtag	17. Oktober bis 31. Dezember	+ 40	4,33 €	+ 173,20 €
–	Wert der Abgänge bis zum Stichtag	17. Oktober bis 31. Dezember	– 35	4,33 €	– 151,55 €
=	Wert am Stichtag	31. Dezember	30	4,33 €	129,90 €

Wenn die verlegte Inventur nach dem Stichtag erfolgt, setzt man die **Wertrückrechnung** ein:

Wertrückrechnungsverfahren					
Formel		Beispiel: Hautnah Duschgel			
			Anzahl	Wert/Stück	Gesamtwert
	Wert am Tag der Inventur	25. Februar	33	4,33 €	142,89 €
–	Wert der Zugänge bis zum Stichtag	1. Januar bis 25. Februar	– 29	4,33 €	– 125,57 €
+	Wert der Abgänge bis zum Stichtag	1. Januar bis 25. Februar	+ 32	4,33 €	+ 138,56 €
=	Wert am Stichtag	31. Dezember	30	4,33 €	129,90 €

Wenn die Kosmetikerin die Inventur erstellt hat, kann sie den **Istbestand** (am Inventurtag tatsächlich gezählter Warenbestand) mit dem **Sollbestand** (Wert des Warenbestandes in den Büchern) vergleichen. Meistens stimmen diese beiden Beträge nicht exakt überein. Es kommt zu einer **Inventurdifferenz**. Dies liegt oftmals an Fehlern in der Bestandserfassung, der mangelhaften Preisauszeichnung, Fehlern beim Kassieren oder auch durch den Verderb und Bruch von Waren, wenn diese nicht ordnungsgemäß verbucht werden. Auch Diebstähle können eine Ursache für eine Inventurdifferenz sein. Die Inventur hilft insofern auch dabei, die Warenbestände des Instituts zu kontrollieren und Unstimmigkeiten rechtzeitig nachzugehen.

A

1. Was ist unter „Inventur" zu verstehen und zu welchen Zeitpunkten ist sie durchführbar?
2. Erklären Sie die Begriffe „Istbestand", „Sollbestand" und „Inventurdifferenz".

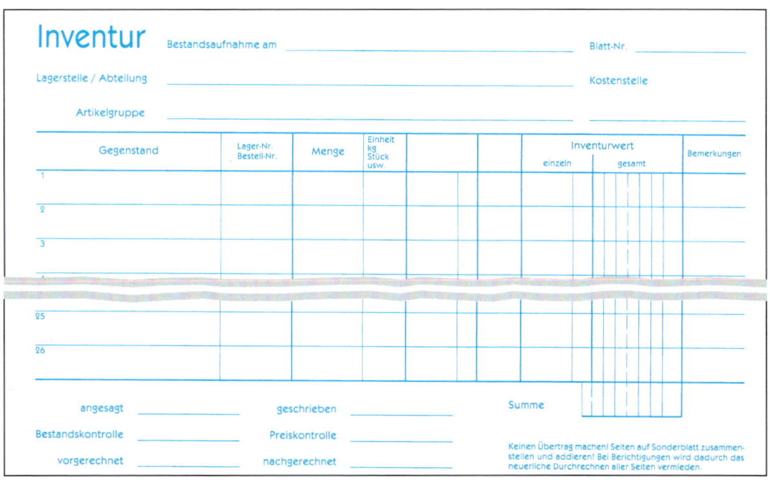

Inventur Bestandsaufnahme am ____ Blatt-Nr. ____

Lagerstelle / Abteilung ____ Kostenstelle ____

Artikelgruppe ____

Gegenstand	Lager-Nr. Bestell-Nr.	Menge	Einheit kg Stück usw.			Inventurwert einzeln	Inventurwert gesamt	Bemerkungen
1								
2								
3								
25								
26								

angesagt ____ geschrieben ____ Summe ____

Bestandskontrolle ____ Preiskontrolle ____

vorgerechnet ____ nachgerechnet ____

Keinen Übertrag machen! Seiten auf Sonderblatt zusammenstellen und addieren! Bei Berichtigungen wird dadurch das neuerliche Durchrechnen aller Seiten vermieden.

Inventurbuchseite

5.3 Kalkulation von Waren

Rabatt (ital.: rabattiere) = Preisnachlass

Damit beim Verkauf von Waren und Produkten ein Gewinn erwirtschaftet werden kann, müssen sie mit einem entsprechenden Preis angeboten werden. Der Preis darf nicht zu niedrig sein, da ansonsten Verluste entstehen. Er darf aber auch nicht zu hoch sein, weil dann niemand die Waren und Dienstleistungen kauft. Der Preis muss kalkuliert werden, dabei sind verschiedene Aspekte zu berücksichtigen.

5.3.1 Preisbildungsfaktoren

Angebot und Nachfrage

Grundsätzlich orientiert sich der Preis eines Produkts oder einer Dienstleistung am vorhandenen Angebot und der Nachfrage (s. S. 8). Wenn die Nachfrage eher gering ist, tendiert der Preis dazu, niedriger zu werden. Ist die Nachfrage jedoch sehr groß, steigt der Preis.

Kosten – betriebswirtschaftlicher Preisbildungsfaktor

Wer Waren und Dienstleistungen anbietet, dem entstehen dadurch verschiedene Kosten. Ein Ladenlokal und Behandlungsräume kosten monatlich Miete. Dazu kommen Werbungskosten und vielleicht Kreditzinsen an die Bank. Bei der Kalkulation der Preise müssen **sämtliche Kosten** berücksichtigt werden, die durch den Betrieb des Unternehmens entstehen.

Zu diesen sogenannten Handlungskosten zählen:

- Kosten der Angebotszusammenstellung
- Raumkosten
- Lagerkosten
- Mitarbeiterkosten
- Werbungskosten
- Verpackungskosten
- Fuhrparkkosten
- Verwaltungskosten
- Steuern
- Zinsen

Wareneinkauf – beschaffungspolitischer Preisbildungsfaktor

Der Wareneinkauf hat einen entscheidenden Einfluss auf die Preisbildung. Durch den gezahlten Preis für die Ware wird in Kombination mit den Handlungskosten die Preisuntergrenze bestimmt. Die Preisuntergrenze bezeichnet den Preis, der mindestens erzielt werden muss, um nicht in die Verlustzone zu geraten. Ziel beim Wareneinkauf ist es, so wenig wie möglich für die Produkte beim Lieferanten zu bezahlen. Um einen möglichst geringen Einkaufspreis zu erzielen, stehen mehrere Möglichkeiten bei der Preisverhandlung mit dem Lieferanten zur Verfügung:

- **Rabatte**

  Bei einem Rabatt gibt der Lieferant einen prozentualen Nachlass des Preises oder zusätzliche Ware ohne Bezahlung. Die Höhe des Rabattes oder der Zugabe macht er in der Regel von der bestellten Menge abhängig.

  Zum Beispiel liefert er bei der Abnahme von 10 Packungen Badeöl eine Packung gratis dazu. Oder er vergibt einen Rabatt von 5 % bei einer Abnahmemenge ab

Kalkulation = calculation
Rabatt = discount

Skonto (ital.: Abzug) = prozentualer Preisnachlass für schnelle Bezahlung

10 Packungen und einen Rabatt von 10 % bei einer Abnahmemenge von 20 Packungen (Rabattstaffelung).

- **Skonto**

  Beim Skonto belohnt der Lieferant die schnelle Bezahlung der Waren. Wer die 10 Packungen Badeöl z.B. innerhalb von 10 Tagen bezahlt, erhält vom Lieferanten 3 % Skonto auf den Einkaufspreis. Es handelt sich beim Skonto immer um einen prozentualen Preisnachlass.

- **Bonussysteme**

  Mit Bonussystemen versucht der Lieferant, eine feste Kundenbeziehung aufzubauen. Er kann einerseits langjährige Treue und regelmäßige Einkäufe und andererseits bestimmte Umsatzhöhen mit Bonusleistungen belohnen.

Beispiel 1:

Das Kosmetikinstitut „Wunderschön" erhält für seine 3-jährige Treue und regelmäßige Bestellung beim Lieferanten „Natural-Sun-Care" einen Treuebonus in Form eines Einkaufsgutscheins von 1000,00 € für alle Produkte der Firma.

Beispiel 2:

Der Lieferant „Hautnah" belohnt seine Kunden, die im Jahr mehr als 10.000,00 € Umsatz machen, mit einer Bonuslieferung von 20 Gratispackungen des Jahresverkaufsschlagers „Skin3-Protector-Night" im Verkaufswert von 1000,00 €.

Absatz – absatzpolitischer Preisbildungsfaktor

Des Weiteren sollten bei der Preiskalkulation die Gegebenheiten des Marktes beachtet werden, d.h., die Kosmetikerin sollte die Preise der Konkurrenz kennen. Denn der eigene Preis für ein Produkt kann höher, niedriger oder gleich dem der Konkurrenz sein. Bei der Kalkulation kann man dann sehen, was passiert, wenn der Preis der Konkurrenz unterboten werden soll. Unter Berücksichtigung von Wareneinkauf und Handlungskosten ist feststellbar, ob dann noch mit Gewinn verkauft wird oder man mit Verlusten rechnen muss.

Ein weiterer Faktor ist die Einschätzung der Reaktion von Kunden auf den Preis: Sind die Kunden bereit, den Preis, der für das Produkt verlangt wird, zu bezahlen? Oder: Wie viel sind die Kunden bereit, für das Produkt zu zahlen?

Hier helfen die Lieferanten mit ihren Erfahrungen bei anderen Händlern und geben der Kosmetikerin eine unverbindliche Preisempfehlung.

Der Preis sagt auch etwas über die Qualität der Produkte aus. So verbinden die Kunden einen hohen Preis oft mit einer hohen Qualität und umgekehrt. Diese Qualitätsbeurteilung überträgt sich in der Regel auch auf das Institut. Deswegen ist es wichtig, bei der Preiskalkulation auch an die Zielgruppe des Unternehmens zu denken.

A Erstellen Sie eine Tabelle mit fünf Produkten, die in Ihrem Ausbildungsbetrieb verkauft werden, und schreiben Sie den jeweiligen Verkaufspreis und den Einkaufspreis dazu auf. Wie würde Ihr Verkaufspreis bei diesen Produkten aussehen, wenn Sie die vier oben genannten Preisbildungsfaktoren berücksichtigen? Diskutieren Sie mit Ihren Mitschülerinnen.

Skonto = sales discount
Absatz = sales volume

5.3.2 Exkurs: Umsatzsteuer

Bevor mit der konkreten Preiskalkulation begonnen wird, ist es notwendig, sich mit der wichtigsten Steuerart bei der Preiskalkulation vertraut zu machen. Es handelt sich um die Umsatzsteuer. Sie kann als Mehrwertsteuer oder Vorsteuer auftreten.

Bundesfinanzministerium

Beispiel:

Sabrina hat bei einem Vertreter der Firma „Hautnah" aus München verschiedene Produkte bestellt. Bei der Lieferung liegt eine Rechnung bei, auf der ein Rechnungsbetrag zuzüglich Mehrwertsteuer angegeben ist. Sabrina ist für den Lieferanten eine Endverbraucherin. Folgende Rechnungsaufstellung kann sie sehen:

Nettowarenpreis	89,90 €
Mehrwertsteuer 19 %	+ 17,08 €
Bruttopreis	106,98 €

Hierzulande wird auf fast jeden getätigten Umsatz eine Steuer fällig: die Umsatzsteuer (auch Mehrwertsteuer genannt). Sie ist eine **indirekte Steuer**, weil sie nicht durch den wirtschaftlich betroffenen Endverbraucher an die Finanzbehörde abgeführt wird, sondern durch den Unternehmer als Steuerschuldner.

Der allgemeine Satz dieser Steuer beträgt 19 %. Der ermäßigte Steuersatz von 7 % gilt z.B. für Bücher oder die Lieferung von Lebensmitteln und Nahrungsergänzungsmitteln.

Ein Unternehmer ist dazu verpflichtet, dem Kunden die Umsatzsteuer in Rechnung zu stellen. Und er muss sie bei der regelmäßigen Umsatzsteuer-Voranmeldung an das Finanzamt abführen. Eine Ausnahme gibt es nur für besondere Berufsgruppen (z.B. Ärzte, Physiotherapeuten, Künstler oder Versicherungsmakler).

Beispiel:

Frau Müller ist Kundin des Kosmetikinstituts „Casa-Bella". Sie kauft eine Packung der neuen Nachtpflegecreme „BIOGALANT Night Cream 50 ml". Die Packung ist mit einem Verkaufspreis von 99,90 € inklusive 19 % Mehrwertsteuer im Regal ausgezeichnet. Wie kann eine Kosmetikerin die enthaltene Mehrwertsteuer errechnen?

Berechnung der Mehrwertsteuer

Um den Mehrwertsteueranteil zu berechnen, bedient man sich der Prozentrechnung:

Schritt 1: Ausrechnen des Nettopreises

Bruttopreis (inkl. MwSt.)	99,90 € ≙	119 %
Nettopreis (ohne MwSt.)	x € ≙	100 %

$$x = \frac{99{,}90\ € \cdot 100}{119} = \underline{\underline{83{,}95\ €}}$$

Mehrwertsteuer(satz) = value added tax (rate) (VAT)
Umsatz = turnover

Preisauszeichnung Netto und Brutto

Schritt 2: Ableitung der Mehrwertsteuer

Nettopreis (ohne MwSt.)	83,95 € ≙	100 %
MwSt.	x € ≙	19 %

$$x = \frac{83{,}95\ € \cdot 19}{100} = \underline{\underline{15{,}95\ €}}$$

Kontrolle:

99,90 € (Bruttopreis)
− 83,95 € (Nettopreis)
= 15,95 € (19 % Mehrwertsteuer)

Vorsteuer

Ein Unternehmen darf die Umsatzsteuer, die ihm von anderen Unternehmen in Rechnung gestellt wurde, von seiner eingenommenen Mehrwertsteuer abziehen. Es handelt sich dabei um die sogenannte Vorsteuerabzugsberechtigung.

Beispiel:

Einkauf		***Verkauf***	
„Geschenkset Badetraum Cleopatra"		*„Geschenkset Badetraum Cleopatra"*	
Nettoeinkaufspreis	*39,90 €*	*Nettoverkaufspreis*	*67,14 €*
Mehrwertsteuer (Vorsteuer) 19 %	*7,58 €*	*Mehrwertsteuer 19 %*	*12,76 €*
Bruttoeinkaufspreis	*47,48 €*	*Bruttoverkaufspreis*	*79,90 €*
Die an den Lieferanten gezahlte Mehrwertsteuer beträgt 7,58 €.		*Die vom Kunden eingenommene Mehrwertsteuer beträgt 12,76 €.*	

Zieht man von der Mehrwertsteuer, die man eingenommen hat, die Vorsteuer ab, welche man dem Lieferanten gezahlt hat, dann erhält man den Betrag, den man an das Finanzamt abführen muss. Ist der Betrag negativ, erhält man die Differenz zurückerstattet. In unserem Beispiel sieht die Rechnung wie folgt aus:

Eingenommene Mehrwertsteuer	12,76 €
gezahlte Vorsteuer	− 7,58 €
an das Finanzamt abzuführen	= 5,18 €

Achtung: Das Beispiel erklärt nur das Grundprinzip. Nach diesem Prinzip muss ein Kosmetikinstitut regelmäßig alle seine Mehrwertsteuereinnahmen den Vorsteuerausgaben gegenüberstellen. In der Umsatzsteuervoranmeldung wird dem Finanzamt das Ergebnis mitgeteilt. Aufgrund dieses Ergebnisses erhält das Finanzamt einen bestimmten Betrag als Umsatzsteuerzahlung, oder das Kosmetikinstitut erhält eine Umsatzsteuerrückerstattung. Dies ist oft dann der Fall, wenn das Institut in einem Zeitraum viele Waren auf Vorrat gekauft hat oder wenn es besonders teure Anschaffungen gegeben hat.

A Erklären Sie, welche Faktoren bei der Preisbildung von Waren und Dienstleistungen berücksichtigt werden müssen.

5.3.3 Preiskalkulation

Mit den im Kapitel 5.3.2 erarbeiteten Grundlagen können nun die Verkaufspreise der Waren kalkuliert werden. Dazu muss zunächst der **Bezugspreis** der Produkte ermittelt werden.

Beispiel:
Sie waren auf der „Cosmetica-Fachmesse" und haben eine neue Nachtpflege entdeckt, die Sie in Ihr Sortiment aufnehmen möchten. Die Nachtpflege „BIOGALANT Night Cream 50 ml" wird vom Hersteller für 47,50 € netto in seiner Preisliste angeboten.
Sie bekommen als Erstbestellerin 10 % Rabatt auf den ***Listenpreis****. Den Listenpreis abzüglich des gewährten Rabatts von 10 % nennt man* ***Zieleinkaufspreis****.*
Des Weiteren gewährt man Ihnen bei Zahlung innerhalb von 10 Tagen zusätzlich 3 % Skonto. Wenn Sie diesen vom Zieleinkaufspreis abziehen, erhalten Sie den ***Bareinkaufspreis****.*
Da der Lieferant die Ware verpacken und per Post an Sie verschicken muss, berechnet er Ihnen noch 3,20 € für Porto und Verpackung. Diese Kosten nennt man ***Bezugskosten****. Sie müssen noch zum Bareinkaufspreis hinzugerechnet werden, um den* ***Bezugspreis*** *oder* ***Einstandspreis*** *zu erhalten.*

Kosmetikerin bei der Preiskalkulation

Beispielrechnung:
Produkt: „BIOGALANT Night Cream 50 ml"

	Listenpreis netto	47,50 €
–	Erstbestellerrabatt 10 %	4,75 €
=	Zieleinkaufspreis	42,75 €
–	Skonto 3 %	1,28 €
=	Bareinkaufspreis	41,47 €
+	Bezugskosten	3,20 €
=	**Bezugspreis/Einstandspreis**	**44,67** €

Im nächsten Schritt ist zu überlegen, welche Kosten beim Ein- und Verkauf von Waren entstehen.
Im **Selbstkostenpreis** sind alle Kosten enthalten, die mit dem Ein- und Verkauf der Waren verbunden sind. Dazu gehören neben dem schon berechneten Bezugspreis die Kosten für die Werbung, die Mitarbeiter, Lagerung, Präsentation usw. Diese Kosten nennt man **Handlungskosten**. Im nächsten Schritt werden sie anteilsmäßig zum Bezugspreis hinzugerechnet.

Der Selbstkostenpreis ist die weitere Kalkulationsgrundlage. Zu diesem Preis erzielt man noch keinen Gewinn. Da es jedoch das Ziel eines Unternehmens ist, Gewinne zu erwirtschaften, wird zum Selbstkostenpreis ein Gewinnzuschlag kalkuliert. Somit erhält man den **Nettoverkaufspreis**.
Bei diesem Nettoverkaufspreis erzielt das Kosmetikinstitut einen Gewinn von 22 % des Selbstkostenpreises der Ware.

Die zum Bezugspreis hinzugerechneten Handlungskosten und den Gewinnzuschlag nennt man im Handel **Handelsaufschlag**.
Wie man im Kapitel „Exkurs zur Mehrwertsteuer" (s. S. 25 f.) sieht, ist es notwendig, 19 % Mehrwertsteuer in die Kalkulation einzubringen. Man erhält dann den Bruttoverkaufspreis, zu dem man den Kunden die Ware anbieten wird.

	Bezugspreis/Einstandspreis	44,67 €
+	Handlungskosten (54 %)	24,12 €
=	Selbstkostenpreis	68,79 €
+	Gewinnzuschlag (22 %)	15,13 €
=	Nettoverkaufspreis	83,92 €
+	Mehrwertsteuer (19 %)	15,94 €
=	**Bruttoverkaufspreis**	**99,86** €

Bei einem Bezugspreis von 44,67 € und einem Bruttoverkaufspreis von 99,86 € verbleibt dem Unternehmer ein Gewinn von 15,13 €.
Da der Gewinn des Kosmetikinstituts für den Unternehmer einen angemessenen Unternehmerlohn abwerfen soll, kann man sich vorstellen, dass eine ganze Menge an Waren verkauft werden muss, damit sich das Geschäft lohnt.

Eine weitere rechnerische Größe ist im Kaufmännischen die **Handelsspanne**. Sie wird meist in Prozent angegeben und bezeichnet, wie viel Prozent vom Nettoverkaufspreis den Unterschied zum Bezugspreis darstellen. Mit dieser Handelsspanne müssen alle Kosten des Kosmetikinstituts und der Unternehmerlohn abgedeckt sein.

	Nettoverkaufspreis	83,92 €
–	Bezugspreis/Einstandspreis	44,67 €
=	Unterschiedsbetrag	39,25 €

Die **Handelsspanne** kann man in Prozent ausgedrückt mit folgender Rechnung ermitteln:

Nettoverkaufspreis = 83,92 € = 100 %
Unterschiedsbetrag = x %

$$\frac{\text{Unterschiedsbetrag} \cdot 100}{\text{Nettoverkaufspreis}} = \text{Handelsspanne in \%}$$

$$\frac{39{,}25\ € \cdot 100}{83{,}92\ €} = 46{,}77\ \%$$

BIOde

PREISLISTE / BESTELLSCHEIN

BIOde GmbH
Postfach 4711
47120 Schöndorf
www.biode-kosmetik.de

Auftragsannahme
Telefon: 0123/456789
Telefon: 0123/456780
info@biode-kosmetik.de

Kundennummer • Bitte unbedingt eintragen!

Mitteilungen

Absender:

Name/Inhaber

Firma

Straße

PLZ/Ort

Telefon

Gültig ab 1. Juli 2011

Ich bestelle hiermit zu Ihren mir bekannten Allgemeinen Geschäftsbedingungen und zu den Preisen Ihrer gegenwärtigen gültigen Preisliste zur alsbaldigen Lieferung folgende Artikel:

Kabinettware				
Artikelbezeichnung	**Art.-Nr.**	**Inhalt**	**EK o. MwSt. €**	**Bestellmenge/Stk.**
Reinigen				
Reinigungsschaum	02 110	500 ml	16,00	
Reinigungsmilch	02 120	500 ml	19,00	
Reinigungsgel	02 130	500 ml	18,00	
Gesichts-Reinigungscreme	02 150	200 ml	18,00	
Gesichtspeeling Jojoba	02 160	200 ml	16,50	
Augen-Make-up-Entferner	02 180	200 ml	14,50	
Masken und Packungen				
Pflegemaske Aloe vera	04 110	250 ml	29,00	
Erfrischungsmaske	04 120	250 ml	28,00	
Reinigungsmaske	04 150	250 ml	26,00	
Anti-Aging-Maske	04 180	250 ml	31,00	
Ampullen				
Feuchtigkeitsampulle	06 120	12 x 2 ml	15,60	
Liposomenampulle	06 140	12 x 2 ml	16,80	
Vitaminampulle	06 170	12 x 2 ml	16,80	
Massageprodukte				
Massageöl	07 110	500 ml	19,00	
Massagecreme	07 130	500 ml	35,00	
Massagecreme Aloe vera	07 140	250 ml	37,00	
Vitamincreme Nacht	08 120	250 ml	36,00	
Abschlusspflege				
Vitamin-Feuchtigkeitscreme Tag	08 110	250 ml	34,00	
Blütencreme mit UV-Schutz	08 140	250 ml	44,00	
Weizenkeimcreme Tag	08 150	250 ml	49,00	
Augenpflege				
Augencreme	09 110	75 ml	20,00	
Augenlotion	09 140	200 ml	11,00	
Augenmaske	09 160	100 ml	15,00	
Handpflege				
Handcreme Kräuter	12 110	200 ml	12,00	
Handcreme mit UV-Schutz	12 140	200 ml	15,00	

Beispiel einer Lieferantenpreisliste

A Erklären Sie an einem Warenbeispiel aus Ihrem Ausbildungsbetrieb die Begriffe Selbstkostenpreis, Handelsspanne und Bruttoverkaufspreis.

Wiederholungsaufgaben zum Lernfeld 5

1. Nennen Sie die vier wichtigsten Fragen, die Sie sich bei der Sortimentsauswahl für ein Kosmetikinstitut stellen sollten.
2. Was ist unter der Sortimentsbreite und der Sortimentstiefe zu verstehen?
3. Was ist ein Depot? Geben Sie ein Beispiel aus Ihrem Ausbildungsbetrieb.
4. Welche betriebswirtschaftlichen Aspekte sind bei einer Depotwahl zu berücksichtigen?
5. Wie hängen Angebot und Nachfrage zusammen?
6. In welche fünf Phasen kann man den Produktlebenszyklus einteilen?
7. Beschreiben Sie die Phasen eines Produktlebenszyklus.
8. Stellen Sie den Regelkreis der Sortimentssteuerung schematisch dar.
9. Welche vier Bereiche sind bei der Sortimentskontrolle wichtig?
10. Erläutern Sie die Vorteile und Nachteile eines Lagers.
11. Welche Fragen sind mit den wichtigsten Einflussgrößen von Lagerverwaltung, Bedarfsermittlung, Bestellmenge und Bestellzeitpunkt verbunden?
12. Wie können Sie den Mindestbestand eines Produktes berechnen? Wie lautet die Formel?
13. Erstellen Sie eine fiktive Tabelle, um die optimale Bestellmenge eines Produktes berechnen zu können.
14. Welche Arten von Inventur gibt es? Beschreiben Sie diese Inventurformen.
15. Welche Preisbildungsfaktoren kennen Sie?
16. Eine Nachtpflegecreme kostet 50,00 € netto. Wie viel kostet sie inklusive Mehrwertsteuer, wenn Sie den derzeit gültigen Mehrwertsteuersatz zugrunde legen?
17. Was passiert mit der eingenommenen Mehrwertsteuer?
18. Was sind Handlungskosten?
19. Was sind Bezugskosten?
20. Was ist eine Handelsspanne?

6 Anwenden von kosmetischen Massagen

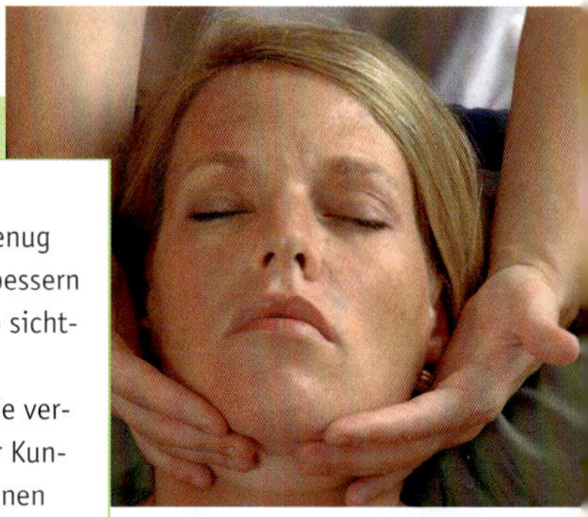

Situation

Als Sabrina heute ihre Kundin begrüßt, ist sie nervös und unruhig. Sie hat schon oft genug die Gesichtsmassage an ihren Kolleginnen sowie ihrer Familie geübt und immer weiter verbessern können. Aber diese Kundin ist äußerst kritisch und hat die Erwartung geäußert, das Studio sichtbar verjüngt zu verlassen. Hinzu kommt, dass ihr heute die Chefin zuschauen will.

Wie soll sich Sabrina beruhigen? Welches Konzentrat und welches Massagemittel soll sie verwenden? Soll sie die Karteikarte zu Hilfe nehmen? Darf sie ihre entsprechende Wahl vor der Kundin mit ihrer Chefin diskutieren oder wirkt es überzeugender, wenn sie der Kundin direkt einen Vorschlag vorträgt?

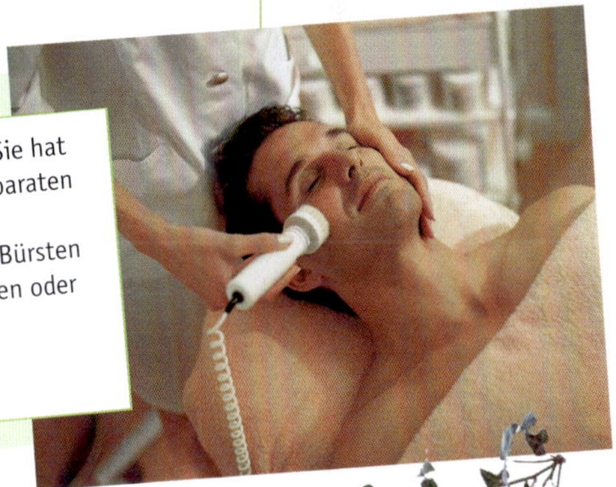

Situation

Sabrina besucht zusammen mit ihrer Chefin eine Kosmetikmesse. Sie hat die Aufgabe, sich besonders über das aktuelle Angebot an Massageapparaten zu informieren.

Sie lässt sich von einigen Anbietern Geräte vorführen, bei denen Bürsten rotieren, Saugglocken einen Unterdruck erzeugen, Vibrationen erfolgen oder mit Ultraschallwellen gearbeitet wird.

Sind die denn alle besser als die Massage mit den Händen?

Situation

Heute führt Sabrina bei Ihrer Kundin eine komplette Gesichtsbehandlung durch. Sorgfältig wählt sie das Massagemittel nach dem aktuellen Hautbedürfnis aus.

Doch diesmal bilden sich während der Massage von Frau Jung deutliche Klümpchen auf der Haut.

Was hat sie falsch gemacht, als sie zuerst ein Feuchtigkeitskonzentrat und darüber ein pflanzliches Öl verarbeitet hat? Lag es an den Produkten oder stimmte nur das Mengenverhältnis nicht?

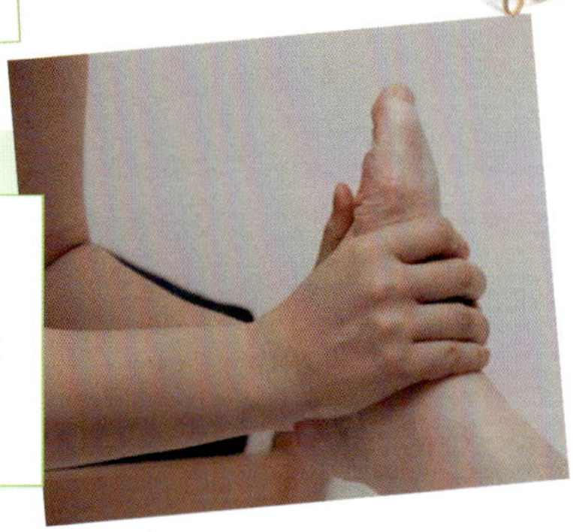

Situation

Frau Roth ist mit Sabrinas einfühlsamer Fußpflege sehr zufrieden.

Doch dass nur die Füße und nicht auch die Beine massiert werden, enttäuscht sie sehr. Sabrina muss ihr erklären, warum die Krampfadern von Frau Roth eine Kontraindikation der Massage darstellen und welche Gefahren sie vermeiden will.

Massage (griech. = massein) = kneten

6.1 Massage in der Kosmetik

Z

Beim Massieren übertragen die Hände mechanische Reize als Druck, Reibung und Wärme auf Hautgewebe und Muskulatur.

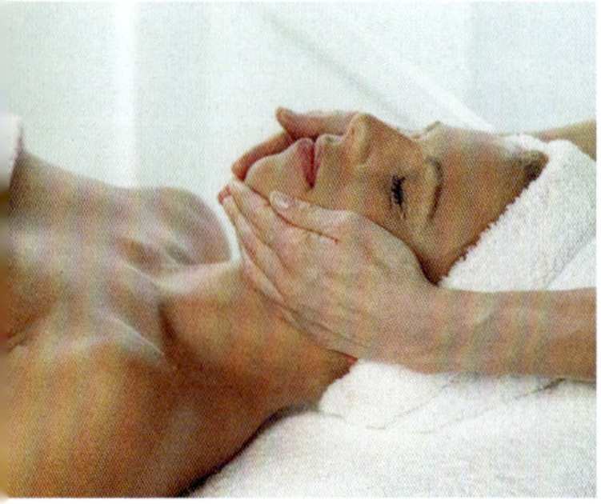

Gesichtsmassage

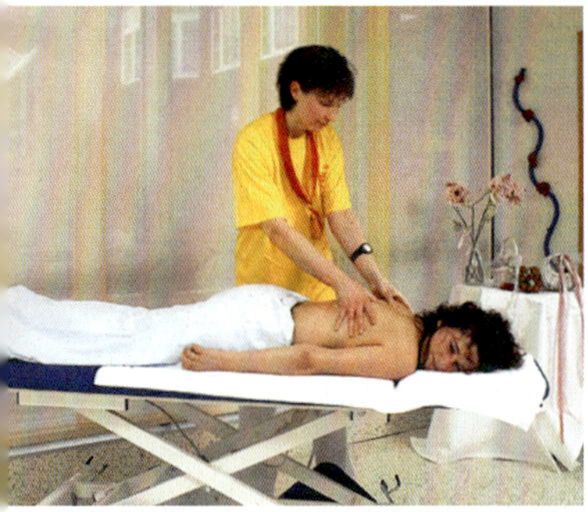

Körpermassage

Massagen haben als direkter und anhaltender Berührungskontakt zum Kunden unter den kosmetischen Anwendungen einen besonderen Stellenwert. Unter dem Einfluss einfühlsam massierender Hände fühlt sich der Mensch geborgen, gewinnt an innerer Ruhe und Wohlbefinden.

Es wiederholt sich die uralte Erfahrung, dass sich z. B. unter den streichelnden Händen der Mutter der Schmerz des Kindes verliert. Angenehm warme, sicher geführte Hände eines Menschen, dem man vertraut, regen beim Massierten einen umfangreichen Wirkungsmechanismus an.

Der berufliche Erfolg einer Kosmetikerin wird sehr stark von der Qualität ihrer Massagen geprägt. Werden diese als angenehm empfunden, so gewinnt sie Stammkunden. Hinterlässt die Massage ein unangenehmes Gefühl, so bleiben regelmäßige Folgebehandlungen vermutlich aus.

Während in der Medizin die verschiedenen Massagetechniken wie Bindegewebsmassage, Reflexzonenmassage oder Lymphdrainage stets Teil eines vom Arzt verordneten Therapieplans sind, dienen Massagen in der Kosmetik dem Wohlbefinden, der Harmonisierung des Körpergefühls, der Entspannung von Körper, Geist und Seele. Massagen optimieren außerdem die Hautpflege, weil dabei die Wirkstoffe aus Konzentraten, Cremes und Ölen tiefer ins Gewebe gelangen können.

Während der **Physiotherapeut** seine Massagen für die Heilung und Schmerzlinderung einsetzt, arbeitet die **Kosmetikerin** beim Massieren stets prophylaktisch, gesund erhaltend und die Haut pflegend.

Klare Abgrenzung

Kosmetische Massage	Medizinische Massage
■ wird von Kosmetikern **an gesunden Kunden** entsprechend der Hautbeurteilung und Einschätzung des Allgemeinbefindens ausgeführt	■ wird von Physiotherapeuten und medizinischen Bademeistern **an kranken Patienten** nach ärztlicher Verordnung praktiziert
■ ist **Gesundheitsprophylaxe**, beugt Verspannungen und Verkrampfungen im Bewegungsapparat vor, entspannt die Psyche und kann begleitende Maßnahme zur Stärkung des Immunsystems bei chronischen Hauterkrankungen in Zusammenarbeit mit Dermatologen sein	■ ist **Therapie** zur Linderung von Schmerzen und zur Heilung bestimmter Erkrankungen des Bewegungsapparats, bei Nerven- und Muskelschäden, bei Bewegungseinschränkungen und nach Verletzungen
■ ist Bestandteil von **Hautpflege** und **Hautschutz** ■ ist Teil von Pflege- und **Wellness**konzepten sowie von **Anti-Aging**-Programmen ■ trägt entscheidend zur Stammkundengewinnung bei	■ ist Teil von Genesungsprogrammen und Rehabilitationsmaßnahmen, z.B. nach operativen Eingriffen, Unfällen und bei chronischem Verschleiß durch Alterung

Z

Massagen zu Heilzwecken sind der Kosmetikerin verboten! Das muss sie bei allen Werbemaßnahmen für ihre Leistungen genau beachten!

A

Eine Kundin kommt zu Ihnen ins Institut und erhofft sich durch Ihre Nackenmassage Befreiung von ihren Schulterschmerzen. Wie würden Sie ihr einerseits die Möglichkeiten und andererseits die Grenzen kosmetischer Massagen erklären?

Wellness = Wohlbefinden
Anti-Aging = gegen die Zeichen des Alters

6.2 Grundlagen der Anatomie und Physiologie von Knochen, Muskeln, Gefäßen und Nerven

Im Umgang mit den Kunden und Kolleginnen besteht die Notwendigkeit, Lokalisationen auf der Körperoberfläche zu beschreiben; sei es, um nach dem Ort von Beschwerden zu fragen, um mitzuteilen, welches Hautareal behandelt oder welcher Körperabschnitt massiert werden soll oder zur Dokumentation einer kosmetischen Behandlung. In diesem Zusammenhang ist es nützlich, auf sprachliche Vereinbarungen zurückzugreifen, welche sich in Pflege und Medizin entwickelt haben. Dies dient der schnellen Verständigung, hilft aber auch, Missverständnisse oder Fehler zu vermeiden.

Eine zwar grobe, aber nachvollziehbare Orientierung ist zunächst die nach Körperabschnitten.

Mit „rechts" und „links" wird jeweils diejenige Körperseite bezeichnet, die der Mensch selber rechts und links nennt.

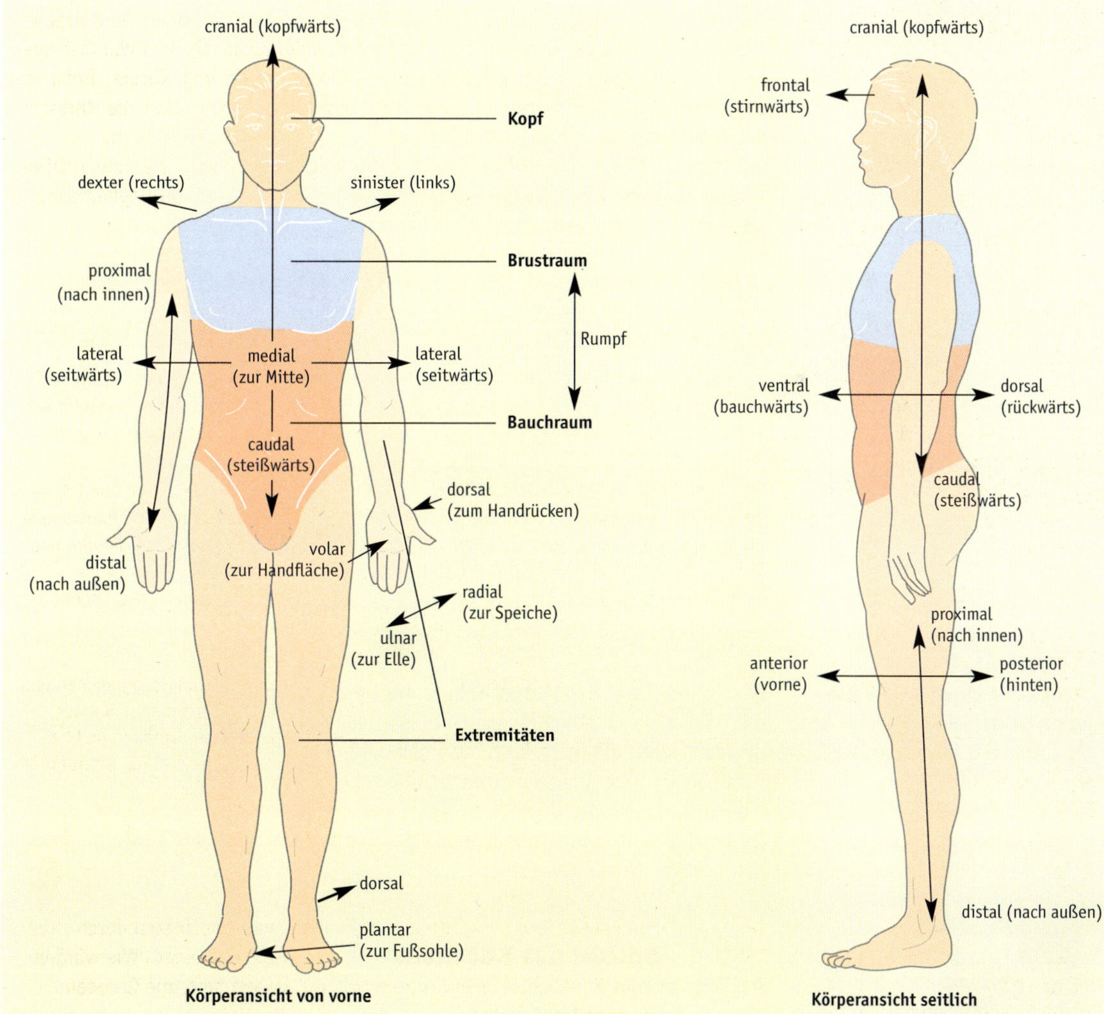

Extremität (lat.) = das Äußerste
Skelett = Knochengerüst

Kopf

Jeder Mensch hat sein ihm eigenes Gesicht. Es ist sein persönliches Kennzeichen (Passfoto).
Die Sinnesorgane für das Sehen (Auge), Hören (Ohren), Riechen (Nase) und Schmecken (Zunge) sind im Kopfbereich lokalisiert und von außen zu sehen.

Rumpf

Der Rumpf ist der kompakte Mittelteil des Körpers, von außen können Brust- und Bauchbereich unterschieden werden.

Extremitäten

Diese werden auch als Gliedmaßen bezeichnet. Arme und Hände, mit denen wir greifen und verschiedene Fertigkeiten verrichten, werden als **obere** Extremitäten bezeichnet und gehen vom Schultergürtel aus.
Mit dem Beckengürtel verbunden sind die **unteren** Extremitäten, Beine und Füße, welche den aufrechten Gang ermöglichen.

Die **äußeren Konturen** des menschlichen Körpers werden im Wesentlichen durch den Bewegungsapparat, d. h. Knochen und Muskulatur sowie die bedeckende Haut bestimmt. Das Unterhautfettgewebe entscheidet darüber, ob diese Konturen hart oder weich erscheinen.

A

1. Welche anatomischen Strukturen bestimmen im Wesentlichen die Konturen des menschlichen Körpers?
2. Vergleichen Sie Ihre Körperkonturen mit denen Ihrer Familienmitglieder. Wem gleichen Sie am meisten?

6.2.1 Knochen

Das Skelett ist der stützende Teil des Bewegungsapparats. Es besteht beim erwachsenen Menschen aus 206 einzelnen Knochen, ermöglicht den aufrechten Gang und bildet Gelenke, über die die Kontraktionen der Muskulatur in Bewegung umgesetzt werden. An Stellen, an denen ein hohes Maß an Elastizität erforderlich ist, z. B. im Bereich der Rippen, ist zusätzlich Knorpel angelegt. Dieser schützt auch hoch beanspruchte Partien wie die Gelenkflächen.

Z

Entsprechend den unterschiedlichen Anforderungen verfügt das Skelett über verschiedene Knochenformen, deren Aufbau aber vergleichbar ist.

Das Skelett dient zudem **dem Schutz der inneren Organe**. Der Schädel umschließt das Gehirn, der Brustkorb umspannt Herz und Lunge, das Becken hält die Eingeweide und schützt die Fortpflanzungsorgane.
Daneben sind die Knochen zusätzlich Speicher für lebenswichtige Mineralien (Calcium und Phosphor).
Ferner findet im roten Knochenmark die Bildung der Blutzellen sowie die Reifung der roten Blutkörperchen statt.

Z

Trotz seiner Härte verfügt der Knochen über eine gewisse Biegeelastizität. Ermöglicht wird dies durch Knochenzellen und eine Grundsubstanz aus Bindegewebsfasern.

Aufbau des Knochens

Am Oberschenkelknochen, einem Röhrenknochen, lassen sich die Hauptmerkmale eines Knochens gut beschreiben.

Knochenhaut = Periost
peri (griech.) = um, herum
os (lat.) = Gebein, Knochen

Äußerlich lassen sich drei Abschnitte erkennen: in der Mitte der lange **Knochenschaft** sowie oben und unten die **Gelenkenden**.
Der zunächst als Knorpel angelegte Knochen verknöchert durch die Einlagerung von Mineralien in das elastische Gewebe.
Außen wird der Knochen von einer bindegewebigen Haut umgeben, der sogenannten Knochenhaut. Sie ist mit der Knochenoberfläche durch Fasern verbunden, also nicht verschiebbar. In der Knochenhaut verlaufen die den Knochen ernährenden Blutgefäße, die mit feinen Ästen durch kleine Öffnungen bis in das Innere vordringen und sich dort verzweigen. Außerdem enthält die Knochenhaut Nervenfasern, welche Schmerzreize weiterleiten können. Die Knochenhaut hat durch die Fähigkeit, Knochengewebe zu bilden, wesentlichen Anteil an Wachstum und Heilung des Knochens nach einem Bruch.

Das **Knochengewebe** des mittleren Anteils bildet eine feste Schicht in Form einer Röhre (Knochenrinde), die mit dem gelben Knochenmark ausgefüllt ist.

Zu den Gelenkenden hin wird die Röhre zunehmend durch **Knochenbälkchen** begrenzt. Sie werden nach außen immer feiner und dichter und gehen ebenfalls in die Knochenrinde über. In diese schwammartige Struktur ist das rote Knochenmark eingelagert. Es ist Bildungsstätte der Blutkörperchen.
Die Bälkchen haben eine besondere Anordnung, die sich aus der Belastung des jeweiligen Knochens ergibt. Je nachdem, welche Zug- und Druckkräfte wirken, wird die Anordnung im Knochen geändert.

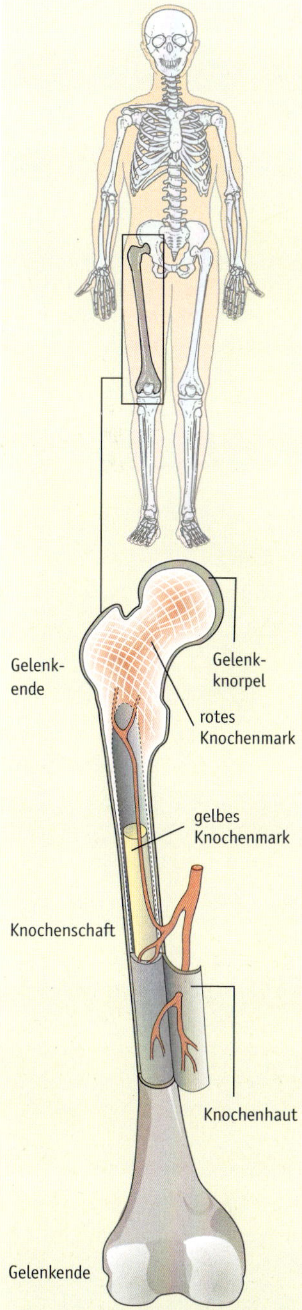

Aufbau eines Oberschenkelknochens (Vorderansicht: rechter Oberschenkel)

Knochenformen

Zur besseren Übersicht werden die vielen Knochen des Skeletts Gruppen zugeordnet.
Zu den **langen Knochen** gehören die Röhrenknochen von Ober- und Unterschenkel, Ober- und Unterarm sowie Finger und Zehen.

Kurze Knochen sind Hand- und Fußwurzelknochen. Sie haben keinen röhrenförmigen Markraum, sondern bestehen durchgehend aus Knochenbälkchen mit einer festen Knochenrinde.

Platte Knochen bestehen aus zwei Rindenschichten mit einer dünnen Zwischenlage aus Knochenbälkchen. Hierzu gehören die Schulterblätter, das Brustbein, die Darmbeinschaufeln und die Knochen des Hirnschädels.

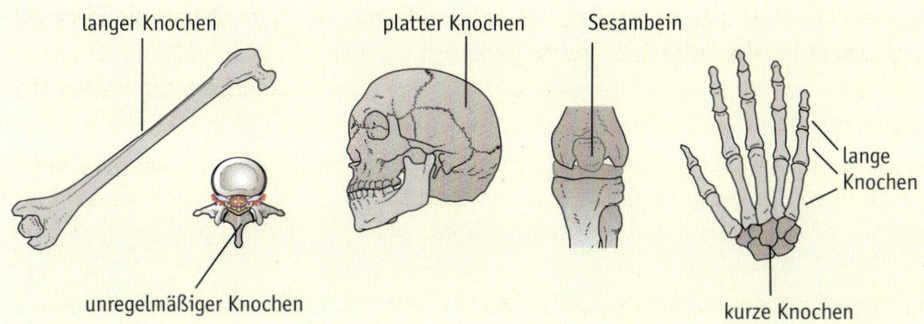

Knochenformen

Knochenbildungszellen = Osteoblasten
Knochenabbauzellen = Osteoklasten

Alle Knochen, die diesen Zuordnungen nicht genügen, werden als **unregelmäßig geformte Knochen** bezeichnet. Sie entsprechen im Aufbau den kurzen Knochen, nur ist ihre Form z.T. sehr auffällig. Hierzu gehören die Wirbel und ein Teil der Gesichtsknochen.

Eine Besonderheit bilden die **Sesambeine**. Es sind Knochen, die sich an besonders belasteten Stellen im Verlauf einer Sehne bilden, dort, wo diese über ein Gelenk hinweg verläuft, z.B. die Kniescheibe.

Knochengewebe

Z

Eine fortschreitende Verdickung des Knochens wird verhindert durch die Tätigkeit der Knochenabbauzellen.

Für den Aufbau der Knochen sorgen Knochenbildungszellen, spezialisierte Bindegewebszellen. Sie scheiden zunächst eine unverkalkte Grundsubstanz aus, in die sie sich selbst einmauern. Durch Einlagerung von Kalksalzen entsteht der feste Knochen. Die Mineralstoffe werden durch die Nahrung aufgenommen, im Blut gelöst und durch Hormone gesteuert im Knochen abgelagert. Damit stellt das Skelett den größten Speicher des Körpers für Calcium dar.

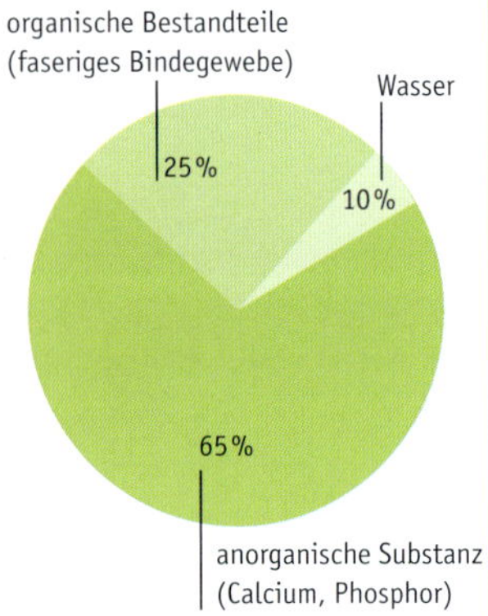

Bestandteile des Knochengewebes

Knochenabbauzellen sind frei bewegliche Riesenzellen mit mehreren Kernen, die Knochengewebe lösen können.

In der Wachstumsphase überwiegt die Tätigkeit der Knochenbildungszellen. Im Erwachsenenalter halten sich beide Zellformen die Waage, solange der Mensch aktiv ist. Bei Inaktivität, z.B. durch einen Gipsverband, kommt es vorübergehend zu einem erhöhten Abbau von Knochensubstanz, der dann aber schnell wieder ausgeglichen wird. Da die Tätigkeit der Zellen auch einer hormonellen Steuerung – unter anderem durch Östrogene – unterliegt, kann es bei Frauen nach der Hormonumstellung (Menopause) zu einem vermehrten Abbau von Knochensubstanz kommen. Auch im höheren Alter überwiegen die Abbauvorgänge, was zu einer Erhöhung der Gefahr von Knochenbrüchen führt. Durch gesunde Ernährung und viel Bewegung kann dem entgegengesteuert werden.

Gelenke

Die meisten Gelenke bestehen aus mindestens zwei an einer Bewegung beteiligten Knochen. Beide Knochenenden sind an der Oberfläche von glattem Knorpel bedeckt. Dieser ermöglicht bei Bewegung der Gliedmaßen ein fast reibungsfreies Gleiten der Gelenkenden aufeinander, z.B. beim Gehen. Beim Springen auf der Stelle dämpft die Knorpelschicht den Aufprall der Knochen aufeinander.

Das Knochenende, das die größere Bewegung macht, hat eine nach außen gewölbte Form und wird deswegen auch als **Gelenkkopf** bezeichnet. Dazu passend ist das andere Ende nach innen gewölbt, was in der Bezeichnung **Gelenkpfanne** verdeutlicht wird.

In Gelenken mit besonders hoher Stauchbelastung, wie dem Kniegelenk, sind zwischen Kopf und Pfanne Knorpelscheiben (Menisken) zur Entlastung angelegt.

Mit Ausnahme des Hüftgelenks, bei dem der Gelenkkopf äußerst fest in der Gelenkpfanne sitzt und von dieser z.T. gehalten wird, würden die Knochenenden aber ohne zusätzliche Strukturen kein funktionierendes Gelenk bilden können. Daher sind alle Gelenke von einer straffen **Kapsel** umgeben, die die beiden Knochen beieinander hält und einen geschlossenen Raum bildet.

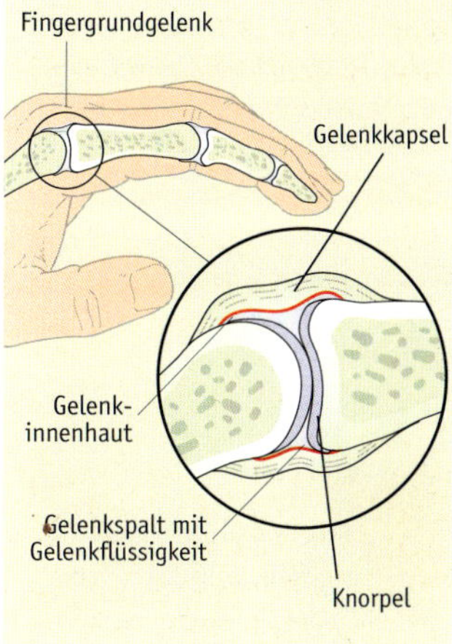

Aufbau eines Fingergelenks

Die **Gelenkkapsel** besteht aus zwei Schichten.
Außen ist eine faserreiche Schicht, die das Gelenk vor dem Ausrenken schützt. Innen ist eine an Blutgefäßen und Nerven reiche Schicht. Sie produziert einen eiweißreichen Schleim, die **Gelenkflüssigkeit**, die den Gelenkspalt ausfüllt.
Einerseits erhöht sie die Gleitfähigkeit der Knorpel, andererseits ernährt sie diese.
Verstärkt werden die Gelenkkapseln durch straffe Bänder.

Gelenkformen

Die Beweglichkeit in einem Gelenk wird im Wesentlichen von der Form der beiden Gelenkkörper bestimmt. Im Prinzip steht eine Wölbung einer Vertiefung gegenüber, dies aber in recht unterschiedlichen Varianten.

Zwischen dem ersten und dem zweiten Wirbel der Halswirbelsäule befindet sich ein **Zapfengelenk**. Der erste Halswirbel (Atlas) ist ringförmig ausgebildet und hat im vorderen Anteil des Ringes eine Gelenkfläche. In diese passt ein zapfenförmiger Vorsprung des zweiten Wirbels. Hierdurch wird ein Teil der Drehbewegung des

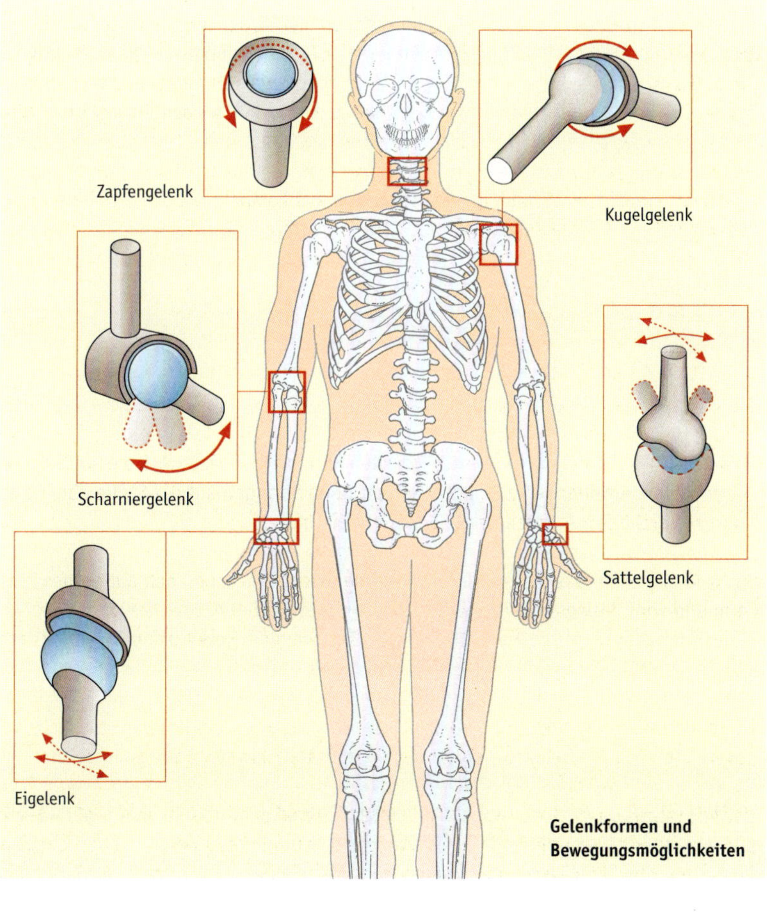

Gelenkformen und Bewegungsmöglichkeiten

Muskel (lat. musculus) = Maus
Dies bezieht sich auf die Spindelform vieler Muskeln, am deutlichsten wohl am Armbeuger.
Muskulatur des Bewegungsapparats = Skelettmuskulatur
Muskulatur der inneren Organe = Eingeweidemuskulatur
Muskelhaut = Faszie

Z

Sehnen und Bänder bestehen aus straffem Bindegewebe. Sie können bei Überforderung, Unfall, Trauma einreißen oder überdehnt werden. Untrainiert können sie schrumpfen.

Kopfes möglich. Die Verbindung von Speiche und Elle im Bereich des Ellenbogens ist ebenfalls als Zapfengelenk aufgebaut. In diesen Gelenken gibt es nur eine Bewegungsebene.

Ebenfalls nur eine Bewegungsebene haben **Scharniergelenke.** Dazu gehören vor allem die Fingergelenke, das Gelenk zwischen Elle und Oberarm und das Kniegelenk.

Im **Eigelenk** gibt es zwei Bewegungsebenen. Die Bezeichnung beschreibt eine eiförmige Form des Gelenkkopfes. Am Handgelenk wird dieser von den Handwurzelknochen gebildet. Ihnen gegenüber bilden Elle und Speiche die Gelenkpfanne.
Ein weiteres Gelenk mit zwei Bewegungsebenen ist das **Sattelgelenk**, in dem Kopf und Pfanne nicht mehr als solche zu erkennen sind. Die Knochenenden sind wie Sättel geformt, die sich im 90°-Winkel versetzt zueinander befinden. Diesen Aufbau hat das Gelenk zwischen Handwurzel- und Mittelhandknochen des Daumens. Die Bewegung in zwei Ebenen ermöglicht den sogenannten Pinzettengriff, d.h. die Berührung aller Fingerspitzen. Damit erst werden Präzisionsbewegungen möglich.
Bewegungsmöglichkeiten in allen Ebenen haben die **Kugelgelenke** wie Hüft- und Schultergelenk. Hier sind auch Kopf und Pfanne als solche am deutlichsten ausgebildet.

A

1. Bewegen Sie vorsichtig bei Ihrer Sitznachbarin das Gelenk in der Mitte des Zeigefingers. Welche Bewegungen sind ohne Beschwerden möglich?
2. Bewegen Sie dann die Handwurzel gegen den Unterarm, was fällt Ihnen auf?

6.2.2 Muskeln

Die Muskulatur macht 25% des Gesamtkörpergewichts aus und gliedert sich in mehr als 600 voneinander abgegrenzte einzelne Muskeln.
Die Muskulatur des Bewegungsapparats wird auch als willkürliche Muskulatur bezeichnet. Im Gegensatz dazu arbeitet die Muskulatur der inneren Organe unwillkürlich, besonders die des Verdauungssystems.
Die Verbindung zwischen dem aktiven Teil und dem stützenden Teil des Bewegungsapparats stellen die **Sehnen** her. Zusätzliche Stabilität im Bereich der Gelenke geben die **Bänder**.

Aufbau der Skelettmuskulatur

Betrachtet man einen ganzen Muskel, so kann man von der faserigen Struktur zunächst nichts sehen, denn der Muskel ist in eine feste weißsilbrig schimmernde Haut eingehüllt, die sogenannte Muskelhaut. Diese hält die einzelnen Fasern des Muskels zusammen, grenzt ihn gegen andere Muskeln ab und ermöglicht ein Gleiten der Muskeln aneinander.

Von außen sind unterschiedliche Formen erkennbar. So finden sich am Bizeps z. B. ein Muskelbauch, welcher bei Anspannung deutlich hervortritt, und zwei in die Sehnen übergehende sogenannte Köpfe.

Über die Sehnen sind die Muskeln mit den Knochen verbunden. Als **Ursprung** eines Muskels wird der Befestigungspunkt am weniger bewegten Skelettteil bezeichnet, an Armen und Beinen immer körpernah gelegen. Der **Ansatz** des Muskels befindet sich dann am beweglicheren Teil, an Armen und Beinen körperfern. Der Bizeps hat z. B. seinen Ursprung am Schultergürtel und seinen Ansatz am Unterarm. Dieser bewegt sich bei Arbeit des Muskels nach oben.
Andere Muskeln sind flach ausgebildet, wie es am besten an der Bauchmuskulatur getastet werden kann. Auch die Sehnen sind hier flächig angelegt. Wieder andere Muskeln sind ringförmig ausgebildet, wie die Lidmuskeln, Mundringmuskeln (s. S. 66).

Trotz dieser Vielfältigkeit im äußeren Erscheinungsbild sind der Feinaufbau sowie die Funktionsweise aller Skelettmuskeln gleich.
Gruppen von Faserbündeln bilden den eigentlichen Muskel. Ihre Sehnenfäden verdichten sich zur Sehne, mit der der Muskel am Knochen verankert ist. Dort, wo die Sehnen lange Strecken zu überbrücken haben oder über Gelenke verlaufen, sind sie von Bindegewebshüllen umgeben, in denen eine Flüssigkeit zusätzlich die Gleitfähigkeit erhöht: die Sehnenscheiden.

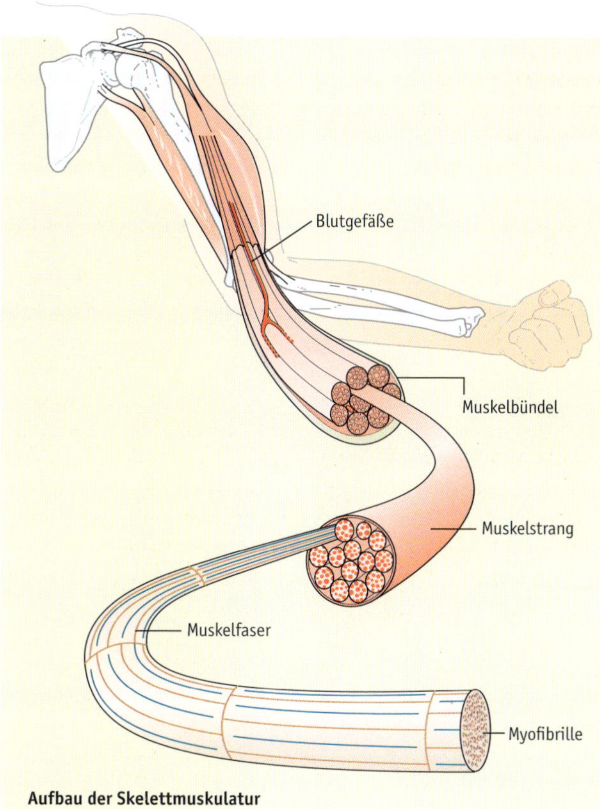

Aufbau der Skelettmuskulatur

Funktionsweise der Skelettmuskulatur

Die Kraft eines Muskels ist abhängig von seiner Masse. Diese steht einmal im Zusammenhang mit der Versorgung des Körpers mit Eiweißen und Kohlenhydraten, andererseits aber auch mit seinem Trainingszustand. Wie alle biologischen Systeme braucht auch die Muskulatur den Wechsel von Aktivität und Ruhe. Durch Training lässt sich die Muskulatur kräftigen. Man spricht dann von einer Muskelhypertrophie.

Das Gegenteil ist die Muskelatrophie, mit der eine Abnahme der Muskelmasse und Leistungsfähigkeit bezeichnet wird. Schon kurzfristige Minderbeanspruchung durch erzwungene Ruhigstellung, z. B. durch Verbände oder Bettlägerigkeit, führt zu einer sichtbaren Abnahme der Muskelmasse.

So kompliziert und elegant unsere Bewegungen auch sein mögen, die dafür verantwortlichen Muskeln können aktiv nur eins: sich zusammenziehen. Man spricht daher von der Muskelkontraktion. Sichtbar wird diese Verkürzung bei den spindelförmigen Muskeln durch Verdickung des Muskelbauches.
Als Beispiel mag wieder der Armbeuger dienen, der anschwillt, wenn ein Gewicht durch Beugen des Unterarms angehoben wird. Erschlafft der Muskel, wird der Unterarm, der Schwerkraft folgend, herabsinken. Was passiert aber nun, wenn kein Gewicht am Unterarm wirkt?
Nur mit dem Armbeuger allein wäre eine Beugung und Streckung des Unterarms nicht möglich, da der Muskel sich nicht aktiv verlängern kann. Es muss also eine Möglichkeit geben, durch Verkürzung den Unterarm wieder zu strecken.

Bizeps = Muskel mit zwei Muskelköpfen, bi (griech.) = zwei
Hypertrophie = Zunahme von Geweben
Atrophie = Rückbildung
Kontraktion (lat. contrahere) = zusammenziehen

Armstrecker = m.trizeps
Antagonismus = entgegengesetzte Wirkung
Tonus = Ruhespannung eines Muskels
Glucose = Traubenzucker
Glykogen = Vielfachzucker (s. S. 239)

Diese Aufgabe übernimmt der Armstrecker an der Rückseite des Oberarmes. Auch er hat seinen Ansatz am Unterarm. Mithilfe beider Muskeln kann jetzt der Unterarm dosiert bewegt werden.

Das Prinzip der entgegengesetzt arbeitenden Muskeln nennt man Antagonismus. Der jeweils arbeitende Muskel ist der Agonist, sein Gegenspieler der Antagonist. Zum Funktionieren des Muskels gehören Anspannung und Entspannung. Letztere ist aber nicht vollständig. Zur Ermöglichung des aufrechten Ganges oder des Sitzens müssen auch Muskelgruppen, die sich gerade nicht kontrahieren, einen gewissen Spannungszustand haben. Diesen nennt man Muskeltonus.

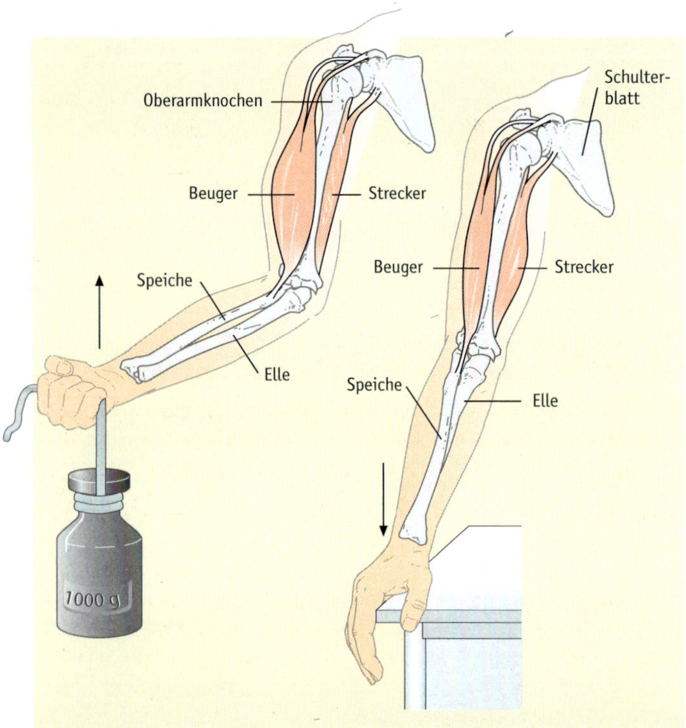

Funktionsweise von Agonist und Antagonist

Erzeugung der Muskelkraft

Wichtigster Energielieferant für die Funktion der Muskelzellen ist Glucose (s. S. 239). Diese ist im Blut in einer hormonell gesteuerten Konzentration vorhanden.
Damit ist die Leistungsfähigkeit grundsätzlich abhängig von der Menge des durchfließenden Blutes. Gleichzeitig verfügt die Muskelzelle aber auch noch über Reserven in Form von Glykogen, einer Speicherform der Glucose, aus der diese bei Bedarf freigesetzt werden kann.

Der zur Energiegewinnung erforderliche Sauerstoff muss ebenfalls durch das Blut herangeschafft werden. Sichergestellt wird dies auch bei Höchstleistungen durch eine enorme Anzahl von Blutgefäßen, die die Muskulatur versorgen. Bei normaler Alltagstätigkeit sind zur Versorgung nur etwa 25 % dieser Gefäße geöffnet. Es bestehen also große Reserven.

Bei sehr starker Beanspruchung kann die Energiegewinnung für kurze Zeit auch ohne Sauerstoff erfolgen. Die dabei entstehenden Stoffwechselprodukte übersäuern den Körper und müssen dann unter Verbrauch von Sauerstoff wieder abgebaut werden. Atmung und Herztätigkeit normalisieren sich erst nach einer Weile. Die Zeit bis zur Normalisierung kann als Maß für den jeweiligen Trainingszustand des Menschen gesehen werden.
Bei der Energiegewinnung wird außerdem Wärme freigesetzt. Dies führt wegen des hohen Anteils der Muskulatur am Körpergewicht zum Schwitzen (s. GSt., S. 70).

A

Lassen Sie Ihre Mitschülerin einen schweren Gegenstand mit einer Beugebewegung des Unterarmes heben.

a) Beobachten Sie dabei den Oberarm. Welche Muskelpartie verkürzt sich?
b) Fühlen Sie, welche Muskeln hart sind und welche relativ weich. Wie nennt man das Prinzip, das dahintersteckt?

6.2.3 Blutgefäße und Blutkreislauf

Arterie (griech. arteria) = Schlagader
Vene (lat. vena) = Blutader
Kapillare = Haargefäß
Kompression (lat. comprimere) = Zusammendrücken
Arteriole = kleinste Arterie
Venole = kleinste Vene

Blutgefäße

Die Gefäße sind die Transportwege, über die das Blut an alle Körperzellen herangeführt wird.
Die Arterien nehmen das vom Herzen ausgeworfene Blut auf und leiten es weiter an die Organe. Die einzelnen Arterien werden jeweils nach dem Organ benannt, welches sie versorgen, oder der Region, in der sie liegen. Eine Ausnahme bildet die Körperschlagader (Aorta).
Die Venen sammeln das Blut und führen es zum Herzen zurück. Ihr Name ist ebenfalls dem Organ sowie der Region zugeordnet. Ausnahmen sind die obere und untere Hohlvene, die zum Herzen führen, sowie die Pfortader, die aus der Leber kommt.
Im Bereich der Kapillaren erfolgt der Gas- und Stoffaustausch.

Die Wand der Arterien und Venen besteht aus drei Schichten:

- Die **äußere Schicht** aus Bindegewebe stabilisiert die Form und verbindet die Gefäße mit dem umgebenden Gewebe.
- Die **mittlere Schicht** aus glattem Muskelgewebe ist in den Arterien stark ausgebildet, weil diese Gefäße einem hohen Druck ausgesetzt sind. Sie ermöglicht außerdem eine Anpassung der Weite der Arterien je nach Bedarf. Denn die Arterien müssen sich, je nach Blutbedarf des zu versorgenden Organs, erweitern oder verengen können (z. B. für die Wärmeregulation über die Haut). Dies erfolgt durch das vegetative Nervensystem, und zwar durch den Sympathikusnerv. Er verfügt über verengende und erweiternde Fasern.
  In den Venen hat die mittlere Schicht keine besondere Aufgabe.
- Die **innere Schicht** besteht aus einem dünnen einschichtigen Gewebe. Sie ist äußerst glatt, um zu verhindern, dass der Blutstrom gestört wird und sich Gerinnsel bilden und festsetzen.

In den Venen bildet die innere Schicht in kürzeren Abständen halbmondförmige, zum Herzen hin offene Taschenklappen, die – einem Ventil gleich – den Rückfluss des Blutes vom Herzen weg verhindern. Sie ermöglichen den Bluttransport auch entgegen der Schwerkraft. Dies ist besonders in den Beinen wichtig. Notwendig hierfür ist eine Kompression der Venenabschnitte durch begleitende Arterien und die Muskulatur sowie die Bewegungen im oberen Sprunggelenk. Hierdurch wird das Blut abschnittweise Richtung Herz gedrückt, da sich der Abschnitt zwischen zwei Venenklappen nur von unten füllen kann. Hierfür wird der Begriff **Muskelpumpe** gebraucht.

Die Arterien zweigen sich vom Herzen kommend auf in immer kleinere Arterien bis zu kleinsten Arterien im Gewebe, den Arteriolen. Diese gehen in Kapillaren über. Nach einer kurzen, aber äußerst wichtigen Strecke vereinigen sich die Kapillaren zu kleinsten Venen, den Venolen. Diese schließen sich zu Venen zusammen, die dann in die Hohlvenen münden.
Die Kapillaren sind der Teil des Gefäßsystems, an dem das arterielle in das venöse System übergeht. Die Wand der Kapillaren besteht aus einer zarten einreihigen Zellschicht, durch die der Austausch von Blutgasen, Nährstoffen und Stoffwechselendprodukten ermöglicht wird (s. S. 347).

Große Arterien, Venen und Nerven verlaufen häufig nebeneinander und sind meist durch die Muskulatur geschützt.

Hauptschlagader = Aorta, Körperschlagader
Vorhof = Atrium
Kammer = Ventrikel
Sinusknoten = physiologischer Herzschrittmacher

Blutkreislauf

Angetrieben wird das Blut vom Herzen, das zentral im Kreislauf liegt. Durch die Elastizität der Arterien, insbesondere der Hauptschlagader, wird aus den einzelnen Pumpstößen eine fast kontinuierliche Strömung. Die Blutmenge jedes Pumpstoßes wird von der sich weitenden Aorta aufgenommen und durch das elastische Zusammenziehen in der Ruhephase des Herzens kontinuierlich an das Gefäßsystem abgegeben.

Das Herz ist ein Hohlmuskel. Es besteht aus Herzmuskelfasern, die spezielle Fähigkeiten besitzen. Sie können erstens elektrische Impulse (Erregungen) weiterleiten. Zweitens liegt ihre Besonderheit in der ungeheuren Leistungsbreite, die ein nahezu ununterbrochenes Arbeiten über Jahrzehnte ermöglicht. Erreicht wird dies durch eine gute Versorgung mit Glucose und Sauerstoff durch Kapillaren, die jede Muskelzelle umspannen.

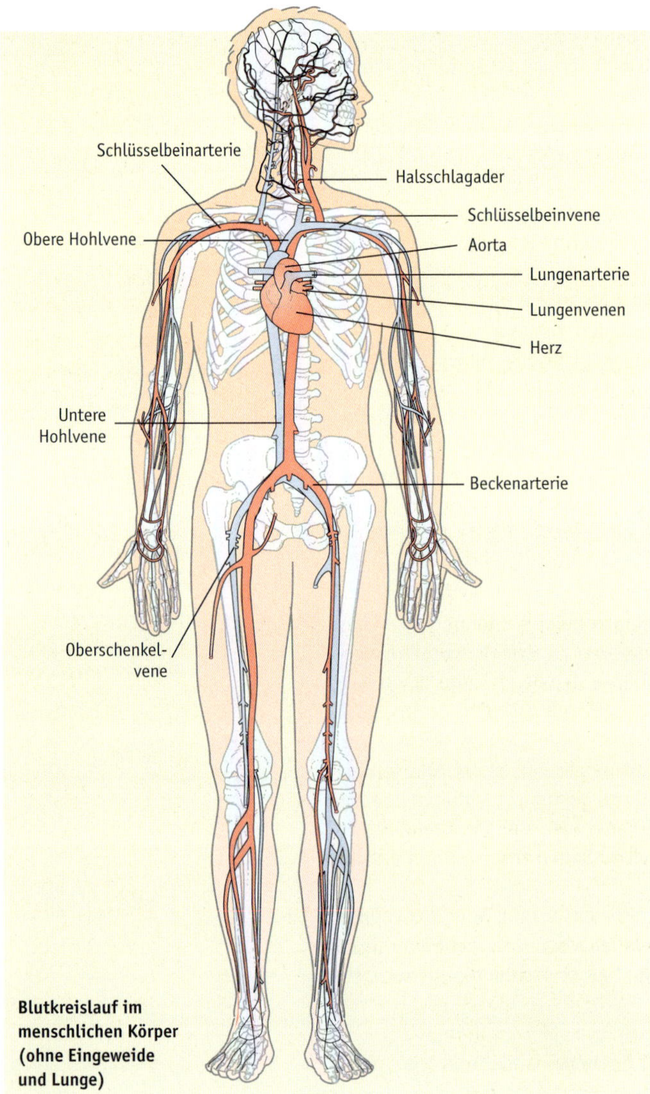

Blutkreislauf im menschlichen Körper (ohne Eingeweide und Lunge)

Durch die Scheidewand wird das Herz in zwei Hälften geteilt.

Aus der rechten Herzhälfte wird das Blut in den **Lungenkreislauf**, aus der linken Herzhälfte in den **Körperkreislauf** gepumpt.

Jede Herzhälfte besteht aus einem dünnwandigen Vorhof und einer dickwandigen Kammer. Die Vorhöfe nehmen das Blut aus den zum Herzen verlaufenden Gefäßen (Venen) auf. Die Kammern pumpen es in den Kreislauf.
Die beiden Herzkammern ziehen sich gleichzeitig zusammen, um das Blut in die Gefäße zu pumpen. Die Vorhöfe arbeiten ebenfalls gleichzeitig und füllen die Kammern mit Blut. Auf diese Weise wird ein kontinuierlicher Blutstrom erzeugt.
Damit das gepumpte Blut nicht zurückfließt, befinden sich im Herzen zwischen Vorhöfen und Kammern sowie zwischen Kammern und Arterien Klappen, die die Funktion von Ventilen haben.
Für das regelmäßige Schlagen des Herzens ist das Erregungsleitungssystem zuständig. In der Vorderwand des rechten Vorhofes liegt der sogenannte Sinusknoten. Er sorgt für eine Schlagfolge (Frequenz) von etwa 60 bis 80 Schlägen pro Minute. Die Erregungsbildung erfolgt automatisch.

Das Herz fördert bei jedem Schlag aus jeder Kammer eine bestimmte Menge Blut, das Schlagvolumen – ca. 70 ml. Multipliziert man dies mit der normalen Schlagzahl von etwa 70 pro Minute, ergibt sich das Herzminutenvolumen mit ca. 5 Litern. Dies entspricht in etwa der Gesamtblutmenge des Erwachsenen, d.h., die gesamte Blutmenge wird in ca. einer Minute durch den Körper gepumpt.

Herzkranzgefäße = Koronarien

Die Blutversorgung des Herzens erfolgt über die Herzkranzgefäße, die kurz über der Aortenklappe ihren Anfang nehmen und sich kranzförmig um das Herz herumziehen.
Im Ablauf dargestellt, geschieht bei der Aktion des Herzens Folgendes (s. Abb. rechts):

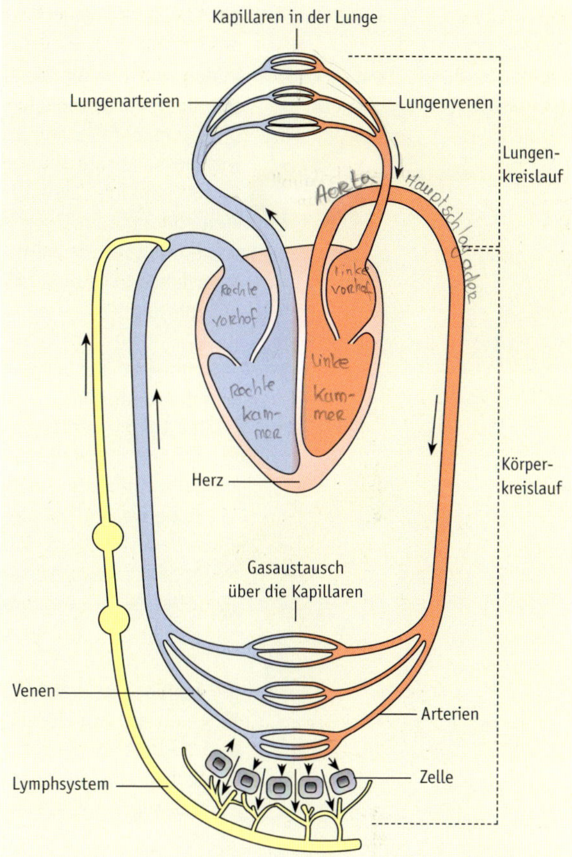

Blutkreislauf mit Lymphsystem (schematisch)

Lungenkreislauf

Aus der rechten Kammer gelangt das Blut in die großen Lungenarterien. Diese verzweigen sich bis hin zu Arteriolen, die dann in das Kapillarnetz übergehen, das die Lungenbläschen (Alveolen) umspannt. Das Blut gibt Kohlendioxid ab und nimmt Sauerstoff auf. Die Kapillaren gehen über in Venolen, die sich zu immer größeren Venen zusammenschließen, um dann über die vier Lungenvenen über den linken Vorhof in die linke Kammer zu gelangen.

Körperkreislauf

Aus der linken Kammer wird das Blut in die Hauptschlagader gepumpt. Diese verzweigt sich in immer kleiner werdende Arterien und verteilt das Blut im ganzen Körper. Der Querschnitt vermindert sich bis hin zu den Arteriolen, die erneut in ein Kapillarnetz übergehen, sodass alle Gewebezellen erreicht werden. Hier findet die Abgabe von Sauerstoff und die Aufnahme von Kohlendioxid statt (**Gasaustausch**).

Das nun sauerstoffarme Blut sammelt sich in den Venolen, später Venen, die sich in der unteren und oberen Hohlvene zusammenschließen und das Blut erneut über den rechten Vorhof zur rechten Kammer transportieren. Damit ist dann der Kreislauf geschlossen.

Herz und Lunge werden also von der gesamten im Körper kreisenden Blutmenge durchströmt.
Die Verteilung des Bluts in den übrigen Organen ist abhängig von der Dehnbarkeit der Gefäßabschnitte und dem jeweiligen Bedarf der einzelnen Organe.

A

1. Lassen Sie Ihre Hände eine Weile herabhängen und beobachten Sie das erscheinende Adergeflecht. Tasten Sie die Adern ab. Um welche Art von Gefäßen handelt es sich?
2. Versuchen Sie an Ihrem Handgelenk Ihren Puls zu fühlen.
   a) Wie viele Schläge sind es in der Ruhelage?
   b) Vergleichen Sie Ihren Puls mit dem Ihrer Banknachbarin.

Lymphe (lat. lympha) = Quellwasser, Gewebswasser in den Lymphgefäßen
resorbieren = gelöste Stoffe aufnehmen
Appendix = Wurmfortsatz
Ödem (griech. oedema) = Ansammlung von Gewebswasser im Bindegewebe, Geschwulst

6.2.4 Lymphsystem

Ein Teil der Blutflüssigkeit im Kapillargebiet verlässt dort die Blutgefäße und sickert in die Zellzwischenräume der Gewebe. 90 % dieser Gewebsflüssigkeit werden in den venösen Teil der Blutkapillaren rückresorbiert, 10 % (die Lymphe) sammeln sich in einem besonderen Gefäßsystem, den Lymphgefäßen.
Die Lymphgefäße beginnen blind im Bindegewebe als Lymphkapillaren. Ähnlich wie die Venen gehen sie allmählich in immer größer werdende Gefäße über und vereinigen sich schließlich in einem Hauptstamm, dem Brustmilchgang und dem kleineren rechten Lymphgang. Der Brustmilchgang mündet in den Zusammenfluss von linker Schlüsselbein- und Halsvene. In die gleiche Stelle münden auch die entsprechenden Lymphgefäße der linken Kopf- und Halsseite, während die der rechten Kopf- und Halsseite in die rechte Schlüsselbeinvene münden.

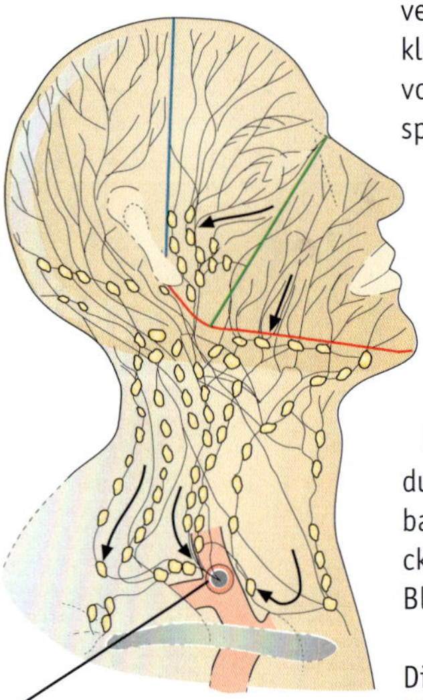

Lymphgefäße und Lymphknoten im Kopf- und Halsbereich

Somit hat das Lymphgefäßsystem einen Anfang und ein Ende – im Gegensatz zum Blutkreislauf.
Die Lymphgefäße sind ähnlich wie Venen aufgebaut. Sie weisen ebenfalls Klappen auf, die dafür sorgen, dass der Lymphstrom immer in die gleiche Richtung fließt. Größere Lymphgefäße kontrahieren sich rhythmisch und leiten so die Lymphe weiter. Bei kleineren Lymphgefäßen wird der Transport der Lymphe dadurch bewerkstelligt, dass benachbarte Arterien mit ihren Pulswellen oder benachbarte, sich zusammenziehende Muskeln auf die Wand der Lymphgefäße drücken. Das ist von besonderer Bedeutung, weil das Lymphsystem im Gegensatz zum Blutkreislauf keine eigene „Pumpe" hat.

Die Lymphe hat drei Aufgaben:
- Ableitung von Flüssigkeit aus den Zellzwischenräumen
- Transport von Fetten aus dem Verdauungstrakt
- Abwehr von körperfremden Stoffen, Krankheitserregern, entarteten Zellen in den lymphatischen Organen (z. B. Mandeln, Appendix) und den Lymphknoten

Lymphknoten

Wie aneinandergereihte Perlen liegen im Verlauf der Lymphgefäße 500 bis 1000 Lymphknoten. In einen Lymphknoten münden zahlreiche kleine Lymphgefäße. Nur ein einziges Lymphgefäß verlässt den Knoten wieder.
In jedem Lymphknoten befinden sich viele weiße Blutkörperchen. Bei einer Entzündung werden sie im Abwehrkampf gegen die Erreger aktiv. Die normalerweise sehr weichen und nicht tastbaren Lymphknoten werden größer, hart, tastbar und schmerzhaft.

Z Werden Lymphknoten bei einer Massage ertastet, ist dem Kunden immer zu einem Arztbesuch zu raten.

Lymphabflussstörung

Ist der Abfluss der Lymphe in irgendeiner Form behindert, sammelt sich Lymphflüssigkeit im Gewebe an. Ein Ödem entsteht, Symptom für ein akutes oder chronisches Krankheitsgeschehen.
Das Lymphödem fühlt sich teigig an. Drückt man mit dem Finger in das geschwollene Gewebe, so bleibt die Delle längere Zeit erhalten.

A Woran müssen Sie denken, wenn Sie bei Ihrer Kundin einen Lymphknoten ertasten können?

6.2.5 Nervensystem

Das Nervensystem ist die übergeordnete Zentrale zur Steuerung und Koordination aller Lebensvorgänge sowie Sitz des Bewusstseins und aller geistigen Regungen wie Verstand und Gedächtnis. Es lenkt unwillkürliche und willkürliche Lebensäußerungen und verarbeitet Empfindungen der Sinnesorgane zu bewussten Wahrnehmungen.
Es steuert und dirigiert die Leistungen aller Körperteile und Organsysteme, und zwar so, dass die Teilleistungen aufeinander abgestimmt sind und sich daher den Bedürfnissen des Menschen in einer wechselnden Umwelt anpassen können.
Rein von der Funktion her betrachtet, dient das Nervensystem der Nachrichtenübermittlung. Bei einfachen Lebensformen wird eine Sinneszelle durch einen Umweltreiz angeregt und leitet die Erregung direkt weiter an eine Muskelzelle.
Bei höher entwickelten Organismen ist dazwischen noch eine weitere Zelle eingeschaltet, die Nervenzelle.
Nach der Lage der Nervenzellen unterscheidet man **zentrales Nervensystem** (Gehirn und Rückenmark) und **peripheres Nervensystem** (Nerven von Kopf, Rumpf, Armen und Beinen).

peripher (lat.) = außen liegend, Gegenteil von zentral
Dendrit (griech. dendros) = Baum
Neurit (griech. neuron) = Nerv
Myelin (griech. myelon) = Mark
Synapse (griech. synapsis) = Verbindung
Transmitter (lat. transmittere = herüberschicken) = Überträgersubstanz

Nervenzelle

Die Nervenzelle kann durch Fortsätze die Erregung auf Nervenzellen oder Muskel- und Drüsenzellen weiterleiten. Kurze Fortsätze, die Zellen miteinander verbinden, heißen Dendriten. Den langen Fortsatz, der die Verbindung zu den Organen herstellt, nennt man Neurit. Um die Weiterleitung von Impulsen zu ermöglichen, sind die langen Fortsätze durch eine Hülle, die sogenannte Myelinscheide, „isoliert".

An den Enden der Fortsätze sind spezielle Kontaktstellen (Synapsen) ausgebildet. Die Übertragung an den Synapsen erfolgt chemisch über sogenannte Neurotransmitter. Der Spalt, der von den Neurotransmittern überwunden werden muss, gibt die Möglichkeit, mit Medikamenten in die Übertragungsvorgänge einzugreifen.

Die Tätigkeit der Nervenzellen ermöglicht eine außerordentliche Vielfalt von Funktionen:

- willkürliche und unwillkürliche Muskelbewegungen
- Steuerung der Drüsentätigkeit
- Informationsverarbeitung mit oder ohne Überschreiten der Schwelle des Bewusstseins

Dennoch sind die Mechanismen der Erregungsübertragung im Nervensystem relativ einfach. Es gibt zwei Signalformen:

- die bioelektrische Erregung der Nervenfasern und
- die chemische Erregungsübertragung an den Synapsen.

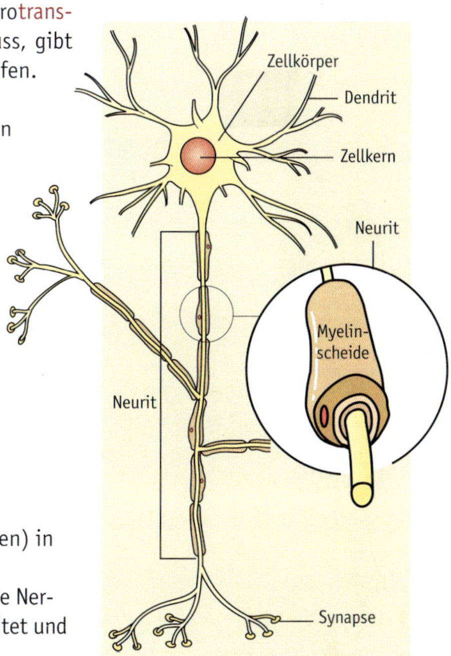

Nervenzelle

Zusammengefasst lassen sich die Leistungen des Nervensystems auf drei Funktionen zurückführen:

- Umwandlung von Reizen (z. B. Hören, Sehen, Fühlen, Riechen, Schmecken) in eine elektrische Erregung
- Weiterleiten der auftretenden Erregungen von der Aufnahmestelle über die Nervenbahnen in Rückenmark und Gehirn, wo die Reizinformationen verarbeitet und geordnet werden
- Beantwortung der Reize durch Erregung der ausführenden Organe (Muskeln, Drüsen)

vegetativ (lat. vegetare = beleben) = unbewusst

Meningen (griech. meninx) = Haut, Hirnhaut

Liquor (lat. liquoris) = Flüssigkeit

Bewusstes Handeln erfolgt über den Einsatz des sog. peripheren Nervensystems, welches im Wesentlichen der Bewegung dient. Dagegen steuert das vegetative Nervensystem wichtige Organfunktionen ohne unseren Willen (unbewusst), z. B. Atmung, Kreislauf, Stoffwechsel.

Das vegetative Nervensystem besteht aus zwei Anteilen, dem Sympathikus und dem Parasympathikus, die z. T. gegensinnig wirken und damit die Organfunktionen steuern.

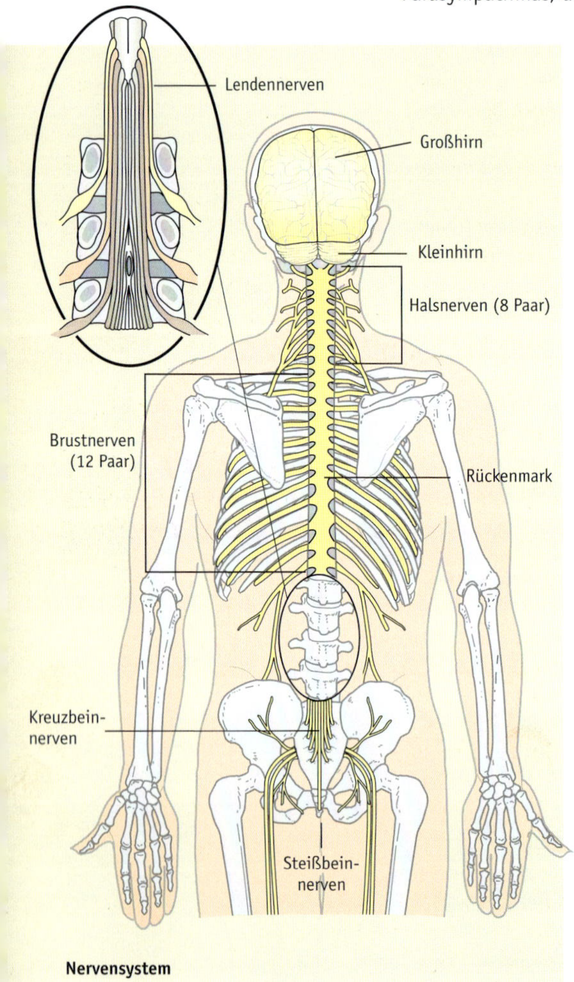

Nervensystem

Über den **Sympathikus** werden eher Aktivitäten gesteuert, welche nach außen gerichtet sind, z. B. die Zunahme der Kontraktionskraft des Herzens und Erweiterung der Bronchien zur Ermöglichung körperlicher Leistungen, er steht also für Anspannung.

Der **Parasympathikus** steuert hingegen Funktionen, welche der Regeneration dienen, z. B. Verdauung und Ausscheidung, er steht also für Entspannung (s. S. 47).

Strukturen des Nervensystems

Gehirn und Rückenmark bilden das Zentralnervensystem (ZNS).

Das Gehirn besteht aus Großhirn, Zwischenhirn, Kleinhirn und Hirnstamm und wird durch den knöchernen Schädel geschützt. Es geht über in das Rückenmark, das im knöchernen Kanal der Wirbelsäule liegt.

Beide Strukturen werden von drei Hirn- und Rückenmarkshäuten (Meningen) umgeben, die der Ernährung und dem Schutz dienen. Innerhalb dieser Häute werden Hirn und Rückenmark von einer Flüssigkeit umspült, die in Hohlräumen des Hirns gebildet wird (Liquor).

Das **Rückenmark**, bestehend aus Nervenzellen und Nervenfasern, verbindet als Leitungsapparat die höher gelegenen Zellen des zentralen Nervensystems, nämlich des Gehirns, mit den peripheren Nerven und dient dem Zustandekommen von Reflexen. Die peripheren Nerven sind aus Nervenfasern bestehende reine Leitungen. Sie verlassen das im Wirbelkanal gelegene Rückenmark jeweils zwischen zwei Wirbeln nach rechts und links durch knöcherne Aussparungen der Wirbelbögen (Zwischenwirbellöcher). Es gibt 31 solcher Nervenpaare. Die Nerven verzweigen sich im Körper bis zu einzelnen Nervenfasern. Sie führen absteigende motorische und aufsteigende sensible Fasern und sind somit für die gesamte Bewegung und sensible Versorgung des Körpers zuständig.

Die Hirnnerven unterscheiden sich im Prinzip nicht von den Rückenmarksnerven, nur gehen sie direkt vom Gehirn aus. Es gibt zwölf Paar Hirnnerven, die mit den Ziffern I bis XII bezeichnet werden. Sie vermitteln die Empfindungen der Sinnesorgane (Sehen, Hören, Riechen usw.) und steuern die Betätigung der Kopf- und Augenmuskulatur.

A

1. Mit welchen Sinnen können Sie die Haut einer Kundin beurteilen?
2. Welches Organ ist für die Empfindung „glatt" erforderlich?

6.3 Lokale, reflektorische und allgemeine Wirkungen der Massage

Obwohl beim Massieren lediglich die Hautoberfläche berührt wird, wirkt sich die Anwendung auf den gesamten Organismus aus. Was dabei geschieht, lässt sich in lokale, reflektorische und allgemeine Wirkungen unterteilen.

lokal = örtlich begrenzt
reflektorisch = durch einen Reflex bedingt
Reflex = unwillkürliches Ansprechen auf einen Reiz
Parasympathikus = dämpfender Teil des vegetativen Nervensystems
Sympathikus = anregender Teil des vegetativen Nervensystems

Lokale Wirkungen entstehen direkt und unmittelbar an der Hautstelle, die gerade massiert wird:

- Durch mechanischen Schuppenabrieb glättet sich die Hautoberfläche.
- Unter Massagedruck gelangen Wirkstoffe aus den verwendeten Massageprodukten leichter und tiefer unter das Stratum corneum.
- Mit dem Dehn- und Verschiebereiz auf die Epidermisschichten verbessert sich die Teilungsrate der Basalzellen.
- Durch gezieltes Verschieben von Gewebeschichten werden die elastischen und kollagenen Fasern der Dermis trainiert.
- Unter dem an- und abschwellenden Druck und Zug von Massagegriffen im Verlauf der Spaltlinien (s. GSt., S. 79) wird die Flüssigkeitsbewegung im Bindegewebe angeregt. Die Haut wirkt „aufgepolstert" und Falten sind weniger sichtbar.
- Massage belebt den Teint, die massierte Haut sieht rosig aus.
- Die lokale Durchwärmung betrifft Haut und Muskulatur.
- Bei der Gesichtsmassage werden die mimischen Muskeln im Tonus reguliert und entspannt.
- Bei Körpermassagen werden Verkrampfungen und Verspannungen in der Skelettmuskulatur gelöst und Muskelschwächen ausgeglichen.

Massagesituation

Reflektorische Wirkungen entstehen als Fernwirkungen über das Nervensystem (s. S. 54f.):

- Die von sensiblen Nervenendigungen in der Epidermis und Nervenendkörperchen in der Dermis aufgenommenen Berührungsreize werden an das Zentralnervensystem weitergeleitet und dem Massierten bewusst gemacht.
- Durch angenehm empfundene Reize entstehen im vegetativen Nervensystem Beruhigung und Entspannung (durch unangenehm empfundene dagegen Unruhe und Gereiztheit).
- Gelingt die Umschaltung auf den Parasympathikus, so entsteht ein rundum erlebtes Wohlbefinden und eine tiefe Entspannung, die bis zum Einschlafen führen kann.
- Fernwirkungen auf innere Organe bringen Harmonisierung und Entlastung mit sich, z. B. Pulsverlangsamung, Blutdrucksenkung, Herzschonung.

Allgemeine Wirkungen betreffen das Zusammenspiel der Organsysteme über den Blutkreislauf:

- Wird an einer Stelle Druck auf Blutgefäße ausgeübt, so wirkt sich das im gesamten Blutkreislauf aktivierend aus.
- Massagedruck in Abflussrichtung der Venen und Lymphgefäße löst venöse und lymphatische Stauungen auf und verbessert den Abtransport von Stoffwechselendprodukten.
- Mit dem entstehenden Sog auf arterielle Gefäße gelangt mehr nährstoff- und sauerstoffreiches Blut ins Gewebe.
- Der Stoffaustausch zwischen Blutgefäßen, Zellzwischenraum und Lymphe wird angeregt.

ätherische Öle = fettlöslich, wasserunlöslich, empfindlich gegen Sauerstoff, Licht, Wärme. Ihre kleinen Moleküle ziehen leicht in die Haut ein, es sind Gemische, z. B. aus Alkoholen, Aldehyden, Ketonen, Estern, Lactonen, Terpenen und aromatischen Verbindungen
ätherisch (auch etherisch) = flüchtig wie Ether
okklusiv = als Film auf der Haut verbleibend, abdichtend, Wärme speichernd

Massagemittel

- Durchblutung und Stoffwechsel steigern sich.
- Diese Blutumverteilung hat einen regulierenden Einfluss auf den Blutdruck, den Puls und entlastet das Herz.

A Beobachten Sie, wie Kunden eine von Ihnen durchgeführte Massage empfunden und erlebt haben. Tragen Sie Ihre verschiedenen Erfahrungen in der Klasse zusammen.

6.4 Massagemittel

Als Gleitmittel beim Massieren werden in der Regel Öle und Emulsionen eingesetzt. Die verwendete Menge sollte über die gesamte Massagezeit ausreichen. Jedes Nachcremen unterbricht den Massagefluss und stört das Erlebnis der Massage. Mit Menge und Beschaffenheit des Massagemittels lässt sich der mechanische Vorgang des Massierens steuern. Wird wenig Gleitmittel verwendet, verstärkt sich die Reibung, wird zu viel verwendet, schwächt sich die Wirkung ab.
Die Auswahl erfolgt stets in Abhängigkeit von Hautbedürfnissen, Hautsekretionstyp, aktuellem Hautzustand und Geruchsempfinden der Kunden. Während bei Gesichtsmassagen der Schwerpunkt auf der Hautpflege liegt, sollen Körpermassagen vorrangig das Wohlbefinden verbessern und Verspannungen lösen.

Massagemittel im Überblick (Fette s. S. 92 ff.)

Massagemittel	Besonderheiten	Anwendungen
fette Öle	höchste Gleitfähigkeit, leicht verteilbar	Gesicht und Körper
pflanzliche Öle (z.B. Jojoba-, Oliven-, Mandel-, Avocado-, Distel-, Traubenkern- oder Keimlingsöle)	ziehen unter das Stratum corneum, verbessern den Hautschutz, enthalten fettlösliche Vitamine A, E, D, K	für Gesichtsmassagen bei Sebostase, Rötungen, Empfindlichkeiten, Hautalterung
ätherische Öle tropfenweise zu Basisölen	sind Duft- und Wirkstoff zugleich, leider auch allergiegefährdend	als Aroma- und Wellnessmassage für Gesicht und Körper
mineralische Öle (z. B. Paraffinöl) pur oder als Zusatz zu Massagecreme, Massagemilch	verbleiben schützend auf der Haut, wirken okklusiv	werden gering anteilig zugesetzt für Körpermassagen an unempfindlichen trockenen Hautpartien, bei Restbräune
weiche, gehaltvolle **W/O-Emulsionen** (z. B. Fettcremes, Nachtcremes, Körpercremes)	hohe Gleitfähigkeit, sind fett- und feuchtigkeitsspendend, spreiten langsam auf	für trockene und faltige Gesichts- und Körperhaut, für strapazierte und empfindliche Haut, an kühlen Tagen
reichhaltige **O/W-Emulsionen** (z. B. Feuchtigkeitscremes, Tagescremes, Körpermilch)	nur bedingte Gleitfähigkeit, deshalb mit feuchten Händen (Wasser, Gele) zu verwenden, kühlend	für Gesicht und Körper bei Seborrhö, bei heißer Haut, an warmen Tagen

Produkte, die als „Massagemittel“, „Massagelotion“ oder „Massagecreme“ bezeichnet werden, enthalten mitunter einen gewissen erlaubten Prozentsatz an mineralischen Fetten und Ölen. Sie werden verwendet, wenn ausschließlich Gleitfähigkeit auf unproblematischer Haut erreicht werden soll.

Bei Gesichtsmassagen sollte die Kosmetikerin bezüglich eines geeigneten Massagemittels wählerisch sein, geht es doch vorrangig um die dem aktuellen Hautzustand entsprechende Hautpflege. Die Massage wird genutzt, um Wirkstoffe aus hochwertigen Emulsionen und pflanzlichen Ölen intensiver in die Haut einzubringen. Groß ist die Auswahl von handelsüblichen Wirkstoffcremes oder Ölmischungen.
Für individuelles Arbeiten können den wertvollen pflanzlichen Trägerölen tropfenweise ätherische Öle zugemischt werden.
Bei der Auswahl kann die Kosmetikerin den Kunden beteiligen, denn für ihn soll der Duft angenehm sein.
Mit der Aufnahme ätherischer Öle über den Geruchssinn kann Einfluss auf die Befindlichkeit genommen werden, denn es besteht eine direkte Verbindung zu Hirnarealen, die Gefühle steuern.
Für eine Gesichtsmassage werden zwei Tropfen eines ätherischen Öls auf einen Teelöffel Trägeröl gegeben, für eine Körpermassage fünf Tropfen auf einen Esslöffel Trägeröl.

Z

Wer zu viel Gleitmittel verwendet, schwächt mechanische Reize in ihrer Wirkung ab und arbeitet unwirtschaftlich.
Wer zu wenig Gleitmittel einsetzt, kann fleckige Rötungen und Schmerzen verursachen.

Beispiele für Aromamischungen

Trägeröl	ätherische Öle	Anwendung
Mandelöl	Zitrone, Zypresse	jugendliche Haut, normale Haut
Jojobaöl	Lavendel, Melisse, Jasmin	zur Entspannung und Beruhigung, für trockene Haut
Nachtkerzenöl, Borretschöl	Geranie, Sandelholz, Neroli	bei Empfindlichkeiten, Rötungen
Macadamianussöl	Rosmarin, Pfefferminze, Salbei	zur Belebung, Anregung

Z

Ätherische Öle:
- **mit Kopfnote**, leichte, helle Düfte, sind erfrischend, anregend und konzentrationsfördernd, z. B. Zitrone, Orange, Minze
- **mit Herznote**, blumige, liebliche Düfte, sind harmonisierend, ausgleichend, z. B. Rose, Lavendel, Neroli
- **mit Basisnote**, schwere balsamische Düfte, sind kräftigend, stärkend, z. B. Harz- und Wurzelöle, Teebaum, Eukalyptus, Wacholder

A Stellen Sie aus den in Ihrem Ausbildungsbetrieb verwendeten Produkten solche in einer Tabelle zusammen, die sich zum Massieren älterer, trockener und faltiger Gesichtshaut eignen. Begründen Sie Ihre Wahl.

6.5 Ausführen kosmetischer Massagen

6.5.1 Massageregeln

Jede Massage folgt anatomischen und physiologischen Voraussetzungen. Aus den Massagegrundgriffen (s. S. 54 ff.) und deren Abwandlungen sind die in der Praxis bewährten Massageabläufe zusammengestellt. Für Teilmassagen sind 15–20 Minuten Massagezeit üblich, für Ganzkörpermassagen 30–40 Minuten.
Texte und Abbildungen dazu in Lehrbüchern sind beim Erlernen, Einprägen und Wiederholen hilfreich. Der Lernende braucht jedoch einen erfahrenen Lehrmeister in der praktischen Lehrunterweisung sowie ständige Kontrolle und viel Übung, um seine Technik zu vervollkommnen und Sicherheit zu gewinnen. Nur so entstehen eine exakte Abfolge ohne extreme Konzentration und der richtige Rhythmus ohne Verkrampfung. Die Griffe sollten, abgestimmt auf die aktuellen Bedürfnisse, 3- bis 5-mal wiederholt werden. So erlebt der Kunde eine gewisse Monotonie, die seine Entspannung fördert. Voraussetzung ist allerdings, dass eine Hand des Massierenden stets Hautkontakt zum Kunden hält und Unterbrechungen unterbleiben.

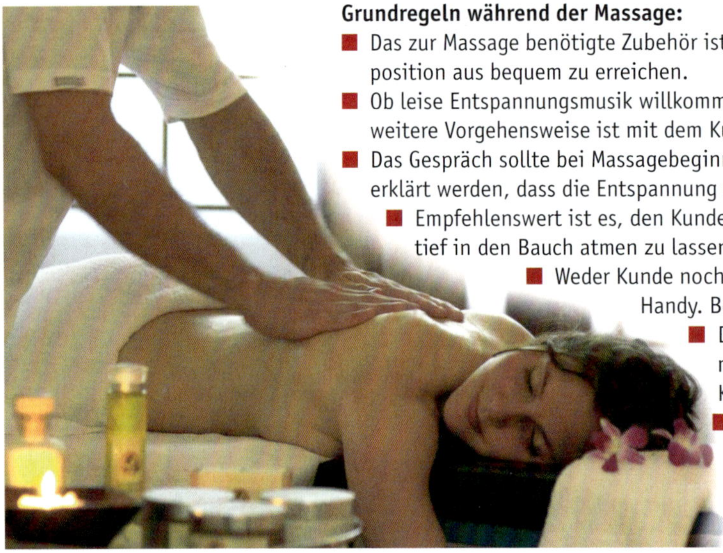
Gelungene Massagesituation

Grundregeln während der Massage:
- Das zur Massage benötigte Zubehör ist bereitgestellt und von der Massageposition aus bequem zu erreichen.
- Ob leise Entspannungsmusik willkommen ist, wurde zuvor geklärt. Auch die weitere Vorgehensweise ist mit dem Kunden abgesprochen.
- Das Gespräch sollte bei Massagebeginn unterbrochen werden. Es kann höflich erklärt werden, dass die Entspannung schweigend intensiver erlebt wird.
- Empfehlenswert ist es, den Kunden vor Beginn der Massage 3- bis 5-mal tief in den Bauch atmen zu lassen, wichtig besonders vor der Bauchlage.
- Weder Kunde noch Kosmetikerin greifen zum klingelnden Handy. Besser noch, es wurde zuvor abgestellt.
- Die massierende Kollegin wird nicht mit innerbetrieblichen Problemen des Kosmetikinstituts konfrontiert.
- Jede Massage beginnt und endet mit Streichungen. Zuletzt verbleiben die Hände mit leichtem Druck noch etwas auf der Haut liegen, um dem Kunden das Ende der Massage bewusst zu machen.

Entspannte Kundin bei der Gesichtsmassage

Massageerfolge sind abhängig von:
- einer ruhigen Massageatmosphäre,
- der Konzentriertheit der Massierenden,
- der Genussfähigkeit der Kunden,
- der Exaktheit der Grifftechnik,
- der Anzahl der Wiederholungen.

Anzeichen für gelungene Entspannung beim Massieren sind:
- Der Kunde liegt ruhig, bewegt weder Kopf noch Arme oder Beine.
- Die Augen sind geschlossen, die Lider bewegen sich nicht mehr.
- Es ist keinerlei Mimik zu beobachten.
- Die Atmung ist gleichmäßig und ruhig.
- Ein erholsamer Kurzschlaf ist nicht selten.
- Nach Beendigung der Massage folgt ein wohliges Dehnen des Körpers und vielleicht auch ein verbales Lob.

A Was verstehen Sie unter einer optimalen Massagesituation? Wie können Sie selbst dazu beitragen? Welche Regeln sollten beachtet werden?

6.5.2 Gefahren unsachgemäßer Massagen

Die beschriebenen physiologisch nützlichen Wirkungen von Massagen können jedoch nur bei exakter Ausführung erwartet werden. Fehler bei Druckqualität, Richtung oder Rhythmus der Massage müssen ebenso vermieden werden wie bei der Auswahl des Massagemittels (s. S. 48f.).

Massagedetail	richtig	falsch
Massagerichtung	■ im Spaltlinienverlauf zur Elastizitätssteigerung ■ bei Körpermassagen mit Druck herzwärts zur Kreislaufentlastung	■ quer zum Spaltlinienverlauf würde zur Zerrung, Stauchung oder Überdehnung führen ■ Druck zu den Körperspitzen bei Körpermassagen führt zu venösem und lymphatischem Stau
Massagerhythmus	etwa in eigener Pulsfrequenz langsam und ausgeglichen, bringt tief greifende Entspannung und Beruhigung bis zum Kurzschlaf	extrem schnell und unausgeglichener Rhythmus mit Unterbrechungen macht nervös, hält wach, verhindert Beruhigung und Entspannung
Massagedruck	■ einfühlsam, auf individuelles Druckempfinden abgestimmt ■ weicher Druck bei verhärteten, kräftiger bei atrophischen Muskeln	■ zu derb und zu kräftig, macht sofort rotfleckig, kann sogar zu Hämatomen führen und schmerzen, überdehnt langfristig die Haut ■ zu schwach, zu kraftlos, ist ohne Wirkung, kann unangenehm kitzeln
Massagemittel	■ reichhaltige W/O-Emulsion oder Öle bei Sebostase ■ geschmeidige, gleitfähige Zubereitungen bei Falten und Rötungen ■ dünnflüssige, magere O/W-Emulsionen bei Seborrhö ■ mineralfettfreie Mittel, Gele bei Aknegefährdung	■ fettarme, feuchtigkeitsarme Mittel bei Sebostase ■ zähe und pastöse Mittel bei Empfindlichkeiten, Rötungen und Falten ■ fettreiche W/O-Emulsionen bei Seborrhö ■ mineralfettreiche Mittel bei Aknegefährdung verschlechtern die Hautsituation

Hämatom = Bluterguss
atrophisch = zurückgebildet

Z Eine erprobte Regel lautet: Geringe Reize regen die Selbstheilungskräfte an, starke Reize hemmen sie, aber überstarke Reize heben sie auf.

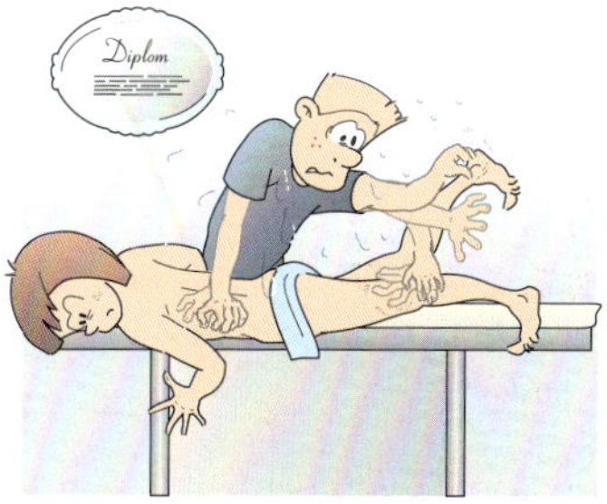

Unsachgemäße Massage

A Woran orientiert sich die massierende Kosmetikerin bei Massagerichtung und Massagerhythmus bei Körpermassagen? Welche Fehler muss sie vermeiden?

6.5.3 Kontraindikationen

Mit der Massage übernimmt die Kosmetikerin eine große Verantwortung für die von ihr behandelten Menschen. Deshalb ist es selbstverständlich, dass nur eine gesunde Kosmetikerin massieren darf:

- Sie ist nicht erkältet.
- Sie hat keine akute Hauterkrankung.
- Sie hat keine Hand-, Finger- oder Nagelverletzung.
- Sie hat keine überlangen und lackierten Nägel.

Indikation = Empfehlung, Eignung
Kontraindikation = Warnung, Verbot

Auch wenn vorausgesetzt wird, dass nur gesunde Menschen ein Kosmetikinstitut aufsuchen, muss die Kosmetikerin Befindlichkeitsstörungen oder Akutprobleme, die gegen eine Massage sprechen, an ihrer Kundschaft erkennen.

Kontraindiziert – also verboten – sind kosmetische Massagen bei Kunden mit:

- infektiösen Hauterkrankungen, z.B. virusbedingt bei Herpes simplex oder Verrucae, durch Pilze verursacht wie bei Mykosen (häufig im Bartbereich, am Rücken, an den Füßen), um eine Ansteckungsgefahr zu vermeiden;
- bakteriellen Erkrankungen wie Akne, weil die Gefahr einer Schmierinfektion besteht;
- verletzter Haut, z. B. Schürfwunden, Schnittverletzungen, frischen Narben, weil Hautdehnungen bei der Massage den Heilungsprozess stören;
- beginnender Erkältung und tastbar harten Lymphknoten, um die Filtertätigkeit der Lymphknoten nicht zu stören;
- akut gereizter und geröteter Haut wie dem Schub einer Allergie, einer Neurodermitis, einer Psoriasis, einer Rosacea, Sonnenbrand, Fotosensibilisierung, weil vorgeschädigte Haut weder Druck noch Anregung verträgt. Die durch Druckreiz vermehrt ausgeschütteten Gewebshormone wie Histamine stellen die Blutgefäße spontan weit;
- Ödemen und Schwellungen, weil eine Massage noch mehr Wasser aus den Blutkapillaren ins Bindegewebe drückt (hier ist die Lymphdrainage (s. S. 346) hilfreich);
- Varizen und Thrombosegefährdung, weil Druck Blutgerinnsel lösen kann. Bleiben diese in einem kleinen Blutgefäß in Lunge oder Gehirn stecken, können lebensbedrohliche Situationen wie Lungenembolie oder Hirnschlag provoziert werden.

A

1. Erstellen Sie eine Tabelle, in der Sie die Kontraindikationen der kosmetischen Massage und deren Begründungen auflisten.
2. Prüfen Sie in Ihrem Ausbildungsbetrieb die Kundenkartei auf typische Hautprobleme Ihrer Kunden, bei denen auf eine klassische Massage verzichtet werden muss.

6.5.4 Vorbereitung kosmetischer Massagen

Harmonisch eingerichteter Massageraum

Damit jede Massage zu einem besonderen persönlichen Erlebnis wird, sind umsichtige Vorarbeiten erforderlich.

Vorbereitung von Massageraum und Arbeitsplatz

In einer regelmäßig gelüfteten, angenehm temperierten, ruhigen und in harmonischen Farben gestalteten Kosmetikkabine kann jede Massage ausgeführt werden. In größeren Einrichtungen gibt es auch spezielle Massageräume.
Die Behandlungsliege ist in geeigneter Massageposition, möglichst auch beheizbar (integriert oder auch durch eine Heizdecke unter dem Frotteebezug).
Eine saubere Wolldecke und frische Laken und Handtücher liegen bereit.

Die Kosmetikerin sollte rückenschonend arbeiten, indem sie auf einem höhenverstellbaren Rollhocker sitzt oder im Stand die Massageliege höher fährt. Alles zur Massage benötigte Zubehör, z. B. eine Auswahl von Massagemitteln, Spatel, Massagegeräte und was danach gebraucht wird, z. B. Gesichts- und Körperpackungen, Handdesinfektionsmittel (zu verwenden, falls die Arbeit unterbrochen wurde), liegen am Arbeitsplatz bereit. Der Arbeitsplatz der Kosmetikerin muss in allen Details den Hygieneanforderungen entsprechen (s. GSt., S. 12 ff.).

Vorbereitung der Kosmetikerin

Die Kosmetikerin trägt saubere, funktionale Arbeitskleidung und bequeme Schuhe mit leisen Sohlen. Ihr Haar ist aus dem Gesicht frisiert oder mit Spangen, Clips oder Bändern so gehalten, dass es beim Massieren nicht ins Gesicht fallen kann. Sie ist frei von Mund- und Körpergeruch, hat kurze, gepflegte Fingernägel und eine glatte Handhaut, besonders an den Innenflächen. Sie trägt keinen Schmuck an Fingern und Armen. Ihre Hände sind durch eine Waschung oder durch Aneinanderreiben vorgewärmt und mit wenigen Lockerungsübungen geschmeidig gemacht.

Z Ringe, die die Kosmetikerin beim Massieren trägt, würde der Kunde unangenehm als harten Druckpunkt spüren.
Ketten und Armreifen könnten die zu massierende Hautfläche streifen und klappern.

Fingergymnastik:

1 Finger beider Hände im Wechsel kräftig zur Faust schließen und öffnen.
2 Finger im Wechsel spreizen und schließen.
3 Finger in schneller Folge einzeln beugen.
4 Hände kreisförmig im Handgelenk schütteln.
5 Beide Handkanten auf einer Unterlage (Arbeitstisch, Armlehnen) aufstellen und die 2.–4. Finger mehrmals in den End- und Mittelgelenken kräftig beugen.

H Wer Ringe beim Massieren trägt, arbeitet unhygienisch, weil sich unter dem Ring Massagemittel sammelt.

Vorbereitung des Kunden

Oberbekleidung und Schmuck werden abgelegt. Der Massagekunde wird bequem gelagert, z. B. auch zusätzlich unterstützend mit Knierolle, Nackenkissen, Armstütze, erhöhtem Fußteil.
Bei **Gesichtsmassagen** sind diese Vorbereitungen einschließlich Vorreinigung, Hautbeurteilung und Intensivreinigung bereits zu Beginn der Gesichtsbehandlung erfolgt.
Bei **Teil- oder Ganzkörpermassagen** als Einzelleistung erwärmt die Kosmetikerin die jeweiligen Hautpartien mit heißen Kompressen. In Wellnesseinrichtungen sind Schwitzgänge in der Sauna eine ideale Massagevorbereitung.
Damit der Kunde bald zur Ruhe kommt und sich entspannt, kann die Kosmetikerin vor Massagebeginn zu einem Räkeln, Dehnen, Strecken auffordern und einige Atem- und Beweglichkeitsübungen vorschlagen, z. B.:

- Den Körper mehrmals mit allen Auflagepunkten gegen die Unterlage drücken.
- Tief durch die Nase einatmen und durch den Mund ausatmen.
- Tief durch die Nase einatmen, Luft anhalten und stoßweise durch den Mund ausatmen.
- Tief durch den Mund einatmen und beim langsamen Ausatmen durch den Mund die Buchstaben „F", „N" oder „Sch" formen.

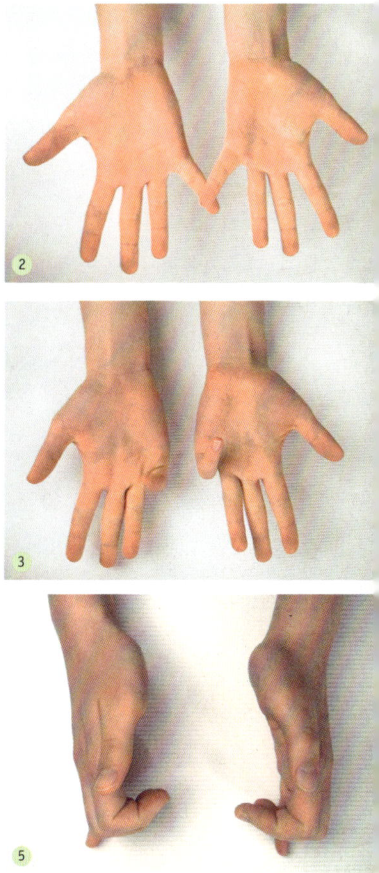

Fingergymnastik

A

1. Nennen Sie eine grundsätzliche Regel, die während der Massage zu beachten ist. Erläutern Sie an einem Beispiel, was geschieht, wenn Sie diese nicht einhalten.
2. Während der Massage soll das Gespräch zwischen Kunde und Kosmetikerin ruhen. Warum?
3. Die Kundin, Frau Huber, kommt erkältet ins Kosmetikinstitut „Beauty Star", weil sie ihren Massagetermin unbedingt einhalten will. Erklären Sie, warum Sabrina die Gesichtsmassage heute bei ihr ablehnen muss.
4. Es gibt eine Fülle von Gymnastikübungen für die Hand. Stellen Sie aus dem Internet und der Literatur Fingergymnastikübungen zusammen, und bieten Sie diese zum gemeinsamen Üben in der Klasse an.

Spa = belgischer Badeort, heute Bezeichnung für Gesundheits- und Wellnesseinrichtungen, z. B. in Hotels, auf Schönheitsfarmen, in Fitnessstudios

6.6 Klassische Massagegriffe und deren Wirkungen

In jeder kosmetischen Einrichtung wird mit Stolz nach einem eigenen Massagekonzept praktiziert.
Die Vielfalt bei Gesichts- und Körpermassagen, die in Kosmetikschulen, Kosmetikinstituten, Wellness- und Spa-Einrichtungen zu beobachten ist, muss jedoch nicht verwirren, denn alle lassen sich auf fünf klassische Massagegrundgriffe zurückführen: **Effleurage, Friktion, Petrissage, Tapotement** und **Vibration.**

6.6.1 Effleurage – Streichen

Ausführung:
Die flachen, geschlossenen Hände (Handteller, aber auch Handrücken), die Handballen oder einzelne flache Finger gleiten in ruhigem Gleichmaß mit viel Hautkontakt und nur sanftem Druck über die Haut. Sie arbeiten gleichzeitig oder abwechselnd. Mit dem Streichen beginnt und endet jede Massage. Es ist ein Überleitungsgriff, z. B. von einer Gesichts-, Nacken- oder Rückenseite zur anderen, und beruhigt nach kräftigen Reizgriffen. Drucklose Streichgriffe sind eine bewährte Auftragetechnik für Hautreinigungs- und Pflegemittel.
Um Überdehnungen zu vermeiden, wird beim dehnenden Streichen einer Hand die Haut mit der anderen Hand in Gegenrichtung fixiert.
Bei Körpermassagen ist der Druck stets herzwärts, d. h. von körperfern nach körpernah gerichtet. Zurück wird drucklos gearbeitet.

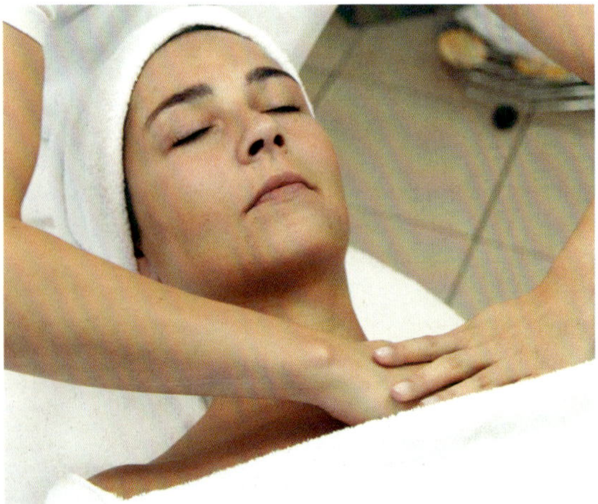

Streichen am Dekolleté

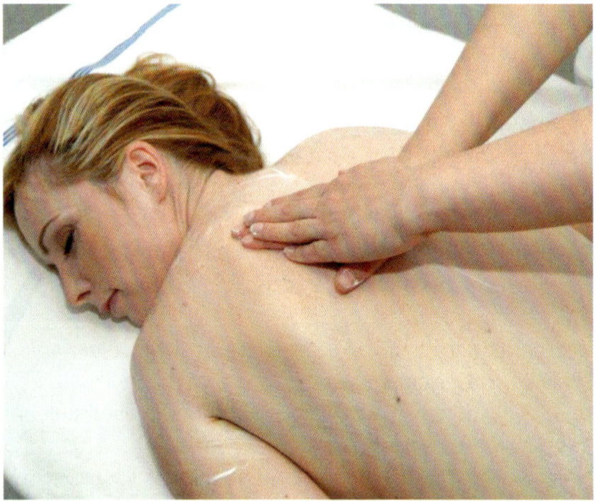

Verteilen des Massagemittels

Wirkungen:
- Die Meißner'schen Tastkörperchen (s. GSt., S. 64) registrieren den sanften Druck und leiten die angenehme Empfindung über sensible Nervenbahnen weiter.
- Nervliche Entspannung, Beruhigung und Wohlbefinden stellen sich ein.
- Obere Hautschichten erwärmen und entstauen sich leicht.
- Massagemittel werden gleichmäßig auf der Hautoberfläche verteilt.

6.6.2 Friktion – Reiben

Ausführung:
Mit an- und abschwellendem Druck, in Innen- oder Außendrehungen kreisen Fingerspitzen, Fingerflächen, Handkanten, Handballen oder die geballten Fäuste über die Haut. Es wird meist symmetrisch beidhändig gearbeitet, aber auch einhändig gegen eine Fixierungshand. Dabei wechseln kräftiger Druck und Zug etwa im Rhythmus des eigenen Pulses, mehrfach auf einer Hautstelle ausgeführt oder spiralig fortlaufend. Alles Ruckartige unterbleibt, der Druck fließt in den Kreis, steigt an und lässt nach.

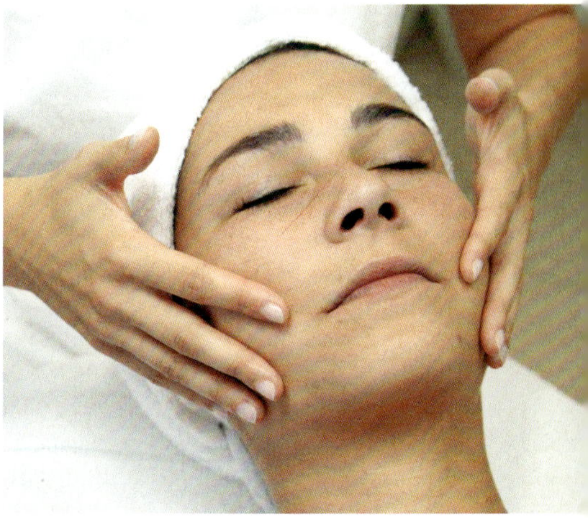
Beidhändiges Reiben im Gesicht

Wirkungen:
- Das kräftige in die Tiefe gerichtete Verschieben der Haut trainiert als eine Art von „passiver Gymnastik" die elastischen Fasern des Bindegewebes und verbessert den Tonus in Haut und Muskeln.
- Reiben erzeugt Wärme, belebt Durchblutung und Stoffwechsel und durchwärmt die Gewebe.
- Mimische oder Skelettmuskeln werden aufgelockert und entstaut, Verspannungen lösen sich.

Bei **Nervendruckpunktmassagen** (z. B. an den Brauen oder Ohren) erfolgt das Reiben punktuell in die Tiefe gerichtet mit einzelnen Fingerkuppen an Nervenaustrittspunkten ohne seitliche Hautverschiebung.

6.6.3 Petrissage – Kneten

petrir (franz.) = kneten

Ausführung:
Die **Haut und** die darunterliegenden **Muskeln** werden zwischen Daumen, Zeige- und Mittelfinger gefasst, aus der Ruhelage über das Hautniveau angehoben und wellenförmig zwischen den Fingern hin und her bewegt und ausgepresst. Das erfolgt als Einhand- oder Zweihandkneten.
Bei Körpermassagen werden großflächig die Daumenballen gegen die Vierfingerflächen eingesetzt.
Knetbewegungen folgen exakt dem Muskelfaserverlauf und gelten als kräftigster Massagereiz.
Dabei erfordern schlaffe, atrophische Muskeln besonders kräftiges Kneten, verspannte und verhärtete Muskeln dagegen besonders weiches Kneten.

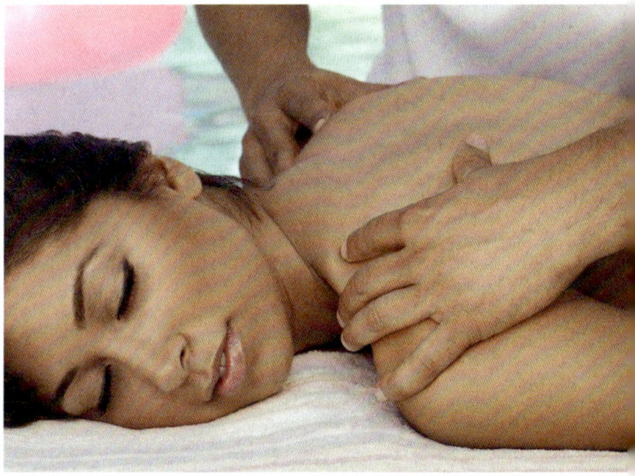
Kneten der Nackenpartie

Wirkungen:
- Das Haut- und Muskelgewebe wird besser durchblutet, mit Nährstoffen versorgt und von Stoffwechselendprodukten befreit.
- Die Elastizität des Bindegewebes nimmt zu.
- Muskeln erfahren Entkrampfung, Tonusregulation und Lockerung.
- Die Haut über prallen Muskeln hat eine höhere Hautspannung, wirkt glatter und hat weniger sichtbare Falten.
- Die Haut wird warm und rosig.

Z
Wird beim Kneten nur die Haut, nicht aber die Muskulatur angehoben, entsteht ein unangenehmes Gefühl, „gezwickt" zu werden.

6.6.4 Tapotement – Klopfen

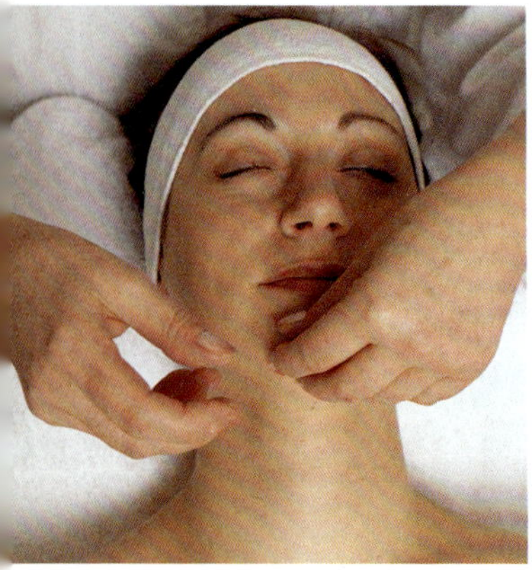
Zupfgriffe im Gesicht

Ausführung:
Leicht gebeugte Fingerspitzen, gestreckte Finger, Handkanten, Handflächen oder locker geballte Fäuste vollbringen im Wechsel der Hände kurze, schnell aufeinanderfolgende Schläge so gegen die Haut, dass der Druck abfedert.
Nur weiche Gewebe werden geklopft, dicht unter der Haut liegende Knochen (z. B. Jochbeine, Schlüsselbeine, Schienbeine, Wirbelsäule) dürfen nicht geklopft werden.

Die Klopftechniken sind äußerst vielfältig:
- Werden für die Klopfbewegungen ausschließlich die Handkanten eingesetzt, z.B. im seitlichen Nackenbereich, spricht man vom **Hacken**.
- Wird im Wechsel der hohlen Hände ein Luftpolster gegen die Haut gedrückt, so heißt diese Klopftechnik **Klatschen**. Beim Pattern wird das Klatschen mit Hilfsmittel, z.B. einem feuchten Wattepad, ausgeführt.
- **Pump-Saug-Griffe** (Pressionen), wie sie in der Gesichtsmassage verwendet werden, gelten als abgewandeltes, rhythmisch verzögertes Klopfen. Unter flach aufgelegten Handflächen wird das eingecremte Gewebe zunächst in die Tiefe gedrückt und schnellt mit dem Abfedern der Hand in die Ausgangslage zurück.
- **Zupfen** (Pincement), wie bei der aus Frankreich kommenden Massage nach Dr. Jacquet (s. S. 85), gilt als weitere Sonderform des Tapotements. Dabei werden sehr kleine Hautareale des Gesichts zwischen Daumen und Zeigefinger gefasst und in schneller Folge angehoben und losgelassen. Angenehm wirkt es nur, wenn die zupfenden Finger den Massagedruck geschickt abfedern.

Wirkungen:
- Mit dem intensiven Gefäßtraining verbessert sich die Hautfarbe.
- Mit dem Training der elastischen Fasern steigert sich der Tonus in Haut und Muskeln.
- Die Haut wirkt praller und glatter.
- Verlangsamte Hautfunktionen beleben sich.
- Stoffwechselendprodukte werden auf den Weg gebracht und besser abtransportiert.

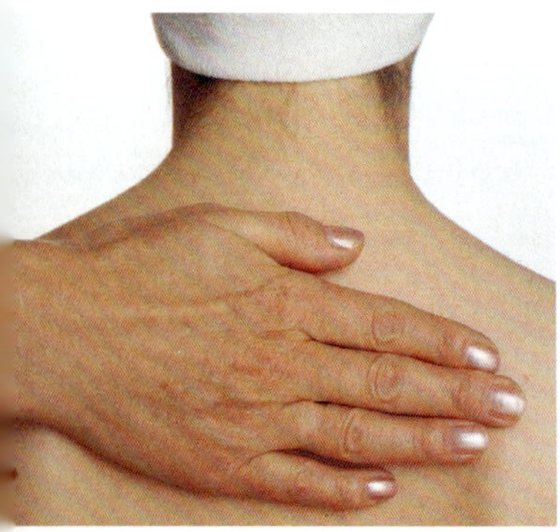
Vibration

6.6.5 Vibrieren – Schütteln, Erschüttern

Ausführung:
Manuelles Vibrieren gelingt, wenn der Massierende seine Muskeln in Hand und Arm einschließlich des Brustmuskels (s. S. 64) anspannt. Solche schnellen rhythmischen Schwingungen sind als Vibrationswellen bis in die Tiefe organischer Gewebe nachzuweisen.

Bei dieser Arbeit ermüden die Muskeln sehr schnell. Elektrisch betriebene Vibrationsgeräte (s. S. 84, 335) sind deshalb sehr zu empfehlen. Sie entlasten die massierende Hand und sind ihr an Gleichmäßigkeit und Intensität überlegen.

Wirkungen:
- Vibrieren entkrampft und lockert verspannte, verhärtete Muskeln.
- Vibrationswellen entspannen auch die Psyche.

A

1. Beschreiben Sie zwei sich in ihrer Ausführung und Wirkungsweise stark unterscheidende Massagegriffe. Stellen Sie Ihre Erkenntnisse in einer Tabelle gegenüber.
2. Warum sind beim Vibrieren Massagegeräte der massierenden Hand vorzuziehen?

6.7 Kosmetische Teilmassagen

In der Kosmetik werden Teilmassagen am Gesicht, an Dekolleté und Brust, an Nacken und Rücken, an den Armen und an den Beinen ausgeführt. Die Griffe werden zur Ganzkörpermassage von Kopf bis Fuß zusammengestellt. Dabei werden auch die Bereiche von Brust und Bauch massiert.

6.7.1 Nacken- und Rückenmassage

Ansatzpunkt der Massagen sind die Haut und die darunterliegenden Bindegewebe sowie die Muskulatur. Spezielle medizinische Massagen werden auch am Lymphsystem durchgeführt.
Wegen der in einigen Körperregionen unter der Haut liegenden Nervenendigungen, Lymphknoten, Drüsen oder anderen empfindlichen Strukturen ist die Kenntnis der Anatomie der zu massierenden Region erforderlich.

Anatomie des Nackens und des Rückens

Wirbelsäule und Schultergürtel

Zentrale Achse des Rumpfes ist die Wirbelsäule. Sie besteht aus einzelnen Wirbelkörpern und ermöglicht einerseits eine aufrechte Haltung, andererseits eine Vielfalt komplizierter Bewegungen. Sie trägt auf ihrem oberen Teil den Schädel, ist im mittleren Teil Ansatzpunkt der Rippen und im unteren Teil fest mit dem Beckenring verbunden.

Die Wirbelsäule ist das tragende Element des Körpers. Dabei ist sie gleichzeitig höchst flexibel und nimmt an allen Körperbewegungen teil.
Neben der zentralen Aufgabe im Bewegungsablauf ist die Wirbelsäule darüber hinaus schützende knöcherne Umhüllung des Rückenmarks.

Mit dem Atlas, der den Schädel trägt, und dem Axis beginnt die **Halswirbelsäule.** Insgesamt sieben Wirbel bilden diesen Abschnitt. Die Halswirbelsäule ist leicht nach vorn gekrümmt, was das Heben des Kopfes erleichtert.

Daran anschließend mit einer leichten Krümmung nach hinten bilden 12 **Wirbel** die Brustwirbelsäule. Von ihr gehen beiderseits die Rippen aus. In diesem Abschnitt der Wirbelsäule ist das Vorbeugen erleichtert.

Atlas (Name des riesenhaften Himmelsträgers der griech. Sage) = erster Halswirbel
Axis (lat. Achse) = zweiter Halswirbel

Z

Die **Wirbelsäule** besteht aus:
- 7 Halswirbeln
- 12 Brustwirbeln
- 5 Lendenwirbeln
- 5 Kreuzbeinwirbeln (miteinander verwachsen)
- 5 Steißwirbeln

Dornfortsatz = processus spinosus
processus (lat.) = hervorsprießen
spina (lat.) = Dorn

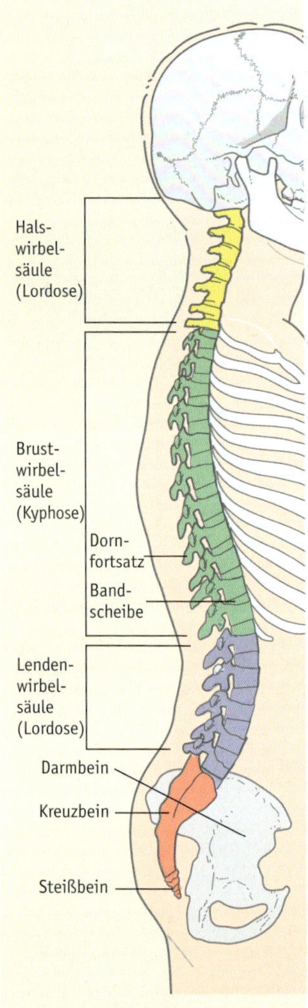

Aufbau der Wirbelsäule

Fünf sehr kräftige Wirbel bilden dann den letzten beweglichen Abschnitt, die **Lendenwirbelsäule**, welche wieder eine leichte Krümmung nach vorn aufweist und damit der Aufrichtung des Körpers entgegenkommt.

Das darauf folgende **Kreuzbein** bildet eine dreieckige Knochenplatte, die mit der Spitze nach unten wie eingekeilt zwischen den Beckenknochen sitzt. Die fünf Wirbel sind vollständig miteinander verwachsen.

Das Ende der Wirbelsäule wird durch das **Steißbein** gebildet. Es besteht aus bis zu fünf teilweise miteinander verwachsenen Wirbeln und hat für den Menschen keinerlei funktionelle Bedeutung.
Die doppelt S-förmige Krümmung der Wirbelsäule unterstützt deren Elastizität und Biegsamkeit.

Den **Beckenring** bilden die schaufelförmigen Darmbeine, die bogenförmigen Sitzbeine und als vordere Begrenzung die Schambeine, die die Darmbeine nach vorn fortsetzen.

Die **Darmbeine** bilden die Hüftpfanne, die mit dem Hüftkopf des Oberschenkelknochens das sehr stabile Hüftgelenk bildet.

Schulterblatt hinten und Schlüsselbein vorn bilden den **Schultergürtel**. Anders als beim Beckenring mit seiner festen Verbindung zum Kreuzbein ist in diesem Bereich die Verbindung zur Wirbelsäule fast ausschließlich über Muskeln und Sehnen hergestellt. Lediglich das Schlüsselbein ist mit dem Brustbein in einem Gelenk verbunden. Hieraus ergibt sich die nahezu vollständige Beweglichkeit der Arme und Hände in alle Richtungen.
Im Schulterblatt ist die Gelenkpfanne für den Kopf des Oberarms angelegt – auch hier deutlich unterschieden vom Hüftgelenk. Die Pfanne umschließt den Kopf nicht und ermöglicht damit ein hohes Maß an Beweglichkeit. Dies ist allerdings mit einem sehr komplizierten muskulären Aufbau verbunden, der vielfältige Störungen erfahren kann.

Jeder Wirbel besteht aus einem Körper und einem unterschiedlich ausgeprägten Bogen mit Fortsätzen, an denen die Muskulatur ansetzt. Von außen sichtbar und tastbar sind die Dornfortsätze. Je nach der Lokalisation variiert dieser Aufbau wegen der unterschiedlichen Funktionen.
Zwischen den einzelnen Wirbelkörpern befinden sich als verbindendes Element die **Bandscheiben** (Zwischenwirbelscheiben). Sie bestehen aus einem Faserring, in dem zentral ein Gallertkern eingeschlossen ist.

Der Gallertkern wirkt wie ein Wasserkissen, das sich verformen, aber nicht zusammengedrückt werden kann. Damit können Bewegungen übertragen und der Abstand der Wirbelkörper gehalten werden. Das Körpergewicht übt tagsüber einen steten Druck auf den Gallertkern aus und es wird Wasser abgepresst. Die Körpergröße kann sich so um bis zu 3 cm verringern.
Nachts erfolgt durch die Entlastung ein erneutes Auffüllen. Wichtig ist also auch hier wie beim Gelenkknorpel, dass Be- und Entlastung in einem vernünftigen Verhältnis stehen.
Die Bandscheiben können einen Teil der Erschütterungen der Wirbelsäule abpuffern. Wichtiger ist aber das Zusammenspiel zwischen der elastischen Stabilität und

der besonderen Form der Wirbelsäule. Durch dieses Konstruktionsprinzip werden vornehmlich die Stöße, wie sie beim Springen und Laufen auftreten, aufgefangen.

Eine gewisse Grundstabilität wird schon durch die gelenkige Verzahnung der einzelnen Wirbel miteinander hergestellt.
Darüber hinaus ist die gesamte Wirbelsäule durch straffe bindegewebige Bänder verbunden und stabil gehalten, sodass die einzelnen Wirbel sich nicht gegeneinander verschieben können.

Muskulatur von Nacken, Schultergürtel und Rücken

Die sehr kompliziert aufgebaute tiefe Muskulatur des Rückens besteht aus vielen einzelnen Muskeln. Hierdurch sind komplizierte Dreh- und Beugebewegungen auch in kleinen Wirbelsäulenabschnitten möglich. Besonders ausgeprägt ist dies im Bereich der Halswirbelsäule am Übergang zum Kopf. Diese Muskulatur bildet in ihrer Gesamtheit zwei große Stränge, welche als Wirbelsäulenaufrichter bezeichnet werden.

Es besteht ein Kräftegleichgewicht zwischen dem Zug der Muskeln und Bänder und dem Druck des Kerns in der Bandscheibe. Dadurch wird auch bei Beugebewegungen die notwendige Spannung gewährleistet, die für das Zusammenspiel der Muskulatur erforderlich ist.

Eine wichtige Rolle für die Stabilität des Rumpfes spielt die Bauchmuskulatur, welche zwischen den Rippenbögen und den Darmbeinschaufeln ausgespannt liegt. Nur wenn diese entsprechend gut ausgebildet ist, kann der Rumpf ausreichend gehalten werden.

Die beschriebene untere Schicht der Rückenmuskulatur ist einer Massage nicht zugänglich, sondern erst die oberen Schichten, welche bei schlanken Menschen sichtbar die Körperform bestimmen. Im Nackenbereich sind dies der etwa an der Haargrenze ansetzende Halbdornmuskel sowie der Riemenmuskel. Darüber liegt der Trapezmuskel, welcher sich vom Haaransatz über die Dornfortsätze der Hals- und der Brustmuskulatur zieht und seinen Ansatz am Schulterblatt findet.
Dieser verdeckt im oberen Bereich der Brustwirbelsäule den breiten Rückenmuskel, welcher seinen Ursprung an den Dornfortsätzen der unteren Brustwirbelsäule bis hin zum Kreuzbein hat und sowohl seitlich am Brustkorb als auch an der Innenseite des Oberarms ansetzt.
In der Lücke zwischen Trapezmuskel und breitem Rückenmuskel kann die Muskulatur des Schulterblatts ertastet werden.

Empfindlich für etwas festeren Druck können die direkt unter der Haut liegenden Dornfortsätze der Wirbelkörper sein, wenn die Knochenhaut gegen den Knochenvorsprung gedrückt wird.
Deshalb wird nicht direkt auf der Wirbelsäule massiert!

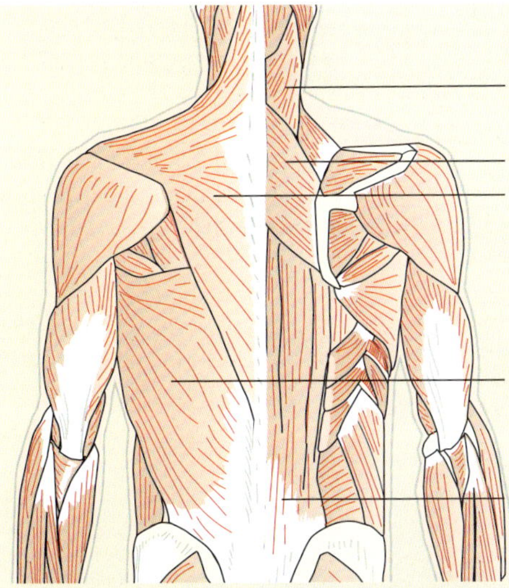

Muskulatur von Nacken, Schultergürtel und Rücken

Wirbelsäulenaufrichter = m. erector spinae
erectum (lat.) = aufrichten
Funktion: Der Wirbelsäulenaufrichter richtet die Wirbelsäule im Gegenspiel zur Bauchmuskulatur auf.

Halbdornmuskel = m. semispinalis capitis
semis (lat.) = halb
spinalis (lat.) = zur Wirbelsäule gehörend
caput (lat.) = Kopf
Funktion: Der Halbdornmuskel streckt die Halswirbelsäule, beugt den Kopf nach hinten und dreht den Kopf zur Seite.

Riemenmuskel = m. splenius capitis
splenius (griech.) = riemenförmig
Funktion: Der Riemenmuskel beugt den Kopf nach hinten und dreht den Kopf zur Seite.

Trapezmuskel = m. trapezius
trapezius (griech.) = trapezförmig
Funktion: Der Trapez- oder Kapuzenmuskel hebt das Schulterblatt, hebt das Schlüsselbein und dreht den Kopf zur Seite.

Rückenmuskel = m. latissimus dorsi
latus (lat.) = sehr breit (latissimus = der breiteste)
dorsal (lat.) = an der Rückseite gelegen
Funktion: Der breite Rückenmuskel zieht den Arm an den Körper heran und senkt den erhobenen Arm.

Hinterhauptnerven = n. occipitalis major
majus (lat.) = groß
occiput (lat.) = Hinterkopf

Spinalnerven

Die sogenannten Spinalnerven verlassen das Rückenmark jeweils auf der Höhe der Wirbelkörper und treten jeweils oberhalb der Wirbelbögen seitlich aus.
Im Bereich der Hals- und der Lendenwirbelsäule bilden sich Nervengeflechte, aus denen heraus die Muskeln der Extremitäten versorgt werden.
Im Bereich der Brustwirbelsäule teilen die Nerven sich in einen hinteren und einen vorderen Ast, welche beiderseits jeweils bis zur Körpermitte verlaufen. Ihr Verlauf zwischen den Muskelschichten bzw. hinter den Rippen schützt sie.
Lediglich in der Höhe des Haaransatzes sollte wegen der austretenden Hinterhauptnerven behutsam massiert werden.

Durchführung der Nacken- und Rückenmassage

Vorbereitung

Für die Massage des Nackens kann der Kunde quer auf der Kosmetikliege sitzen oder bäuchlings auf einer Massagebank liegen.
Um zunächst eine muskuläre Entspannung im Kopf-, Nacken- und Schulterbereich zu schaffen, empfiehlt sich vor der Gesichtsmassage eine Nackenmassage. Dazu sitzt der Kunde rückenfrei, mit zu 90° angewinkelten Knien und Fußgelenken. Die Fußsohlen haben festen Bodenkontakt, benötigen dazu eventuell eine Fußbank.
Das Massagemittel wärmt die Kosmetikerin in ihren Handflächen vor und verteilt es mit flächigem Streichen beider Hände.

Z

2–3 erwärmende feucht-warme Nackenkompressen machen die Haut aufnahmefähig für das Massagemittel.

Arbeitsablauf der Nackenmassage im Sitzen

Am Massagebeginn ruhen beide Hände als Kontaktaufnahme auf den Schultergelenken.

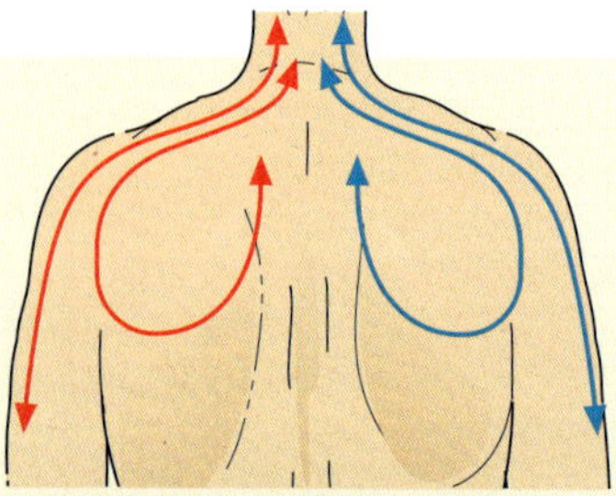

1 Flächiges Streichen beidhändig auf der Schulterlinie von Mitte bis einschließlich Oberarm und zurück in zwei großen Kreisen um die Schulterblätter.

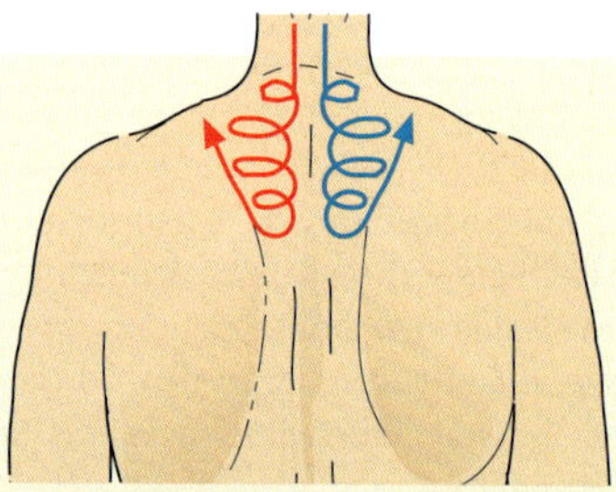

2 Kreisen mit den Fingerspitzen von der Haargrenze beidseitig entlang der Wirbelsäule, zurück streichen.

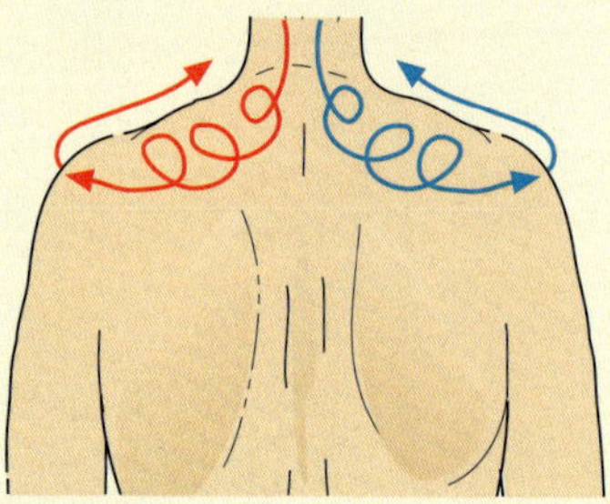

3 Kreisen beidhändig auf linker und rechter Schulterlinie.

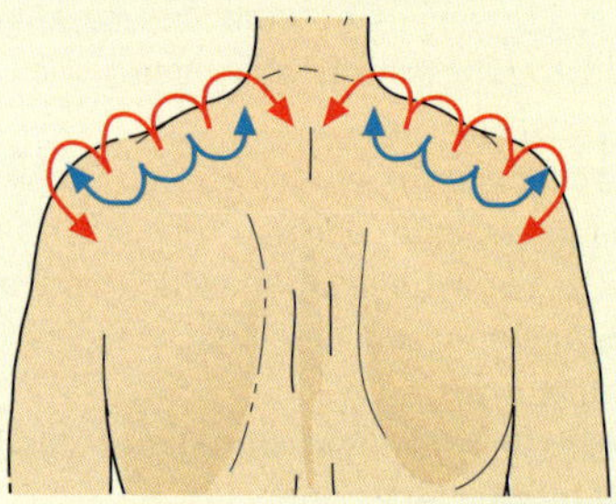

4 Kneten einhändig und beidhändig auf der Nackenlinie links und rechts.

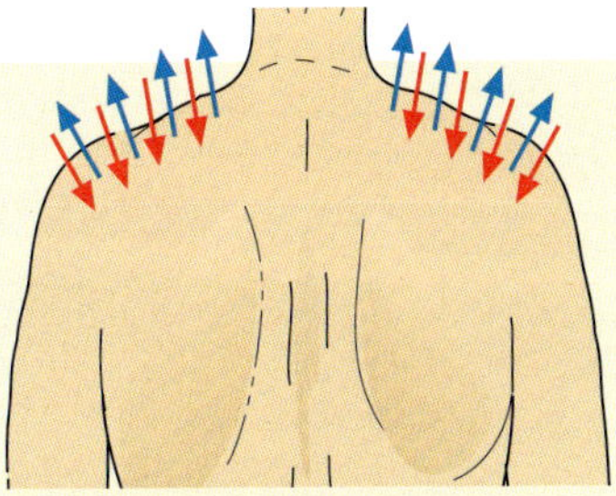

5 Beidhändiges Klopfen mit den Fingerkuppen 2- bis 5-mal links und rechts.

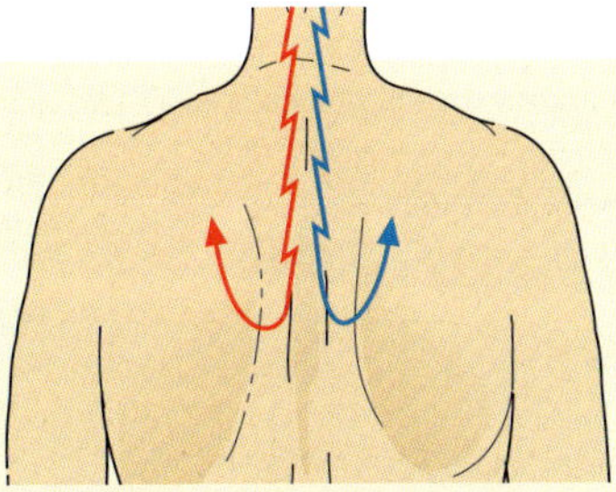

6 Dehnendes Streichen beidhändig von der Haargrenze links und rechts der Wirbelsäule abwärts, wobei die Haut in der Druckphase vor den Fingern herrollt, zurück streichen.

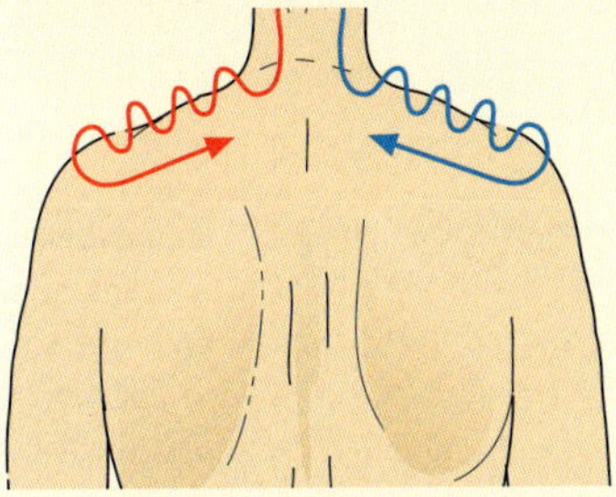

7 Vibrieren mit rechter Hand auf linker und linker Hand auf rechter Schulterlinie, zurück streichen.

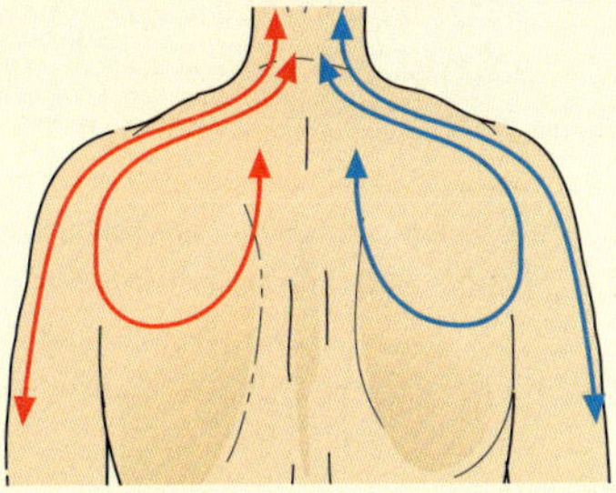

8 Wie 1 ; flächiges Streichen kann zwischen allen anregenden Griffen ausgeführt werden und beschließt die Nackenmassage.

Arbeitsablauf der Rückenmassage im Liegen

Die Kosmetikerin massiert zunächst am Kopfende sitzend:

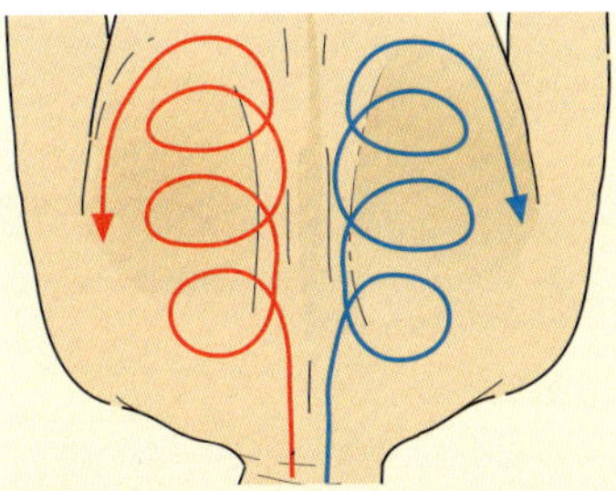

1 Flächiges Streichen in großen Kreisen rechts und links der Wirbelsäule.

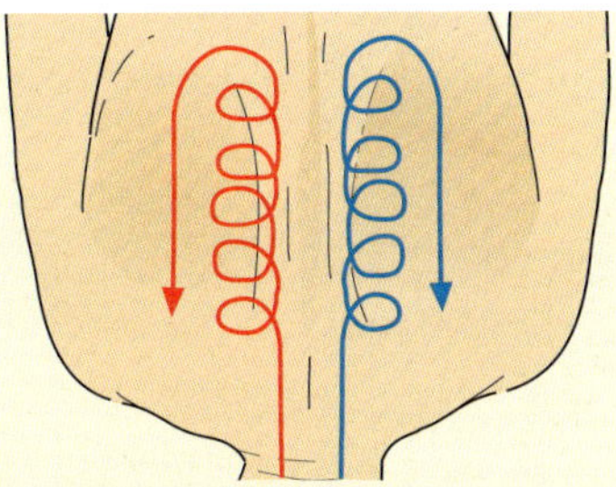

2 Reiben mit Fingerspitzen links und rechts der Wirbelsäule nach unten, zurück streichen.

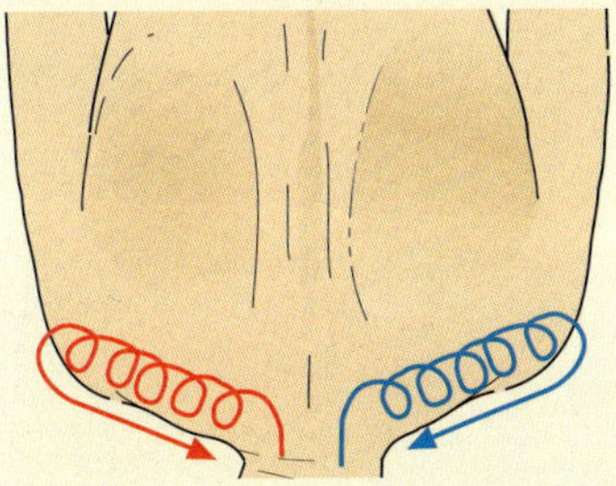

3 Reiben auf der Nackenlinie beidseitig von der Mitte nach außen, zurück streichen.

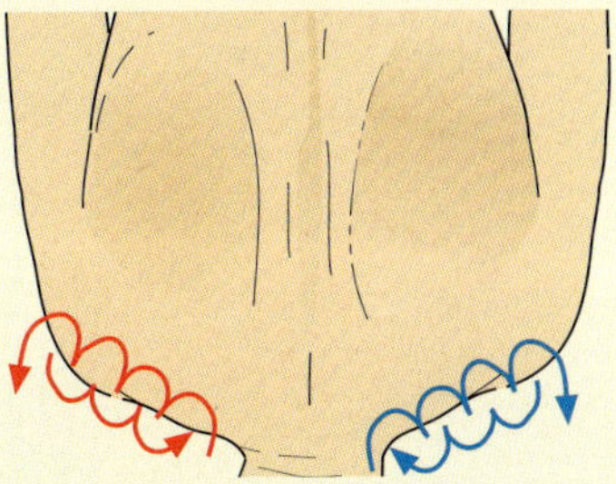

4 Einhandkneten links und rechts.

Anschließend steht die Kosmetikerin seitlich des Kunden und massiert erst die linke, dann die rechte Rückenhälfte:

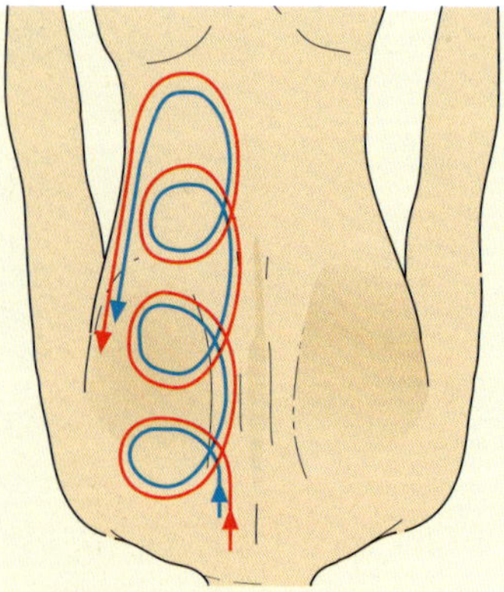

1 Kreisendes Streichen beidhändig von der Schulterlinie nach unten und zurück.

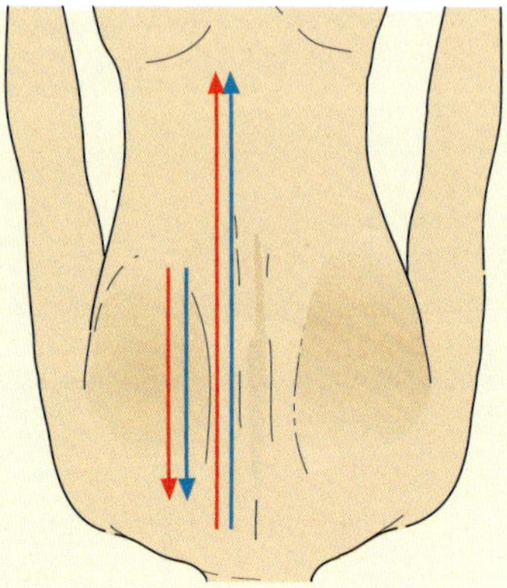

2 Dehnendes Streichen beidhändig mit Fingerspitzen seitlich der Wirbelsäule.

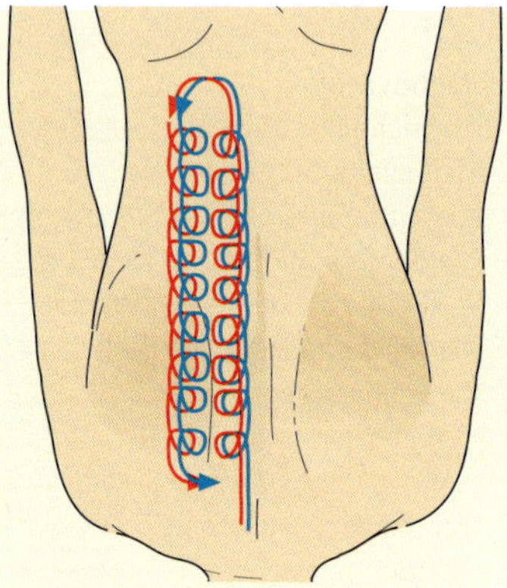

3 Reiben beidhändig mit Fingerspitzen seitlich der Wirbelsäule.

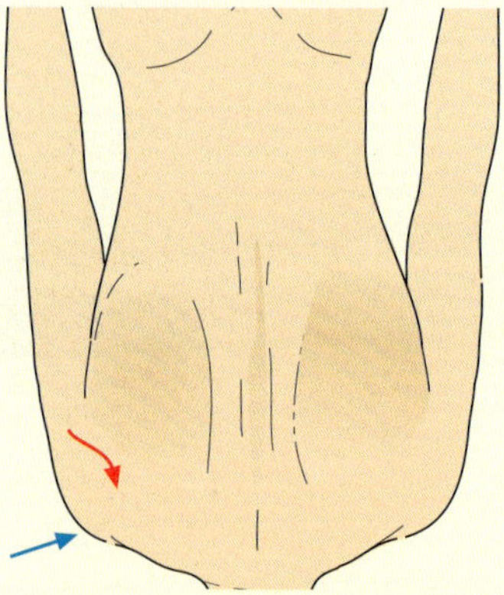

4 Lockern des Schultergelenks.

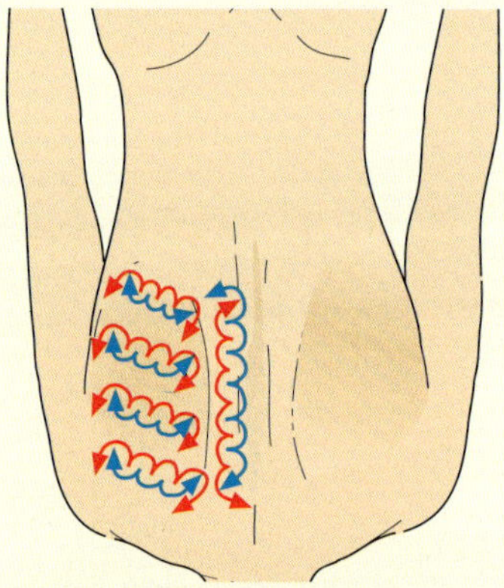

5 Kneten der Rückenseite beidhändig quer und längs.

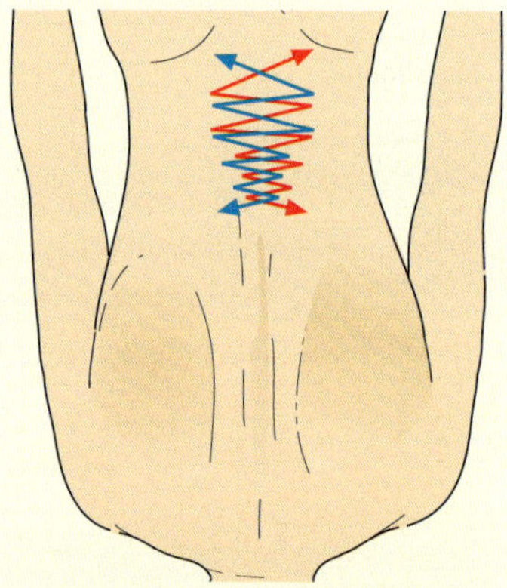

6 Warmreiben mit beiden Handkanten oberhalb des Steißbeins.

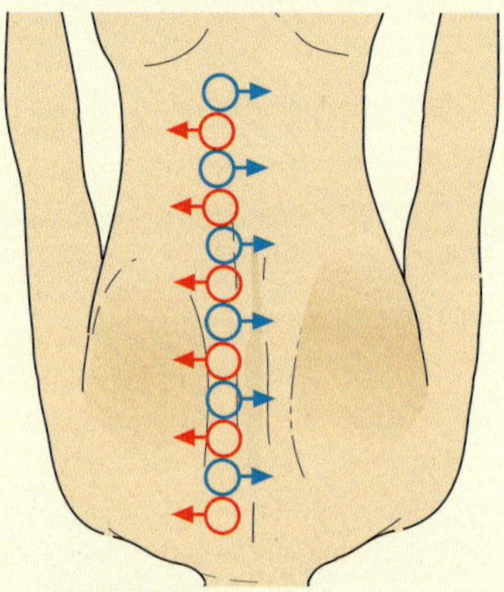

7 Sauggriffe im Wechsel der Hände längs am Rücken.

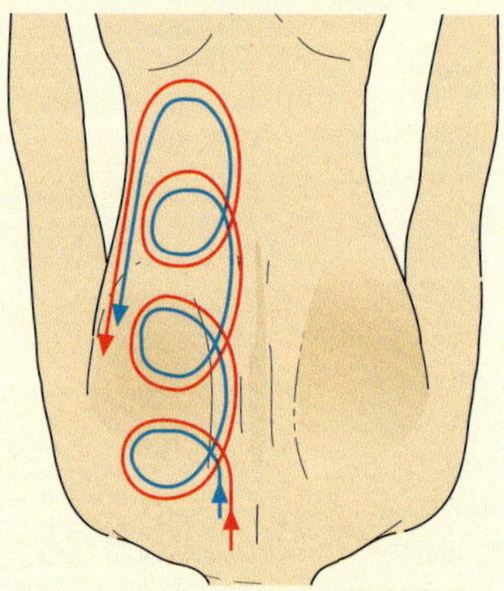

8 Wie 1 ; flächiges Streichen.

Die Kosmetikerin wechselt die Seite und verfährt mit der Massage ebenso auf der anderen Rückenhälfte.

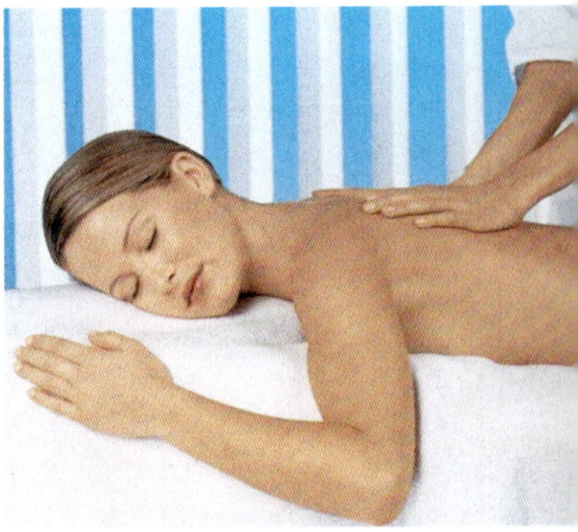
Streichende Rückenmassage

Besondere Massageziele

- Die Nackenmassage vor der intensiven Gesichtsbehandlung beschleunigt die nervliche Entspannung des Kunden und optimiert die Gesichtspflege.
- Sich wiederholende Nacken- und Rückenmassagen regulieren die Muskelspannung und beugen Rückenbeschwerden vor.
- Die durch ständige statische Haltearbeit im Alltag einseitig belasteten Muskelpartien werden entlastet.
- Die Körperhaltung und damit die Ausstrahlung werden verbessert.
- Nackenmassagen sind Argumente für Zusatzverkäufe.

Tipps zur Selbstmassage

- Wer die Verspannungen seines Nackens zusätzlich selbst lösen möchte, kann dazu von vorn mit der rechten Hand die linke Nackenpartie und mit der linken die rechte Seite greifen: geschlossene Handfläche seitlich auflegen und zur Mitte kreisen.
- Mit beiden Handinnenflächen den Nacken am Haaransatz fassen und abwärts reiben.
- Für den eigenen Rücken eignet sich aber auch eine Stielmassagebürste oder ein Massagerollenband.

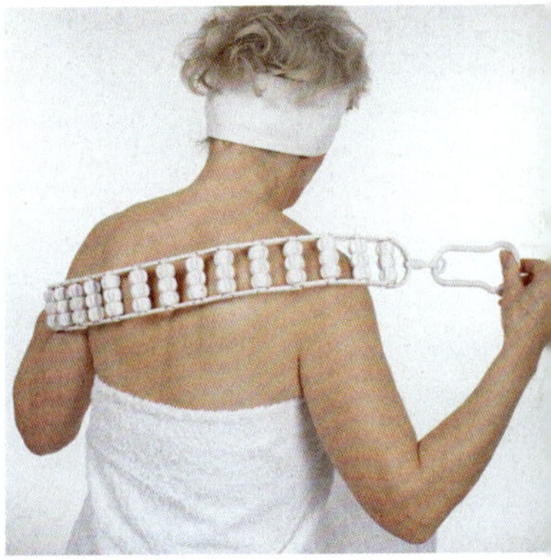
Massagerollenband

Nacken- und Rückenmassage sind beliebte Partnermassagen:
Streichen und Kreisen links und rechts der Wirbelsäule mit Aromaölen und/oder mit Massagerollern längs und quer.

A

1. Welche besonderen Massageziele werden bei Nacken- und Rückenmassagen angestrebt? Warum sind anatomische Kenntnisse dafür eine wichtige Voraussetzung?
2. Welche Ratschläge geben Sie einem Kunden zur Selbstmassage, dessen Nackenpartie schmerzhaft verspannt ist?

6.7.2 Hals-, Dekolleté- und Brustmassage

Anatomie von Hals- und Brustbereich

Halsmuskulatur

In der Halsregion finden sich nur wenige Muskeln, die Organe liegen im Wesentlichen frei unter der Haut, was ein besonders vorsichtiges Vorgehen notwendig macht. Vom Hinterhaupt zum Schlüsselbein zieht der kräftige Kopfwender.
Darunter liegen Muskeln, welche eine Verbindung zwischen Brustbein und Zungenbein sowie Kehlkopf herstellen. Zusammen mit den Muskeln, welche vom Unterkiefer ausgehen, vermitteln sie das Schlucken (unterstützt durch Zunge und Gaumenmuskulatur).
Speiseröhre und Kehlkopf sind in der Mitte zwischen den Muskeln sicht- und tastbar.

Kopfwender = m.sterno-cleido-mastoideus
sternum (lat.) = Brustbein
cleidos (griech.) = Schlüsselbein
mastoid (griech.) = (Brust-) warzenähnlich, hier bezogen auf einen Knochenvorsprung des Schläfenbeins
Funktion: Er neigt den Kopf, dreht ihn zur entgegengesetzten Seite und richtet das Gesicht auf.

Halsschlagader = a.carotis
Rezeptoren (lat.recipere = aufnehmen, empfangen) = Sinneszellen zur Reizaufnahme
sinus (lat.)= bauchige Rundung
Kropf = krankhafte Vergrößerung der Schilddrüse
Sägemuskel = m.serratus
serrare (lat.) = sägen
Funktion: Er fixiert das Schulterblatt am Körper.
Großer Brustmuskel = m.pectoralis major
pectoralis (lat.) = zur Brust gehörend
Funktion: Er bewirkt eine Senkung des Armes.

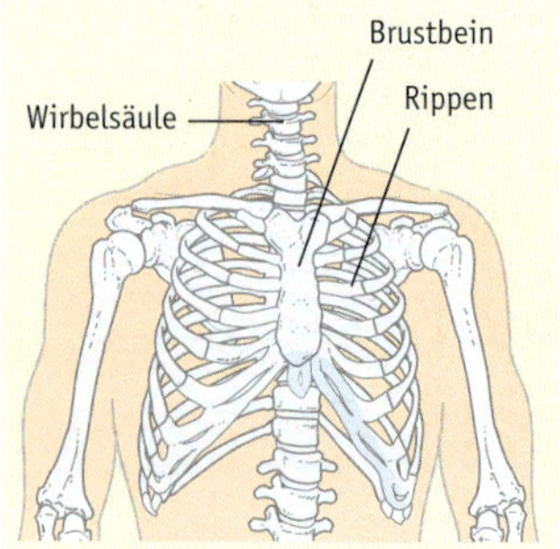

Knöcherner Brustkorb

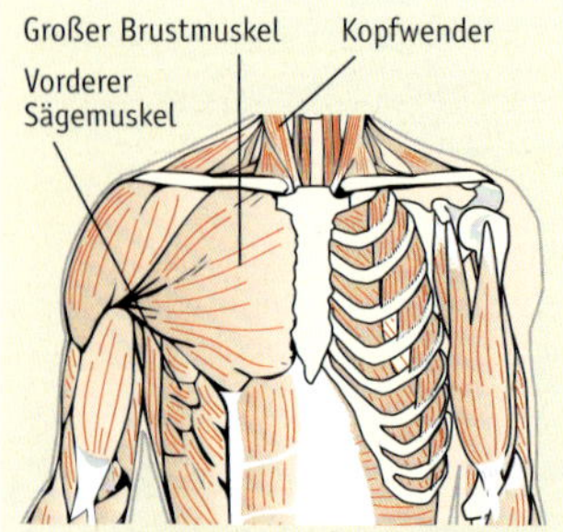

Brustmuskulatur

Wichtige Gefäße im Halsbereich

Am inneren Rand des Kopfwenders sind die Halsschlagadern deutlich tastbar (Pulskontrolle bei Erster Hilfe). Etwa auf halber Höhe teilt sich die Halsschlagader in einen inneren und einen äußeren Ast. In einer Erweiterung befinden sich Rezeptoren (Karotissinus), welche den Blutdruck kontrollieren. Bei registrierter Druckerhöhung werden Herzschlagfolge (Frequenz) und Blutdruck gesenkt.
Dieser Effekt kann auch durch Druck von außen ausgelöst werden (Karotissinusreflex), wobei bei sensiblen Personen schon geringster Druck oder sogar eine Rückwärtsbewegung des Kopfes oder der Druck einer Krawatte zu Schwindelanfällen und Flimmern vor den Augen mit Sehstörungen führen kann.

Drüsen im Halsbereich

Direkt unterhalb des Kehlkopfes liegt, die Speiseröhre halb umfassend, die Schilddrüse. Sie ist üblicherweise unempfindlich und schwer zu tasten, kann aber bei Funktionsstörungen empfindlich sein oder anwachsen bis hin zu einem heute nur noch selten zu sehenden Ausmaß, welches als Kropf bezeichnet wird.

Knöcherner Brustkorb (Thorax)

Im Brustbereich setzen an der Wirbelsäule 12 Rippenpaare an. Diese sind in ihrem vorderen Teil mit elastischem Knorpel am Brustbein verbunden und bilden so den Brustkorb. Hierdurch ergibt sich ein vollständiger Schutz der Lungen und des Herzens sowie ausreichend Dehnfähigkeit, um die Atmung zu ermöglichen.

Brustmuskulatur

Unterhalb der Achselhöhle findet sich seitlich am Brustkorb der vordere Sägemuskel, teilweise überdeckt vom großen Brustmuskel, welcher von den Schlüsselbeinen bis hinunter zum Rippenbogen reicht und zum Oberarm zieht.

Die weibliche Brust

Unter dem Einfluss der Keimdrüsen bildet sich bei der Frau die Brust heraus. Östrogene sorgen für ein Wachstum von Milchgängen sowie eine Vergrößerung und Pigmentierung der Brustwarzen. Mit Eintritt der Geschlechtsreife wird dann unter dem Einfluss des Hormons Progesteron durch Bildung von Drüsenläppchen die Milchdrüse vollständig gebildet. Dieser Prozess dauert etwa bis ein Jahr nach Menstruationsbeginn.

Die Brust liegt dem großen Brustmuskel relativ leicht verschiebbar auf. Ihre äußere Form wird wesentlich durch das Unterhautfettgewebe bestimmt. Die Druckempfindlichkeit ist individuell unterschiedlich, besonders empfindlich ist die Brust zur Zeit der Regelblutung und am Beginn einer Schwangerschaft.
Empfindlich sind die Brustwarzen bei beiden Geschlechtern. Beim Mann sind die Brustdrüsen nur in Sonderfällen entwickelt.

Durchführung der Hals-, Dekolleté- und Brustmassage

Vorbereitung

Der Kunde liegt in Rückenlage auf der Kosmetikliege. Vorreinigung und Intensivreinigung sind vorausgegangen, die Haut ist warm und aufnahmebereit. Zur Lockerung des Nackens kann der Kopf einige Male langsam nach links und rechts bewegt werden. Die Kosmetikerin wählt ein geeignetes Massagemittel, z.B. Körpermilch, Aromaöl, Hals- und Dekolletécreme aus und wärmt es in ihren Händen vor.

Arbeitsablauf

Hinter der Kosmetikliege sitzend verteilt die Kosmetikerin das Massagemittel mit streifenförmigen Streichungen von der Mitte zu den Seiten über Hals, Dekolleté, Brust.

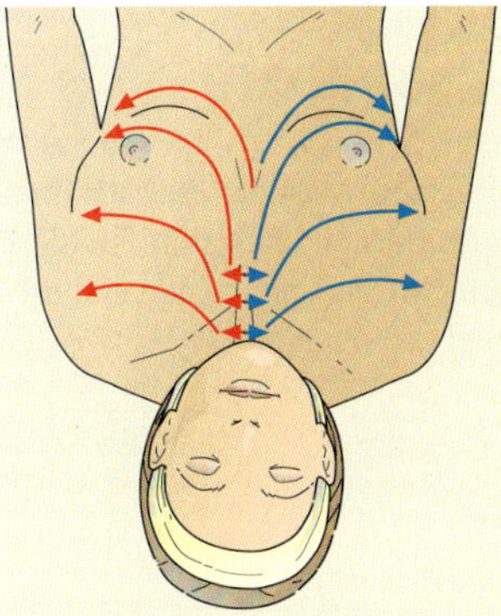

1 Flächiges Streichen beidhändig von der Mitte zu den Seiten.

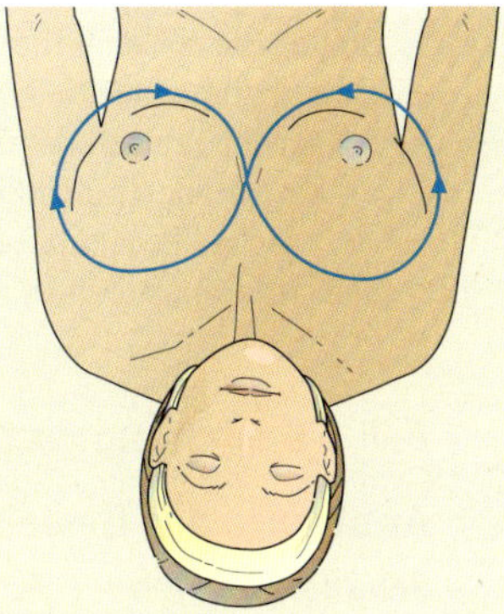

2 Streichen einhändig in Form einer Acht über die Brust.

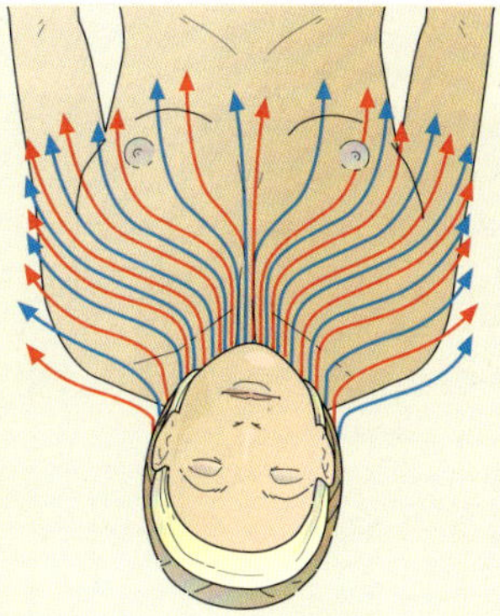

3 Hand-über-Hand-Streichen vom Kieferrand abwärts über Hals und Dekolleté von einem Ohr zum anderen und zurück.

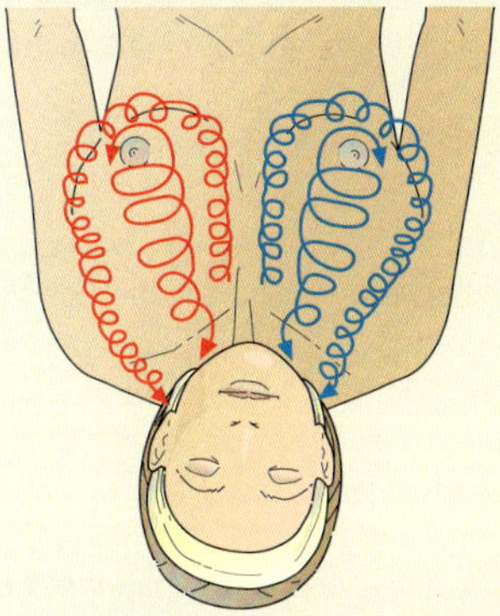

4 Sanftes Reiben mit den Fingerspitzen beidhändig am seitlichen Hals, auf beiden Dekolletéseiten und um die Brust.

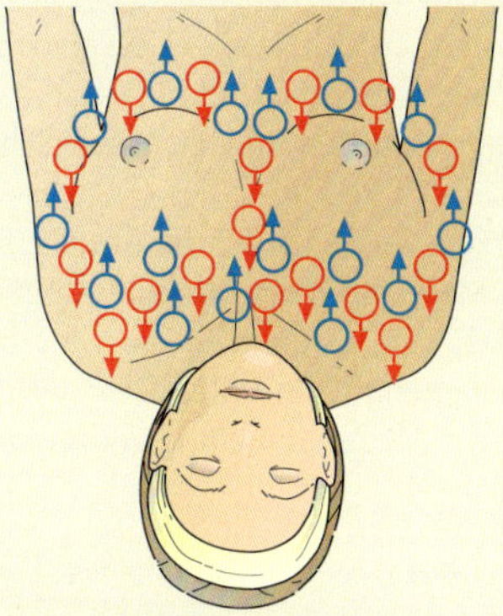

5 Sauggriffe im Wechsel der hohlen Handflächen quer über das Dekolleté und um die Brüste.

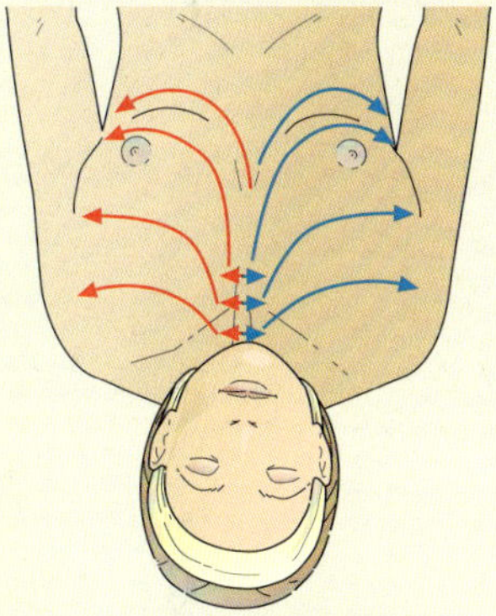

6 Wie 1 ; flächiges Streichen.

Besondere Massageziele

- Hautpflege durch intensives Einarbeiten von Wirkstoffen für eine glatte Halshaut und ein schönes Dekolleté.
- Steigerung der Durchblutung der Brustmuskulatur als Prophylaxe gegen deren Erschlaffen.

Tipps zur Selbstmassage

Zur täglichen Hautpflege zu Hause empfiehlt die Kosmetikerin dem Kunden einige einfache Massagegriffe:

- Pflegecreme in den Handflächen anwärmen und streichend auf Hals, Dekolleté und Brust verteilen.
- Mit der rechten Hand die linke Halsseite und mit der linken Hand die rechte Halsseite reiben.
- Im Wechsel der Hände vom Kieferrand abwärts streichen oder dazu eine weiche Babybürste verwenden.

Z

Der Brustmuskel wird am besten durch Gymnastik leistungsfähig erhalten, z. B.:

- Armkreisen im Schultergelenk
- Mit waagerecht erhobenen Armen beide Handflächen vor der Brust mehrmals kräftig zusammendrücken
- Schultern langsam hochziehen, halten, langsam zu den Seiten senken

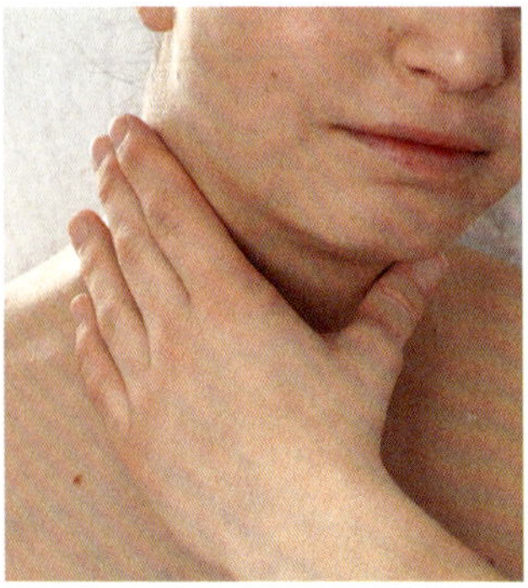

Selbstmassage am Hals

- Im Wechsel der Hände quer über Hals und Dekolleté streichen und eine Acht um beide Brüste massieren.

A

1. Stellen Sie aus dem Internet Gymnastikübungen für die Brustmuskulatur zusammen.
2. Frau Liebig, eine 60-jährige Kundin mit Sebostase, kommt zu Sabrina ins Kosmetikinstitut zur Dekolleté-Massage. Nach der Massage fragt sie, welche Pflegemittel Sabrina ihr für Hals und Dekolleté für die Selbstpflege empfehlen kann. Wie würden Sie Frau Liebig beraten?

6.7.3 Gesichtsmassage

Anatomie des Gesichts

Schädelknochen

Hirnanhangsdrüse = Hypophyse

29 Knochen bilden den menschlichen Schädel, wobei **Hirnschädel** und **Gesichtsschädel** unterschieden werden. Der Hirnschädel umschließt das Gehirn von oben, unten und hinten. Die untere Begrenzung, die sogenannte Schädelbasis, hat eine große Öffnung für den Durchtritt des Rückenmarks sowie kleinere Öffnungen für den Austritt der Hirnnerven. Zusätzlich findet sich im vorderen Teil eine knöcherne Vertiefung, in der die Hirnanhangsdrüse liegt.

Über dem Gehirn wölbt sich das Schädeldach, das beim Erwachsenen eine geschlossene Hülle bildet.

Die vordere Begrenzung, der Gesichtsschädel, wird aus 14 einzelnen Knochen gebildet. Diese schützen die Sinnesorgane und dienen als Ansatz für die Gesichtsmuskulatur.

Darunter „hängt" der Unterkiefer, welcher mit dem ebenfalls bezahnten Oberkiefer zusammen der Zerkleinerung der Nahrung dient.

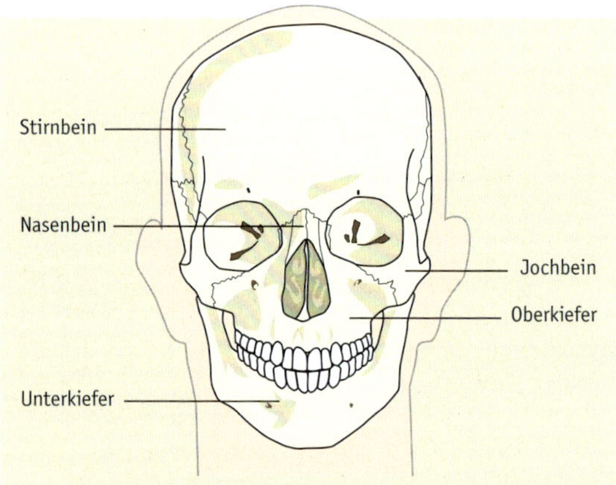

Gesichtsschädelknochen

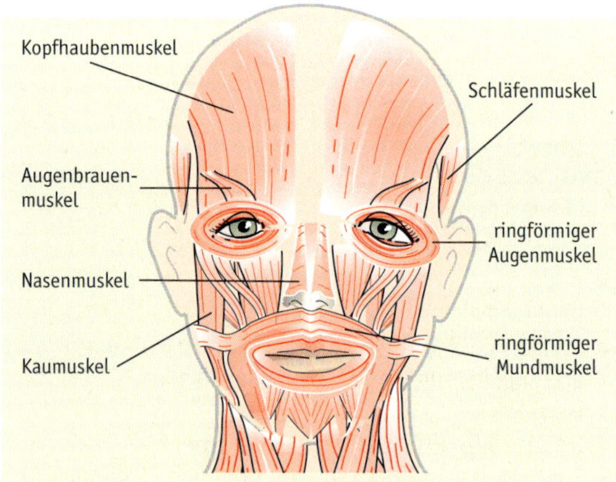

Mimische Muskulatur

Mimische Muskulatur

Die Muskulatur des Gesichts kann unterteilt werden in die mimische Muskulatur und die Kaumuskulatur. Die mimische Muskulatur ermöglicht eine unterschiedlich breite Variation der Beweglichkeit, die besondere Charaktermerkmale erkennen lässt, Stimmungen vermittelt und der nichtsprachlichen (nonverbalen) Kommuni-

kation dient. Eine eingeschränkte Mimik kann Zeichen unterschiedlicher Erkrankungen sein (z.B. Depression, Morbus Parkinson).
Die einzelnen Muskelanteile der mimischen Muskulatur sind miteinander verbunden und ineinander verschränkt, die Fähigkeit, sie voneinander getrennt zu bewegen, ist unterschiedlich ausgebildet.
Wichtig sind Muskeln, welche vom Nasenrücken zur Stirn ziehen und helfen, die Stirn zu krausen und die Augenbrauen hochzuziehen. Die Nase selbst kann durch Muskeln hin und her bewegt werden. Um die Augen herum gelegene Muskulatur ermöglicht die Lider zu öffnen und zu schließen und zusammenzuziehen. Die tiefe Wangenmuskulatur und ringförmige Muskeln um den Mund herum ermöglichen die Lippenbewegungen.

Zwischen den Wangenknochen und dem Rand des Unterkiefers verläuft der überaus kräftige Kaumuskel. Dieser wird unterstützt durch den Schläfenmuskel, welcher beim Kauen im Schläfenbereich deutlich zutage tritt.

Drüsen im Gesichtsbereich

Die Schichten der mimischen Muskulatur sind sehr dünn, sodass durch Druck sofort die tieferen Strukturen erreicht werden. Behutsames Vorgehen ist von daher insbesondere im Bereich der Speicheldrüsen erforderlich.
Die Ohrspeicheldrüsen liegen mit ihren Hauptanteilen vor dem Ohr und auf dem Kaumuskel. Ihr Ausführungsgang durchdringt etwa in Höhe der oberen Backenzähne die Wangen. Die Unterkieferspeicheldrüsen liegen an der Innenseite des Unterkiefers kurz vor dem Ende des waagerechten Anteils.
Die Tränendrüsen liegen am äußeren oberen Rand der Augenhöhle.
Die Tränenflüssigkeit wird im inneren Augenwinkel über Tränenkanälchen, Tränensack und den Nasentränengang in die Nase geleitet.

Austrittsstellen wichtiger Nerven im Gesichtsbereich

Unter der Ohrspeicheldrüse, etwa in Höhe des Ohrläppchens, treten verschiedene Äste des VII. Hirnnerven aus, was den Kieferwinkel zu einer sehr empfindlichen Region macht. Der V. Hirnnerv hat drei Austrittsstellen, welche insbesondere bei der sogenannten Trigeminusneuralgie, aber auch bei Entzündungen der Stirn- und Kieferhöhlen empfindlich bis schmerzhaft sind.
Die Austrittsstellen liegen in der Mitte der Augenbrauen, in der Mitte des Jochbeins beim Übergang zum Unterlid sowie am unteren Rand des Unterkiefers etwa drei Finger breit von der Mittellinie entfernt.

Augenbrauenmuskel = m.occipito frontalis
frons (lat.) = Stirn
Nasenmuskel = m.nasalis
nasalis (lat.) = zur Nase gehörend
Augenmuskel = m.orbicularis oculi
orbicular (lat.) = kreisförmig
ocularis (lat.) = zu den Augen gehörend
tiefe Wangenmuskulatur = m.buccinator
bucca (lat.) = die Backe, buccinator = Hornbläser
ringförmiger Mundmuskel = m.orbicularis oris
oris (lat.) = Mund
Kaumuskel = m.masseter
masseter (griech.) = der Kauende
Schläfenmuskel = m.temporalis
temporal (lat.) = zu den Schläfen gehörend
Ohrspeicheldrüse = glandula parotis
glandula (lat.) = Drüse oder Organ, welches Sekret produziert
Unterkieferspeicheldrüse = glandula submandibularis
sub (lat.) = unter
mandibula (lat.) = Unterkiefer
Tränendrüse = glandula lacrimalis
VII. Hirnnerv (Fazialisnerv) = n.facialis
facies (lat.) = Gesicht
Funktion: Er „versorgt" die Geschmacksknospen der Zunge, die Speichel- und Tränendrüsen, die Haut des Außenohres sowie die mimische Gesichtsmuskulatur. Schädigungen lassen sich an einem einseitigen Ausfall der Mimik erkennen.
V. Hirnnerv (Trigeminusnerv) = n.trigeminus
trigeminus (lat.) = dreifach
Funktion: Er „versorgt" Augen, Gesicht und Zähne sowie die Kaumuskulatur.

Durchführung der Gesichtsmassage

Vorbereitung

Vor Massagebeginn wird die Lage des Kunden auf der Kosmetikliege überprüft:

- Ist diese für den Kunden bequem?
- Ist die Halswirbelsäule nicht überstreckt?
- Sind die Füße erhöht gelagert und die Beine durch eine Knierolle entlastet?

Im Massageraum ist es ruhig, eventuell wurde in Absprache mit dem Kunden eine Entspannungsmusik ausgewählt. Die Kosmetikerin weist höflich darauf hin, dass der Massagegenuss höher ist, wenn er schweigend erlebt wird.
Das Gleitmittel ist ausgewählt und wird nach Vorwärmen in den Handflächen beidhändig von der Gesichtsmitte nach außen streichend verteilt.
In der Praxis werden Gesichts-, Hals- und Dekolletémassage in Kombination angeboten.

Bei allen Griffen am Gesicht geht der Druck nach außen oder oben, es wird entlang der Spaltlinien, des Muskel- und Gefäßverlaufs gearbeitet.

Arbeitsablauf

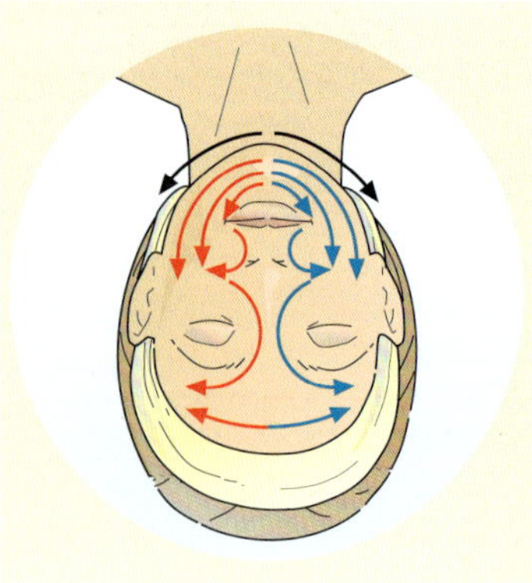

1 Großer Ausstreichgriff.

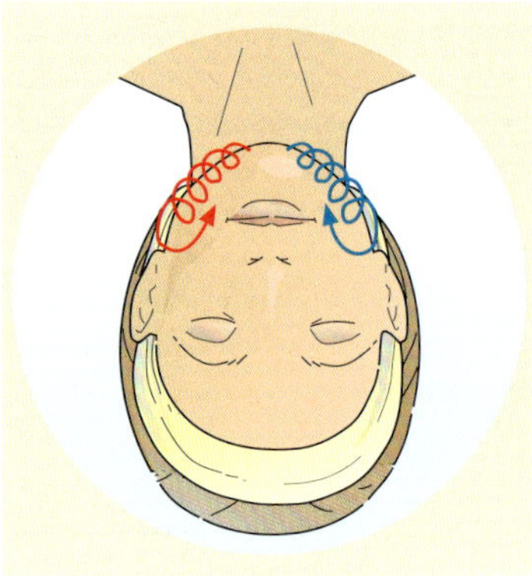

2 Reiben am Kieferrand bis zum Kieferwinkel und zurück.

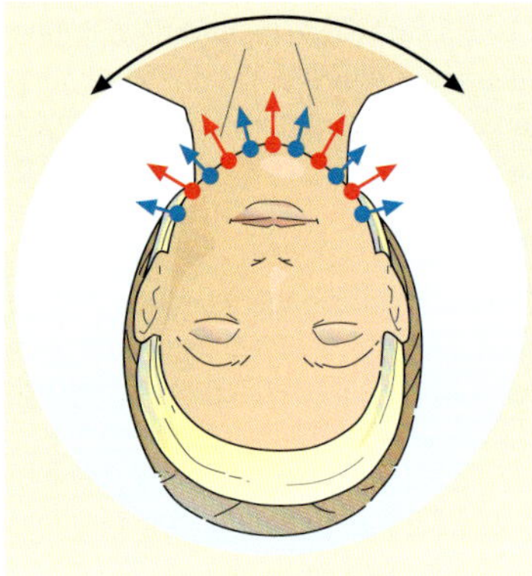

3 Zupfen im Wechsel der Hände am Kieferrand bis zum Kieferwinkel und zurück.

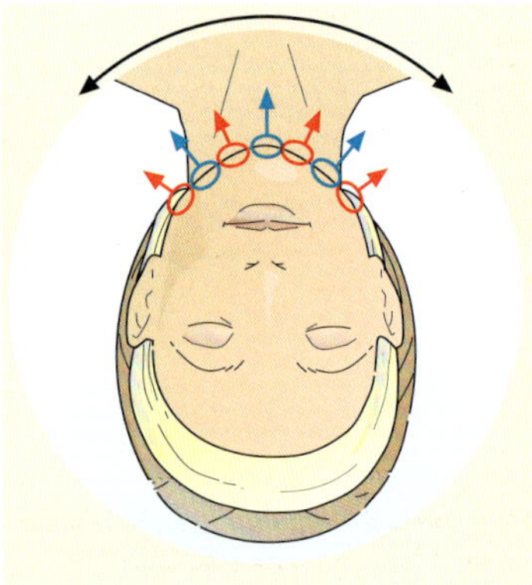

4 Klatschen am Kieferrand bis zum Kieferwinkel und zurück.

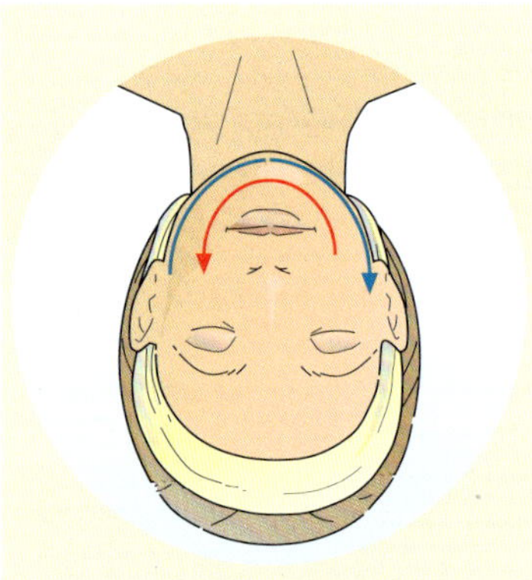

5 Flächiges Ausstreichen der Kinnpartie von Ohr zu Ohr.

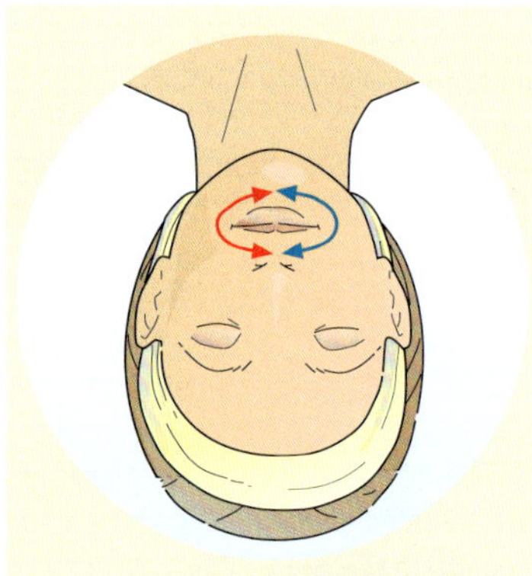

6 Streichen mit beiden Mittelfingern um den Mund.

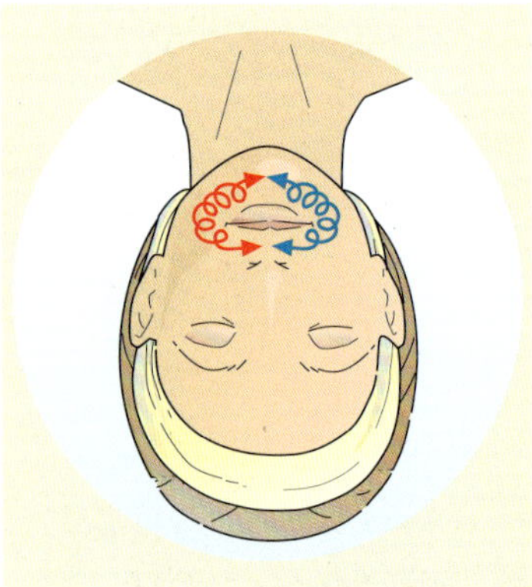

7 Reiben mit beiden Mittelfingern um den Mund.

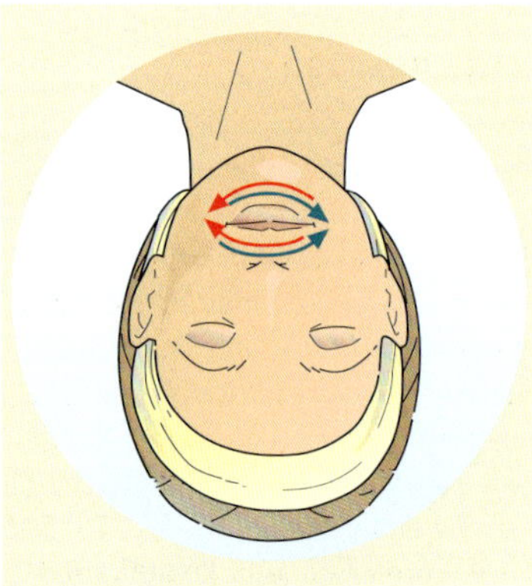

8 Ausstreichen der Mundpartie zwischen Mittel- und Ringfingern im Wechsel der Hände.

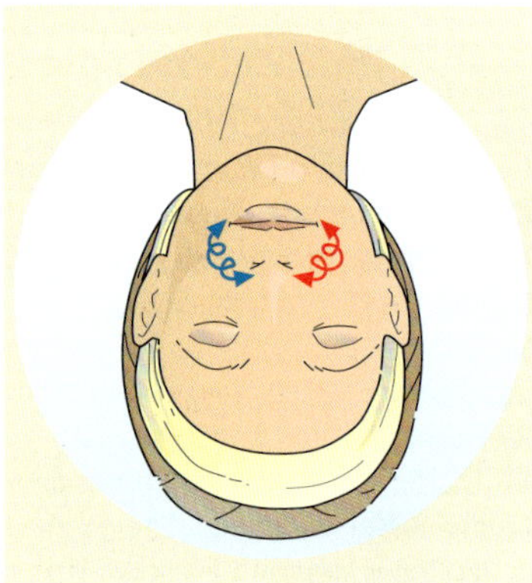

9 Reiben beider Nasolabialfalten mit Mittelfingern zwischen Mund- und Nasenwinkeln.

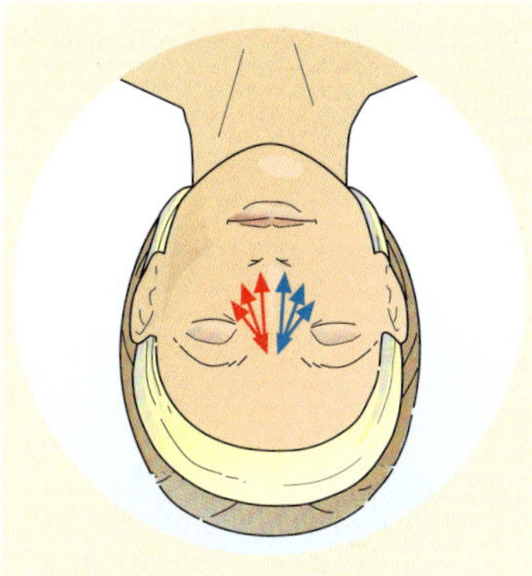

10 Ausstreichen der Nase auf Nasenrücken, Mittel- und Grundlinie zwischen Nasenspitze und Nasenwurzel.

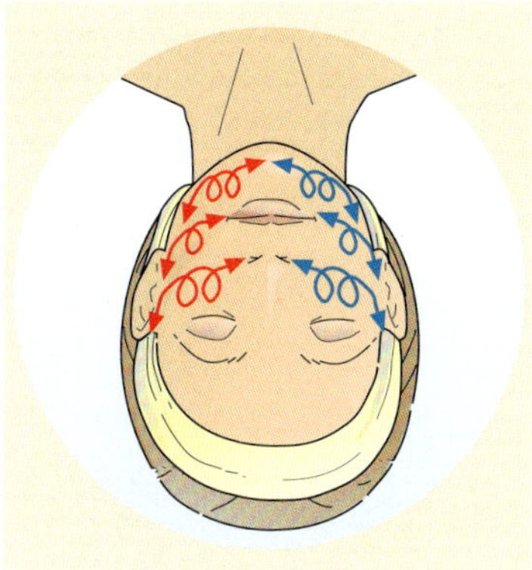

11 Reiben der Wangen mit den 3., 4. und 5. Fingern beidhändig:
- vom Kinn zu den Ohren und zurück
- von den Mundwinkeln zu den Ohren und zurück
- von den Nasenwinkeln zu den Ohren und zurück

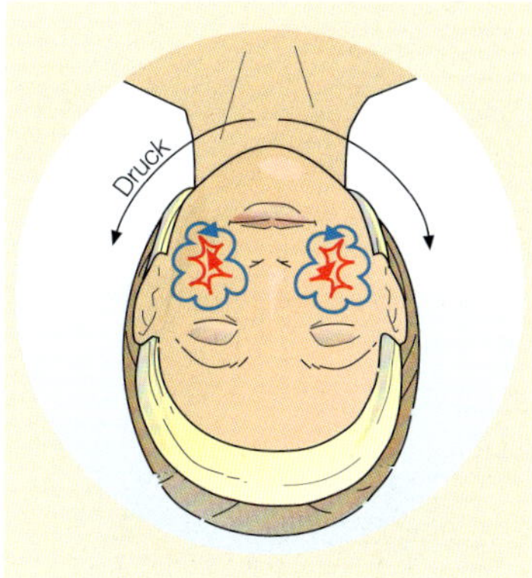

12 Beidhändiges Kneten in einem großen Wangenkreis rechts und links.

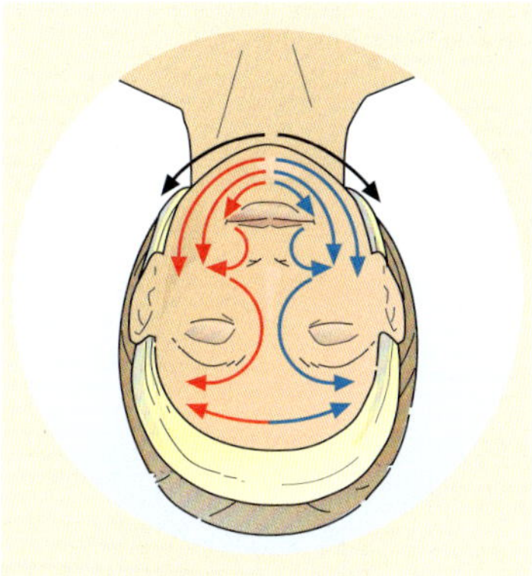

13 Ausstreichen (wie 1.).

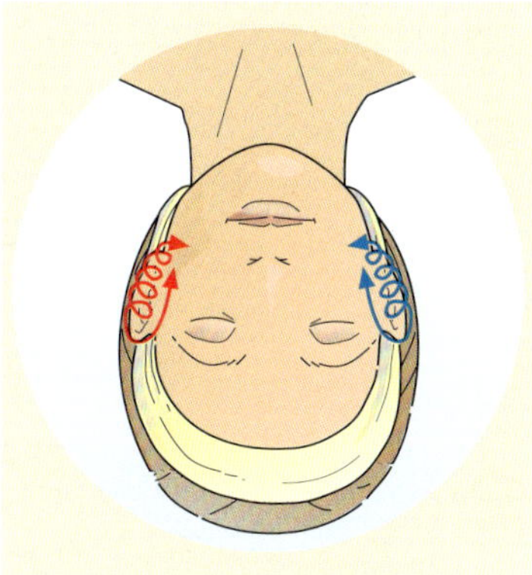

14 Reiben beider Ohrmuscheln mit den Daumen.

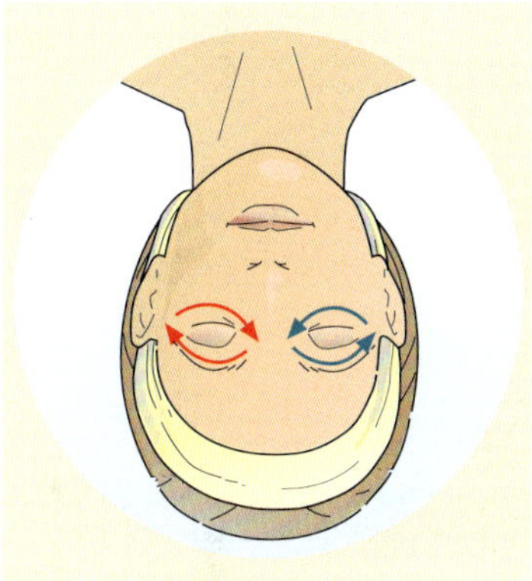

15 Streichen der Augenpartie mit Mittelfingern: auf den Brauen mit Druck nach außen, am Unterlid drucklos zurück.

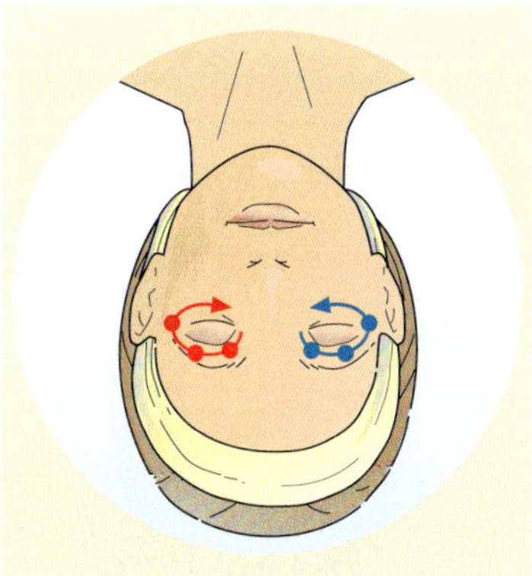

16 Drei Nervendruckpunkte mit beiden Mittelfingern reiben: am Brauenbeginn, auf dem höchsten Punkt der Braue und am Ende.

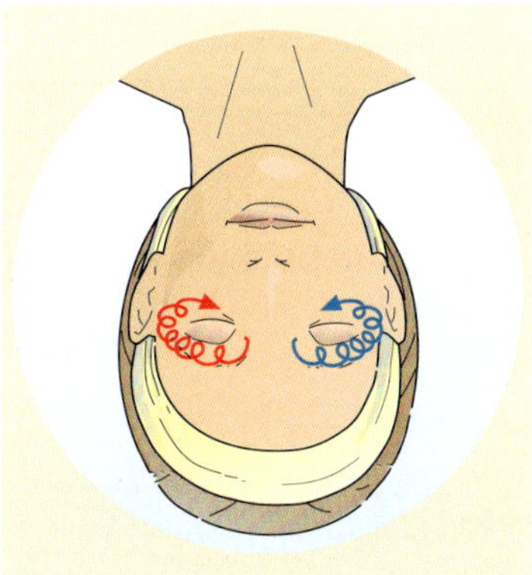

17 Reiben der Augenpartie mit beiden Mittelfingern.

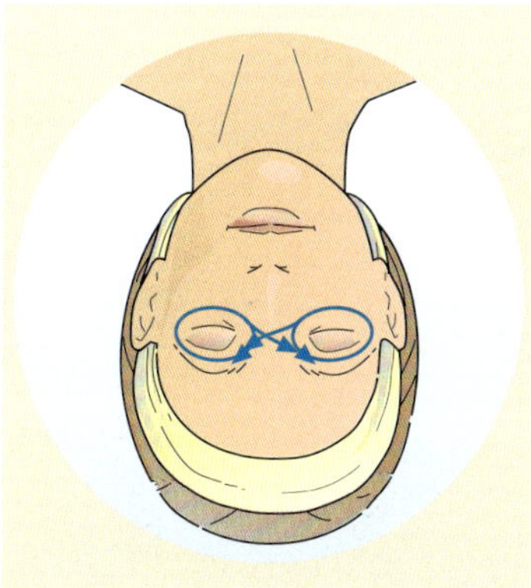

18 Streichen einhändig um die Augen als liegende Acht.

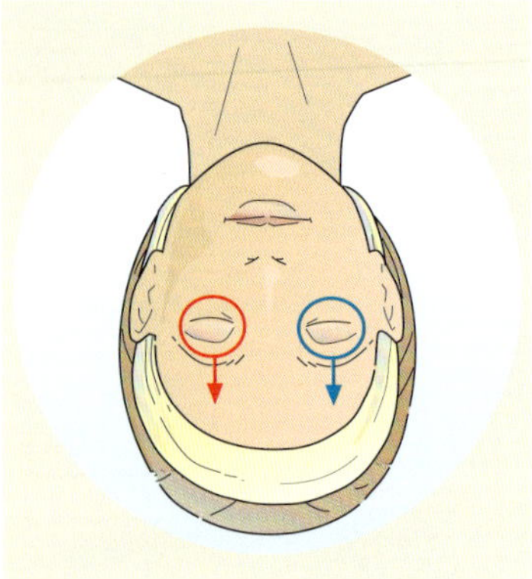

19 Sauggriff mit beiden Handinnenflächen über den geschlossenen Augen.

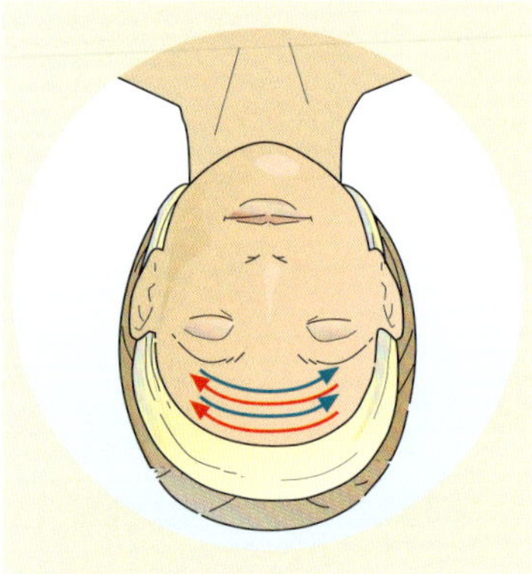

20 Streichen der Stirn im Wechsel beider Handflächen quer.

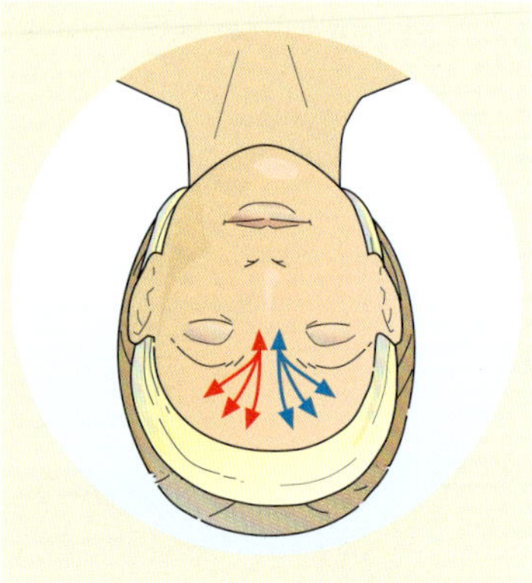

21 Ausstreichen der „Zornesfalte".

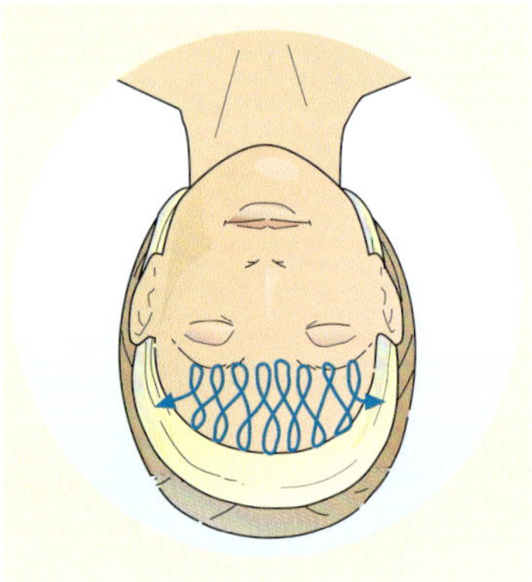

22 Reiben auf der Stirn als überlappende Achten mit Mittel- und Ringfingerkuppen einer Hand.

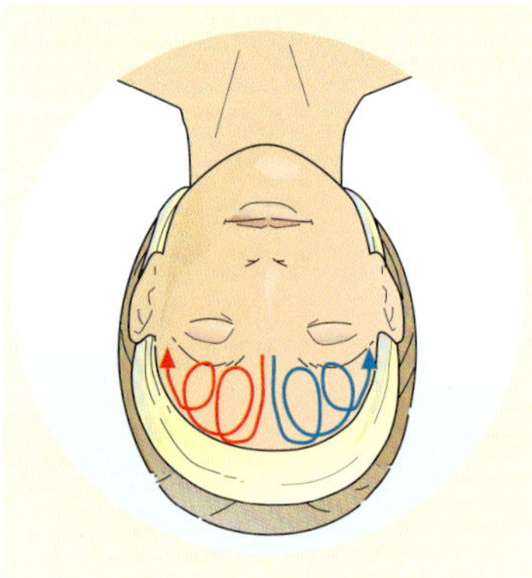

23 Reiben auf der Stirn, beidhändig von der Mitte zu den Schläfen und zurück.

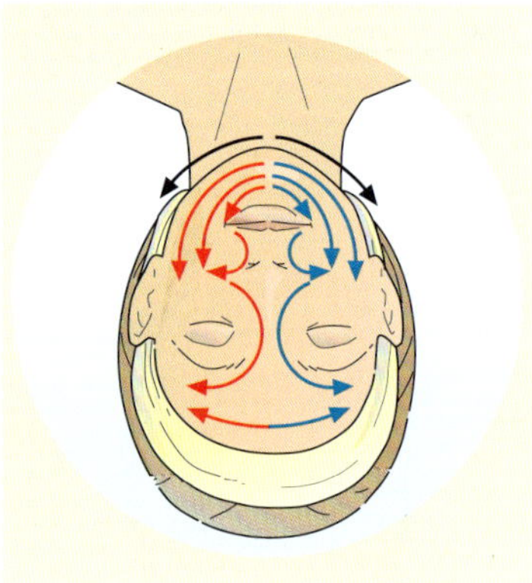

24 Großer Ausstreichgriff (wie 1).

Besondere Massageziele

- Tiefgreifende seelische Entspannung durch das Erlebnis des sanften Massageflusses und die Übertragung von Eigenenergie.
- Entspannung der Gesichtszüge in der Ruhe.
- Das Aussehen wird durch Hautglättung und Belebung der Hautfarbe verbessert.
- Die Haut fühlt sich weich, glatt und prall an.
- Verbesserung der Durchströmungsverhältnisse, Massagedruck fördert den Ionentransport im Gewebe und aktiviert die Selbstheilungskräfte.
- Wirkungsvoller Ausgleich von Pflegevernachlässigung, reichhaltige kosmetische Zubereitungen werden intensiv genutzt.
- Der Massagedruck verflüssigt Talgstauungen in das Massagemittel, was einer intensiven Reinigung der sichtbaren Poren entspricht.

Tipp zur Selbstmassage

In Workshops mit einem kleinen Interessentenkreis kann die Kosmetikerin praktische Anleitung zur Selbstmassage geben, mit der die Kunden ihre Hautpflege intensivieren und ihre Pflegecremes besser nutzen.

Arbeitsablauf bei der Selbstmassage

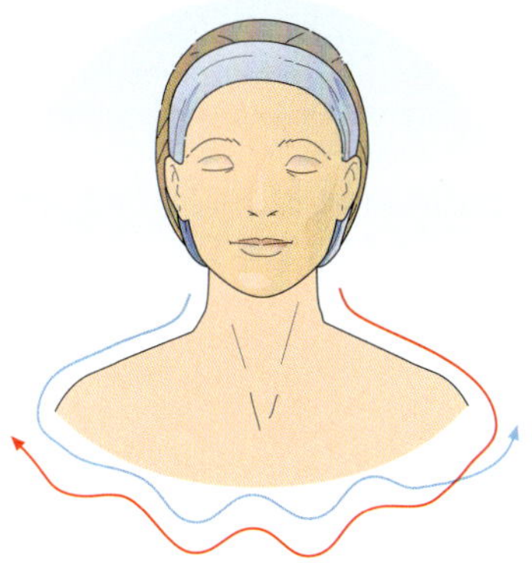

1 Rechte Hand streicht am linken Hals abwärts um die Schulterkugel und wellenförmig über das Dekolleté zur rechten Schulter; linke Hand umgekehrt.

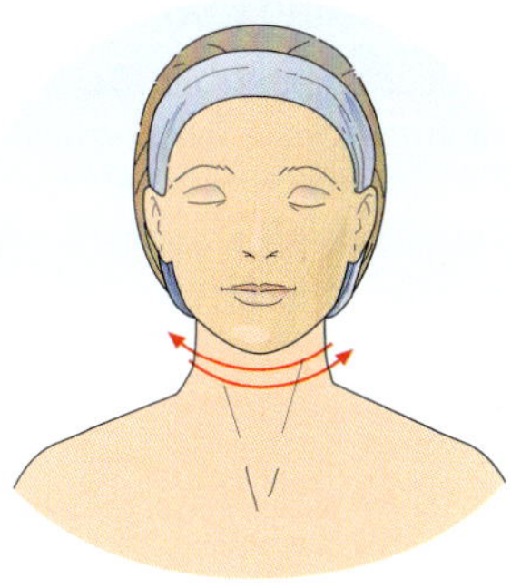

2 Kopf nach rechts drehen, mit rechter Hand von links nach rechts quer über den Hals streichen, dabei dreht sich der Kopf nach links; mit der linken Hand umgekehrt.

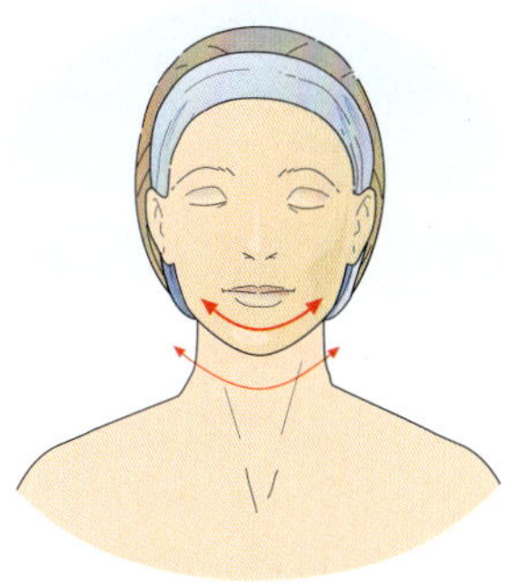

3 Am Kinnrand streichen oberhalb Zeigefinger und unterhalb Mittelfinger wechselhändig: rechte Hand vom linken zum rechten Kieferwinkel und linke Hand umgekehrt.

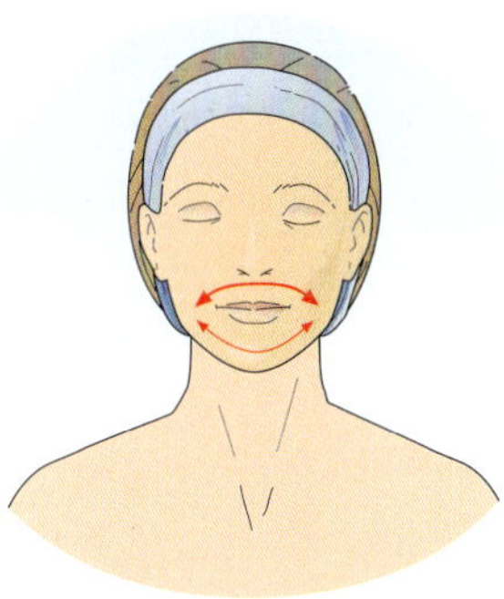

4 Mittelfinger (über Oberlippe) und Ringfinger (unter Unterlippe) einer Hand streichen von Mundwinkel zu Mundwinkel im Wechsel der Hände.

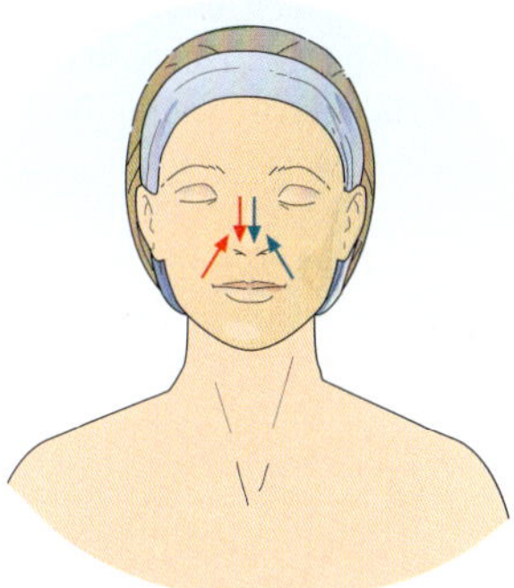

5 In den Nasolabialfalten streichen beide Mittelfinger links und rechts der Mundwinkel aufwärts zur Nasenspitze.

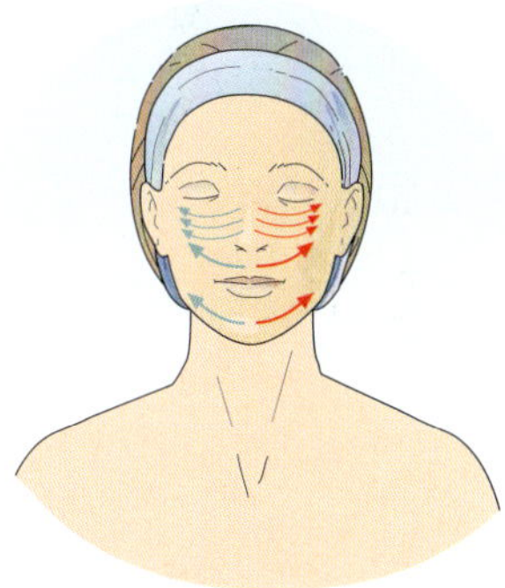

6 Beide Handinnenflächen streichen von den Nasenflügeln quer über die linke und rechte Wange bis zu Ohr und Schläfe.

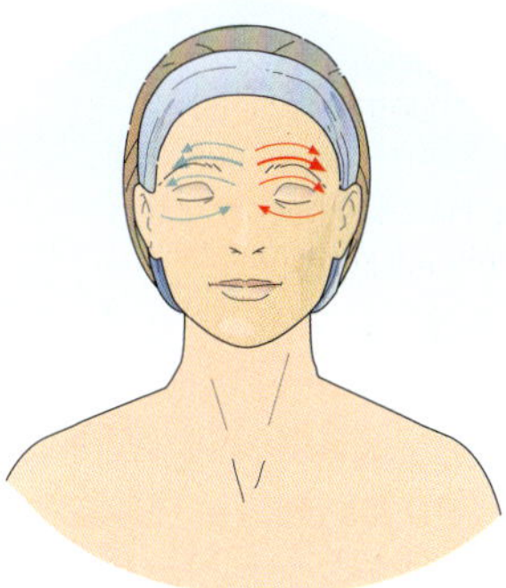

7 Linke Hand am rechten Auge und anschließend rechte Hand am linken Auge streichen beide Mittelfinger am Unterlid nach innen und am Oberlid nach außen.

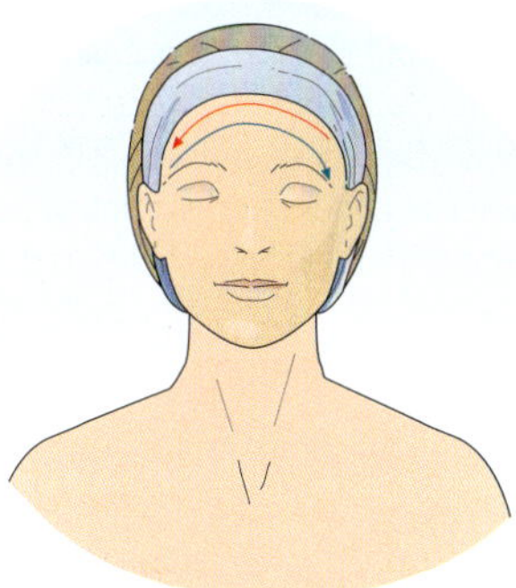

8 Beide Handinnenflächen streichen im Wechsel von Schläfe zu Schläfe.

A

1. Warum stellt die Qualität einer Gesichtsmassage einen besonders wichtigen Beitrag der Kosmetikerin zur Kundenbindung dar?
2. Üben Sie praktisch mit einer Mitschülerin, wie Sie Ihren Kunden dazu anleiten würden, seine Pflegecreme täglich mit den richtigen Massagegriffen in die Gesichtshaut einzuarbeiten.

Deltamuskel = m. deltoideus
zweiköpfiger Armmuskel = m. biceps brachii
bi (lat.) = zwei
brachium (lat.) = Arm
dreiköpfiger Armmuskel = m. triceps brachii
tri (lat.) = drei
Oberarm-Speichenmuskel = m. brachioradialis
radis (lat.) = Speiche
radialis = zur Speiche gehörend
Hand- und Fingerbeugemuskeln = m. flexores digiti
flectere (lat.)= beugen
digitus (lat.) = Finger

6.7.4 Massage von Hand und Arm

Anatomie von Hand und Arm

Knöcherner Aufbau

Der Oberarm trifft im Ellbogengelenk auf den Unterarm. Ähnlich wie beim Unterschenkel finden sich hier zwei Knochen, **Elle** und **Speiche**. Im Ellenbogengelenk ist die Speiche drehbar gelagert, sodass die Handflächen nach oben und unten gedreht werden können (180°). Dabei kreuzen Elle und Speiche. Elle und Speiche bilden dann an der Handwurzel ein gemeinsames Gelenk, an dem die Handwurzelknochen ansetzen. In diesem Gelenk sind Drehbewegungen möglich. Die Doppelreihe der Handwurzelknochen liegt in Höhe der auf dem Handrücken sichtbaren Querfalten. Diesem schließen sich die Mittelhandknochen und die Fingerknochen an (s. GSt., S. 174).

Muskulatur

Die wichtigsten Muskeln des Armes sind der kappenförmig über dem Schultergelenk liegende Deltamuskel, der zweiköpfige Armmuskel an der Vorderseite und der dreiköpfige Armmuskel an der Rückseite des Oberarms.
Am Unterarm vorn liegen der Oberarm-Speichenmuskel und die Hand- und Fingerbeugemuskeln, welche über eine Sehnenplatte in der Hohlhand die Finger bewegen. Unterstützt werden sie durch kleine, zwischen den Fingern verlaufende Muskeln. In der Handfläche treten deutlich die Muskeln, welche den Daumen und den kleinen Finger bewegen, hervor.

Blutgefäße

Im Bereich des Arms verlaufen die Arterien teilweise oberflächlich, was sie z. B. für Messungen (Puls, Blutdruck) zugänglich macht.

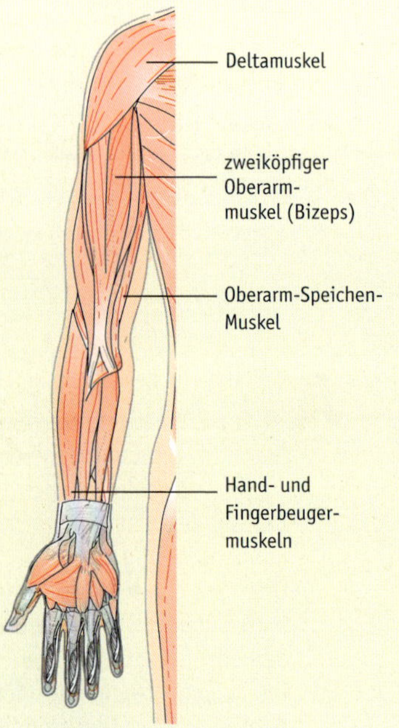

Armmuskulatur (vorn)

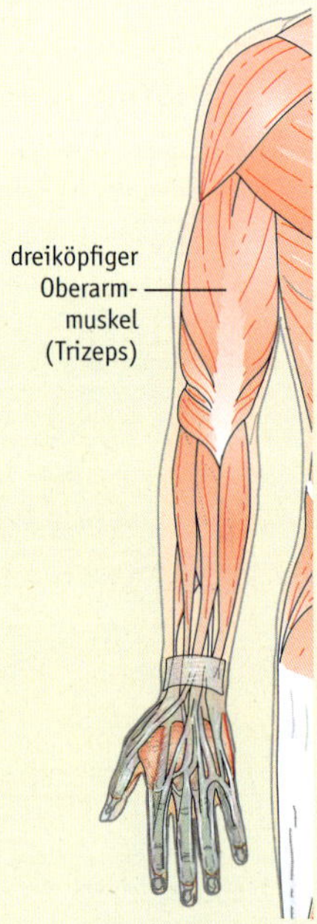

Armmuskulatur (hinten)

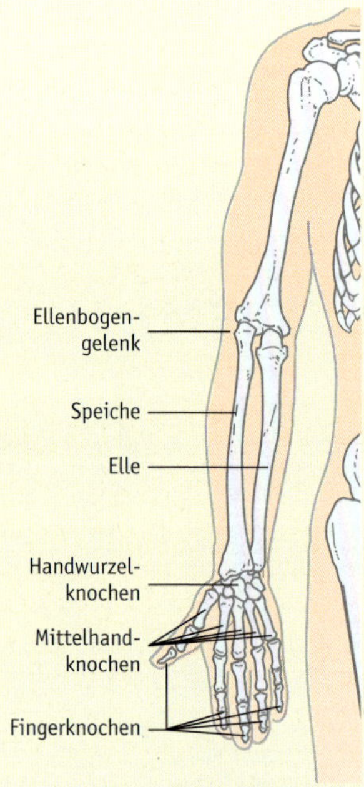

Armknochen

Tastbar sind die den Arm versorgenden Arterien in der Achselhöhle, an der Ellenbogen-Innenseite sowie am Handgelenk innen über dem Speichenknochen. Sollten, insbesondere bei Frauen, in der Achselhöhle verdickte Lymphknoten zu tasten sein, ist immer eine Untersuchung beim Frauenarzt zu empfehlen.

Deutlich sichtbare Venen (zunehmend im Alter) finden sich in der Ellenbeuge (Blutentnahmen) und auf dem Handrücken (Infusionen). Wegen zunehmender Verletzlichkeit der Venen im Alter kann am Handrücken schon mittlerer Druck zu Verletzungen mit Einblutungen in die Haut führen.

Ellennerv = n. ulnaris
ulna (lat.) = Elle
ulnarius = zur Elle gehörend
Im Volksmund heißt die Region um das Ellenköpfchen „Musikantenknochen" wegen der durch Stoß auslösbaren Schmerzen.
Carpaltunnel = Bindegewebshülle für Nerven, Sehnen und Gefäße
carpus (griech.) = Handwurzel

Nervenbahnen

Als wichtiger Nerv, dessen Druck unangenehme Empfindungen hervorruft, verläuft der Ellennerv unterhalb des inneren Ellenköpfchens.
Im Bereich des Handgelenks innen werden die deutlich sichtbaren Beugesehnen durch ein quer verlaufendes Band am Handgelenk gehalten. In dem dadurch entstehenden sog. Carpaltunnel verlaufen auch die Nerven. Diese Region ist häufig empfindlich. Bei Schwellungen kommt es zu einer schmerzhaften Einschränkung von Kraft und Beweglichkeit, dem Carpaltunnelsyndrom.

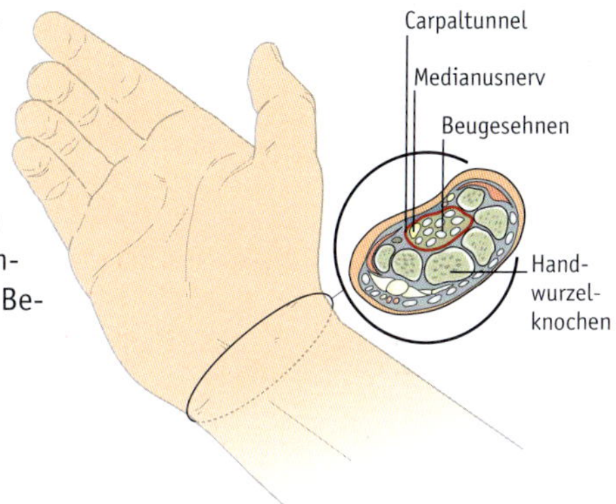

Carpaltunnel

Durchführung der Hand- und Armmassage

Vorbereitung

Zumeist im Anschluss an eine Maniküre (s. GSt., S. 183) und im Rahmen von Ganzkörpermassagen werden Hand und Arm massiert. Dazu liegt zunächst der linke Unterarm des Kunden bequem auf einer Unterlage, z. B. auf der Armlehne des Kosmetikstuhls, und die Kosmetikerin sitzt seitlich. Nach der Massage des linken Arms wird ebenso der rechte massiert.
Das Gleitmittel, z. B. eine Handcreme oder ein Körperöl, wird in den Händen der Kosmetikerin vorgewärmt und beim Kunden so durch Streichen verteilt, dass Hand und Arm zwischen die Handinnenflächen der Massierenden gelangen.
Die Druckrichtung an Hand und Arm führt stets zum Herzen, also körperwärts. Zurück wird ohne Druck gestrichen und stets Hautkontakt gehalten.

Z

In der Praxis wird bei der Hand- und Armmassage sowohl einhändig als auch zweihändig massiert.

Arbeitsablauf

Zuerst werden die linke Hand und der linke Arm massiert, danach die rechte Seite.

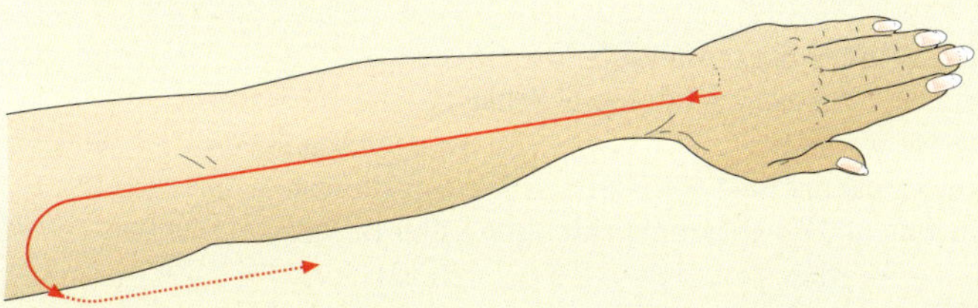

1 Streichen von Hand, Unter- und Oberarm auf der Streckseite aufwärts, auf der Beugeseite abwärts.

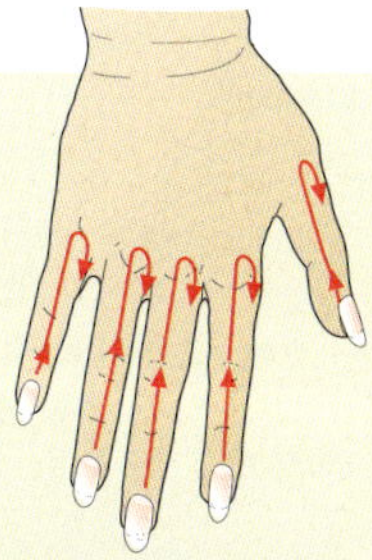

2 Streichen der Finger vom Nagelglied zum Grundgelenk, an den Fingerseiten zurück.

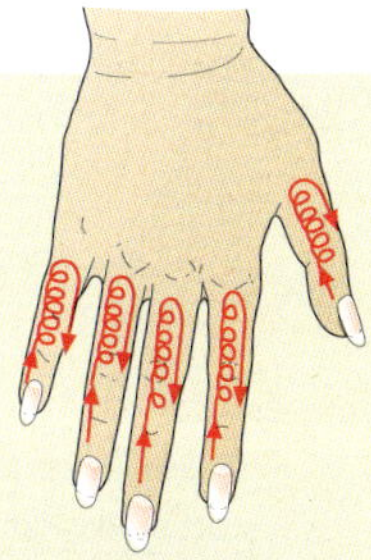

3 Reiben auf den Fingern zwischen den Massagefingern 1-3, seitlich zurück streichen.

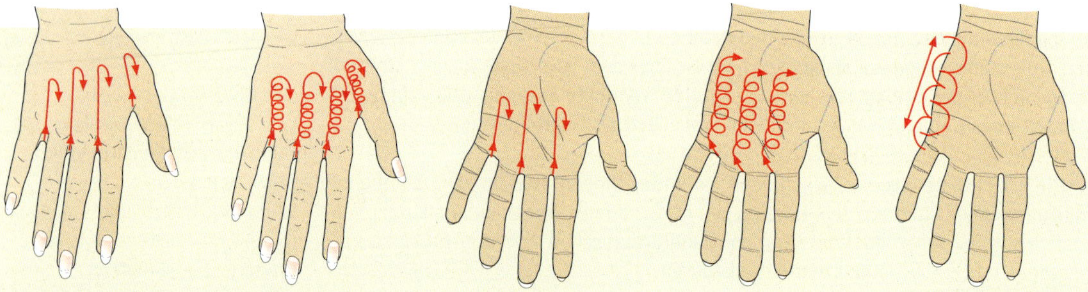

4 Streichen auf dem Handrücken mit Daumen zwischen den Mittelhandknochen und ohne Druck zurück.

5 Reiben auf dem Handrücken mit beiden Daumen und ohne Druck zurück streichen.

6 Streichen der Handinnenfläche mit Daumen und ohne Druck zurück.

7 Reiben der Handinnenfläche mit Daumen in drei Bahnen und ohne Druck zurück streichen.

8 Einhändiges Kneten am Kleinfingerballen hin und her.

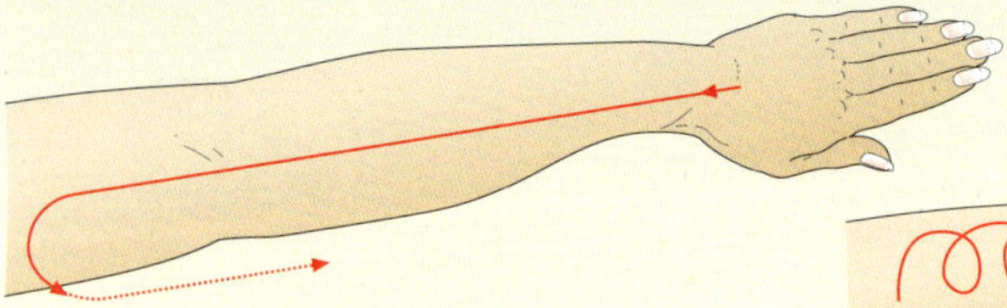

9 wie 1

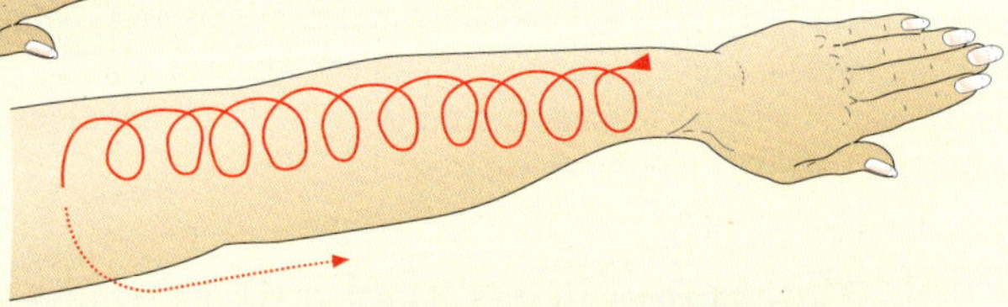

10 Reiben auf der Armaußen- und der Innenseite, zurück jeweils ohne Druck streichen.

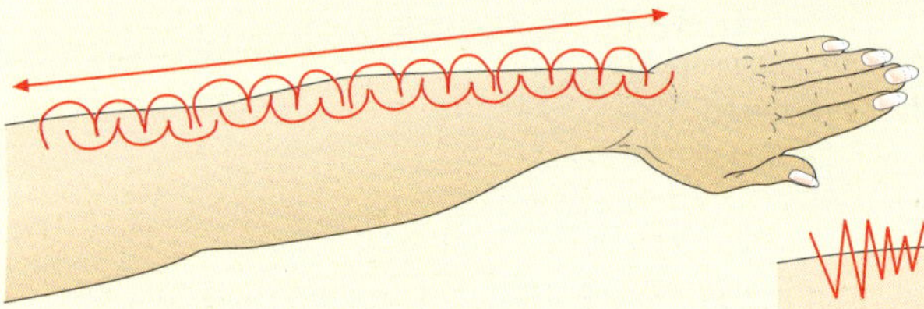

11 Kneten auf der Armaußen- und der Innenkante, hin und her.

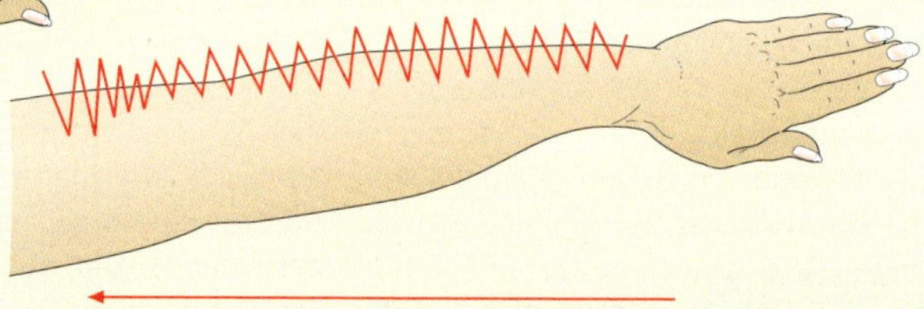

12 Vibrieren auf der Armaußen- und innenkante.

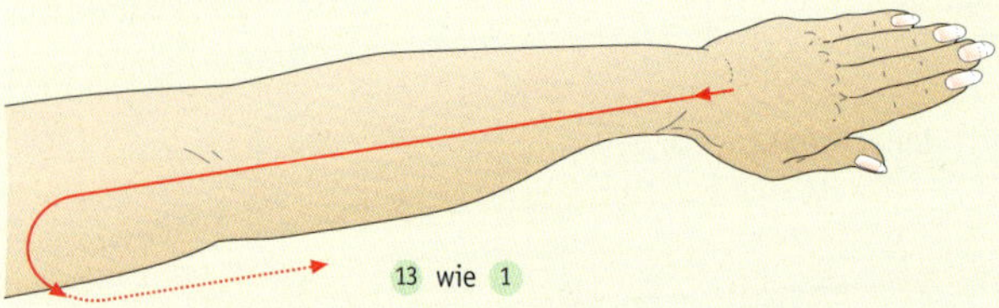

13 wie 1

Besondere Massageziele

- Erhaltung und Verbesserung der Beweglichkeit
- Prophylaxe gegen Versteifungen in den kleinen Gelenken
- Pflege und Schutz der Haut vor Einrissen und Infektionen
- Durchwärmung und Durchblutung chronisch kalter Hände

Z

Die Schulterpartie des Kunden sollte bei der Hand- und Armmassage entspannt bleiben oder ggf. in die richtige Haltung gebracht werden.

Tipps zur Selbstmassage

Tägliches Eincremen der Hände nach Wasseranwendungen ist unerlässlich als Schutz vor Rauigkeit und Hautrissen. Damit sollten einfache Massagegriffe verbunden werden:

- Hände mit „Waschbewegungen“ eincremen.
- Jeden Finger von der Fingerkuppe in Richtung Handfläche streichen.
- Jeden Finger vom Nagel bis zum Grundgelenk mit den Fingern 1–3 der anderen Hand streichen und reiben.
- Handrücken, Handteller, Arminnenseite, Armaußenseite streichen.
- Ellenbogen in der Handfläche kreisförmig streichen.

Z

Der Massage vorausgehen können Lockerungsübungen:
- Schultern hochziehen, halten, breit senken,
- Schultern langsam kreisen,
- Hände kreisen,
- Hände ausschütteln.

A

1. Sabrina möchte ihrer Kundin, Frau Meyer, während der Einwirkzeit ihrer Gesichtspackung eine Hand- und Armmassage anbieten. Formulieren Sie Argumente, die Frau Meyer davon überzeugen sollen.
2. Wie kann ein Kunde durch klassische Massagegriffe seine chronisch kalten Hände besser durchbluten und damit erwärmen? Üben Sie die entsprechenden Griffe an Ihrer Banknachbarin.

6.7.5 Massage von Fuß und Bein

Anatomie von Fuß und Bein

Knöcherner Aufbau

Der lange Oberschenkelknochen (s. S. 35) endet am Kniegelenk. Dort bildet er eine Gelenkfläche, deren Gegenpart der obere Teil des Schienbeins ist. Das Wadenbein ist an seinem oberen Ende mit Bändern am Schienbein fixiert. Gemeinsam bilden die beiden Knochen den Unterschenkel. Aus Gründen der Stabilität ist zwischen ihnen eine feste Membran ausgespannt.
Am Übergang zum Fuß bilden die beiden Unterschenkelknochen die gut tastbaren Außen- und Innenknöchel, zwischen denen das Sprungbein als oberer Fußwurzelknochen gehalten wird. Das daran anschließende Fersenbein und die anderen Fußwurzelknochen (Kahnbein, 3 Keilbeine, Würfelbein), die Mittelfußknochen und die Zehenknochen bilden den Fuß.

Muskulatur

Der wesentliche, deutlich sichtbare Muskel des Oberschenkels ist der vorn verlaufende vierköpfige Oberschenkelmuskel. Er ist der größte Muskel des Menschen. Er hat seine Ursprünge an der Darmbeinschaufel und am Oberschenkelknochen und mündet in eine Sehne, welche am Unterschenkel ansetzt und in die Kniescheibe eingebunden ist.
Im Unterschenkelbereich sind es der vordere Schienbeinmuskel und der lange Wadenbein-

Vierköpfiger Oberschenkelmuskel = m. quadriceps femoris
quadriceps = Muskel mit vier (lat. quattuor) Muskelköpfen
Funktion: Er unterstützt die Beugung im Hüftgelenk und streckt den Unterschenkel.
Vorderer Schienbeinmuskel = m. tibialis anterior
tibia (lat.) = Schienbein
anterior (lat.) = nach vorn gelegen, im Gegensatz zu posterior (lat.) = nach hinten gelegen
Funktion: Er zieht den Fuß hoch.
Wadenbeinmuskel = m. peroneus longus
perone (lat.) = Wadenbein
Funktion: Er hebt den äußeren Fußrand.

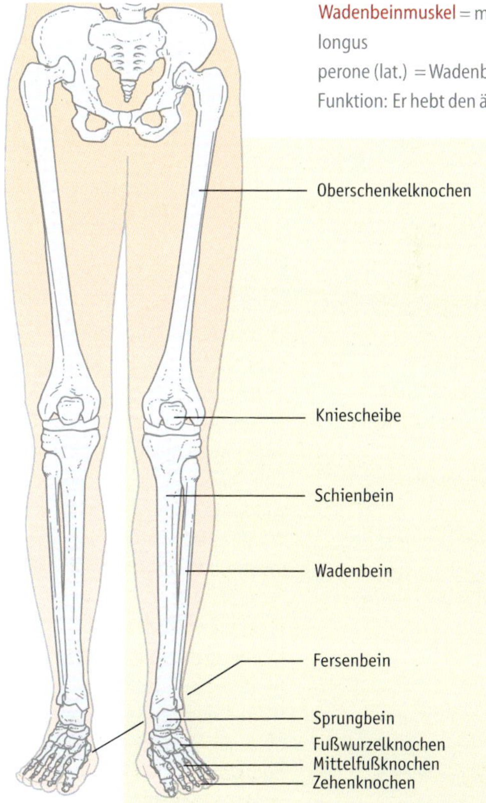

Fuß- und Beinknochen

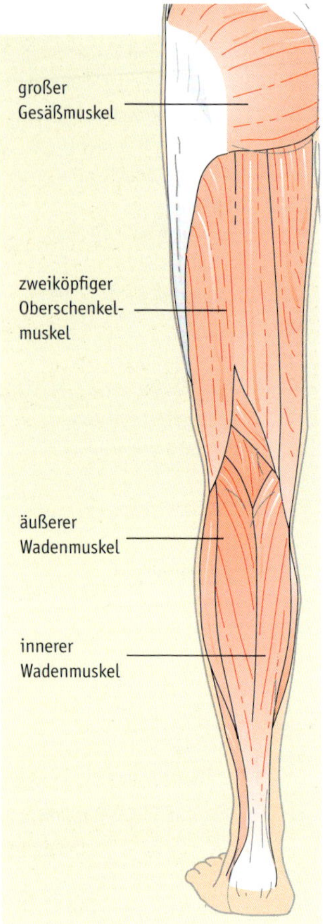

Beinmuskulatur (hinten)

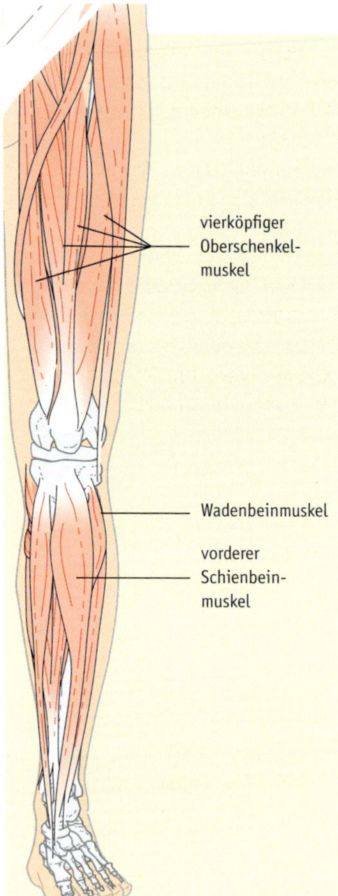

Beinmuskulatur (vorn)

muskel, welche neben der deutlich sicht- und fühlbaren Schienbeinkante hervortreten.

Von hinten betrachtet zeigt sich am deutlichsten die vom Sitzbein zum Oberschenkel verlaufende Gesäßmuskulatur und darunter der zweiköpfige Oberschenkelmuskel. Im Unterschenkelbereich ist der Wadenmuskel sichtbar, welcher mit der Achillessehne an der Ferse ansetzt.

Die Muskeln setzen jeweils rechts und links des Knies an, sodass sich in der Kniekehle eine Lücke bildet, in der bei locker hängendem Unterschenkel der arterielle Puls getastet werden kann. Auch die tiefen Venen verlaufen hier relativ ungeschützt (s. S. 168).

Blutgefäße

Anders als an den Armen, welche auch in die Waagerechte oder über den Kopf gehoben werden, muss das venöse Blut der Beine nahezu den ganzen Tag gegen die Schwerkraft Richtung Herz transportiert werden (s. S. 41 f.). Besonders bei Frauen, übergewichtigen Menschen und Menschen in stehenden Berufen ist das venöse System häufig damit auf Dauer überfordert. Es kommt zu einem ungenügenden Schluss der Venenklappen und Rückstau. Kleine geschlängelte Venen an der Oberfläche, sog. Besenreiser, können das erste Zeichen hierfür sein. Hinzu kommen Schweregefühl und Schwellung der Beine. Unbehandelt schreitet die Überforderung der Venen fort und es kommt zur Bildung von Krampfadern, deutlich sichtbaren, geschlängelten und gefüllten Venen, welche über das Hautniveau hervortreten.

Schon bei den ersten Anzeichen sollte den Kunden geraten werden, einen Phlebologen aufzusuchen.

Eine Massage bei bestehenden Krampfadern oder dem Verdacht auf eine Venenentzündung (Rötung und Übererwärmung im Verlauf einer Vene) ist kontraindiziert. Würde über Krampfadern massiert werden, könnten sich Blutgerinnsel (Thromben) lösen und Lungenembolie oder Hirnschlag auslösen.

Nerven

Bei gereiztem Ischiasnerv (Hexenschuss oder Bandscheibenvorfall) kann in der Tiefe der Gesäßmuskulatur ein schmerzhafter Druckpunkt gefunden werden.

Hinter dem außen liegenden Köpfchen des Wadenbeins verläuft der Wadenbeinnerv, der ähnlich wie der Ellennerv (s. S. 73) durch Druck empfindlich gereizt werden kann.

In der Kniekehle liegt der den Fuß versorgende Hauptnerv ebenfalls relativ ungeschützt.

Gesäßmuskulatur = m. glutaeus maximus
glutaeus (lat.) = Hinterbacke
maximus (lat.) = der größte
Funktion: Er streckt den Oberschenkel, stabilisiert den Rumpf beim Stehen und Gehen.

Zweiköpfiger Oberschenkelmuskel = m. biceps femoris
Funktion: Er beugt den Unterschenkel.

Wadenmuskel = m. gastrocnemius
Funktion: Er ist wichtig beim Abrollen des Fußes, beugt den Unterschenkel.

Krampfader, Venenknoten (lat. varix) = Varize

Phlebologe = Facharzt für Venenerkrankungen
phlebos (griech.) = Blutader

Ischias (griech.) = Hüftschmerz

Wadenbeinnerv = n. peroneus

Durchführung der Fuß- und Beinmassage

Vorbereitung

Zumeist im Anschluss an eine Pediküre (s. S.193f.) und im Rahmen von Ganzkörpermassagen werden Fuß und Bein massiert.
Der Kunde sitzt bequem auf einer Kosmetik- oder Fußpflegeliege, seine Beine sind zu den Füßen hin leicht ansteigend gelagert und unter den Knien entlastet.

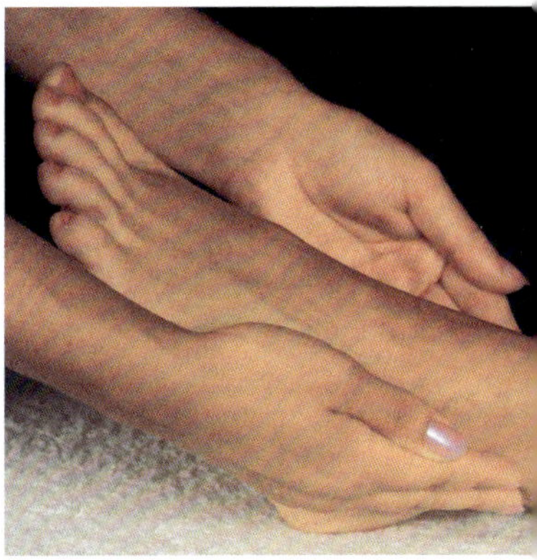

Fußmassage

Das Massagemittel, z.B. eine Fußcreme vom Typ der W/O-Emulsion oder ein Körperöl, wird in den Handflächen vorgewärmt und beidhändig so verteilt, dass auf der Streckseite aufwärts und der Beugeseite abwärts gestrichen wird.
Wie an den Armen verläuft die Druckrichtung stets zum Herzen.
Hat das Anamnesegespräch ergeben, dass der Kunde unter Varizen leidet oder bereits aufgrund einer Thrombose therapiert wurde, werden nur die Füße, nicht aber Unter- und Oberschenkel massiert.

Arbeitsablauf

Zunächst wird an einem Bein, anschließend am anderen Bein massiert. Die Kosmetikerin sitzt am Fußende der Liege und führt die Griffe 1–10 aus.

1 Flächiges Ausstreichen von Fuß und Bein mit Druck vom Fußrücken bis zum Knie (bzw. bis zum Oberschenkel) und ohne Druck zurück.

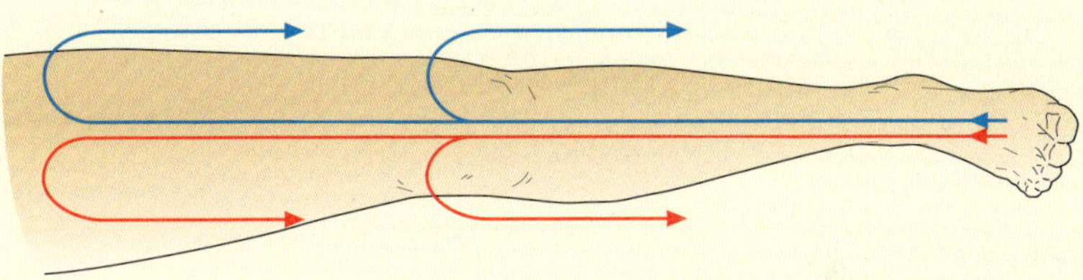

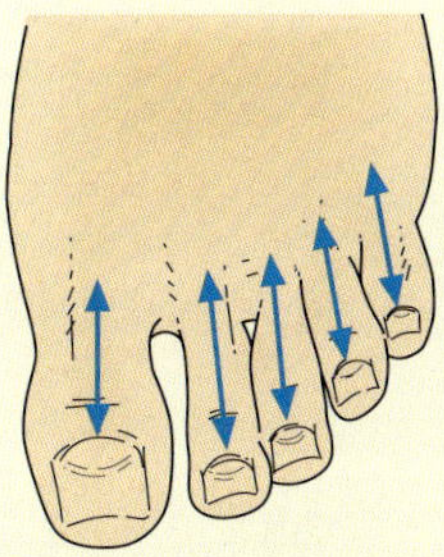

2 Ausstreichen jedes Zehs vom Nagelglied zum Grundgelenk mit den Daumen und ohne Druck zurück.

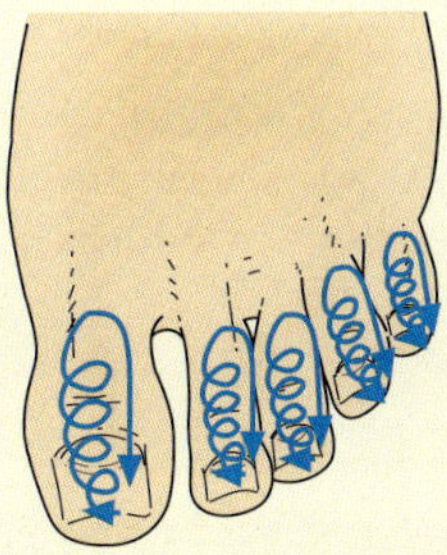

3 Reiben der Zehenseiten (oben und unten und/oder Zehenzwischenräume) zwischen den Massagefingern 1–3 und ohne Druck zurück streichen.

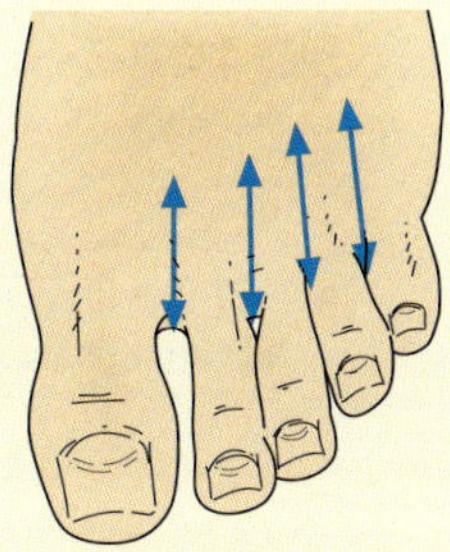

4 Streichen mit dem Daumen zwischen den Mittelfußknochen und ohne Druck zurück.

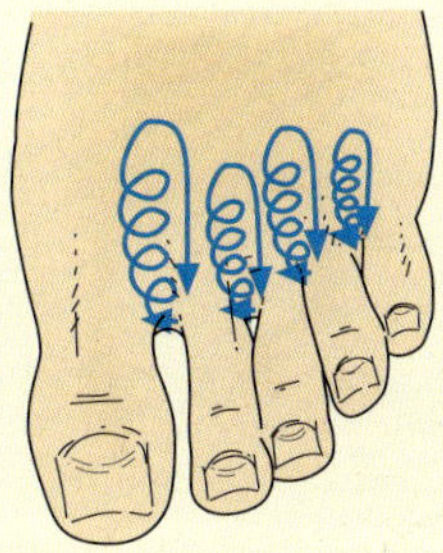

5 Reiben mit dem Daumen zwischen den Mittelfußknochen und ohne Druck zurück streichen.

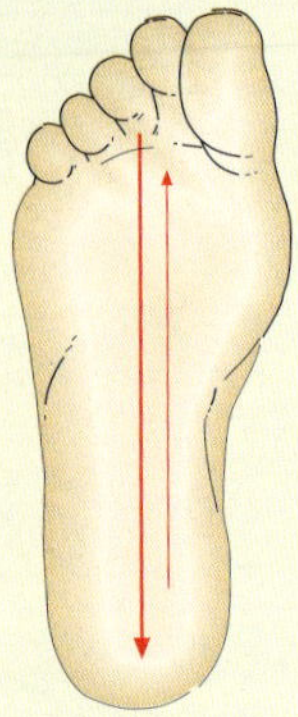

6 Ausstreichen der Fußsohle mit dem Faustrücken zur Ferse und ohne Druck zurück.

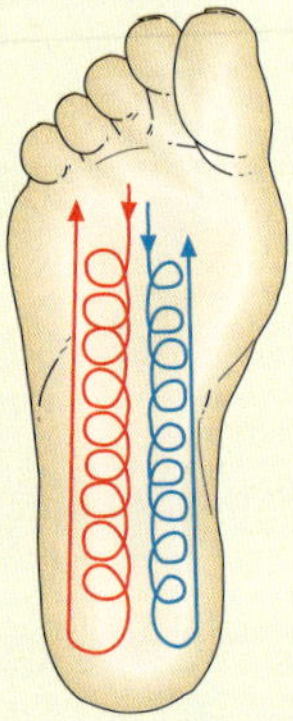

7 Reiben der Fußsohle mit beiden Daumen vom Ballen zur Ferse und ohne Druck zurück streichen.

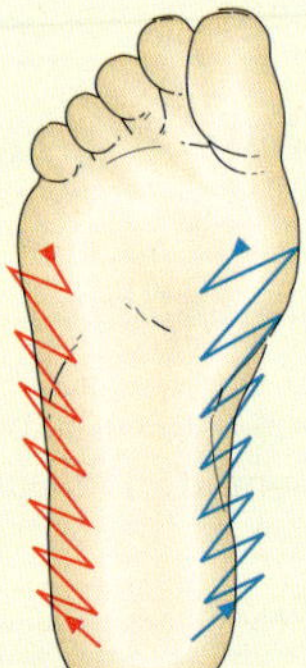

8 Als Sägen abgewandeltes Reiben mit den Handkanten am Fußinnen- und Fußaußenrand hin und her.

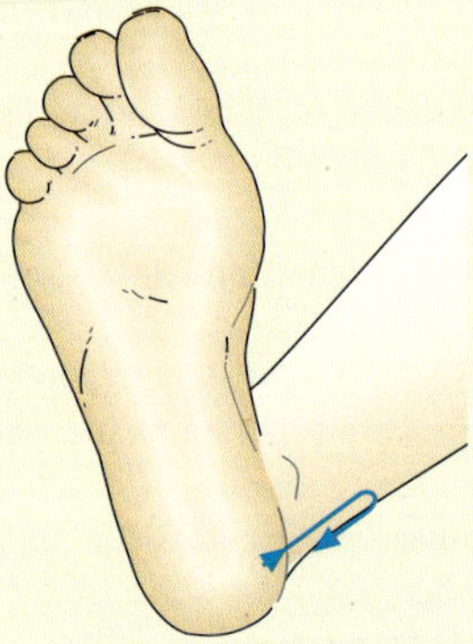

9 Ausstreichen der Achillessehne mit den Fingern 1–3, wobei die andere Hand die Ferse stützt.

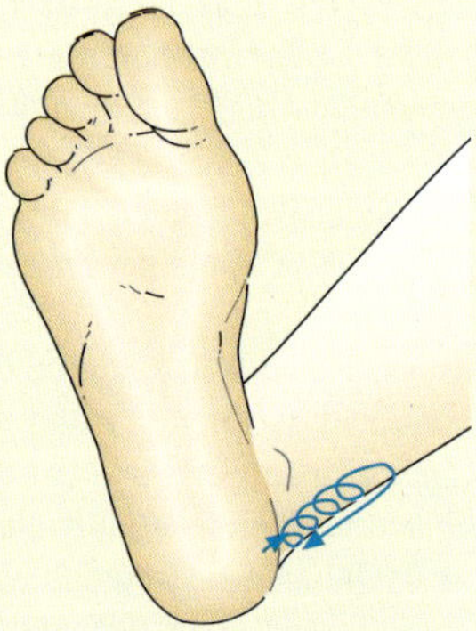

10 Reiben der Achillessehne mit den Fingern 1–3, wobei die andere Hand die Ferse stützt.

Für die Griffe 11–20 steht die Kosmetikerin seitlich an dem Bein, das massiert wird:

11 Ausstreichen des Beins vom Fuß bis zum Knie (bzw. Oberschenkel) mit beiden Handflächen und ohne Druck zurück.

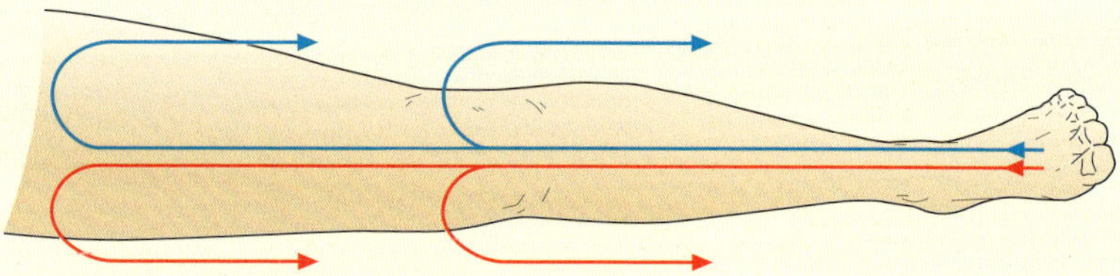

12 Reiben auf der Unterschenkelaußenseite mit den Fingern 2–5 und ohne Druck zurück streichen.

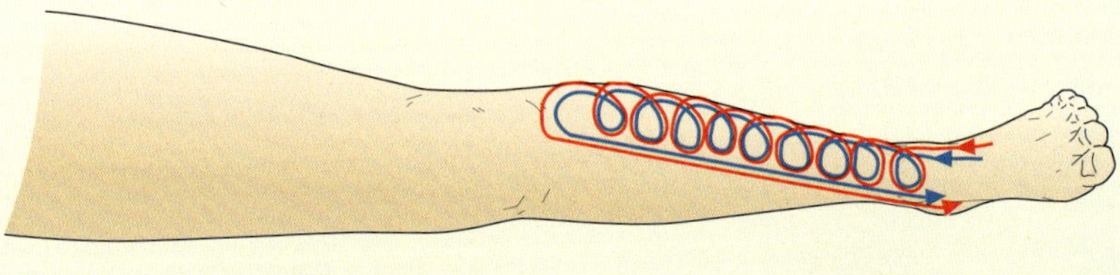

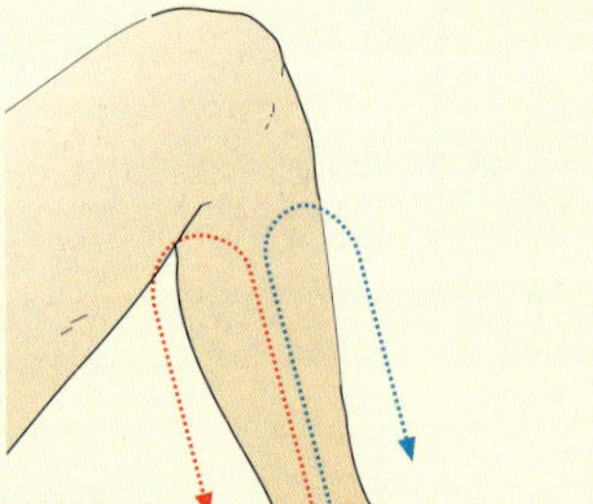

13 Ausstreichen der Wadenseite mit beiden Handflächen von der Ferse zur Kniekehle, wobei das Bein auf der Fußsohle steht, ohne Druck zurück streichen.

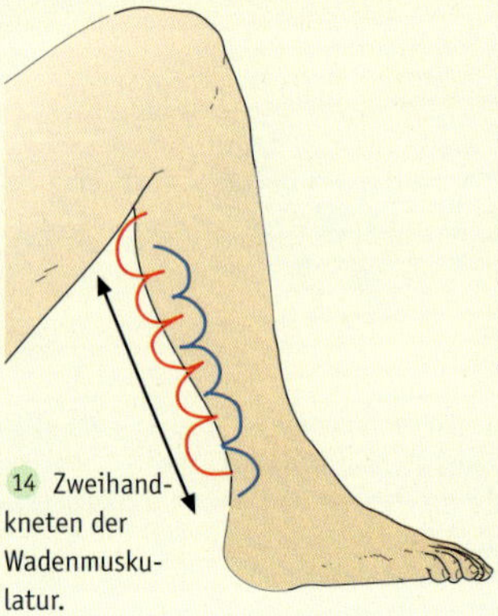

14 Zweihandkneten der Wadenmuskulatur.

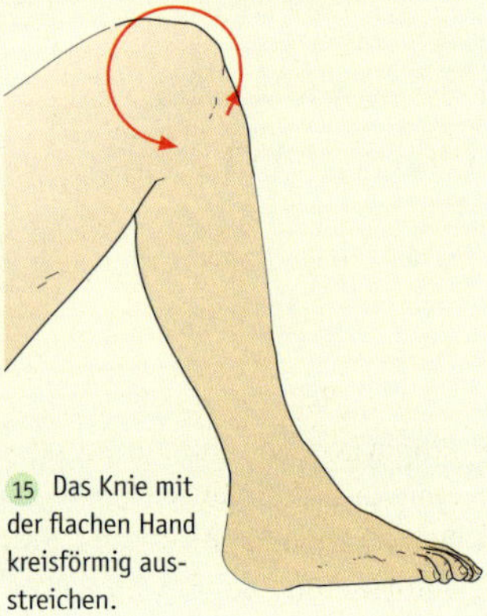

15 Das Knie mit der flachen Hand kreisförmig ausstreichen.

16 In die Kniekehle fassen, das Bein wieder ausstrecken und den Oberschenkel vom Knie zur Leiste beidhändig ausstreichen, ohne Druck zurück streichen.

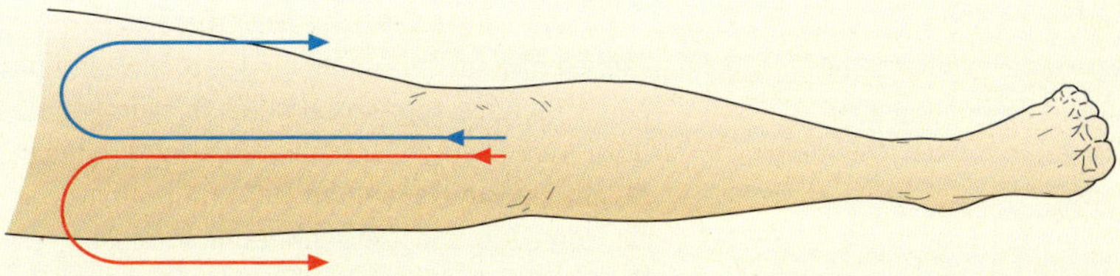

17 Oberschenkel mit beiden Handflächen vom Knie aufwärts großflächig kreisend streichen und ohne Druck zurück streichen.

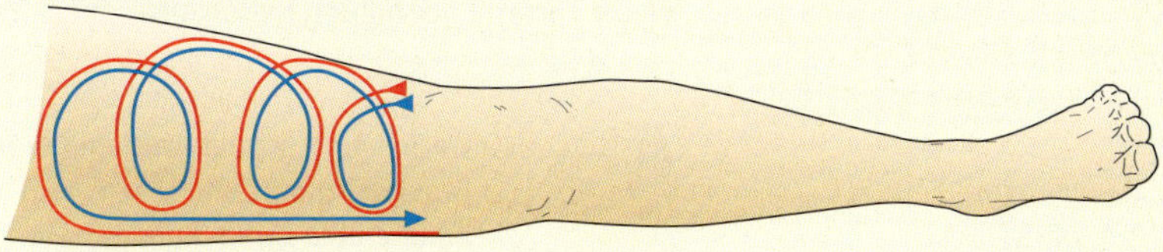

18 Oberschenkel beidhändig mit Fingern 2–5 vom Knie zur Leiste reiben und ohne Druck zurück streichen.

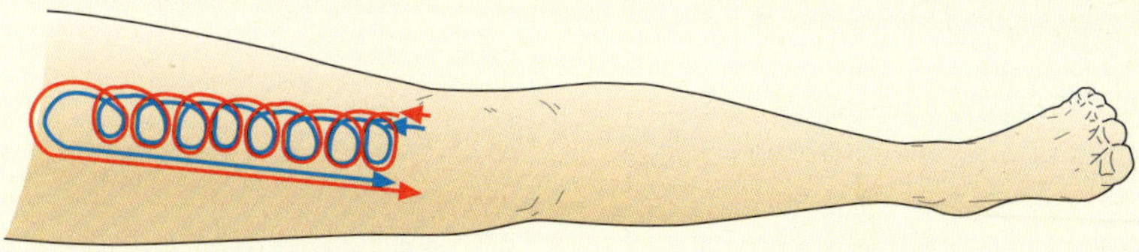

19 Zweihandkneten am Oberschenkel auf- und abwärts.

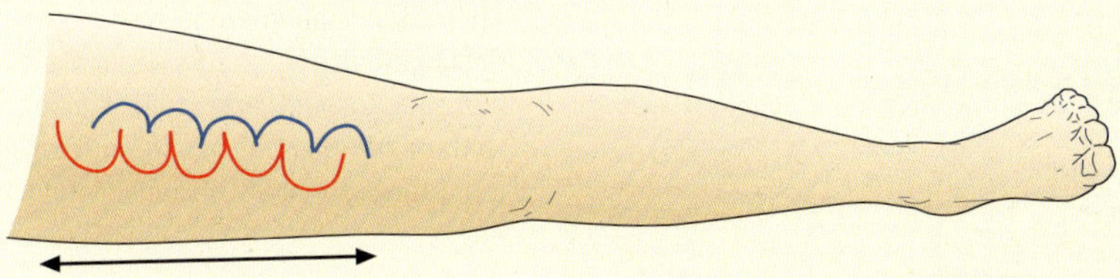

20 Leichte Schüttelung mit beiden flachen Händen am Oberschenkel hin und her.

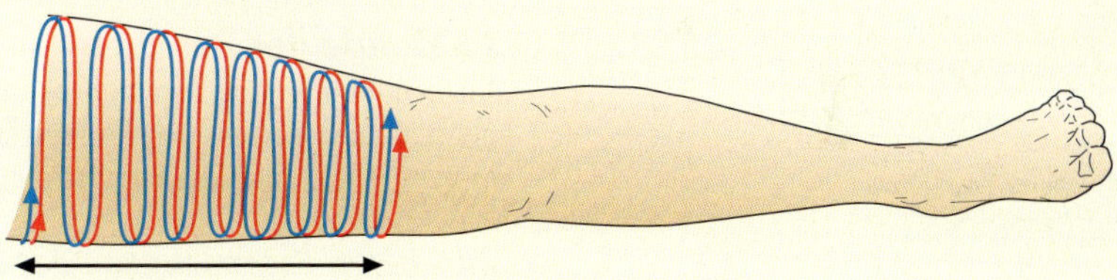

21 wie 1; flächiges Ausstreichen.

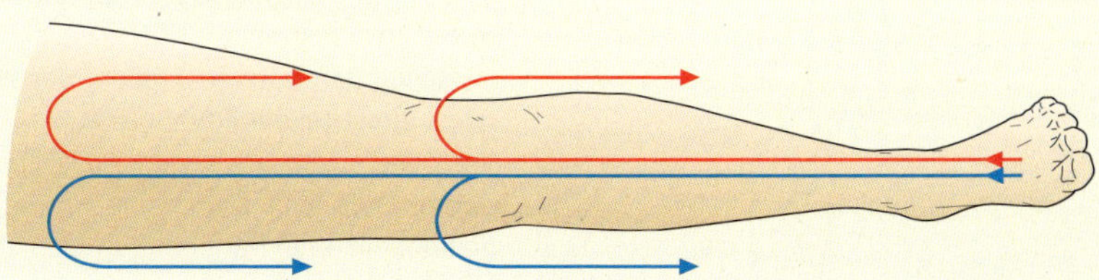

Besondere Massageziele

- Prophylaxe von Durchblutungsstörungen durch Verbesserung des venösen und lymphatischen Rückstroms
- Durchwärmung chronisch kalter Füße
- Verbesserung der Beweglichkeit
- Hautpflege und Infektionsschutz

Leistenband = ligamentum inguinale
ligamentum (lat.) = Band, Binde
inguen (lat.) = Leistengegend
gerader Bauchmuskel = m. rectus abdominis
abdomen (lat.) = Bauch
Funktion: Er nähert den Brustkorb und das Becken einander an, ermöglicht die Bauchpresse (Erhöhung des Drucks im Bauchraum beim Stuhlgang oder der Geburt).
schräger äußerer Bauchmuskel = m. obliquus externus abdominis
obliquus (lat.) = schräg
extern (lat.) = außen, im Gegensatz zu intern (lat.) = innen
Funktion: Er ermöglicht die seitliche Rumpfbeuge und das Drehen des Oberkörpers gegen das Becken.
„Sixpack" = Packung mit 6 Dosen Bier

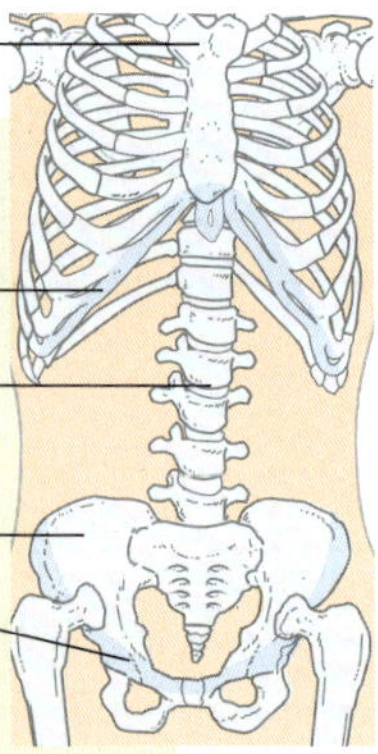

Knöcherne Begrenzung des Bauchraums

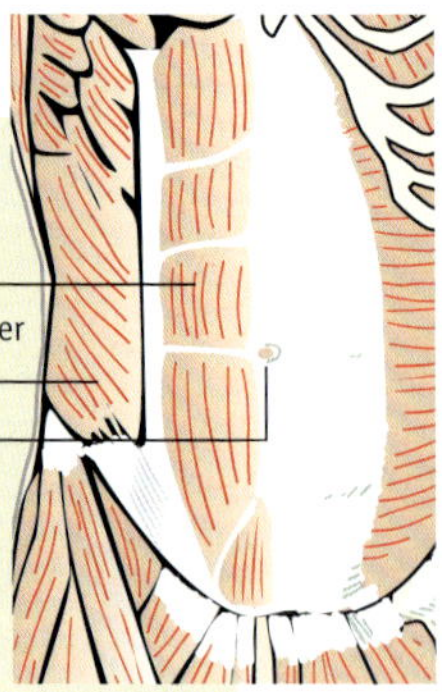

Bauchmuskulatur

Tipps zur Selbstmassage

Täglich nach dem Duschen und sorgfältigen Abtrocknen (Zehenzwischenräume!) wird eine Fußcreme oder Körpermilch mit einigen Massagegriffen eingearbeitet:
Dazu jeweils einen Fuß auf einen Hocker stellen und an den Zehen beginnend

- mit beiden Händen an Fuß und Bein aufwärts streichen
- jeden Zeh und -zwischenraum streichen
- den Fuß zwischen beiden Handflächen reiben
- die Ferse in der hohlen Hand kreisförmig streichen

A

1. Warum verläuft bei Arm- und Beinmassagen die vorgeschriebene Druckrichtung zum Herzen, also von außen nach innen?
2. Erklären Sie Ihrem Kunden, warum Sie bei dessen sichtbaren Krampfadern auf eine klassische Beinmassage verzichten müssen.

6.7.6 Ganzkörpermassage

Im Rahmen von Wellnessprogrammen in Verbindung mit Saunagängen und Bädern gewinnen ganzkörperliche Massagen an Bedeutung.
Auch diese haben keine therapeutische Zielsetzung, sondern gelten der Gesunderhaltung, der Beweglichkeit, der Hautpflege und dem Wohlbefinden. Die Kosmetikerin stellt das Ganzkörperprogramm und den zeitlichen Umfang der Massage aus ihren Teilmassagen (s. dort) nach den individuellen Schwerpunkten zusammen und bezieht auch den Bauchbereich mit ein.

Anatomie des Bauches

Bei den Teilmassagen wurden bereits die wesentlichen Regionen des menschlichen Körpers beschrieben (s. o.). Als Grundlage für eine Ganzkörpermassage folgt die Beschreibung des Bauchraums.

Knöcherne Begrenzungen des Bauchraums

Der Bauchraum selbst ist frei von Knochen, wird aber von knöchernen Strukturen begrenzt. Hinten ist diese Begrenzung fast vollständig, da zwischen den unteren Rippen, der Wirbelsäule und dem Becken nur jeweils ein schmaler Raum bleibt.
Vorn begrenzen das untere Ende des Brustbeins, der Rippenbogen, das obere Ende der Darmbeine sowie das Schambein den Bauchraum. Schambein und Darmbein werden dort durch das straffe Leistenband miteinander verbunden.

Bauchmuskulatur

Die Bauchmuskulatur besteht aus drei Lagen, welche längs, quer und schräg angeordnet sind und sich in einer gemeinsamen Sehnenplatte verbinden. Von außen zu unterscheiden sind der gerade Bauchmuskel und die schrägen äußeren Bauchmuskeln. Der gerade Bauchmuskel bildet, wenn er gut entwickelt ist, 6 Muskelbäuche, welche auch umgangssprachlich als „Sixpack" oder „Waschbrettbauch" bezeichnet werden.

Besondere Strukturen

Eine sehr auffällige Struktur ist der Nabel, der Rest der Nabelschnur, welche den heranwachsenden Menschen vor der Geburt mit dem Mutterkuchen (Plazenta) verband. Er ist sehr variabel in seiner Struktur und hat innen normalerweise keine Fortsetzung mehr. Der Nabel stellt allerdings eine Lücke in der festen Sehnenplatte der Bauchmitte dar, was zu Eingeweidebrüchen (Nabelbruch) bei großem Druck führen kann.
Zusätzliche Lücken finden sich in der Leiste. Über den sogenannten Leistenkanal, welcher oberhalb des Leistenbandes nahe des Schambeins liegt, verlassen in der männlichen Entwicklung die Hoden den Bauchraum, um dann ihren Platz im Hodensack zu finden. Die mitgenommenen Blut- und Lymphgefäße, Nerven und vor allem der Samenstrang sind sehr druckempfindlich. Auch hier kann es zu Brüchen (Leistenbruch) kommen. Bei Frauen enthält der Leistenkanal nur die Gefäße, Nerven und ein Band, welches bis in die großen Schamlippen zieht. Der Kanal ist deutlich enger, sodass Leistenbrüche bei Frauen erheblich seltener sind.
Oberhalb des Schambeins schiebt sich mit wachsender Füllung die **Blase** vor. Eine Massage in dieser Region bei voller Blase ist sehr unangenehm und sollte durch entsprechende Vorbereitung (Hinweis und Möglichkeit zur Entleerung geben!) vermieden werden.
Magen, Leber, Milz und Nieren sind durch die Rippen bzw. den Rippenbogen weitgehend geschützt. Direkt unter der von Fall zu Fall dünnen Muskelschicht liegen allerdings Dick- und Dünndarm. Je nach Füllungszustand oder Gasentwicklung kann Druck auf diese Strukturen unangenehm bis schmerzhaft sein. Der Dickdarm verläuft von der rechten Beckenschaufel aufwärts, unter dem Rippenbogen quer und dann in der linken Beckenschaufel in die Tiefe. Die Eigenbewegungen des Darms folgen dieser Richtung. Bei der Massage der Bauchmuskulatur sollte dieser Verlauf berücksichtigt werden. Eine tiefe Streichmassage in Verlaufsrichtung ist bei verminderter Darmtätigkeit hilfreich.

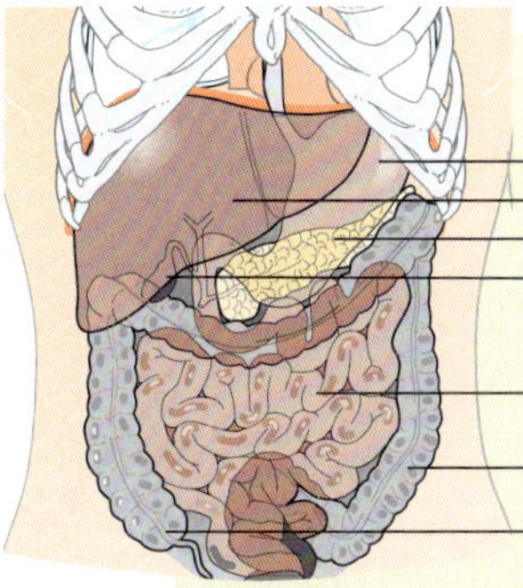

Bauchorgane

Durchführung der Ganzkörpermassage

Arbeitsablauf für den Bauch

Hinweis zu 4 und 5: Beim Rollieren schieben beide Daumen die Haut gegen die Finger 2-5.

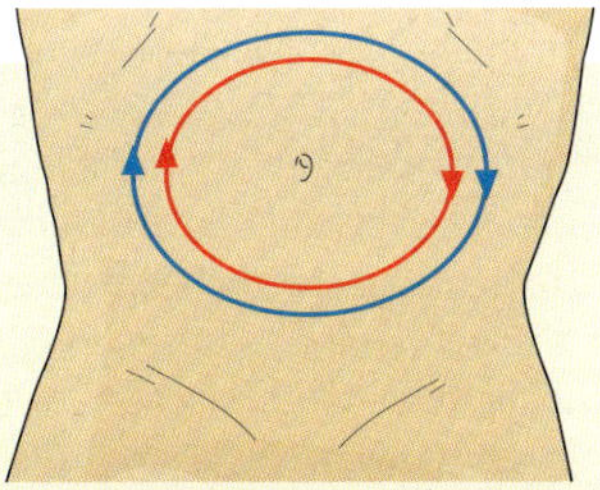

1 Im Uhrzeigersinn den Bauch mit beiden Handflächen streichen.

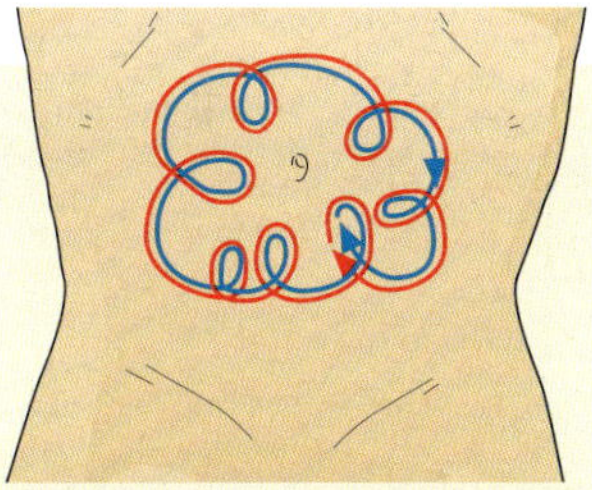

2 Im Uhrzeigersinn den Bauch mit beiden Handflächen reiben.

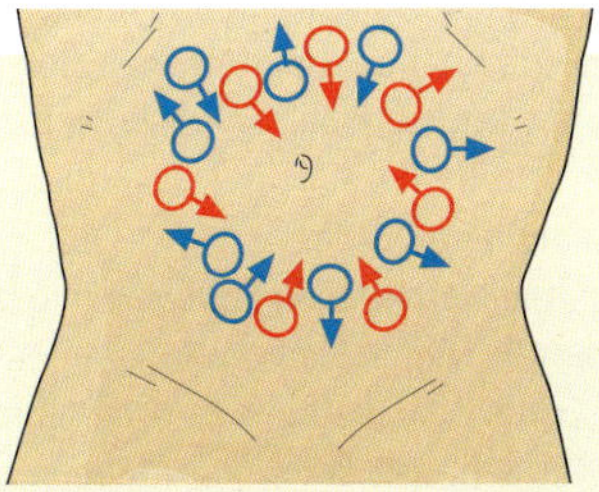

3 Sauggriffe im Wechsel der Hohlhände.

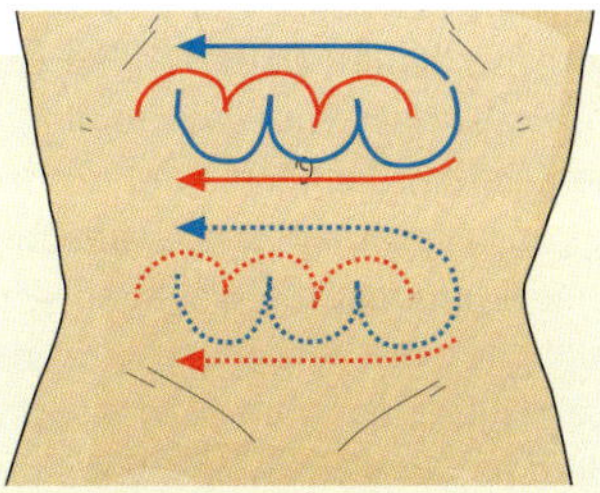

4 Rollieren quer mit fünf Fingern beider Hände.

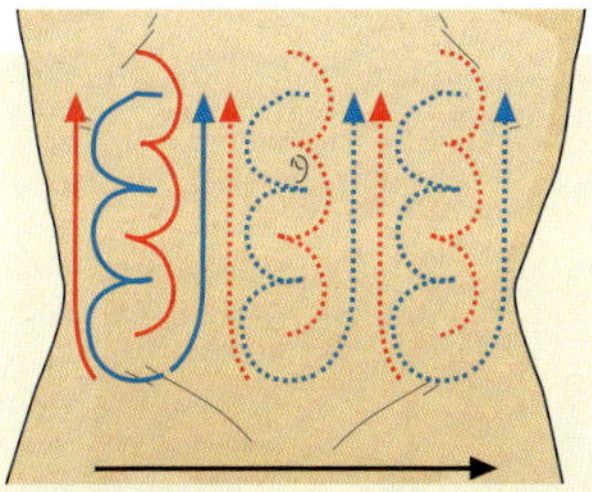

5 Rollieren längs mit fünf Fingern beider Hände.

Natürlicher Schwamm = festsitzendes, stockbildendes Wassertier
Luffa = kürbisartige Pflanze mit schwammartiger Frucht
Sisal = mexikanische Hanfart, Fasern aus Agavenblättern

Besondere Massageziele

- Anregung der Verdauung
- Hautpflege

Für eine Ganzkörpermassage werden 30 bis 60 Minuten angesetzt und entsprechend preislich kalkuliert.
Als Massagemittel werden Aromaöle, deren Duft mit dem Kunden abgestimmt ist, oder reichhaltige Körpermilch bevorzugt.

Tipps zur Selbstmassage

Zu Bauchmassagen kann die Kosmetikerin Kunden anleiten, die über träge Darmtätigkeit klagen. Für Schwangere ist das Rollieren mit einem Wirkstoffmassageöl zu empfehlen, um Schwangerschaftsstreifen vorzubeugen.

A

1. Überlegen Sie, ob in Ihrem Ausbildungsbetrieb Ganzkörpermassagen nachgefragt werden. Stellen Sie überzeugende Werbeargumente zusammen, mit denen Sie noch mehr Kunden dafür gewinnen können.
2. Herr Sommer, ein neuer Kunde von Sabrina, klagt über chronische Verstopfung. Warum sollte Sabrina ihm eine Bauchmassage empfehlen? Wie kann sie ihn am besten zur wiederholten Selbstmassage anleiten?

6.8 Massagezubehör

Z Als Badeschwamm dienen zumeist die entfleischten saugfähigen Skelette von Hornkieselschwämmen.

Umfangreich und vielseitig ist das Angebot an Zubehör, mit dem massiert werden kann. Die Kosmetikerin sollte es kennen und es bei ihren Behandlungen als Ergänzung und Abwechslung verwenden. So kann sie am besten zur Anwendung in der Selbstpflege motivieren, zum richtigen Gebrauch anleiten und die handlichsten Artikel in ihrem Zusatzverkauf bereithalten.

Raue Frotteegewebe als Waschlappen, Waschhandschuh und Handtuch sind einfachstes Massagezubehör. Sie werden bei Vorreinigung, Intensivreinigung und für Kompressen als zusätzlicher mechanischer Reiz eingesetzt. Der Massagereiz feuchter Frotteegewebe ist sanfter als der von trockenen Geweben.
Natürliche oder synthetische Schwämme rubbeln angefeuchtet sanft und trocken kräftig die Haut.
Mit Handschuhen und Bändern aus Luffa oder Sisal kann die Körperhaut vor dem Duschen trocken gebürstet und erwärmt werden.
Massagebürsten sind klein und weich für das Gesicht, größer und härter für die Körperhaut, haben Naturborsten (z.B. die weichen Babybürsten aus Ziegenhaar, die für Halsmassagen Verwendung finden) oder synthetische Borsten (z.B. stabile Körperbürsten, auch mit Stiel für den Rücken). Sie können für Trockenbürstungen zur ganzkörperlichen Durchwärmung, z.B. vor dem Duschen, verwendet werden. Geeignet sind härtere Bürsten außerdem zum massierenden Verteilen von Granulatpeeling oder weichere Bürsten zur Hautpflege mit Ölen oder Cremes.
Massageroller aus Holz oder Kunststoff in Form von Igelbällen, Griffrollern oder Bändern haben diverse Unebenheiten, z.B. Noppen, mit denen die Haut in der Tiefe verformt wird. So können Hautdurchblutung und sensible Nervenendigungen stimuliert werden.

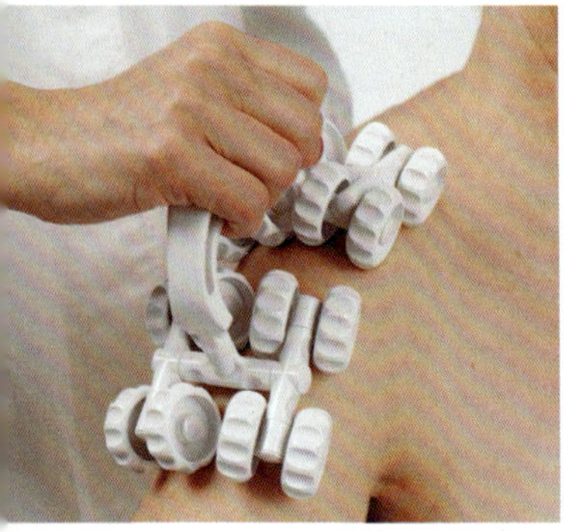

Armmassage mit Massageroller

Neuerdings werden auch Edelsteingriffel, Edelsteinroller und Edelsteinstäbe (auch vorgewärmt) für Massagen verwendet.
Das Zubehör ist sanfter auch unter Wasser verwendbar, z.B. als Ergänzung von Hand- und Fußbädern und im Wannenbad.

Z Auch bei der Verwendung von Massagezubehör gelten alle Massageregeln und Kontraindikationen.

A Informieren Sie sich aktuell im Internet und in Drogeriemärkten, welches Massagezubehör angeboten wird. Stellen Sie das Ergebnis Ihrer Recherche in Ihrer Klasse vor und vergleichen Sie es mit den Ergebnissen Ihrer Mitschülerinnen.

6.9 Apparative Massagen

In elektrisch betriebenen Massageapparaten sieht die Kosmetikerin die willkommene Möglichkeit der Abwechslung in ihrer Behandlung. Wenngleich solche Apparate den einfühlsamen Hautkontakt warmer geschmeidiger Hände nicht ersetzen können, so sind sie doch in der Gleichmäßigkeit der von ihnen ausgehenden Hautreize der ermüdenden Hand überlegen. Selbstverständlich werden sie nur eingesetzt, wenn der Hautbefund eine anregende Anwendung zulässt.
Gerätehersteller liefern Massageapparate einzeln oder in Gerätetürme integriert für den Profi an. Einzeln sind sie auch für die Selbstpflege erhältlich.

Bürstenschleifmassage

Bürstenschleifgeräte

Unterschiedliche Einsatzmöglichkeiten ergeben sich je nach dem Ansatzstück und der gewählten Umdrehungszahl. Stets wird durch das sich drehende Ansatzstück der klassische Massagegriff der Friktion nachgeahmt.
Einsatzmöglichkeiten:

- niedertourig (bei etwa 100 Umdrehungen/Minute) mit Schwammaufsatz oder Bürste (beide angefeuchtet) zum Verarbeiten von Vorreinigungsmitteln am Stratum corneum
- niedertourig mit kleiner (angefeuchteter) Bürste (im Gesicht) oder großer Bürste (am Körper) zum Einmassieren von Ölen oder W/O-Emulsionen

Z Kontraindikationen der Massage gelten auch für elektrische Massageapparate.

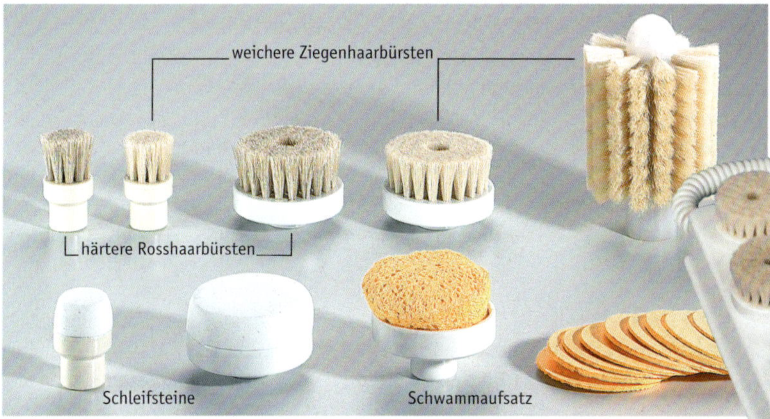

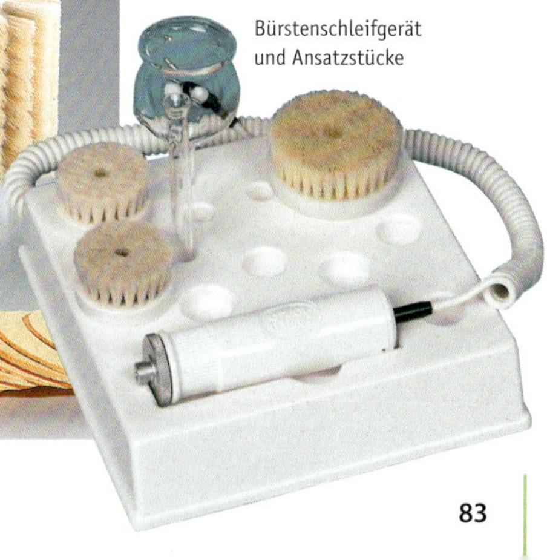

Bürstenschleifgerät und Ansatzstücke

- hochtourig (bei etwa 300 Umdrehungen/Minute) mit trockener Bürste oder Schleifstein für Intensivreinigung mit Granulatpeeling oder Schleifbehandlung mit speziellem Schleifbrei

H Nach Verwendung müssen Saugglocken ebenso wie die Ansätze des Bürstengeräts nach Vorschrift desinfiziert und anschließend in einem geschlossenen Behälter aufbewahrt werden. Desinfiziert werden auch die Oberflächen von Vibrationsgeräten und der Ultraschallkopf.

Vakuumsaug- und Druckgeräte

Sauggeräte erzeugen in ihren angeschlossenen Glas- oder Acrylglocken verschiedener Größe durch Unterdruck ein Vakuum, in das sich die bearbeitete Hautpartie hineinzieht. Ähnlich den klassischen Sauggriffen ist das ein anregender Reiz auf Nerven und Gefäße, sichtbar als spontane Rötung.

Kombiniert arbeitende Saug- und Druckgeräte erzeugen im Wechsel neben dem Unterdruck einen Überdruck, der den Klopfgriffen, dem „Pattern" ähnlich eine weitere Anregung des Hautstoffwechsels erreicht. So entsteht eine rhythmische Pulsation und die Glasglocken lassen sich abheben, auf der nächsten Partie aufsetzen und über die Haut bewegen. Die Gewebe geraten in eine feine Schwingung, durch die Stoffwechselrückstände gelockert und Flüssigkeiten bewegt werden. Dünnflüssige und ölige Wirkstoffkonzentrate können aufgetragen und mit der Pulsation eingearbeitet werden.

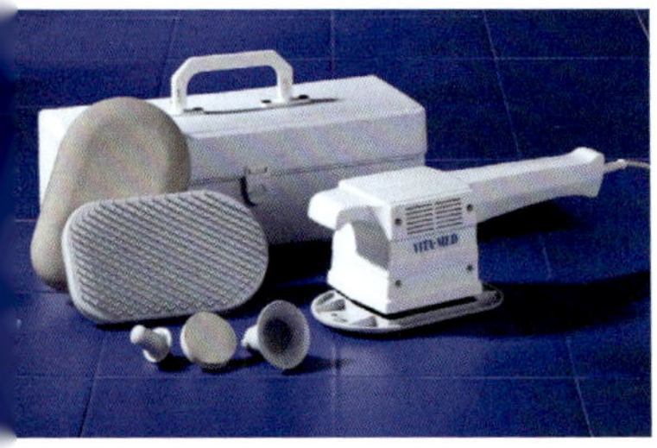

Vibrationsgerät

Vibrationsgeräte

Vibrationsgeräte erzeugen schnelle, rhythmische Schwingungen, die bis tief in organischen Geweben nachweisbar sind. Mit ihnen werden auch starke Verhärtungen in der Tiefe der Muskulatur aufgelockert. Die Kosmetikerin sollte die Geräte zur Arbeitserleichterung einsetzen und auch zur Selbstanwendung empfehlen. Die Reizstärke ist einstellbar und die Gleichmäßigkeit über die gesamte Massagedauer gegeben.

Vibrationsgeräte werden auf die betreffende Hautpartie aufgesetzt, eine Minute gehalten und in der Muskulatur vom Ansatz zum Ursprung weitergesetzt. Ein Gleitmittel ist nicht erforderlich. Vibrationsgeräte sind z. B. auch in Fußbadewannen eingebaut und stimulieren die Fußreflexzonen beim Fußbad.

Ultraschallgeräte

Im Ultraschallkopf dieser Geräte entstehen Schallwellen, die über eine Membran auf die Haut gelangen und diese in Schwingung versetzen. Zu hören sind Ultraschallwellen nicht. Das zuvor aufgetragene Gleitmittel gewährleistet ein gleichmäßiges Gleiten über die Unebenheiten der Haut. Die Mikromassage wird ergänzt durch eine Erwärmung der Gewebe und die Anregung des Zellstoffwechsels.

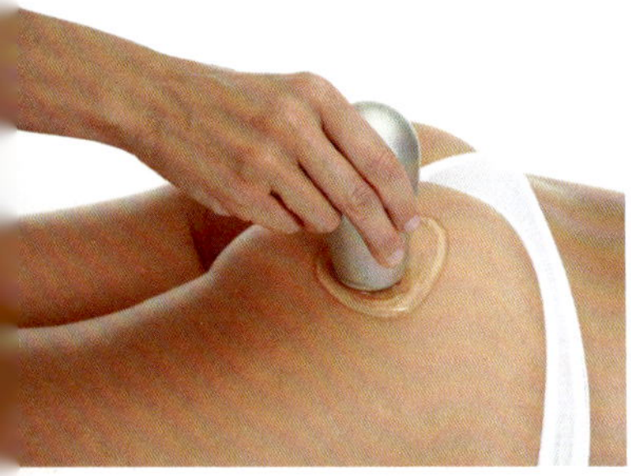

Ultraschallbehandlung

Geräte	Prinzip	Wirkungen
Bürstenschleifgerät	gleichmäßig rotierende Bürsten	Schuppenabrieb, Glättung, Hautbelebung
Vakuumsaug- und Druckgerät	Unterdruck/Überdruck	Anregung von Hautdurchblutung und Stoffwechsel
Vibrationsgerät	rhythmische Schwingungen	Auflockerung der Gewebe, Muskelentspannung
Ultraschallgerät	Schallwellen	„Mikromassage", Erwärmung und Stoffwechselanregung

A Welche Massageapparate sind in Ihrem Ausbildungsbetrieb vorhanden? Suchen Sie im Internet weitere Herstellerangaben dazu heraus und tauschen Sie sich mit Ihren Mitschülerinnen darüber aus.

6.10 Alternative Massagen

Esoterik (griech.) = Geheimlehre, Grenzwissenschaft
Zeremoniell = feierliche Handlung
Drainage (franz.) = Ableitung von Flüssigkeiten, Entwässerung

Neben den Möglichkeiten klassischer Massagen haben sich in Anlehnung an alternative medizinische Behandlungsmethoden, aber auch durch Einflüsse aus der TCM (traditionelle chinesische Medizin) und der Esoterik, viele andere Massagetechniken entwickelt und verbreitet. Genaue Kenntnisse und erprobte Techniken sollte sich die Kosmetikerin stets in Weiterbildungsseminaren erarbeiten. Alternative Massagen brauchen ein bestimmtes Zeremoniell und das passende Umfeld, wenn sie als Gesamterlebnis beeindrucken sollen. Viel beschäftigte, gestresste Menschen erleben die individuelle Zuwendung, die Ruhe und Entspannung besonders intensiv und schöpfen daraus neue Kräfte. Sind solche Massagen in Wellnessprogramme einfühlsam integriert, so können negative Gedanken verschwinden und eine neue Sicht auf das Leben und seine Anforderungen gewonnen werden.

Hier einige Beispiele:

Kosmetische manuelle Lymphdrainage (ML) nach Dr. Vodder

Die Lymphdrainage basiert auf der genauen Kenntnis des Lymphsystems (s. S. 44). Im Gegensatz zu allen anregenden Massagen wird bei der ML (s. S. 346 ff.) durch das Umschalten auf den Parasympathikus ausschließlich und tiefgreifend beruhigt. Durch die Förderung des venösen und lymphatischen Abflusses werden die Gewebe entstaut. Mit der „Drainage" erfolgen Entgiftung und Reinigung des Bindegewebes.
Deshalb wird im Gegensatz zu klassischen Massagen von „proximal nach distal" gearbeitet, also stets erst die körpernahe Partie von überschüssigem Gewebswasser und Stoffwechselresten befreit. Es erfolgt kein Gleiten über die Haut, weshalb ohne Gleitmittel gearbeitet wird.

Die Pumpgriffe sind mehrmals auf einer Stelle ausgeführte „stehende Kreise", mit denen die Gewebe gegen die knöcherne Unterlage verschoben und entleert werden. Die kosmetische ML ist ein Gegengewicht zu allen durchblutungsfördernden Maßnahmen der Kosmetik und zur Hektik des Alltags. Sie ist unentbehrlich bei Rötungszuständen, Überempfindlichkeiten der Haut, geschwächter Abwehrlage und Überreaktionen der Seele.
Die kosmetische Lymphdrainage ist bei allen Schweregraden der Cellulite hilfreich. Dafür und für Wasseransammlungen im Gewebe stehen auch elektrische Geräte zur Verfügung, die die manuellen Pumpgriffe imitieren und über Bauch-, Arm- oder Beinbandagen auf die Gewebe übertragen.

H: Bürsten mit Kunststoffborsten sind aus hygienischen Gründen zu empfehlen gegenüber anderen mit porösen Naturborsten.

Bürstenmassage

Gesichts- und Körperbürsten eignen sich trocken (stärkerer mechanischer Reiz) oder feucht dazu, die Haut kreisförmig in Friktionen zu massieren. Dabei lösen sich Hautschuppen, werden Durchblutung und Hautstoffwechsel angeregt. Mit Bürstungen kann ein mechanisches Peeling unterstützt werden. Mit weichen Bürsten ist auch das Einarbeiten von pflegenden Cremes und Ölen möglich.

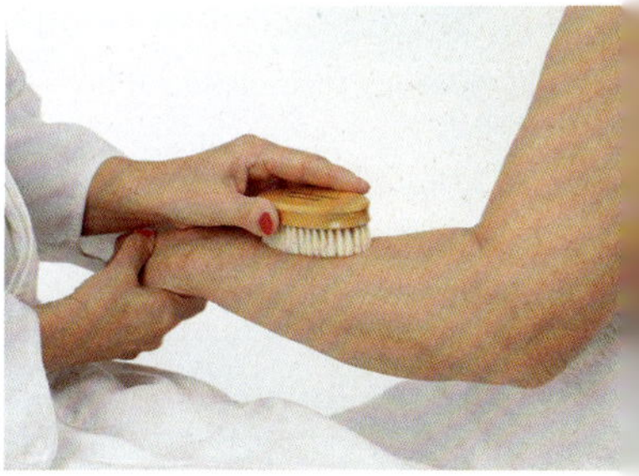
Trockenbürstenmassage

Zupfmassage nach Dr. Jacquet

Aufbauend auf Erkenntnissen der Akupunktur erfolgt bei dieser anregenden Gesichtsmassage eine Serie von Kneif- und Zupfgriffen (Pincement). In schneller Folge werden wechselhändig oder einhändig mit dem Aufsetzen der Finger 1–3 von der Stirn bis zum Kinn auf allen Hautpartien kleine Falten abgehoben. Ein Gleitmittel wird

„shi" = Finger
„atsu" = Druck
Meridiane = wissenschaftlich nicht belegte Energiebahnen, in denen nach der TCM die Lebensenergie „Chi" fließt.
Yin = steht für das Passive, Ruhende, Kalte
Yang = steht für das Aktive, Bewegte, Warme
Amethyst = violette Ausbildung des Minerals Quarz

nicht verwendet. Gegen Ermüdung der Massierenden hilft das Wechseln der Massagehand, während die andere Hand Kontakt zum Kunden hält. Ziele der Zupfmassage sind Hauterwärmung, Stoffwechselanregung und Straffung.

Ohrmassage mit Aromaölen

Die kosmetische Ohrmassage nutzt die aus der Technik der Akupunktur bekannten zahlreichen Nervenpunkte der Ohren. Ein mit dem Kunden ausgewähltes Aromaöl wird auf den Ohrmuscheln verteilt und mit Streichen und Reiben massiert. Die Daumen liegen dabei auf den Ohren, Zeige- und Mittelfinger dahinter, massiert wird bis zum Ansatz der Ohrmuscheln und auf den Ohrläppchen. Die Ohrmassage lässt sich als weitere Entspannungsmöglichkeit mit der Gesichtsmassage kombinieren.

Shiatsu-Massage

Diese aus der japanischen Heilpraktik stammende Fingerdruckmassage entlang von Meridianen basiert darauf, den Energiefluss der wechselwirksamen Kräfte Yin und Yang wieder herzustellen. Um der Erde nah zu bleiben, liegt der Kunde auf einer Matte am Boden, die Kosmetikerin kniet oder sitzt daneben. Der Druck wird kleinflächig mit Fingern, Handflächen, großflächig sogar mit Ellenbogen, Knien und Füßen ausgeübt. Es wird ohne Gleitmittel gearbeitet. Spannungen und Blockaden sollen gelöst und neue Lebensenergie, Vitalität und Ausstrahlung gewonnen werden.

Edelstein-Massage

Je nach beabsichtigter Wirkung können Wirkstoffkonzentrate mit im Kühlschrank vorgekühlten oder im warmen Wasser erwärmten glatt geschliffenen Edelsteinen (z. B. Bergkristalle, Amethyste, Quarze) in die Haut eingearbeitet werden. Möglich sind kreisende Bewegungen auf Druckpunkten oder Streichungen entlang der Spaltlinien und Lymphbahnen. Auch eine Nacharbeit von cremigen Packungen oder Tagescremes ist denkbar.

Hot-Stone-Massage

heißer Stein = hot stone

Es wird davon ausgegangen, dass Kristalle gleichmäßige Schwingungen aussenden, die über die Haut die Seele harmonisieren. Schön gerundete Steine, z. B. Basalte, im Wasserbad oder in einem Spezialgerät erwärmt, werden auf bestimmte Nervendruckpunkte aufgelegt oder auch streichend entlang der Energiebahnen bewegt.
Ein zuvor aufgetragenes warmes Öl ermöglicht das Gleiten. Mit der Wärme steigt die Hautdurchblutung. Entspannung und Wohlbefinden werden ganzkörperlich erlebt.

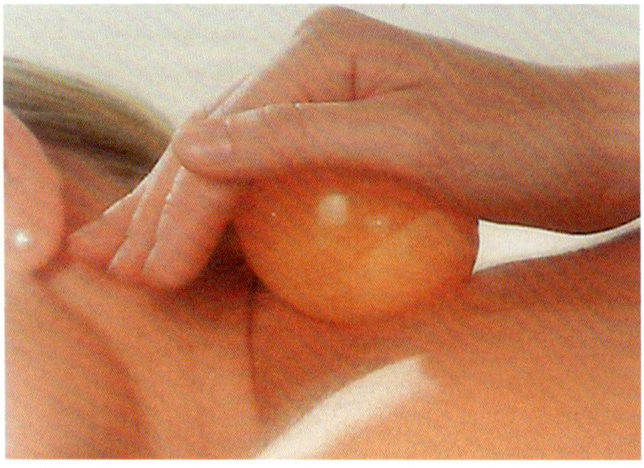

Edelsteinmassage

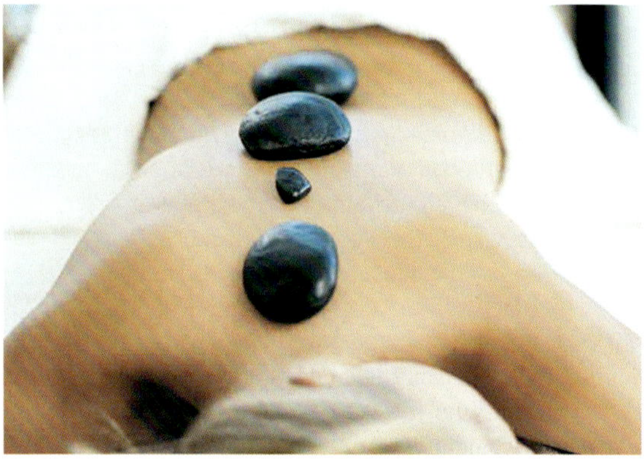

Hot-Stone-Massage

Sonnengeflecht = (lat.) plexus solaris; Geflecht vegetativer Nervenbahnen im Bauchraum

Doshas = Lebensenergien

Klangschalen-Massage

Auf dem Sonnengeflecht in Rückenlage, auf dem Rücken oder in den Kniekehlen in Bauchlage stehen Klangschalen, die beim Anschlagen Klangwellen als feine Schwingungen durch den Körper senden.

Zusätzlich sind um den Kunden herum Klangschalen aufgestellt. Diese Wohlklänge sollen Missklänge aus dem Körper tragen, Blockaden lösen und ganzkörperlich entspannen. Das Hören angenehm tiefer, langer, sich mischender Töne ist ein besonderes Erlebnis, nach dem sich der Mensch mit sich im Einklang fühlt. Klangschalen werden auch im warmen Wasser verwendet.

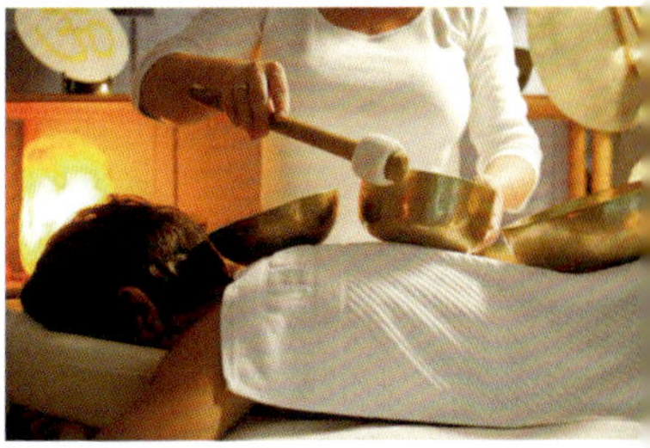

Klangschalen-Massage

Fußreflexzonen-Massage

In der Akupunktur werden auch die an den Fußsohlen zahlreich vorhandenen Nervendruckpunkte genutzt (s. S. 193). Bei Kenntnis ihrer genauen Lage können durch intensiven Daumendruck Blockaden gelöst werden, um die Lebensenergie wieder frei fließen zu lassen. Die Kosmetikerin darf allerdings bei unter ihrem Daumendruck auftretenden Schmerzen keine Aussagen darüber machen, bei welchen Organen Störungen bestehen könnten. Sie arbeitet ausschließlich für Gesunderhaltung und Wohlbefinden.

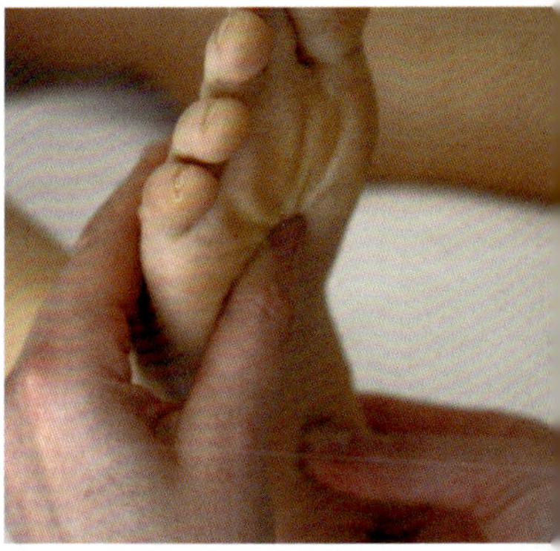

Reflexzonen-Massage

Kräuterstempel-Massage

Die Kräuterstempel sind mit heimischen oder asiatischen Kräutermischungen gefüllt. Sie werden in heißem Öl oder über Wasserdampf erwärmt und auf den mit warmem Öl eingeriebenen Körper gedrückt.

Die wohltuenden Inhaltsstoffe der Kräuter sollen durch Wärme und Druck freigesetzt werden, die Selbstheilungskräfte des Körpers stärken und durch das Dufterlebnis wohlige Entspannung bringen.

Kräuterstempel-Massage

Ayurveda-Massage

Bei dieser aus Indien kommenden Massageart fließt sehr viel warmes pflanzliches Öl über die Haut.

Ausgehend von den drei sogenannten Doshas (Vata, Pitta, Kapha) sollen individuelle physische und psychische Eigenheiten der Menschen aufgespürt und harmonisiert werden.

Die Massage will das Verhältnis der Doshas in einem Menschen individuell ausgleichen, mit dem fließenden Öl Hautausscheidungen lösen, „Giftstoffe“ ausschwemmen, das Immunsystem stärken und das Wohlbefinden verbessern. Die Sichtweise ist ganzkörperlich.

Nach einer Kopf-, Gesichts-, Ohren- und Körpermassage auf reichlich geölter Haut erfolgt über 20–30 Minuten der Stirnguss „Shirodara“, bei dem ein dünner, warmer Ölstrahl über die Stirn hin und her fließt.

Nach solch einer Massage muss geduscht oder gebadet werden, um alles im Öl Gelöste zu entfernen.

Ayurvedische Massagen werden auch als „Synchronmassage“ von zwei Massierenden ausgeführt.

Ayurveda-Massage

A Stellen Sie zusammen, welche alternativen Massagen in Ihrem Ausbildungsbetrieb angeboten werden. Tauschen Sie sich mit Ihren Mitschülerinnen darüber aus, welche Erfahrungen bereits gemacht wurden und wie die Kunden reagiert haben.

Wiederholungsaufgaben zum Lernfeld 6

1. Was kann eine kosmetische Massage beim Kunden bewirken?
2. Vergleichen Sie Ausführung und Wirkung einzelner Grundgriffe.
3. Welche Aufgaben haben kosmetische Teilmassagen?
4. Erläutern Sie hygienisch einwandfreies Arbeiten bei kosmetischen Teil- und Ganzmassagen.
5. Welche Massagefehler müssen unbedingt vermieden werden?
6. Geben Sie Beispiele für Kontraindikationen kosmetischer Massagen.
7. Vergleichen Sie die Vor- und Nachteile manueller Massage und apparativer Massage.
8. Welche zur Massage geeigneten Präparate kennen Sie?
9. Welche Präparate werden für Körperteilmassagen verwendet?
10. Wie viele Wirbel bilden die Wirbelsäule?
11. Wozu dient die Krümmung der Halswirbelsäule?
12. Was ist bei den Dornfortsätzen zu beachten?
13. Worin unterscheiden sich die einzelnen Massagegrundgriffe?
14. Welche Massageziele verbinden Sie mit der Nacken- und Rückenmassage?
15. Welche Massagegrundgriffe werden bei der Nacken- und Rückenmassage bevorzugt?
16. Welche Vorteile bringt die vor der Gesichtsbehandlung ausgeführte Nackenmassage?
17. Worauf achten Sie bei der Körperhaltung des Kunden für eine Nackenmassage im Sitzen?
18. Was trägt dazu bei, die Bauchlage des Kunden für eine Rückenmassage bequemer und angenehmer zu machen?
19. Welche besonderen Aufgaben verbinden Sie mit der kosmetischen manuellen Lymphdrainage?
20. Welche Aufgabe hat die sogenannte mimische Muskulatur?
21. Ihre Kundin hat einen Schnupfen. Welche Probleme könnten bei einer Gesichtsmassage auftreten?
22. Welche Massagemittel für das Gesicht kennen Sie?
23. Wonach wählen Sie das Präparat für die Gesichtsmassage aus?
24. Erklären Sie die besonderen Wirkungen der Gesichtsmassage.
25. Kann die Gesichtsmassage dauerhaft „verjüngen“? Begründen Sie Ihre Aussage.
26. Was ist unter „optimalen Massagebedingungen“ zu verstehen?
27. Was trägt dazu bei, die entspannende Wirkung der Gesichtsmassage zu verstärken?
28. Welche Struktur darf bei einer Halsmassage nicht gereizt werden?
29. Warum ist bei älteren Kundinnen die Massage des Handrückens besonders sanft auszuführen?
30. Welche Region im Handgelenksbereich ist besonders empfindlich?
31. Wie nennt man gut sichtbare geschlängelte Venen an den Beinen?
32. Was müssen Sie in einem solchen Fall tun und /oder beachten?
33. Was empfehlen Sie Ihrer Kundin vor einer Massage des Bauchraumes?
34. Welchen Verlauf nimmt der Dickdarm im Bauchraum?
35. Was kann eine Bauchmassage für die Kundin unangenehm machen?

7 Schützen und Pflegen der Haut

Situation

Die Stammkundin Frau Ahrensmeier stellt Sabrina häufig Fragen zur Wirkung oder Anwendung von kosmetischen Produkten, da sie selber auf diesem Gebiet unsicher ist.

Heute möchte sie von Sabrina wissen, welche Inhaltsstoffe in ihrer Tagescreme enthalten sind.

Frau Ahrensmeier: „Ich habe gehört, dass in den Kaufhauscremes 80 % Wasser sind. Das kann ich gar nicht glauben. Können Sie mir sagen, was in der Creme ist, die Sie mir gerade erst verkauft haben?"

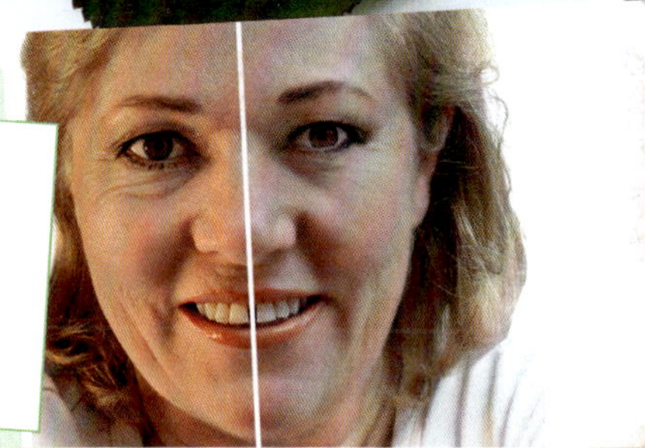

Situation

Als Sabrina ihre Freundin Annika zum Stadtbummel abholt, wird sie von Annikas Mutter zu ihrer Ausbildung angesprochen.

„Ich verstehe nicht, warum du den Beruf der Kosmetikerin gewählt hast. Die Kosmetik verspricht doch nur Wunder und hält sie nicht ein. Ich habe schon viel Geld für Anti-Aging-Produkte ausgegeben und doch Falten bekommen. Ich glaube, die Haut kann von außen gar nichts aufnehmen."

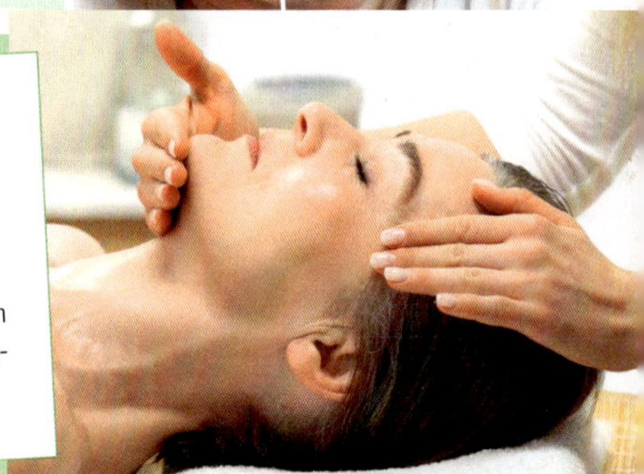

Situation

Sabrina hat das Vertrauen ihrer Ausbilderin und darf im zweiten Lehrjahr bereits selbstständig behandeln. Mit dem Blick in die entsprechende Karteikarte bereitet sie sich vor, legt alles zur Behandlung Benötigte zurecht, achtet auf die hygienischen Bedingungen und berücksichtigt spezielle Kundenwünsche.

Heute aber, mitten in einer Behandlung, wird sie abberufen, um einer Kundin beim Kauf eines Lippenstiftes behilflich zu sein – das kann dauern. Zurückgekehrt weiß sie nicht mehr, ob sie das hoch konzentrierte Wirkstoffgel bereits aufgetragen hat oder nicht. Soll sie die Kundin fragen, soll sie es nochmals auftragen oder weglassen? Welche Folgen könnte die falsche Entscheidung haben?

Situation

Sabrina trifft Annika, ihre Freundin aus Realschulzeiten, in der Fußgängerpassage.

Annika: „Hallo Sabrina, na, wie weit bist du mit deiner Kosmetikausbildung? Was lernst du denn gerade?"

Sabrina antwortet: „Es ist gerade total interessant, weil wir alles zu Hautpflege und Hautschutz durchnehmen."

Annika: „Hey, dann kannst du mir ja sicher sagen, was ich bei meiner jugendlichen fettigen und aknegefährdeten Haut zur Gesunderhaltung tun kann."

amphiphil = sowohl hydrophil als auch lipophil

Gepflegte Gesichtshaut

Die Haut als flächenmäßig größtes Organ des Menschen ist unterschiedlichen Einflüssen von innen und außen ausgesetzt.
Die Kosmetik unterstützt die Haut deshalb mit geeigneten Anwendungen im Rahmen des Hautschutzes und der Hautpflege.
Der Schwerpunkt des **Hautschutzes** ist die Stärkung der natürlichen Schutzmechanismen. Dazu gehören ein intaktes Stratum corneum, der lückenlose Hydrolipidfilm, die Rein'sche Barriere (s. GSt., S. 57), eine ausgewogene Pigmentierung und die Abwehr schädlicher Einflüsse, z.B. von Säuren, Laugen, Keimen, Kälte, Hitze oder überdosiertem UV-Licht.
Der Schwerpunkt der **Hautpflege** ist die Erhaltung, Harmonisierung und Verbesserung aller hauteigenen Funktionen bis ins hohe Alter. Abgestimmt auf den jeweiligen Hautsekretionstyp (s. GSt., S. 86 ff.), den aktuellen Hautzustand und die Lebensphase sollen nachlassende Hautfunktionen angeregt und Fehlfunktionen ausgeglichen werden.
Ziel für jeden, der sich pflegt, ist es, sich in seiner Haut wohlzufühlen, mit seinem Aussehen im Einklang zu sein und das Sichtbarwerden der Alterung (s. S. 107 ff.) möglichst weit hinauszuzögern.

7.1 Inhaltsstoffe pflegender Kosmetik

Eine unbelastete, gesunde Haut pflegt sich ohne Hilfe von außen durch Substanzen, die sie selber produziert. Diese Substanzen bilden den Hydrolipidfilm (s. GSt., S. 53 f.). Die Haut der Bevölkerung in den Industrieländern ist in erheblichem Maße Belastungen ausgesetzt, die die Hautfunktionen stören. Der hauteigene Pflegefilm braucht deshalb Unterstützung von außen.
Hilfreich für den Organismus sind Substanzen, die den körpereigenen entsprechen. Diese sind mit dem Immunsystem und der hauteigenen Bakterienflora gut verträglich. Jeder körperfremde Stoff kann die Hautphysiologie beeinträchtigen, die Bakterienflora zerstören, zu Hautreizungen führen, das Immunsystem in Alarmbereitschaft setzen oder andere Reaktionen (sogar im Körper) hervorrufen.
Zur Pflege der Haut bieten sich also hautverwandte Inhaltsstoffe (speziell als Trägerstoffe) an: Wasser, Triglyceride, Wachse, freie Fettsäuren, Squalen.

Die einzelnen **Substanzen** haben ganz **bestimmte Funktionen**:

Wasser (s. S. 91)	**Triglyceride** (s. S. 92 ff.)	**Wachse** (s. S. 96 f.)	**Enzyme**	**Squalen** (s. S. 98)
Wasser hält das Stratum corneum feucht und verhindert so die Rauigkeit der Oberfläche. Wichtig ist auch, dass Wasser das Leben der Bakterienflora ermöglicht. Außerdem dient es als Lösungsmittel für Salze. Ohne Wasser gäbe es auch keinen hautphysiologischen Schutz durch ein saures Milieu.	Triglyceride machen die Hautoberfläche geschmeidig und vermindern die Wasserverdunstung. Sie liefern den Bakterien Nahrung. Diese Bakterien stellen aus Triglyceriden amphiphile Moleküle her, die als Emulgatoren (s. S. 100) wirken.	Wachse verringern wie Triglyceride die Austrocknung des Stratum corneum. Sie werden aber deutlich weniger durch Bakterien abgebaut. Durch Wachsanteile wirkt der Lipidfilm nicht so ölig.	Enzyme der hauteigenen Bakterienflora setzen Fettsäuren aus den Fetten des Talgs frei. Diese freien Fettsäuren üben einen starken antimikrobiellen Effekt auf krank machende Bakterien aus. Gleichzeitig begünstigen sie das Wachstum von Propionibakterien, die Milchsäure produzieren, die ebenfalls antimikrobiell wirkt. Die freien Fettsäuren sind außerdem die natürlichen Emulgatoren unseres Hydrolipidfilms und ermöglichen das Spreiten der Fette und Wachse.	Squalen sorgt für Glätte und Geschmeidigkeit des Stratum corneum. Es verbessert die Spreitfähigkeit des Hydrolipidfilms. Außerdem wird dem Squalen eine antioxidative Wirkung zugeschrieben. Es soll vor freien Radikalen schützen.

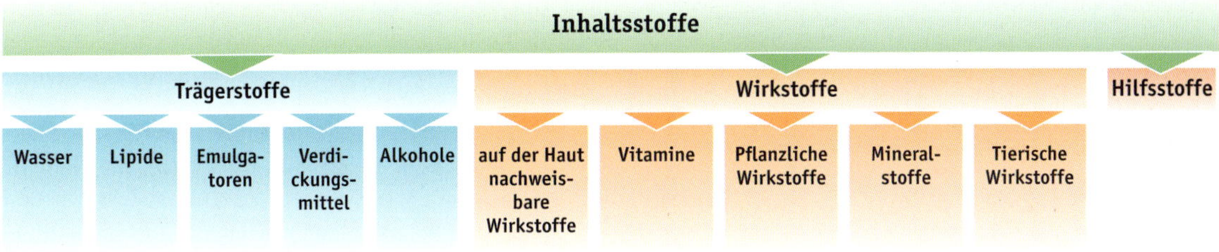

Die **Hilfsstoffe** werden an dieser Stelle nur kurz erwähnt, da sie unter den Inhaltsstoffen eine untergeordnete Rolle spielen bzw. es Überschneidungen zu den Träger- und Wirkstoffen gibt.
Hilfsstoffe verbessern lediglich die Produkteigenschaften der kosmetischen Präparate wie Aussehen, Konsistenz und Haltbarkeit. Zu den Hilfsstoffen zählen Verdickungsmittel, Trübungsmittel, Konservierungsmittel, Enthärter, Farb- und Duftstoffe.

Adjuvans (lat. adjuvare = unterstützen) = wirkstoffverstärkender Hilfsstoff
levitiert = durch technologische Verfahren natürlich gemacht
fossil = hier: nicht im derzeitigen atmosphärischen Wasserkreislauf einbezogen

7.1.1 Trägerstoffe

Die Hauptbestandteile kosmetischer Mittel sind **Wasser, Lipide (Fette, Öle, Wachse)** und **Emulgatoren**. Diese Stoffe werden zusammen mit den Verdickungsmitteln und Alkoholen der Stoffklasse der „Trägerstoffe" (auch Basisstoffe oder Grundstoffe genannt) zugeordnet.
Solche Substanzen ermöglichen das gleichmäßige Verteilen von Wirkstoffen, Adjuvans und Zusatzstoffen im Produkt.
Sie sind häufig mitverantwortlich für die Eindringtiefe anderer Inhaltsstoffe in die Haut. Außerdem geben sie dem Präparat die typische Konsistenz (z.B. flüssig, cremig, pulverförmig). Die folgenden Erläuterungen machen deutlich, dass einige Substanzen weit mehr sind als Trägerstoffe, weil sie für die pflegende und schützende Wirkung des Produkts verantwortlich sind.

Beispiele für Trägerstoffe in einer Tagescreme:
Wasser: Aqua
Fette, Öle, Wachse: caprylic/capric triglyceride, persea gratissima, glyceryl stearate,
Emulgator: polyglyceryl-3 methylglycose distearate
Verdickungsmittel: sodium chlorid
Alkohol: alkohol denat.

Wasser

„Aqua" steht in der Deklarationsliste der meisten Hautcremes an erster Stelle, denn es hat prozentual den höchsten Anteil in der Rezeptur.
Häufig wird gesagt, dass Wasser in großen Mengen verwendet wird, weil es ein sehr preiswerter Rohstoff ist und die Hersteller durch den Einsatz billigster Substanzen ihren Profit erhöhen (in diesem Zusammenhang wird Wasser dann als Inhaltsstoff „Profitin" bezeichnet).
Teilweise mag das wahr sein, aber hautphysiologisch ist es durchaus sinnvoll, der Hautoberfläche reichlich Wasser in Form einer Emulsion anzubieten, statt sie z.B. mit Mineral- oder Silikonölen zu „versiegeln". Wasser von guter Qualität ist nicht nur Trägerstoff und Lösungsmittel, sondern wirkt sich auch positiv auf die Hautphysiologie aus.

Das Wasser wird als gesundheitsförderndes Produkt besonders auf der Wellness-Welle stark vermarktet. Nicht nur der Getränkesektor, sondern auch der Kosmetikmarkt hebt Wasser durch besondere Eigenschaften hervor: Quell- und Thermalwasser, Tiefseewasser, Gletscherwasser, levitiertes Wasser oder fossiles Wasser.

Kosmetika mit „besonderem" Wasser als Inhaltsstoff

Ozonisierung = Einsatz von Ozon zur Ausfällung von Eisen und zur Abtötung von Keimen im Wasser
Destillation = Reinigung und Trennung meist flüssiger Stoffe durch Verdampfung und anschließende Wiederverflüssigung
synthetisch = künstlich hergestellt
Veresterung = Gleichgewichtsreaktion, bei der sich ein Alkohol mit einer Säure zu einem Ester und Wasser verbindet

Z Wasser in kosmetischen Produkten ist gereinigt, enthärtet und entkeimt.

Z Interessant erscheint ein Rohstoff, der treffenderweise „Dry Water" genannt wird.
Es handelt sich um ein Kieselsäurepulver mit bis zu 95 % Wasseranteil. Durch die Verarbeitung mit geringen Mengen von Silikonölen und Tensiden entsteht aus dem Pulver eine Creme. Wird diese auf der Haut verrieben, gibt das Pulver das Wasser wieder frei.

Z Die Anzahl der Doppelbindungen zwischen den C-Atomen der Fettsäuren hat Auswirkungen auf die Haltbarkeit eines Öles. Doppelbindungen werden von Bakterien viel schneller getrennt als Einfachbindungen. Durch die Aufspaltung der Kohlenstoffverbindungen verderben die Lipide, sie werden ranzig und riechen unangenehm.

Welche ungewöhnlichen Wirkungen diese Wässer nach Durchlaufen des Herstellungsprozesses (z.B. UV-Bestrahlung, Ozonisierung, Demineralisierung, Destillation) noch aufweisen können, ist (beim Hersteller der Produkte) kritisch zu hinterfragen.

Lipide

An zweiter Stelle in den Deklarationslisten stehen die Lipide. Die Auswahl an pflanzlichen, tierischen und synthetischen Ölen und Fetten ist groß (s. INCI-Liste im Anhang).

Die in der Natur am häufigsten vorkommenden Fette und Öle werden chemisch unter dem Oberbegriff **Triglyceride** zusammengefasst.
Ein Triglyceridmolekül entsteht durch Veresterung von drei (= tri) beliebigen Fettsäuremolekülen mit einem Glycerinmolekül unter Bildung je eines Wassermoleküls. Natürliche Fette und Öle bestehen aus verschiedenen Triglyceriden. Am Glycerin können unterschiedliche Fettsäuren gebunden sein.
Kurzkettige Fettsäuren führen zu flüssigen Lipiden, mit zunehmender Kettenlänge werden sie zähflüssig bis fest.

Bei den **gesättigten Fettsäuren** liegen nur Einfachbindungen zwischen den Kohlenstoffatomen vor. Gesättigte Fettsäuren findet man vermehrt in festeren Triglyceriden (z.B. Fetten). Einfach oder mehrfach **ungesättigte Fettsäuren**, bei denen eine oder mehrere Doppelbindungen vorliegen, kommen zahlreicher in flüssigen Triglyceriden (z.B. Ölen) vor.

Veresterung zu Triglyceriden

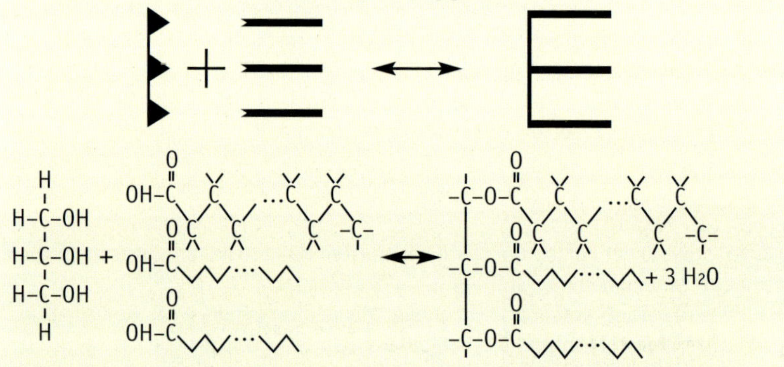

1 Glycerin + 3 Fettsäuren ⟷ 1 Triglycerid + 3 Wasser (Glycerinester)

Gesättigte Fettsäuren				
Zahl der C-Atome: Doppelbindungen	Trivialname	Bruttoformel	Vorkommen	Chemische Bezeichnung
8 : 0	Caprylsäure	$C_7H_{15}COOH$	Milchfett, Kokosfett	Octansäure
10 : 0	Caprinsäure	$C_9H_{19}COOH$	Tier- und Pflanzenfette	Decansäure

11 : 0	Undecylensäure	$C_{10}H_{21}COOH$	Rizinusöl	Undecansäure
12 : 0	Laurinsäure	$C_{11}H_{23}COOH$	Milchfett, Pflanzenfette	Dodecansäure
14 : 0	Myristinsäure	$C_{13}H_{27}COOH$	Milchfett, Fischöl, Tier- und Pflanzenfette	Tetradecansäure
16 : 0	Palmitinsäure	$C_{15}H_{31}COOH$	Tier- und Pflanzenfette	Hexadecansäure
18 : 0	Stearinsäure	$C_{17}H_{35}COOH$	Tier- und Pflanzenfette	Octadecansäure
26 : 0	Cerotinsäure	$C_{25}H_{51}COOH$	Bienenwachs, Carnaubawachs, Montanwachs, Wollschweiß	Hexacosansäure
Einfach ungesättigte Fettsäuren				
16 : 1	Palmitoleinsäure	$C_{15}H_{29}COOH$	Milchfett, Depotfett der Tiere, Fischtran, Pflanzenfett	Hexadecensäure
18 : 1	Ölsäure	$C_{17}H_{33}COOH$	in allen Naturfetten	Octadecensäure
22 : 1	Erucasäure	$C_{21}H_{41}COOH$	Rapsöl	Eicosapentaensäure
Mehrfach ungesättigte Fettsäuren				
18 : 2	Linolsäure	$C_{17}H_{31}COOH$	Pflanzenöle	Oktadecadiensäure
18 : 3	Linolensäure	$C_{17}H_{29}COOH$	Pflanzenöle, insbesondere Leinöl	Oktadecatriensäure
20 : 4	Arachidonsäure	$C_{19}H_{31}COOH$	Tierfette, Fischtran	

Wachse sind ebenfalls Ester. Ein Wachsmolekül entsteht durch die Reaktion eines langkettigen, einwertigen Alkohols (Fettalkohol oder Wachsalkohol) mit einer langkettigen Fettsäure (C18 – C34, auch Wachssäure genannt). Wachse sind üblicherweise bei Zimmertemperatur hart und spröde, es gibt aber auch Ausnahmen (Jojobaöl, Wollwachs). Sie werden nicht von Bakterien zersetzt, sind also lange haltbar.

Vergleich der Lipide verschiedener Inhaltsstofflisten

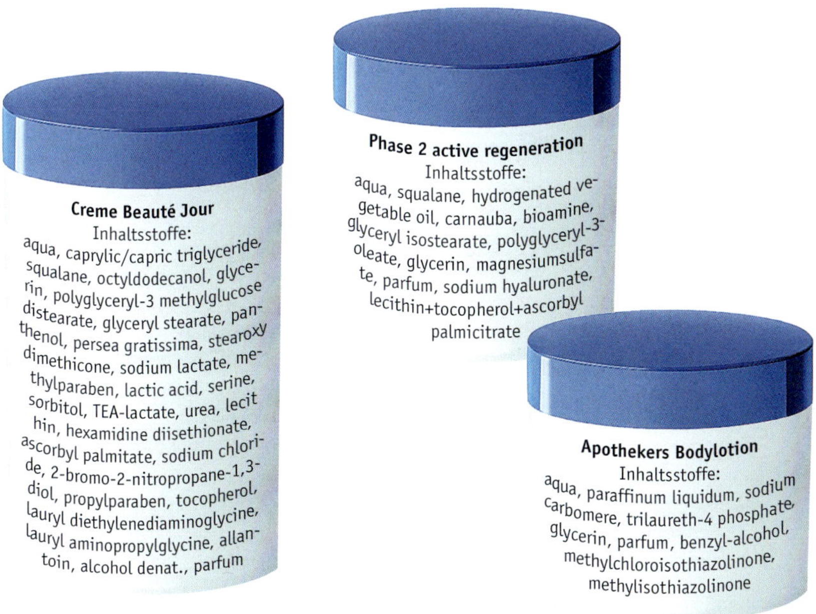

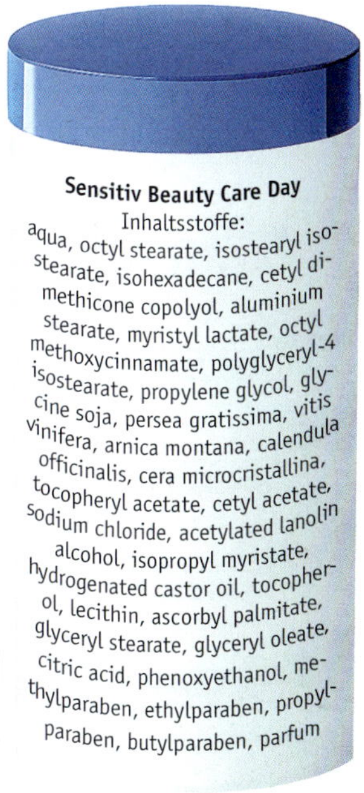

fossil = aus früher erdgeschichtlicher Zeit stammend
Carotinoide = sekundäre Pflanzenstoffe, gelbe bis tiefrote fettlösliche Farbstoffe aus dem Pflanzen- oder Tierreich, z.B. Capsanthin, Lutein, Lycopin
zentrifugieren = ausschleudern
raffinieren = Öle reinigen
Phytosterole = pflanzliche Alkohole
hydratisierend = feuchtigkeitsspendend

Einteilung der Lipide

Triglyceride	
pflanzlich	persea gratissima, glycine soja, vitis vinifera, prunus dulcis, triticum vulgare, butyrospermum parkii, olea europaea
gehärtet (= halbsynthetisch)	hydrogenated vegetable oil, hydrogenated castor oil
synthetisch	caprylic/capric triglyceride
Wachse/wachsähnliche Substanzen	
pflanzlich	carnauba, buxus chinensis
tierisch	cera alba, cera flava
synthetisch	octyl stearate, isopropyl isostearate, cetearyl palmitate, oleyl erucate, cetyl palmitate
wachsähnlich	myristyl lactate, isopropyl myristate, stearyl heptanoate, cetearyl octanoate
Fettalkohole, Fettsäuren	octyldodecanol
Terpene, Sterole	squalane, squalene
fossile **Kohlenwasserstoffe**	paraffinum liquidum, isohexadecane, cera microcristallina, ozokerite, ceresin, dioctylcyclohexane, petrolatum, polybutene
Silikone	stearoxy dimethicone, dimethicone copolyol, trimethylsiloxysilicate, cetyldimethicone, cyclomethicone

Eine solche Einteilung von Lipiden (s. Tab. oben) kann hilfreich sein, wenn man beim Kauf z.B. natürliche Lipide bevorzugt oder Mineralöle meiden möchte. Über die Eigenschaften und Vor- und Nachteile der einzelnen Substanzen sagt sie nichts aus. Hierzu bedarf es einiger Informationen über die verschiedenen Lipidgruppen im Allgemeinen und die ihnen zugeordneten Inhaltsstoffe im Besonderen.

Pflanzliche Triglyceride

Pflanzliche Öle verdanken ihre mehr oder weniger flüssige Konsistenz dem höheren Anteil an ungesättigten und/oder mittelkettigen Fettsäuren. Pflanzliche Fette weisen hingegen deutlich mehr gesättigte und/oder langkettige Fettsäuren auf. Beide haben eines gemeinsam: Das Lipid ist ein Gemisch aus verschiedenen Triglyceriden sowie einiger Begleitstoffe wie Fettalkohole, freie Fettsäuren, Vitamin E, Chlorophyll, Carotinoide.

Beispiele pflegewirksamer Pflanzenöle:
persea gratissima
Avocadoöl wird durch Kaltpressung der Avocadofrüchte gewonnen. Nach dem Filtern, Zentrifugieren und Raffinieren erhält man das hellgelbe bis schwach gelbgrüne Avocadoöl. Die Fettsäuren der Triglyceride sind zu ca. 88 % ungesättigt.
Es weist einen hohen Anteil an Vitamin E und A, außerdem Squalen, Lecithin und Phytosterole auf.
Für die Kosmetik ist es durch sein Spreitvermögen interessant. Es vermindert nach dem Auftragen auf die Haut den Feuchtigkeitsverlust und wirkt hydratisierend. Es wird besonders für trockene und schuppige Haut empfohlen. Der relativ hohe Gehalt an Vitamin E und A schützt das Öl vor schnellem Ranzigwerden.

Avocados

glycine soja

Sojaöl ist ein für die Kosmetik wertvolles Öl aus den Sojabohnen. Es ist sehr reich an ungesättigten Fettsäuren (Linolsäure, Ölsäure, Linolensäure), Lecithin und Phytosterolen. Bei einem Mangel an den essenziellen Fettsäuren Linol- und Linolensäure kommt es zu Störungen der Barrierefunktion der Haut. Sojaöl kann also dazu dienen, die Barrierefunktion zu unterstützen und den transepidermalen Wasserverlust zu verringern. Es wird auch als Rückfettungsmittel in Dusch- und Badeölen verwendet.

vitis vinifera

Weintraubenkernöl weist den höchsten Gehalt an ungesättigten Fettsäuren auf (78 % Linolsäure, 14,5 % Ölsäure u.a.). Außerdem enthält das kalt gepresste Öl verschiedene Vitamine, Flavonoide, Lecithin, Mineralien, cyclische Polyphenole, z.B. Procyanidin. Procyanidin übertrifft in seiner antioxidativen Wirkung sogar Vitamin C und E um ein Vielfaches. Traubenkernöl kann somit als Anti-Aging-Wirkstoff bezeichnet werden.

prunus dulcis

Mandelöl ist eines der klassischen Hautpflegeöle und wird häufig als eines der mildesten und besten Basisöle bezeichnet. Es weist eine hohe Konzentration an ungesättigten Fettsäuren auf, wird dennoch nicht schnell ranzig und hat keinen Eigengeruch. Es eignet sich auch zur Pflege der eher fettigen Haut und der Kinderhaut.

triticum vulgare

Weizenkeimöl und Maiskeimöl (zea mays) enthalten viele essenzielle Fettsäuren und sind besonders reich an Vitamin E. Dieser Autooxidationsschutz ist allerdings nicht ausreichend, um das Öl vor dem Ranzigwerden zu bewahren. Diese wertvollen Keimöle werden als Konzentrat zur Intensivpflege von reifer, trockener oder schuppiger Haut eingesetzt. Da sie nur schwer in die Haut einziehen, werden sie in Emulsionen mit einem größeren Anteil an leichteren Ölen gemischt.

butyrospermum parkii

Sheabutter oder **Karitébutter** weist einen besonders hohen Anteil an Unverseifbarem auf. Unverseifbare Bestandteile in Ölen vermitteln ein geschmeidiges Hautgefühl und haben eine gute feuchtigkeitsbindende Wirkung. Außerdem enthält Sheabutter Allantoin, das die Heilung von Hautverletzungen unterstützt. Sheabutter wird auch von empfindlicher Haut vertragen und bietet einen leichten Lichtschutz.

olea europaea

Olivenöl ist ein bewährtes Salböl, Wundpflegemittel und Grundlage medizinischer Salben. Es ist sehr hautverträglich, besitzt neben einem hohen Anteil an Öl- und Linolsäure auch Squalen und Vitamin E. Trotz seiner positiven Eigenschaften für die Pflege von trockener, gereizter und empfindlicher Haut ist Olivenöl in der Kosmetik nicht besonders werbeträchtig. Es kommt in der Küche zum Einsatz und gilt als gewöhnlich (aber für die Hautpflege muss es schon etwas exotischer, blumiger oder moderner sein).

essenzielle Fettsäuren = lebensnotwendige Fettsäuren

Flavonoide = sekundäre Pflanzenstoffe, wirken antioxidativ, schützen als Bestandteil der Nahrung vor Herzinfarkt und Krebs

Unverseifbarer Anteil: Kocht man natürliche Fette mit Natron- oder Kalilauge, bildet sich Seife. Manche Fette enthalten in geringen Mengen ölige Substanzen, die sich durch Alkalien nicht verseifen lassen, da sie keine Esterverbindungen sind

Sojabohnen

Weintrauben

Mandeln

Sheabutter-Früchte

Oliven

hydrogenisieren = mit Wasserstoff behandeln

Gehärtete Triglyceride

hydrogenated vegetable oil und hydrogenated castor oil

Gehärtete Pflanzenöle (Sammelbegriff für verschiedene pflanzliche Öle) und **gehärtetes Rizinusöl** sind chemisch so verändert, dass sie nicht mehr so leicht ranzig werden und somit länger haltbar sind. Sie werden als Konsistenzgeber genutzt. Man kennt das Prinzip von der Margarine, einem streichbar gemachten Öl.
Diese Eigenschaften erzeugt man, indem man die Doppelbindungen in den Fettsäuren zu Einfachbindungen hydrogenisiert.
Ein Großteil des industriell hergestellten gehärteten Rizinusöls wird als Schmierstoff verwendet. Daraus lässt sich durchaus die Wirkung in einem Pflegeprodukt ableiten. Es glättet raue Haut.

Synthetische bzw. modifizierte Triglyceride

caprylic/capric triglyceride

Neutralöl ist ein in kosmetischen Präparaten häufig eingesetztes synthetisches Triglycerid.
Die Industrie macht es möglich, Triglyceride aus Glycerin und ausgewählten Fettsäuren künstlich zu synthetisieren. Auf diese Weise erhält man große Mengen Öl in der gewünschten Konsistenz, ohne natürliche Begleitstoffe, unabhängig von natürlichen Schwankungen in der Zusammensetzung (durch Klima, Bodenverhältnisse, Ernte, Gewinnung).
Caprylsäure (C8) und Caprinsäure (C10) sind recht kurze, gesättigte Fettsäuren, was dazu führt, dass das Öl flüssig und chemisch stabil (lange haltbar) ist.
Eine Emulsion aus Wasser und Neutralöl ergibt ein leichtes Pflegeprodukt, das durch weitere Inhaltsstoffe aufgewertet werden kann.

Carnaubapalme

Pflanzliche Wachse

carnauba

Carnaubawachs wird von Blättern der Carnaubapalme gewonnen. Die Carnaubapalme bildet zum Schutz vor Feuchtigkeitsverlust in der Trockenzeit Wachsschüppchen auf ihren langen Fächerblättern. Dieses Wachs wird nach aufwendiger Gewinnung, Raffination, Bleiche und weiteren Verarbeitungsschritten als gebleichtes Carnaubawachs in kosmetischen Mitteln als Konsistenzgeber eingesetzt. Es ist ein besonders hartes Wachs (Schmelzpunkt ca. 85 °C), was seinen bevorzugten Einsatz in Lippenstiften und Schminkstiften erklärt.

Jojobastrauch

buxus chinensis

Jojobaöl ist kein Triglycerid-Öl, weshalb immer häufiger die Bezeichnung **natürliches Jojoba** Verwendung findet. Wachsester findet man in der Pflanzen- und Tierwelt überwiegend auf den Oberflächen wie Blättern und Haut zum Schutz vor Austrocknung und zum Geschmeidighalten. Nur der Jojobastrauch produziert größere Mengen Wachs auch in seinen Samen. Natürliches Jojoba ist eine Mischung von langkettigen, unverzweigten Flüssigwachsestern, die den Estern des Hauttalgs sehr ähnlich sind. Es hinterlässt auf der Haut einen luftdurchlässigen, weder klebrigen noch schmierigen Film, der vor Feuchtigkeitsverlust schützt, glättet und einen leichten Lichtschutz verleiht.

Z

Coldcremerezepturen liefern eine emulgatorfreie Emulsion aus Bienenwachs, Walrat-Ersatz, Mandelöl und Wasser. Coldcreme hat einen angenehm kühlenden Effekt und wird üblicherweise als Nacht- oder als Handcreme verwendet.

Tierische Wachse

cera flava, cera alba

Gelbes Bienenwachs stellen die Bienen her, um ihre Waben im Bienenstock bauen zu können. Wird das Wachs gereinigt und in der Sonne gebleicht, erhält man das

weiße Bienenwachs. Bienenwachs dient als Konsistenzgeber und wird überwiegend in Lippenstiften, Make-up, Salben und Handcremes verwendet. In den alten Rezepturen für die sogenannte Coldcreme wird traditionell Bienenwachs verarbeitet.

TEWL = transepidermaler Wasserverlust

lanolin

Wollwachs ist der Talg von Schafen. Es überzieht die Schafwollfasern mit einer Schutzschicht. Nach der Schafschur wird die Wolle gewaschen. Aus diesem Waschwasser gewinnt man durch eine Reihe von chemischen und physikalischen Verfahren das gereinigte, z.T. gebleichte Lanolin.

Ein Problem dieses Rohstoffes ist die starke Belastung mit Pestiziden (die Schafe werden nach jeder Schur mit gut fettlöslichen Schädlingsbekämpfungsmitteln behandelt, die sich bis zur nächsten Schur im Wollwachs anreichern) und Chemikalien aus dem Aufbereitungsprozess.

In den letzten Jahren immer wieder geänderte gesetzliche Auflagen sollen dafür sorgen, dass die Belastungen bestimmte Grenzwerte nicht überschreiten.

Lanolin ist eine Mischung aus einer großen Vielzahl von Wachsestern, Cholesterin und freien Alkoholen.

Lanolin kann ein Mehrfaches seines Gewichts an Wasser aufnehmen und bildet eine W/O-Emulsion.

Es dringt nachweislich durch das Stratum corneum bis zum Stratum granulosum vor (aber nicht weiter). Dort kann es Feuchtigkeit aus dem TEWL (s. GSt., S. 57) aufnehmen, in Form einer Emulsion halten und bei Feuchtigkeitsmangel abgeben. Auf diese Weise vermindert Lanolin die Hautrauigkeit sogar besser als Paraffine (s. S. 98, 133).

Merinolandschaf

Z

Lanolin ist die INCI-Bezeichnung für Wollwachs. Es kann leicht zu Verwechslungen kommen mit einer traditionellen Mischung aus Wollwachs (65 Teile), Paraffinöl (15 Teile) und Wasser (20 Teile). Diese Rezeptur wird im Deutschen Arzneibuch (DAB) als Lanolin bezeichnet und in der Pharmazie auch so eingesetzt.

Synthetische Wachse und wachsähnliche Verbindungen

Wachse lassen sich genauso wie Triglyceride künstlich herstellen. Man erhält dadurch kein komplexes Gemisch wie beim Wollwachs, sondern einen ganz speziellen Wachsester. Auf diese Weise lassen sich natürliche Wachse ersetzen, womit nicht gesagt sein soll, dass der Ersatzstoff die gleiche Wirkung hat. Der Ester, der mengenmäßig am stärksten in dem Naturprodukt vertreten ist, wird nachgebildet.

WWW.

www.lanolin.de

Im Fall des Walrats ist das natürlich besonders sinnvoll. Das natürliche Walrat wurde aus den Stirnhöhlen des Pottwales gewonnen. Wale unterliegen dem Artenschutz und dürfen deshalb zu kommerziellen Zwecken nicht mehr abgeschlachtet werden. Als **Walratersatz** wird heute **cetyl palmitate**, der Hauptbestandteil des natürlichen Wachses, eingesetzt.

Jojobaöl kann durch das synthetische flüssige Wachs **oleyl erucate** ersetzt werden. Es handelt sich dabei um einen Wachsester aus Oleylalkohol (einfach ungesättigter C18-Alkohol) und Erucasäure (einfach ungesättigte Fettsäure), ohne die weiteren Begleitstoffe des Jojobaöls. Also ist die Wirkung des Ersatzstoffes auch nur sehr eingeschränkt mit der des Naturproduktes zu vergleichen. Das synthetische Wachs hält ebenfalls die Haut angenehm weich und wird nicht schnell ranzig.

Für das **Bürzeldrüsenfett** der Wasservögel gibt es ebenfalls Ersatzstoffe. In der Literatur findet man sie unter den Bezeichnungen Purcellinöl, **PCL-liquid, PCL-solid und PCL-siccum**, nach INCI heißen sie **cetearyl octanoate, isopropyl myristate, stearyl heptanoate**.

Diese Stoffe sollen zum Teil ähnliche Eigenschaften haben wie das menschliche Hautfett. Das in der Hautpflege häufig eingesetzte PCL-liquid spreitet besonders gut und bildet auf der Haut einen feinen, nicht klebrigen Film, der vor Austrocknung schützt, aber den natürlichen Feuchtigkeitsaustausch mit der Umgebung

Pottwal

okklusiv = verschließend, luftdicht abschließend

www.aknetherapie.de /faq/komedogen.htm

Aus den INCI-Bezeichnungen der künstlich erzeugten Stoffe lassen sich der Fettalkohol (erstes Wort, mit der Endung -yl) und die Fettsäure (zweites Wort, mit der Endung -ate), die verestert wurden, ablesen. Mit etwas Übung kann man so in einer Inhaltsstoffliste die synthetischen Wachse und wachsähnliche Verbindungen herausfinden.

Squalen ist mit 12 % Anteil am Hautoberflächenlipid neben Triglyceriden, Wachsen und Fettsäuren ein wichtiger Bestandteil unseres Hydrolipidfilms. Es wird neben Cholesterin, Fettalkoholen, Carotinoiden (s. S. 94) und Phytosterolen (s. S. 94) zu den unverseifbaren Anteilen der Fette und Wachse gezählt.

nicht verhindert, also nicht okklusiv wirkt wie Paraffin. Isopropyl myristate erscheint besonders häufig in Listen von komedogenen Stoffen und sollte daher bei aknegefährdeter Haut (s. S. 155) besser gemieden werden.

Fettalkohole und Fettsäuren

Synthetische Fettalkohole (lang- oder verzweigtkettig) können natürliche Öle ersetzen, da sie sich gut verteilen lassen, leicht fettend wirken, aber keinen Fettfilm auf der Haut hinterlassen.

Terpene

Zu den Triterpenen gehört **Squalen**, ein ungesättigter Kohlenwasserstoff, der leicht oxidiert. Seine 6 Doppelbindungen machen ihn als kosmetischen Rohstoff schwer einsetzbar, da sie zu leicht oxidieren.

In Kosmetika setzt man **Squalan** ein. Hierbei handelt es sich um das Squalenmolekül ohne Doppelbindungen. Squalan wird aus Olivenöl gewonnen und ist ein recht kostspieliger Rohstoff, weshalb er häufig nur in geringen Mengen in Pflegeprodukten eingesetzt wird. Squalan macht die Haut angenehm weich, bindet Feuchtigkeit und wirkt okklusiv. Im Gegensatz zu den Mineralölen, die ebenfalls langkettige Kohlenwasserstoffe mit ähnlicher Wirkung sind, ist Squalan ein hautverwandter Stoff, der auch von gereizter Haut, z.B. von Neurodermitikern, gut vertragen wird. Er ersetzt fehlende Fettkomponenten der gereizten Haut, und der intakte Hydrolipidfilm trägt zur Beruhigung der Hautreizungen bei.

Fossile Kohlenwasserstoffe

Mineralöle und **Mineralwachse** erhält man bei der Erdölraffination. Es sind Mischungen aus z.T. verzweigten Kohlenwasserstoffketten verschiedener Länge. Sie sind sehr lange haltbar, da sie durch Bakterien nicht zersetzt werden und auch nicht mit Sauerstoff reagieren. Ihr Vorteil ist, dass sie in großen Mengen billig zu kaufen sind.

Sie bilden auf der Haut einen feuchtigkeitsundurchlässigen Film, d.h., sie haben eine okklusive Wirkung. Durch diesen Effekt können sie raue Haut glätten und vor weiterem Feuchtigkeitsverlust schützen. Der menschliche Körper hat keine Möglichkeiten, Mineralöle und -wachse abzubauen, im besten Fall werden sie von der Haut abgestoßen, wenn sie durch Hautverletzungen, mithilfe von Liposomen oder auf andere Weise unter das Stratum corneum gelangen konnten. Geschieht das nicht, wird der fremde Stoff abgelagert.

Paraffinum liquidum (Paraffinöl, auch Vaselinöl) ist je nach Zusammensetzung relativ flüssig, wohingegen Vaseline (**petrolatum**) eher zähflüssig und Paraffin (**paraffinum**) fest ist. **Cera microcristallina** ist ein festes Paraffin mit kristallinen Strukturen. Eine Besonderheit stellen die sogenannten Erdwachse (**ozokerit**) dar. Es sind keine Wachsester, sondern ein in der Erde natürlich vorkommender fester, gesättigter, hochmolekularer Kohlenwasserstoff mit verschiedenen Beimengungen. Die von Beimengungen gereinigte Form nennt man **ceresin**.

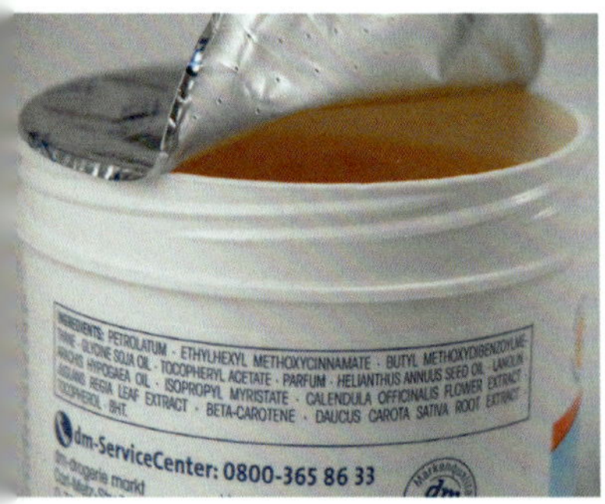

Melkfett

An dieser Stelle muss auch Eucerin aufgeführt werden. Es ist vielen Verbrauchern als Salbe aus der Apotheke bekannt und wird somit eventuell als gesundheitsfördernd eingestuft. Es handelt sich um eine Mischung aus Mineralöl und Wollfettalkoholen und dient nicht der Hautpflege, sondern tatsächlich nur als Trägersubstanz für medizinische Wirkstoffe.

Durch Untersuchungen konnte nachgewiesen werden, dass die Anwendung von Mineralölen in höheren Konzentrationen Hautfunktionen vermindert. Wird das Präparat abgesetzt, ist der hauteigene Lipidschutz über längere Zeit so stark vermindert, dass es zu einem erhöhten Wasserverlust der Haut kommt. Die Folge ist trockene, rissige und schuppige Haut. Bekannt ist das vielen Anwendern von Lippenpflegestiften oder Handcremes.
Das Gefühl, nachcremen zu müssen, kommt immer schneller. Diese Abhängigkeit erhöht den Verbrauch. Dieses Verhalten ändert sich auch nicht sofort, wenn man statt der mineralölhaltigen Präparate nur noch Pflege mit hochwertigen Pflanzenölen verwendet. Es dauert eine Weile, bis die natürlichen Abläufe zur Wiederherstellung des Hydrolipidfilms sich normalisiert haben. Es liegt nicht an den neuen, mineralölfreien Präparaten, dass die Haut noch immer rau und trocken ist. Der Kunde und auch die Kosmetikerin brauchen also in einer solchen Umstellungsphase Geduld.

Amphiphile Stoffe = Substanzen, deren Moleküle hydrophile und lipophile Anteile aufweisen und dadurch ganz besondere Eigenschaften haben

Pflege mit einem Lippenpflegestift

Silikone

Silikonöle sind synthetisch hergestellte Verbindungen. Aufgrund ihrer vielfältigen Eigenschaften dienen sie zur Herstellung der verschiedenartigsten kosmetischen Mittel, weisen aber keinerlei Hautverwandtschaft auf. Es genügen kleine Mengen Silikonöl in einem Pflegeprodukt, um angenehme Auftrageeigenschaften zu erzeugen. Sie bilden einen gasdurchlässigen Film auf der Haut, der im Gegensatz zu Mineralölen keinen Wärmestau verursacht.
Manche Arbeitsschutzsalben enthalten etwa 25 % Silikone und sind dadurch besonders stark wasserabweisend.

Z In einer Inhaltsstoffliste erkennt man Silikone an dem Wortteil -methicone, seltener -siloxane oder -siloxy. Häufig wird der Begriff Dimethicone verwendet.

Qualität der Lipide

Grundsätzlich werden natürliche Öle höher gewertet als synthetische oder mineralische.
Sie weisen mehr Ähnlichkeit mit den Hautlipiden auf und enthalten wertvolle Beimengungen aus den Pflanzen.
Ein Teil dieser Wirkstoffe geht allerdings bei der Herstellung und Weiterverarbeitung der Öle verloren.
Welche Rolle die ungesättigten und mehrfach ungesättigten Fettsäuren auf der Haut spielen, ist noch nicht ausreichend untersucht. Im Hydrolipidfilm sind nur sehr geringe Mengen ungesättigter Fettsäuren nachweisbar. Bei der Neurodermitisbehandlung mit Linolensäure sind häufig Hautschäden zu beobachten.
Die Qualität eines Lipides hängt auch von seinem Reinheitsgrad ab.
Ob es frei von Pestiziden (Beispiel Wollwachs) oder Chemikalienrückständen aus seiner Herstellung und Verarbeitung ist, kann vom Hersteller des Pflegeproduktes beantwortet werden. Der Verbraucher muss diesen Aussagen vertrauen können. Die Kosmetikerin ist das Verbindungsglied zwischen der Industrie und ihrer Kundin. Hat sie Vertrauen in das verantwortungsvolle Handeln ihres Kosmetikproduzenten, kann sie dieses auch ihren Kunden weitergeben.

Emulgatoren

Emulgatoren werden ebenfalls zu den Trägerstoffen gezählt, da sie zusammen mit Wasser und Fetten, Ölen und Wachsen die Emulsion für das Pflegepräparat bilden. Normalerweise sind fettige und wässrige Stoffe nicht mischbar. Emulgatoren sind amphiphile Stoffe und können dadurch die Grenzflächen zwischen wässrigen und öligen Phasen besetzen. Sie bilden so ein Bindeglied. Werden Öl und Wasser gemischt, entstehen Tröpfchen. Die Emulgatormoleküle lagern sich sofort an der

Micelle = kugelförmige Zusammenlagerung amphiphiler Moleküle
Viskosität = Zähigkeit

Z Mithilfe von Emulgatoren werden nicht nur einfache O/W- oder W/O-Emulsionen hergestellt, sondern auch kompliziertere Systeme wie W/O/W, O/W/O, Liposomen (s. S. 103) oder lamellenartige, der Zellmembran oder den Barriereschichten des Stratum corneum ähnlich.

Grenzfläche zwischen Tröpfchen und der umgebenden Phase an und verhindern dadurch, dass die einzelnen Tröpfchen wieder zusammenfließen. Die beiden Phasen trennen sich also nicht mehr. Abhängig vom chemischen Aufbau des Emulgators entstehen auf diese Weise Öl-in-Wasser-Emulsionen (O/W) oder Wasser-in-Öl-Emulsionen (W/O). Der am häufigsten verwendete Emulgatortyp sind die nichtionischen Emulgatoren. Zu dieser Gruppe gehört eine Vielzahl von Polyethylenglycol-Verbindungen. In den Inhaltsstofflisten sind diese Emulgatoren durch die Abkürzung PEG oder die Endung „eth" zu finden. Legt der Verbraucher größeren Wert auf pflanzliche Rohstoffe, so bietet die Gruppe der Alkylpolyglycoside (APG) eine Alternative. Sie werden aus Kokosöl und Stärke gewonnen. Sucht man eine hautphysiologische Lösung auch im Bereich der Emulgatoren, bieten sich Glycerinesterverbindungen (z.B. glyceryl stearate citrate) an. Verschiedene Mono- und Diglyceride wirken im Hydrolipidfilm emulgierend.

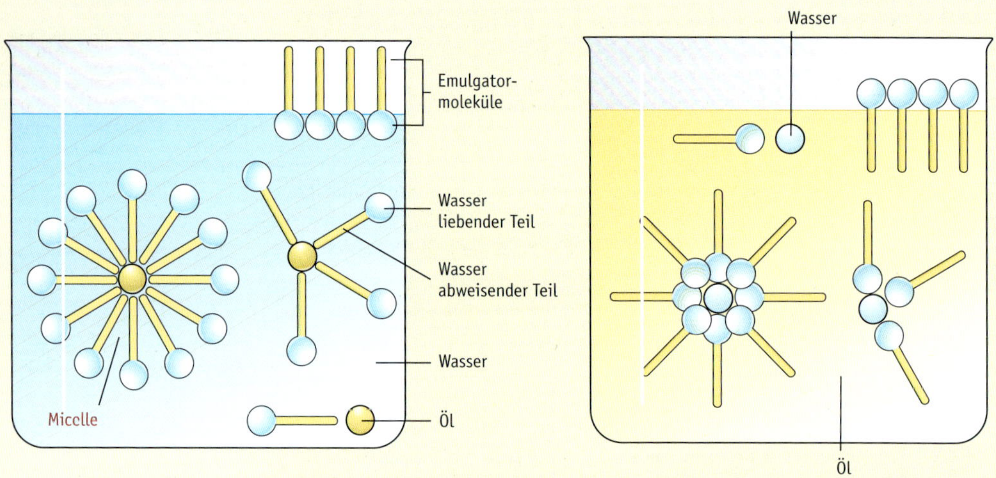

O/W-Emulsion **W/O-Emulsion**

WWW. www.dermaviduals.de

Verdickungsmittel

Diese Substanzen werden auch als viskositätserhöhende Stoffe, Viskositätsregulatoren oder Stabilisatoren bezeichnet. Sie helfen, die große Wassermenge oder die eher flüssigen Öle in einer Emulsion in eine anwendungsfreundliche Konsistenz zu bringen.
Die Stoffgruppe ist sehr umfangreich. Zu ihr gehören:

- Gelbildner, wie Gelatine, Kollagenhydrolysate, Hyaluronsäure, Xanthan Gum, Stärke, Celluloseether, Polyacrylate (häufig sodium carbomer), Silikate
- Konsistenzgeber, wie Bienenwachs, Carnaubawachs, hydriertes Rizinusöl oder Sheabutter
- neutrale Emulgatoren und Koemulgatoren
- Seifen, wie Magnesiumstearat
- Salze in Verbindung mit einigen Tensiden, z.B. Natriumchlorid mit Natriumlaurylsulfat
- Polyethylenglykolverbindungen (PEG)

Alkohole

Manche Wirkstoffe (s. unten) lösen sich nicht oder nur mäßig in Wasser (z.B. ätherische Öle). In diesem Fall nutzt man häufig Alkohol als Lösungsmittel. In Ethanol oder Isopropanol gelöst, lassen sich die Wirkstoffe in Emulsionen einarbeiten und dadurch gleichmäßig und fein verteilt auf die Haut auftragen. Der Alkohol verdunstet sehr schnell und lässt den Wirkstoff zurück.

Glycerin (auch Glycerol genannt) kann als Lösungsmittel verwendet werden. Es verdunstet aber nicht, sondern bindet Wasser. Es wird durch diese Eigenschaft zu einem Feuchthaltemittel, einem sogenannten Humectant. In Konzentrationen > 30 % ist Glycerin so stark wasseranziehend, dass es die Haut reizen würde.

Humectants = mehrwertige, kurzkettige Alkohole (INCI: butylene glycol, glycerin, inositol, mannitol, propylene glycol, sorbitol, PEG-8, 12) mit stark hydrophilen und hygroskopischen Eigenschaften. Sie dienen als Feuchthaltemittel

A

1. Wählen Sie fünf pflegende Produkte von verschiedenen Herstellern aus. Übertragen Sie die in der Inhaltsstoffdeklaration aufgeführten Lipide in folgende Tabelle und füllen Sie die übrigen Spalten aus.

Hersteller, Produktname	INCI-Bezeichnung des Lipides	dt. Bezeichnung (wenn möglich)	pflanzlich	tierisch	mineralisch	Triglycerid	Wachs	Sonstiges	Eigenschaften

2. Finden Sie fünf pflegende Produkte für Haut oder Haar (z.B. in Ihrem Ausbildungsbetrieb), die in der Inhaltsstoffdeklaration Silikone aufweisen. Notieren Sie diese und besprechen Sie die Ergebnisse in der Klasse.

7.1.2 Wirkstoffe

Wasser, Öle und Wachse üben eine große Wirkung auf die Haut aus. Trotzdem zählen sie nicht zu den Wirkstoffen. Unter diesem Begriff fasst man alle Substanzen zusammen, die in kleinen Mengen eingesetzt eine große physiologische Wirkung entfalten können. Die nachfolgend beschriebenen Substanzen stellen nur eine kleine Auswahl aus dem ständig wachsenden Angebot an Wirkstoffen dar.

Wirkstoffe

auf der Haut nachweisbare Wirkstoffe	pflanzliche Wirkstoffe	tierische Wirkstoffe	Vitamine + Mineralstoffe	Anti-Aging-Wirkstoffe

Auf der Haut nachweisbare Wirkstoffe

NMF (natürliche Feuchthaltefaktoren)

Die NMF (natural moisturizing factors) sind verschiedene kleine, hydrophile Moleküle. Sie binden die Feuchtigkeit im Hydrolipidmantel und in der Epidermis und vermindern die Verdunstung. Fehlen diese natürlichen Substanzen, z.B. durch zu häufige Anwendung von Tensiden, wird das Stratum corneum sehr schnell trocken und rau.

Z

Zu den NMF werden zusammengefasst: freie Aminosäuren, Pyrrolidoncarbonsäure, Lactat (Salze der Milchsäure), Zucker, Harnstoff, Natrium-, Kalium-, Magnesium-, Calcium- und Chloridionen, Milchsäure, Salze der Zitronensäure und der Ameisensäure, Ammoniak, Harnsäure, Glucosamine, Keratin und Phosphat.

Auf gesunder Haut werden Konzentrationen bis 20 % Harnstoff vertragen, bei Neurodermitikern treten allerdings ab etwa 10 % Harnstoff Hautirritationen auf.

Milchsäure kann auch bei Milchunverträglichkeit angewendet werden, da sich die Unverträglichkeit immer auf Milchzucker oder Eiweiße bezieht. Außerdem ist sie ein natürliches Stoffwechselprodukt der Bakterien unserer Hautflora, was die Unbedenklichkeit unterstreicht.

Eiweiße und Eiweißhydrolysate nach INCI: collagen, hydrolyzed collagen, elastin, hydrolyzed elastin, milk protein, hydrolyzed casein, hydrolyzed wheat protein, h. barley protein, h. oat protein, h. keratin, h. silk, h. soy protein

Natürliche Feuchthaltefaktoren

Harnstoff	Milchsäure	Natrium-, Kalium-, Magnesium-, Calcium- und Chloridionen	Pyrrolidoncarbonsäure
Harnstoff (INCI: urea) wirkt feuchtigkeitsbindend, Juckreiz stillend, antimikrobiell, schuppenlösend und nicht sensibilisierend. Deshalb wird er für trockene Haut, schuppende Läsionen, juckende Dermatosen und Hyperkeratosen eingesetzt. Als gut verträglich und gleichzeitig pflegend wirksam gelten Präparate mit 5–10 % Harnstoffgehalt (dann müsste urea in der oberen Hälfte der INCI-Deklaration auftreten).	Milchsäure (INCI: lactic acid) ist ein multifunktioneller Wirkstoff. Er dient als Feuchthaltemittel und zur Einstellung eines hauttypischen pH-Wertes. Er ist sehr wirksam zur Hautpilzprophylaxe einsetzbar. Außerdem kann mit milchsäurehaltigen Produkten gegen Verhornungen im Talgdrüsenausführungsgang gearbeitet werden, wodurch sie sich besonders für die Pflege der zur Akne neigenden Haut anbieten.	Diese kommen außer im Hydrolipidmantel z.B. im Salz des Toten Meeres (INCI: maris sal) in besonderer Konzentration vor. Erfahrungs- und Forschungsberichte weisen den Ionen positive Einflüsse auf die Hautstruktur, die Abschuppung, den Stoffwechsel und den Feuchtigkeitsgehalt der Haut zu. Bekannt sind die therapeutischen Anwendungen bei Psoriasis, Neurodermitis und chronisch entzündeter Haut.	Pyrrolidoncarbonsäure (INCI: PCA, sodium PCA, PCA carnitine, chitosan PCA) besitzt ein hohes Wasserbindevermögen und ist haut- und schleimhautverträglich.

Hyaluronsäure

Hyaluronsäure (hyaluronic acid) zählt zu den Mucopolysacchariden und ist ein Bestandteil des Bindegewebes. Sie ist in der Dermis als gelartige Substanz vorhanden, in der die Fasern eingebettet sind. Hyaluronsäure besitzt ein extrem hohes Wasserbindevermögen. Sie kann das 1000- bis 4000-fache (abhängig von der Molekülgröße) ihrer Masse an Wasser aufnehmen. Extern als Feuchtigkeitsspender aufgebracht, bildet das so entstandene Gel einen luftdurchlässigen Film. Dieser verringert den transepidermalen Wasserverlust und erhöht so die Hydratation des Stratum corneum. Hyaluronsäure kann erst nach technisch aufwändiger Mikronisierung bzw. in Liposomen untergebracht in die Haut eindringen.

Kollagen und Elastin

Kollagen und Elastin gehören zu der Gruppe der Eiweiße und Eiweißhydrolysate. Als Faserproteine sorgen sie für die Elastizität und die Festigkeit der Haut. Sie werden aus Tierhäuten und -sehnen gewonnen. Da der Einsatz von Schlachtviehprodukten nicht werbewirksam und z.T. unerwünscht ist, werden Eiweißhydrolysate auch aus Pflanzen oder Milch gewonnen. Ziel ist es, einen Rohstoff zu erhalten, der Wasser bindet und wie Hyaluronsäure einen Film auf der Haut bildet, um dadurch vor Austrocknung zu schützen.

Ceramide

Ceramide sind besondere Lipide, die innerhalb und außerhalb von menschlichen, tierischen und pflanzlichen Zellen vorkommen. Als Hautlipide findet man sie in der sogenannten Kittsubstanz im Stratum corneum. Dort verbessern sie die Hydratation des Stratum corneum, verringern den TEWL und vermindern das Eindringen von Fremdstoffen. Bei geschädigter Haut wirkt sich eine Pflege mit Ceramiden nachweislich positiv auf den TEWL und die Barrierefunktion aus. Außerdem konnte ein Anti-Aging-Effekt nachgewiesen werden.

Phospholipide

Phospholipide sind phosphorhaltige, fettähnliche Verbindungen, die beim Aufbau von Zellmembranen beteiligt sind. Als Ausgangsmaterial für die Gewinnung einzelner Phospholipide dient Lecithin – früher aus Hühnereigelb, heute fast ausschließlich aus Soja (beides INCI: lecithin). Ein häufig verwendetes Phospholipid ist Phosphatidylcholin. Es bildet in Wasser selbstständig winzige Kügelchen mit einer membranähnlichen Hülle. Solche Hohlkugeln werden als Liposomen bezeichnet und dienen v. a. als Transportvesikel für Wirkstoffe, können aber auch zur Hydratation des Stratum corneum und zur Unterstützung der Barrierefunktion beitragen. Außerdem werden Phospholipide in emulgatorfreien (DMS, s. S. 116) Cremes eingesetzt, da sie lamellenartige Strukturen bilden können, die Emulsionscharakter erzeugen und mit den lamillaren Lipidstrukturen im Stratum corneum vergleichbar sind.

Pflanzliche Wirkstoffe

Pflanzen enthalten einen Cocktail aus verschiedenartigen Wirkstoffen:
ätherische Öle, Phytohormone, Schleimstoffe, Gerbstoffe, Flavonoide, Saponine, Öle, Eiweiße, Kohlenhydrate, Vitamine, Mineralien und vieles mehr.
Die Qualität eines Pflanzenwirkstoffs variiert je nach verwendetem Pflanzenteil (Blätter, Blüte, Wurzel u.a.), nach Wachstumsort (z.B. durch Klima, Bodenqualität, Umweltbelastung), nach Extraktions- und Weiterverarbeitungsverfahren.
Die frischen oder getrockneten Pflanzenteile finden in der Kosmetik wenig Anwendung, weil es vorgefertigte Extrakte in großer Zahl gibt:

Mazerate	Ätherische Öle	Hydrolate
■ wässrige Auszüge (z.B. aus Ackerschachtelhalm) ■ alkoholische Auszüge (z.B. Beinwelltinktur) ■ ölige Auszüge (z.B. Johanniskrautöl = Rotöl, Aloe-vera-Öl)	(z.B. Teebaumöl)	(z.B. Hamamelis-hydrolat)

Drei Beispiele für Pflanzenwirkstoffe

- **Phytohormone**

  Hormonhaltige Cremes sind ausgesprochen wirksame Anti-Aging-Präparate (s. S. 106). Die Östrogene wirken gegen faltige, trockene und dünne Haut. Der Einsatz von synthetischen, tierischen oder auch menschlichen Hormonen in kosmetischen Produkten ist allerdings seit 1984 verboten. Zuvor waren gehäuft erhebliche Nebenwirkungen bei den Anwenderinnen von Hormoncremes aufgetreten. Die Hormone waren durch die Haut in die Blutbahn gelangt. Eine Alternative zu diesen wurde in den sogenannten Phytohormonen (Pflanzenhormonen) gefunden.
  Ein hoher Gehalt an solchen Substanzen wurde bisher in Rotklee, Sojabohnen, Hopfen und Yamwurzel nachgewiesen.
  Als Nahrungsergänzungsmittel werden sie schon länger in der Anti-Aging-Szene propagiert, da sie Einfluss auf die Produktion des „Junghalte-Hormons" DHEA nehmen.
  Wissenschaftliche Untersuchungen haben nachgewiesen, dass einige Phytohormone erheblich wirksamer sind, wenn sie nicht mit der Nahrung aufgenommen

Liposome = mikroskopisch kleine Hohlkugeln, z. B. aus Phospholipiden, Sphingolipiden, aufwendig hergestellt und den Ceramiden des Stratum corneum ähnlich
Vesikel (lat. vesicula = Bläschen) = mikroskopisch kleine Hohlkugeln, bestehend aus Doppelschichten amphiphiler (s. S. 100) Moleküle
Saponine (lat. sapo = Seife) = bilden beim Schütteln mit Wasser einen seifenartigen Schaum
Mazerat = Kaltauszug. Pflanzenteile werden mit kalter Flüssigkeit übergossen und laugen bei Zimmertemperatur über längere Zeit (12 Stunden oder tagelang) aus. Als Mazerationsflüssigkeit kommen Wasser, Alkohol, Öl, Essig, Wein und Milch zum Einsatz
Hydrolate = (Pflanzenwässer) Nebenprodukte der Wasserdampfdestillation zur Gewinnung von ätherischen Ölen. Nach dem Abschöpfen des Öls bleibt das wässrige Destillat mit allen wasserlöslichen Bestandteilen der Pflanze übrig. Diese Pflanzenwässer sind sehr hautverträglich
Phytohormone = pflanzliche Hormone bzw. in der Kosmetik: Pflanzeninhaltsstoffe mit östrogenähnlicher Wirkung
DHEA = Dehydroepiandrosteron ist ein Nebennierenhormon, das Ausgangsstoff zur Bildung vieler Hormone, u.a. Östrogen und Testosteron, ist

Z

Bei allen pflanzlichen Wirkstoffen sollte man das Allergierisiko bedenken. Außerdem sind sie aus heilkundlicher Sicht nicht für eine Dauerbehandlung zu empfehlen. Der Körper braucht wirkstofffreie Zeiten, um bei erneutem Einsatz wieder die gewünschte Reaktion zu zeigen.

Aloe vera

Die Aloe barbadensis ist eine von über 200 verschiedenen Arten der Wüstenlilie Aloe. Nur diese Art weist die hervorragenden Wirkungen auf.
In jedem Haushalt könnte eine Aloe vera (barbadensis!) wertvolle Dienste leisten. Sie ist anspruchslos in der Pflege und sehr leicht bei kleinen Verletzungen und Ähnlichem anwendbar (Schutz vor Entzündungen, heilungsfördernd).

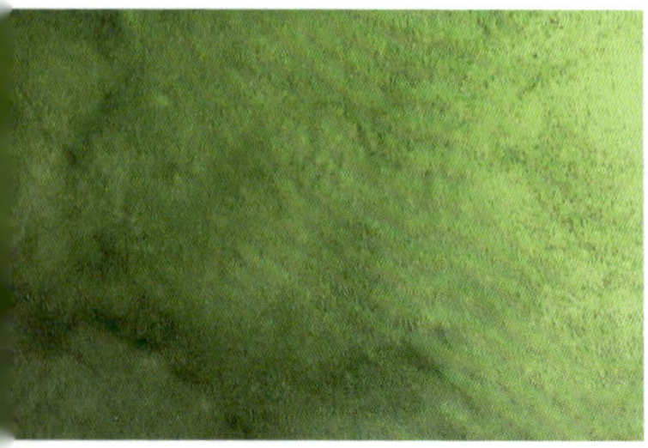
Algen im Wasser

Auf einigen Beautyfarmen in Küstennähe werden Algen frisch, im Naturzustand, während der kosmetischen Behandlung eingesetzt. Das fühlt sich erstaunlich gut an und erzielt deutliche Effekte (z.B. Feuchtigkeitsspende, Aufpolsterung von Plisseefältchen).

werden, sondern über die Haut in den Organismus gelangen. Welche Folgen das auf längere Sicht für die Anwender von phytohormonhaltigen Pflegeprodukten haben wird, bleibt abzuwarten.

- **Aloe vera** (INCI: aloe barbadensis)

Aloe vera ist ein Trockenheit liebendes Liliengewächs, das in seinem Blattinneren einen Flüssigkeitsspeicher in Form eines Gels mit 96 % Wasseranteil besitzt.
Die ca. 160 Wirkstoffe in diesem Gel (besonders wichtig sind 13 Mucopoly- und andere Saccharide, 13 Mineralstoffe, 13 Vitamine, 15 Enzyme, 4 essenzielle Fettsäuren, 7 essenzielle Aminosäuren, viele ätherische Öle) sorgen für umfangreiche Anwendungsgebiete in der Heilkunde und in der Kosmetik.
Äußerlich kann man das Aloe-vera-Gel anwenden bei Akne, Hautpilz, Neurodermitis, Abszessen, Herpes simplex, Hämatomen, Ekzemen, Schuppen, Entzündungen, Sonnenbrand und anderen Verbrennungen. Es unterstützt die Wundheilung, wirkt antibakteriell, fungizid, entzündungshemmend, abschwellend und natürlich hautglättend, da es Feuchtigkeit spendet und bindet.
Aloe-vera-Saft beginnt schon nach wenigen Stunden zu verderben. Deshalb wird er in Fässer gefüllt und konserviert, oder der Saft wird getrocknet (durch Gefriertrocknung oder besser noch durch eine Sprühtrocknung) und benötigt dann keine Konservierungsstoffe.

- **Algen** (INCI: Algae)

Von Tausenden bekannter Algenarten werden ca. 60 kosmetisch eingesetzt. Man unterscheidet grob zwischen Braun-, Rot-, Grün- und Blaualgen.
Die verschiedenen Algen haben recht unterschiedliche Inhaltsstoffe und dadurch spezielle Wirkungen (Feuchtigkeits- und Mineralienzufuhr) auf die Haut. Alle besitzen einen hohen Gehalt an Mineralstoffen, Vitaminen und Proteinen. Die Zusammensetzung soll der der menschlichen Zelle ähneln. Interessante Inhaltsstoffe sind auch Alginat (INCI: alginat oder algin) und Carrageenan (INCI: chondrus crispus oder carrageenan). Dies sind Gelbildner, die der Haut Feuchtigkeit zuführen können. Diese Eigenschaft wird z.B. für sogenannte Vliesmasken (s. S. 132) genutzt.
Die Algen werden in sauberen Küstenregionen oder in großen Meerestiefen geerntet. Selten werden diese Algen dann ohne Weiterverarbeitung direkt auf die Haut gebracht, da sie zu schnell verderben.
Üblicherweise werden die Algen pulverisiert, z.B. durch Ultraschallwellen oder Gefriertrocknung. Das wirkstoffreiche Pulver kann dann mit Wasser angerührt auf die Haut aufgetragen oder von der Kosmetikindustrie in Pflegeprodukte eingearbeitet werden.
Beim Einsatz von Algen ist das Allergierisiko gering, aber aufgrund des hohen Jodgehaltes sollte eine Schilddrüsenüberfunktion (auch bei der Kosmetikerin) ausgeschlossen werden.

Tierische Wirkstoffe

Tierische Wirkstoffe spielen in der Kosmetik eine untergeordnete Rolle. Inhaltsstoffe, die vom Schlachtvieh stammen, sind zwar günstig, werden aber vom Verbraucher mit Skepsis betrachtet. Deshalb erschließt die Industrie die Meeresbe-

wohner als Wirkstofflieferanten (Beispiel: „maritimes Kollagen"). Werbewirksam sind immer noch Kaviar und von Bienen produzierte Substanzen wie Propolis und Gelée royale.
Propolis ist eine harzige, braune, hart-knetbare Masse. Die Bienen sammeln sie als harzartige Ausscheidung von Knospen und verwenden sie als Baustoff und zum Konservieren von Tieren, die in ihren Bau eindringen. Propolis wirkt antibakteriell und antimykotisch. Es wird unter anderem bei Akne und Hautpilz eingesetzt.
Maritimes Kollagen und Elastin werden aus Fischhäuten gewonnen und spenden wie das Kollagen von Säugetieren Feuchtigkeit. Aus den Schalen von Krustentieren (z.B. Krabben, Shrimps u.Ä.) erzeugt man Chitin, einen Feuchtigkeitsspender, und Chitosan, ebenfalls ein Polysaccharid, das als Gel- und Filmbildner eingesetzt wird. Krill, ein Kleinkrebs aus der Antarktis, enthält einen antioxidativen Wirkstoff und Omega-3-Fettsäuren, Proteine, Mineralstoffe und Phospholipide, was ihn zum Anti-Aging-Wirkstofflieferanten machen könnte.
Kaviarextrakt wird aus frischem Rogen hergestellt und ist reich an Proteinen, Lecithin, Mineralstoffen und Vitaminen. Hier wird mehr das exklusive Klischee des Kaviars vermarktet als ein wirklich herausragender Wirkstoff.

Propolis = Bienenwachs, Bienenleim, Kittharz
Gelée royale = Futtersaft der Bienenkönigin. Es ist ein gelbliches, dickflüssiges, ungewöhnlich saures (pH-Wert zwischen 2,5 und 4) Sekret aus den Kopfdrüsen der Honigbienen. Es stellt eine konzentrierte Wirkstoffmischung dar, in der besonders der Vitamin-B-Komplex auffällt.
Gelée royale hat ein hohes allergenes Potenzial!
Rogen = reife Eier weiblicher Fische und anderer Meerestiere, z.B. Seeigel, Muscheln

Vitamine und Mineralstoffe

Vitamine und Mineralstoffe sind in erster Linie mit der Nahrung aufzunehmen und zeigen dann ein breites Spektrum an positiven Wirkungen auf dem Hautbild. Ein Vitamin- und Mineralstoffmangel lässt sich nicht über die Haut ausgleichen.
Vitamine sind einerseits sehr große Moleküle, die kaum in die Haut eindringen, und andererseits z.T. empfindlich gegen Licht, Sauerstoff und andere Einflüsse, sodass sie durch Verarbeitung, Lagerung und Transport einen Teil ihrer Wirkung verlieren.
Nachweisbar sind folgende lokale Wirkungen von Vitaminen:

Kaviar

Vitamin A	Vitamin A (Retinol) und Retinolderivate (wie Retinaldehyd) sind hornschichterweichend (empfehlenswert bei Schuppenbildung), dadurch hautglättend, und sie verdicken die Epidermis durch Anregung der Zellteilungsrate (gern Hautregeneration genannt).
Provitamin B_5	Provitamin B_5 (Panthenol) ist eine Vorstufe des Vitamin B_5 (Pantothensäure) und wird in der Medizin zur Unterstützung der Wundheilung eingesetzt. In der Kosmetik nutzt man den feuchtigkeitsspendenden Effekt und die beruhigende Wirkung.
Vitamin B_6	Vitamin B_6 (Pyridoxin) hat regulierenden Einfluss auf die Talgproduktion.
Vitamin C	Vitamin C (Ascorbinsäure) unterstützt die antioxidative Wirkung von Vitamin E.
Vitamin E	Vitamin E (Tocopherol) gebührt besondere Beachtung. Durch seine Fettlöslichkeit dringt es sogar in größeren Mengen in das Stratum corneum ein und wird dort angereichert. Dies führt zu einer verbesserten Durchfeuchtung des Stratum corneum. Die Haut entwickelt mehr Widerstandskraft gegen äußere Einflüsse, z.B. ist ein Lichtschutz (bis LSF 4) nachweisbar. Vitamin E zeigt antioxidative Wirkung, verbessert die Wundheilung und vermindert die Narbenbildung.

Z

Bei Propolis sind vermehrt Kontaktallergien zu beobachten.

Ectoin = biotechnologisch gewonnener Wirkstoff; in der Natur bewahrt er Lebewesen vor extremer Hitze, Kälte und UV-Strahlung

Hydroxyprolin = pflanzliche Aminosäure, die auch reichlich im Kollagen vorkommt, feuchtigkeitsspendend

Jujube = Extrakt aus dem Judendorn, einer Heilpflanze der traditionellen chinesischen Medizin; soll Stoffwechselprozesse in den Zellen beeinflussen

Myrothamnus Flabellifolia = Auferstehungspflanze, antioxidantienreiche Pflanze aus der Wüstenregion Südafrikas

Mineralstoffe werden gut über die Haut aufgenommen und zeigen Reaktionen im ganzen Organismus. Man denke z.B. an das Schwimmen in Solebädern oder an ein einfaches Fußbad in Salzwasser. Mineralische Anwendungen werden auch erfolgreich zur Entgiftung über die Haut eingesetzt.

Anti-Aging-Wirkstoffe

Anti-Aging ist in Kosmetik, Ernährung, Nahrungsergänzung und weiteren Gebieten bewusster Lebensweise ein verkaufsförderndes Schlagwort. Die Top Ten der Anti-Aging-Wirkstoffe gibt es in den verschiedensten Ausführungen. Hier nur eine kleine Auswahl:

Algen, Alpha- und Beta-Hydroxisäuren, Aminosäuren, Antioxidantien, Ceramide, Coenzym Q 10, Ectoin, Enzyme, hormonähnliche Substanzen (Sojaextrakt, Rotklee), Hyaluronsäure, Hydroxyprolin, Jujube, Liposomen, Milchsäure, Myrothamnus-Flabellifolia-Extrakt, Schlangenwurzelextrakt, Shiitakeextrakt, Tigergras, Traubensamenextrakt, Vitamin A und Vitamin-A-Säure, Vitamin C, Vitamin E und wertvolle Fette (z.B. Nachtkerzenöl).

Anti-Aging-Produkte

Die Wirkstoffforschung im Bereich der Medizin und der Kosmetik wird noch erheblich mehr Substanzen hervorbringen, die sich gut auf der Anti-Aging-, Happy-Aging- oder Well-Aging-Welle vermarkten lassen.

Bei den zahlreichen Wirkversprechen sollte man darauf achten, ob die Wirkung nach äußerlicher oder innerlicher Anwendung nachgewiesen werden kann und in welcher Konzentration die Substanz angewendet werden muss.

Alterungsprozesse durch Vorbeugung zu mildern, ist sicherlich sinnvoll in einer Gesellschaft, in der das Lebensalter die Aktivität kaum einschränkt. Doch eine Risiko-Nutzen-Abwägung sollte jeder kosmetischen Verwendung vorausgehen.

A

1. Nennen Sie mindestens acht hautphysiologische Wirkstoffe.
2. Erklären Sie einer Mitschülerin, welche Wirkung sie von einer kollagenhaltigen Tagescreme erwarten kann.
3. Für welche Hautzustände und Kundensituationen (z.B. Hobby, Urlaub) würden Sie Pflegeprodukte mit Aloe vera empfehlen?
4. Suchen Sie in Ihrem Ausbildungsbetrieb nach fünf verschiedenen Anti-Aging-Präparaten und schreiben Sie die in den Inhaltsstoffdeklarationen angegebenen Wirkstoffe heraus.

7.2 Exkurs: Hautalterung

Ein hohes Lebensalter zu erreichen, ist für jeden Menschen erstrebenswert. Alt aussehen aber möchte niemand. Jeder freut sich, wenn er jünger geschätzt wird als sein Geburtsdatum ausweist. Deshalb werden negativ besetzte Bezeichnungen wie „alternde" oder „faltige Haut" im kosmetischen Sprachgebrauch mit Begriffen umschrieben, die positiv gedeutet werden, z.B. „reife" oder „anspruchsvolle" Haut. Alterung gehört zum Leben wie Geburt und Tod. Die Haut altert wie alle anderen Organe auch. Ständig finden im Körper Auf- und Abbauprozesse der Zellstrukturen statt. Während in jungen Jahren die Aufbauvorgänge überwiegen, hinterlassen etwa ab dem 30. bis 40. Lebensjahr die Abbauvorgänge ihre Spuren. Alterung ist Teil aller natürlichen Veränderungen im Laufe der Lebensjahre. Allerdings äußert sie sich sichtbar recht unterschiedlich. Dazu trägt wesentlich die eigene Einstellung bei, Veränderungen anzunehmen, sich damit auseinanderzusetzen und mit der eigenen Lebensweise und Hautpflege gegenzusteuern.

Z Senioren sind eine wichtige, zahlenmäßig wachsende Kundengruppe der Kosmetikerin.

Zu unterscheiden sind:

Biologische Alterung	Umweltalterung
innerlich bedingtes Altern, die innere Uhr, auch Zeitalterung	äußerlich bedingtes Altern, auch Lichtalterung

Das **biologische Altern** wird von endogenen Faktoren des Menschen bestimmt, z.B. die „biologische Uhr" des Einzelnen, seine genetische Situation, die hormonelle Stoffwechsellage und sein Krankheitsgeschehen. So können sich auch akute und chronische Erkrankungen im Laufe eines Lebens auf die Haut auswirken. Im günstigsten Falle sieht ein Mensch jünger aus, als sein kalendarisches Alter ausweist.

Z **Verjüngende Wirkung haben:**
Freude, Liebe, Glück, Mitmenschlichkeit, geistige Frische, positive Lebenseinstellung, gesunde Lebensweise, Hautpflege, Make-up, Frisur, Mode

Das lässt uns alt aussehen:
Neid, Ärger, Missmut, Vereinsamung, Bewegungsmangel, ungesunde Ernährung, Vernachlässigung der Hautpflege

Für die **Umweltalterung** sind äußere Einflüsse heranzuziehen, vorrangig die ultravioletten Strahlen des Sonnenlichts, aber auch andere Klimareize, Ernährungsfehler, negativer Stress, ungesunde Lebensweise, Genussmittel- und Medikamentenmissbrauch.
Jeder Mensch kann Einfluss nehmen, die sichtbare Alterung zu verzögern, z.B.:

- seit der Kindheit jeden Sonnenbrand vermeiden
- sich gesund ernähren
- Negativstress vermeiden
- positiv denken, neugierig bleiben
- ausreichend schlafen, entspannen
- Sport treiben, beweglich bleiben

Zeitalterung = intrinsic aging
Licht- bzw. Umweltalterung = photo aging, extrinsic aging

In der ganzheitlichen Sicht der Kosmetik werden alle Ursachen der Hautalterung berücksichtigt. In einem vertrauensvollen Kundengespräch (s. GSt., S. 44 ff.) sollten die nachteiligen Einflüsse im Leben der Kunden aufgespürt werden. Nur so lassen sich im Zusammenwirken von Lebensführung, Selbstpflege und professioneller Kosmetikbehandlung optimale Konzepte zusammenstellen.

Spaziergang an der frischen Luft

lichtexponiert = in erhöhtem Maße dem Licht ausgesetzt
Mimik = Mienenspiel zur sichtbaren Äußerung von Gefühlen

A Die Bevölkerungsstruktur in Deutschland verändert sich. Das Verhältnis der Jüngeren und der erwerbsfähigen Bevölkerung zu den Älteren verschiebt sich immer mehr in Richtung der älteren Generation. Wie viele der Einwohner zählen 2008 zu den Senioren, und um wie viel Prozent soll der Anteil jener bis zum Jahr 2060 gestiegen sein?
Diskutieren Sie in der Klasse, welche Auswirkungen der demografische Wandel und die Zunahme der älteren Bevölkerung für die Kosmetikbranche haben könnten. Welche Chancen und welche Gefahren sehen Sie?

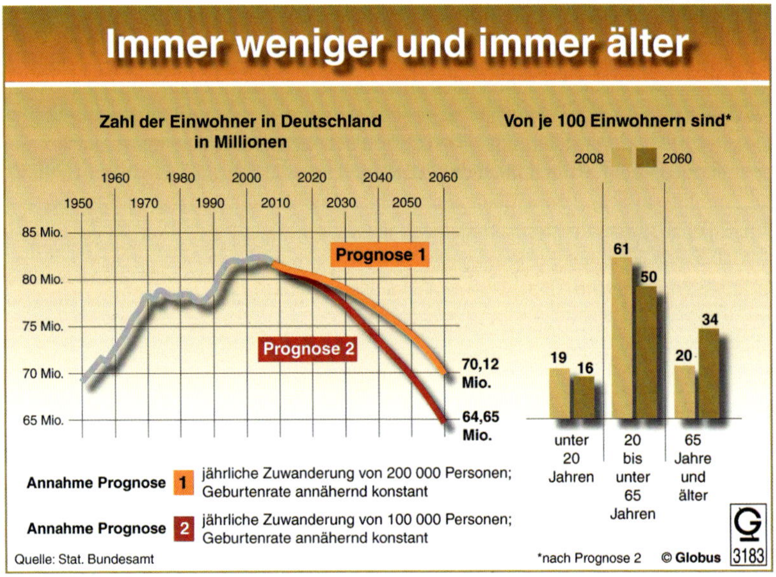

7.2.1 Hautmerkmale

> **Z** Altern ist keine Krankheit! Man ist so alt, wie man sich fühlt.

Altersveränderungen der Haut werden zuerst an lichtexponierten Stellen wie Gesicht, Hals, Dekolleté, Handrücken und Unterarmstreckseiten auffällig. Vergleicht man bei einem Menschen den Hautzustand des Handrückens mit dem seiner seitlichen Oberkörperpartie, so gibt dies Aufschluss darüber, um wie viel mehr die Umweltfaktoren das biologische Altern der Haut beeinflussen.
Die sichtbaren altersbedingten Hautveränderungen sind jedoch stets von inneren und äußeren Faktoren verursacht. Sie betreffen alle Hautschichten sowie die Anhangsgebilde.

Typische sichtbare Altersmerkmale der Haut:

Merkmale	Ursachen
Falten, Furchen, Runzeln:	
■ mimische Falten, z.B. Stirnquerfalten, Zornesfalte, Mundwinkelfalten, Lachfalten	Kontraktion der Gesichtsmuskeln bei der Mimik, beim Sprechen und Kauen
■ Plisseefalten, „Altersfalten"	Feuchtigkeitsmangel, Elastizitätsverluste

Merkmale	Ursachen
Schuppen	Kittsubstanz zwischen den Hornschuppen und Hydrolipidfilm sind geringer
trockene, spröde Hautoberfläche	nachlassende Talg- und Schweißsekretion, Barrierestörungen, TEWL erhöht
Konturveränderungen	erhöhte Dehnbarkeit der Gewebe, z.B. an der Kinnlinie und als Schlupflider
Hypertrichose (s. GSt., S. 82)	hormoneller Einfluss auf Gesichtsflaumbehaarung, veränderter Stoffwechsel
Alterswarzen (auch seborrhoische Warzen)	gutartige warzige Gewebeneubildungen
dicke Nägel	stärkere Verhornungsprozesse
Formveränderungen	Umverteilung der Fettpolster
„Ergrauen" des Haares	Verlust der Pigmentierung
große schwarze Alterskomedonen	Talgstau in den durch Schuppen verengten Follikeln
Venektasien (s. GSt., S. 124)	Blutstau in wandgeschädigten, erweiterten, durchlässigen Venolen

atrophisch = schwindend, nachlassend

Keratinisierung = Erneuerung der Epidermis

Z

Typisch etwa
ab 30: Lachfalten um die Augen, Halsringfalten
ab 40: Stirnquerfalten, tiefere Ohrfalten, Plisseefalten um die Augen
ab 50: Schlupflider, Mundwinkelfalten, senkrechte Oberlippenfalten
ab 60: senkrechte Stirn-, Wangen- und Halsfalten, Verfärbungen, sichtbare Hautgefäße

A

Schauen Sie sich alte Fotos von Ihren Eltern und Großeltern an. Vergleichen Sie diese mit aktuellen Bildern. Welche sichtbaren Altersveränderungen fallen Ihnen auf? Notieren Sie diese.

7.2.2 Typische Hautveränderungen

Die Altershaut ist eine Haut, bei der durch die Rückbildung von Zelleigenschaften sowohl die Fähigkeit zur Anpassung als auch zur Regeneration nachlässt.
Die Kosmetikerin stellt sich bei ihren Programmen für gealterte Haut auf die folgenden Veränderungen ein:

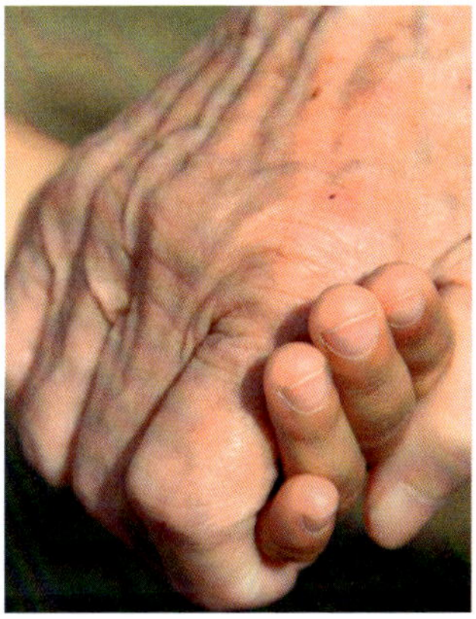

Gealterter Handrücken

Epidermis

Degeneration:
Die Teilungsrate im Stratum basale verlangsamt sich, die Hauterneuerung braucht länger. Die gebildeten Zellen sind von minderer Qualität und werden schneller zu Hornschuppen, weil ihre Verweildauer in den lebenden Schichten verkürzt ist. Die lebenden Schichten degenerieren, verdünnen sich, werden atrophisch. Die Wasserbindefähigkeit ist herabgesetzt. Unregelmäßigkeiten in der Keratinisierung und die Bildung von freien Radikalen führen zu Hautwucherungen, gutartig, wie Epitheliome, oder bösartig, z.B. Basaliome, Spinaliome (s. GSt., S. 121 ff.).

DNS = Desoxiribonukleinsäure, Hauptbestandteil der Zellkerne
Elastose = Bindegewebsdegeneration der Altershaut mit vergröbertem Hautrelief

Stratum corneum:
Das Stratum corneum verdickt sich zwar, der Zusammenhalt der Korneozyten ist jedoch aus Mangel an Kittsubstanz lockerer. So wirkt die Hautoberfläche pergamentartig dünn, trocken, ledern, spröde, rau bis schuppig. Der Hautschutz weist Lücken auf. Für das Eindringen von Schadstoffen und Keimen ist diese Haut stärker gefährdet. Der Hydrolipidfilm ist schwächer ausgeprägt.
Pigmentierung:
Anzahl und Aktivität der Melanozyten (s. GSt., S. 56) sind rückläufig. Die Pigmentierung wird zunehmend ungleich. Hinzu kommen Pigmentansammlungen, sichtbar als braune Altersflecken z.B. an Handrücken oder Hals.

Z Elastin und Kollagen sind wichtige Eiweißbausteine der elastischen und kollagenen Fasern.

Dermis und Hautanhangsgebilde

Die Dermis trägt mit der nachlassenden Stoffwechselleistung die Hauptlast der Alterung. UV-Schäden an der DNS der Zellsubstanz werden durch den körpereigenen Reparaturmechanismus (dark repair) mit zunehmendem Alter langsamer ausgeglichen. Die Grundsubstanz des Bindegewebes (Glykosaminoglykane) schwindet und geht vom Solzustand in den Gelzustand über, d.h., sie wird dickflüssig und erschwert den Molekültransport. Die Folgen sind eine Mangelversorgung sowie ein verlangsamter Abtransport von Stoffwechselprodukten aus den Hautzellen.
Die bei junger Haut tief ausgeprägten Papillen dienen der Vergrößerung der zur Ernährung der Epidermis verfügbaren Fläche.
Durch die Abflachung der Papillen zwischen Epidermis und Dermis verkleinert sich die Austauschfläche für Stoffe. Die Epidermis wird nur noch ungenügend ernährt. Die Fibroblasten bilden weniger Elastin und Kollagen.
Die elastischen Fasern werden ausgedehnt, der Tonus (s. GSt., S. 78) sinkt, die Gewebe erschlaffen (Elastose).
Die kollagenen Fasern vernetzen, verhärten und haben ein verringertes Wasserspeichervermögen. Der Turgor (s. GSt., S. 78) sinkt ebenfalls.

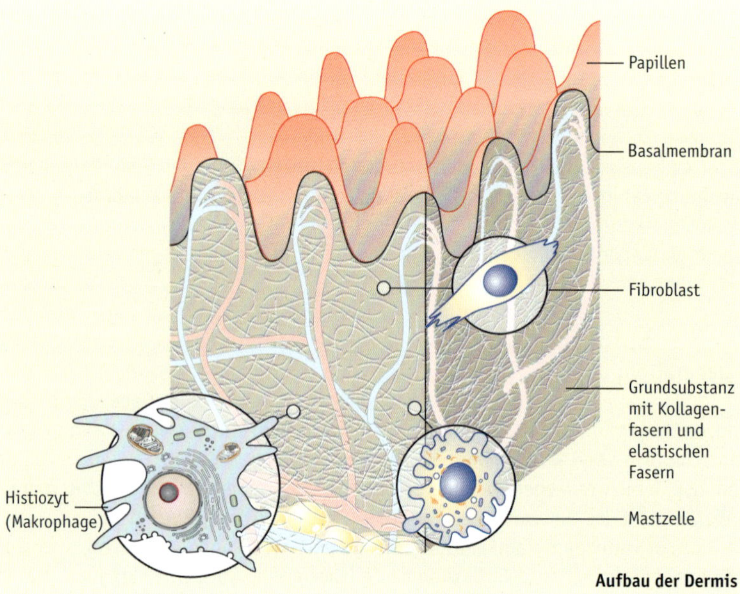

Aufbau der Dermis

Die Qualitätsminderung des Bindegewebes betrifft auch die Gefäßwände. Die Blutgefäßwände sind verhärtet und verdünnt. Die typische Blässe der Altershaut ist eine Folge verminderter Durchblutung. Diese führt außerdem zu einer schlechten Versorgung mit Sauerstoff und Nährstoffen. Andererseits führen schon geringe Druckeinwirkungen zu Einblutungen ins Gewebe, wodurch blaue Flecken auftreten und länger bestehen bleiben.
Durch verringerte Talg- und Schweißproduktion weist der Hydrolipidfilm Mängel auf.
Die Nägel wachsen langsamer, ungleichmäßiger, werden dicker und spröder, haben häufiger sichtbare Rillen.
Die Haare wachsen ebenfalls langsamer, werden spröder, spärlicher, verlieren ihren Glanz und ihre natürliche Pigmentierung.

Z

Das reduziert sich mit der Alterung:
- Tonus und Turgor
- Stoffwechsel
- Zellqualität
- Talg- und Schweißsekretion
- Alkalineutralisationsfähigkeit (s. GSt., S. 143)
- Entzündungsantwort (Hitze, Rötung, Schwellung, Schmerz, Juckreiz)
- Wundheilungsfähigkeit

Das verstärkt sich mit der Alterung:
- Verhornung
- Dehnbarkeit
- Hyperpigmentierungen
- Zellbrüche
- Hautwucherungen
- DNS-Schäden durch freie Radikale
- Blässe
- Hypertrichose
- Gefäßwandschäden
- Einblutungen

Subcutis

Das Fettgewebe und somit die Fettpolster unterliegen einer Umverteilung, was zu Proportionsveränderungen führen kann. Die Gefahr von Zusammenballungen der Fettzellen und Wassereinlagerungen vergrößert sich, Cellulite ist die Folge (s. GSt., S. 62).

A Sammeln Sie aus Boulevardmagazinen und dem Internet Fotos von älteren Prominenten aus Politik und Showgeschäft. Recherchieren Sie jeweils deren kalendarisches Alter. Vergleichen Sie dieses mit dem aktuellen Aussehen. Diskutieren Sie in der Klasse darüber.

7.2.3 Anti-Aging-Konzepte

Zur erfolgreichen Betreuung von älteren Kunden und Senioren im Kosmetikinstitut gehört mehr als die Zusammenstellung der neuesten Wirkstoffe, Produkte, Geräte und Anwendungen für umfangreiche Behandlungen.
Ältere Kunden sind anspruchsvoll und erwarten das passende Ambiente, uneingeschränkte Aufmerksamkeit und eine Beratung, die über kosmetische Inhalte hinausgehen kann. Es sind moderne Menschen, die längst nicht mehr der ewigen Jugend nachjagen, sondern ihr Alter mit Würde erleben und gestalten.
Sie sind „Best Ager", die viel dafür tun, gesund und gepflegt zu bleiben.

Z

Illustriertenschönheiten sind selten wahre Ablichtungen, sondern geschönte Idole.

Ältere Kunden erwarten auf sie zugeschnittene Konzepte. Dieser neue Trend ist auch in der Kosmetikwerbung spürbar. Dort tauchen verstärkt gepflegte Gesichter reifer Persönlichkeiten auf, z.B. Isabella Rossellini, Catherine Deneuve, Hannelore Elsner, Jane Fonda.

Die älteren Kunden der Kosmetikerin haben oft keinen engen Terminplan mehr, sondern leisten sich in dieser Lebensphase mehr Zeit für sich selbst. Viele von ihnen besuchen Vorlesungen, lernen in Computerkursen, machen Studienreisen, gehen joggen oder walken oder kommunizieren mit ihren Enkeln in der Ferne über das Internet.
Sie sind erfahrene, aber auch anspruchsvolle Verbraucher und bereit, mehr Geld für sich auszugeben, wenn die Leistung dafür stimmt. Gelingt es der Kosmetikerin, ihre Anforderungen zu erfüllen, so sind sie ein verlässliches Stammpublikum.

Jung erscheinende Schauspielerin

Z

Bereits heute besitzt die 50+-Generation die Hälfte des deutschen Geldvermögens. Sie schaut auf ihre Lebensleistung zurück, hat ihre Pflicht getan und leistet sich jetzt die Kür mit Komfort, Service und Genuss.

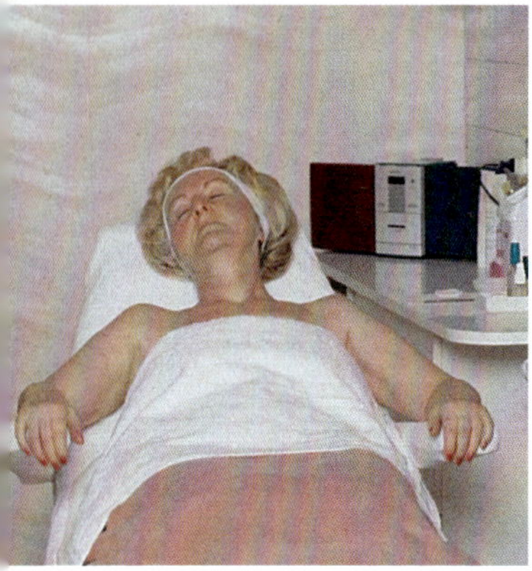

Ältere Kundin vor der Behandlung

Zu Beginn einer solchen Anti-Aging-Behandlung kann z.B. ein Grüntee oder ein Kräutertee gereicht werden. In der Zwischenzeit lässt sich der Musikwunsch der Kundin erfragen.
Wird ein bedampftes Peeling durchgeführt, können Hände und Unterarme eingecremt, leicht massiert und warm umhüllt werden.
Die Gesichts- und Dekolletémassage sollte stets die Oberarme einbeziehen. Während der Packung, die auch mit der Gesichtselektrodenmaske iontophoretisch intensiviert werden kann, bietet sich eine Handmassage an. So fühlt sich der Kunde umsorgt und nicht allein gelassen. Von einem dezenten Make-up sollte jede Kundin überzeugt werden, denn es rundet die glättende Pflege optimal ab.

Das erwarten ältere Kunden im Kosmetikinstitut:

- optische Sauberkeit, Ordnung und umfassende Hygiene
- gemütliches Ambiente und eine altersgerechte Einrichtung, z.B. leicht zu öffnende Türen, rutschfeste Böden ohne Schwellen, rückengerechte Sitzgelegenheiten, breite ausgeleuchtete Gänge, das WC deutlich gekennzeichnet, schriftliche Hinweise in ausreichender Schriftgröße
- Kompetenz und ständige Weiterbildung der Kosmetikerin
- ungeteilte Aufmerksamkeit, Zuwendung ohne Unterbrechungen, Verständnis für ihre Probleme und geduldiges Zuhören
- feinfühlige Beratung ohne überschwengliche Wunderversprechungen
- Wortwahl, Tonlage und Sprechtempo sind Älteren anzupassen. Auch das oftmals eingeschränkte Hörvermögen ist zu berücksichtigen. Denkanstöße zu Themen der Fitness, Lebensweise, Ernährung sind stets willkommen.
- bequeme und leicht erreichbare Liege sowie genügend Platz für abgelegte Kleidung
- Wärme, weiche Tücher und Decken, Farben und Düfte unterstreichen das Erlebnis von Wohlgefühl und Luxus.
- Altersgerechte Musikauswahl in Absprache mit dem Kunden; es darf auch Stille herrschen.
- Make-up-Beratung, z.B. Vorschläge von Farben und Auftragetechniken, die zum Alter passen
- Tipps zur Hautpflege für zu Hause, Anleitungen zu Atemübungen, Körper- und Gesichtsgymnastik, Behandlungspläne für die gealterte/reife Haut (s. S. 161f.)

A

1. Frau Schröder, eine ältere Kundin, betritt das Kosmetikinstitut „Beauty Star". Sabrina geht freundlich lächelnd auf sie zu und möchte alles richtig machen. Worauf sollte sie im Umgang mit Frau Schröder achten? Welche Fehler sollte sie unbedingt vermeiden?
2. Nicht jeder Kosmetikerin gelingt es sofort, sich in die Probleme älterer Kunden hineinzufühlen. Worauf sollte die Kosmetikerin im Kundengespräch und in der Betreuung besonders achten?
3. Der Kundin Frau Müller fällt es schwer, das Älterwerden zu akzeptieren. Bei jeder Behandlung stellt sie viele Fragen, um der Hautalterung immer noch erfolgreicher gegensteuern zu können. Erklären Sie ihr verständlich die Ursachen der Hautveränderungen im Alter.
4. Warum legt die Kosmetikerin so großen Wert darauf, dass Institutsbehandlung und häusliche Kosmetik übereinstimmen?

7.3 Präparate der Basispflege

Mit den Präparaten der Basispflege werden Grundanforderungen an Pflege und Schutz der Haut erfüllt.

Präparate der Basispflege

Cremes	Packungen	Masken	Lichtschutzmittel	Pre-Sun-Produkte	After-Sun-Produkte	Deodorantien

Warenregal

Wie bereits im Kapitel 7.1 beschrieben, enthalten alle der Pflege und dem Schutz der Haut dienenden kosmetischen Zubereitungen Grund-, Hilfs- und Wirkstoffe. Bei gleicher Grundlage, z.B. Öl oder Wasser, entstehen durch Zugabe weiterer Stoffe unterschiedliche Produkte (Formulierungen).
Unter Beachtung der gesetzlichen Bestimmungen (s. GSt., S. 21ff.) bringen Kosmetikhersteller altbewährte und neue Produkte auf den Markt, die den Anforderungen an moderne Hautpflege immer besser entsprechen. Wichtige Kriterien bei der Produktherstellung sind Hautverträglichkeit, Wirksamkeit, leichte Anwendbarkeit, Konsistenz, Duft und Umweltfreundlichkeit.

7.3.1 Cremes

Cremes sind in Tuben, Töpfen oder Spendern angebotene geschmeidige Produkte, abgestimmt auf den Hautsekretionstyp und nach aktuellen Hautbedürfnissen ausgewählt. Dünnflüssige Varianten werden auch als Milch, Lotion oder Fluid bezeichnet.
Cremes sind heterogene Stoffgemische, bei denen eine Flüssigkeit in einer anderen feinstverteilt ist. Als Vermittler und Stabilisator dienen ein oder mehrere Emulgatoren, die die Grenzflächenspannung der beiden Flüssigkeiten herabsetzen. Für die geeignete Konsistenz werden auch Verdickungsmittel eingesetzt.
Emulgatoren natürlichen Ursprungs sind z.B. Zuckerester, Wollwachs, Lecithin, Cholesterin, Pflanzenschleime.

Z

Bewährte O/W-Emulgatoren:
- **anionisch** z.B. Sodium Cetearyl Sulfate, Glyceryl Stearate SE, Potassium Cetyl Phosphate
- **nichtanionisch** z.B. Cetearyl Glucoside, Polysorbate-20, PEG-40-Stearate
- **kationisch** z.B. Cetrimonium Chloride, Stearamidopropyl Methosulfate

Die Namen von Cremes machen z.B. aufmerksam auf:
- **Verwendungszweck** wie Tagescreme, Nachtcreme, Massagecreme,
- **Anwendungsort** als Augencreme, Halscreme, Körpercreme,
- enthaltene **Wirkstoffe** wie Kamillencreme, Q10-Creme, Vitamincreme.

Cremes vom Typ der O/W-Emulsion

Bei O/W-Emulsionen befinden sich Öle und ölmischbare Flüssigkeiten in der **inneren Ölphase** und Wasser und wassermischbare Flüssigkeiten in der **äußeren Wasserphase**. Emulgatoren verhindern ein Entmischen der Creme (s. S. 100).

Einfache **Prüfmethode** für O/W-Emulsionen:
Kaltes Wasser lässt sich problemlos einrühren.

Zu den Cremes vom Typ der O/W-Emulsion zählen:

- Tagescremes,
- getönte Tagescremes,
- Feuchtigkeitscremes (Creme hydratants).

Tagescreme

Besonderheiten

Der Schwerpunkt von Tagescremes liegt im Hautschutz. Morgens nach der Reinigung aufgetragen, schützen sie die unbekleideten Hautpartien vor äußeren Negativreizen wie Schmutz, Austrocknung, Witterung und Sonne. Sie kühlen und hinterlassen einen feinen Fettfilm, ohne dass Fettglanz entsteht. Zugleich werden die oberen Hautschichten mit Feuchtigkeit versorgt und die feinen Plisseefältchen aufgepolstert.

Seit die Gefahren der Lichtalterung bekannt sind, werden den Tagescremes auch Lichtfiltersubstanzen beigegeben, sodass ein Lichtschutzfaktor 4 entsteht. Als natürliche UV-Filter gelten z.B. Extrakte von Aloe, Rotalgen, grünem Kaffee, Ra-tanhiawurzel, Süßholz, Sheabutter. Synthetische Lichtfiltersubstanzen sind jedoch effektiver.

Getönte Tagescremes mit einem geringen Farbpigmentanteil von 2–5 % vermitteln eine leichte Brauntönung bei nur geringer Deckkraft.

Auch Körpercreme und Körpermilch sind zumeist O/W-Emulsionen.

Z Bewährte Feuchtigkeitsspender und -binder in der Wasserphase von Tagescremes:
NMF (wie Harnstoff, Aminosäuren, Milchsäure),
Hyaluronsäure,
Glycerin, Aloe vera

Rezepturbeispiel einer Bioflavon-Tagescreme
deklariert nach INCI:
Aqua (Water), Squalane, Persea Gratissima (Avocado) Oil, Butylene Glycol, Caprylic/Capric Triglyceride, Simmondsia Chinensis (Jojoba) Seed Oil, Oleyl Alcohol, Butyrospermum Parkii (Shea Butter), Dimethicone, Cetearyl Alcohol, Glyceryl Stearate, Theobroma Cacao (Cocoa) Seed Butter, Potassium Palmitoyl Hydrolyzed Wheat Protein, Soy Isoflavones, Glycin Soja (Soybean) Sterol, Dioscorea Villosa (Wild Yam) Root Extract, Sodium Hyaluronate, Lecithin, Acrylates C10-30 Alkyl Acrylate Crosspolymer, Polysorbate 80, Sodium Hydroxide, Alcohol, Phenoxyethanol, Methylparaben, Ethylparaben, Isobutylparaben, Hydroxycitronellal, Geraniol, Hydroxyisohexyl 3-Cyclohexene Carboxaldehyde, Butylphenyl Methylpropional, Linalool, Citronellol, Parfum (Fragrance), CI 19140 (Yellow 5), CI 42090 (Blue 1)

Cremes vom Typ der W/O-Emulsion

Bei W/O-Emulsionen befinden sich Wasser und wassermischbare Flüssigkeiten in der **inneren Wasserphase** und Öle und ölmischbare Flüssigkeiten in der **äußeren Ölphase**. Von Emulgatoren wird die Creme stabil gehalten (s. S. 100).

Z **Bewährte W/O-Emulgatoren:**
Sorbitan Stearate,
Glyceryl Oleate,
PEG-7 Hydrogenated Castor Oil,
PEG-45 Dodecyl Glycol Copolymer

Zu den Cremes vom Typ der W/O-Emulsion zählen:

- Nachtcremes,
- Fettcremes,
- Massagecremes,
- Anti-Aging-Cremes,
- Hals- und Dekolletécremes,
- Augencremes.

Für den längeren Aufenthalt bei Frost im Freien sind W/O-Emulsionen auch tagsüber zu empfehlen.

Feuchtigkeitscreme = Moisturizing cream
Tagescreme = Day cream
Nachtcreme = Night cream

Besonderheiten

Nachtcremes haben in der Hautpflege die Aufgabe, die natürlichen Hautfunktionen zu unterstützen und zu verbessern. Abends auf die gereinigte Haut aufgetragen und/oder im Rahmen der Systempflege intensiv einmassiert, fetten sie die Hautoberfläche, verhindern Feuchtigkeitsverluste (TEWL) und transportieren Wirkstoffe in lebende Hautschichten. Zum Schutz empfindlicher, vorrangig wasserlöslicher Wirkstoffe werden Liposomen eingesetzt, besonders in Produkten für die alternde Haut. Sie ermöglichen zugleich ein tieferes Eindringen und eine Depotwirkung der Wirkstoffe.

Nachtcremes glätten das Stratum corneum, speichern Wasser darunter, beseitigen unangenehmes Spannungsgefühl und lassen Falten flacher wirken. Für trockene, feuchtigkeitsarme Hautpartien sind sie unentbehrlich. Sie können im Wechsel mit pflanzlichen Ölen angewendet werden.

Nachtcreme

Rezepturbeispiel einer Hydro Lipid Nachtcreme
deklariert nach INCI:
Aqua (Water), Aloe Barbadensis Leaf Extrakt, Zea Mays (Corn) Germ Oil, Lanolin, Cethearyl Ethylhexanoate, Simmondsia Chinensis (Jojoba) Seed Oil, Cera Microcristallina (Microcristalline Wax), Hydroxyoctacosanyl Hydroxystearate, Cetyl Esters, Ceresin, Sorbitan Sesquioleate, PEG-45/Dodecyl Glycol Copolymer, Propylene Glycol, Stearyl Heptanoate, Triticum Vulgare (Wheat) Germ Oil, Triticum Vulgare (Wheat) Germ Extract, Triticum Vulgare (Wheat) Bran Extract, Magnesium Sulfate, Ethoxydiglycol, Disopropyl Adipate, Trihydroxystearin, Isopropyl Myristate, Stearyl Caprylate, Maltodextrin, Ascorbyl Palmitate, Lecithin, Tocopherol, Citric Acid, Hydrogenated Palm Glycerides Citrate, Allantoin, Panthenol, Retinyl Palpitate, Sorbic Acid, Dehydroacetic Acid, Methylparaben, Propylparaben, Benzyl Salicylate, Butylphenyl Methylpropionat, Alpha-Isomethyl Ionone, Hydroxycitronellat, Limonene, Hexyl Cinnamat, Citronellol, Linalool, Eugenol, Geraniol, Amyl Cinnamat, Cinnamyl Alcohol, Parfum (Fragrance).

Einfache **Prüfmethode** für W/O-Emulsionen:
Kaltes Wasser lässt sich nicht einrühren.

Beispiele für Inhaltsstoffe/Wirkstoffe von Cremes

Wasserphase	Ölphase
Aloe vera, Hyaluronsäure, Honig, Seidenproteine, Vitamine B und C, Kräuterextrakte, Flavonoide, Phytosterine, Glycerin	Pflanzenöle und deren essenzielle Fettsäuren, z.B. Keimlingsöle, Jojobaöl, Macadamianussöl, Avocadoöl, Sesamöl, Nachtkerzenöl, Karottenöl, Liposome, ätherische Öle z.B. aus Geranie, Rose, Kamille, Hölzern

Cremes vom Typ der multiplen Emulsion

Emulsionen, die sich nicht eindeutig als O/W oder W/O einordnen lassen, werden Mischemulsionen, Mehrfachemulsionen oder **multiple Emulsionen** genannt.

Seltener werden O/W/O-Emulsionen verwendet, häufiger gehören sie dem Typ der W/O/W-Emulsion an. In diesem Fall ist Wasserlösliches von einer Ölphase ummantelt und diese wiederum von einer Wasserphase umschlossen.

Diese Produkte pflegen wie W/O-Emulsionen und sind so leicht verteilbar wie O/W-Emulsionen. Sie sind über einen längeren Zeitraum feuchtigkeitsspendend, weil sie ihre Wirkstoffe kontinuierlich freisetzen. Ihr Nachteil liegt in der größeren Menge an zugesetzten Emulgatoren, die nicht immer problemlos vertragen werden.

DMS = Derma membran structure, DMS-Cremes sind frei von Emulgatoren und besonders hautfreundlich
Irritation = Reiz

DMS-Creme

Z **Lamellenlipoide** sind z.B. Triglyceride, Squalane, Ceramide, Phospholipide, Phytosterole.

DMS-Cremes

Das sind Emulsionen, die wegen ihrer mikrokleinen Teilchengröße ohne Emulgatoren auskommen. Sie sind aus vielen Schichten von Lipidlamellen aufgebaut, ähnlich den Membranen der Keratinozyten. Dazwischen sind Wirkstoffe untergebracht, die das Stratum corneum optimal überwinden und erst langsam in den unteren Schichten freigesetzt werden. Sowohl hydrophile als auch lipophile Wirkstoffe können in den Lipiddoppelschichten untergebracht werden. Sie stabilisieren und verbessern die Barrierefunktion, gleichen Mängel des Hydrolipidfilms aus und können Irritationen der Haut mildern. Solche Cremes sind besonders hautverträglich, weil auf Duft-, Farb- und Konservierungsstoffe verzichtet werden muss.

Rezepturbeispiel einer DMS-Derma Control Creme
deklariert nach INCI:
Aqua (Water) Octyldodecanol, Pentylene Glycol, Betaine, Canola (Canola Oil), Glycerin, Capryl/CapricTriglyceride, Acetamide MEA, Linoleic Acid, Hydrogenated Lecithin, Ammonium Acryloylmethyltaurate/VP Copolymer, Panthenol, Bisabolol, Palmitamide MEA, Butyrospermum Partii, Oleic Acid, Tocopheryl Acetate, Sodium Lauroyl Lactylate, Squalane, Echium Plantagineum (Echium Plantagineum Seed Oil), Palmitic Acid, Caprylyl Glycol, 1,2-Hexanediol, Ceramide 3, Alcohol, Denat., Cardiospermum Halicacabum (Cardiospermum Halicacabum Extract), Helianthus Annuus (Sunflower Seed Oil Unsaponifiables), Tocopherol, Ceramide 6 II, Phytosphingosine, Ascorbyl Palmitate, Ascorbic Acid, Citric Acid, Ceramide I

A

1. Eine jüngere Kundin mit leichtem Fettglanz und vereinzelten Komedonen möchte von Ihnen wissen, worin genau sich Tages- und Nachtcremes unterscheiden. Erklären Sie ihr die wesentlichen Merkmale. Sie möchte sich entweder eine Creme für die Nacht oder für den Tag kaufen. Was empfehlen Sie ihr?
2. Vertiefen Sie Ihr Wissen über Cremes im Rahmen eines Institutsbehandlungsplans, den Sie für eine 40-jährige Kundin mit Sebostase aufstellen.

7.3.2 Packungen

Breipackung mit Meeresschlick

Als Packung werden sowohl kosmetische Produkte als auch Anwendungen bezeichnet. Es gibt Gesichts-, Haar- und Körperpackungen. Sie werden manuell mit einem Spatel, einem Pinsel oder einem Löffel auf die vorbereitete Haut aufgetragen und bestehen aus einer weich bleibenden Schicht oder mehreren Auflagen (Creme, Zellstoff, Kompresse) übereinander. Nach 15–30 Minuten Ruhezeit werden die Reste mit Kompressen abgenommen, abgewaschen oder auch einmassiert. Sie können mit Vliesen unterlegt oder abgedeckt und mit feuchten Kompressen zu Dunstpackungen erweitert werden. Auch viele Pflegecremes lassen sich hautproblembezogen dick als Packung auftragen.

Zu den Packungen zählen:
- Cremepackungen,
- Gelpackungen,
- Schaumpackungen,
- Ölpackungen,
- Breipackungen,
- Dunstpackungen (z.B. aus einer Creme- oder Breipackung).

Reabsorption = Wiederaufnahme von Wasser aus dem Bindegewebe in die Blutkapillaren

penetrieren = eindringen

Bolus alba = weiße, gereinigte Porzellanerde

Gebrauchsfertige Packungen

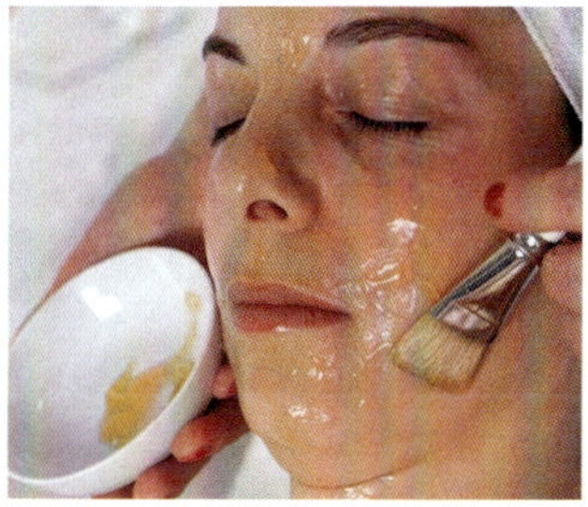

Gelpackung

Besonderheiten

Unter solchen „blickdichten" Auflagen entstehen bereits, ohne dass Wirkstoffe beteiligt sind, physikalisch-chemische Wirkungsmechanismen, durch die die Hautfunktionen unterstützt, gefördert und harmonisiert werden. Die Einflüsse von Wirkstoffen kommen dann ergänzend und verstärkend hinzu. Packungen bleiben als poröse Auflagen über die gesamte Auflagezeit luftdurchlässig, sodass ein Gasaustausch zwischen Haut und Umgebung stattfindet. Zugleich werden Ausscheidungsprodukte der Haut von der Packung aufgesogen.
Packungen kühlen, weil der Haut beim Verdunsten von Feuchtigkeit Wärme entzogen wird. Sie fördern die Reabsorptionskräfte an den Blutkapillaren, beruhigen, entquellen das Hautkeratin und sind mild und andauernd in ihrer Wirkung.

Gebrauchsfertige **Cremepackungen** sind zumeist leicht abwaschbare O/W-Emulsionen, die pflanzliche, tierische oder mineralische Fette, Wasser, Wasserlösliches, Emulgatoren und Verdickungsmittel enthalten. Manche Packungen werden später als Tagespflege einmassiert, sodass nur Überschüsse abgetupft werden. Für sehr trockene Haut werden auch Cremepackungen vom Typ der W/O-Emulsion angeboten.

Gebrauchsfertige **Gelpackungen** spenden als Hydrogele viel Feuchtigkeit, kühlen und beruhigen gerötete Haut. Sie enthalten Schleimstoffe als Gelbildner, Wasser und Wasserlösliches. Sie sollten vor der Massage auf fettfreier Haut aufgetragen werden, damit die enthaltenen Feuchtigkeitsbinder und -spender optimal penetrieren können.

Gebrauchsfertige **Schaumpackungen** als Sprays sind Creme- oder Gelpackungen, in die durch Schütteln oder Sprühen ein Gas eingebracht wird. So gewinnen sie an Volumen für eine dicke deckende Schicht.

Z

Schaumpackungen dürfen niemals direkt in das Gesicht der Kundin gesprüht werden, sondern in eine Packungsschale oder die hohle Hand der Kosmetikerin. Anschließend wird der Schaum vorsichtig auf das Gesicht der Kundin geschichtet.
Beliebt sind Schaumpackungen in der Selbstpflege.

Für **Ölpackungen** werden vorgeschnittene Vliese mit einem pflanzlichen Öl, z.B. Sojaöl, getränkt und im Plastikbeutel im Wasserbad erwärmt.

Breipackungen, z.B. aus Heilerde, Bolus alba, Fango, Meeresschlick, Mooren, werden stets angerührt, z.B. mit Wasser, Lotionen oder Kräutertees. Durch Abdecken mit Vlies und feuchter Kompresse entsteht eine Dunstpackung, die ein Antrocknen verhindert.
Auch Lebensmittel wie Quark, Sahne, Milch, Joghurt, Hefe, Honig, Eier, Bananen und Fruchtsäfte kommen zum Einsatz. Dennoch wird die Haut damit nicht „ernährt", sondern an der Oberfläche gepflegt.

Die typische Packung ist eine weich bleibende, nicht härtende Auflage:

als dicke Schicht	in mehreren Schichten
Beispiel einer Breipackung: ■ 3 EL Bolus alba + Wasser + 1 Messersp. Ichthyol	Beispiel einer Dunstpackung: ■ 3 EL Heilerde + Lotion ■ Vlies, Zellstoff ■ feuchtwarme Kompresse ■ trockene Kompresse

Packungen werden nach Hautsekretionstyp, aktuellem Hautbedürfnis und je nach Jahreszeit ausgewählt.

Typische **Wirkstoffe** in pflegenden Packungen, z.B.:

- ätherische Öle
- Gerb- und Bitterstoffe
- Flavonoide
- organische und anorganische Säuren
- Vitamine, Mineralstoffe, Spurenelemente
- Kollagen, Elastin, NMF

Modelage (franz.) = Formung

Packungsart	Anwendungsempfehlung
Cremepackung	für jede Haut, zum Glätten, leicht kühlend
Gelpackung	bei Sebostase, auch Seborrhö oleosa, weil fettfrei, Seborrhö sicca, normaler Haut, gefäßlabiler Haut zum Durchfeuchten und Beruhigen, angenehm kühlend, typische Sommerpflege
Schaumpackung	bei Blässe zum Anregen, bequem in der Selbstpflege
Ölpackung	bei Sebostase, Schuppung, Restbräune zum Durchfetten und Glätten des Stratum corneum
Breipackung	bei Seborrhö oleosa, Aknegefährdung, Hypersensiblität, Gefäßlabilität als Rötungsminderung, Beruhigung, Entzündungshemmung und Heilungsförderung, intensiviert als Dunstpackung

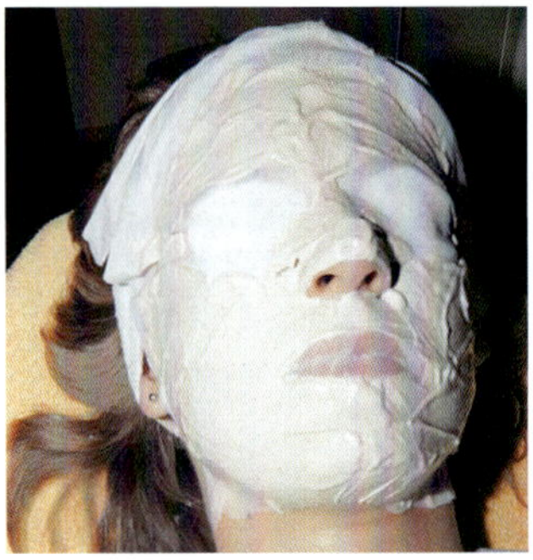

Breipackung auf Vlies

Rezepturbeispiel einer Cremepackung für trockene und sensible Haut
deklariert nach INCI:
Aqua, Prunus armeniaca, Propylene glycol, Butyrospermum parkii, Talc,Cetearyl alcohol, Polyglyceryl-3 beeswax, Glyceryl polymethacrylate Oleth-20, Cyclopentasiloxane, Cetyl palmitate, Polyacrylamide, Glyceryl stearate, Ceteareth-20, Ceteareth-12, Tocopheryl acetate, C13-14, Isoparaffin, Parfum, Dimethiconol, Hydroxyethylcellulose, Linoleic acid, Linolenic acid, Carbomer, Triethanolamine, Laureth-7, Methylparaben, Phenoxyethanol, Faex, Propylparaben, PVM/MA copolymer, Linalool, Hydroxyisohexyl 3- cyclohexene carboxaldehyde, Citronellol, Butylphenyl methylpropional, Benzylsalicylate, Hexyl cinnamal, Ethylparaben, Butylparaben, Alpha-isomethyl ionone, Isobutylparaben, Tocopherol, Methylchloroisothiazolinone/Methylisothiazolinone.

A Frau Latz mit ihrer aknegefährdeten Haut hat heute einen Behandlungstermin im Kosmetikinstitut. Sabrina macht sich im Vorfeld Gedanken, welche Breipackung sie für die Haut von Frau Latz verwenden soll. Wählen Sie eine Breipackung aus. Wie genau hat Sabrina diese anzuwenden?

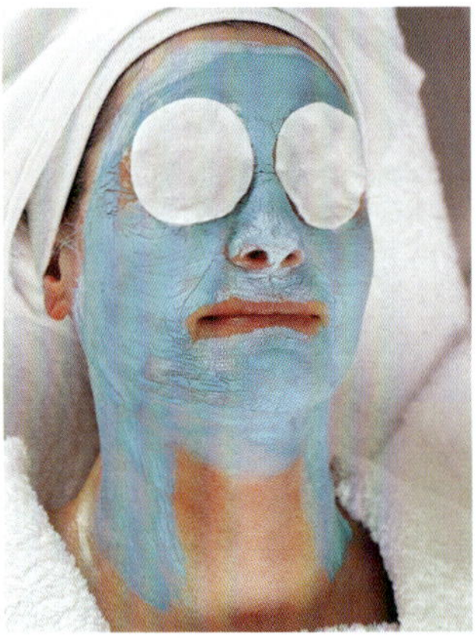

Antrocknende Maske

7.3.3 Masken

Als Masken werden sowohl kosmetische Produkte als auch Anwendungen bezeichnet. Es gibt Gesichts- und Körpermasken mit vielen Spezialitäten für die Pflege. Es sind gebrauchsfertige oder angerührte Produkte, die in dünner Schicht mit Pinsel, Spatel oder Löffel auf die vorbereitete Haut aufgetragen werden, „maskenhaft" antrocknen und starr als Spannung empfunden werden. Nach 15–30 Minuten erfolgt das Abwaschen mit Kompressen. Einige Masken können auch im Ganzen gummielastisch abgezogen oder als Schale abgehoben werden.

Zu den Masken gehören:
- Reinigungsmasken,
- Peel-off-Masken,
- Spann- und Effektmasken,
- Liftingmasken,
- Wachs- und Paraffinmasken,
- Vliesmasken,
- Modelagen, Thermomodelagen.

Packung = pack
Maske = mask

Besonderheiten

Masken stellen eine Isolierschicht zur Umwelt dar. Sie haben Okklusivwirkung, schließen luftdicht ab und stauen Feuchtigkeit und Wärme zurück. Die Blutkapillaren weiten sich, sodass durch erhöhte Filtrationskräfte mehr Wasser ins Bindegewebe gelangt. Diese Wirkungen können durch zugegebene Wirkstoffe noch gesteigert werden.
Die Haut rötet sich und wird durch Wassereinlagerung aufgepolstert und glatter. Die meisten Masken sind für die gerötete, gefäßlabile Haut weniger geeignet.
Nicht alle auf dem Markt befindlichen Produkte lassen sich so klar als Packung oder Maske einordnen. Wird z.B. einer Cremepackung Bolus alba zugesetzt, so erfüllt sie zunächst in der Phase nach dem Auftragen den **Packungscharakter**, trocknet dann jedoch an der Oberfläche schließlich an und **wird zur Maske**. Aus diesem Grund ist die Kennzeichnung auf dem Kosmetikmarkt oftmals uneinheitlich. Auch aus sprachlichen Gründen: Im Englischen und Französischen gibt es keine „Packungen". Jede Rezeptur für die Haut wird als „mask" oder „masque" bezeichnet, ob sie antrocknet oder nicht.
In der Haarkosmetik sind ausschließlich Packungen gebräuchlich, in der Hautpflege sind die Übergänge fließend.

Filtration = Wasseraustritt aus den Blutkapillaren ins umgebende Bindegewebe

Temperaturkurve = Gips gibt beim Aushärten Wärme ab, wodurch sich die Haut erwärmt. Die Temperaturkurve kann bis zu 40 °C gehen. Durch die Wärme penetrieren die darunter aufgetragenen Wirkstoffe besser und tiefer

Reinigungsmasken werden in der Systempflege anstelle eines Peelings eingesetzt und können nach Antrocknen sanft mit dem Bürstenschleifgerät (s. GSt., S. 159) bearbeitet werden.

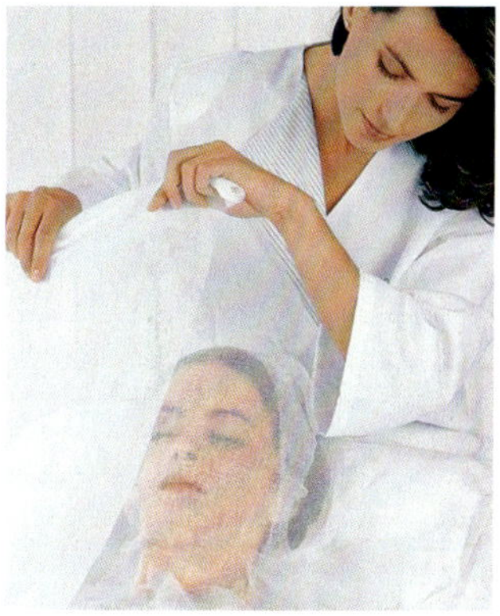

Liftingmaske

Spann-, Effekt- und Erfrischungsmasken sind beliebt, wenn für blasse Haut der schnelle Effekt einer rosigen, frischen Hautfarbe angestrebt wird. Es sind schnell trocknende Pasten oder anzurührende Pulver.

Liftingmasken sind langsam antrocknende Kautschuk- oder Gummiauflagen, unter denen gehaltvolle Wirkstoffcremes aufgetragen sind. Sie vereinen Packung und Maske zu einem kurzzeitigen Straffungseffekt.

Ähnlich verhält es sich mit **Wachs- oder Paraffinauflagen**. Verwendet werden Bienenwachs, synthetische Wachse und Hartparaffine, die durch Erwärmen verflüssigt werden und auf der Haut erstarren.
Wegen ihrer schwächeren Temperaturerhöhung sind sie die sanfte Alternative zu Thermomodelagen.

Vliesmasken sind gefriergetrocknete Hydrogele, z.B. auf der Basis von Alginaten, Agar-Agar, Pektinen, Cellulose. Werden sie mit feuchtwarmen Händen massiert, verflüssigen sie sich, geben ihre Wirkstoffe frei und werden zur Packung.

Modelagen (auch Thermomodelagen wegen ihrer Temperaturkurve) sind Mineralbreiauflagen, die dick über Wirkstoffkonzentraten und reichhaltigen W/O-Emulsionen aufgeschichtet werden. Beim Antrocknen verkleinern sie sich und haben eine „Bügelwirkung". Falten sind danach weniger sichtbar.
Ihre beim Antrocknen entstehende Temperaturkurve belebt die Haut und fördert zusätzlich das Penetrieren von Wirkstoffen und die Hydration der Haut.

Als **Thermomodelage** sind auch elektrisch betriebene oder im Wasserbad zu erwärmende Heizmasken auf dem Markt. Sie dienen der Durchblutungsförderung und dem optimalen Penetrieren von Wirkstoffen in die Haut.

Verschiedene Masken

Die typische Maske ist eine antrocknende, härtende Auflage:

als dünne Schicht	
Beispiel 1:	Beispiel 2:
■ 1 EL Heilerde + Wasser	■ 1 EL Eiweißschaum pur

Masken werden nach Hautsekretionstyp, aktuellem Hautzustand und je nach Jahreszeit ausgewählt.

Maskenart	Anwendungsempfehlung
Reinigungsmasken	für jede Haut bei Schuppung, Komedonen
Spann- und Effektmasken	bei Blässe, Schlaffheit, Alterung, für eine schnelle Teintbelebung
Liftingmasken	für alternde Haut zur vorübergehenden Straffung, bei Pflegevernachlässigung, nach Sonnenschäden
Wachs- und Paraffinmasken	bei Sebostase, bei Blässe, bei Faltenbildung, typische Winterpflege
Vliesmasken	für feuchtigkeitsarme Haut, Seborrhoe sicca, nach Sonnenschäden, typische Sommerpflege
Modelagen	zur intensiven Anreicherung mit Wirkstoffen und Straffung in Anti-Aging-Programmen, für einen rosigen Teint

Rezepturbeispiel einer Modelage

Ingredients:

Calcium sulfate, Talc, Calcium carbonate, Magnesium stearate, Zinc stearate, Silica, Titanium dioxide, Ci 77491 (Iron oxides)

Physikalisch-chemischer Wirkungsmechanismus im Vergleich

Packung	Maske
weich bleibende Auflage	antrocknende Auflage
porös, luftdurchlässig	fest, luftdicht abschließend
Gasaustausch möglich	kein Gasaustausch
Kühleffekt	Schwitzeffekt
Wärmeentzug	Wärmestau
Kapillarverengung	Kapillarerweiterung
Entquellung des Stratum corneum	Quellung des Stratum corneum (Faltenminderung)
Reabsorptionsförderung	Filtrationsförderung
Rötungsminderung, Beruhigung, Reizlinderung	Rötung, Teintbelebung, spontane Durchblutungssteigerung

A

Welche Packung bzw. Maske würden Sie für Ihre Kundin mit geröteter und empfindlicher Gesichtshaut wählen? Begründen Sie Ihre Wahl, indem Sie die Wirkungen einer Packung und einer Maske miteinander vergleichen.

7.3.4 Lichtschutzmittel

Lichtschutzmittel werden auch als Sonnenschutzmittel bezeichnet. Sie haben die Aufgabe, über die natürlichen Schutzmechanismen der Haut hinaus die Haut vor akutem Sonnenbrand und vor chronischen Lichtschäden zu bewahren. Inhaltsstoffe, die diese Aufgabe haben, werden **Lichtschutzfilter** (UV-Filter) genannt. Chemische Verbindungen, die über den gesamten Bereich der ultravioletten Strahlung von ca. 280–380 nm absorbieren, nennt man Breitbandfilter. Diese filtern als UV-Filter in Lichtschutzmitteln sowohl UVA- als auch UVB-Strahlen aus dem Sonnenlicht.

UV-Filter unterliegen besonderen gesetzlichen Bestimmungen (Anlage der Europäischen Kosmetikgesetzgebung). Die EU-Kommission empfiehlt, dass der UVA-Schutz mindestens ein Drittel des UVB-Schutzes betragen soll.

UVA-Bereich: 400–320 nm

UVB-Bereich: 320–280 nm

Mikronisierung = technisches Zerkleinerungsverfahren, z.B. für Farbpigmente, die als physikalische Lichtschutzfilter verwendet werden

LSF, LS = Lichtschutzfaktor

SPF = Sun Protection Factor

1. **Chemische Lichtschutzfilter:** Sie absorbieren UVA- und/oder UVB-Strahlen und wandeln sie in unschädliche Wärmestrahlen um. So werden bei richtiger Anwendung fotochemische Reaktionen an körpereigenen Molekülen vermieden.
   Beispiele chemischer Filtersubstanzen:
   Benzimidazol, Urocaninsäure, Dibenzoylmethan, Benzophenonverbindungen

2. **Physikalische Lichtschutzfilter:** Sie streuen und reflektieren die auftreffenden UV-Strahlen in Form einer für UV-Strahlen undurchlässigen Schicht von Mineralien.
   Beispiele physikalischer (mineralischer) Filtersubstanzen:
   Titandioxid, Zinkoxid, Kaolin, Eisenoxid, Talkum, Magnesiumoxid, mikronisiert (Teilchengröße 10–50 nm, Nanopartikel, s. GSt., S. 21)

Z

Natürliche Sonnenschutzmechanismen der Haut sind: Lichtschwiele, Pigmentierung, Hydrolipidfilm, Schweiß, Hämoglobin, Repairmechanismus (s. GSt., S. 56, Fachstufe S. 123)

Da chemische Lichtschutzfilter oftmals Verursacher von Unverträglichkeiten und Allergieauslöser sind und eine Anreicherung im Körper nachgewiesen werden kann, gewinnen die physikalischen Lichtschutzfilter immer mehr an Bedeutung.

Für die Stärke der Schutzleistung steht der Lichtschutzfaktor (LSF, LF, SPF). Diese Zahl, am häufigsten zwischen 6 und 30 angegeben, besagt, wievielmal länger sich

Lichtschutzserie

Eigenschutzzeit = s. „Pigmentierungstyp" GSt., S. 80

jemand gefahrlos der Sonne aussetzen kann als ungeschützt. Ausgegangen wird dabei von der Eigenschutzzeit des einzelnen Menschen auf der Basis seiner UVB-Verträglichkeit. Die Eigenschutzzeit bezeichnet den Zeitraum, in dem ein Mensch die Sonne genießen kann, bis die erste Hautrötung eintritt. Dafür gibt es auch den Begriff der minimalen Erythemdosis = **MED**.

Z Der Begriff „Sunblocker" ist umstritten, weil er beim Verbraucher die gefährliche Hoffnung auf einen vollständigen Sonnenschutz weckt.

Ein Produkt mit LSF 6 hält 83 % der verbrennenden Strahlen von der Haut fern, bei LSF 10 sind es bereits 90 %, bei LSF 15 schließlich 93 %. Die stärkste Lichtfilterung ist von **„Sunblockern"** zu erwarten. Bei LSF 34 werden 97 % der UV-Strahlen abgewehrt. Diese Wirkung wird erst durch physikalische Lichtfilter möglich.

Anwendung von Sunblockern:
Sunblocker werden angewendet bei Sonnenterrassen wie unbehaarter Kopfhaut (Glatze), Stirn, Nasenrücken, Schultern, Busen, Fußrücken; bei Vitiligo oder nach Anwendung von Lasern, Vitamin-A-Säure und hoch dosierten Fruchtsäuren.

Beispiel:
Wird ein Sonnenschutzmittel mit LSF 6 verwendet, so bedeutet das, wenn die Eigenschutzzeit von 10 Minuten bei einem blonden Menschen vorausgesetzt wird, 60 Minuten gefahrloses Sonnenbad (6 x 10).

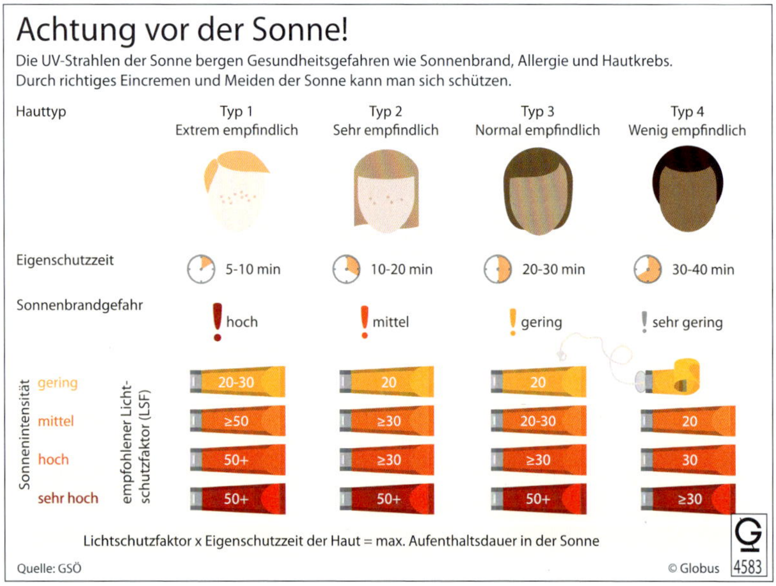

Weitere Inhaltsstoffe von Lichtschutzmitteln sollen Schutz und Pflege verbinden:

- **Antioxidanzien**, z.B. Flavonoide, Vitamine A, C, E, fangen die beim Sonnenbad entstehenden freien Radikale ab und schützen damit vor Zellschädigung und Lichtalterung.
- **Feuchtigkeitsspender und -binder**, z.B. Aloe vera, Hyaluronsäure, NMF wie Harnstoff, Aminosäuren, Milchsäure.
- **Feuchthaltemittel** wie Glycerin, Polyethylenglykol gleichen Feuchtigkeitsverluste aus und mindern Fältchen.
- **Kräuterauszüge** z.B. aus Ringelblume, rotem Sonnenhut, Kamille mit Bisabolol, Azulen, Rutin beruhigen die Haut und mindern Hautreizungen.
- **„Repair Komplex"** soll die Fähigkeit der Haut, durch Sonne entstandene Zellschädigungen in 24 Stunden zu reparieren, unterstützen.

- **Bräunungsbeschleuniger**, z.B. färbende Substanzen wie Nussextrakte, Riboflavin, Carotinoide, Aminosäuren wie Tyrosin, Histidin unterstützen den Wunsch nach schneller Bräune.
- **Bräunungsverlängerer**, z.B. Vitamine A, E und C, die die Haut vor Trockenheit, Schuppung und schnellem Pigmentverlust bewahren.
- **Liposome**, mehrschalig, für unbeschadeten Transport mikrofeiner pflegewirksamer Inhaltsstoffe in tiefere Hautschichten.

Lichtschutzmittel werden in verschiedenen Produktformen für Gesicht und Körper angeboten, z.B. Milch, Creme, Gel, Öl, Spray, Stift. Lichtschutzmittel berücksichtigen neben dem Pigmentierungstyp auch den Hautsekretionstyp und eventuelle Empfindlichkeiten.

Repairmechanismus:
Das hauteigene „dark repair system" tastet mit seinem Enzymsystem ständig die Molekülketten auf Schäden ab, trennt defekte Abschnitte heraus und füllt die Lücke durch Einbau neuer Aminosäuren und der Aminobase Thymidin. Dieser Mechanismus verlangsamt mit der Alterung und versagt bei chronischer Überforderung. So kann Hautkrebs entstehen.

Lichtschutzmittel

Produktformen	Besonderheiten	Empfehlungen
Sonnenmilch	O/W-Emulsion, angenehm kühlend, leicht zu verteilen, ohne Fettglanz auf der Haut	für Gesicht und Körper bei normaler bis fettiger Haut
Sonnencreme	W/O-Emulsion, sicher haftend, auch wasserfest und kälteschützend	für jede Haut, besonders bei trockener Haut an Gesicht und Körper
Sonnengel	feuchtigkeitsreich und fettfrei, stark kühlend und erfrischend, auch reizlindernd und beruhigend	bei Rötungen und Empfindlichkeiten, für feuchtigkeitsarme oder fettige Haut an Gesicht und Körper
Sonnenöl	stark rückfettend, glättend, ohne Druck zu verteilen	bei Schuppung, Rauigkeit, fettarmer Körperhaut (Vorsicht: Wärmestau!)
Sonnenspray	O/W-Emulsion oder Lösung im Pumpzerstäuber, kühlend, gleichmäßig zu verteilen, auch als Schaumpolster	für Vielverwender
Sonnenstift (stick)	hoher Lichtschutz	partielle Anwendung, besonders für Sonnenterrassen oder bei Allergiegefährdung, für Hochgebirge, Meer und Strand

Z

Bei der Bräunung zu unterscheiden:
UVA-Strahlen bewirken die bereits nach Stunden sichtbare **direkte Bräunung:** Dabei werden die in den Epidermisschichten vorhandenen Pigmentvorstufen verdunkelt; eine schnelle, wenig haltbare Bräune entsteht.
UVB-Strahlen bewirken die erst nach Tagen sichtbare **indirekte Bräunung:** Dabei wird die Melaninsynthese im Stratum basale angeregt und neues Pigment gebildet; eine langsame und länger anhaltende Bräune entsteht.

Sonnenverhalten

Die verantwortungsvolle Kosmetikerin wird ihre Kunden vor jeder Sonnensaison erneut daran erinnern, dass neben geeigneten Lichtschutzmitteln das richtige Sonnenverhalten unerlässlich ist:

- 50 Sonnenbäder/Jahr (Solarien inbegriffen) sind die Obergrenze für jeden, um der vorzeitigen Lichtalterung und Gefahr von Hautkrebs entgegenzuwirken.
- Die Haut nach lichtarmer Zeit langsam an die Sonne gewöhnen. An den ersten Sonnentagen einen hohen Lichtschutzfaktor, mindestens 25 verwenden.
- Sonnenpausen einlegen.
- Sonne nur langsam steigern, jede Überdosierung vermeiden.
- Bei Klimawechsel zunächst mit einem Aufenthalt im Schatten/Halbschatten beginnen.

Schutzklasse	Lichtschutzfaktor
Basis (low)	6, 10
mittel (medium)	15, 20, 25
hoch (high)	30, 50
sehr hoch (very high)	50 +
ultra hoch (ultra)	–

Reflexion = Zurückstrahlung, Spiegelung
Fotosensibilisierung = bestimmte, normalerweise verträgliche Stoffe können unter UVA-Einfluss allergische Reaktionen auslösen, z.B. Quaddeln, Bläschen, Knötchen, Juckreiz

Z
„Berloque-Dermatitis" z.B. entsteht als braunfleckige Hautverfärbung durch die in vielen ätherischen Ölen (Bergamotteöl, Zimtöl u.a.) enthaltenen Furocumarine.

Z
Von Selbstbräunern ist im Gegensatz zur natürlichen Bräune keine Schutzwirkung gegen UV-Strahlung zu erwarten. Vielleicht trägt aber der Anblick der bräunlichen Haut psychologisch dazu bei, die Verweildauer in der Sonne zu verkürzen.

- Die Stunden mit dem höchsten Sonnenstand zwischen 11 und 15 Uhr meiden.
- Vor Auftragen eines Lichtschutzmittels und nach dem Tag im Freien Gesicht und Körper gründlich und mild reinigen.
- Das Lichtschutzmittel etwa 30 Minuten vor dem Sonnenbad bevorzugt im Schatten auftragen, nicht zu sparsam, damit alle Hautpartien gleichmäßig geschützt sind. Die als „Sofort-Schutz" bezeichneten Produkte entfalten ihren Lichtschutz direkt nach dem Auftragen durch physikalische Filter.
- Lichtschutzmittel ebenso auftragen, wenn ein Aufenthalt im Halbschatten oder Schatten vorgesehen ist. Ein Teil der UV-Strahlung erreicht auch dort die Haut.
- Die Augen durch eine UV-aktive, möglichst große und hochwertige Sonnenbrille, Kopfhaut durch Sonnenhut oder Tuch schützen. Luftdurchlässige, weite, helle Kleidung bevorzugen. Empfindliche Menschen sollten Kleidung mit UV-schützenden Fasern bevorzugen.
- Sandflächen, Schnee, Wasser und auch Wassertropfen sowie Salzkristalle auf der Haut gelten als Sonnenverstärker durch Lichtreflexion.
- Bei **Wind**, z.B. auch durch Fahrtwind beim Radfahren, Surfen, Segeln, Wintersport, ist die Sonnenbrandgefahr höher, weil die Haut gekühlt wird und der warnende Schmerz nicht eintritt.
- Keine **Duftwässer** unter Sonneneinfluss verwenden, weil bestimmte ätherische Öle die Melaninbildung anregen und hässliche braune Flecken und Streifen verursachen können („Berloque-Dermatitis", s. GSt., S. 120).
- **Medikamente**, z. B. Antimykotika, Antidiabetika, Antibiotika, Antirheumatika, Antidepressiva, als Tabletten, Tinkturen oder Salben, von denen bekannt ist, dass deren chemische Substanzen unter Sonnenlicht Allergencharakter annehmen können, im Urlaub nach Möglichkeit nur abends verwenden (Fotosensibilisierung) oder die Sonne meiden bei innerlicher Anwendung.
- Für „Sonnenanbeter" ist neben dem Sonnenschutz carotinreiche Kost nach dem „Ampelprinzip" zu empfehlen: täglich Obst und Gemüse essen: etwas Grünes, z.B. Salat, Spinat, Gelbes, z.B. Karotten, gelbe Paprika, und Rotes, z.B. Beeren, Tomaten (s. S. 246).
- Nach jedem Tag im Freien die gereinigte Haut sorgfältig pflegen und ausgleichen. Dazu werden auch After-Sun-Produkte angeboten.
- Auf Äquatornähe und Höhen achten – verstärkte UV-Strahlung erfordert höheren Schutz.

Sonnenbad

A

1. Vor seinem Mallorca-Urlaub möchte Herr Albrecht ein Lichtschutzmittel bei Ihnen erwerben. Worauf achten Sie bei der Auswahl eines geeigneten Präparats? Wonach fragen Sie Herrn Albrecht?
   Mit welchen Ratschlägen begleiten Sie den Verkauf?
2. Herr Albrecht hat helle Haut, blonde bis braune Haare und wird in der Regel mittelmäßig braun. Welcher LSF wird Herrn Albrecht laut der Übersicht auf Seite 34 empfohlen, wenn er wie geplant Urlaub auf Mallorca macht?
3. Welcher LSF wäre für ihn empfehlenswert, wenn er seinen Winterurlaub mit Skifahren im Hochgebirge verbringen würde?

Repellent (lat. repellere = vertreiben, zurückstoßen) = Insektenvertreibungsmittel

7.3.5 Pre-Sun-Produkte

Solche, auch „Pre-Tan-Produkte“ genannte, Kosmetika sollen helfen, auf die Sonnensaison, auf den Aufenthalt im warmen und sonnenreichen Klima, auf einen Sommer- oder Winterurlaub vorzubereiten. Sie werden allerdings kaum noch angeboten, da sie keinen ausreichenden Absatz fanden. Sie enthalten z.B. bräunend wirkende Farbstoffe wie Beta-Carotin, Melaninvorstufen wie Tyrosin, Selbstbräuner wie Dihydroxyaceton sowie beruhigende und feuchtigkeitsspendende Wirkstoffe. Sie sind auch als Peelingprodukte angelegt.

Dennoch schafft eine regelmäßige und hautgerechte Gesichts- und Körperpflege stets die besten Voraussetzungen für die Verträglichkeit der Sonne. Um die Haut auf einen Sonnenurlaub vorzubereiten, kann es sinnvoll sein, vorher einige Male ein Solarium aufzusuchen.
Zu einer gleichmäßigen Bräune tragen ferner ein Gesichts- und Körperpeeling bei, angewendet einige Tage vor dem Urlaub oder dem ersten Solariumbesuch.

A Würden Sie Herrn Albrecht mit seinem Hauttyp (s. Aufg. 2, S. 124) vor seinem Mallorca-Urlaub die Verwendung eines Pre-Sun-Produkts empfehlen? Begründen Sie Ihre Antwort.

7.3.6 After-Sun-Produkte

After-Sun-Produkte sind Kosmetika, die möglichst bald nach einem längeren Sonnenaufenthalt auf gereinigter Haut verwendet werden sollen.
Sie kühlen angenehm, erfrischen die überhitzte Haut und lassen Rötungen und Reizungen schneller abklingen. Es sind zumeist dünnflüssige Emulsionen mit hohem Wassergehalt und auch Alkohol zur Erzeugung von Verdunstungskälte in Spendern sowie Lotionen oder Schäume in Pumpzerstäubern.

After-Sun-Produkte

Pre Sun = vor der Sonne
Pre Tan = vor der Bräune
After Sun = nach der Sonne

Mögliche Inhaltsstoffe:

- Feuchtigkeitsspender wie Aloe vera, NMF zur Verbesserung des Feuchthaltevermögens, Glycerin, Propylenglykol zur Feuchthaltung
- D-Panthenol, Allantoin, Zinkoxid, ätherische Öle wie Azulen und Bisabolol, Aloe vera sind entzündungshemmend und beruhigend
- Flavonoide wie Rutin, Quercetin wirken abschwellend und als Radikalfänger ebenso wie die Vitamine A, C, E
- gerbstoffhaltige Kräuterextrakte, z.B. aus Salbei, Hamamelis, zum Festigen der Hautoberfläche
- Repair-Komplex zur Unterstützung des hauteigenen Reparaturmechanismus
- Selbstbräunungsmittel und Bräunungsverstärker zum Nachfärben der Hornschuppen
- Anti-Aging-Wirkstoffe wie Kollagen, Elastin, Q10 und Phytohormone gegen die Zeichen der Lichtalterung
- Repellents, um Insekten von der Haut fernzuhalten

de (lat.) = weg
odor (lat.) = Geruch

Ist allerdings trotz aller Vorsicht ein Sonnenbrand entstanden, so muss länger mit Kompressen gekühlt werden. Neben Hausmitteln wie Quark- und Joghurtauflagen, Aloe-vera-Gel oder Gurkenscheiben sind zumeist Brand- und Wundgele aus der Apotheke erforderlich. Wichtig ist es, den Flüssigkeitsverlust durch reichliches Trinken auszugleichen.

A Sie empfehlen Herrn Albrecht nach seinem Urlaub auf Mallorca die Verwendung eines After-Sun-Präparats. Herr Albrecht ist skeptisch.
Erklären Sie ihm die Vorteile von After-Sun-Produkten.
Worin besteht der Unterschied zu einer sonstigen Tagespflege?

Deodorantien

7.3.7 Deodorantien

Durch das Absondern von Schweiß regulieren die Schweißdrüsen (s. GSt., S. 55, 69) die Körpertemperatur des Menschen. Wenn Schweiß verdunstet, wird dem Körper Wärme entzogen. So bleibt die Körpertemperatur konstant. Außerdem stärkt der Schweiß den Hydrolipidmantel der Haut, ergänzt Feuchtigkeit und entgiftet. Bei körperlicher Anstrengung, bei hormonellen Schwankungen, bei hohen Außentemperaturen oder bei psychischem Stress wird mehr Schweiß abgesondert. Frischer Schweiß kühlt angenehm und ist geruchlos. Erst wenn er länger auf der Haut verbleibt, wird er durch Mikroorganismen und ihre Enzyme zersetzt und riecht unangenehm. Um das zu verhindern, werden Deodorantien (auch Deodorants oder Desodorantien) eingesetzt. Sie sind als Roller, Pumpsprays, Stifte, Cremes, Puder, Deosteine und Seifen erhältlich.
Mit Vorliebe benutzen Verbraucher Roller oder Pumpsprays. Puder haben den Vorteil, Feuchtigkeit länger aufzusaugen. Deo-Kristallsteine sind besonders mild, hautverträglich und sparsam im Verbrauch.
Deodorieren bedeutet Körpergeruch zu vermeiden und zu überdecken.

Z Um Hautreizungen zu vermeiden, sollte jedes Deodorant nur einmal auf gewaschener und getrockneter Haut verwendet werden.

Wirkungen von Deodorantien:
- Aufsaugen von Schweiß
- Verzögern der bakteriellen Schweißzersetzung
- Festigen der Haut (Adstringierung)
- Überdecken (Maskieren) unangenehmer Gerüche durch angenehme Düfte (Parfümieren)

Deodorieren mit Deostick

Mögliche Inhaltsstoffe:
- bakterienhemmende/tötende Wirkstoffe, z.B. Alkohole, Teebaumöle, Kochsalz, Farnesol, Chlorhexidinsalze, Triclosan
- Enzymblocker, z.B. Zitronensäuretriethylester
- geruchsabsorbierende und feuchtigkeitsaufsaugende Rohstoffe, z.B. Kieselsäure, Silikate, Talkum
- Geruchslöscher auf der Basis von Zinkpalmitat, Zinkricinoleat, Zinkstearat, Chlorophyll, Zinkoxid
- Adstringenzien, z.B. Zinklaktat, Salbei
- ätherische Öle, z.B. aus Minze, Lavendel, Orange, Patschouli

7.3.7 Deodorantien

Deodorantien mit dem Hinweis „Antitranspirant" (auch Antiperspirant) haben zusätzlich schweißhemmende Eigenschaften. Wo sie aufgetragen werden, z.B. in den Achseln oder an den Fußsohlen, verengen sie die Ausführgänge der Schweißdrüsen, drängen den Schweiß zurück, sodass dieser dort bis zu 50 % weniger ausgeschieden wird.

Mögliche Inhaltsstoffe:

- Schweißhemmer, z.B.
  - adstringierende Säuren wie Gerbsäure, Trichloressigsäure
  - Eiweiß fällende Aldehyde, z.B. Glutaraldehyd
  - Metallsalze wie Aluminiumchlorid, -distearat, -tristearat
- Antioxidanzien, z.B. Salze der Zitronensäure
- Allantoin und Vitamine, z.B. Panthenol, für bessere Verträglichkeit, besonders in „Sensitiv-Varianten"

Deodorantien sind zum täglichen Gebrauch geeignet. Antiperspirantien dagegen sollten nur bei extremem Schwitzen (Hyperhidrose), z.B. an den Fußsohlen, für einen kurzen Zeitraum verwendet werden. Das Zurückhalten von Schweiß stellt einen unnatürlichen Eingriff in Körperfunktionen dar und ist deshalb kritisch zu sehen. Besser ist es, in der Hautarztpraxis die Ursachen des krankhaften Schwitzens herauszufinden.

Das trägt zur Vermeidung von Körpergeruch bei:

- Regelmäßige Körperhygiene betreiben und schwitzende Partien besonders gründlich abtrocknen.
- Luftdurchlässige, atmungsaktive und der Witterung angepasste Kleidung bevorzugen.
- Verschwitzte Kleidung waschen (nicht nur lüften!).
- Getragene Schuhe 24 Stunden auslüften.
- Übergewicht vermeiden.
- Auf schweißtreibende Getränke (Kaffee, schwarzer Tee, Alkohol) und überwürzte Speisen verzichten.

A Die Kundin Frau Herrmann vertraut sich ihrer Kosmetikerin an und klagt über starken Achselschweiß. Wie würden Sie Frau Herrmann in dieser Angelegenheit beraten?

anti (lat.) = gegen
perspirare (lat.) = hier schwitzen, eigentlich atmen
Hyperhidrose = übermäßige Schweißabsonderung, oft Zeichen einer inneren Krankheit
Iontophorese = Einschleusen wasserlöslicher Wirkstoffionen in die Haut mithilfe von Gleichstrom

Kombipräparate aus Deodorant und Antiperspirant werden unter der Bezeichnung „24-Stunden-Wirksystem" angeboten.

Z **Hyperhidrose** ist eine Krankheit und braucht ärztliche Hilfe, z.B. wird mit der Leitungswasser-Iontophorese versucht, die Reizschwelle der Schweißdrüsensekretion zu erhöhen. Botulinumtoxin A (Nervengift) wird injiziert, um die Übertragung der Nervenimpulse an die Schweißdrüsen zu blockieren.

Antitranspirant

Stimulanzien (lat.) = anregende Mittel, Reizmittel

7.4 Präparate der Intensivpflege

Präparate der Intensivpflege

- Wirkstoffkonzentrate
- Spezielle Packungen und Masken
- Pflegemittel der Augenpartie

Wirkstoffkonzentrate in Ampullenform

Mit den Präparaten der Intensivpflege wird die Anwendung von konzentrierten Wirkstoffen bis zur gesetzlich erlaubten Höchstgrenze möglich.

Beispiele solcher Wirkstoffe sind:

- **Feuchtigkeitsspender und -binder** wie Aminosäuren, Harnstoff, Hyaluronsäure, Pyrrolidoncarbonsäure, Salze und Zuckerverbindungen gegen Feuchtigkeitsverlust,
- **pflanzliche Ölkonzentrate** mit den Vitaminen A und E, z.B. Keimöle, Nachtkerzenöl, Borretschöl, Avocadoöl, Traubenkernöl, zur Unterstützung des Hydrolipidfilmes, Verringerung des TEWL und Verbesserung der Sebostase,
- **Stimulanzien,** z.B. Phytohormone aus Ginseng, Ginkgo, Linde, Gelée royale, Honig, Placentaextrakte für eine bessere Durchblutung, zur Anregung nachlassender Hautfunktionen und gegen die sichtbaren Zeichen der Hautalterung,
- **ätherische Öle,** z.B. aus Kamille, Rose, Geranie, Lavendel, Melisse, Hopfen, für Hautberuhigung, Rötungsminderung und seelische Entspannung,
- **Antioxidanzien,** z.B. die Vitamine A, C, E, als Schutz gegen die zellschädigenden freien Radikale,
- entzündungshemmende, reizlindernde **Kräuterextrakte,** z.B. aus Echinacea, Hamamelis, Huflattich, Kamille, zur Problemlösung bei Seborrhö und Aknegefährdung.

Nicht nur die gleichbleibend hohe Qualität der Produkte, sondern auch deren kompetente Anwendung durch die Kosmetikerin sowie die überzeugende Anleitung zur Selbstpflege ihrer Kunden sichern den Erfolg der Intensivpflege.

Die einzelnen Basispflegeschritte:

- Vorreinigung (LF 3, GSt. ab S. 137)
- Intensivreinigung (bei Bedarf) (LF 3, GSt. ab S. 145)
- Ausreinigung (LF 3, GSt. ab S. 162)
- Gesichts- und Dekolletémassage (LF 6, ab S. 63)
- Basismaske/-packung (LF 7, ab S. 116)
- Abschlusspflege (LF 7, ab S. 113)

Die einzelnen Intensivpflegeschritte:

- Hautvorbereitung: vorreinigen, intensiv reinigen, bedampfen, lotionieren
- Wirkstoffkonzentrat (auch vor der Spezialpackung, auch vor der Abschlusspflege)
- Gesichts- und Dekolletémassage
- Spezialpackung
- Abschlusspflege mit Lotion und Tagescreme

Die Produkte der Intensivpflege werden angewendet:

- als Wirkstoffkonzentrat auf gründlich vorbereiteter Haut
  - vor der Gesichtsmassage,
  - vor der Packung,
  - zur Ergänzung der Abschlusspflege,
  - in der Selbstpflege unter der Tages- oder Nachtpflege
- als Spezialpackung vor oder nach der Gesichtsmassage

7.4.1 Wirkstoffkonzentrate

Die wässerigen, milchigen oder öligen Konzentrate werden als Gele, Lösungen, O/W-Emulsionen oder Öle angeboten. Ihr Wirkstoffanteil ist wesentlich höher (häufig bis zu 10%) als der von Cremes und Packungen der Basispflege. Auf synthetische Beduftung und Konservierung wird weitgehend verzichtet.

Die Produkte sind unterschiedlich verpackt:

- Die Inhalte von Glasampullen oder Kapseln sind für den Einmalgebrauch portioniert **(fixe Dosierung)**.
- Die Inhalte von Pumpspendern, größeren Schraubampullen oder Fläschchen dienen dem Mehrfachgebrauch **(variable Dosierung)**.

Zum Schutz von lichtempfindlichen Wirkstoffen wie Ölkonzentraten und Vitaminen werden braun gefärbte Glasampullen oder lichtundurchlässige Kapseln verwendet.

Konzentrat (lat./griech.) = angereicherter Stoff, hochprozentige Lösung
Ampulle (lat./griech.) = kolbenförmiges Gefäß, kleines Glasröhrchen mit vakuumverschlossenem Inhalt
disperses System = Ein Stoff ist in einem anderen feinstverteilt
diffundieren (lat. diffundere = ausbreiten) = allmähliches Vermischen durch Molekültransport im Zellzwischenraum

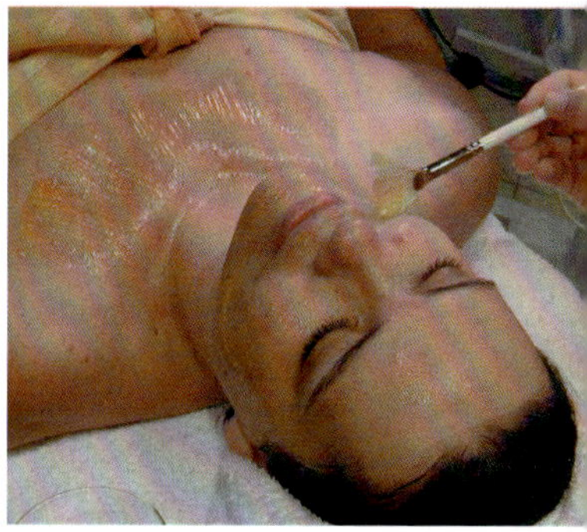

Auftragen einer Gelpackung mit dem Fächerpinsel

Gele

Gele sind geleeartige, meist transparente disperse Systeme. Sie enthalten mindestens einen festen Stoff, den **Gelbildner**, und eine umgebende Flüssigkeit, das **Dispersionsmittel**. Durch mechanische Kräfte beim Einmassieren verflüssigt sich das Gel. Gele werden unterschieden in Hydrogele und Oleogele.

Hydrogele Wasser als Dispersionsmittel	**Oleogele (Lipogele)** Lipide als Dispersionsmittel
wasserlösliche Wirkstoffe, z.B. aus Aloe vera, Algen oder NMF	fettlösliche Wirkstoffe, z.B. Vitamine A und E aus wertvollen Pflanzenölen
Verdickungsmittel, z.B. Methylcellulose, Gelatine	Verdickungsmittel, z.B. ein Kunststoff

Rezepturbeispiel eines Hydrogels
deklariert nach INCI:
Aqua, Propylene Glycol, Glycerin, Aloe Barbadensis, Sodium PCA, Sodium Lactate, Xanthan Gum, Sodium Hyaluronate, Imidazolidinyl Urea, Alcohol denat., Methylparaben, Parfum, Melissa Officinalis, Tilia Cordata, Butylphenyl Methylpropional, Alpha-Isomethyl Ionone, Fructose, Glycine, Niacinamide, Urea, Citric Acid, Limonene, Hydroxyl Isohexyl 3-Cyclohexene Carboxaldehyde, Linalool, Citronellol, Cinnamyl Alcohol, Inositol, Coumarin, Geraniol, Methylchloroisothiazolinone, Methylisothiazolinone, CI 19140, 42051

Hydrogel

Hydrogele eignen sich für die konzentrierte Feuchtigkeitsgabe. Durch ihren hohen Wasseranteil sind sie angenehm kühl und erfrischend auf der Haut. Auf der fettfreien Haut ziehen ihre wasserlöslichen Wirkstoffe leicht ein (transzellulär, interzellulär und über die Schweißporen). Zum Einarbeiten von Hydrogelen eignen sich die Pumpgriffe der manuellen Lymphdrainage (s. S. 351).
Lipogele wärmen und glätten die Hautoberfläche. Ihre fettlöslichen Wirkstoffe diffundieren interzellulär und durch die Haarfollikel. Zum Einarbeiten von Lipogelen werden Effleuragen (s. S. 54) und Friktionen (s. S. 55) verwendet.

Kapseln = pearls
Ampulle = ampoule

homogen = gleichartig

Lösungen

Lösungen sind homogene, meist klare Gemische verschiedener Stoffe. Sie enthalten eine große Menge an Lösungsmitteln und eine gelöste Substanz. Wässerige, wässerig-alkoholische oder alkoholische Lösungen kommen zur Anwendung, um Wirkstoffe, z.B. Mineralstoffe aus Kräutern oder dem Meer, an die Haut zu bringen. Die Ampulle wird als Verpackung bevorzugt. Lösungen werden aufgeklopft, aufgepattert und mit Sauggriffen eingearbeitet.
Das Wasser verdunstet schnell, die Wirkstoffe diffundieren interzellulär und durch die Schweißporen.
Für konzentrierte Wirkstofflösungen ist auch die Bezeichnung „Serum" gebräuchlich.

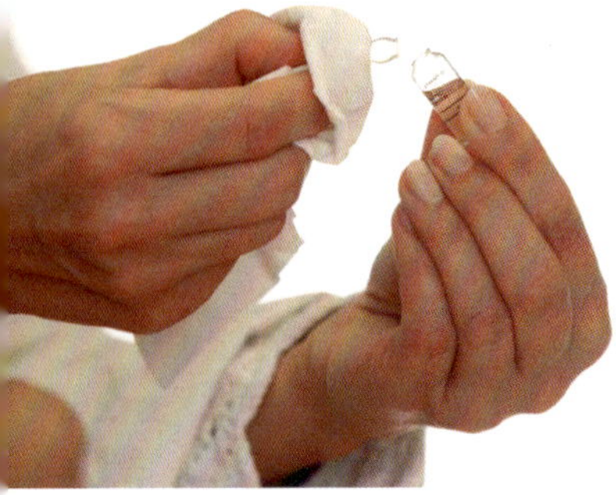

Aufbrechen einer Ampulle

Rezepturbeispiel einer Ampullenlösung
deklariert nach INCI:
Aqua, Propylene Glycol, Triticum Vulgare Germ Extract, Triticum Vulgare Bran Extract, Panthenol, Allantoin, Citric Acid

O/W-Emulsionen

Der Aufbau von Emulsionen wurde bereits auf Seite 100 sowie im Kap. 7.3.1 zu Präparaten der Basispflege (s. S. 113 ff.) erläutert. Als Konzentrat sind sie überwiegend vom Typ der O/W-Emulsion, milchig, dünnflüssig, cremig und von hohem Wirkstoffanteil. Sie sind zugleich feuchtigkeitsspendend und rückfettend.
Zum Einarbeiten sind Effleuragen und Friktionen geeignet.
Für die Wirkstoffemulsion ist auch die Bezeichnung **„Fluid"** gebräuchlich.
Werden sie als 2-Phasen-Produkt angeboten, so sind sie frei von Emulgatoren und müssen vor jedem Gebrauch neu geschüttelt werden, weil sich die Wasser- und die Fettphase wieder getrennt haben.

Rezepturbeispiel eines Liposomen-Fluids
deklariert nach INCI:
Aqua, Glyceryl Polyacrylate, Sphingolipide, Glycosaminoglycane, Lecithin, Adenosin Triphosphate, Cyclomethicone, Cetyl Dimethicone, Polyglyceryl-3-Oleate, Hexyl Laurate, Glycerol, Ginseng Extract, Borage Oil, Camelia Oil, Squalan, Tocopheryl Acetate, Retinyl Palmitate, Carrot Extract, Carotene, Fragrance, Methylparaben, Imidazolidinyl Urea, Methyl Chloroisothiazolinone, Methylisothiazolinone, Tocopherol, PEG 400, Ascorbyl Palmitate, Citric Acid, Ascorbic Acid

Als **Cremegele** werden milchige Gele bezeichnet, die anhaltend kühlen und erfrischen. Sie fließen nicht so schnell breit wie klassische Emulsionen. Sie werden z.B. für die Pflege der empfindlichen Augenpartie eingesetzt. Es gibt sie emulgatorfrei mit synthetischen Polymeren, z.B. Polyacrylamiden, Polyacrylaten.

Öle

Fluid = flüssig, Flüssigkeit

Ölkonzentrate aus pflanzlichen Ölen, z.B. Avocado-, Sanddorn- und Nachtkerzenöl, enthalten einen hohen Anteil an fettlöslichen Vitaminen. Sie sind wasserfrei und können auch über einem wässerigen Konzentrat aufgetragen werden. Dabei verhindern sie dessen schnelles Abdunsten und senken den TEWL. Sie glätten die Hautoberfläche, ziehen zwischen die Korneozyten und diffundieren über die Haarfollikel.

Rezepturbeispiel einer Ölkapsel
deklariert nach INCI:
Glycine Soja Oil, Ternifolia Seed Oil, Tocopheryl Acetate, Retinyl Palmitate, Ascorbyl Tetraisopalmitate, Tocopherol, Parfum

Ölkapseln, Hyaluronkapseln

Für Ölkonzentrate wird die Kapselform bevorzugt.
Zum Einarbeiten eignen sich sowohl Griffe der klassischen Massage (s. S. 54 ff.) als auch der Lymphdrainage (s. S. 350 f.).

Anwendung der fixen Dosierung

Glasampullen werden senkrecht gehalten und erst unmittelbar vor Gebrauch unter einem Zellstofftuch am dafür vorgesehenen markierten Ampullenhals aufgebrochen. Die erste Hälfte des Inhalts wird in die warme hohle Hand getropft und mit den Fingerkuppen der anderen Hand auf die einzelnen Hautpartien aufgetupft (Auftragegriffe s. GSt., S. 155).
Anschließend wird die zweite Hälfte restlos aufgebraucht.

Ampullenflüssigkeit nicht direkt auf das Gesicht der Kundin tropfen, weil sie unter den kalten Tropfen zusammenzucken könnte. Außerdem besteht die Gefahr, dass Fließspuren in die Augen gelangen oder seitlich am Hals herunterlaufen.

Kapseln sind am Hals aufzuschneiden. Auch deren Inhalt wird in die hohle Hand gedrückt und mit Auftragegriffen verteilt.

Anwendung der variablen Dosierung

Entsprechend der Hautbeurteilung und dem aktuellen Hautzustand des Kunden wird die benötigte Menge des Konzentrats aus dem Pumpspender oder der Flasche in die hohle Hand gedrückt und mit den entsprechenden Auftragegriffen verteilt.
Zum Einarbeiten von Hydrogelen, Ampullen, Lösungen und O/W-Emulsionen kann anstatt der manuellen Massage auch das Iontophoresegerät (s. S. 140 ff.) eingesetzt werden. Der verwendete geglättete Gleichstrom fördert die Penetration von Wirkstoffen.

H

Wirkstoffampullen nicht geöffnet stehen lassen, weil der Inhalt dann mit Luftsauerstoff reagieren und verderben könnte.

A

Schildern Sie den Einsatz eines Wirkstoffkonzentrates im Rahmen einer Regenerationsbehandlung. Beziehen Sie die Selbstpflegeberatung ein.

7.4.2 Spezielle Packungen und Masken

Bereits bei den Präparaten der Basispflege wurden auf Seite 116 ff. Packungen und Masken in ihren gängigen Strukturen erläutert. Auch die typischen Unterschiede sowie die fließenden Übergänge zwischen einer Packung und einer Maske wurden aufgezeigt. An dieser Stelle soll auf Weiter- und Neuentwicklungen für Intensivpflegeprogramme verwiesen werden. Ihre Besonderheiten sind bis zu 10 % höhere Wirkstoffanteile und aufwendige Anwendungstechniken. Dazu gehören neben besonders angereicherten Creme- oder Gelpackungen auch Vliesmasken, Kautschukmasken und Modelagen. Sie alle werden auch als „Liftingmasken" oder „Anti-Aging-Anwendung" bezeichnet. Weil dafür in der Regel ein zusätzlicher Aufwand an Material und Zeit erforderlich ist, dürfen sie auch extra berechnet werden.

Lifting = Straffung, zeitlich befristete Faltenglättung durch biologische, hautverwandte Wirkstoffe bzw. aufquellende Maßnahmen
Matrix (lat.) = Mutterboden

Vliesmasken

Als Vliesmasken werden seidenweiche, mikroporöse, schwammähnliche, mit Wirkstoffen angereicherte Vliese angeboten. Als Basisstoff (Matrix) dienen z.B. Alginate, peripher = am Rande befindlich

Cellulose Gum oder Kollagen, denen durch Gefriertrocknung das Wasser entzogen wurde. So entstehen haltbare Zuschnitte oder individuell anzupassende große Platten, die bis zur Verwendung hygienisch in Zellophanbeuteln gelagert sind. Neben den getrocknet verpackten sind von anderen Herstellern auch feucht verpackte, vorgestanzte, mit Atemschlitzen versehene Vliese verfügbar. Die Vliese sind frei von synthetischen Duft- und Konservierungsstoffen. Sie können auf der fettfreien Haut optimal wirken und werden deshalb bevorzugt vor der Gesichtsmassage aufgelegt oder deren Wirkstoff auch unter intensiver Befeuchtung einmassiert.

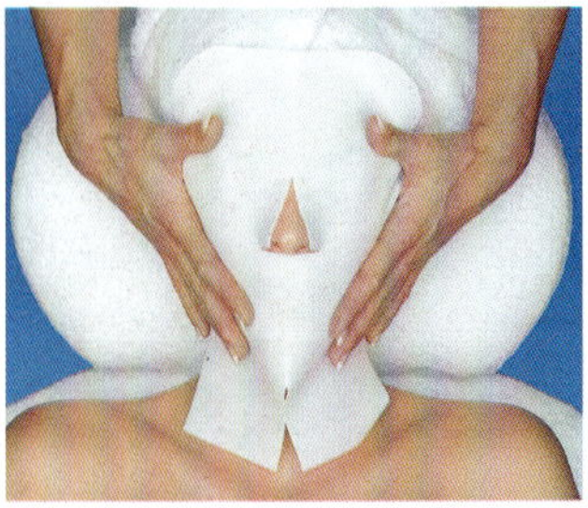

Schritt 1: Anlegen der Vliesmaske

Zum Befeuchten und Aktivieren der Wirkstoffe von Vliesmasken dienen 10-prozentige Wirkstoffaktivlösungen, die der Hersteller mitliefert. Sie enthalten viel Wasserlösliches, z.B.:

- Feuchtigkeitsspender und -binder,
- reizlindernde, hautberuhigende und rötungsmindernde Kräuterextrakte,
- Fruchtsäuren für die Hauterneuerung,
- bleichende Substanzen.

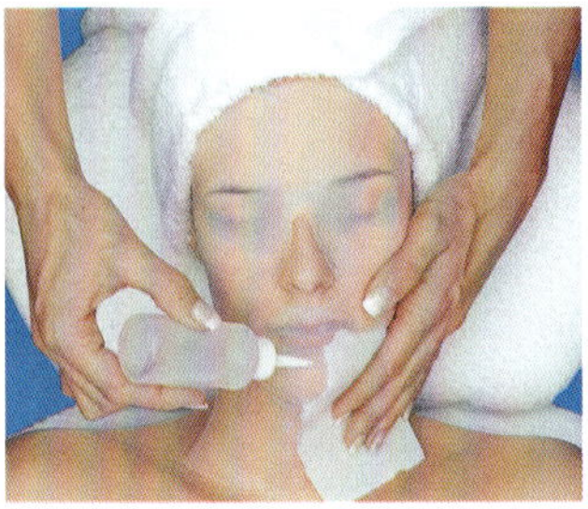

Schritt 2: Durchfeuchten der Maske mit einer Pipetteflasche

Vliesmasken sind ein wirksames Mittel, die periphere Durchfeuchtung der Haut zu verbessern. Sie sind deshalb bei jeder Haut, auch bei Seborrhö, besonders jedoch bei feuchtigkeitsarmer, gealterter, hypersensibler und geröteter Haut geeignet.

Ausführung bei trockenem Vlies:

- Zubehör (Vlies, Schale mit Wasser, Wirkstofflösung, Fächerpinsel oder Schwämmchen) bereitlegen.
- Die gründlich vorbereitete Haut der Kundin an heißen Sommertagen und bei geröteter Haut mit kühlem, bei Blässe oder im Winter mit warmem Wasser befeuchten.
- Entweder Vlieszuschnitte mit trockenen Händen auf der Haut positionieren, z.B. nur Augen- und Mundpartie oder an Stirn, Wangen, Oberlippe, Kinn, Hals oder eine mit Atemschlitzen versehene komplette Vliesmaske auf das Gesicht auflegen (Schritt 1).
- Vlies mit der Wirkstofflösung tränken, bis ein durchsichtiges Gel entsteht. Dazu Fächerpinsel, feuchtes Watteröllchen, Pipetteflasche oder Kosmetikschwämmchen verwenden (Schritt 2).
- Wattepads auf die Augen legen (Schritt 3).
- Die Vliesmaske 15–20 Minuten auf der Haut ruhen lassen.
- Zum Befeuchten des Vlieses kann während der Einwirkzeit auch das Bedampfungsgerät ohne Ozon zugeschaltet werden.
- Nach der Einwirkzeit die Maske von oben nach unten abziehen (Schritt 4).

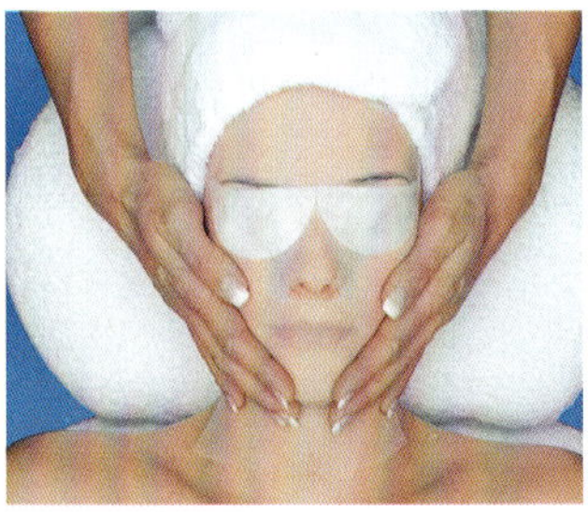

Schritt 3: Wattepads auf die Augen legen

Nach Zwischenkompressen, mit denen Reste (besonders Ränder) z.B. um die Augenbrauen oder am Haaransatz sorgfältig entfernt werden, kann die Gesichtsmassage folgen:

- mit einer reichhaltigen Nachtcreme bei Sebostase und älterer Haut,
- mit einer O/W-Emulsion bei Seborrhö,
- mit einer beruhigenden Emulsion bei Rötungen und Empfindlichkeiten,
- es folgen Lotionieren und Abschlusspflege.

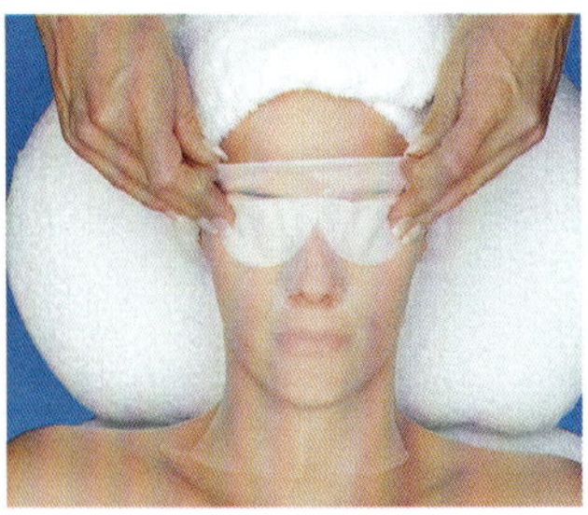

Schritt 4: Abnehmen der Maske

Ausführung bei feuchtem Vlies:

Feucht verpackte Vliese erleichtern der Kosmetikerin die Anwendung:

- Cellophanbeutel aufschneiden, das Vlies herausnehmen,

- das feuchte Vlies auf das gründlich vorbereitete, fettfreie Gesicht des Kunden auflegen und andrücken,
- zusätzliche Befeuchtung ist nicht erforderlich,
- nach 15–20 Minuten kann das angetrocknete Vlies, an der Stirn beginnend, von der Haut abgezogen werden,
- Kompressen sind entbehrlich, weil keine Reste verbleiben,
- anschließend die Gesichtsmassage bzw. die Abschlusspflege ausführen.

Z Vliesmasken nicht mit Ozon bedampfen, weil O_3 die empfindlichen Wirkstoffe gefährdet.

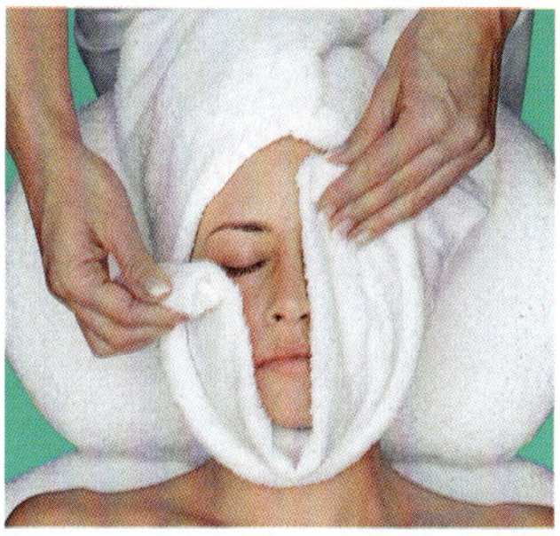
Reste mit Kompressen abnehmen

Ausführung als Massagevlies:
Die Vielseitigkeit von Vliesmasken zeigt sich darin, dass manche Hersteller diese als Massagemittel für eine intensive Durchfeuchtung oberer Hautschichten anbieten:
- Dazu die Vlieszuschnitte auf der gründlich vorbereiteten, fettfreien und angefeuchteten Haut mit trockenen Händen positionieren,
- Wirkstofflösung mit Fächerpinsel oder Schwämmchen auftragen, bis ein durchsichtiges Gel entsteht,
- mit feuchten Handflächen und Fingern wie gewohnt massieren, bis sich das Gel verflüssigt hat und die Wirkstoffe diffundiert sind,
- Reste gründlich mit Kompressen entfernen, wenn danach die Abschlusspflege erfolgt, oder
- ohne Zwischenkompressen mit einer pflegenden Emulsion massieren oder eine Cremepackung auftragen,
- Abschlusspflege.

Zur Erhaltung der Gleitfähigkeit sind beim Massieren mit einem Vliesgel häufige Unterbrechungen erforderlich, um die Massagehände zu befeuchten. Das ist nachteilig für die Entspannung des Kunden. Nicht jeder mag die entstehende Kühle im Gesicht. An heißen Sommertagen, bei erhitzten Kunden, bei Rötungen mit ständigem Wärmegefühl in den Wangen dagegen ist diese Anwendung besonders geschätzt.

Rezepturbeispiel einer Vliesmaske
deklariert nach INCI:
Algin, Cellulose Gum, Squalane, Rayon, PPG-15-Stearyl Ether, PEG-40 Sorbitan Peroleate

Paraffinmasken

Die für Paraffinmasken angebotenen Hartparaffine sind Gemische fester, gereinigter, gesättigter Kohlenwasserstoffe, die bei 50–60 °C schmelzen. Sie werden zumeist in Blechdosen geliefert, die zum Verflüssigen vor jedem Gebrauch in ein spezielles elektrisch beheiztes Wärmegerät gestellt werden. Volle Dosen haben eine längere Anheizzeit als angebrochene. Es gibt Hartparaffin auch als Platten oder Schalen, die direkt im Wärmegerät geschmolzen werden oder im Mikrowellengerät zu verflüssigen sind.
Zu diesem Zweck werden auch Mischungen aus synthetischen Wachsen und Bienenwachs verwendet.
Paraffinmasken wirken okklusiv: Beim Antrocknen bilden sie einen luftdichten Abschluss und fördern physiologische Hautfunktionen.

Zubehör für die Paraffinmaske: Wirkstoffkonzentrat, Hartparaffin, Heizgerät, Gaze, Schere, Maskenpinsel

Sie sind
- stoffwechselaktivierend und schweißtreibend,
- durchblutungsfördernd und teintbelebend, weil Hautwärme gestaut wird,

Sachet = kleiner Beutel, z.B. als Plastikverpackung für Pulver zur Einmalanwendung
peel off = wegschälen

H

Nach jedem Gebrauch muss der Maskenpinsel mit einem Paraffinreiniger von allen Resten gesäubert werden. Auch für das Wärmegerät liefert der Hersteller ein spezielles Reinigungsmittel mit.

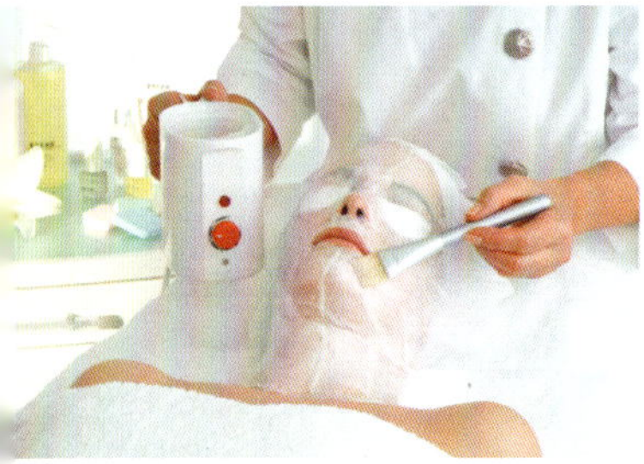

Auftragen der Paraffinmaske

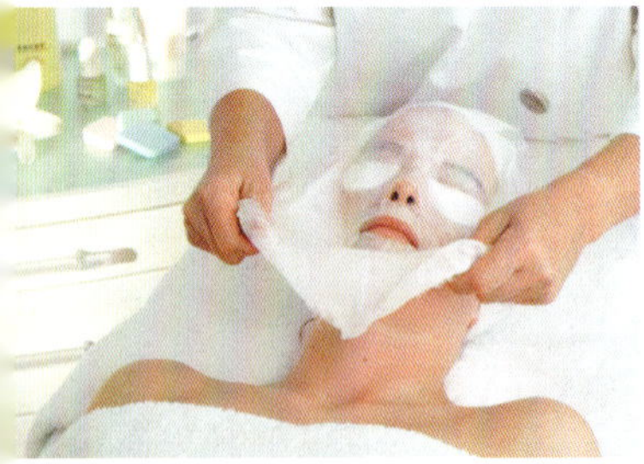

Entfernen der Paraffinmaske

Z

Paraffinmasken sind besonders **geeignet**:
bei Sebostase, Feuchtigkeitsmangel, Hautblässe, sonnengeschädigter Haut, Raucherhaut, Alterung, Pflegevernachlässigung.
Paraffinmasken sind **ungeeignet**:
bei Rötungen, Seborrhö und Aknegefährdung.

- rehydratisierend, weil Hautfeuchtigkeit zurückgehalten wird und obere Hautschichten aufquellen,
- glättend für die Hautoberfläche, weil Hautschuppen vom antrocknenden Paraffin festgehalten und abgelöst werden.

Das Ergebnis ist eine rosige, weiche, optimal durchfeuchtete, glatte Haut, deren Falten weniger sichtbar sind. Dafür steht der Begriff „biologisches Lifting".

Ausführung:

- Das Paraffin in der offenen Blechdose oder Paraffinplatte in einem mikrowellengeeigneten Gefäß schmelzen,
- auf die gründlich vorbereitete Haut ein hautgerechtes Wirkstoffkonzentrat auftragen,
- Augenpflege und wasserfeuchte Augenpads so auflegen, dass auch die Augenbrauen bedeckt sind,
- zugeschnittene Lage Gaze oder Zellstoffvlies auflegen, in denen Mund und Nasenlöcher ausgespart sind, das erleichtert das Abnehmen der Paraffinmaske nach der Wirkungszeit,
- verträgliche Temperatur des Paraffins vor jeder Anwendung am eigenen Handgelenk überprüfen,
- verflüssigtes Hartparaffin mit sauberem Maskenpinsel streifenweise von der Gesichtsmitte nach außen gleichmäßig in 2–3 Lagen auftragen, an der Stirn oder am Kinn beginnend. Paraffin kann auch direkt auf die Haut aufgetragen werden.
- Wird der Hals einbezogen, sollte vorsorglich die Schilddrüsenpartie wegen der besonderen Druckempfindlichkeit frei von antrocknendem Paraffin bleiben.
- Nach 20–30 Minuten die getrocknete Maske mit der Gaze vom Kinn nach oben abrollen und abheben.
- Verbliebene Reste mit feuchter Kompresse entfernen und lotionieren.
- Abschlusspflege.

Paraffinmasken sind auch zur Intensivpflege der Hände und Füße geeignet. Dafür werden größere Heizwannen angeboten. Hände oder Füße brauchen dann nur in das verflüssigte Paraffin getaucht zu werden.

Kautschuk- und Gummimasken

Eine weitere Spezialität für die Kabinenbehandlung sind Kautschuk- und Gummimasken. Als Basis dienen Pflanzen- und Baumsäfte, die an der Luft erhärten und Harze bilden. Zu den Inhaltsstoffen gehören z.B. Siliciumdioxid (weißes Pulver), Algin (Bindemittel), Calciumsulfat (Gips). Für Masken werden sie in Pulverform angeboten, oftmals zusätzlich mit Wirkstoffen wie Vitamin C oder verschiedenen Kräuterextrakten angereichert. Solche Masken sind in Sachets portioniert und werden nach Herstellerangaben mit Wasser angerührt.
Wie bei Paraffinmasken entsteht beim Antrocknen eine okklusive Hautabdeckung, unter der die Haut stärker arbeiten muss. Sie speichert Wärme und Feuchtigkeit und quillt auf. Im Unterschied zu Modelagen, die auf dem Gesicht als hart und schwer empfunden werden, bleiben Kautschukmasken auch nach dem Antrocknen gummielastisch und leicht.
Manche Hersteller bezeichnen ihre Kautschukmasken auch als „Peel-off-Masken", weil beim Antrocknen, einem Peeling ähnlich, Schuppen aufgenommen und mit der Maske entfernt werden.

Das positive Ergebnis ist wie bei Paraffinmasken sofort sichtbar: eine glatte, rosige, optimal durchfeuchtete Haut mit weniger sichtbaren Falten.

Ausführung:

- Auf die gründlich vorbereitete Haut wird ein Wirkstoffkonzentrat, z.B. als Lösung, Gel oder O/W-Emulsion, aufgetragen.
- Das Haar sollte besonders sorgfältig unter dem Stirnband zurückgebunden sein, es können zusätzlich Zellstofftücher daruntergelegt werden.
- Das Pulver mit Wasser von Zimmertemperatur – im Winter etwas wärmer, im Sommer kühler – zügig anrühren, bis eine homogene Masse entsteht.
- Mit einem großen Spatel an der Stirn beginnend bis zum Kinn von der Mitte nach außen in gleichmäßiger Schicht aufstreichen. Hilfreich für das restlose Abnehmen ist es, wenn die Ränder etwas dicker aufgetragen sind.
- Auf die Augenpartie werden feuchte Augenpads gelegt, getränkt mit Augenlotion, alkoholfreiem Gesichtswasser oder kühlem Wasser. Auf Wunsch können die Lider (ebenso wie die Lippen) in die Maskenschicht mit einbezogen werden.
- Wird der Hals mit bedeckt, sollte vorsorglich die Schilddrüsengegend wegen der Druckempfindlichkeit frei bleiben.
- Nach 15–20 Minuten werden die Ränder mit dem Spatel leicht gelockert.
- Anschließend wird die Maske vom Kinn beginnend flach zur Stirn hin im Ganzen abgezogen. Verbleibende Reste werden mit feuchtwarmen Kompressen entfernt.
- Es folgen Lotionieren und Abschlusspflege.

Z Kautschukmasken sind empfehlenswert: bei Sebostase, Feuchtigkeitsmangel, Blässe, Raucherhaut, Seborrhö sicca und Restbräune.

Bei starken Rötungen, Gefäßlabilität oder Entzündungsneigung sind weich bleibende Gel-, Creme- oder Breipackungen vorzuziehen.

Rezepturbeispiel einer Kautschukmaske
deklariert nach INCI:
Solum diatomeae, Algin, Sulphate, Tetrasodium Pyrophosphate, Sodium Phosphate, Sodium ascorbate, Malpighia Punicifolia, Camelia Sinensis Extract, CI 15985, 12085, Parfum

Modelagen

Modelagen (s. auch S. 119) bieten derzeit das Optimum an sichtbarer Glättung. Sie sind Packung und Maske zugleich und damit eine ganz besondere Spezialität für die Kabinenbehandlung im Rahmen von Anti-Aging-Programmen.
Für Modelagen werden Mineralstoffe in Pulverform verwendet. Als Basis dient Calciumsulfat (Gips), zumeist angereichert mit weiteren Mineralien. Diese werden zur Entwicklung der gewünschten Temperaturkurve auch als Extra-Kristalle mitgeliefert.
Das mit Wasser nach Herstellerangabe angerührte Pulver härtet auf der Haut aus. Außerdem verkleinert sich beim Aushärten die Masse durch Verlust von Wasser und Wärme, sodass eine Press- und Bügelwirkung entsteht. Die ausgehärtete Modelage fühlt sich kühl an.

Modelage

Modelagen bewirken:

- Durchblutungsanregung und Teintbelebung,
- optimale Diffusion der darunter aufgebrachten Wirkstoffe,
- Entspannung der unter der Modelage völlig unbeweglichen mimischen Muskeln; die Bügelwirkung ersetzt die Gesichtsmassage,
- Quellung und Aufpolsterung oberer Hautschichten,
- über Stunden anhaltend sind Falten optisch weniger sichtbar.

Z Modelagen sind besonders zu empfehlen bei Alterung, Feuchtigkeitsmangel, Blässe, Raucherhaut und Pflegevernachlässigung.

Die Kosmetikerin sollte mit dem Kunden vor Auftragen ein Zeichen vereinbaren, mit dem der Kunde signalisieren kann, dass er sich unwohl fühlt und die schwere, feste Masse vorzeitig entfernt werden sollte.

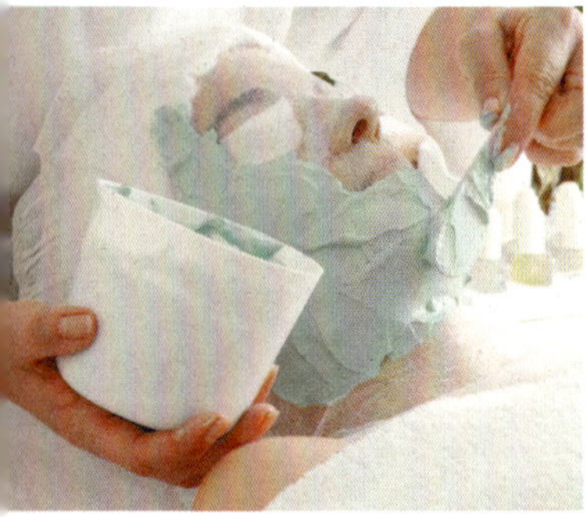

Auftragen einer Modelage

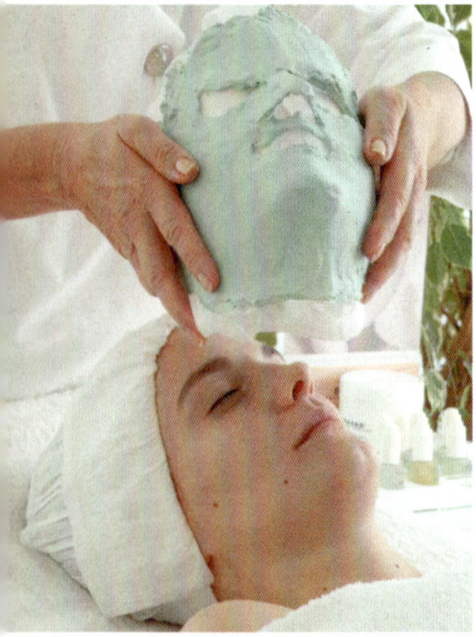

Abnehmen einer Modelage

Ausführung:

- Auf der gründlich vorbereiteten Haut wird ein Wirkstoffkonzentrat aus Ampulle oder Spender verteilt und darüber eine reichhaltige Nachtcreme vom Typ der W/O-Emulsion deckend aufgetragen. Oftmals wird auf die vom Lieferanten von Modelagepulvern mitgelieferten Basiscremes zurückgegriffen. Diese Anwendung hat zunächst Packungscharakter.
- Der Haaransatz des Kunden ist sorgfältig zu schützen, eventuell sollten bei kurz geschnittenen Haaren zusätzlich Zellstofftücher unter das Stirnband gelegt werden.
- Es folgt die Augenpflege mit Augencreme und feuchten Wattepads, die auch die Augenbrauen schützend bedecken.
- Das Modelagepulver genau nach Vorschrift mit Wasser verrühren (d.h. das Wasser langsam in das Pulver, nicht umgekehrt) und mit einem großen Löffel recht zügig aufschichten, zunächst auf den flachen Partien Stirn, Jochbeingegend, Wangen, Kinn, Oberlippe und anschließend entlang der Gesichtskontur. Während des Antrocknens kann mit dem feuchten Löffelrücken modelliert werden, bis eine gleichmäßige Schichtdicke von mindestens 1 cm erreicht ist und alle Partien stabil verbunden sind.
- Jetzt nimmt die Anwendung Maskencharakter an.
- Für das sichere Abnehmen des Gesichtsabdrucks im Ganzen ist es hilfreich, vor dem Auftragen Gaze oder Zellstofftücher auf der W/O-Creme zu platzieren.
- Auf Wunsch des Kunden können auch Augen- und Mundpartie einbezogen werden, weil sich gerade dort auffällige Fältchen befinden. Dann bleiben nur die Nasenlöcher zum Atmen frei.
- Ein vertrauensvolles Verhältnis zwischen Kunden und Kosmetikerin ist dafür unerlässliche Voraussetzung.
- Bei Modelagen am Hals sollte stets die Schilddrüsenpartie frei bleiben. Auch für die Glättung des Dekolletés sind Modelagen vorteilhaft.
- Nach 30 Minuten Ruhezeit bittet die Kosmetikerin den Kunden, die Maske durch den Einsatz seiner Mimik zu lockern, und nimmt die Schale im Ganzen ab.
- Lotionieren und Abschlusspflege.
- Sofort nach Entfernen der Gipsschale zeigt sich eine schöne, rosige, glatte, feinporige, deutlich aufgepolsterte Haut.

Rezeptur eines Modelagepulvers
deklariert nach INCI:
Calcium Sulfate, Calcium Carbonate, Magnesium Stearate, Zinc Stearate, Silica, Titanium Dioxide,
CI 7749

A Frau Beyer hat in den nächsten Tagen ihren 60. Geburtstag. Da sie dies mit einem großen Fest begeht, möchte sie ganz besonders schön aussehen. Wie würden Sie ihr die Vorzüge einer Modelage erläutern? Welche Alternativen könnten Sie Frau Beyer anbieten?

7.4.3 Pflegemittel der Augenpartie

Kriechöle = schnell breit fließende Öle

In jede Basis- oder Intensivpflege wird die Augenpartie einbezogen, weil sie vorbeugende Pflege braucht. Sie hat weniger Talgdrüsen, ist dünner als die übrige Gesichtshaut und wird durch die Mimik stark beansprucht. Hinzu kommen einseitige Überforderungen, z.B. durch Bildschirm- oder feinste Präzisionsarbeiten. Häufig lässt die Elastizität vorzeitig nach, es entstehen Lachfältchen (Krähenfüße) und Blinzelfältchen. Außerdem können zeitweise Flüssigkeitsansammlungen als Schwellungen auftreten, ausgelöst durch Allergene und Schwächen im Lymphsystem. Eine solche Haut wird überdehnt und ist nach Abschwellen besonders faltig und pflegebedürftig.
Die Reinigung der Augenpartie und das Entfernen des Augen-Make-ups ist nachzulesen in der Grundstufe, LF 3, S. 154.
In der Kabine ist das Auftragen und Einarbeiten von **Augenpflegemitteln** ein Arbeitsgang innerhalb von Pflegeprogrammen, zumeist bevor mit der Gesichtsmassage begonnen wird oder bevor Masken oder Packungen aufgetragen werden. Ergänzt wird die Anwendung zu Hause nach intensiver Beratung des Kunden.

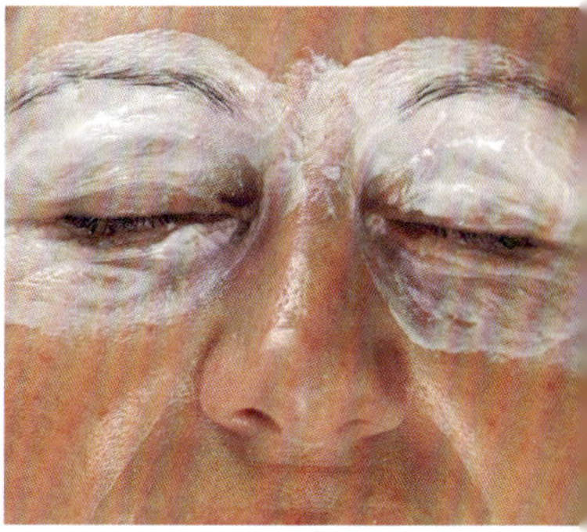

Cremepackung für die Augenpartie

Außerdem sind während der Ruhezeit einer Gesichtspackung **spezielle Auflagen für die Augenpartie**, z.B. getränkte Pads, Augenpackungen, möglich.

Augenpflegemittel	Besonderheiten	Anwendungen
Augengel	fettfrei, feuchtigkeitsreiche Hydrogele, z.B. mit Hyaluronsäure, NMF, Aloe vera, kühlend	bei Feuchtigkeitsmangel, Plisseefältchen, Schwellungen, Rötungen und Empfindlichkeiten morgens, auch unter dem Make-up
Augencremegel	emulgatorfreies Liposomenprodukt, DMS-Creme mit Phytosphingoceramiden, durchfeuchtend und leicht rückfettend	bei Trockenheit, Feuchtigkeitsmangel, Falten, morgens und/oder abends
Augencreme	geschmeidige O/W- oder W/O-Emulsionen ohne „Kriechöle", fettend, feuchtend, nicht spreitend	bei beginnender Faltenbildung, bei gealterter, faltiger Augenpartie, nach dem Sonnenurlaub, abends

Augenauflagen	Besonderheiten	Anwendungen
Augenpads	getränkt mit Augenwasser, Kräutersud, alkoholfreiem Gesichtswasser zum Kühlen, Abschwellen und Reizlindern	über Augenpflegeprodukten zur Intensivierung und Förderung der Entspannung während der Packungsruhezeit
Augenpackung	spezielle O/W-Cremepackung ohne „Kriechöle" mit erprobter Verträglichkeit für Durchfeuchtung und Rückfettung der Lider	zur Spezialbehandlung der pflegebedürftigen und empfindlichen Augenpartie
Breipackung	Bolus alba, Heilerde, Fango auf Vliesstreifen aufgetragen, beruhigend, kühlend	bei durch Wind und Sonne gereizter Augenpartie, bei Augenringen
Liftingmaske	Kautschukmaske, Paraffinmaske, Modelage über Augenpflegeprodukt und Vlies- oder Zellstoffstreifen aufgetragen	Intensivpflege bei Elastizitätsverlust, bei faltiger, gealterter Augenpartie, bei Pflegevernachlässigung

Obwohl Augenpflegeprodukte an der Haut der Augenumgebung problemlos vertragen werden, sollten sie nicht ins feuchte Augeninnere gelangen (Gefahr der Schleimhautreizung).

Augenpflegeprodukte

Rezeptur einer Augencreme
deklariert nach INCI:
Aqua, Caprylic/Capric Triglyceride, Glycerin, Cetearyl Alcohol, Octyldodecanol, Squalane, Butylene Glycol, Dimethicone, Acetylated Lanolin, Persea Gratissima, Butyrospermum Parkii, Hydrogenated Stearyl Olive Esters, Glyceryl Stearate, Potassium Palmitoyl Hydrolyzed Wheat Protein, Avena Strigosa Seed Extract, Palmitoyl Pentapeptide-3, Lecithin, Acrylates/C 10-30 Alkyl Acrylate Crosspolymer, Xanthan Gum, Carbomer, Sodium Hydroxide, Polysorbate 20, Chondrus Chrispus, Glucose, Ascorbyl Palmitate, Phenoxyethanol, Methylparaben, Butylparaben, Ethylparaben, Isobutylparaben, Propylparaben, Potassium Sorbate, Limonene, Citronellol, Parfum, Mica, CI 7789, 47005, 17200

A Beraten Sie eine Kundin nach ausgedehntem Sonnenaufenthalt über Möglichkeiten der Augenpflege.

7.5 Geräte und Zubehör

transepidermal = durch die Epidermis
Impulsstrom = pulsierender Gleichstrom, regelmäßig unterbrochen
Interferenzstrom = Ergebnis zweier sich überlagernder Wechselströme
Interferenz (lat.) = Überlagerung von Wellen

Die moderne Technik bietet Behandlungsvarianten, Abwechslung, Erweiterung und Intensivierung optimaler Hautpflege. Weder manuelle Fertigkeiten noch apparativer Einsatz allein sind der Weg zum Erfolg, sondern deren Kombination in durchdachten Behandlungsplänen.
Dabei müssen Lernende durchaus eine gewisse Hemmschwelle im Umgang mit dem elektrischen Strom überschreiten, besonders wenn eine bestimmte Stromart als physiologischer Wirkfaktor eingesetzt wird, z.B. bei Iontophorese- oder Reizstromgeräten. Je genauer die Kosmetikerin ihre Geräte, deren Bauart, Wirkungsprinzip und Anwendungsweise kennt, umso sicherer wird sie im Umgang damit. Voraussetzung ist, dass sie die Sicherheitsvorschriften (s. GSt., S. 172) im Umgang mit elektrischem Strom kennt und einhält. Mit dem Gerätekauf sind außerdem Schulungen durch den Hersteller verbunden.

Geräte für die Hautpflege

Geräte		Stromart	Wirkungen
Iontophoresegerät	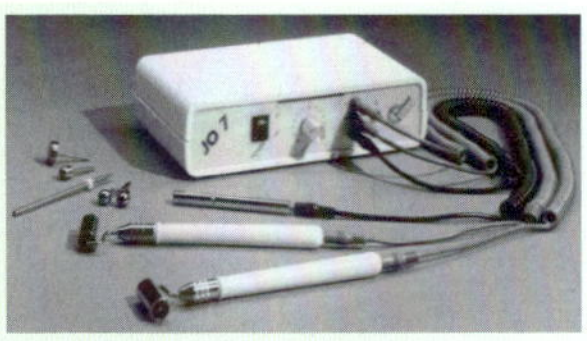	galvanischer Strom (geglätteter Gleichstrom), physiologisch wirksam	Wasserlösliche Wirkstoffkonzentrate gelangen tiefer in die Haut, Einfluss auf Hautfunktionen
Hochfrequenzstab	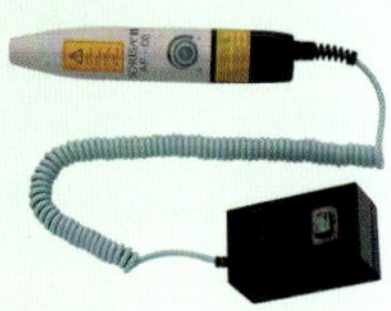	Hochfrequenzstrom, physiologisch wirksam	Durchblutungsförderung und Regeneration durch verbesserte transepidermale Wirkstoffaufnahme

Geräte	Stromart	Wirkungen
Reizstromgerät 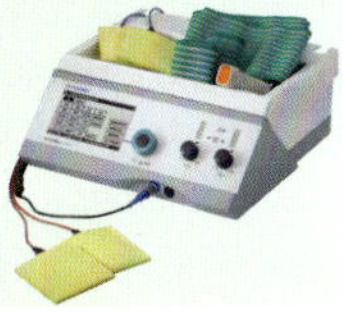	Impulsstrom (pulsierender Gleichstrom) oder Interferenzstrom (zwei überlagerte Wechselströme), physiologisch wirksam	Mikromassage, Aktivierung der Zelltätigkeit und des Nervensystems, Muskelkontraktionen, Stoffwechselbelebung, Mimogymnastik (s. S. 146 Randspalte)
Bürstengerät (s. S. 83) 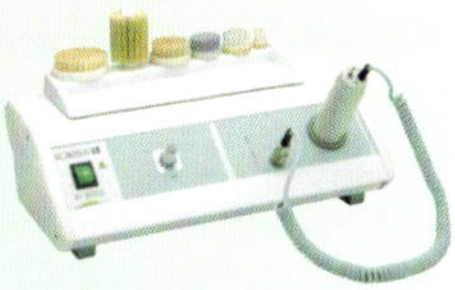	Wechselstrom als mechanischer Antrieb	Massage zum Einbringen von Wirkstoffen aus Emulsionen oder Ölen, Tiefenreinigung der Haut
Vibrationsgerät (s. S. 84) 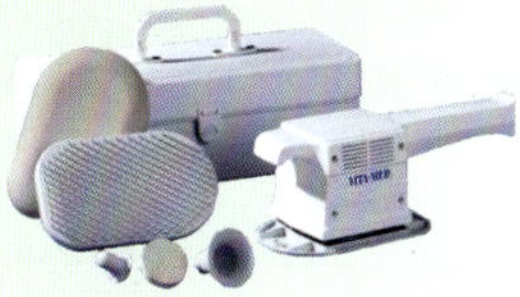	Wechselstrom als mechanischer Antrieb	Vibrationsmassage, Belebung von Hautfunktionen, Teintverbesserung, Lockerung muskulärer Verspannungen
Saug-/Druckgerät (s. S. 84) 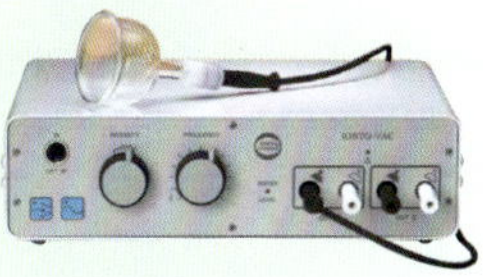	Wechselstrom als mechanischer Antrieb für Druckluft und Unterdruck	Massage, Anregung der lokalen Durchblutung, Rötung
Ultraschallgerät 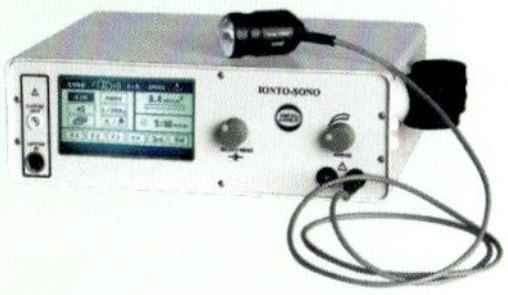	Wechselstrom für Schallwellen	Aktivierung des Hautstoffwechsels durch Schallwellen, Minderung tief liegender Falten
Farblichtgerät (s. S. 315 ff.) 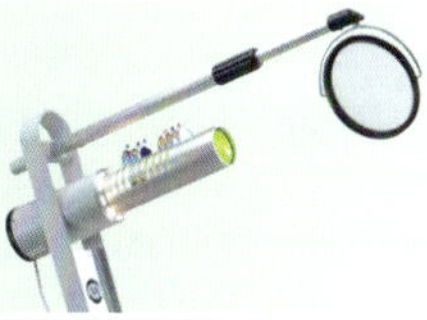	Wechselstrom zur Erzeugung verschiedener Strahlung	Stimulierung der Psyche durch wechselndes sichtbares Licht
Solluxlampe, Infrarotstrahler (s. S. 311 f.) 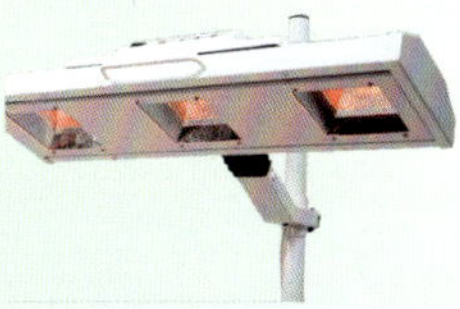	Wechselstrom zur Erzeugung verschiedener Strahlung	Anregung (Infrarot, Rotlicht) oder Dämpfung (Blaulicht) physiologischer Vorgänge
Solarium (s. S. 313 ff.) 	Wechselstrom zur Erzeugung von UV-Licht	Bräunung durch ultraviolettes Licht (bevorzugt UVA für direkte Bräunung)

A Stellen Sie zusammen, welche dieser Geräte in Ihrem Ausbildungsbetrieb verwendet werden, und vergleichen Sie die Ergebnisse in der Klasse.

Iontophorese = „Ionenhineintragung", Ionen aus Wirkstoffkonzentraten werden unter Stromeinfluss in lebende Hautschichten eingeschleust
galvanischer Strom = geglätteter Gleichstrom
V = Volt, Maßeinheit für elektrische Spannung
Hz = Hertz, Maßeinheit für Frequenz des Stroms
Frequenz = Anzahl von Schwingungen pro Sekunde
Ampere = Maßeinheit für Stromstärke
Elektrode = elektrischer Pol
Ion = elektrisch geladenes Atom oder Molekül

Z technischer Wechselstrom in Deutschland = 50 Hz

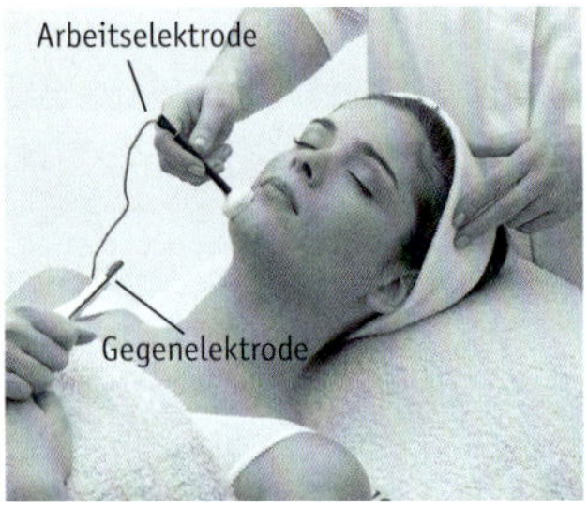

Kosmetikerin bei der Iontophorese mit der Pinzettenelektrode

7.5.1 Iontophorese

Iontophorese basiert auf Erkenntnissen der Elektrophysiologie:
Alle Lebensvorgänge sind von schwachen elektrischen Strömen (Bioströmen) begleitet und folglich auch durch äußere Ströme beeinflussbar.

Gerät

Es wird hierbei galvanischer Strom erzeugt, benannt nach dem italienischen Naturforscher und Arzt Luigi Galvani (1737-1798), dessen Versuche an Fröschen die Erkenntnisse über elektrochemische Vorgänge vorbereiteten.
Iontophoresegeräte (s. S. 138) wandeln zunächst über Gleichrichter den aus der Steckdose entnommenen Wechselstrom (220 V, 50 Hz) in Gleichstrom um. Dieser wird dann über Kondensatoren zu gleichmäßigem und nur in eine Richtung fließenden geglätteten (galvanischen) Gleichstrom umgewandelt. Seine Frequenz beträgt 0 Hz.
Am menschlichen Körper wird im Milliampere-Bereich gearbeitet.

Damit der Strom durch den Körper des Kunden fließen kann, sind zwei Elektroden erforderlich:
Die Arbeitselektrode (aktive Elektrode) befindet sich dort, wo die Wirkstoffionen eingeschleust werden sollen.
Die Gegenelektrode (inaktive Elektrode) wird für einen geschlossenen Stromkreis herzfern angelegt, z.B. am rechten Oberarm, hinter der rechten Schulter, in der rechten Hand des Kunden.

Arbeitselektroden

Je nach dem zu bearbeitenden Hautareal wird zwischen kleineren oder größeren Arbeitselektroden gewählt:

Bewegliche Arbeitselektroden

Name	Auflagefläche	Anwendung
Pinzettenelektrode (s. S. 142) (auch paarweise verwendbar)	1–2 cm^2	für kleinflächige und punktförmige Arbeit im Gesicht, z.B. Nasolabialfalten, Oberlippenfalten, Stirnfalten
Rollenelektrode (s. S. 142)	2–3 cm^2	für Gesicht, Hals und Dekolleté
Handgelenkelektrode, sog. „galvanische Hand" (s. S. 142)	je nach Handgröße bis 20 cm^2	befestigt an den Handgelenken der Kosmetikerin erfolgt manuelle Massage unter Gleichstromeinfluss

Unbewegliche Arbeitselektroden

Name	Auflagefläche	Anwendung
Kinnbandelektrode (s.S. 143)	etwa 12 cm^2	spezielle Halsbehandlung
Gesichtselektrodenmaske (s. S. 142)	etwa 18 cm^2	flächige Gesichtsbehandlung
Brustelektrode	etwa 14 cm^2	Busenpflege
Plattenelektrode (s. S. 143) (auch paarweise verwendbar)	größte Auflageflächen	Körperbehandlungen, z.B. Dekolleté, Brust, Oberarme, Beine, Bauch

Gegenelektroden

Die Gegenelektroden befinden sich unbeweglich am Kunden:

- als Stabelektrode in dessen rechter Hand,
- als Plattenelektrode hinter seiner rechten Schulter, unter dem rechten Oberarm.

Wirkstoffionen

Unter dem Einfluss von galvanischem Strom können Wirkstoffe, die in wässeriger Lösung dissoziieren, tiefer in lebende Gewebe eindringen, als dies durch Massage möglich ist. Es handelt sich um Elektrolyte, z.B. Salzlösungen, Säuren, Laugen. Geeignet sind wasserlösliche Wirkstoffe als Konzentrate in Ampullen und Spendern sowie O/W-Emulsionen als Creme oder Packung. Verwendung finden z.B. wasserlösliche Vitamine B, C, Milchsäure, Flavonoide, Gelée royale.

Das Einbringen von Wirkstoffen in die Haut mit Iontophorese folgt dem galvanischen Prinzip:
In einem elektrischen Feld stößt sich Gleichgeladenes ab, gegensätzlich Geladenes zieht sich an.

Sollen positiv geladene Wirkstoffionen (Kationen) eingeschleust werden, so muss die Arbeitselektrode als positiver Pol (Anode) geschaltet werden, damit die Ionen von der Gegenelektrode (Kathode) angezogen werden. (1)

Sollen negativ geladene Wirkstoffionen (Anionen) eingeschleust werden, so muss die Arbeitselektrode als negativer Pol (Kathode) geschaltet werden, damit die Ionen von der Gegenelektrode (Anode) angezogen werden. (2)
Der Hersteller gibt auf seinen Wirkstoffkonzentraten an, ob diese negativ, positiv oder polgewendet eingeschleust werden sollen.

Dissoziation = Aufspaltung, Zerfall eines Moleküls in Ionen
Elektrolyte = Verbindungen, die in wässriger Lösung in Ionen zerfallen
Anion = negativ geladenes Ion
Kation = positiv geladenes Ion
Anode = positiver Pol
Kathode = negativer Pol
polgewendet = bipolar, d.h., etwa die halbe Einschleuszeit wird negativ, die andere Hälfte positiv gearbeitet, weil sich sowohl Anionen als auch Kationen in der Lösung befinden
Osmose = Diffusion durch semipermeable Wände
Diffusion = Molekülwanderung hin zur schwächeren Konzentration
semipermeabel = halb durchlässig, d.h. nur durchlässig für kleinmolekulare Stoffe

1

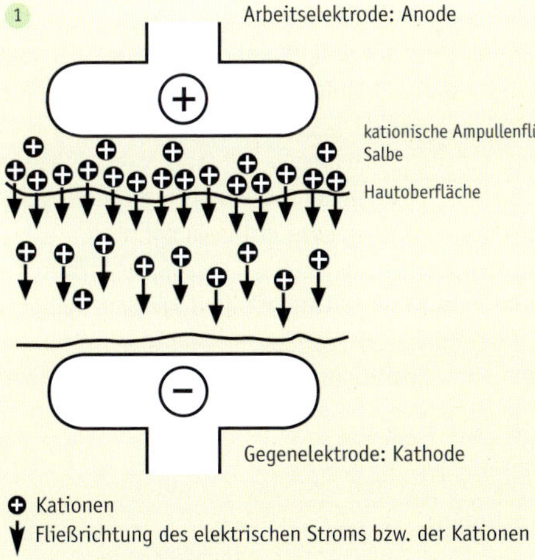

Bei kationischen Wirkstoffen ist die Arbeitselektrode die Anode und die Gegenelektrode die Kathode.

2

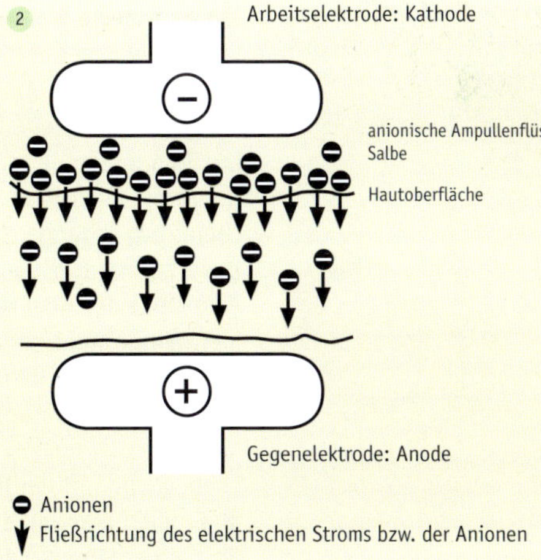

Bei anionischen Wirkstoffen (Anionen) ist die Arbeitselektrode die Kathode und die Gegenelektrode die Anode.

Elektro-Osmose

In den Körpergeweben findet immer, also auch während einer Iontophoresebehandlung, eine eigene Ionenbewegung statt. Diese wird als Elektro-Osmose bezeichnet. Der Vorgang wird durch Bioströme ausgelöst, die stets von Plus nach Minus fließen.

Z Um Störfaktoren auszuschließen, sollten weder Kosmetikerin noch Kunde während einer Iontophoresebehandlung Schmuck tragen.

Unter dem Einfluss des galvanischen Stroms verstärkt sich also auch die Ionenwanderung aus den Elektrolyten der Körperflüssigkeiten, z.B. aus der physiologischen Kochsalzlösung des Blutes: NaCl und H_2O.
Die positiv geladenen Natrium-Ionen (Na+) wandern in Richtung Kathode, die negativ geladenen Chlorid-Ionen (Cl-) zur Anode. Damit es an den Elektroden nicht zu Hautverätzungen durch schwache Natronlauge- oder Salzsäurebildung kommt, müssen die angelegten Elektroden stets gründlich mit Leitungswasser durchfeuchtet werden. Dazu sind die Elektroden mit saugfähigen Geweben umhüllt oder stecken in Viskosetaschen. Die Rückseite der Gegenelektroden besteht aus einer wasserdichten Umhüllung zum Schutz der Kleidung.
Bei einer Iontophoresebehandlung kann unabhängig vom Präparateeinsatz zusätzlich die Elektro-Osmose genutzt und verstärkt werden, um gestaute Flüssigkeiten (z.B. als Ödeme, Tränensäcke, geschwollene Beine) abzutransportieren:
Um zu entstauen und zu entwässern, wird die Arbeitselektrode als Anode geschaltet. Die Gegenelektrode liegt dann vorteilhaft am Bauch, in der Nähe von Niere und Blase, um das Ausscheiden von Flüssigkeit zu begünstigen.

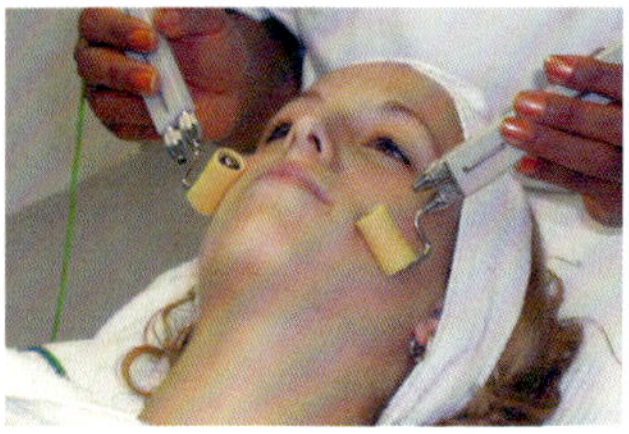

Arbeiten mit der Rollenelektrode

Arbeitsweise

Iontophorese erfolgt an der Stelle einer pflegenden Gesichtsbehandlung, wo ein Wirkstoffkonzentrat eingearbeitet werden soll. Vorreinigung und Intensivreinigung sind bereits erfolgt, die Gegenelektrode ist durchfeuchtet, platziert und mit dem Gerät verbunden.
Bei allen Gleichstrombehandlungen wird der Strom zu Beginn langsam auf die gewünschte Stärke hochdosiert, so gehalten und am Ende der Behandlung ebenso langsam zurückgedreht. Erst dann wird das Gerät ausgeschaltet, und die Elektroden können entfernt werden.

Soll mit der **Pinzettenelektrode** gearbeitet werden, so wird trockene Watte in die Pinzette geklemmt und so fest gewickelt, dass das Metall der Pinzettenelektrode vollkommen bedeckt ist. Anschließend wird sie leicht mit Leitungswasser angefeuchtet. 2/3 der Ampullenflüssigkeit werden manuell auf das Gesicht und 1/3 auf die Arbeitselektrode aufgetragen.
Die Polung wird je nach Herstellervorschrift festgelegt.
Nun die Pinzettenelektrode an die Haut anlegen und die Stromstärke einschleichen, d.h. so lange erhöhen, bis der Kunde ein leichtes Kribbeln spürt.
Etwa 10 Minuten lang mit der Pinzettenelektrode über alle Gesichtspartien (mit Ausnahme der Augenpartie) unter leichtem Druck streichen und kreisen, dabei immer Hautkontakt halten.
Zwischenzeitlich den Kunden fragen, ob alles angenehm ist, eventuell die Stromstärke leicht nachregulieren.

Kundin mit Gesichtselektrodenmaske

Ebenso wird mit der **Rollenelektrode** an Hals und Dekolleté verfahren:
- Produkt manuell auf der Haut verteilen,
- aus Hygienegründen auf einem feuchten Zellstofftuch oder Vlies rollen.

Z Der Vorteil der galvanischen Hand ist der direkte Kontakt zum Kunden.

Wird mit der **galvanischen Hand** gearbeitet, so befestigt die Kosmetikerin die durchfeuchteten Manschetten an ihren beiden Handgelenken, legt eine Hand am Kinn des Kunden an und reguliert mit der anderen die Stromstärke. So führt sie ihre gebräuchliche Gesichts-, Hals- und Dekolleté- oder Körpermassage aus. Wichtig ist, dass sie stets auch zwischen den Griffen einen Hand-Haut-Kontakt hält.

Wird mit der **Gesichtselektrodenmaske** gearbeitet, so werden Konzentrat und/oder O/W-Emulsion auch als Cremepackung komplett gleichmäßig aufgetragen und mit einem Vlies abgedeckt. Darüber liegt die Gesichtselektrodenmaske als Arbeitselektrode vorgeschriebener Polung mit zwei Zuleitungen links und rechts.
Obwohl die Kosmetikerin während der 10–15 Minuten Einwirkzeit selbst nicht am Kunden arbeiten muss, sollte sie in seiner Nähe bleiben, ihn fragen, wie es ihm geht und auch hier eventuell die Stromstärke nachregulieren. Der Strom wird stets unterschwellig dosiert, es darf kein unangenehmes Brennen entstehen. Der Erfolg der Iontophorese ist immer abhängig von der gewählten Stromstärke, der Größe der Elektroden, der einwirkenden Zeit und der mikrofeinen Aufbereitung der Wirkstoffe.
Bei der Arbeitsweise mit der **Kinnbandelektrode** für Halsbehandlungen kann ebenso verfahren werden wie bei der Gesichtselektrodenmaske.
Für Körperbehandlungen arbeiten große feuchte **Plattenelektroden** meist seitengleich an Rumpf, Armen oder Beinen. Die körpereigene Ionenwanderung durch Elektro-Osmose hat eine Steigerung der Hautdurchblutung, der Nervenaktivität und des Muskeltonus zur Folge. Diese Wirkungen können noch gesteigert werden, wenn das Gerät zusätzlich Wärme anbietet. Solche Geräte werden als **Thermophoresegeräte** bezeichnet.

Kontraindikationen

Vorsicht! Bei Metall im Körper sind Gleichstrombehandlungen verboten!
Verätzungsgefahr besteht bei Gleichstrombehandlungen immer **am nächstliegenden Metall** im Körper.

Gleichstrom darf nicht angewendet werden:
- an Kunden mit Herz-Kreislauf-Erkrankungen und Durchblutungsstörungen, bei Herzschrittmachern wegen der zusätzlichen Gefahr von Frequenzstörungen.
- bei Körperbehandlungen an Kunden mit Endoprothesen, genagelten Brüchen, an Frauen mit einem Diaphragma. Gesichtsbehandlungen dagegen sind möglich.

Vorteile der Iontophorese

- Wirkstoffe gelangen tiefer ins Gewebe als bei manueller Applikation.
- Im Gewebe wird ein Wirkstoffdepot angelegt.
- Die Wirkstoffwirkung wird durch die Stromwirkung ergänzt.
- Es ist eine Regenerationsbehandlung ohne Verletzung der Haut (wie z.B. bei Unterspritzungen), ohne Beanspruchung des Magen-Darm-Systems (wie bei Geriatrika).
- Durchblutungsanregung, Stoffwechselaktivierung, Revitalisierung, Rehydratisierung.

A Sie wollen Ihrem Kunden kurmäßig eine Iontophoresebehandlung vorschlagen. Erklären Sie ihm, was dabei geschieht, worauf Sie achten müssen und welche Wirkungen Sie beabsichtigen.

Prothese = künstlicher Ersatz eines fehlenden Körperteils
endo = innerlich
Endoprothesen = z.B. künstliches Hüftgelenk, Knie
Diaphragma = mechanisches Empfängnisverhütungsmittel
Applikation = Anwendung, Verabreichung
Geriatrika = Arzneimittel, denen eine anregende Wirkung der körperlichen und geistigen Leistungsfähigkeit im Alter zugeschrieben wird, z.B. mit Ginseng, Knoblauch, Vitaminen, Q10, Spurenelementen, Flavonoiden u.a.

Z An Metall im Mund des Kunden kann zwar ein metallischer Geschmack entstehen, es besteht jedoch in der stets feuchten Mundhöhle keine Verätzungsgefahr.

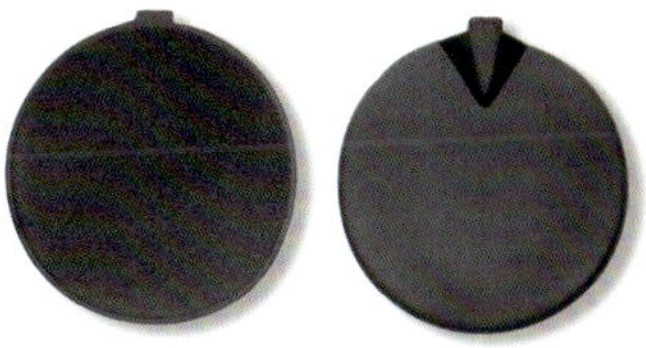

Plattenelektroden

Z Unter der Gesichtselektrodenmaske werden die Augen mit feuchten Wattepads abgedeckt.

Thermophorese zum Einschleusen von Wirkstoffen

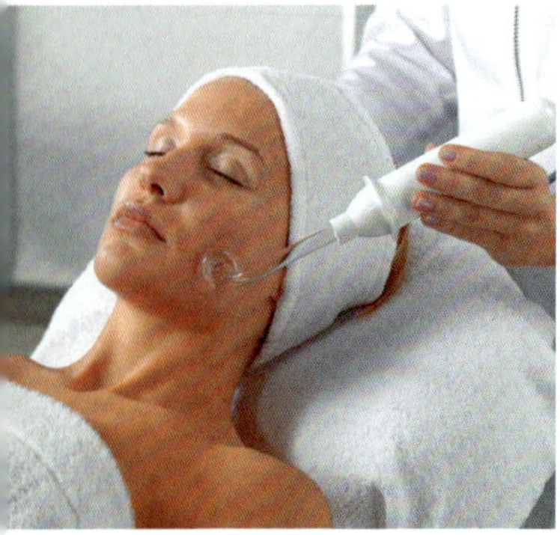

Anwendung des Hochfrequenzstabes

7.5.2 Hochfrequenzstab

Neben seiner desinfizierenden Wirkung (s. GSt., S. 97) wird der Hochfrequenzstab auch pflegewirksam eingesetzt.

Gerät

Hochfrequenzstab und Glaselektroden werden entweder an einem Gerät oder der Hochfrequenzstab wird direkt am Stromnetz angeschlossen. Zum Arbeiten wird mit Druck und leichter Drehbewegung eine Vakuumglaselektrode vorn am Hochfrequenzstab eingesetzt. Die darin befindlichen Edelgasmoleküle werden durch Hochfrequenzströme aktiviert. Es finden Glimmentladungen statt, es wird Sauerstoff erzeugt und Luftsauerstoff am Arbeitsgebiet konzentriert.

Verschiedene Arbeitselektroden

Elektroden	Anwendungen
Pilzelektrode	flächige Gesichtsbehandlung
Stiftelektrode	punktförmige Gesichtsbehandlung
Kammelektrode	Bearbeitung der Kopfhaut
Rollenelektrode	Kontaktbehandlung von Gesicht, Hals, Nacken, Dekolleté
Spiralelektrode	zur Funken- und Zupfmassage

Z

Wirkstoffwege in die Haut:
- durch die Haarfollikel
- durch die Schweißporen
- von Zelle zu Zelle
- im Zellzwischenraum

Arbeitsweise

Zu Beginn wird in Absprache mit dem Kunden eine angenehme Stromstärke gewählt.
Der Hochfrequenzstab kann entweder direkt auf der vorgereinigten puren Haut, direkt auf einem Wirkstoffprodukt, auf einem Vlies über einem aufgetragenen Produkt oder in geringem Abstand zur Haut eingesetzt werden.

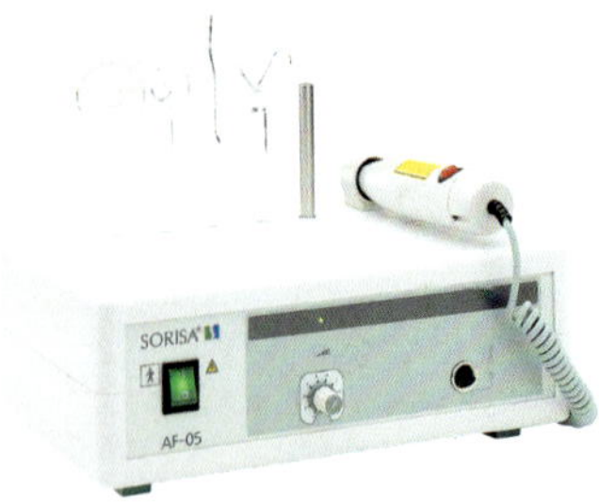

Hochfrequenzstab mit Glaselektroden

Kontaktbehandlung: Die gewählte Glaselektrode wird mit leichtem Druck auf die Haut aufgesetzt und geradlinig darüber geführt. Sollen Wirkstoffe eingearbeitet werden, ist die Rollenelektrode am besten geeignet. Emulsionen und Gele können dazu direkt auf die Haut aufgetragen werden, Flüssigkeiten hingegen sollten auf ein Zellstofftuch getropft werden.
Vorteile: Durchblutungsförderung, leichte Erwärmung, Stoffwechselaktivierung, Wirkstoffe werden beim Penetrieren in die Haut unterstützt.

Halselektrode

Büschelbehandlung: Eine Glaselektrode wird in geringer Entfernung zur Hautoberfläche gehalten und so ohne Hautkontakt über alle Partien oder auf einem mehrfach gefalteten Tuch indirekt über die Haut geführt.
Vorteile: milde lokale Reizbehandlung zur Durchblutungsanregung, als Vorbeugung gegen nachlassende Hautfunktionen.

Stiftelektrode

Funken- und Zupfmassage: Dazu hält der Kunde den Hochfrequenzstab mit der Spiralelektrode in den Händen, und die Kosmetikerin führt mit lockeren Zupf- und Klopfgriffen eine manuelle Massage aus.
Vorteile: In der Verbindung von Technik und persönlicher Zuwendung bei direktem Hautkontakt wird blasse Haut belebt, durchwärmt und in ihren natürlichen Funktionen aktiviert.

Pilzelektrode

Kontraindikationen

Bei Kunden mit Herzschrittmachern wird keinerlei Elektrokosmetik angewendet. Bei Gefäßlabilität und sichtbaren Rötungen sollten anregende Geräteanwendungen unterbleiben.

Zur Unterscheidung:
Niederfrequenzbereich:
1–1000 Hz
Mittelfrequenzbereich:
1000–300 000 Hz
Hochfrequenzbereich:
mehr als 300 000 Hz

A Frau Beyer gehört mit ihren 60 Jahren zu den älteren Kunden und hat blasse Gesichtshaut. Wählen Sie eine entsprechende Arbeitsweise mit dem Hochfrequenzstab und begründen Sie Ihre Wahl.

7.5.3 Reizstrombehandlung

Als Reizstrom werden Stromarten mit physiologischen Eigenschaften bezeichnet, die die Erregbarkeit von Nerven- und Muskelfasern beeinflussen. Sie erzeugen Aktionspotenziale durch verstärkte Ionenwanderung im Gewebe.

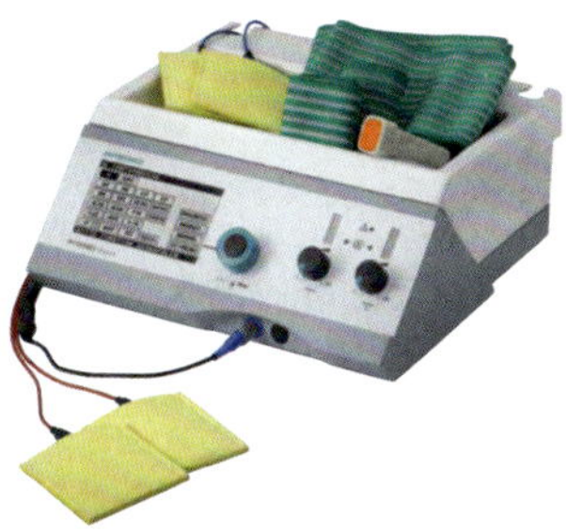

Reizstromgerät

Gerät

Die in der Kosmetik verwendeten Geräte arbeiten mit pulsierendem Gleichstrom oder mit Interferenzstrom im Niederfrequenzbereich zwischen 100 und 1 Hz. Sie sind für Gesichts- und Körperbehandlungen verwendbar.
Bei schnellen Frequenzen um 100, 90, 80 Hz konzentriert sich die Stromwirkung auf obere Hautschichten.
Bei langsamen Frequenzen um 10-1 Hz wird Tiefenwirkung auf Cutis, Subcutis und Muskulatur angestrebt.

Unterschiede bei der Behandlung

mit Gleichstrom	mit Interferenzstrom
pulsierender niederfrequenter Gleichstrom, regelmäßig unterbrochen, 100–1 Hz	genannt auch Schwellstrom, faradischer Strom, zwei sich überlagernde mittelfrequente Wechselströme, z.B. der eine konstant bei 4000 Hz, der andere variabel zwischen 4100 und 4001 Hz, ergibt 100–1 Hz
ein Stromkreis zwischen 100–1 Hz wählbar	zwei Stromkreise, im Kreuzungsfeld zwischen 100–1 Hz wählbar
benötigt werden zwei Elektroden, unmittelbare Wirkung unter den Elektroden	benötigt werden vier Elektroden, mittelbare Wirkung im Überlagerungsbereich der beiden Stromkreise
Verätzungsgefahr bei Gleichstrom, nicht anwenden bei Metall im Körper	keine Verätzungsgefahr bei Wechselstrom, anwendbar auch bei Metall im Körper
Schmerzrezeptoren werden angesprochen, eventuell unangenehmes „Elektrisiergefühl"	Schmerzrezeptoren werden nicht angesprochen, angenehmes Prickeln
mit Iontophorese kombinierbar	mit Iontophorese kombinierbar

Arbeitsweise

Da Reizstromanwendungen sehr vielfältig sind, ist für die Kosmetikerin in der Regel eine intensive Schulung durch den Hersteller erforderlich.
Auf die Haut des Kunden werden feuchte Schwammtücher gelegt. Darauf werden die Elektroden platziert, die fest mit Klettbändern fixiert werden, z.B. an Oberar-

Mimogymnastik = Gesichtsgymnastik durch elektrische Stimulation der mimischen Muskeln
Bypass = Bedeutung in der Medizin: das Umgehen eines Engpasses, zum Beispiel bei Gefäßen
Stent = medizinisches Implantat, das in bestimmte Organe eingebracht wird, um ihre Wand ringsum abzustützen

men, Oberschenkeln, an Bauch oder Po. Im Gesicht werden angefeuchtete Kissenpaare zur Mimogymnastik verwendet, manuell auf bestimmte Punkte aufgesetzt. Moderne Geräte verfügen über eine Automatik, die für Körperbehandlungen ein bestimmtes Programm ablaufen lässt, z.B. anfangs und abschließend je 5 Minuten bei 100 Hz konstant, dann 10–20 Minuten zwischen 100 und 1 Hz, anschließend 10–20 Minuten bei 10–1 Hz.

Wirkungen

bei 100 Hz	bei 1–10 Hz
Oberflächenbeeinflussung	**Tiefenbehandlung**
durch nervliche Entspannung, Anregung des Blut- und Lymphstroms in oberen Hautschichten, leichte Hautstraffung, Mimogymnastik mit Muskellockerung	durch Muskelkontraktion „Muskelturnen", Muskel- und Bindegewebsstraffung, Entwässerung, Entgiftung, Celluliteverbesserung, Mimogymnastik mit Muskelstraffung und Faltenminderung

H Das gesamte Zubehör wird nach Anwendung im Sprühverfahren vordesinfiziert, im Wischverfahren gereinigt, luftgetrocknet und nachdesinfiziert.

Reizstrombehandlungen erfordern eine intensive Kundenberatung. Der Kunde sollte darauf aufmerksam gemacht werden, dass mit dem „Muskelturnen" durch Elektrostimulation nicht die aktive sportliche Betätigung ersetzt werden kann. Voraussetzung für den Erfolg der Behandlung sind eine gesunde Lebensweise, abwechslungsreiche Ernährung und Freizeitsport.

Kontraindikationen

Körperbehandlungen mit Reizstrom werden nicht ausgeführt bei Gesundheitseinschränkungen durch Herzschrittmacher, Bypässe und Stents in Herzkranzgefäßen, bei Schwangerschaft oder wenn Kunden an Durchblutungsstörungen leiden.
Bei Metall im Körper sind nur Interferenzstrombehandlungen erlaubt.

Freizeitsport: Radfahren

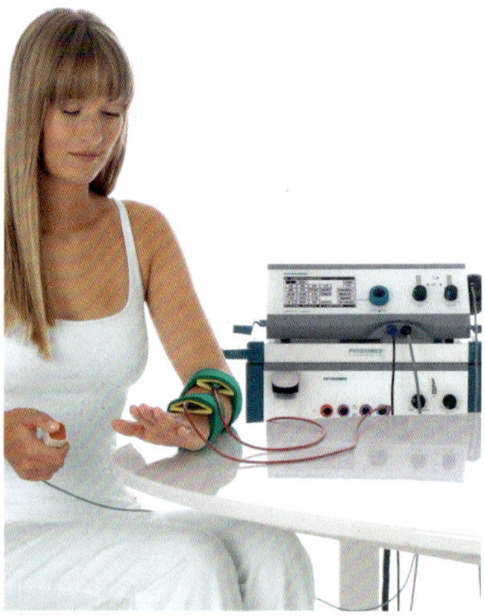

Reizstromgerät

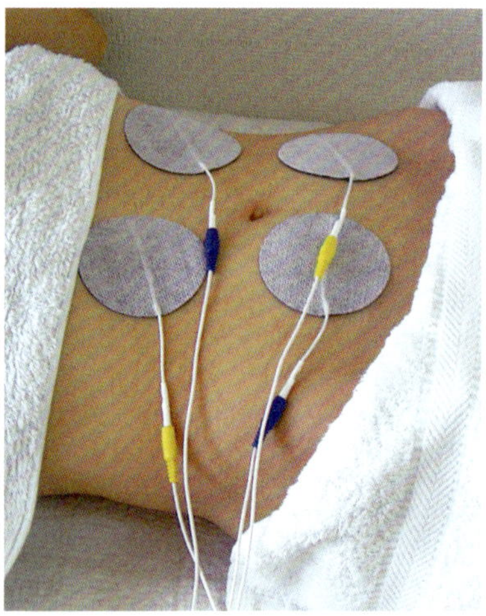

Angelegte Elektroden

A Herr Hamann, ein aufgeschlossener, junger, neuer Kunde, zeigt Interesse an Körperbehandlungen. Mit welchen Argumenten gewinnen Sie ihn für Reizstromanwendungen in einem individuellen Kurprogramm?

7.5.4 Bürstengeräte

Neben der Anwendung von Bürstenschleifgeräten zur Intensivreinigung (s. GSt., S. 158) wird das Gerät auch pflegewirksam eingesetzt.

Arbeitsweise

Mit einer weichen Ziegenhaarbürste lassen sich auf der vorgereinigten Haut pflegende Produkte wie Gele, Öle oder Emulsionen bei niederer Umdrehungszahl (100 U/min = niedertourig) etwa 10 Minuten lang in die Haut einarbeiten.

Auch Reste von cremigen Packungen können nach der Einwirkungszeit als Tagesschutz eingebürstet werden.
Je nach Bearbeitungsfläche werden kleinere oder größere Bürsten eingesetzt und geradlinig über die Haut geführt. Die Hand der Kosmetikerin hält die Bürste ruhig, denn die kreisende Bewegung übernimmt die angefeuchtete Bürste. Solche Bürstungen sind an Gesicht, Hals und Dekolleté, aber auch am Körper, z.B. am Busen, Handrücken, Unterarm, Fußrücken, Unterschenkel möglich. Orientierungshilfe geben die klassischen Massageabfolgen (s. LF 6, S. 57 ff.).

Vorteile

- Mit dem Einbürsten von Pflegemitteln ist eine Abwechslung zur manuellen Behandlung möglich.
- Die feinen Ziegenhaarborsten federn in die Follikel und wischen die Produkte in die feinsten Vertiefungen der Haut hinein.
- Das Penetrieren mikrofeiner Wirkstoffmoleküle unter das Stratum corneum wird wirksam unterstützt.
- Der Teint belebt sich, Blässe verschwindet.
- Bei Körperbehandlungen werden Bürsten mit festem Schweinshaar eingesetzt, wodurch eine höhere Massagewirkung und eine Anregung der Durchblutung erreicht wird.

Kontraindikationen

- mechanische Empfindlichkeiten
- gefäßlabile Haut, gehäufte sichtbare Äderchen
- Entzündungen, Aknegefährdung

A Stellen Sie für eine ältere Kundin mit sehr trockener Haut Pflegeprodukte zusammen, die mit dem Bürstengerät in die Haut von Gesicht, Hals und Dekolleté eingearbeitet werden können.

7.5.5 Ultraschallgeräte

Eine weitere Möglichkeit, die Hautfunktionen zu unterstützen und damit das Aussehen zu verbessern, bietet die Behandlung mit Ultraschallgeräten.

Gerät

Durch Einschalten des elektrischen Stroms werden im Ultraschallkopf Kristalle in Schwingungen versetzt. Es entstehen Schallwellen im Ultraschallbereich von 20 kHz

Schall = mechanische Schwingungen, die sich wellenförmig ausbreiten

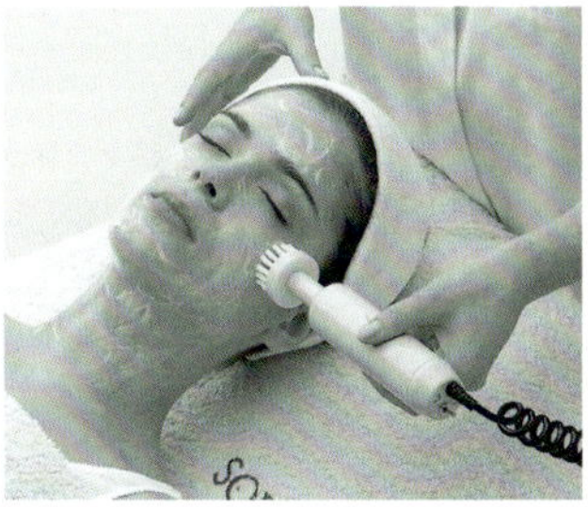

Kosmetikerin bei der Bürstenmassage

Z

16 Hz - 20 kHz = akustisch wahrnehmbare Töne, z.B. Kammerton a = 440 Hz

1 kHz = 1 Kilohertz = 1000 Hz
1 MHz = 1 Mio. Hz
1 GHz = 1 Gigahertz = 10^9 = das Milliardenfache von 1 Hz

unter 16 Hz = **Infraschall**
über 20 kHz = **Ultraschall**

Infraschall und Ultraschall sind für Menschen nicht hörbar.

Striae (lat. Streifen) = z. B. Dehnungsstreifen an Bauch und Oberschenkeln durch Überdehnung des Bindegewebes, z. B. während der Schwangerschaft, durch schnelles Wachstum oder schnelle Gewichtszunahme auch bei Männern

bis zu 1 GHz, die auf eine Membran im Ultraschallkopf gelangen. Damit diese gleichmäßig auf die menschlichen Gewebe übertragen werden können, ist ein vom Gerätehersteller mitgeliefertes Gleitgel aufzutragen.

Arbeitsweise

Der Ultraschallkopf wird als Handstück mit leichtem Druck auf die Haut aufgesetzt und streichend oder leicht kreisend entlang der Spaltlinien in der Fließrichtung der Lymphe über die Haut geführt.
Dabei erwärmen sich die Gewebe. Die Handhabung ist angenehm, weil z.B. Bandagen wie bei Reizstrombehandlungen nicht erforderlich sind.

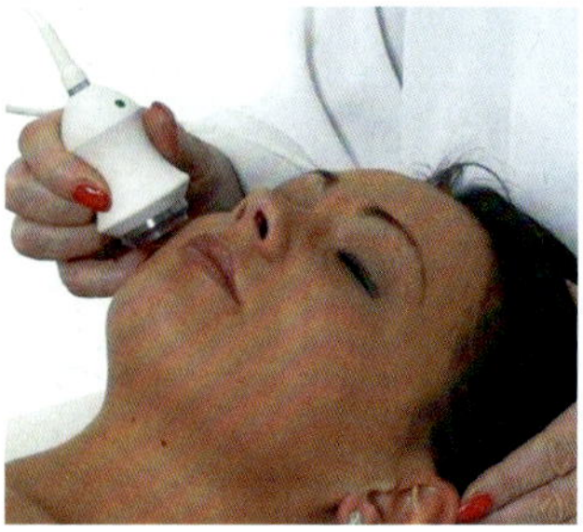

Kosmetikerin arbeitet mit einem Ultraschallgerät

Wirkungen

- Die Gewebe werden mechanisch trainiert, z.B. als Prophylaxe gegen Falten oder Striae und zur Lockerung der Muskulatur.
- Durch die Wärmeentwicklung werden Lymphfluss, Blutfluss und Stoffwechsel auf thermischem Weg verbessert.
- Die Versorgung und Entsorgung der Zellen im Bindegewebe verbessert sich, z.B. prophylaktisch gegen Cellulite (s. S. 335).

Kontraindikationen

- Herzschrittmacher, Herz-Kreislauf-Erkrankungen
- chronische Erkrankungen der Gefäße, Gelenke, Haut
- akute Entzündungen der Haut
- Schwangerschaft

A Ein neuer Kunde ist für Elektrokosmetik besonders aufgeschlossen. Entwerfen Sie für ihn ein Kurprogramm für 10 Anwendungen, bei denen Iontophoresegerät, Bürstengerät und Ultraschall zum Einsatz kommen.

Z

Basispflege im Institut:
- Vorreinigen, Ausreinigen
- Tonisieren
- Massage
- Packung
- Tagespflege

Basispflege zu Hause:
- Reinigen
- Tonisieren
- Tages- und/oder Nachtpflege

Extras der Spezialpflege:
- Intensivreinigung
- apparative Kosmetik, z. B. Bürstenschleifgerät, Hochfrequenzstab, Iontophoresegerät, Vakuumsaug- und -druckgerät, Ultraschallgerät
- Augenpflege
- Wirkstoffkonzentrate
- Hals- und Dekolletépflege

7.6 Behandlungspläne für unterschiedliche Hautsekretionstypen

Behandlungspläne setzen Kenntnisse über Hautsekretionstypen (s. GSt., S. 86 ff.), Produktlinien und Arbeitsmethoden (z.B. zur Vor- und Intensivreinigung der Haut, s. GSt., S. 153 ff.) voraus.
Behandlungspläne werden zwar nach dem jeweiligen Hautsekretionstyp zusammengestellt, jedoch stets dem aktuellen Hautzustand und Hautbedürfnis angepasst. Die Hersteller- und Lieferfirmen machen der Kosmetikerin Vorschläge, wie ihre Produkte optimal zu kombinieren sind. Dieses Wissen vorausgesetzt, werden in den folgenden Plänen pflegende und schützende Maßnahmen in den Mittelpunkt systematischer Behandlungen gestellt.
Bei Kunden, die erstmalig eine Kosmetikerin aufsuchen, wird meist mit der **Basispflege** begonnen. Diese eignet sich dafür, den Kunden auch an eine systematische Pflege seiner Haut zu Hause heranzuführen. Später sind mit der **Spezialpflege** viele wirkungsvolle Ergänzungen möglich.

7.6.1 Seborrhö oleosa

Beispiel:
Frau Hocke kommt zur Hautbehandlung ins Kosmetikinstitut „Beauty Star". Sabrina führt zunächst eine Hautbeurteilung durch und stellt Folgendes fest:
Durch die Übermenge an Talg und Schweiß glänzt die Haut ölig, fühlt sich feucht an und ist für Entzündungen anfällig. Die sichtbaren Poren sind vergrößert und mit großen weichen, überwiegend offenen Komedonen gefüllt. Das Hautfett gleicht einer W/O-Emulsion, der pH-Wert kann ins Alkalische verschoben sein. Die starke Verhornung lässt das Hautrelief grob und derb, den Teint blass und gelblich erscheinen. Nach der Hautbeurteilung überlegt sie, wie sie die Seborrhö oleosa von Frau Hocke behandeln kann.

Maske für Seborrhö oleosa

Ziele der Behandlung und Beratung

- Verbesserung des Hautbildes und Prophylaxe der Aknegefährdung durch sorgfältiges Vor- und Intensivreinigen
- mäßiges Entfetten und entzündungshemmende Pflege (bevorzugt mit O/W-Emulsionen und Gelen)
- Vermeiden nachteiliger Produkte

Vorteilhafte Inhaltsstoffe:

- entzündungshemmende und adstringierende Kräuterextrakte, z.B. aus Kamille, Salbei, Hamamelis, Schachtelhalm, Chinarinde, Ratanhia, Eichenrinde, Tormentill, Brennnessel, Süßholzwurzel, Flechten, Mimosen
- ätherische Öle aus Teebaum, Farn, Kamille
- Fruchtsäuren aus Apfel, Weintrauben, Zitrone

Nachteilige Inhaltsstoffe:

- mineralische Öle/Fette wie Vaseline, Paraffine
- Alkalien in Toilettenseifen

Institutsbehandlungsplan

Anwendungen	Produkte
Reinigung	Syndet, Reinigungsgel
Intensivreinigung und Ausreinigen	Abrasivpeeling, auch mit Bürstenschleifgerät und Bedampfung unterstützt, bei vorhandenen Pusteln jedoch Enzym- oder Fruchtsäurepeeling mit Bedampfung
Lotionieren	alkoholisches Gesichtswasser mit Kräuterextrakten, auch versprüht, gepattert
Wirkstoffkonzentrat	entzündungshemmende, heilungsfördernde, adstringierende ölfreie Ampullen, auch iontophoretisch eingeschleust, Gele
Massage	mit O/W-Emulsion und feuchten Händen, auch mit Bürstengerät, bei Entzündungen jedoch manuelle Lymphdrainage
Packung	heilungsfördernde Breipackungen mit Moor, Fango, Heilerde, Bolus alba und Kräuterextrakten, auch als Dunstpackung
Tagespflege	leichte O/W-Emulsion, auch Tages-Make-up

Mögliche apparative Kosmetik:

- Dampfgerät
- Bürstenschleifgerät zur Intensivreinigung oder Massage
- Hochfrequenzstab zur lokalen Desinfektion
- Iontophoresegerät mit Pinzettenelektrode oder Gesichtselektrodenmaske zum Einschleusen von Wirkstoffen
- Vakuumsaug- und -druckgerät zur Durchblutungsförderung
- Ultraschallgerät zur Anregung der Hautfunktionen

Z

Gegen die Blässe der Haut helfen:
warme Kompressen, Wechselkompressen, Bürstungen, kräftige Massagen, durchblutungsfördernde Packungen, Rot- und Infrarotbestrahlungen.

Auch bei diesem Hautbild sind die Ober- und Unterlider trocken und feuchtigkeitsarm: Augengele und -cremes bewahren vor vorzeitiger Faltenbildung.

Henna = natürlicher Farbstoff aus den Blättern des Hennastrauches
Parakeratose = Verhornungsstörung: Verhornung beschleunigt, Zellabbau verzögert, z.B. bei Neurodermitis, Psoriasis

Beratung zur Selbstpflege

Anwendungen	Praktische Hinweise
Reinigung	häufig, mit mildem Waschgel und warmen Kompressen morgens, abends und sofort nach sportlicher Aktivität und verschmutzender Arbeit als Reinigungsmassage (s. GSt., S. 89)
Intensivreinigung	Abrasivpeeling einmal wöchentlich auf vorgereinigter Haut gründlich verarbeiten (bei Pusteln darauf verzichten)
Nachtpflege	ist entbehrlich, ab 25 Jahren Augenpflege
Tagesschutz	Hydrogel, leichte O/W-Emulsion mattierend, überdeckend, auch leicht tönend durch Henna, Fluid-Make-up

7.6.2 Seborrhö sicca

Z Die Einschätzung „Seborrhö sicca" bestätigt sich, wenn bereits beim leichten Schaben mit der Spatelkante z.B. an den Nasenflügeln oder zwischen den Brauen sichtbare Schuppen entstehen.

Beispiel:
Frau Henschke klagt über ein Spannungsgefühl auf der Haut, obwohl Sabrina bei der Hautbeurteilung eine Überfunktion der Talgdrüsen und ein als W/O-Emulsion angelegtes Hautfett feststellt. Sabrina erklärt Frau Henschke, dass lose, sich schnell wieder bildende Schuppen die Folge der Verhornungsstörung Parakeratose sind. Dadurch ist die Wasserbindefähigkeit ihrer Haut herabgesetzt. In vergrößerten Haarfollikeln befinden sich kleine, fest sitzende und meist geschlossene Komedonen. Häufig kommt es zu Entzündungen. Es besteht erhöhte Empfindlichkeit.

Enzympeeling mit Bedampfung

Mögliche apparative Kosmetik:
- Dampfgerät
- Iontophoresegerät
- Blaulichtbestrahlung

Ziele der Behandlung und Beratung
Durch ausgleichende, behutsame Pflege können die Überverhornungen entfernt und die Haut aufnahmefähig gemacht werden für beruhigende, feuchtigkeitsbindende, entzündungshemmende und schützende Wirkstoffe.

Vorteilhafte Inhaltsstoffe:
- pflanzliche Enzyme wie Papain zum Hornlösen
- NMF (s. S. 101 f.), Hyaluronsäure, Algenextrakte, wasserlösliche Vitamine, Aloe vera als Feuchtigkeitsbewahrer
- pflanzliche Öle wie Nachtkerzen- oder Borretschöl zum Glätten der Hautoberfläche und darin enthaltene fettlösliche Vitamine wie A und E als Antioxidanzien gegen freie Radikale
- reizlindernde Kräuterextrakte, z.B. aus Kamille, Rotem Sonnenhut, Ringelblume, Lavendel, Hopfen, Weißdorn, Melisse, Hibiskus

Nachteilige Inhaltsstoffe:
- Alkalien, mineralische Fette/Öle
- grobe Abrasiva, Alkohole
- stark anregende Kräuterextrakte oder ätherische Öle, z.B. Kampfer, Eukalyptus, Minze
- synthetische Duft- und Konservierungsstoffe

Institutsbehandlungsplan

Anwendungen	Produkte
Reinigung	mildes Reinigungsgel mit Zuckertensiden
Intensivreinigung und Ausreinigen	Enzympeeling mit Bedampfung, Desinkrustation auch iontophoretisch
Lotionieren	alkoholarmes Gesichtswasser
Wirkstoffkonzentrat	Feuchtigkeitsspender und -binder, liposomenverkapselt aus Ampullen, Spendern, emulgatorfreie Creme-Gele
Massage	bevorzugt manuelle Lymphdrainage über Wirkstoffampulle
Packung	feucht bleibende Breipackungen, Creme- oder Gelpackung, auch als Dunstpackung (s. GSt., S. 90), Vliesmaske (auch als Massagegel verwendbar)
Tagespflege	feuchtigkeitsreiche O/W-Emulsionen mit Lichtschutz und natürlichen Pigmenten

Beratung zur Selbstpflege

Anwendungen	Praktische Hinweise
Reinigung	wasserfeuchtes Mikrofaserpad (s. GSt., S. 157), bei Entzündungen auch Reinigungsgel, leicht und drucklos am Stratum corneum verarbeiten
Intensivreinigung	nur im Institut
Lotionieren	alkoholarme, reizlindernde Kräuterwässer
Nachtpflege	feuchtigkeitsreiche O/W-Emulsion, auch DMS-Creme
Tagesschutz	O/W-Emulsion mit Lichtschutz, Fluid-Make-up für schöne Hautfarbe

Z Die Erstbehandlung bei Neukunden sollte äußerst behutsam und wirkstoffreduziert mit bewährten Produkten erfolgen. Erst bei Kenntnis der individuellen Empfindlichkeit sind Pflegeerweiterungen anzuraten.

7.6.3 Sebostase

Beispiel:
Die zarte, feinporige Haut von Frau Meyer lässt die Durchblutung durch ihr dünnes Stratum corneum rosig schimmern. Sie ist froh, dass sie keine Probleme mit Hautunreinheiten hat, allerdings zeigt ihre Haut oftmals eine stärkere Reaktionsbereitschaft auf äußere Einflüsse. Die Gefahr der vorzeitigen Alterung ist groß, weil die Haut fett- und feuchtigkeitsarm und dadurch mangelhaft geschützt ist. Man hatte Frau Meyer erzählt, dass das Hautfett als O/W-Emulsion angelegt sei, und das hat sie doch sehr beunruhigt. Nun möchte sie von ihrer Kosmetikerin wissen, was man dagegen tun kann.

Ziele der Behandlung und Beratung

- Die Pflege soll den Fett- und Feuchtigkeitsmangel ausgleichen,
- die Rein'sche Barriere und den NMF stärken,
- den transepidermalen Wasserverlust (TEWL) verringern und
- die sichtbaren Zeichen der Alterung hinauszögern. Der Hautschutz beinhaltet Infektions-, Klima- und Lichtschutz.

Produktlinie für Sebostase

Vorteilhafte Inhaltsstoffe:
- pflanzliche Öle aus Keimlingen, Obstkernen oder Nüssen pur oder in W/O-Emulsionen, Sheabutter, Karottenöl
- Ölkonzentrate mit Ceramiden, Vitamin A und E in Kapselform oder Ölampullen
- ätherische Öle aus Geranie, Rose, Linde, Zedern- und Rosenholz
- Feuchtigkeitsspender wie NMF (z.B. Harnstoff, Milchsäure, Aminosäuren, Natriumsalz der Pyrrolidoncarbonsäure), Allantoin, Honig, Aloe vera, Malve, Hyaluronsäure, Panthenol, Glycerin, Seidenproteine, Skleroproteine wie Kollagen und Elastin, Bambusextrakt, von Liposomen umhüllt
- Flavonoide und Vitamin C als Radikalfänger

Nachteilige Inhaltsstoffe:
- aggressive Tenside in austrocknenden Reinigungsprodukten
- Alkalien und synthetische Duftstoffe in parfümierten Toilettenseifen, grobe Abrasiva in mechanischen Peelings
- Alkohole, synthetische Duft- und Konservierungsstoffe
- entfettende und stark durchblutende Kräuterextrakte, z.B. Kampfer, Eukalyptus, Salbei, Hamamelis

Institutsbehandlungsplan

Anwendungen	Produkte
Vorreinigung	milde Reinigungscreme, -sahne, -milch, auch hydrophiles Reinigungsöl
Intensivreinigung	Desinkrustation oder Cremepeeling nur bei Restbräune, Pflegevernachlässigung und zur Steigerung der Aufnahmefähigkeit bei älterer Haut, Kräuterbedampfung
Lotionieren	alkoholfreie Blütenwässer, auch apparativ versprüht
Wirkstoffkonzentrat	Feuchtigkeitsampullen, auch iontophoretisch eingeschleust, Ölampullen, Ölkapseln
Massage	sanft klassisch und mit reichlich gehaltvoller W/O-Emulsion, auch mit Nachtcreme oder Ölampulle
Packung	Gelpackung vor der Massage, Creme- oder Ölpackung nach der Massage, Ölwickel mit Weizenkeimöl für den Hals, Modelagen
Tagespflege	reichhaltige O/W-Emulsion mit physikalischem Lichtschutz, Hydrogel, Hyaluronkapsel, Fluid-Make-up mit pflegenden Inhaltsstoffen

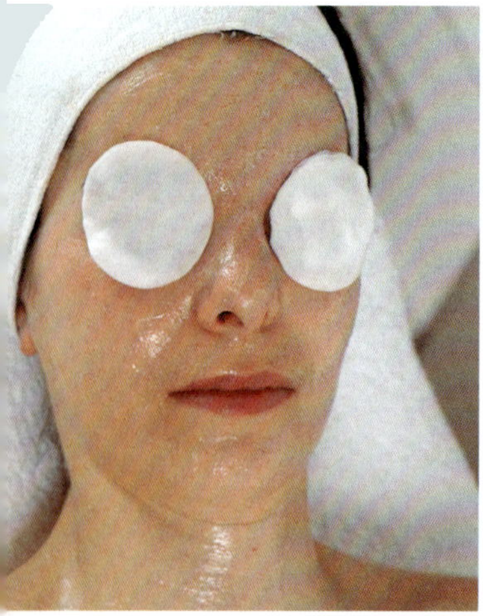
Gelpackung

Mögliche apparative Kosmetik:
- Dampfgerät
- Bürstengerät
- Iontophoresegerät mit Pinzettenelektrode oder Gesichtselektrodenmaske
- Ultraschallgerät
- Reizstromgerät für Mimogymnastik

Beratung zur Selbstpflege

Anwendungen	Praktische Hinweise
Reinigung	feuchtes Mikrofaserpad abends und morgens, Kompresse, Gesichtsbad, Gesichtsdusche
Intensivreinigung	nur im Institut bei Bedarf
Lotionieren	alkoholfreie Blütenwässer
Nachtpflege	W/O-Emulsion mit hautverwandten Fetten und NMF, bei Älteren im Wechsel mit Ölkapseln
Tagesschutz	O/W-Emulsion mit pflanzlichen Ölen, Vitamin E und reichhaltiger Wasserphase mit NMF, flüssiges Make-up mit hohem physikalischem Lichtschutz

7.6.4 Normale Haut

Beispiel:
Bei Erwachsenen ist normale Haut der seltene Idealfall einer im Fett- und Feuchtigkeitsgehalt sowie in der Reaktionsweise ausgeglichenen Haut. Sie ist kleinporig, glatt, rosig und ohne Auffälligkeiten. „Brauche ich meine Haut dann gar nicht zu pflegen?", fragt Frau Marten.

Produktlinie für normale Haut

Ziele der Behandlung und Beratung

Grundversorgung zur Unterstützung der Hautfunktionen, ohne Übertreibungen, ohne Versäumnisse unter Beachtung von altersbedingten Veränderungen oder Witterungsschwankungen mit leichten Produkten auf der Basis hautverwandter Inhaltsstoffe.

Vorteilhafte Inhaltsstoffe:

- milde Tenside in Reinigungsgel oder Waschstück
- Feuchtigkeitsspender wie im Schweiß, NMF, pflanzliche Öle und Fette in hautverwandter Zusammensetzung
- Vitamine A, C, E als Antioxidanzien
- Kräuterextrakte (z.B. aus Linde, Melisse, Gurke), ätherische Öle

Nachteilige Inhaltsstoffe:

- höhere Anteile von Mineralfetten und -ölen in den Cremes, synthetische Duft- und Konservierungsstoffe
- hoher Alkoholgehalt in den Lotionen
- „Überladung" mit Anti-Aging-Wirkstoffen

Institutsbehandlungsplan

Anwendungen	Produkte
Reinigung	Reinigungsmilch, auch mit Bürstengerät verarbeitet
Intensivreinigung	Abrasiva oder Fruchtsäure bei Bedarf vor Komplexbehandlungen
Lotionieren	milde Gesichtswässer (15 % Alk.), auch aufgesprüht/gepattert
Massage	leichte W/O-Emulsion oder Pflanzenöl, zur Abwechslung auch mit Bürstenmassage
Packung	als O/W-Creme, als Gelpackung vor der Massage
Tagespflege	Fluids mit ausreichendem Lichtschutz, Hautmilch, Flüssig-Make-up

Mögliche apparative Kosmetik:
- Dampfgerät
- Bürstengerät
- Vakuumsaug- und -druckgerät

Beratung zur Selbstpflege

Anwendungen	Praktische Hinweise
Reinigung	feuchtes Mikrofaserpad abends und morgens, Kompresse, Gesichtsbad, Gesichtsdusche
Intensivreinigung	nur im Institut bei Bedarf
Lotionieren	alkoholfreie Blütenwässer
Nachtpflege	W/O-Emulsion mit hautverwandten Fetten und NMF, bei Älteren im Wechsel mit Ölkapseln
Tagesschutz	O/W-Emulsion mit pflanzlichen Ölen, Vitamin E und reichhaltiger Wasserphase mit NMF, flüssiges Make-up mit hohem physikalischem Lichtschutz

Z

Wenn etwa ab dem 25. Lebensjahr erste Plisseefältchen am äußeren Augenwinkel entstehen, morgens ein Augengel unter das Augen-Make-up geben oder abends eine Augenpflegecreme verwenden.

7.6.5 Mischhaut

Beispiel:
Frau Lehmann stellt an ihrer Haut immer wieder fest, dass sie eine fettige Gesichtsmitte (TZ) und trockene Seiten (S) in der Wangenpartie hat. Sie sucht ein Kosmetikinstitut auf, weil sie nicht weiß, wie sie den stark differierenden Bedingungen und unterschiedlichen Pflegebedürfnissen ihrer Haut gerecht werden kann.

Mögliche apparative Kosmetik:
- Dampfgerät
- Bürstengerät in TZ
- Hochfrequenzstab in TZ
- Iontophoresegerät
- Ultraschallgerät

Ziele der Behandlung und Beratung
Durch Pflege der TZ mit Produkten für Seborrhö und Pflege der Seiten mit Produkten für Sebostase wird ein Ausgleich angestrebt.
Produktlinien für Mischhaut bieten bereits Kompromisslösungen an.

Vorteilhafte Inhaltsstoffe:
- siehe bei Seborrhö/Sebostase

Nachteilige Inhaltsstoffe:
- siehe bei Seborrhö/Sebostase

Institutsbehandlungsplan

Anwendungen	Produkte TZ	Seiten
Reinigung	Syndet intensiv verarbeiten	nur auftragen und ruhen lassen
Intensivreinigung, Ausreinigen	Abrasivpeeling intensiv, auch mit Bürstengerät verarbeiten und bedampfen	nur auftragen und ruhen lassen
Lotionieren	alkoholisches Gesichtswasser pur	auf wasserfeuchtes Wattepad tropfen
Massage	mit leichter W/O-Emulsion	leichte W/O-Emulsion über Hydrogel, mehr Massagezeit verwenden
Packung	entfettend, z.B. mit Bolus alba, Heilerde	feuchtigkeitsspendend, z.B. mit Aloe vera, Honig
Tagespflege	getönte Tagescreme	Hydrogel oder Hyaluronkapsel unter die Tagescreme

Beratung zur Selbstpflege

Anwendungen	Praktische Hinweise TZ	Seiten
Reinigung	Waschstück intensiv in Kreisbewegungen verarbeiten	nur Wasser
Intensivreinigung	mechanische Peelingcreme intensiv verarbeiten	kein Peeling
Lotionieren	alkoholisches, adstringierendes Kräuterwasser	auslassen oder nur auf wasserfeuchter Watte
Nachtpflege	auslassen	W/O-Emulsion, auch über Feuchtkonzentrat
Tagesschutz	leichte O/W-Emulsion	O/W-Emulsion, auch über Feuchtkonzentrat

Produktlinie für Mischhaut

7.6.6 Aknegefährdete Haut

Beispiel:
Sabrina stellt bei der Hautbeurteilung ihrer jungen Kundin Frau Schneider Komedonen, Talgzysten, Pusteln und Papeln fest, die durch Talgrückstau und Hyperkeratosen entstehen. Die Haut wirkt derb, dick, großporig und um die Pusteln gerötet. Auf seborrhoischer Haut finden Keime günstige Wachstumsbedingungen. Der pH-Wert der Hautoberfläche kann schwach alkalisch sein.
Sabrina überlegt, wie sie diese aknegefährdete Haut am besten behandeln soll.

Ziele der Behandlung und Beratung
Durch mäßiges Entfetten, gründliches Lösen von Überverhornungen, hygienisches Ausreinigen, Entzündungshemmung und Beruhigung soll die Aknegefährdung verringert werden. Im einfühlsamen Gespräch soll der Leidensdruck abgebaut und ein neues Selbstwertgefühl aufgebaut werden.

Vorteilhafte Inhaltsstoffe:
- organische Säuren wie Milch- oder Zitronensäure zur pH-Wert-Stabilisierung
- Ethylalkohol zur Desinfektion
- Kräuterextrakte aus Schachtelhalm, Hamamelis, Thymian, Huflattich, Salbei zum Adstringieren
- ätherische Öle aus Teebaum, Rosmarin, Eukalyptus, Lavendel, Wacholder zur Desinfektion und Entzündungshemmung

Nachteilige Inhaltsstoffe:
- mineralische Fette/Öle wie Paraffine, Vaseline
- synthetische Wachse wie Ceresin, Ozokerit wegen ihrer Okklusivwirkung

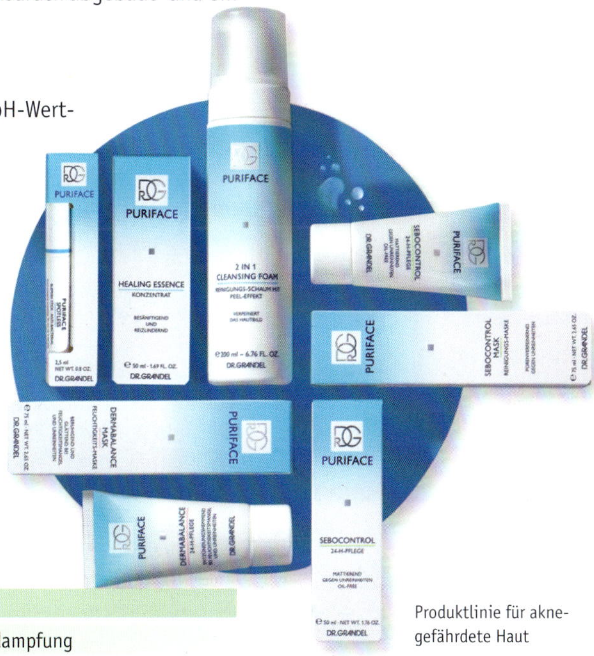

Produktlinie für aknegefährdete Haut

Institutsbehandlungsplan

Anwendungen	Produkte
Reinigung	milde Tenside, warme Kompressen, Bedampfung
Intensivreinigung, Ausreinigen	biologisches Peeling auf Enzymbasis, Bedampfung
Lotionieren	nach dem Peeling, nach dem hygienischen Ausreinigen, vor dem Tagesschutz
Wirkstoffkonzentrat	entzündungshemmend, beruhigend, heilungsfördernd, auch iontophoretisch eingeschleust mit Pinzettenelektrode entsprechend der Stromempfindlichkeit der Pusteln
Massage	kosmetische Lymphdrainage ohne Gleitmittel, über Wirkstoffkonzentrat; keine klassische Massage ausführen!
Packung	Breipackung mit Fango, Pelose, Heilerde und Kräuterextrakten, auch als Dunstpackung
Tagespflege	leichte O/W-Emulsion mit UVA-Schutz

Mögliche apparative Kosmetik:
- Dampfgerät
- Hochfrequenzstab
- Iontophoresegerät
- Blaulichtbestrahlung

Beratung zur Selbstpflege

Anwendungen	Praktische Hinweise
Reinigung	morgens und abends, sorgfältig, ohne Druckanwendung
Intensivreinigung	nur im Institut
Ausreinigen	nur fachmännisch und mit entsprechender Nachbehandlung im Institut
Lotionieren	alkoholische Kräuterlotion morgens, abends
Nachtpflege	nur lokal auf Entzündungen mit Heilpasten oder „Pickeltupfern"
Tagesschutz	leichte entzündungshemmende O/W-Emulsion mit UVA-Schutz, auch getönt für bessere Optik

7.6.7 Gefäßlabile Haut

Beispiel:
Bei der Kundin Frau Heberle sind flächige Rötungszustände, Venektasien und Teleangiektasien auf der Haut zu sehen, die die Folgen eines weichen, nachgiebigen Bindegewebes in der Gefäßumgebung und den Gefäßwänden sind. Ihre Haut ist trocken, mechanisch empfindlicher und mangelhaft geschützt.

Ziele der Behandlung und Beratung
Durch geeignete Lebensführung, Ernährungsweise und behutsame Pflege sollen Rötungen gemindert und Reizungen verhindert werden. Besonderer Wert liegt auf dem Witterungs- und Lichtschutz.

Vorteilhafte Inhaltsstoffe:
- milde Tenside
- Pflanzenöle, z.B. aus Nachtkerze, Borretsch, Getreidekeimen
- Pflanzenauszüge, z.B. aus Gurke, Kamille, Sandelholz, Lavendel, Augentrost, Johanniskraut
- Flavonoide wie Rutin, Hesperidin zur Gefäßwandfestigung
- Feuchtigkeitsspender aus Aloe, Gurke, Algen, NMF, Urea, Allantoin
- ätherische Öle, z.B. Bisabolol, Azulen, Geranienöl, Rosenöl, Neroli

Nachteilige Inhaltsstoffe:
- entfettende Tenside, grobe Abrasiva in Peelingcremes
- stark durchblutungsfördernde Kräuterauszüge, z.B. aus Ginseng, Ginkgo, Myrrhe, Weihrauch, Hagebutte, Fichtennadel, Paprika in zähen feuchtigkeitsarmen Emulsionen

Produkt für gefäßlabile Haut

Institutsbehandlungsplan

Anwendungen	Produkte
Reinigung	Reinigungsöl auf wasserfeuchter Haut
Intensivreinigung	Enzympeeling, lauwarme Kompressen
Lotionieren	alkoholfreie Blütenwässer
Massage	zur Rötungsminderung kosmetische Lymphdrainage, zur Hautpflege klassisch, sanft mit beruhigender W/O-Emulsion oder Pflanzenöl, auch über beruhigender wässriger Ampulle
Packung	Cremepackung, weich bleibend, auch als kühlende Dunstpackung, auch kühlende Gelpackung vor der Massage
Tagespflege	leicht verteilbare flüssige Emulsionen, Hydrogele, Fluid-Make-up + UV-Schutz

Mögliche apparative Kosmetik:
- Blaulichtbestrahlung zur Rötungsminderung

Beratung zur Selbstpflege

Anwendungen	Praktische Hinweise
Reinigung	wasserfeuchtes Mikrofaserpad, Kühlkompressen als Gefäßtraining
Intensivreinigung	entfällt
Lotionieren	alkoholfrei zum Spenden von Feuchtigkeit
Nachtpflege	weich fließende W/O-Emulsionen, Pflanzenöle, auch Aloe-Konzentrat darunter
Tagesschutz	dünnflüssige O/W-Emulsion mit hohem physikalischem Lichtschutz über Hyaluronkapsel

Z

Günstige Lebensführung:
für Entspannung sorgen, Belastungen mit Selbstdisziplin meistern, ruhige Sportarten bevorzugen, Sauna meiden.

Ernährungsempfehlung:
Zurückhaltung beim Kochsalzverzehr, bei Kaffee und Alkohol, die Überwürzung und Überhitzung der Speisen vermeiden, für Vitamine, Mineralstoffe und Spurenelemente sorgen sowie durch Ballaststoffe die Verdauung regulieren.

7.6.8 Hypersensible Haut

Beispiel:
Die hypersensible Haut von Frau Bomann reagiert bereits auf schwache Reize übersteigert. Die Haut ist gefährdet für Rötungen, Ödeme und krankhafte allergische Schübe. Bei seelischen Schwankungen bemerkt Frau Bomann immer auch eine Reaktion ihrer Haut.

Ziele der Behandlung und Beratung
Auf der Basis eines engen Vertrauensverhältnisses können in einer sachlichen Gesprächsführung Probleme angesprochen, Ängstlichkeiten abgebaut, Fehler vermieden und praktikable Ratschläge untergebracht werden. Die Hautpflege ist stets eine fachliche Herausforderung.

Vorteilhafte Inhaltsstoffe:
- mehrfach ungesättigte Fettsäuren und Vitamin E, z.B. in Hagebuttenkernöl, Johannisbeerkernöl, Borretschöl, Safloröl, Karottenöl, Getreidekeimöl
- Vitamine A, C, E als Antioxidanzien
- beruhigende Kräuterauszüge, z.B. aus Malve, Eibisch, Weißdorn, Rotem Sonnenhut, Efeu, Arnika
- Allantoin, Hyaluronsäure, Urea für Feuchtigkeit in Produkten ohne synthetische Farbstoffe, Duftstoffe, Konservierungsstoffe, Emulgatoren

Produktlinie für hypersensible Haut

Elastose = dauerhaft unelastisches Bindegewebe, verhärtete elastische Fasern der Dermis

Z Einfühlsam und verständnisvoll beraten heißt:
Probleme ernst nehmen, aber nicht künstlich überhöhen, Voreingenommenheiten abbauen, das Persönlichkeitsbild festigen.

Hilfreich bei der Alltagsbewältigung ist das Empfehlen und Erlernen von Entspannungstechniken wie Yoga, Qi Gong und autogenes Training.

Nachteilige Inhaltsstoffe:
- Pflanzenauszüge mit nachweislich hohem Allergiepotenzial, z.B. Johanniskraut, Bergamotte, Anis, Nelke
- chemische Konservierungsmittel, synthetische Duftstoffe, Farbstoffe, Emulgatoren

Institutsbehandlungsplan

Anwendungen	Produkte
Reinigung	hydrophiles Reinigungsöl auf wasserfeuchter Haut
Intensivreinigung	Enzympeeling und Bedampfung nur bei Überverhornung
Lotionieren	milde Gesichtswässer
Wirkstoffkonzentrat	reizlindernde, beruhigende Feuchtigkeitsampullen, Gele
Massage	kosmetische Lymphdrainage, klassische Massage, sanft mit dünnflüssigen geschmeidigen Emulsionen, auch O/W mit wasserfeuchten Händen
Packung	weich bleibende Gel- oder Cremepackungen, Vliesmaske auch als Massagegel
Tagespflege	weich fließende Tagescreme, Fluid-Make-up

Beratung zur Selbstpflege

Anwendungen	Praktische Hinweise
Reinigung	wasserfeuchtes Mikrofaserpad
Intensivreinigung	nur im Institut bei Bedarf
Lotionieren	milde Feuchtigkeitslotion
Nachtpflege	geschmeidige W/O-Emulsion mit reizlindernden Wirkstoffen
Tagesschutz	DMS-Cremes, O/W-Emulsion mit physikalischem Lichtschutz, auch getönt mit natürlichen Pigmenten

Mögliche apparative Kosmetik:
- Dampfgerät
- Blaulichtbestrahlung zur Rötungsminderung

7.6.9 Sonnengeschädigte Haut

Beispiel:
Überdosiertes Sonnenlicht und „überfallartige" Sonnenbäder (z.B. durch Flugreisen in ferne Länder bei sonnenentwöhnter Haut, durch Einschlafen in praller Mittagssonne, durch geändertes Freizeitverhalten, Fehleinschätzungen beim Lichtschutz) können akut zu Sonnenbrand und chronisch zu Elastose, vorzeitiger Lichtalterung und Hautkrebs führen. Die so geschädigte Haut zeigt Überverhornungen in Form von Lichtschwielen. Sie ist pergamentartig und spröde bei starkem Feuchtigkeitsverlust, unregelmäßiger und abschuppender Bräune.

Ziele der Behandlung und Beratung
Durch Aufklärung und Beratung im Vorfeld, vor der Saison und vor dem Urlaub, zu verantwortungsvollem Sonnenverhalten verhelfen, Sonnenbrände vermeiden, beim individuellen Lichtschutz beraten. Sonnengeschädigte Haut bei ihrer Regeneration unterstützen, Einfluss freier Radikale abschwächen.

Vorteilhafte Inhaltsstoffe:
- alle bei trockener, feuchtigkeitsarmer Haut geeigneten (s. dort), z.B. Hyaluronsäure, NMF, Aloe vera
- pflanzliche Enzyme zur Hautglättung
- die Hautregeneration und den Repairmechanismus unterstützende, anregende Wirkstoffe, wie in Ginkgoextrakt, Gelée royale
- Pflanzenauszüge, z.B. aus Ringelblume, Rotem Sonnenhut, Kamille
- Flavonoide, Carotinoide und die Vitamine A, C und E als Antioxidanzien
- physikalischer Lichtschutz, z.B. Titandioxid

Nachteilige Inhaltsstoffe:
- aggressive grobe Partikel in Abrasivpeelings
- hoher Anteil von Mineralfetten und Emulgatoren
- chemische Konservierungsmittel und chemische Lichtschutzfilter

Institutsbehandlungsplan

Anwendungen	Produkte
Reinigung	Gel, Milch, Reinigungsschaum
Intensivreinigung	biologisches Peeling auf Enzymbasis und Bedampfung
Lotionieren	mildes Kräuterwasser
Wirkstoffkonzentrat	Repairampulle, auch iontophoretisch eingeschleust, Ölampulle, Hydrogel mit Hyaluronsäure
Massage	W/O-Emulsion, Pflanzenöle zur Glättung bei Restbräune
Packung	Öl- oder Breipackung, Vliesmasken (auch als Massagegel), Cremepackung
Tagespflege	O/W-Emulsionen mit physikalischem Lichtschutz, stark pigmentierte Grundierung

Z Bewährte Breipackung bei Restbräune:
3 EL Bolus alba mit abgekühltem Melissentee streichfähig rühren, dick auftragen und 20 Minuten lang feucht halten.

Mögliche apparative Kosmetik:
- Dampfgerät
- Iontophoresegerät

Beratung zur Selbstpflege

Anwendungen	Praktische Hinweise
Reinigung	wasserfeuchtes Mikrofaserpad
Intensivreinigung	einmal vor dem Urlaub für gleichmäßige Bräune mit milder Peelingcreme, z.B. auf Basis von Meersalz, danach nur bei scheckiger Restbräune
Lotionieren	milde, feuchtigkeitsspendende Lotion häufig auftupfen
Nachtpflege	ausgleichende W/O-Emulsion mit reichhaltiger Wasserphase, auch im Wechsel mit Ölkapseln
Tagesschutz	O/W-Emulsion mit Carotin und Make-up mit physikalischem Lichtschutz

Lichtschutzmittel

sekundäre Pflanzenstoffe = z.B. Carotinoide, Phytosterine, Polyphenole, Saponine, Terpene

Berufliche Tätigkeit im Freien

Starker Wind beansprucht die Haut

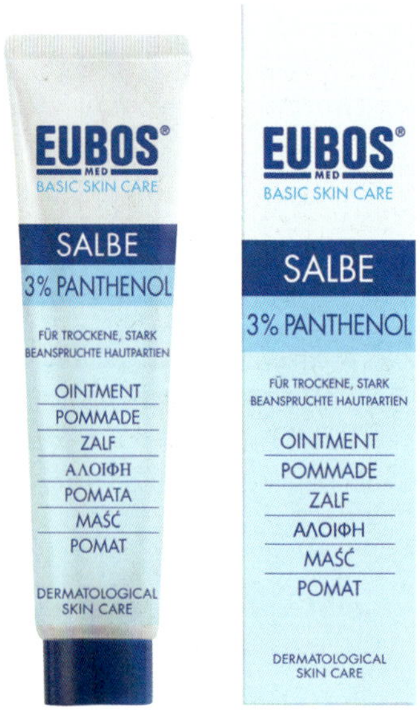

Produkte für stark beanspruchte Haut

7.6.10 Wettergeschädigte Haut

Beispiel:
Frau Ewald besitzt einen landwirtschaftlichen Betrieb am Stadtrand und kümmerte sich bis vor zwei Monaten eigentlich ausschließlich um die Verwaltungsarbeiten. Da ihr Mann nun für längere Zeit erkrankt ist, muss sie für ihn einspringen und ist seitdem fast jeden Tag auf den Wochenmärkten der umliegenden Gemeinden mit einem kleinen Stand vertreten. Heute gönnt sie sich einen Entspannungstag bei der Kosmetikerin und bittet um eine Beratung, da sie seit einigen Wochen Hautveränderungen festgestellt hat.

Unter Bezeichnungen wie „Seemanns-" oder „Landmannshaut" werden Hautveränderungen von Menschen zusammengefasst, die sich – berufsbedingt oder bei entsprechenden Sportarten – viel im Freien aufhalten: raue, spröde Hautoberfläche, Feuchtigkeitsmangel, vorzeitige Faltenbildung, Vertiefung vorhandener Falten, ungleiche Pigmentierung, Lichtdermatosen, erhöhte Infektionsgefahr.

Im **Winter** belastet der extreme Wechsel zwischen warmer, oftmals feuchtigkeitsarmer Raumluft und der trockenen Kälte draußen die Haut. Zusätzlich erhöhen Wind und Temperaturschwankungen den transepidermalen Wasserverlust.
Im **Sommer** beanspruchen hohe Temperaturen und Sonneneinstrahlung die regenerativen Vorgänge in der Haut.
Der Einfluss von Wind, Sonne, Kälte und Hitze betrifft vorrangig die nicht von Kleidung geschützten Hautpartien wie Gesicht, Hals, Nacken, Hände und Unterarme.

Ziele der Behandlung und Beratung
Schadensbegrenzung durch Aufklärung über Notwendigkeit des wetterangepassten Hautschutzes, ausgleichende und die Hautregeneration unterstützende Pflege.
Im **Winter** werden hautschützende, wärmende Anwendungen bevorzugt, die bis in die Körperspitzen durchbluten (z.B. Wechselduschen, Bäder, Sauna).
Im **Sommer** ist der dem Pigmentierungstyp (s. GSt., S. 80) angepasste umfassende Sonnenschutz vor UVA- und UVB-Strahlen Pflegeschwerpunkt.

Vorteilhafte Inhaltsstoffe:
- pflanzliche Öle mit hohem Anteil an einfach ungesättigten Fettsäuren wie Soja- oder Mandelöl und Feuchthaltemittel in Cremes
- Vitamine und sekundäre Pflanzenstoffe als Radikalfänger
- reizlindernde und beruhigende Kräuterauszüge, z.B. aus Kamille, Melisse, Lavendel, Hopfen, Johanniskraut
- ätherische Öle aus Rose, Orange, Lavendel, Neroli
- Allantoin für beschleunigte Wiederherstellung einer glatten widerstandsfähigen Hautoberfläche
- Breitbandfilter in Tagescremes und Hautschutzsalben

Nachteilige Inhaltsstoffe:
- entfettende Tenside
- aggressive Abrasiva

Institutsbehandlungsplan

Anwendungen	Produkte im Sommer	Produkte im Winter
Reinigung	Reinigungsgel	Reinigungsöl
Intensivreinigung	Rubbelpeeling, Kühlkompresse	Enzympeeling, Bedampfung
Lotionieren	gesprüht, gepattert	mild auf Wattepad
Wirkstoffkonzentrat	Serum, Spender mit NMF, Aloe	Serum mit Urea, Honig
Massage	Ölkapsel mit Pflanzenöl	W/O-Emulsion, typische Nachtcreme
Packung	Gel-, Cremepackung	Ölpackung, Breipackung feuchtwarm
Tagespflege	Tagescreme mit Breitbandfilter, auch getönt	W/O-Emulsion, darüber auch spezielle Hautschutzsalbe mit gewünschter Okklusivwirkung durch Mineralfette

Z Spezielle Hautschutz- und Schrundensalben haben heilungsfördernde Zusätze und einen hohen Anteil von Mineralfetten, die sich als Film auf die Haut legen, gegen Kälte isolieren und den weiteren TEWL verhindern.

Beratung zur Selbstpflege

Anwendungen	Praktische Hinweise Sommer	Praktische Hinweise Winter
Reinigung	milde Reinigungsmilch	Mikrofaserpad
Intensivreinigung	nur im Institut	nur im Institut
Lotionieren	feuchtigkeitsspendend	mild, pH-Wert-stabilisierend
Nachtpflege	O/W-Emulsion über Aloegel, Hydroserum	W/O-Emulsion über Aloegel, im Wechsel mit Ölkapseln
Tagesschutz	Lichtschutzemulsion, getönt	feuchtigkeitsreiche, milchige O/W-Emulsion und UV-Schutz

Extremsport: Bergsteigen

7.6.11 Gealterte/reife Haut

Beispiel:
Frau Hintze ist 55 Jahre alt und eine Stammkundin des Kosmetikinstituts „Beauty Star". Sie möchte sich heute dort ausführlich über die Pflege und den Schutz reifer Haut beraten lassen. Vor allem interessiert sie, wie sie mit der richtigen Ernährung (s. S. 236 ff.) und geeignetem Sport (s. S. 269 ff.) die Altersveränderungen der Haut hinauszögern kann.
Sie weiß aus diversen Zeitschriften, dass, verursacht durch die mit den Lebensjahren nachlassenden Hautfunktionen wie Elastizität, Wasserbindefähigkeit, Hydrolipidfilm, Stoffwechsel, die Altershaut Falten, Furchen, erhöhte Dehnbarkeit, Trockenheit, Fehlpigmentierungen, Kontur- und Formveränderungen zeigt und alle Hautschichten sowie die Hautanhangsgebilde betroffen sind.

Sport kann die Altersveränderungen der Haut verzögern

Ziele der Behandlung und Beratung

Mit einer rechtzeitig begonnenen individuellen Hautpflege, abgestimmt auf die Veränderungen durch die Lebensjahrzehnte, ist erfolgreiche Prophylaxe möglich. Für die gealterte Haut hält die moderne Kosmetik eine Fülle von Möglichkeiten bereit, das Sichtbarwerden von störenden Altersveränderungen hinauszuzögern. In der Beratung soll deutlich gemacht werden, dass die positive Sicht auf die Fakten, die Lebensführung, die Ernährung und die sportliche Aktivität wesentliche Voraussetzungen schaffen, das Alter als reife und interessante Lebensphase zu gestalten.

Vorteilhafte Inhaltsstoffe:

- pflanzliche Öle wie Nachtkerzenöl, Ceramide, Squalan, Phospholipide in der Fettphase, auch als Liposome zur Glättung der Hautoberfläche
- Feuchtigkeitsbinder wie Hyaluronsäure, Aminosäuren, Kollagen, Elastin, Seidenproteine zum Aufpolstern von Plisseefältchen
- durchblutungsfördernde Konzentrate, z.B. aus Ginseng, Ginkgo, Grüntee, Gelée royale
- ätherische Öle aus Rose, Geranie, Neroli, Hibiskus
- Co-Enzyme wie Q10
- Liposome als Träger- und Wirkstoff zugleich für „Depotwirkung"
- Vitamine in stabilisierter Form, Phytosterine zur Unterstützung der Hautregeneration und als Antioxidanzien
- Auszüge aus Algen, Tang wegen ihres Mineralstoffreichtums

Nachteilige Inhaltsstoffe:

- Mineralfette in hohem Anteil, weil die Haut diese nicht aufnehmen kann
- stark entfettende Tenside, grobe Abrasiva, Alkalien
- hoher Alkoholanteil wegen der austrocknenden Wirkung

Institutsbehandlungsplan

Anwendungen	Produkte
Reinigung	rückfettende Reinigungsmilch, -sahne, auch mit Bürstengerät
Intensivreinigung	biologisch mit Enzymen und Feuchthaltung
Konzentrat	Liposomenampullen mit Feuchtigkeitsspendern, wässrige Ampullen iontophoretisch eingeschleust, z.B. als Gesichts- und Halselektrodenmaske
Massage	reichhaltige Nachtcremes, Pflanzenöle, klassisch, auch mit Bürstenmassage, Sauggerät
Packung	reichhaltige Creme- oder Ölpackungen, Dunstpackungen, Modelagen, Vliesmasken, auch als Massagegel
Tagespflege	überwiegend leichte W/O-Emulsionen, O/W-Tagescreme mit Breitbandlichtschutz, getönt, pflegendes Creme-Make-up

Anti-Aging-Produkte

Beratung zur Selbstpflege

Anwendungen	Praktische Hinweise
Reinigung	Mikrofaserpad, viel Wasser, warm, kalt
Intensivreinigung	milde Peelingcreme, z.B. auch gefertigt aus Meersalz und Öl vor Ampulle und/oder Packung
Lotionieren	aufklopfen zur Erfrischung
Nachtpflege	reichhaltige W/O-Emulsionen, im Wechsel mit Ölkapseln, auch wöchentlich Liposomenampulle und Cremepackung, dazu Gesichtsgymnastik
Tagesschutz	meist auch die Nachtcreme, darüber Fluid-Make-up mit UV-Schutz

Mögliche apparative Kosmetik:

- Dampfgerät
- Bürstengerät
- Vakuumsaug- und -druckgerät
- Iontophoresegerät
- Rot- und Infrarotbestrahlung
- Ultraschallgerät
- Reizstromgerät zur Mimogymnastik

A

1. Welche Faktoren von Hautsekretionstypen werden am Beispiel der Seborrhö oleosa in speziellen Behandlungsplänen berücksichtigt?
2. Stellen Sie einen relativ sicheren Behandlungsplan für Seborrhö sicca bei einem Neukunden auf.
3. Die Haut älterer Kunden leidet oft unter Feuchtigkeitsmangel. Stellen Sie für die Behandlung 10 Wirkstoffe zusammen, mit denen die in Ihrem Ausbildungsbetrieb verwendeten Serien arbeiten.
4. Bei Hautrötungen und Empfindlichkeiten soll die Behandlung die Symptome mildern und den Hautschutz stärken. Auf welche Anwendungen und Wirkstoffe sollte dabei verzichtet werden?

Wiederholungsaufgaben zum Lernfeld 7

1. Was versteht man unter Trägerstoffen?
2. Welche Aufgaben hat das Wasser in einem Pflegepräparat?
3. Wodurch unterscheiden sich Wachse von den Triglyceriden?
4. Geben Sie die deutschen Bezeichnungen für folgende Öle bzw. Fette an: butyrospermum parkii, caprylic/capric triglycerid, glycine soja, hydrogenated castor oil, olea europaea, prunus dulcis, triticum vulgare, vitis vinifera.
5. Was ist buxus chinensis?
6. Welches Missverständnis kann auftauchen, wenn man über Lanolin spricht?
7. Welche besondere Eigenschaft weist Lanolin auf?
8. Wodurch unterscheiden sich Mineralöle von natürlichen Ölen?
9. Welche Wirkungen haben Silikonöle auf die Haut?
10. Welche Wirkung hat Glycerin auf die Haut, und was ist beim Einsatz als Inhaltsstoff zu beachten?
11. Welche Stoffe werden unter dem Begriff „natural moisturizing factors" (NMF) zusammengefasst?
12. Wie wirken einige dieser Substanzen, als Wirkstoff eingesetzt?
13. Welche Wirkungen haben Hyaluronsäure, Kollagen und Elastin?
14. Erläutern Sie die Wirkungsweise von Ceramiden und Phospholipiden.
15. Was sind Phytohormone?
16. Warum werden menschliche Hormone nicht in kosmetischen Produkten eingesetzt, obwohl sie nachweislich einen sehr positiven Einfluss auf den Hautzustand haben können?
17. Aus welchen Gründen sind Algenextrakte als kosmetische Wirkstoffe interessant?
18. Was ist Propolis?
19. Was ist vor dem Einsatz von Gelée royale, Propolis und Kaviarextrakt auf jeden Fall mit der Kundin abzuklären?
20. Welche Stoffe verbergen sich hinter den Namen Ascorbinsäure, Panthenol, Pantothensäure, Retinol,Tocopherol?
21. Welche Wirkungen haben die einzelnen Substanzen aus Aufgabe 20 auf die Haut?
22. Nennen Sie Merkmale der Hautalterung. Welche Ursachen führen zu Altersveränderungen?
23. Unterscheiden Sie das innerlich bedingte Altern und das äußerlich bedingte Altern.
24. Mit welchen kosmetischen Anwendungen kann man der vorzeitigen Hautalterung vorbeugen?
25. Wie kann die Kundin selber vorzeitiger Alterung vorbeugen?
26. Welche Behandlungsextras gegen sichtbare Alterung sind empfehlenswert?
27. Welche Ratschläge zur gesunden Lebensführung können älteren Kunden gegeben werden?
28. Geben Sie Beispiele für Pflegemaßnahmen, die auf das Lebensalter abgestimmt sind.
29. Nennen Sie Prophylaktisches gegen sichtbare Alterszeichen.
30. Welche psychologischen Aspekte beachten Sie beim Umgang mit älteren Menschen?
31. Beraten Sie Jugendliche mit unreiner Haut zu verbessernden Maßnahmen.
32. Wie soll die Kundin ihre trockene Gesichtshaut zu Hause pflegen?
33. Was soll die Institutsbehandlung bei der trockenen Gesichtshaut erreichen?

34. Empfehlen Sie Behandlungsextras bei Seborrhö sicca für die Pflege zu Hause.
35. Welche Erwartungen verbindet man mit dem Begriff „normal“ bei Hauttypen?
36. Was bewirkt die Modelage?
37. Welche Anzeichen sichtbarer Alterung stören die Kunden am meisten?
38. Was versteht man unter „Wirkstoffkonzentraten“?
39. Geben Sie Beispiele für Masken und Packungen.
40. Worin unterscheidet sich der Wirkstoffmechanismus von Masken und Packungen?
41. Zählen Sie Präparate für den Tagesschutz auf.
42. Welche physiologischen Wirkungen haben Wechselstrom, Impulsstrom und galvanischer Strom?
43. Welche Erwartungen verbindet die Kosmetik mit apparativen Anwendungen?
44. Unterscheiden Sie die Anwendung von Pinzetten-, Rollen- und Kinnbandelektrode.
45. Welche Präparate können mit Iontophorese eingeschleust werden?
46. Mit welchen Präparaten lässt sich die Gesichtselektrodenmaske verbinden?
47. Welche Wirkungen entstehen durch Massage mit den Handgelenkelektroden?
48. Beschreiben Sie den Vorgang der Elektro-Osmose.
49. Erklären Sie Beispiele von Kontraindikationen bei der Arbeit mit Gleichstrom.
50. Bei welchen Hautproblemen leistet der Hochfrequenzstab nützliche Dienste?
51. Mit welchen Argumenten können Kunden für Reizstromanwendungen gewonnen werden?
52. Welche Hautprobleme sollen durch apparative Behandlungen verbessert werden?
53. Beschreiben Sie ein mechanisches Peeling, bei dem Bürstengeräte eingesetzt werden.
54. Welche apparativen Möglichkeiten hat die Kosmetikerin bei Cellulitebehandlungen?
55. Welche Wirkungen sind von der Anwendung kosmetischer Ultraschallgeräte zu erwarten?
56. Welche sichtbaren Bereiche des Sonnenlichtes kennen Sie?
57. Worin unterscheiden sich Sonnenbad und Solarium hinsichtlich der UV-Strahlung?
58. Welche positiven Wirkungen hat Sonnenlicht auf den Organismus?
59. Nennen Sie Nachteile des überdosierten Sonnenlichtes.
60. Welche physiologischen Schutzmechanismen gegen Sonne hat die Haut?
61. Geben Sie Ratschläge zum richtigen Sonnenverhalten.
62. Was verstehen Sie unter „Fotosensibilisierung“?
63. Welche Präparate sollen bei Sonnenbädern verwendet werden?
64. Beschreiben Sie Aufgaben eines „Lichtschutzmittels“.
65. Beschreiben Sie die Auswirkungen klimatischer Einflüsse an unbekleideter Haut.
66. Welche Belastungen für die Haut bringen Frühling und Herbst als Übergangszeiten?
67. Nennen Sie Behandlungsschwerpunkte im Sommer.
68. Welche Haut- und Nagelveränderungen können im Winter auftreten?
69. Empfehlen Sie abhärtende Maßnahmen.
70. Wodurch unterscheiden sich chemische und physikalische Lichtschutzfilter?
71. Aufgrund welcher Merkmale erfolgt die Zuordnung zum Pigmentierungstyp I bis IV?
72. Welche Empfehlungen geben Sie zu Lichtschutz und Nachpflege bei einem Frühjahrsurlaub im Hochgebirge?
73. Stellen Sie Merkmale zusammen, an denen eine Seborrhö oleosa eindeutig zu erkennen ist.
74. Erklären Sie, warum Seborrhö sicca eine erhöhte Empfindlichkeit aufweist.
75. Welche Pflegeberatung geben Sie einer jungen Kundin mit Sebostase?
76. Erläutern Sie Frau Marten überzeugend, warum normale Haut auch regelmäßige Pflege benötigt.
77. Geben Sie Beispiele von „Kompromisslösungen“ bei der Pflege der Mischhaut an.
78. Beraten Sie zum Hygieneverhalten bei Aknegefährdung.
79. Nennen Sie Schwerpunkte der Beratung zu Lebensführung und Ernährung bei Gefäßlabilität.
80. Worauf achten Sie bei der psychischen Betreuung von Kunden mit Hypersensibilität?
81. Schildern Sie die Pflegemaßnahmen, mit denen die Marktfrau den Winter in ihrem Verkaufsstand ohne Schäden übersteht.

8 Pflegen und Gestalten der Füße und der Nägel

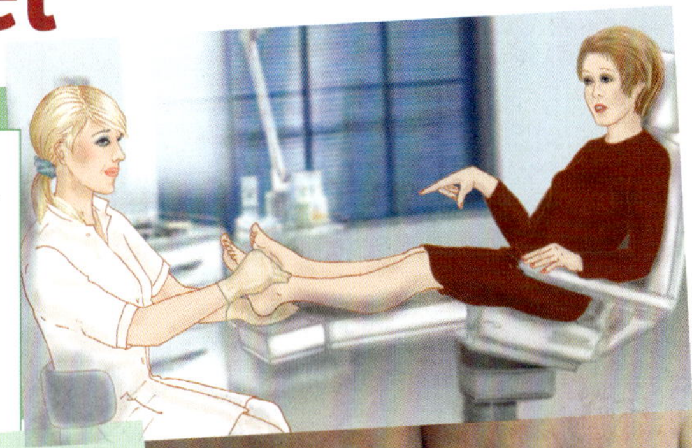

Situation

Sabrina besuchte am vergangenen Wochenende eine intensive, von ihrem Ausbildungsbetrieb finanzierte und befürwortete Fußpflegeschulung. Heute ist es nun so weit. Sabrina erwartet Frau Kosek, um ihre erste Fußpflege durchzuführen. Als Frau Kosek auf ihrem Platz sitzt, sagt sie als Erstes: „Ich habe drei schmerzende Hühneraugen am Fußballen. Bitte entfernen Sie sie, damit ich endlich wieder vernünftig laufen kann." Sabrina überlegt: Darf ich die Hühneraugen nun behandeln oder nicht?

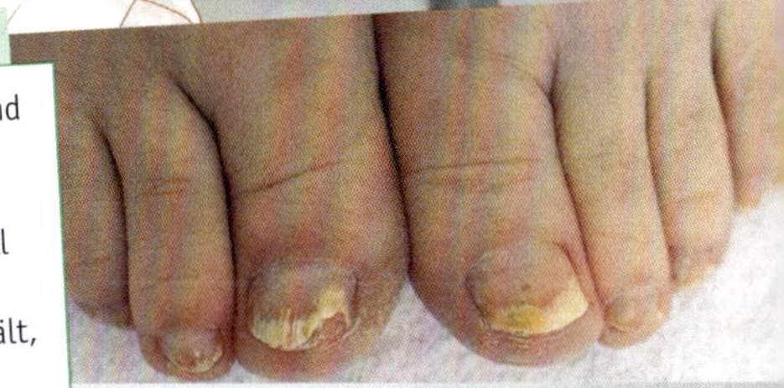

Situation

Gemeinsam mit ihrer Freundin Ina sitzt Sabrina abends im Restaurant und berichtet von ihrem Tag: „Heute habe ich bei einer 75-jährigen Dame eine Fußpflege gemacht. Das war ganz schön viel Arbeit."

„Kann man sich da nicht leicht mal mit Fußpilz oder so anstecken?", will Ina wissen. „Nein", antwortet Sabrina, „infizierte Füße dürfen wir sowieso nicht behandeln, und wenn man alle hygienischen Maßnahmen genau einhält, kann erst recht nichts passieren."

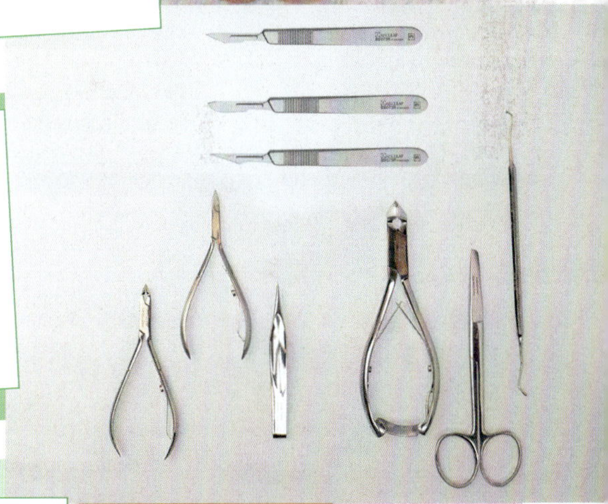

Situation

Morgen ist Sabrinas Berufsschultag. Ihre Lehrerin, Frau Herbst, hat für diesen Tag eine praktische Fußpflegeprüfung angekündigt. Sabrina will sich noch einmal aufschreiben, was alles auf ihrem Arbeitsplatz bereitstehen muss und welche Arbeitsschritte aufeinanderfolgen. Nach dem „Modellieren der Nägel" kommt sie nicht mehr weiter und ruft ihre Klassenkameradin Manuela an. „Manu, ich bin es, Sabrina. Kannst du mir kurz helfen? Mir will die komplette Reihenfolge einer Fußpflege einfach nicht mehr einfallen."

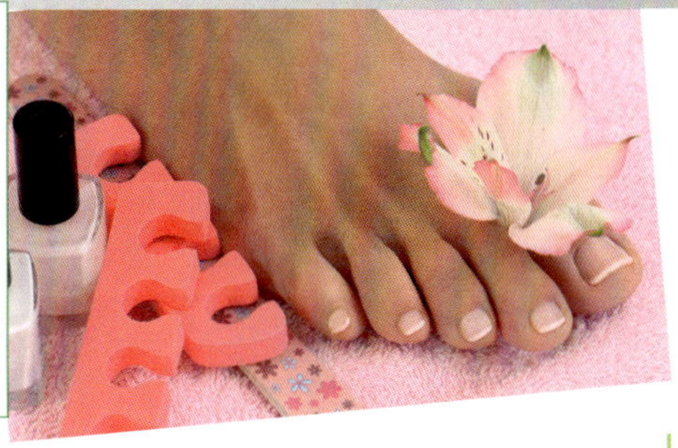

Situation

Weil den ganzen Tag so herrlich die Sonne scheint, beschließt Sabrina, nach der Berufsschule ins Freibad zu gehen. Da sie im Unterricht gerade das Thema Fußpflege durchgenommen haben, achtet sie dort sehr auf die Füße der Schwimmbadbesucher. Irgendwie entdeckt sie immer mehr ihr Interesse für die Fußpflege und vor allem für die Gestaltung der Fußnägel. Gerade jetzt im Sommer, wo man täglich Sandalen und FlipFlops trägt, kämen schön gestaltete Nägel wunderbar zur Geltung. Am Abend zu Hause sucht Sabrina diesbezüglich im Internet gleich nach Fort- und Weiterbildungsmaßnahmen.

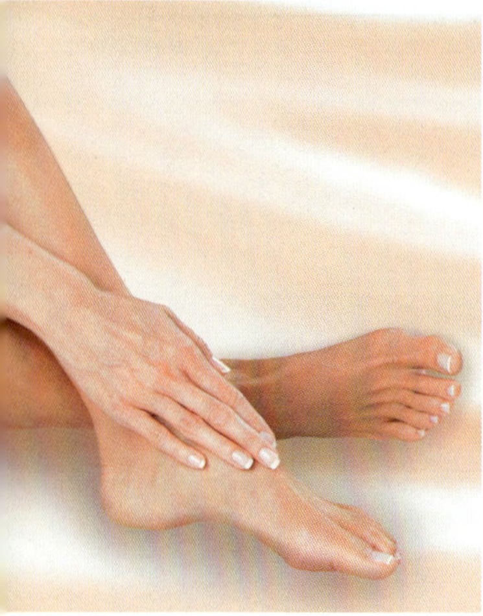

Schöne und gepflegte Füße

Z Der ZFD ist der Zentralverband der Podologen und Fußpfleger Deutschlands e.V.

WWW. www.zfd.de

8.1 Fußpflege in der Kosmetik – Möglichkeiten und Grenzen

Die Fußpflege gewinnt zunehmend an Bedeutung. Dies hat vor allem zwei Gründe. Zum einen lässt sich in der Gesellschaft ein steigendes Körperbewusstsein beobachten, welches sich sowohl auf das Aussehen als auch auf die Gesunderhaltung des Körpers bezieht. Zum anderen steigt das Durchschnittsalter der Bevölkerung und somit auch das Bedürfnis nach Fußpflege bzw. deren Notwendigkeit. Umso wichtiger ist es, dass Kosmetikerinnen im Rahmen ihrer Möglichkeiten kompetent behandeln. Denn mittlerweile werden die Behandlungsspektren klarer unterschieden, was lange Zeit nicht der Fall war. Die Bezeichnungen „kosmetische Fußpflege" und „medizinische Fußpflege" liefen durcheinander, und in der Praxis bedeutete dies, dass jeder alles behandelt hat – unabhängig von der Art seiner Ausbildung.
Seit den 50er-Jahren des letzten Jahrhunderts verfolgt der ZFD die Anerkennung des Berufes als eigenständigen medizinischen Assistenzberuf. Nun ist die Berufsbezeichnung „medizinische Fußpflegerin/medizinischer Fußpfleger" bzw. „Podologin/Podologe" seit dem 2. Januar 2002 durch das „Podologengesetz" geschützt. Medizinische Fußpfleger bzw. Podologen durchlaufen eine anspruchsvolle Ausbildung, weshalb sie in der Praxis deutlich mehr Behandlungsberechtigungen haben als beispielsweise eine Kosmetikerin, die die Fußpflege als kleinen Bestandteil ihrer Gesamtausbildung erlernt hat.

Kosmetikerinnen dürfen sich aufgrund der Art ihrer Ausbildung als Fußpflegerinnen bezeichnen. Ganz allgemein umfasst das Aufgabengebiet einer kosmetischen Fußpflege das Behandeln gesunder Füße zur Verbesserung der Ansehnlichkeit und zur Gesunderhaltung der Füße. Darüber hinaus sollte eine kosmetische Fußpflege auch immer ein Wohlfühlerlebnis für den Kunden sein.

Die Tabelle veranschaulicht den Aufgabenbereich der kosmetischen Fußpflege und stellt die zusätzlichen Aufgaben der Podologie dar.

Kosmetische Fußpflege	Podologie bzw. medizinische Fußpflege
■ Haut- und Nagelbeurteilung (ohne Diagnose), und Beurteilungsbogen	■ Diagnose, Befunderhebung, Dokumentation
■ Fußnägel fachgerecht schneiden und modellieren	
■ Nagelverdickungen, die nicht durch eine Erkrankung hervorgerufen sind, abtragen	■ Nagelverdickungen und Schwielen abtragen
■ den Nagelfalz reinigen	■ eingerollte und eingewachsene Nägel behandeln ■ Nagelspangen anfertigen und anwenden
■ Schwielen abtragen	■ Warzen in ärztlicher Zusammenarbeit behandeln
■ Hühneraugen unblutig entfernen	■ Hühneraugen entfernen, wenn dies voraussichtlich zu einer Blutung führt oder die Hühneraugen bereits entzündet sind ■ druck- und reibungsentlastende Maßnahmen an bereits schmerzhaften Stellen vornehmen
■ vorbeugende Maßnahmen zur Vermeidung von Nagelmykosen durchführen	■ Nagelmykosen in Zusammenarbeit mit einem Arzt behandeln ■ Fuß- und Beinmassage
■ eine vorbeugende Fußmassage durchführen	■ Fußfehlstellungen und Zehendeformationen erkennen und behandeln
■ einen Pflegeplan für die häusliche Pflege der Füße durch den Kunden erstellen	

Kosmetische Fußpflege	Podologie bzw. medizinische Fußpflege
■ Pflegemittel anwenden, empfehlen und verkaufen ■ die Füße dekorativ gestalten (Naildesign und Lack)	■ künstlichen Nagelersatz anfertigen und anwenden ■ Risikofußbehandlung z.B. bei Diabetes mellitus

A Beschreiben Sie die Grenzen der kosmetischen Fußpflege an einem konkreten Beispiel aus Ihrem beruflichen Alltag im Kosmetikinstitut.

8.2 Anatomie und Physiologie des Fußes

Für eine Übersicht im Zusammenhang mit den Strukturen des Beines s. auch Kap. 6.7.5, S. 75ff.

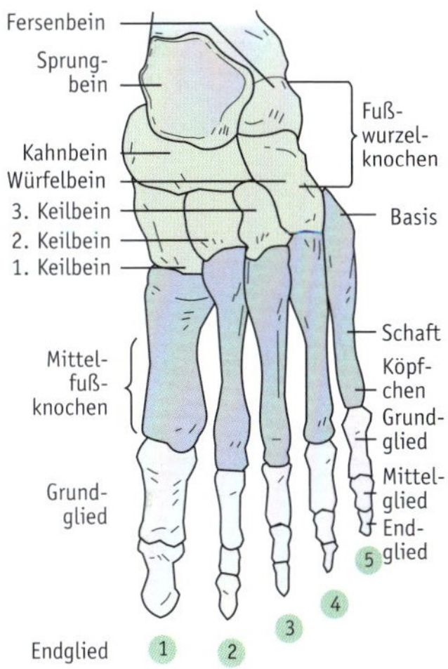

Knöcherner Aufbau

An das Sprungbein, welches zwischen den Unterschenkelknochen eingefügt ist, schließt sich nach vorn das Fersenbein an.
Die Zehen sorgen für ein Ausbalancieren des Körpers beim Gehen, wobei dem großen Zeh die Hauptaufgabe bei der Stand- und Gangsicherheit zukommt.

Gelenke

Das obere Sprunggelenk zwischen Wadenbein, Schienbein und Sprungbein lässt im Wesentlichen das Senken und Heben des Fußes zu. Im unteren Sprunggelenk, welches durch Sprungbein, Fersenbein und Kahnbein gebildet wird, sind ein Auswärts- und Einwärtsdrehen in der Längsachse des Fußes möglich. Entsprechend seiner Aufgaben sind die Bewegungsausschläge im Fuß, trotz ähnlichen Aufbaus wie der Hand, deutlich geringer (s. S. 168). Im Zusammenspiel der Sprunggelenke sind auch Drehbewegungen im Fuß möglich. Die volle Beweglichkeit in den Sprunggelenken ist auch Voraussetzung für ausreichenden Transport des Blutes in den Beinvenen (s. S. 41).
Das Kahnbein ist Teil der Fußwurzelknochen, an die sich die Mittelfußknochen und nach vorn die Zehen anschließen. In allen Zehengelenken, auch im Großzehengrundgelenk, sind nur Beuge- und Streckbewegungen möglich.

Muskulatur

Die Muskeln zur Bewegung des Fußes liegen zum größten Teil im Bereich der Unterschenkel (s. S. 76) und enden in langen Sehnen. Die kräftigste ist die Achillessehne, welche die Kraft des Wadenmuskels überträgt und die Streckung des Fußes bewirkt.
Am Fuß selbst finden sich nur Muskeln, welche die Beweglichkeit der Zehen herstellen. Dabei sind die Muskeln auf dem Fußrücken relativ schwach ausgeprägt, da die Hebung der einzelnen Zehen nicht so wichtig ist. Im Gegensatz dazu befinden sich gut entwickelte Muskeln im Bereich der Sohle, welche ein kräftiges Abdrücken des Fußes beim Gehen ermöglichen und gleichzeitig ein Polster darstellen.

Z Bei starken Belastungen (laufen, springen) kann die Achillessehne reißen.
Sie ist benannt nach dem griechischen Sagenhelden Achilles, der durch Eintauchen in den Styx (Fluss zwischen dem Reich der Lebenden und der Toten) unverwundbar wurde, nur an der Ferse, an der er festgehalten wurde, war er verletzlich.
Schwächen von Menschen werden im übertragenen Sinne auch als ihre Achillesferse bezeichnet.

Arterielle Durchblutungsstörung = Verengung der Arterien durch Ablagerungen bis hin zu vollständigem Verschluss

Diabetischer Fuß = verzögerte Wundheilung aufgrund von Durchblutungsstörungen, Komplikationen nach Verletzungen, häufig Anlass für eine Amputation

Fußgewölbe und Bänder

Straffe Gelenkkapseln und Bänder zwischen den Knochen schränken die Bewegungsmöglichkeiten der einzelnen Abschnitte zwar ein, erhöhen damit aber die Leistungsfähigkeit des im Wesentlichen tragenden Systems.
Besonders im Bereich der Sohle spannen sie das Fußgewölbe längs und quer. Dadurch kommt es zu einer Verbesserung der Stabilität durch Auflage auf drei Punkten: Ferse, äußerer und innerer Fußballen. Die Spannung des **Längsgewölbes** zeigt sich am leicht nach oben gewölbten inneren Fußrand, das **Quergewölbe** bildet sich durch die ähnlich einem Brückenbogen angeordneten Mittelfußknöchelchen. Unterstützt wird das Ganze durch eine feste Bindegewebsplatte im Bereich der Fußfläche.

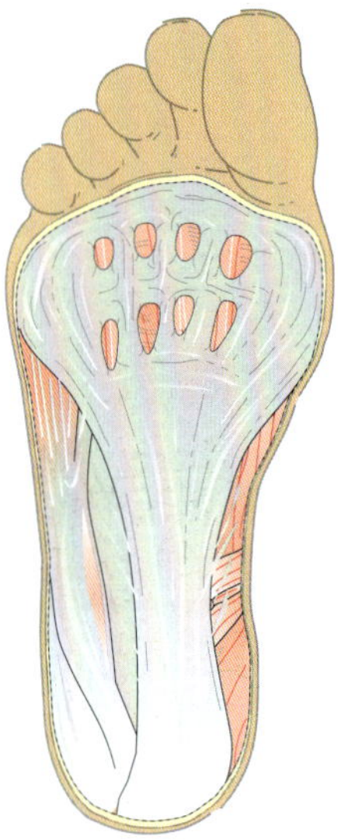

Sehnen und Bänder an der rechten Fußsohle

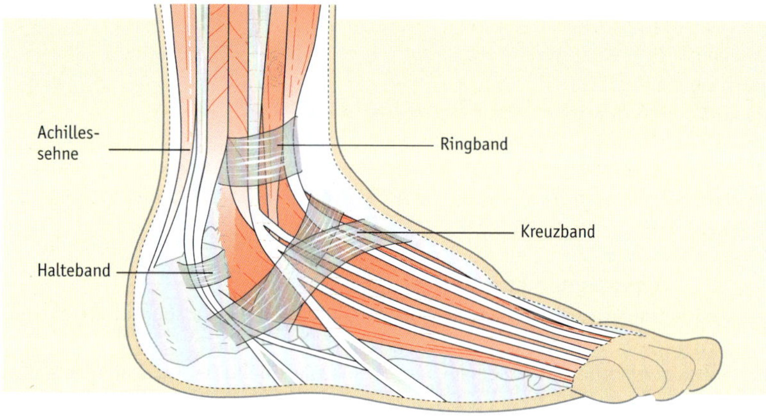

Diese Konstruktion ermöglicht, das gesamte Körpergewicht stabil auf einem Fuß zu halten, was wiederum Voraussetzung ist für einen sicheren Gang. Gleichzeitig ist damit ein Abfedern möglich, welches besonders beim Laufen und Springen Schäden an den Knochen vermeiden hilft und die Wirbelsäule vor harten Stößen bewahrt.

Blutgefäße

Grundsätzlich werden im menschlichen Körper zwei Arten von Blutgefäßen (s. S. 41) unterschieden. Die Arterien führen vom Herzen weg. Durch sie gelangt das Blut in jeden Winkel des Körpers. Die Venen führen das Blut wieder zum Herzen zurück. Die oberflächlichen Venen scheinen nur auf dem Fußrücken durch die Haut hindurch. Leichte Schwellungen, insbesondere im Sommer, können durch Hochlagerung behoben werden.
Direkt zugänglich sind Arterien jeweils hinter Innen- und Außenknöchel und auf dem Fußrücken. In der Medizin dienen diese der Überprüfung der Fußdurchblutung (Fußpulse), starker Druck sollte in diesen Regionen unbedingt vermieden werden.

Bei einer arteriellen Durchblutungsstörung infolge eines Diabetes mellitus (s. S. 255) ist die körpereigene Abwehr häufig gestört, was zu schweren Komplikationen schon bei geringfügigen Verletzungen führen kann (Diabetischer Fuß).

Z Wird auf Befragung ein Diabetes mellitus angegeben oder besteht Unsicherheit über die Durchblutung des Fußes, sollte Rücksprache mit dem behandelnden Arzt genommen oder dem Kunden zu einem Arztbesuch geraten werden.

A Bauen Sie mithilfe der Texte ein Modell des Fußes. Verwenden Sie dazu möglichst vielfältige Materialien, z. B. Papier, Knete, Holz, Gummi etc.

8.3 Bein-, Fuß- und Zehendeformationen

Lot = senkrecht zum Boden (Erdmittelpunkt) stehende gerade Linie
Arthrose (lat. articulus = Gelenk, gr. Nachsilbe -ose = krankhafter Zustand) = Gelenkverschleiß

Beindeformationen

Um einen sicheren Gang und Stand zu ermöglichen, müssen die Beine achsengerecht stehen. Dies bedeutet, dass das Kniegelenk in der Mitte des Lotes zwischen Hüftkopf und Sprungbein liegen muss. Abweichungen von dieser Linie führen zu einer ungleichmäßigen Belastung mit Verschleißerscheinungen (Arthrose).

X- und O-Bein

Eine X-Bein-Fehlstellung kommt entweder angeboren vor oder aber als Folge von Unfällen und Operationen im Bereich des Knies. Nicht selten handelt es sich dabei um das Entfernen des äußeren Meniskus (häufig bei Fußballern) oder um Knochenschäden, z. B. beim Gelenkrheuma.
Die O-Bein-Fehlstellung hat die gleichen Ursachen, nur dass hier der innere Anteil des Knies betroffen ist.

Wenn die Fehlstellung nicht ohnehin deutlich zu sehen ist, deutet die Angabe von Belastungsschmerz im Kniegelenk, morgendlichen Anlaufschmerzen und Wetterfühligkeit auf eine Fehlstellung hin.

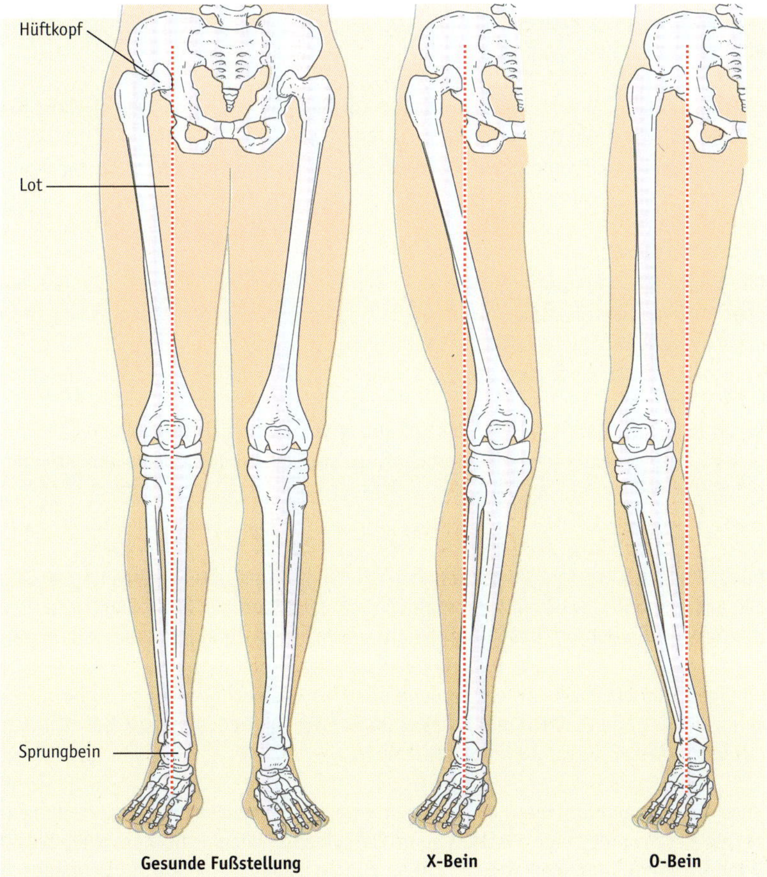

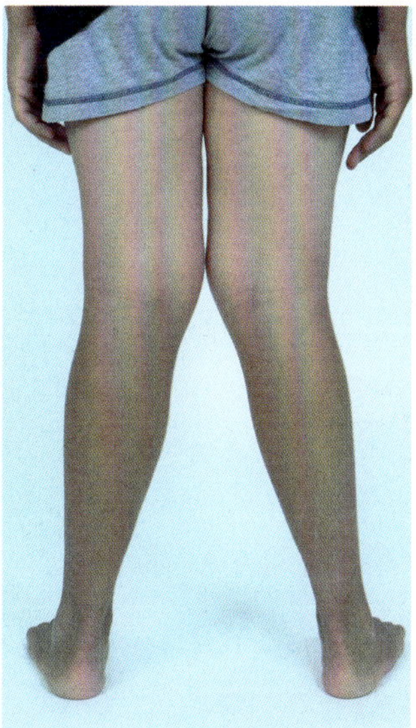
X-Bein

Fußdeformationen

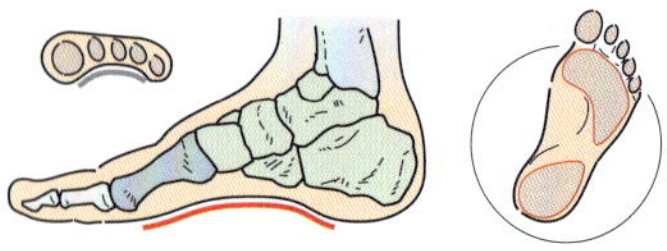

Hohlfuß

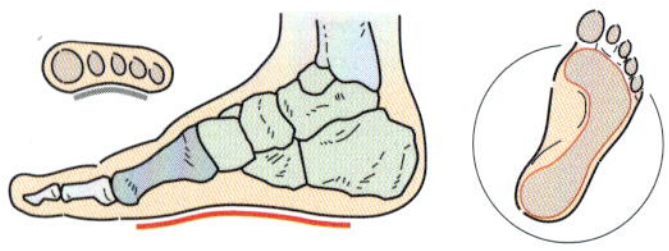

Normale Fußstellung

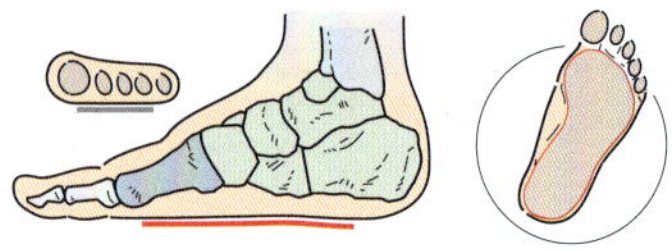

Plattfuß

> **Z** Als erworben werden Krankheiten bezeichnet, die nicht angeboren sind.

Auch an den Füßen sind die achsengerechte Stellung der Gelenkflächen, ausreichende Beweglichkeit an den Gelenkflächen sowie die Spannung des Fußgewölbes notwendig für eine ausreichende Funktion. Das gesamte Körpergewicht lastet auf den Füßen, von ihnen ist die Aufrichtung des Körpers abhängig. Rücken-, Hüft- und Kniebeschwerden lassen sich häufig auf Fehlstellungen der Füße zurückführen.
Die Tatsache, dass fast 80 % der Bevölkerung irgendwelche Beschwerden an den Füßen haben, wird auf Bewegungsmangel und das Stehen auf harten Böden zurückgeführt. Versuche mit schwingenden Böden und unterschiedliche Polsterungen (z. B. Luftpolster und Gelkammern in den Schuhsohlen) auch in normalen Schuhen sollen dem entgegenwirken.

Trotz der Tatsache, dass unsere Füße uns im Leben fast viermal um die Erde tragen, bekommen sie kaum Zuwendung und werden eigentlich erst bei Beschwerden richtig wahrgenommen.
Ursache der im Folgenden beschriebenen erworbenen Deformationen sind:

- schwache Sehnen und Bänder,
- unzureichende Muskulatur,
- Übergewicht,
- Fehlstellungen der Beine (s. S. 169),
- ungeeignetes Schuhwerk,
- Knochenerkrankungen.

Die Behandlung von Fußdeformationen im Bereich der kosmetischen Fußpflege beschränkt sich auf die fachgerechte Abtragung verdickter Hornhaut, wie Schwielen und Hühneraugen. Dennoch kann dadurch schon eine Linderung der oft schmerzenden Füße erreicht werden.

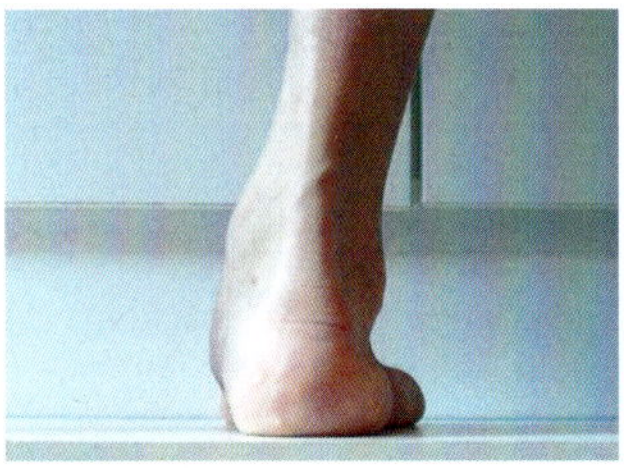

Knickfuß

Knickfuß

Ein Knickfuß in Form einer Achsabweichung des Fußes nach innen findet sich bei über 30 % der Bevölkerung. Etwa ein Viertel klagt über begleitende Schmerzen in den Knie- oder Hüftgelenken durch Fehlstatik.
Ursache können, neben den oben beschriebenen, Lähmungen der Schienbeinmuskulatur sein.
Durch Einlagen (Unterstützung des Fußinnenrandes) lässt sich der Knickfuß korrigieren, Fußgymnastik hilft, die Muskulatur zu stärken. Verhornungen sind am inneren Ballen sowie innen an der Ferse zu finden.

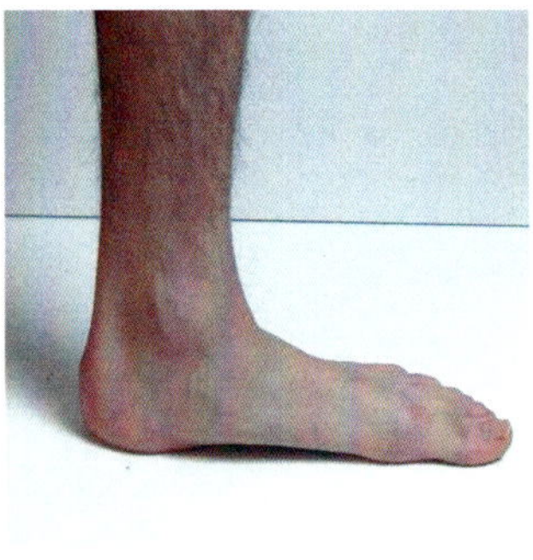

Senkfuß

Senkfuß, Plattfuß

Durch Zug der Bänder im Längsbereich der Fußsohle steigt das Fußgewölbe vor dem Fersenbein steil an und fällt dann allmählich nach vorn ab. Diese Form wird vom gesunden Fuß auch bei Belastung gehalten. Ohne Belastung wird auch ein beginnender Senkfuß diese Form haben. Wenn sich das Fußlängsgewölbe der Unterlage annähert, spricht man von einem Senkfuß. Eine völlige Absenkung des Gewölbes kennzeichnet den Plattfuß als Folge einer Schwächung des Bandapparates. Übergewicht belastet die Fußgewölbe zusätzlich.

Auch hier können Einlagen und Gymnastik helfen, Massagen lindern die schmerzhaften Beschwerden. Ein Plattfuß zeigt Fußsohlenschwielen. An besonders belasteten Stellen bilden sich zudem schnell Hühneraugen. Senkfüße bilden dagegen vor allem Hornhaut an der Innenseite der Ferse und im Bereich unter dem Köpfchen des ersten Mittelfußknochens.

Spreizfuß

Unter einem Spreizfuß versteht man eine eingeschränkte Stabilität des Fußquergewölbes in Höhe der Gelenke zwischen den Mittelfuß- und Zehenknochen. Der Spreizfuß ist die häufigste Fußdeformation des Erwachsenen und macht sich sehr schnell durch Beschwerden bemerkbar (Ziehen und Pochen im Bereich des Vorfußes). Bei starker Ausprägung hebt sich das Quergewölbe auch bei Entlastung nicht mehr und das empfindliche Mittelfußköpfchen des 3. Zehs zeichnet sich ab. Häufig zeigt sich als erstes Zeichen des ständigen Kontaktes mit der Unterlage eine Schwiele unter dem Knochen. Schmerzen bei Druck mit dem Daumen sind ein deutliches Zeichen. Im weiteren Verlauf bilden sich Hühneraugen. Außerdem entstehen Hammer- und Krallenzehen, welche wiederum an den Zehen zu verdickten Nägeln, Hühneraugen und Schwielen führen können. Auch die Ausbildung eines Hallux valgus (s. unten) ist nicht selten zu beobachten.
Eine Versorgung mit Einlagen führt zunächst zur Beschwerdezunahme, was eine vertrauende Mitarbeit der Betroffenen erfordert. Fußgymnastik und -massagen dienen der Beschwerdelinderung ebenso wie die Entfernung der Schwielen und Hühneraugen.

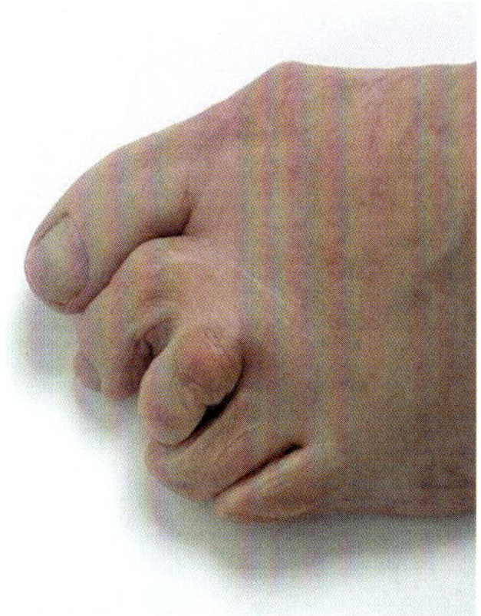

Spreizfuß mit typischen Komplikationen

Hohlfuß

Im Gegensatz zu den beschriebenen Veränderungen ist beim Hohlfuß das Fußlängsgewölbe zu hoch aufgespannt. Dies beginnt meist schon im Kindesalter und sollte dort durch spezielle Schuhe oder Nachtschienen behandelt werden.
Die unnatürliche Stellung des Fußes führt häufig zu starken Schmerzen. Längerfristig können sich als „Gegenreaktion" wegen der veränderten Form Spreizfuß (s. oben) oder Hammer- und Krallenzehen (s. S. 172) einstellen.
Der Hohlfuß erfordert im Erwachsenenalter die operative Korrektur durch Sehnenverlagerung.
Schmerzhafte Schwielen und Hühneraugen finden sich an den Stellen starker Belastung, z. B. am Vorfuß sowie auf den Zehenrücken und an den Zehenkuppen.

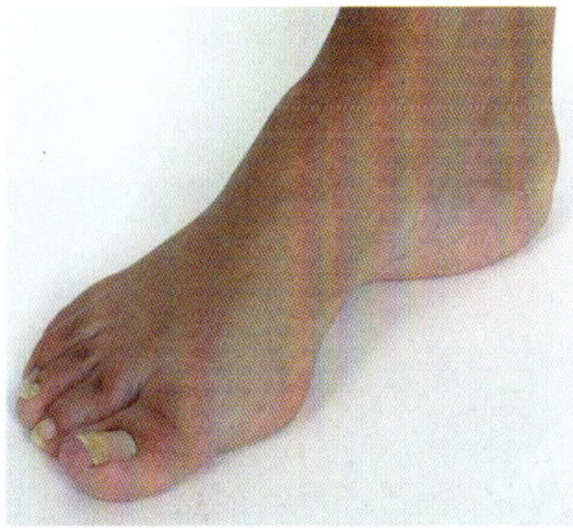

Hohlfuß

Klumpfuß

Hierbei handelt es sich um eine angeborene Deformation, deren wesentliche Grundlage eine Verkürzung der Achillessehne ist.
Ein bestehender Klumpfuß erfordert eine Versorgung mit individuell angepasstem orthopädischem Schuhwerk.

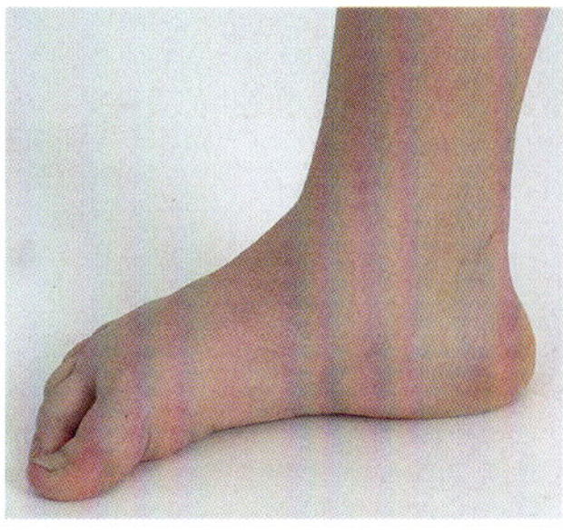

Klumpfuß

Zehendeformationen

Wie beim Hohlfuß beschrieben, führen Veränderungen der Fußstatik häufig zu Zehendeformationen. Beteiligt sind allerdings vielfach auch einengende oder der natürlichen Anlage nicht entsprechende Schuhformen (z. B. extreme Pumps, Stilettos, flache Ballerinas).

Hallux valgus

Hierbei handelt es sich um eine X-Fehlstellung der Großzehe, das heißt eine Abwinkelung der Großzehe im Grundgelenk in Richtung der Kleinzehe. Diese Fehlstellung beruht häufig auf einer Spreizfußdeformation (s. oben). Das Köpfchen des ersten Mittelfußknochens wölbt sich hervor, was zu einem veränderten Zug der Streck-

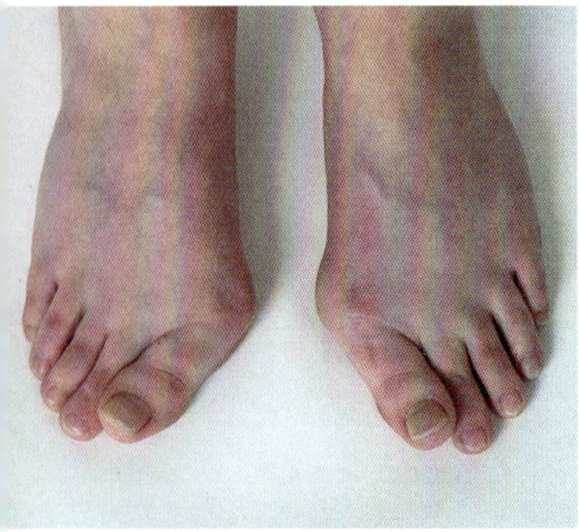

Hallux valgus = X-Zeh

sehne führt, welche den Zeh selbst nach außen zieht. Von einem Hallux valgus spricht man, wenn die Großzehe um mehr als 10 Grad nach außen zu den anderen Zehen gebogen ist. Der Muskelzug verstärkt die Fehlstellung. Über dem vorstehenden Knochenvorsprung kommt es zusätzlich zu Druckstellen (Hühneraugen, Schwielen). Es kann zu Schleimbeutelentzündungen kommen.
Spreizfuß, Übergewicht, langes Stehen im Beruf und ungeeignete Schuhe sind die häufigsten Auslöser.

Auswirkungen der Schuhe auf den Vorfuß:
- Hohe Absätze verlagern das Körpergewicht auf den Vorfuß.
- Spitze Schuhe drücken das Großzehengrundgelenk nach außen.
- Zu kurze Schuhe zwingen die Zehen in eine gekrümmte Haltung und drücken die Mittelfußknochen nach unten.

Wegen der abgewinkelten Großzehe ist der Gang unsicher, die Schrittlänge verkürzt sich.
Zunächst wird versucht, den auslösenden Spreizfuß zu behandeln (s. S. 171). Zusätzliche Schaumstoffpolster und Nachtschienung zwischen der ersten und der zweiten Zehe sind zu Beginn nützlich. Führen diese Maßnahmen nicht zum Erfolg, bleibt nur ein operativer Eingriff.
Im Zusammenhang mit einem Hallux valgus treten häufig auch Hammer- und Krallenzehen auf. Meist sind der zweite und dritte Zeh betroffen.

Hammer- und Krallenzehe

Bei der **Hammerzehe** ist der Zeh im Grundgelenk gestreckt. Mittel- und Endglied sind gebeugt. Das erste und zweite Zehengelenk sind versteift, die Zehe verkrümmt sich. Die Zehenkuppe kommt auf den Boden auf.

Bei einer **Krallenzehe** sind Mittel- und Endglied in einer Beugestellung. Das Zehengrundglied ist überstreckt. Die Zehenkuppe kommt oft nicht mehr auf den Boden auf, weil das Grundgelenk versteift ist, was zu einer Verkrümmung führt.
An den gebeugten Gelenken, welche ständigen Kontakt zum Schuh haben, kommt es häufig zu sehr schmerzhaften Druckstellen.
Zehengymnastik, Polsterung und möglichst weite, falls möglich offene Schuhe können helfen, meist ist aber eine operative Korrektur nötig.

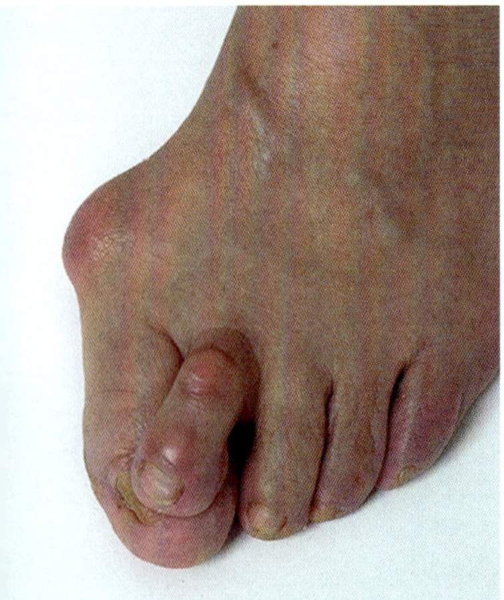

Reiterzehe

Reiterzehe

Unter einem Reiterzeh wird eine Fehlstellung verstanden, bei welcher ein Zeh über einem anderen liegt, also auf ihm „reitet". Hervorgerufen wird dies durch eine starke Anspannung der Strecksehnen. Das Grundglied der Zehe sitzt außerdem auf dem Köpfchen des Mittelfußknochens auf. Auch hier sind die Hauptprobleme Druckpunkte an Kontaktstellen und Entzündungen sowie eine Einschränkung des Gehens.

Die Therapiemöglichkeiten entsprechen denen der anderen Zehendeformationen.

A Machen Sie zu zweit Fußabdrücke im Sand und vergleichen Sie diese mit den Abbildungen auf S. 170. Entscheiden Sie anhand der Fußabdrücke, ob bei Ihnen Fehlstellungen vorliegen.

8.4 Anatomie und Physiologie der Fußnägel

Die Talg- und Schweißdrüsen sowie die Haare, Finger- und Fußnägel sind sogenannte Hautanhangsgebilde.
Die Nägel werden aus lebenden Hautzellen gebildet, bestehen aber selbst aus verhornten und somit leblosen Keratinozyten. Aufbau, Funktion und Wachstum der Fußnägel unterscheiden sich nicht wesentlich von dem der Fingernägel (s. GSt., S. 176 f.).

Aufbau des Nagels

Genauso wie beim Fingernagel besteht der Fußnagel im sichtbaren Bereich aus Nagelmond, Nagelkörper, freiem Nagelrand, Nagelwall, Nagelfalz und Nagelhaut.

Im nicht sichtbaren Bereich befinden sich Nagelwurzel, Nagelbett und Nagelmatrix. Die Nagelplatte liegt auf dem Nagelbett. Sie besteht aus etwa 100–150 übereinandergeschichteten Hornzelllagen, weshalb sie so hart und robust ist. Eigentlich wäre die Nagelplatte weiß. Ihre transparente, leicht rosa schimmernde Farbe erhält sie vom darunterliegenden Nagelbett, welches gut durchblutet ist und durchscheint. Nagelbett und Nagelplatte sind fest miteinander verbunden. Der freie Nagelrand ist weiß. Er ist der Teil der Nagelplatte, der nicht mehr mit dem Nagelbett in Verbindung steht und über die Zehenkuppe hinaus wächst. Links und rechts und im Bereich der Nagelhaut liegt der Nagel in dem Nagelfalz (Paronychium). Vereinfacht gesagt, könnte man die linke und rechte Linie als Laufrinne des Nagels bezeichnen. Die leichten Wölbungen oder Hautwulste um den Nagel herum nennt man Nagelwall. Gebildet wird der Nagel durch Zellteilung in der Matrix. Die Matrix befindet sich unterhalb in der Epidermistasche. Ihre Länge beträgt ca. ein Drittel der gesamten Länge der Nagelplatte, in Richtung der Endgelenke müssen noch ungefähr 2 mm hinzugegeben werden. Die Nagelhaut dient zum Schutz der Nagelmatrix. Durch sie können Krankheitserreger oder Giftstoffe nicht in die Matrix eindringen.
Auch die Nagelwurzel bildet sich aus der Matrix. Sie liegt in der Epidermistasche oberhalb der Matrix und macht etwa ein Drittel der Nagelplatte aus. Sie schiebt sich ca. 5 mm in die Epidermistasche hinein. Der halbkreisförmige, weißlich schimmernde Nagelmond (Lunula) ist in der Regel nur am großen Zeh zu sehen. Er wird teilweise von der Nagelhaut (Cuticula) bedeckt.

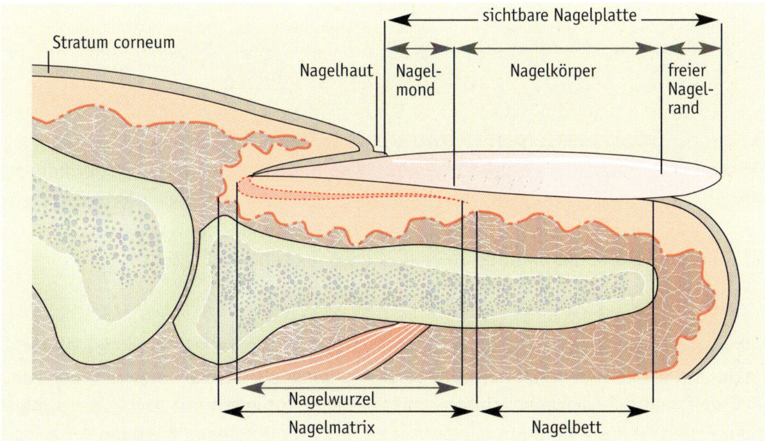

Wachstum des Nagels

Der Fußnagel wächst etwa 0,5 mm pro Woche. Muss ein Nagel komplett entfernt werden, dauert die Wiederherstellung der Nagelplatte von der Matrix bis zum freien Nagelrand etwa ein Jahr. Der Fußnagel ist dicker als der Fingernagel. Bei einem gesunden erwachsenen Menschen beträgt die natürliche Nageldicke durchschnittlich 0,4 bis 0,5 mm.

Funktionen des Fußnagels

Der Fußnagel hat vor allem die Aufgabe, das Tastempfinden zu verstärken. Dies geschieht durch die Längswuchsrichtung und die Unbiegsamkeit der Nagelplatte. Da Druck sich nach allen Seiten gleichmäßig ausbreitet, wirkt der Nagel wie ein Widerlager, was den Druck auf die Nervenendigungen erhöht.
Sowohl die Finger- als auch die Zehennägel dienen als Schutz, denn sie bewahren die blut- und nervenreichen Finger- und Zehenspitzen vor Verletzungen.

A Schreiben Sie mit Ihrer Tischnachbarin ein Beratungsgespräch zwischen Sabrina und einer Kundin. Sabrina erklärt darin ihrer Kundin Aufbau und Funktion des Fußnagels.
Üben Sie das Beratungsgespräch ein und präsentieren Sie es den anderen Klassenmitgliedern.

WWW. www.onmeda.de

8.5 Behandlungsmöglichkeiten häufiger Haut- und Nagelveränderungen der Füße

Die kosmetische Fußpflegerin muss über die Ursachen und Symptome von Haut- und Nagelveränderungen und über ihre Behandlungsmöglichkeiten und -grenzen Bescheid wissen. Ansonsten ist es nicht möglich, richtige bzw. notwendige Behandlungsentscheidungen zu treffen und den Kunden kompetent zu beraten. Dazu betrachtet sie die Füße mithilfe der Lupenleuchte und hält ihre Beobachtungen im Beurteilungsbogen (s. S. 185) fest.

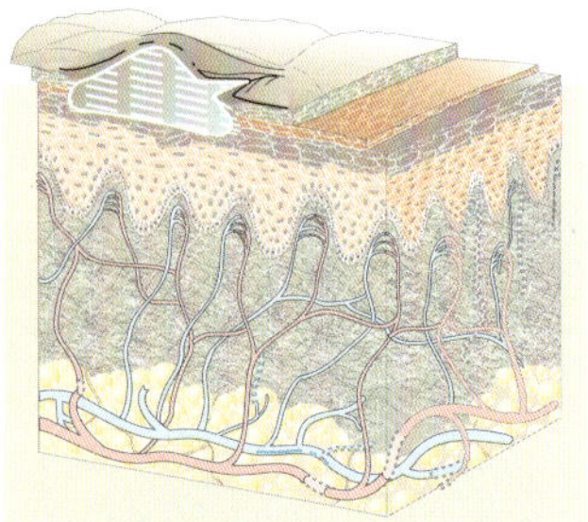

Callositas, Tyloma (Schwiele)

8.5.1 Hautveränderungen der Füße

Schwielen und Rhagaden

Schwielen – in der Fachsprache Callositas – sind flächenhafte Überverhornungen, die unter anderem durch mechanische Beanspruchung entstehen. Die Hornschicht beginnt sich zu verdicken, wenn sie z. B. vermehrt Druck oder Reibung ausgesetzt ist. Dies macht sie, um darunter liegende Zellschichten zu schützen.

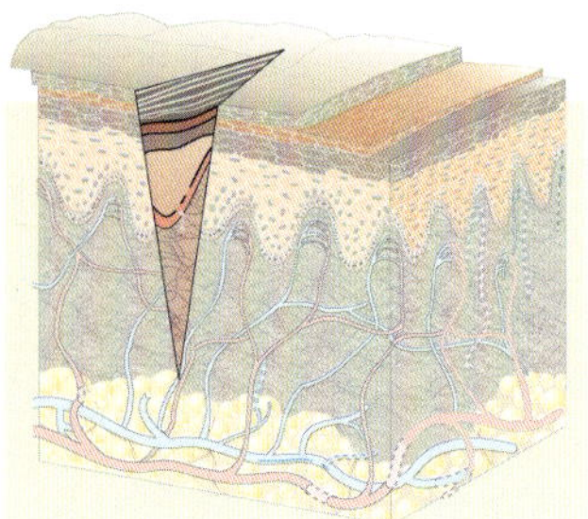

Rhagade (Hauteinriss)

Symptome

Schwielen haben eine glatte Oberfläche. Typische Stellen sind die Ferse, Zehengelenke und der Großzehenballen. Hat sich eine Schwiele gebildet, spannt die Haut, weil meist ihre Elastizität herabgesetzt ist. Die Haut erscheint gelblich. In manchen Fällen ist sie schuppig und von feinen, leichten Rissen durchzogen.

Nicht selten kommt es dazu, dass das übermäßig verdickte und unelastische Stratum corneum stark einreißt, vor allem an der Ferse. Dann spricht man von Rhagaden, Schrunden oder Hornhauteinrissen. Rhagaden heilen unbehandelt nur selten wieder ab, sie sind sehr schmerzhaft, können bluten und entzünden sich leicht. Weil die Haut in solchen Fällen in ihrer Abwehr geschwächt ist, kommt es schneller zu Warzen- oder Pilzbefall.

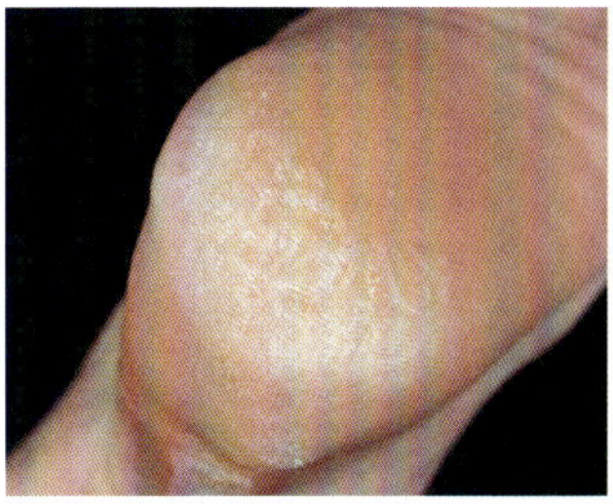

Fuß mit Fersenschwiele

Ursachen

Ist die Überverhornung nicht erblich bedingt, rührt sie von einer ausgeprägten Druckbelastung her. Äußerlich bedingt kann dies durch enges Schuhwerk, belastende Sportarten oder das Barfußlaufen in Schuhen hervorgerufen sein. Fehlstellungen der Zehen oder des Fußes schaffen eine gewölbte Oberfläche mit einem zentrierten Reizpunkt. Dies verursacht eine höhere Reibung von außen und somit eine höhere Zellteilungsrate innen.

Behandlung

Schwielen sollten regelmäßig (alle vier Wochen) mit dem Skalpell abgetragen und anschließend glatt geschliffen werden. Wer Schwielen unbehandelt lässt, läuft Gefahr, dass sich Hühneraugen bilden. Wichtig ist, auf ein Fußbad zu verzichten und möglichst mit der Trockentechnik zu arbeiten, weil aufgeweichte Hornhaut oft zu intensiv abgenommen wird. Es darf nicht gearbeitet werden, bis die Haut „rosa" erscheint. Eine Schutzschicht muss bleiben.
Die Behandlung von Rhagaden sollte die Kosmetikerin nur vornehmen, wenn die Rhagaden noch nicht zu tief sind, nicht geblutet haben und nicht entzündet sind. Vorerst muss das verdickte Stratum corneum an der Ferse abgetragen werden. Anschließend werden die Rhagaden längs des Risses mit dem lanzenförmigen Diamantschleifer ausgefräst. Der kosmetischen Fußpflegerin bleibt dann nur noch die Behandlung mit einer entsprechenden Creme. Diese sollte eher Feuchtigkeit als Fett spendend sein, da zu viel Fett die Wärmeregulation behindert. Dem Kunden muss für zu Hause das tägliche Cremen und das regelmäßige Glätten der Hornhaut (z. B. mit einem Bimsstein) empfohlen werden, um die Haut elastisch zu halten und weiteren oder tieferen Rissen vorzubeugen. Cremes mit dem Wirkstoff Urea (Harnstoff) haben sich hier als wirksam erwiesen. Druckschutzmaßnahmen zur Verhinderung der fortschreitenden Schwielenbildung sind ratsam.

Hühneraugen

Clavi werden im Volksmund als Hühneraugen oder Leichdorn bezeichnet. Es handelt sich um örtlich begrenzte Überverhornungen mit einem zentralen, in die Tiefe gerichteten Sporn.

Symptome

Die Verhornungen sind meist rund und gelblich verfärbt. In der Mitte befindet sich ein „Auge" bzw. Sporn, der aus Horn besteht, in die Tiefe wächst, lebende Hautschichten verdrängt und Schmerzen verursacht, wenn er auf Nerven drückt. Diese Schmerzen können sowohl in Ruhe als auch beim Gehen auftreten. Hühneraugen sind im gesamten Fuß- und Zehenbereich zu finden, selbst im Nagelfalz und unter der Nagelplatte. Oftmals wird von einer Wetterfühligkeit berichtet.

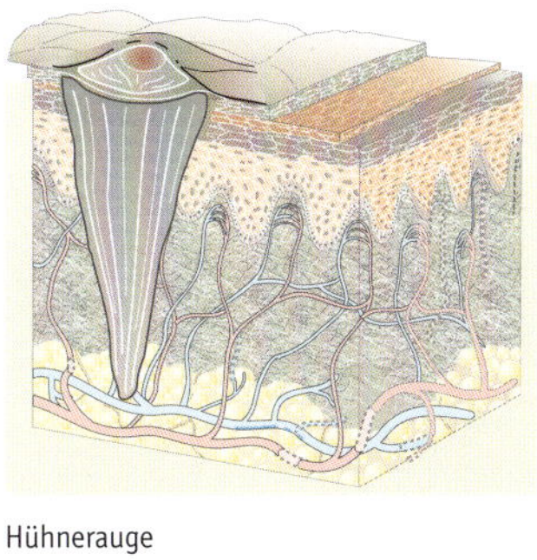

Hühnerauge

Keratolytikum = Hornlöser

Z

Hühneraugenpflaster sollten weder verwendet noch empfohlen werden. Sie können leicht verrutschen und durch die Chemikalien (Keratolytika) die umliegende Haut schädigen.

Ursachen

Hühneraugen entstehen durch ständigen eng begrenzten Druck, hervorgerufen durch enges Schuhwerk oder Fuß- und Zehendeformationen. Auch chronischer Druck auf erhabene Gelenke und Knochenvorsprünge führt leicht zur Bildung eines solchen. Als Dornschwiele bezeichnet man Hühneraugen, die sich im Stratum corneum einer Schwiele entwickeln. Hühneraugen sind nicht infektiös.

Behandlung

Die Kosmetikerin behandelt in der Regel „harte Hühneraugen" (Clavus durus), die nicht entzündet sind. Grundsätzlich darf bei dieser Behandlung keine Blutung entstehen. Zum Entfernen von Hühneraugen werden – je nach Vorliebe – unterschiedliche Instrumente benutzt. Geübte Fußpflegerinnen schneiden das Hühnerauge mit der Skalpellspitze aus, andere nehmen dazu die Nagelhautzange. Das Ausfräsen mit dem Hohl- bzw. dem Rosenfräser ist ebenfalls eine Möglichkeit. Bevor bei der Hühneraugenentfernung in die Tiefe gearbeitet wird, ist die umliegende Hornhautverdickung zu entfernen. Die Behandlung ist nur dann Erfolg versprechend, wenn nach der Entfernung ein Druckschutz angebracht wird.

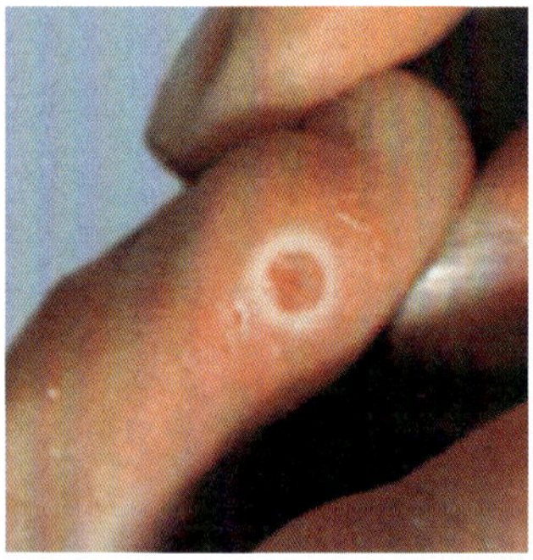
Hühnerauge

Vergleich	Schwiele	Hühnerauge
Symptome	flächige Hornhautverdickung, gelblich mit Spannungsgefühl, nicht infektiös	lokale tiefgehende Hornhautverdickung, gelblich, schmerzt auf Druck von oben, nicht infektiös
Ursachen	Flächendruck von innen (durch Knick-, Spreiz-, Senk- oder Plattfuß, Zehenfehlstellung) oder außen (durch zu spitze, enge, weite, schwere, harte Schuhe, hohe Absätze)	lokaler Druckreiz von innen (durch Fußverlagerungen, Gelenk- und Zehenfehlstellungen) oder außen (zu spitze, enge Schuhe mit Wulstnähten, Perforationen, Verzierungen)
Behandlung	Entfernen bis auf eine Schutzschicht (individuell zu bestimmen) im Wechsel von Flächen- und Randarbeit mit Skalpell und Diamantschleifer	Restlos entfernen im Wechsel von Flächen-, Tiefen- und Randarbeit mit Skalpell, Skalpellspitze, Nagelhautzange, Rosenfräser, Hohlfräser
Komplikationen	Schmerzhafte Einrisse bei trockener Fußhaut, Blasenbildung und Ablösung	Schmerzen, Entzündungen erkennbar durch Hitze, Rötung, Schwellung

Warzen

Warzen sind gutartige Hautwucherungen. Die häufig an der Fußsohle vorkommende Warze ist die sogenannte Dorn- oder Mosaikwarze. In der medizinischen Fachsprache wird sie als Verruca plantaris bezeichnet. Sie ist infektiös.

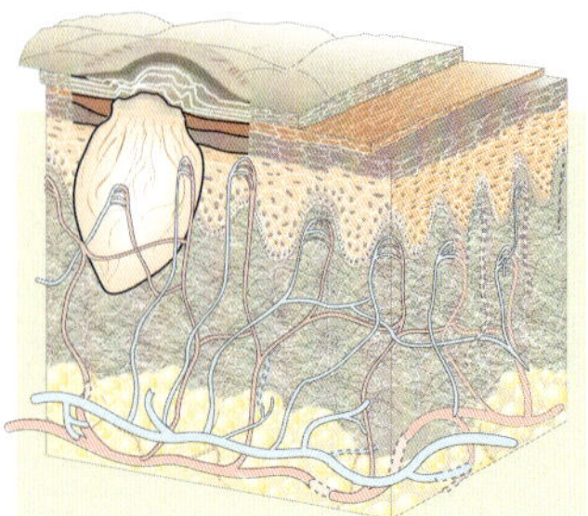
Warze

Symptome

Dornwarzen treten einzeln auf. Von einem Warzenmosaik spricht man, wenn es zu einer flächenhaften Ausbreitung kommt. Ihre Oberfläche ist anfangs rau, durch die mechanische Beanspruchung später glatt. Im Zentrum der Warze sind oft kleinste schwarz-braune Pünktchen zu sehen. Sie rühren von kapillaren Blutungen her. Die Größen dieser Warzen variieren von stecknadelkopf- bis münzgroß. Warzenmosaike können ganze Fußsohlenareale einnehmen, z. B. die Ferse oder den Ballen. Durch das ständig auf die Warze einwirkende Körpergewicht wird ein Wachstum nach außen verhindert. Sie wächst daher dornartig in die Tiefe. Dabei kann es zu starken Schmerzen kommen, wenn die Warze in der Nähe sensibler Nerven liegt. Um die Warze herum entsteht eine wallartige Hyperkeratose (= Überverhornung).

Kryotherapie = Kältebehandlung mit flüssigem Stickstoff

Ursachen

Warzen, gleichgültig an welcher Körperstelle sie entstehen, sind Virusinfektionen. Das humane Papillomvirus (HPV) dringt über kleinste Hautverletzungen in die Epidermis ein und verursacht dort eine vermehrte Zellteilung der Keratinozyten. Die Ansteckungsgefahr steigt durch Barfußlaufen, z. B. in Turnhallen, Schwimmbädern und Umkleidekabinen. Wenn außerdem das Immunsystem des Menschen geschwächt ist, die Durchblutungsverhältnisse gestört sind, die Haut vielleicht schon erkrankt ist (bei Neurodermitis), eine vermehrte Schweißneigung oder hormonelle Störungen bestehen, steigt das Infektionsrisiko zusätzlich.

Behandlung

Warzen dürfen von der kosmetischen Fußpflegerin nicht behandelt werden. Kunden mit Dornwarzen sollten ohne Diagnose zum Arzt geschickt werden. Selbst unter ärztlicher Behandlung sind die Heilungschancen nicht besonders gut. Häufig heilen Warzen spontan ab. Dornwarzen werden z. B. mit einem scharfen Löffel ausgeschält, danach kehren sie aber oft wieder. Es werden Kryotherapien oder chirurgische Maßnahmen angewendet. Keratolytische Tinkturen versprechen die Beseitigung, manchmal empfehlen Ärzte auch suggestive Therapien (z. B. besprechen lassen).

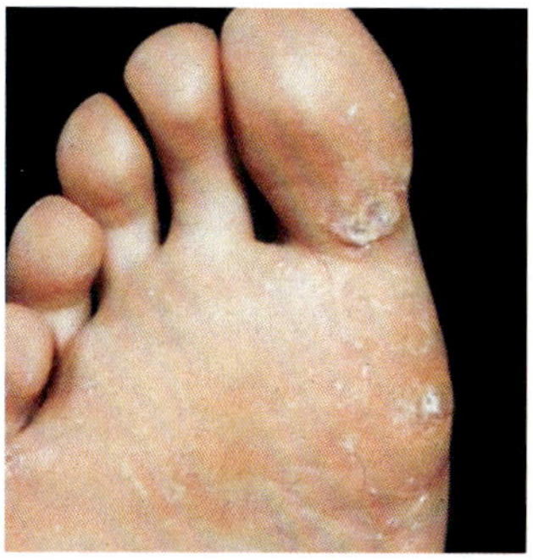

Typische Fußsohlenwarze

Vergleich	Hühnerauge	Warze
Symptome	lokale tiefgehende Hornhautverdickung, gelblich, schmerzt auf Druck von oben, nicht infektiös	Infektiöse Hautwucherung, zerklüftet, oftmals mit dunklen Punkten durch Einblutungen
Ursachen	ständiger lokaler Druckreiz von innen und/oder außen	Virusinfektion in Bereichen, in denen sich viele nackte Füße bewegen, z. B. Schwimmhallen, Badematten, Holzroste
Behandlung	unblutig durch den Fußpfleger (nicht bei Entzündung)	ärztliches Gebiet, z. B. chirurgisch, Vereisen, durch Keratolytika, durch Selbstheilungsverfahren, z. B. Besprechen
Komplikationen	Entzündung, Schmerz	aus einer Mutterwarze können viele Tochterwarzen entstehen (Warzenbeet, Warzenmosaik), Schmerz

WWW. Eine neue Tinktur gegen Warzen setzt auf einen antimikrobiellen Wirkstoff aus der Mikroalge Spirulina. www.haarlose-zeiten.de

A Kommentieren Sie spontan und schriftlich die folgenden Thesen, ohne in den Text zu sehen:

- Hühneraugen sind bakterielle Infektionen, die man sich schnell an Orten zuzieht, an denen viele Menschen barfuß laufen.
- Rhagaden gehen unbehandelt nur selten wieder weg. Sie bluten oft und sind sehr schmerzhaft.
- Warzen dürfen von der Kosmetikerin nur behandelt werden, wenn sie noch keine Einblutungen aufweisen.

Vergleichen Sie nun die Richtigkeit ihrer Kommentare mithilfe der Texte.

Holznagel = Onychauxis
mykotisch = pilzkrank
Nagelpilzerkrankung = Onychomykose

8.5.2 Nagelveränderungen der Füße

Holznägel

Holznägel (verdickte Nägel) findet man vor allem bei älteren Menschen in unterschiedlich schwerer Ausprägung vor. Sie haben ihre Bezeichnung aufgrund ihrer holzig wirkenden Nagelplatte.

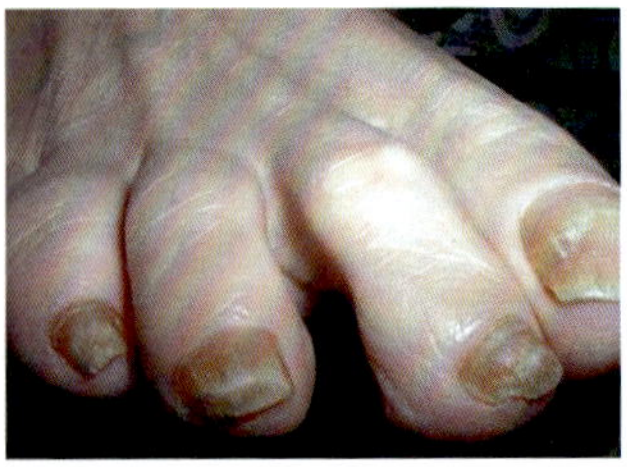

Holznagel

Symptome

In erster Linie ist der Nagel verdickt, gelegentlich zeigt er sich spröde und rissig, weshalb er zum Aufsplittern neigt. Es kann passieren, dass sich die Nagelplatte leicht anhebt und so ein Hohlraum entsteht. Ist so ein Hohlraum vorhanden, erscheint er weiß. Insgesamt wirkt der Nagel leicht gelblich. Ein Holznagel kann Druckbeschwerden beim Schuhetragen und Verhornungen am Nagelfalz verursachen. Holznägel neigen zur Pilzinfektion und werden wegen ihrer optischen Ähnlichkeit oft mit einer solchen verwechselt.

Ursachen

Holznägel entwickeln sich vor allem bei älteren Menschen, weil bei ihnen häufig eine Durchblutungs- und/oder Stoffwechselstörung vorliegt. Das verursacht eine mangelhafte Ernährung des gesamten Nagelbereichs und somit das anormale Nagelwachstum. Kommt diese Nagelveränderung bei jungen Kunden vor, kann hier eine Schuppenflechte zugrunde liegen oder eine Verletzung vorausgegangen sein. Manchmal sind holzartige Veränderungen der Nägel auch genetisch bedingt.

Behandlung

Sofern der Holznagel nicht zusätzlich von einem Nagelpilz befallen ist, darf er von der Kosmetikerin behandelt werden. Vor der Bearbeitung muss der Nagel zuerst desinfiziert werden. Dann wird die Verdickung, je nach Schweregrad, mit einem radförmigen oder geschossförmigen Hartmetallfräser gleichmäßig abgetragen. Dabei dürfen Verdickungen in der Falzregion nicht vergessen werden. Lose Nagelteile oder -splitter werden mit der Eckenzange entfernt. Wenn der Nagel stark splittert, kann aus Gründen der Ansehnlichkeit über eine Nagelmodellage nachgedacht werden.

Mykotische Nägel

Etwa 40–50 % der über 65-Jährigen leiden an einer Nagelpilzerkrankung, Jugendliche eher seltener. Männer sind häufiger betroffen als Frauen. Zehennägel weisen öfter einen Nagelpilz auf als Fingernägel, meist sind die Veränderungen von einer lang bestehenden Hautpilzerkrankung begleitet. Es gibt drei Pilzarten, die Pilzinfektionen an Haut, Fußhaut und Nägeln verursachen: Dermatophyten, Hefepilze und Schimmelpilze. Nagelpilzerkrankungen werden zumeist von Dermatophyten hervorgerufen, die die betroffene Region mit einem Pilzgeflecht durchziehen.

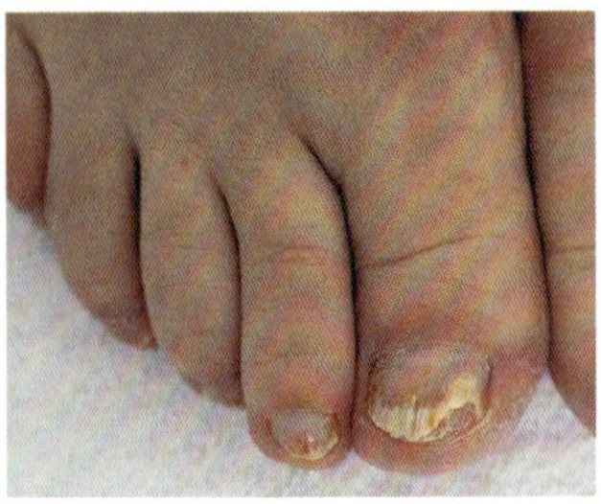

Nagelmykose

Symptome

Mykotische Nägel sind in der Regel gelblich. Manchmal kommen braune oder weiße Längsstreifen im Verlauf der Nagelplatte vor. Sind die Nägel zusätzlich mit anderen Keimen infiziert, z. B. mit Bakterien oder Schimmelpilzen, kann es zu schwarzen, grünen oder blauen Nagelverfärbungen kommen.

Unter dem Nagel kommt es zur Bildung einer weißlich-krümeligen Masse, wodurch sich der Nagel abhebt. Obwohl er dicker wird, ist er brüchiger als zuvor. Ist sogar die Nagelmatrix betroffen, kommt es zu Wachstumsstörungen und zu unregelmäßigen Verdickungen, die eine höckrige Oberfläche verursachen. Aufsplitterungen am freien Nagelrand sind nicht selten.

Ursachen

Eine Infektion mit Dermatophyten wird durch vorgeschädigte Nägel erleichtert. Verschiedene gesundheitliche Defizite begünstigen den Pilzbefall zusätzlich. Dazu gehören Durchblutungsstörungen sowie Diabetes mellitus. Die Ansteckung rührt in 80 % der Fälle von einer Pilzerkrankung der umliegenden Zehenhaut her, aber z. B. auch die Anprobe von Schuhen kann zur Infektion führen.

Behandlung

Pilzkranke Nägel sind für die Kosmetikerin nicht behandelbar. Selbst Podologen und medizinische Fußpfleger behandeln sie nur in Zusammenarbeit mit einem Arzt. Wenn eindeutig vom Arzt diagnostiziert wurde, ob eine und welche Pilzinfektion vorliegt, kann behandelt werden. Pilzerkrankungen der Nägel sind äußerst hartnäckig und beständig. Der Dermatologe kann zur äußerlichen Anwendung einen speziellen Nagellack verschreiben, der lange und regelmäßig angewendet werden muss. Sind mehr als 50 % der Nagelplatte befallen, reicht die äußerliche Behandlung nicht mehr aus. Dann muss ein Antimykotikum in Tablettenform eingenommen werden. Podologen geben hier Tipps zur Vorbeugung und Hygiene und führen fußpflegerische Maßnahmen am Nagel (Abschleifen der Nagelplatte) unter hygienisch einwandfreien Bedingungen durch.

Antimykotikum = Arzneimittel gegen Pilzerkrankungen
eingewachsener Nagel = Unguis incarnatus
Nagelbettentzündung = Paronychie
Sekundärinfektion = Zweitinfektion
Granulationsgewebe = Gewebeneubildung aus Entzündungszellen

Z Nagelmodellagen können Pilzinfektionen zusätzlich begünstigen.

Eingewachsene Nägel

Der eingewachsene Nagel verursacht Beschwerden, weil es zu einer Verletzung des Nagelfalzes kommt, die wiederum eine Nagelbettentzündung verursacht. Viele Menschen, die unter dieser Nagelveränderung leiden, haben sie durch seitliches, ovales Nagelkürzen selbst herbeigeführt.

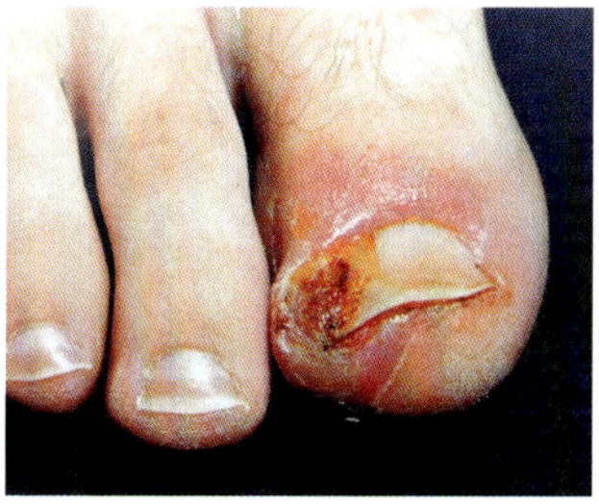

Eingewachsener Nagel

Symptome

Eingewachsene Nägel verursachen Entzündungen im Bereich des Nagelfalzes, das zieht Rötungen, Eiterungen, Schwellungen und zum Teil starke Schmerzen nach sich. Kommen hierzu noch sogenannte Sekundärinfektionen mit Bakterien oder Sprosspilzen, kann es zur Bildung eines entzündlichen Granulationsgewebes kommen, das zwischen Nagelplatte und -falz herauswächst, nässt und von grauroter Farbe ist.

Ursachen

Haben Menschen ihre eingewachsenen Nägel selbst verursacht, so ist dies darauf zurückzuführen, dass die Nägel entweder falsch gepflegt wurden, indem z. B. die Nagelecken ausgeschnitten und mangelhaft gereinigt wurden, oder dass unpassendes Schuhwerk getragen wurde. Manchmal führen aber auch unverschuldete gesundheitliche oder genetische Faktoren zum Einwuchs und damit zur Entzündung. Eingerollte Nägel und Uhrglasnägel können genauso einwachsen wie Nägel an fehlgestellten Füßen oder Zehen.

Z Uhrglasnägel treten bei Herz- und Lungenerkrankungen auf. Der Name leitet sich von der Form der Nägel her.

Tamponade (engl. tamponage) = Gaze- oder Verbandfüllung

Z

- Zu empfehlen sind Nagelkorrekturspangen unter vorheriger Beseitigung von Verhornungen und Nagelspornen sowie wunddesinfizierende Maßnahmen.
- Tamponadentechnik bedeutet das Einlegen von z.B. Kautschuk-Keilen in den Nagelfalz zur Druckverminderung.

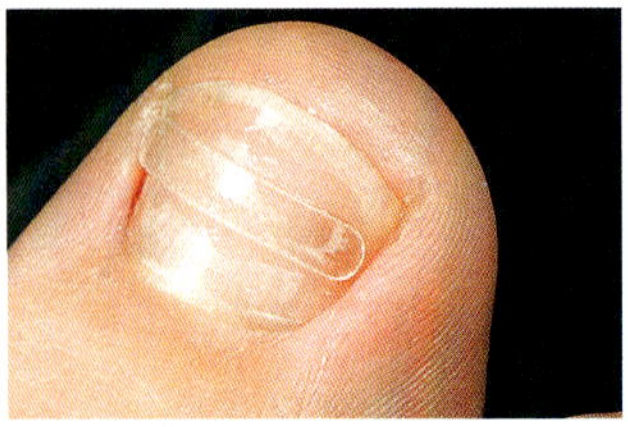

Kunststoffspange

Behandlung

Wenn Kunden mit schmerzenden eingewachsenen Nägeln zur Fußpflegerin kommen, liegt in der Regel bereits eine Entzündung vor. Mit eingewachsenen Nägeln muss verantwortungsbewusst umgegangen werden, denn sie sind äußerst schmerzhaft und benötigen größtenteils langwierige Behandlungen. Der Leidensdruck der Betroffenen ist dann sehr hoch. Daher sollte eine kompetente kosmetische Fußpflegerin den Kunden an den Spezialisten verweisen.
Die Spangentechnik führt oft zu rascher Schmerzfreiheit und zu guten Langzeiterfolgen.

Die Tamponadentechnik kann bei einem beginnenden Einwuchs erfolgreich eingesetzt werden.
Ärzte therapieren mit antibiotischen Salben und Lösungen. Wenn dies ohne Wirkung bleibt, wird chirurgisch vorgegangen. Bei einer solchen Operation wird z. B. an der erkrankten Seite ein Nagelkeil inklusive der Matrix entfernt. Der Erfolg derartiger Eingriffe ist mäßig, denn die schmerzhaften Nagelveränderungen kehren nach den Operationen oft wieder.

A Fertigen Sie eine Tabelle mit den drei Spalten „Ursachen“, „Symptome“ und „Behandlungsmöglichkeiten“ für die drei verschiedenen Nagelveränderungen an.

Pediküre = Fußpflege
Pes (lat.) = Fuß
Cura (lat.) = Sorge, Pflege

8.6 Die Pediküre

Das Wort „Pediküre“ kommt aus dem Lateinischen und heißt wörtlich übersetzt „Fußpflege“. Um die auf S. 166 beschriebenen Aufgaben und Ziele einer Fußpflege zufriedenstellend ausführen zu können, muss die kosmetische Fußpflegerin nicht nur über die Ausführung der einzelnen Behandlungsschritte Bescheid wissen. Sie muss auch Kenntnisse über die Vielzahl an Geräten, Instrumenten und Materialien besitzen, um optimale Behandlungsentscheidungen treffen zu können und somit eine maximale Kundenzufriedenheit zu erreichen.

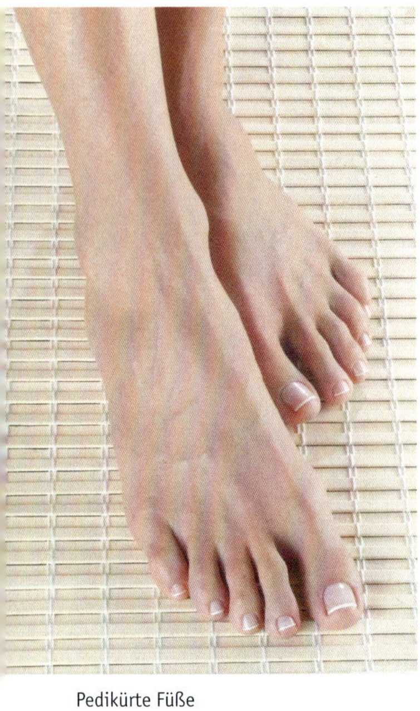

Pedikürte Füße

8.6.1 Fußpflegegeräte, Instrumente und Hilfsmittel

Fußpflegegeräte

Derzeitig sind auf dem Markt zwei verschiedene Varianten an Fußpflegegeräten erhältlich: Trockentechnik- und Nasstechnikgeräte.
Die beiden Gerätetypen unterscheiden sich in der Hauptsache durch die Art ihrer hygienischen Nagel- und Fußstaubbindung. Während das Trockentechnikgerät den beim Schleifen entstehenden Staub absaugt und im Gerät in einem Staubbeutel sammelt, funktioniert das Nasstechnikgerät nach dem Verfahren der Staubbindung durch Flüssigkeit. Beim Schleifen wird hierzu direkt neben dem Fräser am Handstück ein feiner Sprühnebel ausgestoßen, der den Schleifstaub sofort bindet. Zusätzlich besteht die Möglichkeit, eine spezielle Sprühnebelflüssigkeit zu verwenden, die mit desinfizierenden Stoffen versetzt ist. Dies kann die hygienische Wir-

kung zusätzlich erhöhen – vorausgesetzt, die desinfizierenden Stoffe sind in wirksamer Konzentration zugesetzt.
Grundsätzlich gelten die Nasstechnikgeräte als hygienischer, da die Trockentechnikgeräte nicht in der Lage sind, den gesamten Staub abzusaugen, obwohl ihre Saugleistung mittlerweile sehr gut ist. Dennoch gibt es für beide Geräte eine Reihe von Vor- und Nachteilen.

kontaminiert = verunreinigt, mit Keimen belastet

Fußpflegegeräte	Vorteile	Nachteile
Nasstechnikgerät 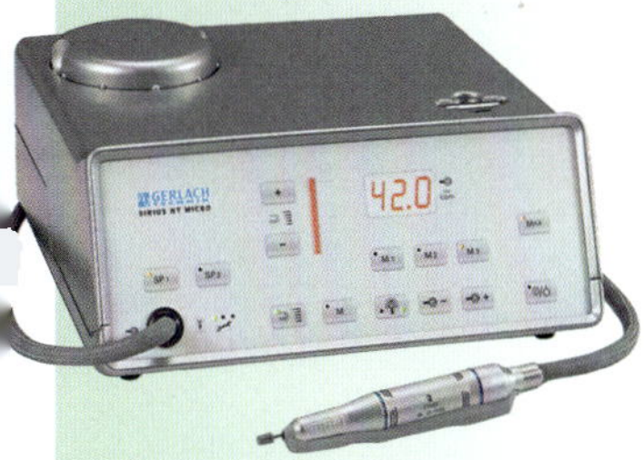	■ Sprühnebel bindet kontaminierten Staub	■ Sprühnebel erzeugt Wasserspritzer, die leicht ins Gesicht gelangen können ■ Sprühnebel verschlechtert teilweise die Sicht auf den Behandlungsbereich
	■ Sprühnebel kühlt und bietet so insgesamt schmerzärmeres Arbeiten	■ Sprühnebel verursacht evtl. kalte Füße beim Kunden
	■ verhindert durch die Flüssigkeit die Entstehung von Reibungshitze	■ die Haut weicht ggf. zu stark auf, was das Gefühl für die einzelnen Hautschichten mindert
	■ erzeugt eine höhere Drehzahl und ist leiser	■ Gerät ist anfälliger für Defekte, da technisch aufwendiger
Trockentechnikgerät 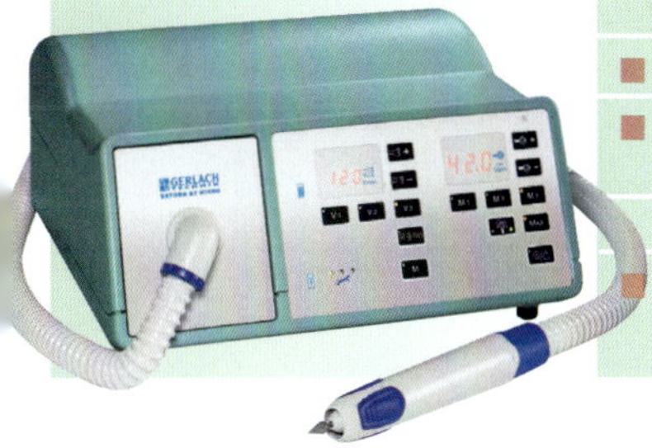	■ verursacht kein Spritzwasser	■ saugt den kontaminierten Staub nicht vollständig ab
	■ bessere Sicht auf den Behandlungsbereich	
	■ verursacht keine kalten Füße	■ verursacht evtl. Schmerzen durch Reibungshitze
		■ keine Weichwirkung auf die Haut
	■ Gerät ist robuster	■ erzeugt eine geringere Drehzahl und ist lauter

Mittlerweile gibt es auch Kombigeräte. Das heißt, die Kosmetikerin kann am Gerät einstellen, ob sie nass oder trocken arbeiten möchte.

Z Hornhauthobel werden bei einer professionell durchgeführten Pediküre eigentlich nicht verwendet. An ihre Stelle tritt immer ein Skalpell.

Instrumente

Die für die Fußpflege verwendeten Instrumente gibt es einzeln und als Instrumentensatz im Kosmetikfachhandel. Ein regulärer, für den kosmetischen Fußpflegebereich ausreichender Instrumentensatz beinhaltet:

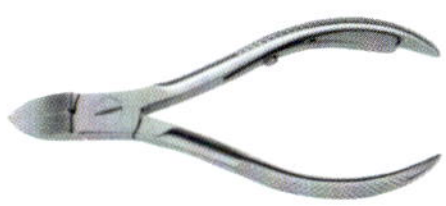
Kopfschneider bzw. Nagelzange

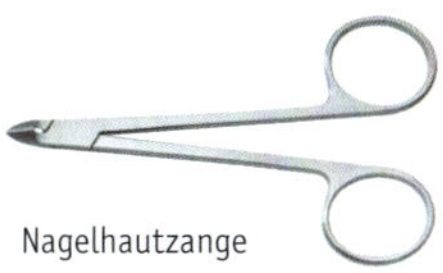
Nagelhautzange

Pinzette

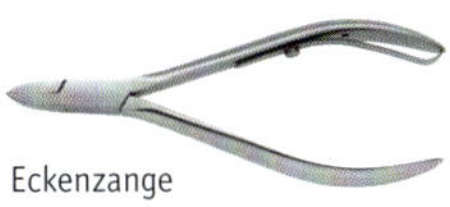
Eckenzange

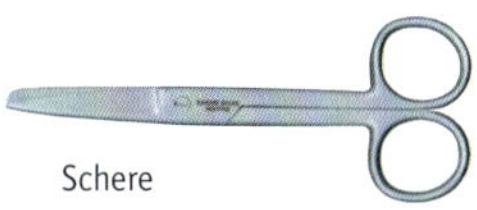
Schere

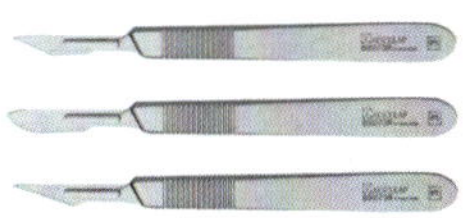
Skalpellhalter mit Klingen

Sonde bzw. Doppelinstrument

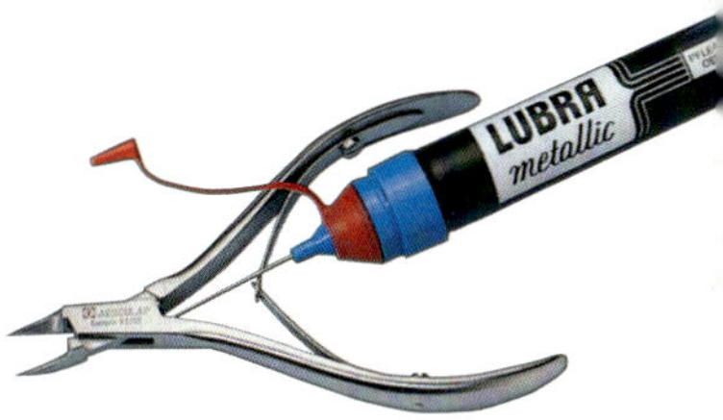

Zangenöl

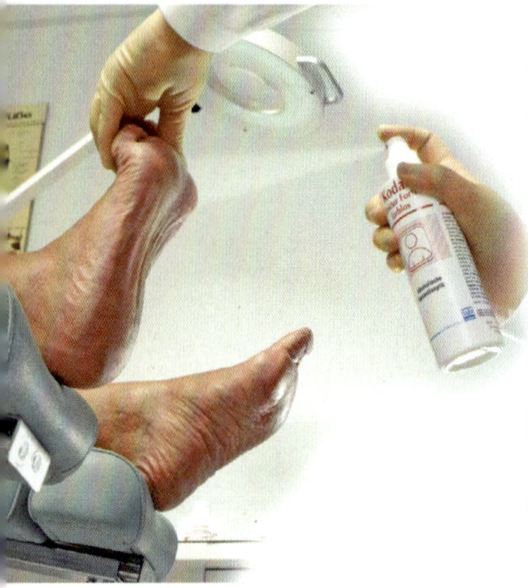

Schnelldesinfektion von Kundenfüßen

Zu den Instrumenten zählen außerdem die entsprechenden Fräser für die Fußpflegegeräte. Hier bietet es sich an, die Diamantschleifer und die Hartmetallfräser zu bevorzugen, da diese für die Nasstechnik- und für die Trockentechnikgeräte geeignet sind. Außerdem sind sie robuster als z. B. die rosafarbenen Korundschleifer. Auch die Fräser sind im Kosmetikhandel als Satz zu beziehen. Dennoch ist die Auswahl an Fräsern groß, und jede kosmetische Fußpflegerin hat ihre eigenen Vorlieben.

Eine Standardausrüstung sollte folgende Fräser beinhalten:

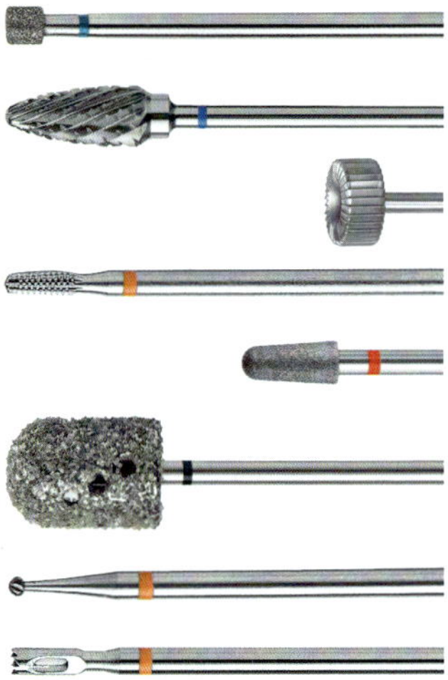

- walzenförmiger Diamantschleifer, fein gekörnt (= „Tönnchen")
- geschossförmiger Hartmetallfräser, mittelgrob
- radförmiger Hartmetallfräser (= Nagelfräser)
- lanzenförmiger Hartmetallfräser (= Fissurenfräser)
- lanzenförmiger Diamantschleifer, fein gekörnt
- kappenförmiger Diamantschleifer, megagrobe Körnung
- kugelförmiger Diamant- oder Hartmetallfräser (= Rosenfräser)
- zylinderförmiger Hartmetallfräser (= Hohlfräser)

H Um eine zuverlässige Wirksamkeit aller desinfizierenden Maßnahmen sicherzustellen, müssen die Anwendungshinweise auf den Produkten unbedingt eingehalten werden.

Hilfsmittel

Die Einhaltung hygienischer Maßnahmen ist in der Fußpflege unerlässlich. Deshalb sind hier in erster Linie die benötigten Desinfektionsmittel zu nennen. In einer Fußpflegekabine sollten in jedem Fall vorhanden sein:

- ein alkoholisches Schnelldesinfektionsmittel zur Händedesinfektion,
- eines für die Flächendesinfektion,
- ein Desinfektionsmittel zum Ansetzen eines Instrumentenbades,
- ein Präparat zur Wunddesinfektion und
- Desinfektionstücher oder -sprays zur Schnelldesinfektion von Kundenfüßen.

H Handtücher sollten in der kosmetischen Praxis mindestens bei 60 °C gewaschen werden, Fußpflegehandtücher bei 90 °C.

Weitere der Hygiene entsprechende Hilfsmittel sind frische Handtücher, Mundschutz und Einmalhandschuhe. Eine Schutzbrille empfiehlt sich vor allem beim Arbeiten mit Nasstechnikgeräten. Ein Mülleimer und eine Lanzettenbox zur fachgerechten und sicheren Entsorgung der Skalpellklingen müssen bereitstehen. Wattepads, Kosmetiktücher und Wattestäbchen gehören auch bei der Fußpflege an den Arbeitsplatz, da sie sowohl für pflegende als auch dekorative Behandlungsschritte gebraucht werden.

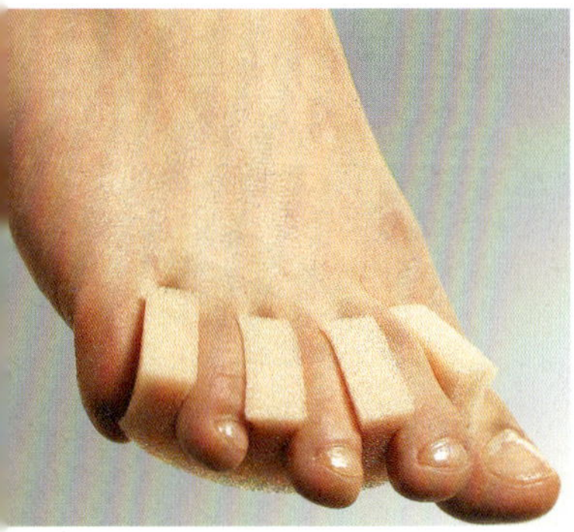

Zwischenzehenschutz

Zusätzlich gibt es im Kosmetikfachhandel eine Vielzahl von mechanisch anwendbaren Hilfsmitteln, die zumeist der Druckentlastung dienen, wie z. B. ein Zwischenzehenschutz, Ballenschalen, Vorfußpflaster usw.

Welche dieser Produkte verwendet werden, hängt von den Bedürfnissen des Kunden und den Vorlieben der Fußpflegerin ab. Natürlich dürfen druckentlastende Maßnahmen grundsätzlich nur zur Vorbeugung eventueller Beschwerden von der Kosmetikerin eingesetzt werden.

Zu den chemischen Hilfsmitteln, die teilweise auch pflanzliche Wirkstoffe enthalten, zählen verschiedene Tinkturen, Fluide und Salben, die vorbeugende Wirkungen, z.B. gegen Pilzbesiedlung oder Reizungen, versprechen. Diese dürfen von der Fußpflegerin verwendet werden. Die Anwendung anderer derartiger Hilfsmittel, beispielsweise zur Unterstützung und Ergänzung bei Warzenbehandlungen, gehört nicht zum Arbeitsgebiet der Kosmetikerin.

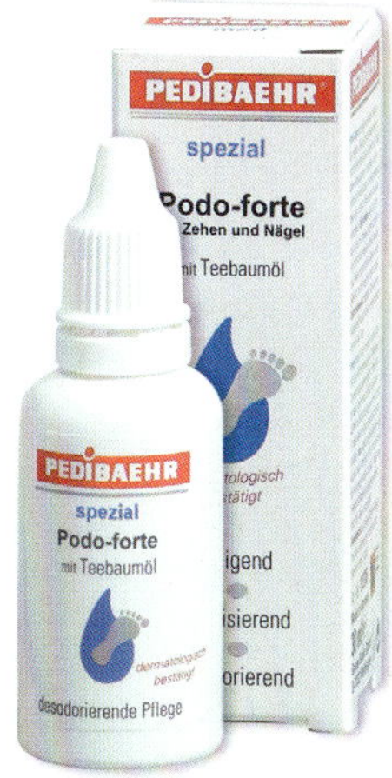

Fußpflegepräparat

A Überlegen Sie sich anhand der Texte, für welches Fußpflegegerät Sie sich entscheiden würden. Begründen Sie Ihre Meinung.

8.6.2 Durchführung der Pediküre

Vorbereitende Maßnahmen

Grundsätzlich gliedert sich die Vorbereitung zur Pediküre in zwei Bereiche:

- Hygiene am Arbeitsplatz
- Vorbereiten des Arbeitsplatzes

Hygiene am Arbeitsplatz

Hygienische Maßnahmen, die vor dem Beginn der Behandlung durchzuführen sind:

Persönliche Hygiene

- Alle Ringe (auch Ehe- und Verlobungsringe), Armbänder, Armreifen und Uhren abnehmen.
- Haare zusammenbinden, auch den Pony wegstecken, falls er länger ist.
- Kittel anziehen, er sollte natürlich gewaschen und gebügelt sein.
- Mundschutz anlegen, er muss Nase und Mund bedecken.
- Hände sorgfältig mit Seife und warmem Wasser waschen.
- Hände desinfizieren, etwa 3 ml Händedesinfektionsmittel mindestens 30 Sekunden überall verreiben (auch an den Nägeln, am Daumen, zwischen den Fingern...).
- Handschuhe anziehen.

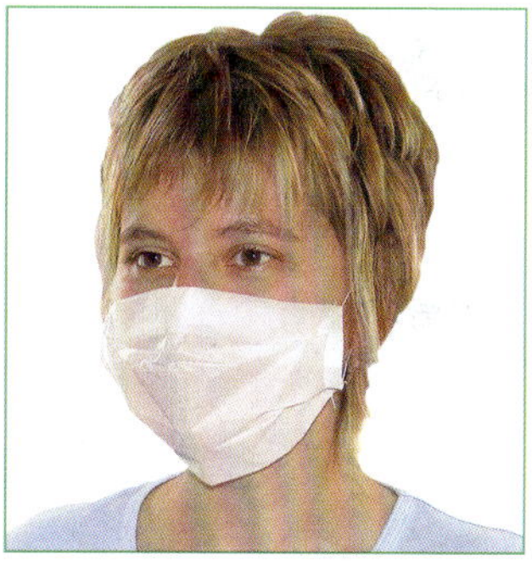
Mundschutz

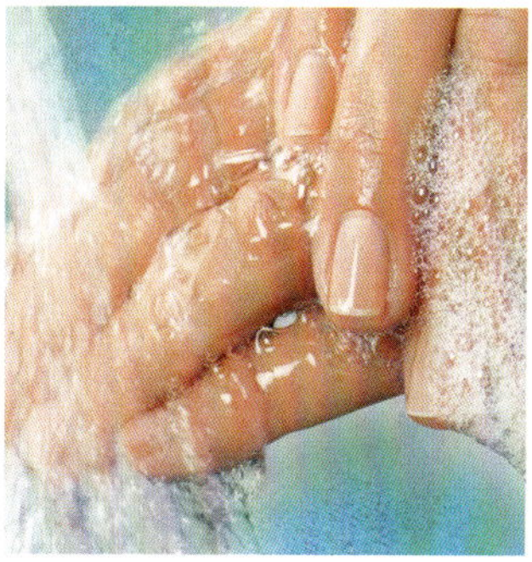
Händereinigung

Arbeitsplatzhygiene

- Alle Flächen und Instrumente sind desinfiziert, gereinigt und ggf. sterilisiert.
- Frische Handtücher liegen bereit.

Vorbereitung des Arbeitsplatzes

Ein Arbeitsplatz ist dann einwandfrei vorbereitet, wenn während der Behandlung nichts fehlt und die Behandelnde den Platz nicht verlassen muss.

Neben dem Fußpflegegerät liegen die auf S. 181f. aufgeführten Instrumente, Fräser und Hilfsmittel auf einem Beiwagen bereit. Die Stellflächen des Beiwagens sind mit Handtüchern abgedeckt. Zusätzlich – je nach Behandlungsverlauf – sollten pflegende Mittel wie Nagelöl, Nagelcreme, Peeling oder Massagecreme vorhanden

sein. Ist das Lackieren der Nägel geplant, müssen auch Isopropylalkohol 70 %, Nagellackentferner, Unterlack und der gewünschte Nagellack am Platz stehen.
Am Waschbecken sind die Fußwanne, eine ausreichend große Mülltüte (ca. 50l, je nach Fußwanne) und ein passender Badezusatz vorbereitet. Falls notwendig, sollte auch ein Rillenfüller für die Nägel sowie die entsprechende Ausrüstung für eine Zehennagelmodellage vorhanden sein.
Wenn der Kunde auf dem Behandlungsplatz sitzt, sind als Erstes seine Füße zu desinfizieren, bevor die Behandlung beginnt.

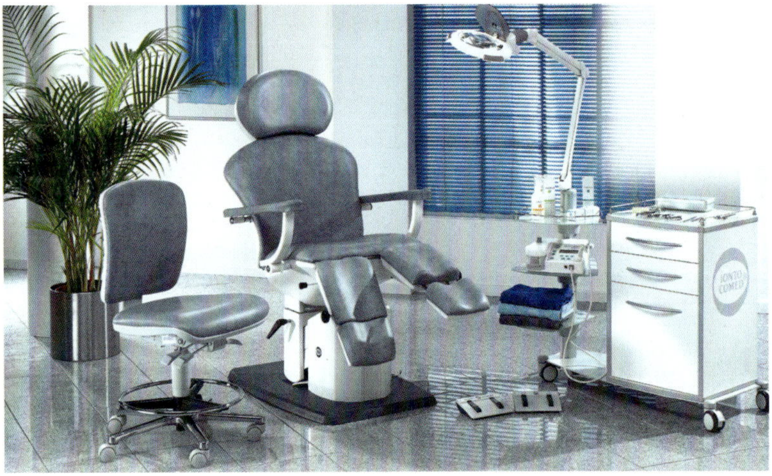

Fußpflegekabine

Fuß- und Nagelbeurteilung

Vor der Fuß- und Nagelbeurteilung müssen zunächst, falls notwendig, die Zehennägel vom Nagellack befreit werden. Erst dann kann eine zuverlässige Beurteilung stattfinden. Den Zustand der Füße und Nägel zu begutachten, ist wichtig, damit der Kunde richtig beraten und behandelt werden kann. Denn sobald der Verdacht auf eine krankhafte Veränderung der Haut oder Nägel besteht, die noch nicht vom Arzt diagnostiziert ist, sollte der Kunde zum Arzt geschickt werden. Dabei ist wichtig, dass die Kosmetikerin dem Kunden keine Diagnose mitteilt, sondern den Verdacht lediglich für sich notiert (s. S. 166). Zudem darf der Fuß des Kunden nicht behandelt werden. Viele Veränderungen der Füße und der Nägel sind harmlos, andere können auf eine Infektion oder sogar auf eine innere Erkrankung hinweisen. Das muss von einem Dermatologen abgeklärt werden.
In erster Linie dient eine Beurteilung aber dazu, sich ein Bild von den zu behandelnden Füßen zu machen, um gut durchdachte Behandlungsentscheidungen zu treffen.

Fußbäder

Fußbäder gelten in der medizinischen Fußpflege als unhygienisch, denn Krankheitserreger wie Pilze, Bakterien und Viren bevorzugen ein feuchtwarmes Milieu. Darin fühlen sie sich besonders wohl und vermehren sich schnell.
Außerdem ist immer noch strittig, ob ein Fußbad die Arbeiten nicht erschwert. Durchfeuchtete Haut macht die deutliche Unterscheidung der Hautschichten, z.B. bei der Hornhautentfernung, schwieriger und ist daher leichter zu verletzen.

Die Fußpflege bei Diabetikern erfordert äußerste Vorsicht, Verletzungen müssen vermieden werden. Die Gefahr, dass die Haut nach einer Verletzung verzögert oder gar nicht mehr heilt, ist groß. Kleinste Verletzungen können bei Diabetikern zu Entzündungen und sogar bis zur Amputation der Zehen oder des Fußes führen, wenn sie nicht sofort korrekt versorgt werden.

Karteikarte Pediküre, Beurteilungsbogen

Allgemeine Daten			
Name, Vorname			
Straße, Hausnummer			
Wohnort			
Telefon			
Geburtsdatum			
Beruf			
Kundenwünsche			
Anamnese	○ Diabetes ○ Allergiker ○ Bluter ○ Krampfadern ○ HIV ○ Fußschweiß ○ Hepatitis Sonstiges:		
Veränderungen an Haut und Nägeln	**Fuß- und Nagelbeurteilung** **Linker Fuß**	**Rechter Fuß**	**Datum/Entwicklung**
Nägel verdickt und/oder verformt			
Nagelmykosen			
Nagelfalz verhornt			
Eingewachsener/eingerollter Nagel			
Stark verletzter Nagel			
Sonstige Nagelveränderungen			
Hornhaut an der Fußsohle verdickt			
Clavi			
Rhagaden			
Verrucae			
Hautmykosen			
Fuß- und Zehendeformationen	**Linker Fuß**	**Rechter Fuß**	**Datum/Entwicklung**
Knickfuß			
Senkfuß			
Spreizfuß			
Plattfuß			
Hallux valgus			
Reiterzehen			
Hammerzehen			
Krallenzehen			
Allgemeiner Zustand der Nägel			
Allgemeiner Zustand der Haut			
Behandlungsverlauf:			
Empfehlung/Verkauf:			

Für die kosmetische Fußpflege gelten diese beiden Argumente gegen ein Fußbad natürlich auch. Trotzdem hat ein Fußbad in der Kosmetik einen Verwöhneffekt, den viele Kunden schätzen. Deshalb muss ein Kompromiss gefunden werden.
Fußpflegerinnen, die Fußbäder innerhalb ihres Behandlungsablaufs anbieten, sollten die Fußwanne mit einer ausreichend großen Mülltüte „beziehen". Die Tüte muss nach dem Fußbad entsorgt werden. Wanne und Waschbecken sind im Anschluss vorschriftsmäßig zu desinfizieren und zu reinigen. Krankheitserreger sind nicht sichtbar. Es ist also durchaus möglich, dass ein Kunde bereits infiziert ist, ohne dass schon Haut- oder Nagelveränderungen erkennbar sind. Darüber hinaus ist die Haut immer mit einer bestimmten Anzahl an Mikroorganismen besiedelt.

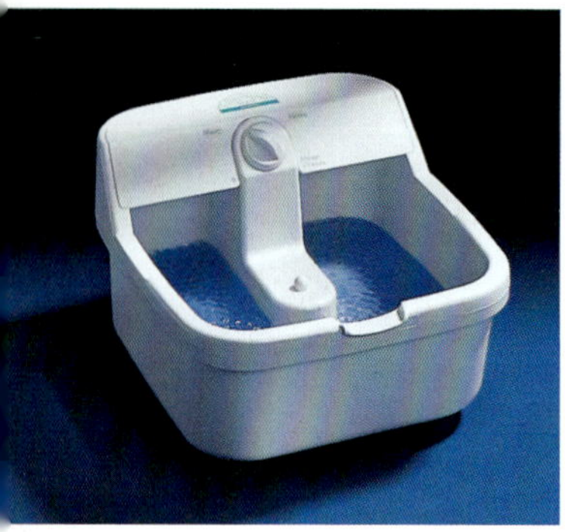

Vibrationswanne

Um die zu starke Durchfeuchtung der Haut zu vermeiden, sollte ein Fußbad nicht länger als drei Minuten dauern.
Die Wassertemperatur sollte in etwa der Körpertemperatur von 36 °C entsprechen und mit dem Badethermometer geprüft werden. Man fragt nach, ob die Temperatur als angenehm empfunden wird.

Der Badezusatz muss auf die Bedürfnisse der Füße und des Kunden abgestimmt sein. Für jedes Fuß- bzw. Hautproblem stehen Badezusätze mit unterschiedlichen Wirk- und Inhaltsstoffen zur Verfügung. Für Füße mit erhöhter Schweißproduktion bietet sich ein kühleres Bad mit Apfelessig oder Eichenrindenextrakt an, eine trockene und rissige Fußhaut verträgt Algenextrakte gut. Melisse und Lavendel entspannen und beruhigen, Rosmarin regt an.

Z

Schonender und gleichzeitig hygienisch ist das Bedampfen der Füße anstelle eines Fußbades. Auch so wird die Fußhaut auf die anschließende Behandlung vorbereitet, und der Kunde wird verwöhnt.

Auf ein warmes Fußbad muss verzichtet werden, wenn der Kunde akute Entzündungen im Unterschenkel- und Fußbereich hat, an Krampfadern oder erhöhtem Blutdruck leidet.
Bei Krampfadern bieten sich kühle Bäder an. Auf Sprudelbäder in Vibrationswannen muss verzichtet werden. Diabetiker dürfen ihre Füße nicht wärmer als 30–35 °C baden.
Generell dürfen keine Fußbäder gemacht werden, wenn offene Wunden, z.B. Rhagaden, im Fußbereich vorliegen.
Vorteilhaft kann ein Fußbad sein, wenn der Kunde kalte Füße hat oder die Füße unangenehm riechen.

Z

Sollten Kundenfüße extrem unangenehm riechen, hilft es, sich einen Tropfen ätherisches Öl in den Mundschutz zu träufeln – natürlich so, dass der Kunde es nicht bemerkt.

Nach dem Fußbad sind die Füße und besonders die Zehenzwischenräume sorgfältig abzutrocknen. Der Fuß, der vorerst nicht behandelt wird, sollte in ein Handtuch gewickelt werden, damit er nicht kalt wird.

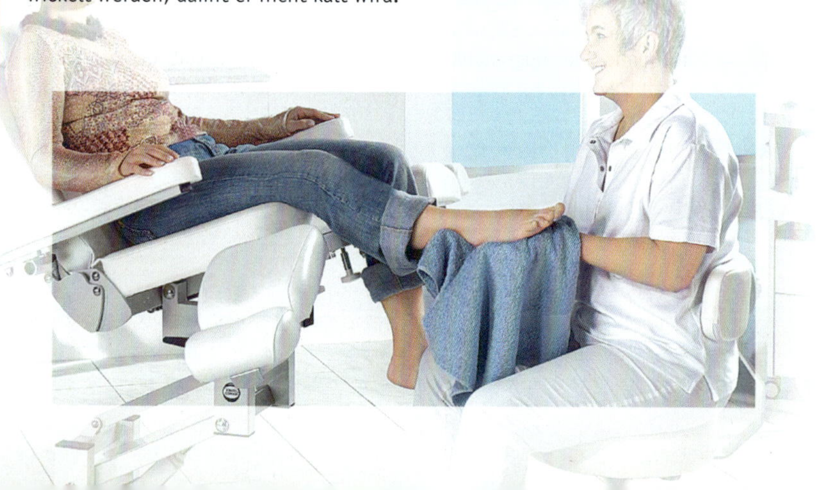

Abtrocknen der Füße

Nagelarbeiten

Die Nagelarbeiten gliedern sich in fünf Arbeitsschritte. Begonnen wird in der Regel mit dem kleinen Zeh am linken Fuß des Kunden. Um Zeit zu sparen, wird immer ein Arbeitsschritt an allen Zehen durchgeführt.

1. Sollte der Nagel verdickt sein, z. B. weil ein Holznagel vorliegt, muss dieser zuerst dünner gefräst werden, da man ihn sonst oft nicht schneiden kann. Zum **Abfräsen der Nagelplatte** werden entweder der radförmige oder der geschossförmige Hartmetallfräser verwendet. Der radförmige Fräser (Nagelfräser) kommt zum Einsatz, wenn die Nagelplatte nur leicht verdickt ist. Starke Verdickungen werden mit dem geschossförmigen vorgenommen. Um hierbei keine Rillen in der Nagelplatte zu erzeugen, sollte man in kleinen Schritten vom rechten zum linken Nagelfalz und immer in Richtung Nagelspitze fräsen.

Radförmiger Hartmetallfräser

Geschossförmiger Hartmetallfräser

2. Zum **Kürzen der Nägel** verwendet man den Kopfschneider oder eine Nagelzange. Die Schnittform richtet sich nach der Form der Zehenkuppe. Die Zange wird an einer Seite des Nagels angesetzt und in kleinen Schnitten zur gegenüberliegenden Seite geführt. Dabei darf der Nagel nicht zu kurz geschnitten werden, damit kein Druckschmerz durch die Schuhe im vorderen Nagelbereich entsteht. Die Ecken des Nagels dürfen auf keinen Fall tief ausgeschnitten werden, da sonst die Gefahr besteht, dass der Nagel einwächst. Man sollte sie allerdings auch nicht ganz stehen lassen, da sonst der Nagelfalz verhornen kann. Um kleine Teile der Ecken zu entfernen, benötigt man die Eckenzange. Die richtige Nagelform gleicht der eines Spatens.

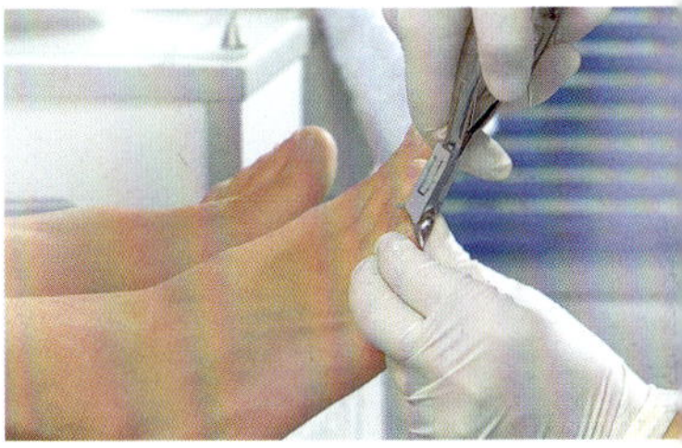

Kürzen der Nägel

> Während des Schneidens wird der Zeh zwischen Mittelfinger und Daumen gehalten. Der überstehende Zeigefinger dient so zum Abfangen der Nagelsplitter.

3. Im nächsten Schritt werden die Nägel modelliert. Dazu verwendet man den walzenförmigen, fein gekörnten Diamantschleifer. Das **Modellieren der Nägel** ist nötig, wenn man beim Schneiden kleine Ecken und Unebenheiten am Nagelrand verursacht hat. Das sieht nicht schön aus und muss deswegen zu einem glatten, ebenmäßigen Rand modelliert werden, damit der Kunde zufrieden ist. Dazu geht man mit dem Diamantschleifer zuerst an der unteren Kante des Nagelrandes entlang, dann an der oberen Kante. Modellieren bedarf einiger Übung, bevor es gelingt.

Walzenförmiger Diamantschleifer

4. Der vierte Arbeitsschritt verläuft noch einmal auf der Nagelplatte. Hat man zuvor einen oder mehrere Nägel dünner geschliffen, bietet es sich an, noch einmal mit einem feineren Fräser über die **Nagelplatte zu schleifen**, um eventuelle Unebenheiten zu beseitigen. Hierfür nimmt man den lanzenförmigen, fein gekörnten Diamantscheifer. Innerhalb dieses Arbeitsschrittes kann man zugleich im Bereich der Nagelhaut schleifen. Die Nagelhaut soll und darf dabei nicht entfernt werden, sondern es werden allenfalls auf der Nagelplatte hoch gewachsene Hautreste gelöst. Hautreste, die dabei auf der Platte oder am Nagelwall zurückbleiben, werden mit der Nagelhautzange abgezupft.

Lanzenförmiger Diamantschleifer

5. Nun werden der **Nagelfalz** und der freie **Nagelrand** mit der Sonde **gereinigt**. Im Nagelfalz, vor allem im Bereich der Nagelecken, verbergen sich häufig Hautreste und Sockenfusseln. Diese müssen mithilfe der Sonde entfernt werden. Ist der Falz stark verhornt, wird er zuvor mit dem lanzenförmigen Hartmetallfräser, dem sogenannten Fissurenfräser, von überschüssiger Hornhaut befreit. Entstehen bei diesen Arbeiten erneut überschüssige, aber festsitzende Hautreste, werden diese wieder mit der Nagelhautzange abgezupft.

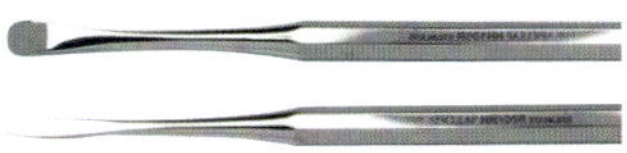

Sonde bzw. Doppelinstrument

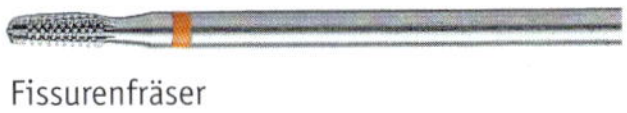

Fissurenfräser

Z

Das Arbeiten mit dem Skalpell sollte zuerst an einer Kerze geübt werden. Besonders eignen sich Kerzen mit farbigem Überzug. Erscheint bei der Skalpellarbeit die weiße Wachsschicht, war der Schnitt zu tief.

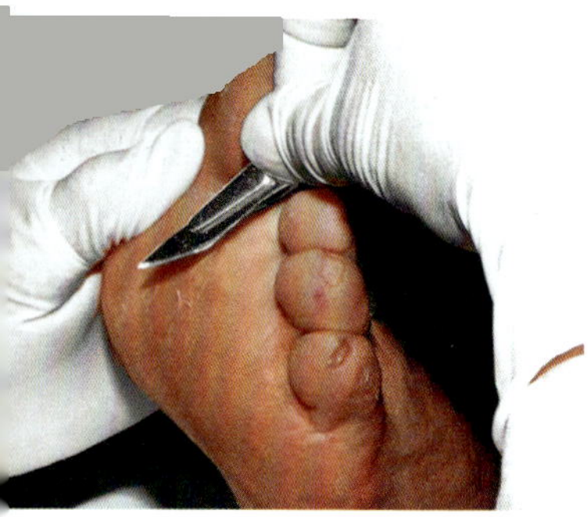

Entfernen der Hornhaut mit einem Skalpell

Kappenförmiger Diamantschleifer

Hornhautarbeiten

Die Arbeiten an der Hornhaut gliedern sich, sofern keine Besonderheiten wie z.B. Hühneraugen vorliegen (s. S. 175f.), in zwei Arbeitsschritte.

1. Stellen, die stark verdickte Hornhaut aufweisen, beispielsweise an der Ferse, werden zuerst bearbeitet, indem überschüssige Hornhaut mit dem Skalpell entfernt wird. Das Skalpell ist sehr scharf. Es muss möglichst flach zur Hornhaut aufgesetzt werden, dann wird die Hornhaut in kleinen Arbeitsschritten Schicht für Schicht heruntergeschabt. Es sollte auf keinen Fall zu viel Hornhaut entfernt werden, denn sie dient dem Kunden beim Gehen als Druckschutz. Wird sie zu stark entfernt, verursacht das Schmerzen.
2. Ist die Verhornung unter dem Fuß nicht so stark oder sind die Skalpellarbeiten abgeschlossen, wird an der Hornhaut gefräst. Dies geschieht, um entweder die Flächen nach der Skalpellarbeit ebenmäßig und glatt zu schleifen oder nur um leichte Hornhautverdickungen zu mindern. Dazu verwendet man den kappenförmigen, megagroben Diamantschleifer. Verhornungen lassen sich generell besser mit einem Trockentechnikgerät entfernen, wobei hier schnell die Gefahr der Reibungshitze entsteht. Um Schmerzen zu vermeiden, darf man nicht zu lange auf einer Stelle fräsen. Wird mit dem Trockengerät gearbeitet, sollte der Fräser des Öfteren einmal abgesetzt werden, und die Fußpflegerin sollte sodann mit dem Daumen prüfend über die Schleifstelle streichen. Druckstellen, z.B. an Zehenkuppen, Zehengelenken, werden ebenfalls mit Skalpell und Diamantschleifer bearbeitet, je nachdem wie stark sie verhornt sind. Die Behandlung der Druckstellen erfolgt zwischen Schritt 1. und 2. Sind mehrere Druckstellen vorhanden, werden erst alle mit dem Skalpell bearbeitet, dann geschliffen.

Pflegende Maßnahmen

Die Spannbreite der möglichen pflegenden Maßnahmen an den Füßen ist groß. Zu den üblichen und beinahe in jeder Pediküre enthaltenen gehören zweifellos die Pflege mit Nagelöl sowie eine Fußmassage mit einem entsprechend hochwertigen Massageprodukt.
Als häufige Zusatzbehandlungen können Peelings, Packungen und Paraffinbäder genannt werden.

Das Nagelöl wird direkt vor der Massage auf die Nägel und die sie umgebende Haut aufgetragen und einmassiert. Zu den Inhaltsstoffen der Nagelöle zählen Mandel- und Olivenöl, als Wirkstoffe werden oft fettlösliche Vitamine zugesetzt. Sie dienen der Verbesserung stark strapazierter und brüchiger Nägel, stark splitternder Nagelspitzen und eingerissener Nagelhaut. Die natürliche Widerstandskraft und die Elastizität des Nagels werden erhöht, die Nägel werden vor Feuchtigkeit, Chemikalien und ggf. vor Krankheitserregern geschützt.
Massiert werden die Füße wie auf S. 77f. beschrieben. Normalerweise verwendet man eine auf die Bedürfnisse abgestimmte Fußcreme vom Emulsionstyp W/O.

H

Sollte ein Kunde bei der Pediküre versehentlich verletzt werden, ist es unerlässlich, sofort eine Wunddesinfektion und ein Pflaster auf die Verletzung aufzutragen.

Öle werden hier seltener benutzt. Sie schützen vor Kälte und vor Wasserverlust. Sie glätten die Hautoberfläche bei Rauigkeit, Rissbildung und Schuppen.

H

Gerissene Handschuhe müssen sofort gewechselt werden. Vorher sind die Hände erneut zu desinfizieren.

Mechanische Peelings haben am Fuß dieselbe Wirkung wie an anderen Körperstellen: Ihre kleinen Schleifpartikel lösen Verhornungen, tragen lose Schuppen ab, entfetten, glätten die Hautoberfläche und verbessern die Wirkstoffaufnahme bei

Wirkung von Fußcremes und -lotionen	möglicher Wirkstoff
feuchtigkeitsspendend und/oder -bindend bei Rhagaden und Verhornungen	Urea (Harnstoff), Aloe vera
wundheilungsfördernd, reizlindernd und/oder entzündungshemmend	Aloe vera, Ringelblume
hornlösend und/oder erweichend (keratolytisch)	Salicylsäure, AHA's
durchblutungsfördernd bei kalten, minderdurchbluteten (blassen) Füßen	Brennnessel, Beinwell, Schwarzwurz
erfrischend und kühlend an warmen Sommertagen	Aloe vera, Pfefferminze
desodorierend bei Fußschweiß	Farnesol, Schafgarbe
wärmend bei kalten Füßen	Capsaicin, Rosmarin
pflegend bei trockener Haut	Panthenol, Algenextrakte, Kollagen

keratolytisch = hornlösend
Hydratation = Feuchtigkeitsanreicherung
Penetrationsbereitschaft = Aufnahmefähigkeit

Fußpflegeprodukte

der nachfolgenden Pflege. Sie werden sanft verrieben, wodurch zusätzlich die Durchblutung angeregt wird. Danach werden sie mit einer feuchten Kompresse und warmem Wasser wieder abgenommen.
Im Anschluss an ein Peeling bietet sich entweder eine Fußpackung oder ein Paraffinbad an. Beide Maßnahmen kommen der intensiven Pflege der Fußhaut zugute.

Packungen müssen auf die Bedürfnisse der Kundenhaut abgestimmt sein. Im Sommer sind beispielsweise erfrischende und kühlende Gelpackungen, z. B. mit Aloe vera, eine Wohltat, wohingegen im Winter unter anderem Cremepackungen vom Emulsionstyp W/O zu empfehlen sind.
Durchblutung und Hydratation des Stratum corneum werden verbessert. Die Haut wird weich und durchlässig. Pflegende Wirkstoffe, wie z. B. Panthenol und Bisabolol (ein Wirkstoff aus der Kamille), können in die Haut einziehen. Damit verbessern Packungen die Penetrationsbereitschaft der Haut.
Gelpackungen werden dünn, Cremepackungen messerrückendick auf die Haut aufgetragen. Nach einer Einwirkzeit von 10–20 Minuten werden sie mit einer warmfeuchten Kompresse wieder abgenommen. Erfolgt nach der Packung eine Massage, ist das Auftragen einer Fußcreme nicht notwendig. Wird auf die Massage verzichtet, sollte eine passende Fußcreme aufgetragen werden.

Z Chemisch gesehen sind Paraffine gesättigte aliphatische Kohlenwasserstoffe = Alkane, besser bekannt ist Paraffin aus der Kerzenherstellung = Kerzenwachs.

Paraffinbäder sind aufgrund ihrer Okklusivwirkung vor allem im Winter durchzuführen. Sie verbessern den Zustand bei feuchtigkeitsarmer Haut, fördern besonders die Wirkstoffaufnahme und erzeugen zudem eine wohlige Wärme. An nicht zu heißen Sommertagen können sie helfen, die sonnenstrapazierte Haut zu glätten.

Paraffinbäder werden wie folgt vor der Massage angewendet:

- zuerst die Füße desinfizieren,
- dann eine entsprechende Fußcreme (keine mit Wärmewirkung) oder Packung auftragen und leicht einmassieren,
- den Fuß dreimal hintereinander kurz in das Paraffinbad tauchen,
- einen Folien-Schuh oder eine Klarsichttüte überziehen,
- einen Frottee-Wärmebezug überziehen oder den Fuß in ein Handtuch wickeln,
- 20 Minuten einwirken lassen,
- Frotteebezug entfernen,

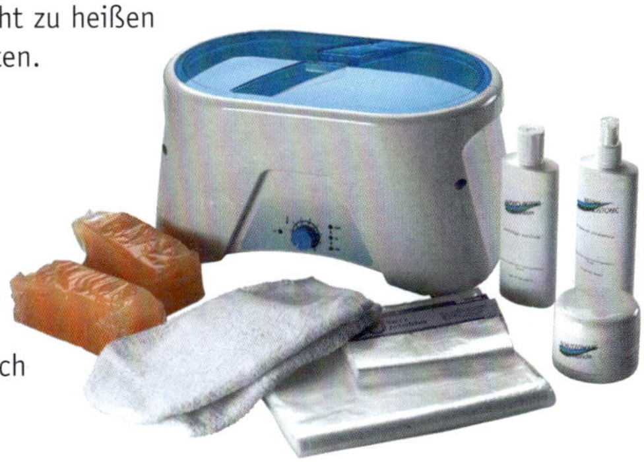

Zubehör zum Paraffinbad

- den Folienschuh und die Paraffinreste mit leichten Massagebewegungen in Richtung Fußspitze abziehen und im Mülleimer entsorgen,
- Cremereste einmassieren bzw. direkt für die Massage verwenden.

Z Die Wachstemperatur testet man, indem man mit einem Spatel ins Paraffin taucht, etwas Wachs entnimmt und auf den eigenen Handrücken streicht.

Man sollte außerdem noch Folgendes beachten:
- Das Paraffin muss langsam erhitzt werden, was evtl. mehrere Stunden dauert.
- Die Temperatur muss für die Kunden angenehm sein.
- Für ein Paraffinbad gelten dieselben Kontraindikationen wie für warme Fußbäder (s. S. 184, 186).

Lackieren der Fußnägel

Das Lackieren der Fußnägel erfolgt am Ende der Behandlung, das heißt nach der Massage, da man ansonsten den Nagellack zu leicht verwischen könnte. Dafür müssen die Zehen vorerst mit einem Kosmetiktuch oder einem Zehenspreizer getrennt und die Nägel mit Nagellackentferner entfettet werden. Lack hält nur auf fettfreiem Untergrund. Ein acetonfreier Nagellackentferner ist von Vorteil. Er ist auch für Kunstnägel geeignet und trocknet Naturnägel nicht so stark aus. Bisweilen sind noch weitere Substanzen wie Rückfetter zugesetzt, die ein Austrocknen verhindern; diese Nagellackentferner sind dann nicht zur Entfettung des Nagels geeignet. An ihrer Stelle ist Isopropylalkohol (70 %) zu verwenden. Der Nagellackentferner bzw. Alkohol wird auf ein Wattepad gegeben, welches auf den Nagel gedrückt und dann nach vorn abgezogen wird.

Das Auftragen eines farblosen Unterlacks bildet den ersten Lackierschritt. Der Unterlack hat mehrere Funktionen:
- Er schützt den Nagel vor Verfärbungen, wenn Farblacke folgen.
- Er erleichtert das Lackieren, erhöht die Haltbarkeit des Lacks.
- Er schützt und gleicht kleine Unebenheiten in der Nagelplatte aus.

Sind gröbere Unebenheiten wie tiefe Längs- oder Querrillen zu sehen, kann anstatt des Unterlacks ein Rillenfüller verwendet werden. Rillenfüller eignen sich auch als Klarlack, wenn die Kundin keine Farbe möchte, sie die Rillen im Nagel aber stören. Der Einsatz von Nagelhärter ist in der Fußpflege eher unüblich. Er kann wie Unterlack und Rillenfüller eingesetzt werden. Er unterstützt die Robustheit des Nagels.

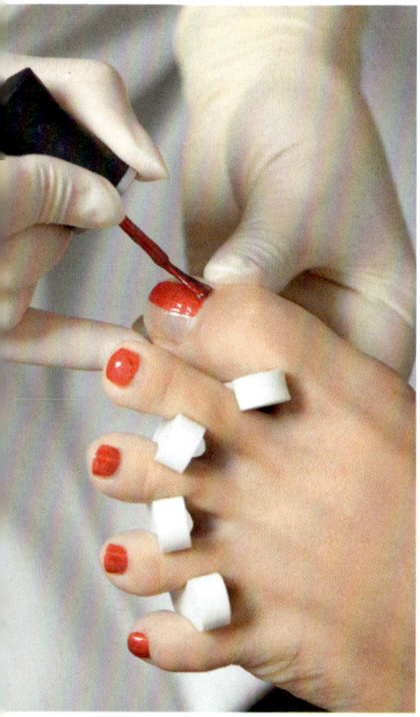

Lackieren von Fußnägeln

Nun wird der Farblack aufgetragen, den die Kundin zuvor ausgewählt hat. Farblacke ohne Perlmutteffekt decken oft erst nach dem zweiten Auftrag, Pearllacke meist schon nach dem ersten. Der Nagellack sollte nicht zäh sein, weil es das Verstreichen sehr erschwert. Aufgetragen wird der Lack in drei Zügen:
1. Den Pinsel in der Mitte des Nagels aufsetzen, in Richtung Nagelhaut schieben und dann in Richtung Nagelspitze zurückziehen.
2. Die rechte Seite des Nagels von der Nagelhaut zur Nagelspitze lackieren.
3. Die linke Seite des Nagels von der Nagelhaut zur Nagelspitze lackieren.

Rundherum sollte jeweils zum Nagelwall etwa 0,5 bis 1 mm Platz gelassen werden.

Zu guter Letzt können z. B. mit einem Nagellackkorrekturstift (s. GSt., S. 187) Verbesserungen vorgenommen werden, falls Lack auf den Nagelwall oder die Zehenkuppe geraten ist. Muss viel korrigiert werden, sollte der Korrekturstift zwischendurch immer mit einem Kosmetiktuch abgewischt werden.
Die Kundin sollte mindestens 10 Minuten warten, bevor sie ihre Schuhe anzieht. Sind zwei Lackschichten aufgetragen, eher länger.

Nachbereitung

Die Nachbereitung bezieht sich vorrangig auf die dringend einzuhaltenden hygienischen Maßnahmen. Die Fußpflegerin behält auch während der nachfolgenden Arbeitsgänge ihre Handschuhe an. Sie muss nun:

- alle Behandlungsflächen (Beiwagen, Behandlungsstuhl, Arbeitsstuhl) desinfizieren, Wäsche bei 90 °C waschen,
- Mülleimer, Fußbadschüssel und Waschbecken desinfizieren und reinigen,
- Instrumente 15 Min. ins Desinfektionsbad legen bei 4%iger Lösung (je nach Produkt), danach mechanisch abreinigen, abspülen, trocknen und ggf. sterilisieren,
- Handschuhe jetzt ausziehen, Hände desinfizieren und waschen,
- am Ende des Tages die Fußböden desinfizieren und reinigen.

Detaillierte Angaben zur Hygiene im Kosmetikinstitut befinden sich im Grundstufenband auf den Seiten 12–20.

H

- Flächen einsprühen, voll benetzen, 2 Min. einwirken – nicht abwischen (je nach Produkt).
- Sterilisiert werden sollte auf jeden Fall, wenn es versehentlich zu einer Verletzung der Haut gekommen ist – wann grundsätzlich sterilisiert werden muss, hängt von der jeweiligen Hygieneverordnung des Bundeslandes ab.
- Die durchzuführenden hygienischen Maßnahmen sind auch auf dem Hygieneplan zu finden, der in jedem Institut aushängen muss.

Selbstpflege der Füße

Eine kompetente Kosmetikerin sollte ihre Kunden davon überzeugen, dass regelmäßige Fußpflege im Institut und zu Hause zur Gesunderhaltung und Leistungsfähigkeit der Füße beiträgt.

Anwendungen	Praktische Hinweise für die Selbstpflege der Füße
Reinigung der Füße	■ mindestens einmal täglich ■ Füße immer gut abtrocknen, vor allem in den Zehenzwischenräumen (Pilzgefahr)
Fußbäder	■ warme Fußbäder dienen vor allem der Entspannung bzw. der Durchwärmung der Füße ■ Wassertemperatur von 36 °C nicht überschreiten ■ nicht täglich durchführen ■ bei Krampfadern kühle oder Wechselbäder durchführen ■ bei offenen Wunden, Pilzerkrankungen, Warzen etc. ganz darauf verzichten
Entfernen der Hornhaut	■ die Hornhaut einmal wöchentlich – am besten während des Fußbades – mit einem Bimsstein abrubbeln ■ Hornhauteinrisse nur professionell behandeln lassen, sie können sich schnell entzünden
Eincremen der Füße	■ möglichst nach jeder Reinigung ■ auf jeden Fall nach jeder Reinigung, wenn die Fußhaut trocken ist und zu Rissen neigt ■ bei Hornhauteinrissen und bei stark strapazierten Füßen (z. B. beim Wandern) empfiehlt sich eine Creme mit hohem Anteil Urea (mindestens 10 %) ■ lokale Anwendung von Schrundensalben bei Rissen
Fußpackungen	■ wenn die Haut trocken ist und zu Rissen neigt ■ Fußpackung dick auftragen (am bestens abends nach einem Fußbad), eine Tennissocke überziehen und über Nacht anbehalten ■ hilfreich kann auch ein Bad in warmem Olivenöl sein
Nagelpflege	■ Nägel nach Bedarf kürzen (nicht zu kurz) ■ Nagelecken nicht ausschneiden ■ freien Nagelrand säubern ■ die Nagelhaut nach jeder Reinigung beim Abtrocknen zurückschieben ■ ggf. Nagelöl auftragen

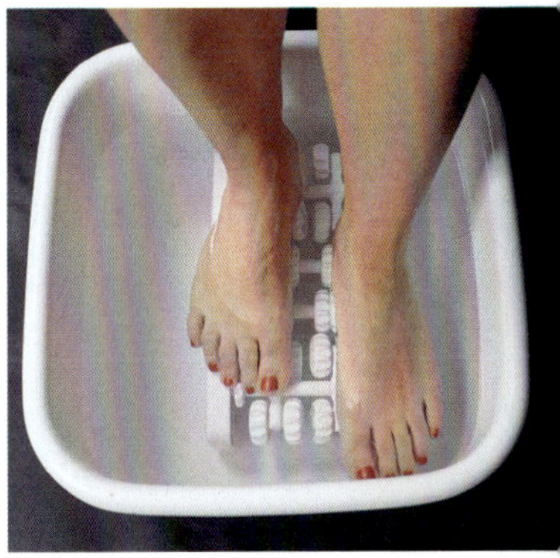

Fußbad mit Massageroller

Z

Bei der Beratung immer alle Kontraindikationen beachten, S. S. 174 ff.

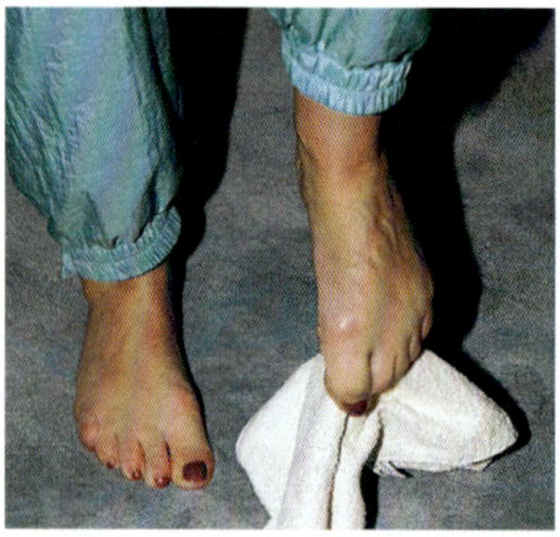

Fußgymnastik mit einem Handtuch

Strümpfe aus fußgerechtem Material

Anwendungen	Praktische Hinweise für die Selbstpflege der Füße
Fußmassage	■ Füße oft, z. B. beim täglichen Eincremen, massieren, denn: - Wirkstoffe dringen besser ein - Durchblutung wird angeregt - Entspannung setzt ein (s. S. 80)
Fußgymnastik	■ gymnastische Übungen fördern die Beweglichkeit und die Durchblutung, sie erhalten und verbessern die Fußleistung: - Handtücher, Socken oder kleinere Gegenstände mit den Zehen greifen - in den Schuhen die Zehen zusammenkrallen und wieder lockern - Zehen spreizen und schließen - Fuß um die eigene Achse rotieren lassen - bewusst beim Gehen abrollen usw.
Fußbekleidung	■ bei jeder sich bietenden Gelegenheit barfuß gehen – stimuliert die Fußreflexzonen ■ in Schwimmbädern, Saunen usw. hingegen immer Badeschuhe tragen (Gefahr der Infektion mit Pilzen, Bakterien und Viren) ■ bequeme Schuhe – zu enge Schuhe führen zu Fehlstellungen (s. S. 170 ff.), zu hohe Absätze evtl. zu Rückenproblemen ■ Ober- und Untermaterial sollte atmungsaktiv sein, z. B. Leder oder Leinen (sonst drohen Schweißfüße) ■ Modeschuhe (Turnschuhe, Pumps) immer nur kurzzeitig tragen ■ Strümpfe und Socken immer aus atmungsaktiven Materialien, z. B. Naturfaser, wie Baumwolle und Seide ■ Sockenbündchen sollten nicht einschneiden

A

1. Fertigen Sie eine Mindmap mit dem Titel „Die Pediküre – Materialien und Arbeitsschritte" an, deren Hauptarme den Überschriften des Kapitels 8.6 entsprechen. Vervollständigen Sie die Hauptarme mit sinnvollen Stichpunkten aus den Fachtexten und Ihren eigenen Erfahrungen aus der Praxis.
2. Sie arbeiten zu zweit. Führen Sie gegenseitig eine Fußbeurteilung bei sich durch.
   Fertigen Sie aufgrund der Beurteilung einen Pflegeplan für Ihre Arbeitspartnerin an.
3. Erstellen Sie einen vollständigen tabellarischen Hygieneplan für die Fußpflege.
4. Zeichnen Sie zu jedem Arbeitsschritt der Fußpflege ein Piktogramm. Testen Sie das Gelingen der Zeichnung, indem Sie mindestens eines der Klasse vorstellen und dieses von Ihren Mitschülerinnen deuten lassen.
5. Gehen Sie zu zweit in Ihren Praxis- bzw. Fußpflegeraum und bereiten Sie gemeinsam einen vollständig eingerichteten Arbeitsplatz vor.

8.7 Fußmassage

Eine Fußmassage sollte, sofern keine Kontraindikationen vorliegen, den Abschluss einer jeden Fußpflegebehandlung bilden. Eine entspannende und beruhigende Abschlussmassage steigert das Wohlbefinden und wird als zusätzliche Serviceleistung empfunden. Kontraindikationen, Grifftechniken und -abläufe sowie Tipps zur Selbstmassage sind auf S. 75 ff. beschrieben.

Fußreflexzonenmassage

Die Fußreflexzonenmassage ist neben der klassischen Massage eine der meistangebotenen Fußmassagen im Kosmetikbereich. Reflexologen (= Anhänger der Reflexzonentherapie) betrachten die Füße als Spiegel des Körpers, denn verschiedene Bereiche der Fußsohle stehen mit den Organen und Körperabschnitten in Verbindung.

Die Reflexzonenmassage basiert auf der Annahme, dass Erkrankungen in den verschiedenen Körperbereichen behandelt werden, wenn entsprechende Reflexzonen an den Füßen massiert werden. Dabei wird davon ausgegangen, dass Krankheiten immer durch Blockaden der Energiebahnen im Körper verursacht werden. Je nachdem, wo die Blockade sitzt, ist ein ganz bestimmter Bereich gestört. Die ursprüngliche Aufgabe der Massage ist es, die Blockade aufzuheben, damit die Energie im Körper wieder fließen kann.

Bei einer solchen Behandlung werden stets alle Reflexzonen an beiden Füßen behandelt. Durch Daumendruck werden empfindliche Stellen erspürt. In den Zonen, die auf den Daumendruck schmerzhaft reagieren, lässt sich eine Störung und Erkrankung des entsprechenden Organs oder Körperbereichs vermuten.

So ausgeführt, gilt die Fußreflexzonenmassage wegen ihrer therapeutischen Wirkung als Heilbehandlung und darf nur von ausgebildeten Therapeuten, Heilpraktikern, Physiotherapeuten und Ärzten mit naturheilkundlichem Schwerpunkt ausgeführt werden.

Im Kosmetikbereich ist die Reflexbehandlung eine reine Wellnessbehandlung am gesunden und beschwerdefreien Kunden und dient der Entspannung und dem Wohlbefinden. Dabei sorgt das Behandeln des rechten Fußes vorrangig für die körperliche Entspannung und die Behandlung des linken für die seelische. Bei richtiger Durchführung kann außerdem eine Krankheitsprävention erreicht werden.

Z Die Bezeichnungen der Reflexzonen unterscheiden sich mitunter bei verschiedenen Autoren.

§ nach Heilpraktikergesetz § 1 Abs.1

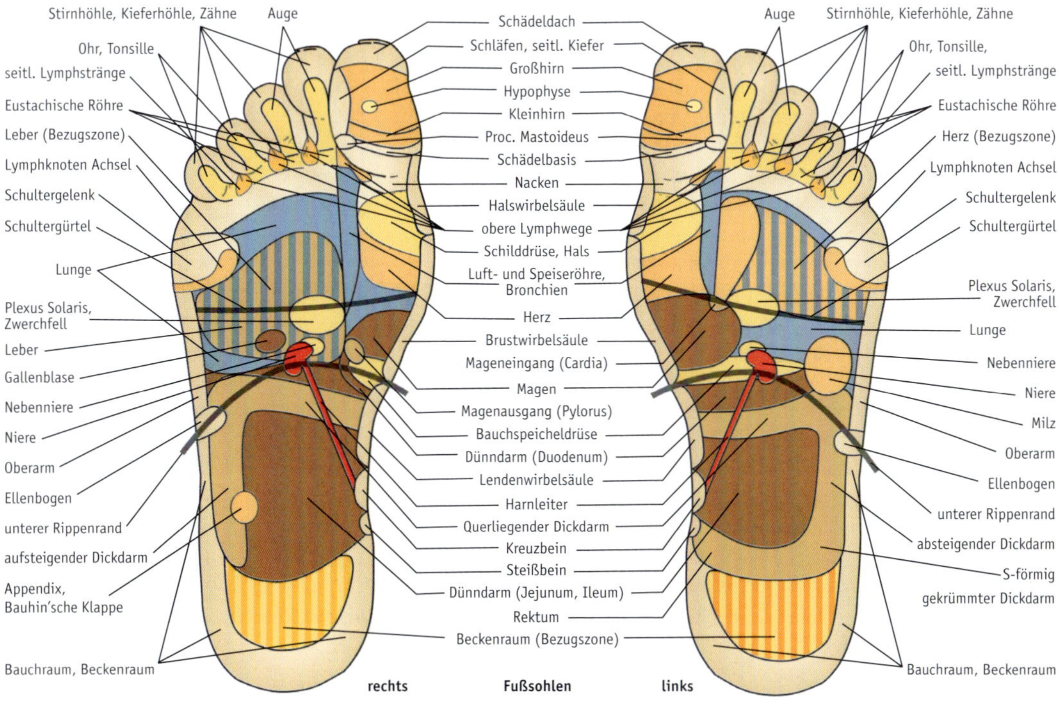

Z

Die Ausbildung in der Fußreflexzonenmassage erfolgt in drei Qualifizierungsstufen:

1. für Kosmetikerinnen, Wellnesstherapeuten usw. Sie gelten als fußreflexzoneninteressierte Personen
2. für Physiotherapeuten, Hebammen usw. Sie gehören in die Kategorie der medizinischen Heilhilfsberufe
3. für Ärzte und Heilpraktiker

Die Reflexzonenmassage darf nur von Kosmetikerinnen ausgeführt werden, wenn:

- der einwandfreie Gesundheitszustand des Kunden im Gespräch ermittelt wurde und
- die Kosmetikerin einen entsprechenden Lehrgang absolviert hat.

Eine Fußreflexzonenmassage dauert zwischen 30 und 60 Minuten. Mit kreisendem Daumendruck wird in die Tiefe gearbeitet, wobei hier weder Massagecremes noch -öle verwendet werden. Nicht massiert werden sollten vorsichtshalber schwangere Kundinnen und Kunden mit offenen Wunden an den Füßen.

Normalerweise hat eine solche Massage keinerlei Nebenwirkungen. Klagt ein sensibler Kunde nach dieser Behandlung dennoch z.B. über Kopfschmerzen und/oder Übelkeit, gilt es, verständnisvoll darauf einzugehen, etwa den Raum zu lüften, ein Glas Wasser zu reichen, tief durchatmen zu lassen.

A

Arbeiten Sie zu zweit und suchen Sie unter den Füßen Ihrer Partnerin die einzelnen Reflexzonen. Zeichnen Sie diese mit einem Filzstift nach. Beschriften Sie die Partien.

?

Wiederholungsaufgaben zum Lernfeld 8

1. Warum gewinnt die Fußpflege heutzutage immer mehr an Bedeutung?
2. Welche Haut- und Nagelveränderungen darf eine Kosmetikerin nicht behandeln?
3. Welche Nagelbestandteile sind sichtbar, welche unsichtbar?
4. Wozu dient das Nagelhäutchen?
5. Welche Aufgabe hat die Matrix?
6. Beschreiben Sie die Unterschiede zwischen der Nass- und der Trockentechnik.
7. Nennen Sie alle notwendigen Fußpflegeinstrumente.
8. Welche Desinfektionspräparate müssen in einer Fußpflegekabine vorhanden sein?
9. Wie genau wird eine Händedesinfektion durchgeführt?
10. Warum ist eine Fußbeurteilung so wichtig?
11. Fassen Sie stichwortartig den Ablauf einer Fußpflege zusammen.
12. Schildern Sie ausführlich die Arbeiten an der Hornhaut.
13. Nennen Sie drei typische Wirkstoffe und ihre Einsatzgebiete in Fußpflegeprodukten.
14. Was ist der Okklusiveffekt?
15. Wie wird ein Paraffinbad durchgeführt?
16. Beschreiben Sie detailliert die Auftragtechnik von Nagellack.
17. Welche Einsatzmöglichkeiten gibt es für Rillenfüller?
18. Beschreiben Sie drei Tipps für die Selbstpflege genauer.
19. Woran erkennt man Warzen?
20. Welche Ursache haben Rhagaden?
21. Wie werden Holznägel behandelt?
22. Erklären Sie das Aussehen eines pilzkranken Nagels.
23. Welche Ursachen für den Einwuchs eines Nagels gibt es?
24. Stellen Sie die Unterschiede zwischen einer therapeutischen und einer kosmetischen Fußreflexzonenmassage tabellarisch gegenüber.

9 Präsentieren und Verkaufen von Waren und Dienstleistungen

Situation

Monique, eine Freundin von Sabrina, hat vor zwei Jahren ihre Ausbildung zur Kosmetikerin erfolgreich abgeschlossen. Sie arbeitet seitdem in ihrem ehemaligen Ausbildungsbetrieb und hat sich dort schon einen großen Kundenkreis aufgebaut.

Da sie für ihre Zukunft in ihrer jetzigen Position keine großen Entwicklungsmöglichkeiten sieht, hat sie beschlossen, sich innerhalb der nächsten zwei Jahre ein eigenes Kosmetikinstitut einzurichten. Aus Gesprächen mit ihren Kolleginnen weiß sie, wie viel Zeit und Überlegungen die Vorbereitungen für eine Selbstständigkeit in Anspruch nehmen.

Situation

Im März findet wieder eine große Kosmetikmesse statt und Monique beschließt, sie zu besuchen. Sie möchte sich einen ersten Überblick über die neuesten Trends im Bereich der angebotenen Behandlungen und Produkte verschaffen, um sich darüber klar zu werden, was sie ihren Kunden später anbieten möchte.

Nach ihrem Besuch stellt sie fest, dass dort viel mehr innovative Produkte und Behandlungen vorgestellt wurden, als sie gedacht hatte. Auch bei der großen Auswahl an Produkten ist es schwierig, den Überblick zu behalten.

Einige Kosmetikhersteller werben mit interessanten Schulungsangeboten, andere wiederum mit attraktiven Unterstützungen durch Kabinettware, Erstausstattungen zum Vorteilspreis und vielem mehr.

Monique muss nun genauestens überlegen, wie sie ihr Kosmetikinstitut und ihr Produktsortiment gestaltet, um möglichst viele Kunden anzusprechen. Na dann, an die Arbeit!

Konzeption (lat. concipere = auffassen, begreifen, sich vorstellen) = Zusammenstellung von Zielen und daraus abgeleiteten Maßnahmen zur Umsetzung eines Vorhabens

Instrumentarium = Gesamtheit der zur Verfügung stehenden Werkzeuge

Kommunikation (lat. communicare = mitteilen, teilnehmen lassen) = Aufnahme, Austausch und Übermittlung von Informationen zwischen zwei oder mehreren Personen

9.1 Grundlagen des Marketings

Bevor Monique eine Vorentscheidung treffen kann, was sie demnächst in ihr Angebot aufnehmen möchte, muss sie sich mit dem Thema Marketing beschäftigen. Immerhin möchte Sie künftig als selbstständige Kosmetikerin am allgemeinen Marktgeschehen teilnehmen und sich dem Markt und dem Wettbewerb stellen.

Marketing bezeichnet den Prozess der Planung, Durchführung, Konzeption, Produkteinführung und Vermarktung von Ideen, Gütern, Service- und Dienstleistungen aller Art.
Der Begriff kommt ursprünglich aus dem englischen Sprachraum und bezeichnet den Markt und alles, was darauf Einfluss nimmt.

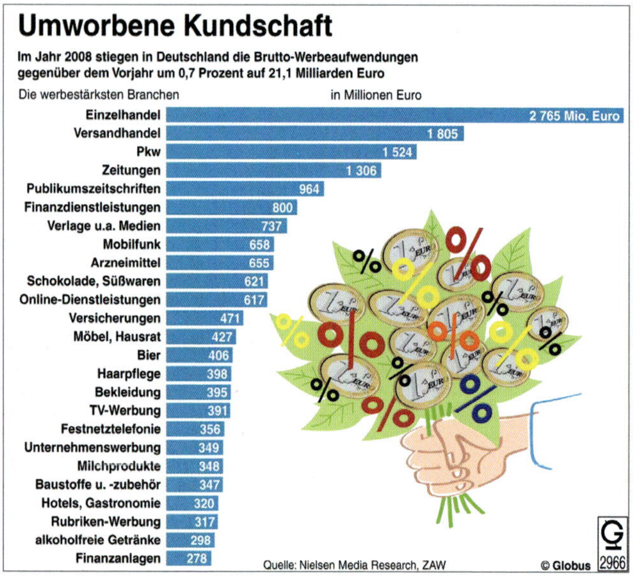

Jeder, der ein Geschäft erfolgreich organisieren und gewinnorientiert zum Erfolg führen möchte, muss sich mit Marketing beschäftigen und es einsetzen.
Angebot und Nachfrage (s. S. 8) sind Regulatoren, die den Markt beeinflussen. So ist beispielsweise auch der Kosmetikmarkt wesentlich größer geworden, als es noch vor 20 Jahren der Fall war. Zahlreiche Angebote werden auf vielfältige Käuferschichten abgestimmt. Neue Zielgruppen werden durch aufwendige Forschungen und Trendstudien durch die entsprechenden Institute (Meinungsforschungsinstitute) ausfindig gemacht und umworben.
Marketing also ist die bewusste und geplante Ausrichtung von Kapazitäten im Hinblick auf Personal, Kapital, Organisation und Leistungsangebot auf jene Käufergruppen und Kundenwünsche, mit denen die Unternehmensziele am besten zu verwirklichen sind.

9.1.1 Marketinginstrumente

Marketing setzt sich klassisch aus vier Hauptinstrumentarien zusammen:

Marketinginstrumente

- **Produkt- und Leistungspolitik**
- **Preispolitik**
- **Vertriebs- und Absatzpolitik**
- **Kommunikationspolitik**

Jede Kosmetikerin steht vor der Frage, welche dieser Marketinginstrumente sie in der jeweils vorliegenden Marktsituation, in welcher Kombination und mit welcher Dauer einsetzen soll. Dazu ist es notwendig, über die einzelnen Instrumente Bescheid zu wissen. Aus der für das Kosmetikinstitut möglichst optimalen Mischung und Gestaltung der Marketinginstrumente ergibt sich der sogenannte Marketing-Mix.

Jeder einzelne Betrieb muss für sich entscheiden, welche Instrumente er in den Vordergrund stellen will und welche nur unterstützenden Charakter haben. So wird ein großes Dienstleistungsunternehmen einen anderen Marketing-Mix bevorzugen als ein kleineres. Außerdem hängt das von dem zur Verfügung stehenden **Marketingbudget** ab.

Budget = in Geldbeträgen formulierter Plan zu erwartender Einnahmen und Ausgaben
Differenzierung = Unterscheidung, Abstufung

Produkt -und Leistungspolitik

Der Kosmetikmarkt ist groß, das Angebot vielfältiger denn je und die Kosmetikerin muss sich deshalb entsprechend positionieren.
Mithilfe der Produktpolitik bemüht sich die Kosmetikerin, nur die Waren und Dienstleistungen in ihr Angebot aufzunehmen, die den Bedürfnissen der Zielgruppe entsprechen.

Z Die drei erweiterten Instrumente im Dienstleistungsmarkt sind:
- Mitarbeiterpolitik
- Ausstattungspolitik
- Qualitätspolitik

Es ist heute wichtiger als früher, das Angebot auf bestimmte Zielgruppen hin **auszurichten**, es genau zu definieren und entsprechend zu kommunizieren. Der Erfolg liegt in der Differenzierung des Angebots.

Somit wird ein gezieltes Marketing erreicht durch:
1. Festlegung der Zielgruppe (Zielgruppendefinition)
2. Differenzierung des Angebots/der Dienstleistung und der Produkte
3. Festlegung der Werbestrategie (s. S. 206) unter Berücksichtigung der Instrumentarien des Marketings (**Marketing-Mix:** Welche Werkzeuge/Instrumente sind geeignet?)

Bevor die Kosmetikerin ihre **Produkte** und **Dienstleistungen** festlegt, sollte sie sich Gedanken über ihre besonderen Kenntnisse und Vorlieben machen. Was zeichnet sie und ihre Fähigkeiten aus, und wie möchte sie mit diesen auf dem Markt wahrgenommen werden?

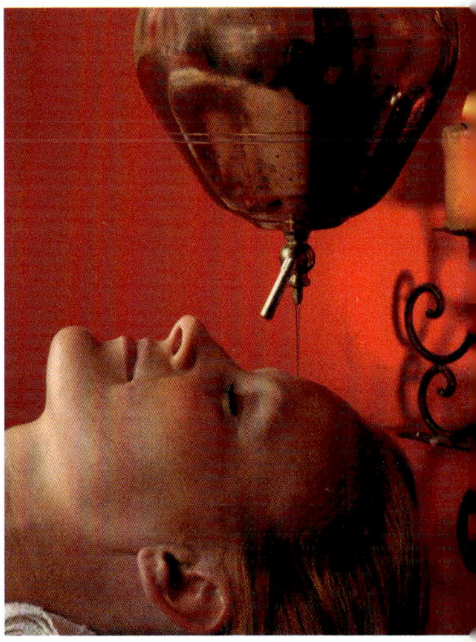
Leistungsangebot: Ayurvedabehandlung

Folgende Spezialisierungen sind beispielsweise möglich:
- Permanent-Make-up,
- Faltenbehandlung,
- Aromabehandlungen,
- Ayurvedabehandlungen,
- apparative Behandlungsverfahren,
- Kooperationspartnerin für kosmetische Vor- und Nachbehandlung bei kosmetischen Operationen und Wiederherstellungschirurgie,
- ganzheitlich orientierte Kosmetikerin.

Auch die Preispolitik, für die sich die Kosmetikerin entscheidet, spielt eine wichtige Rolle.

Preispolitik

Die Preisgestaltung und die preispolitischen Maßnahmen dienen nicht nur der rein wirtschaftlichen Berechnung und als Kalkulationsgrundlage (s. S. 23 ff. und 224 ff.). Neben der Berechnung der Preise ist es ebenso wichtig, marketingstrategische Überlegungen mit in die Preisgestaltung einfließen zu lassen.

Produktpolitik = product policy
Angebotspolitik = supply side policy
Preispolitik = price policy

Strategie = längerfristig ausgerichtetes planvolles Anstreben eines Ziels
Mitbewerber = auch Konkurrent oder Wettbewerber genannt
Premium = von besonderer, von bester Qualität

Die Preispolitik umfasst alle Maßnahmen, die die Kosmetikerin durchführt, um Einfluss auf Preise zu nehmen und diese auf dem Markt durchzusetzen, z.B. durch Rabatte, Prämien, Skonti, Zahlungsbedingungen (s. S. 23f.).

Der Preis des Produktes ist abhängig von folgenden Faktoren:

Faktoren der Preisfindung

Nachfrage durch die Konsumenten	**Kosten,** die im eigenen Betrieb entstehen	**Preise** der Wettbewerber	**Zielsetzung,** z.B. Umsatz, Gewinn, Image

So kann es durchaus sinnvoll sein, bei einer Produkteinführung mit einer gering kalkulierten Gewinngröße in den Markt zu gehen. Grundsätzlich sollte man sich jedoch immer im Vorfeld Gedanken darüber machen, mit welcher Preisgestaltung man was bewirken möchte.

Legen Sie sich möglichst genau fest. Finden Sie die passenden Produkte und Dienstleistungen, die Sie in Ihr Angebot mit aufnehmen. Wählen Sie diese gezielt aus, um Fehlkäufe zu vermeiden.

Wählen kann man zwischen:
- Niedrigpreisstrategie
- Mittelpreisstrategie
- Hochpreisstrategie

Möchte man wirtschaftlich gewinnbringend handeln, so ist die Wahl der **Niedrigpreisstrategie** nur dann zu empfehlen, wenn durch sehr hohen Absatz von „Billigangeboten" ein entsprechender Gewinn zu erwarten ist, z.B. bei den Lebensmitteldiscountern Aldi und Lidl. Da viele Menschen dort einkaufen, d.h. der Absatz der Produkte sehr hoch ist, bleibt entsprechend viel an Gewinn für die Unternehmen übrig.

Die **Mittelpreisstrategie** wählen die meisten Unternehmer deshalb, weil sie sich am Marktgeschehen und der Preisgestaltung ihrer Mitbewerber orientieren. Diese Vorgehensweise erfordert eine gewisse Umsatzgröße und die schnelle Reaktion auf Marktveränderungen. Mitunter lässt man sich hier auf einen Preis- und Rabattkampf ein.
Diese Strategie ist für Anbieter im sogenannten Premium-Segment ebenfalls mit Vorsicht zu betrachten. Man lässt durch eine solche strategische Ausrichtung auch eine gewisse Vergleichbarkeit für den Kunden zu.

Fürchten Sie sich nicht vor einem höheren Preis, wenn er angemessen ist!

Die **Hochpreisstrategie** wirkt vielleicht auf den ersten Blick als ungeeignet. Allerdings stellt diese eine gute Möglichkeit dar, sofern der Preis dem Angebot bzw. der Dienstleistung entspricht, sich vom Mitbewerber abzuheben. Man bietet dem Kunden eine besondere Dienstleistung und diese hat einen entsprechenden Preis.

Bei der Wahl der Produkte sollte die Kosmetikerin die Mittel- und die Hochpreisstrategie bevorzugen. So kann man einerseits den Kunden mit dem kleineren Geldbeutel ermöglichen, die Produkte regelmäßig zu kaufen und zu verwenden, und andererseits anspruchsvollen und sehr kaufkräftigen Kunden gerecht werden.

repräsentieren = nach außen vertreten

Es ist wichtig, sich im Vorfeld entsprechende Gedanken über die Preisgestaltung zu machen. Denn oft wird die Wirkung des Preises unterschätzt. Kunden verbinden mit dem Preis:

- Qualität,
- Service,
- Kompetenz.

Die Kosmetikerin sollte ihre Angebote so formulieren, dass diese nur schlecht eine direkte Vergleichbarkeit mit dem Mitbewerber zulassen. Deshalb ist es ratsam, auf den Preislisten das Behandlungsangebot mit allen Nutzenvorteilen zu beschreiben. So verliert der Preis seinen Schrecken!

Der Preis muss zum Produkt, dem Dienstleistungsangebot, zu der gesamten Leistung (Service, Raumausstattung usw.) und zum erzielbaren Nutzen passen. Wenn diese Faktoren stimmig sind und so auch nach außen dargestellt werden, wird dieser Preis vom Kunden auch akzeptiert. Der Kunde freut sich über die erbrachte Leistung (Behandlung oder Produkte) und hat das gute Gefühl, die richtige Wahl getroffen zu haben.

Kosmetikmesse

Vertriebs- und Absatzpolitik

Die Vertriebs- und Absatzpolitik beschreibt den Verkaufsweg des Produktes oder der Dienstleistung zum Kunden.

Dieser führt zum einen über den **indirekten Vertrieb** mit mehreren Vertriebsstufen, wie beispielsweise über den Hersteller, den Großhandel bis hin zum Einzelhandel, also die Vertriebsstufe, auf der sich die Kosmetikerin im Regelfall bewegt.

Es gibt zum anderen den **direkten Vertrieb**. Beim Direktvertrieb ist im Gegensatz zum indirekten Vertrieb kein Zwischenhändler eingeschaltet. Es erfolgt eine direkte Kundenansprache.

Internetauftritt eines Kosmetikinstituts

Von ihren Lieferanten her kennt die Kosmetikerin den Einkauf über

- den klassischen Handelsvertreter oder Repräsentanten,
- den Großhandel,
- das Internet,
- die Fachmesse.

Repräsentanten sind bei den Kosmetikfirmen angestellt und repräsentieren das Unternehmen mit dem Ziel, neue Produkte vorzustellen, Bestellungen aufzunehmen und weiterzuleiten.

Handelsvertreter arbeiten ähnlich, können aber, da sie selbstständig sind, für mehrere Unternehmen gleichzeitig tätig sein. Bei diesen durch den Handelsvertreter repräsentierten Firmen handelt es sich um Unternehmen, die keine konkurrierenden, sondern ergänzende Firmen vertreten.

Die Kosmetikerin muss überlegen, welche Vertriebswege sie für den Absatz ihrer eigenen Angebote wählt. Vielleicht hat sie Freude an dem Produktvertrieb über das **Internet** oder sie bietet ihren Kunden als Serviceangebot grundsätzlich die Möglichkeit eines **Onlineversands** an.

Qualität = quality
Service = service
Kompetenz = competence
Vertriebspolitik = marketing policy
Großhandel = wholesale
Repräsentant = representative
Handelsvertreter = sales representative

Repräsentantin einer Kosmetikfirma bei der Beratung

Z

So ist beispielsweise der bekannte Kosmetikkonzern „Avon Cosmetics" einer der umsatzstärksten weltweit. Immer mehr Menschen verkaufen nebenberuflich Gesundheits- und Schönheitsprodukte im Direktvertrieb. Das Fernsehen bietet des Weiteren die Möglichkeit zum aktiven TV-Shopping.

Beautyfarmen nutzen beispielsweise diese Vertriebsschiene zur aktiven Kundenbindung, d.h. auch nach dem Aufenthalt auf der Beautyfarm oder im Wellnessressort werden die Kunden mit den vertrauten Produkten weiterhin beliefert. Die Gefahr der „Abwanderung" wird so reduziert und die Möglichkeit, dass die Kunden ihren nächsten Aufenthalt wieder auf dieser Beautyfarm buchen, um ein Vielfaches erhöht.

Viele Kosmetikerinnen bieten heutzutage den **mobilen Behandlungsservice** an; auch diese Möglichkeit gehört zur Vertriebs- und Absatzpolitik.

Kommunikationspolitik

Die Kommunikationspolitik beschreibt alle Planungen und Maßnahmen, mit denen künftige und bestehende Kunden angesprochen werden. Die Ansprache erfolgt über verschiedene Wege, die entweder getrennt voneinander oder gemeinsam eingesetzt werden. Das Ziel ist es beim Kunden das Interesse zu wecken, die Aufmerksamkeit der Zielgruppe zu erreichen, den Wunsch auszulösen, das Produkt oder die Dienstleistung haben zu wollen und ihn zu motivieren, aktiv zu werden und zu kaufen (**= AIDA-Formel**, s. GSt., S. 46).

AIDA-Formel
Attention = Aufmerksamkeit erreichen
Interest = Interesse wecken
Desire = Kaufwunsch auslösen
Aktion = Kauf auslösen

Innerhalb der Kommunikationspolitik gibt es folgende Instrumente, mit denen man die Zielgruppe erreichen kann:

- **Werbung** (s. S. 203 ff.) durch den Transport von Werbebotschaften, um einen Produktkauf beim Kunden zu erreichen,
  z.B. Zeitungsannoncen, Plakate, Internetauftritte (s. Abb. S. 199)
- **Verkaufsförderung** (Sales Promotion) bietet einen Anreiz, den Kaufakt zu vollziehen,
  z.B. durch Rabattaktionen, Frühjahrsangebote, Gutscheine
- **Merchandising:** Absatzförderung von Markenartikeln, z.B. taucht immer wieder das gleiche Logo, die gleiche Farbe etc. auf, um die Wiedererkennung zu erhöhen, z.B. „Tempo"; „Coca Cola"
  Bei einem Markentransfer wird ein etabliertes Markenzeichen auf ein neues Produkt übertragen. Man nutzt also Bekanntheit, Image und Wiedererkennungseffekt der Stammmarke als Wachstumspotenzial für eine Neuschöpfung.

verkaufsfördernde Maßnahmen = Sales Promotion
Absatzförderung = Merchandising
Erscheinungsbild = Image
Erlebnis = Event
kommunizieren = to communicate
Kommunikationspolitik = communication policy

- **Öffentlichkeitsarbeit** (Public Relations (PR)) zielt darauf ab, ein positives Erscheinungsbild des Unternehmens in der Öffentlichkeit zu erzielen,
  z.B. durch Mitteilungen an die Presse, Veranstaltungen
- **Sponsoring;** Unternehmen, die als Sponsoren (Geldgeber) auftreten, verbinden ihr Engagement mit eigenen Kommunikationszielen und fördern
  z.B. Sportvereine durch Geld- oder Produktgeschenke
- **Product-Placement** kann als Schleichwerbung verstanden werden, denn Produkte werden so platziert, dass sie nur unbewusst wahrgenommen werden,
  z.B. im Kinofilm ist ein kurzer Kameraschwenk auf die Kosmetikmarke zu sehen
- **Event-Marketing** umfasst das Planen und Durchführen von Veranstaltungen, durch die Kunden und Geschäftspartner an das Unternehmen gebunden und neue Kunden gewonnen werden sollen,
  z.B. zusammen mit einem Autohaus einen Wellnesstag nur für Männer veranstalten

Damit alle zuvor aufgeführten Maßnahmen auch zum gewünschten Erfolg führen, müssen diese entsprechend kommuniziert werden. Sie werden auch durch den entsprechenden Außenauftritt und das Verhalten des gesamten Teams vermittelt. Deshalb sind die zu Beginn erwähnten weiteren Marketinginstrumente wie Mitarbeiterpolitik, Ausstattungspolitik und Qualitätspolitik als Hilfsinstrumente der Kommunikationspolitik zu bewerten und äußerst wichtig. Denn die **Mitarbeiter** (Mitarbeiterpolitik), sofern vorhanden, kommunizieren durch ihr Verhalten die gelebte Philosophie und das Leitbild eines Kosmetikbetriebes.

Beispiel:
Das Institut „Beauty Star" steht für hohe Qualität und optimalen Kundennutzen. Der Kunde steht immer im Mittelpunkt.
Im Marketing wird dies auch durch die verschiedenen „Corporates" ausgedrückt. Dabei ist es wichtig für den Erfolg, dass sich alle Mitarbeiter an die festgelegte Vorgehensweise halten. So könnte z.B. der Leitspruch „Bei uns steht der Kunde immer im Mittelpunkt" im Pausenraum platziert werden, um die Mitarbeiter immer an diesen Leitgedanken zu erinnern.

Die **Ausstattungspolitik** befasst sich mit der Ausstattung der Geschäftsräume, die vom Kunden bewusst oder unbewusst wahrgenommen wird und etwas mitteilt. Klinisch weiß gehaltene Räume assoziiert der Kunde mit den Arzt- und Heilberufen. Die Kunden würden in diesem Fall ein entsprechendes Angebot erwarten, z.B. Akne- und Laserbehandlung, Needling oder Ähnliches sowie die Vor- und Nachsorge einer vorangegangenen ärztlichen Anti-Aging-Behandlung.
Möchte das Kosmetikinstitut hingegen eher Wellnessanwendungen anbieten, passt z.B. eine asiatisch anmutende Institutseinrichtung mit entsprechender Beduftung und Musik.

Kunden schließen ebenfalls vom gesamten Auftritt des Kosmetikinstituts auf eine bestimmte **Qualität** (Qualitätspolitik).
Entspricht die Behandlung oder ein kleines, aber wichtiges Detail (beispielsweise eine unsaubere Toilette) nicht der Erwartungshaltung der Kunden, so kann das dazu führen, dass die Kunden das ganze Institut entsprechend beurteilen.
Nicht zuletzt gibt es auch aus diesem Grund in immer mehr größeren Wellness- und Beautyanlagen die Zertifizierung nach DIN EN ISO 9000, ein weltweit angewandtes System zur Bewertung von Qualitätsmanagementsystemen, das Verantwortlichkei-

Needling = Methode, bei der der Arzt die Haut durch feine Nadeln verletzt, damit diese dann kollagene und elastine Fasern neu aufbauen kann

Gesundheitsprävention durch gepflegte Füße

Corporates
- Corporate Design: einheitliches Erscheinungsbild, durch immer gleich bleibende Firmenlogos, Kleidung der Mitarbeiter, bestimmte Farben etc.
- Corporate Identity: Unternehmensidentität, das Team identifiziert sich mit der Firma.
- Corporate Behavior: Unternehmenskultur, das Team verhält sich nach außen entsprechend einheitlich.

(Erfinder der Corporates war Peter Behrens, er hat schon 1907–1914 für die Firma AEG ein einheitliches Erscheinungsbild konzipiert.)

Öffentlichkeitsarbeit = Public Relations
Produktplatzierung = Product-Placement

Ausstattung des Instituts im Wohlfühlambiente

ten, Aufbauorganisation, Prozesse, Verfahren und Mittel beinhaltet. Wenn ein Unternehmen diese Normen nachweislich erfüllt, wird ihm in einem drei Jahre gültigen Zertifikat bescheinigt, dass es nach einem umfassenden QM-System arbeitet.

Nicht jedes Kosmetikinstitut muss sich gleich einer solchen Zertifizierung unterziehen. Dennoch ist es ratsam, Abläufe und Arbeitsprozesse (Vorbereiten der Kosmetikkabine, Empfang und Verabschiedung der Kunden, Bestellwesen, Reklamationsmanagement usw.) zu beschreiben und zu standardisieren, um gleich bleibende Qualität zu garantieren.

Eine solche Prozess- oder Arbeitsplatzbeschreibung erleichtert natürlich auch das Einarbeiten neuer Mitarbeiter. So weiß jeder von Beginn an, wie er sich zu verhalten hat und was zu tun ist. Unstimmigkeiten werden dadurch reduziert und ein gutes Arbeitsklima gefördert.

Das Kosmetikinstitut sollte sich regelmäßig fragen, ob alle Maßnahmen im Rahmen der Kommunikationspolitik noch angemessen und zeitgemäß sind, um dann bei Bedarf entsprechende Anpassungen vorzunehmen.

A

Die folgenden Aufgaben können sowohl in Einzel- als auch in Gruppenarbeit gelöst werden.

1. Erstellen Sie eine Checkliste mit dem Titel „Welche persönlichen und fachlichen Voraussetzungen benötigt eine Kosmetikerin, um erfolgreich selbstständig zu werden?".
   Präsentieren Sie Ihre Ergebnisse vor der Klasse und begründen Sie Ihre Überlegungen.
2. Welche Marketinginstrumente kennen Sie und was ist ein Marketing-Mix? Erläutern Sie dies vor der Klasse und erarbeiten Sie einen eigenen Marketing-Mix für Ihr künftiges Kosmetikinstitut.
3. Entwickeln Sie ein individuelles Kosmetikangebot mit Preisnennung. Bedenken Sie dabei, dass es „Appetit" auf die Behandlung machen und keinen Behandlungsablaufplan darstellen sollte.
   Wenn möglich, gestalten Sie das Angebot grafisch ansprechend am Computer unter Berücksichtigung des Corporate Design.
4. Formulieren Sie ein Leitbild für Ihr künftiges Kosmetikinstitut.
5. Entwickeln Sie ein komplettes Angebotsportfolio für Ihr künftiges Kosmetikinstitut.
6. Bilden Sie mehrere Gruppen und entwickeln Sie ein Ausstattungsthema.
   a) Sammeln Sie die notwendigen Dekorationsartikel und richten Sie eine virtuelle Kosmetikkabine ein.
   b) Präsentieren Sie Ihre Gruppenergebnisse vor der Klasse. Erläutern Sie den Mitschülerinnen, um was es Ihnen bei der Ausstattung ging und was Sie kommunizieren wollten. Die beste Idee erhält einen zuvor vereinbarten Preis.

9.1.2 Grundlagen der Werbung

Geworben und umworben wurden die Menschen damals wie heute mit der Zielsetzung, sie in ihrem Kauf- und Konsumverhalten zu beeinflussen.

„Die Werbung ist eines der Instrumente der ***absatzfördernden Kommunikation****. Durch Werbung versuchen die Unternehmen, ihre Zielkunden und andere Gruppen wirkungsvoll anzusprechen und zu beeinflussen." (Philip Kotler u. Friedhelm Bliemel)*

Heute erfolgt das weitaus professioneller, denn man bedient sich nicht nur der sachlichen Informationsvermittlung, sondern man nutzt Kenntnisse aus der Psychologie und den Kommunikationswissenschaften, um Werbung erfolgreich zu gestalten und durchzuführen.

Erfolgreiche Werbung steigert die geschäftlichen Chancen eines Unternehmens. Doch kleinen Firmen fehlt oft das Geld für klassische Werbung. Dabei könnten sie ihren Betrieb und ihre Produkte über Marketingmaßnahmen am Markt bekannt machen.

Werbeplakat

Keine Werbeausgaben bei der Hälfte aller Unternehmen!

Mehr als die Hälfte (52 %) der Kleinbetriebe verzichtet allerdings komplett auf Werbung. Ergebnis einer von Microsoft Deutschland beim Marktforschungsinstitut Tech-Consult in Auftrag gegebenen Studie.

48 % der Unternehmen führen Werbemaßnahmen durch. Insbesondere die kleinen Handelsbetriebe legen Wert auf Werbung (geben ca. 10 TSD € im Jahr für Werbung aus). 24 % der kleinen Handelsgeschäfte betreiben regelmäßig monatlich Werbung, 13 % wöchentlich und 16 % der Händler starten einmal pro Saison eine Werbekampagne.

Quelle: www.kleineUnternehmen.de/trendbarometer

Heutzutage gibt es kaum noch Orte oder Situationen, an bzw. in denen wir nicht umworben werden. Es kann mitunter einerseits sehr aggressive Arten von Werbung geben, wie beispielsweise die „Geiz-ist-geil"-Kampagne von Saturn, und andererseits nur unterschwellig kaum wahrgenommene Werbung wie die Beduftung der Verkaufsräume bei großen Kaffeefilialen.

In der Kosmetikwerbung wird man täglich mit den Schönsten der Schönen konfrontiert. Darin wird suggeriert, dass nur schöne und junge Menschen erfolgreich und glücklich sind.
Doch so langsam wandelt sich das Bild: Nun werden die Menschen immer sensibler, auch die 50-plus-Generation ist eine interessante Zielgruppe, und so werden die „Fernsehgesichter" immer authentischer und realer und man erkennt sich eher selber darin wieder oder die freundliche Nachbarin von nebenan.

Alle Arten der Werbung verfolgen jedoch ein gemeinsames Ziel: Sie wollen zum Kauf bewegen und damit den unentschlossenen Käufer beeinflussen, Produkte und Dienstleistungen zu kaufen, die er ohne Werbung nicht gekauft hätte. So ist es auch für die erfolgreiche Geschäftsinhaberin eines Kosmetikinstituts wichtig, die Möglichkeiten der Werbung gezielt und sinnvoll zu nutzen. Andernfalls würde sie nicht oder nur gering von ihrer Zielgruppe wahrgenommen werden. Vielleicht

Werbung = promotion

Direktmailing = Werbemaßnahme, bei der einem Kunden Werbematerial durch die Post zugesendet wird. Der Kunde wird persönlich angesprochen.

§ **Das Gesetz gegen den unlauteren Wettbewerb (UWG)** ist am 8. Juli 2004 in Kraft getreten.
§1 – Zweck des Gesetzes
Dieses Gesetz dient dem Schutz der Mitbewerber, der Verbraucherinnen und der Verbraucher sowie der sonstigen Marktteilnehmer vor unlauterem Wettbewerb. Es schützt zugleich das Interesse der Allgemeinheit an einem unverfälschten Wettbewerb.
§3 – Verbot unlauteren Wettbewerbs
Unlautere Wettbewerbshandlungen, die geeignet sind, den Wettbewerb zum Nachteil der Mitbewerber, der Verbraucher oder der sonstigen Marktteilnehmer nicht nur unerheblich zu beeinträchtigen, sind unzulässig.

WWW. Den vollständigen Gesetzestext findet man unter: www.gesetze-im-internet.de

erreicht sie den Kunden noch für die Dienstleistungen, also die Behandlungen in ihrem Institut, aber nicht mehr für den Produktkauf. Kauft der Kunde also nicht bei ihr seine Pflegeprodukte, kauft er sie woanders.

Gesetz gegen den unlauteren Wettbewerb (UWG)

Bevor die Kosmetikerin Werbetexte und -aussagen verfasst, muss sie einige wichtige Richtlinien und Gesetze wie das **Gesetz gegen den unlauteren Wettbewerb (UWG)** kennen. Beachtet sie dieses nicht, kann es zu Abmahnungen und empfindlichen Geldstrafen kommen.
Ursprünglich diente das Gesetz gegen die Wettbewerbsbeschränkungen im weitesten Sinn dem Verbraucherschutz.
Hierdurch sollte der mündige Bürger vergleichen und beurteilen können, eine größere Transparenz erhalten und selber entscheiden können, was richtig und was falsch ist.
In den vergangenen Jahren ist es jedoch zu einer Lockerung der bisherigen Verordnungen gekommen, da dem Verbraucher heutzutage eine gewisse Kenntnis und Eigenverantwortung unterstellt wird. Er ist besser informiert als noch vor Jahren und wird eher übertreibende und unwahre Aussagen als solche identifizieren können und nicht darauf hereinfallen.

Beispiele unlauteren Wettbewerbs (§ 4 UWG)
Unlauter handelt, wer:
- Wettbewerbshandlungen vornimmt, die geeignet sind, die Entscheidungsfreiheit der Verbraucher oder sonstiger Marktteilnehmer durch Ausübung von Druck, in menschenverachtender Weise oder durch sonstigen unangemessenen unsachlichen Einfluss zu beeinträchtigen;
- den Werbecharakter von Wettbewerbshandlungen verschleiert;
- bei Verkaufsförderungsmaßnahmen wie Preisnachlässen, Zugaben oder Geschenken die Bedingungen für ihre Inanspruchnahme nicht klar und eindeutig angibt.

Werbeaktivitäten

Die Aktivitäten rund um das Thema Werbung unterteilt man in:
- Werbeplan
- Werbekonzept
- Werbebudget
- Werbegrundsätze
- Werbestrategie

Werbeplan

Der Werbeplan regelt die Umsetzung der geplanten Maßnahmen und besagt, **was** (z.B. Behandlung gegen Tränensäcke) beworben wird, **wo** (im Institut, beim befreundeten Arzt, im Tennisverein o.Ä.) es beworben wird und **wie** (Zeitung, Flyer, Direktmailing) es beworben wird. Es handelt sich hierbei um eine **Zeit- und Finanzplanung**, die auf das ganze Jahr im Voraus erstellt werden sollte. Bevor der Werbeplan aufgestellt wird, müssen verschiedene Faktoren berücksichtigt werden. Die einzelnen Werbevorhaben sollten an die saisonalen Gegebenheiten angepasst sein. Im Frühjahr steht beispielsweise die gute Figur auf dem Plan und im Herbst zur Ballsaison das faltenfreie Gesicht und Dekolleté.
Der Werbeplan ist also Instrument und kann selber oder mithilfe einer Werbe-

agentur erstellt werden. Hier ist es wichtig, dass sich die Agentur in der Branche und der beworbenen Zielgruppe auskennt.
Vielleicht möchte man jedoch antizyklisch, also entgegen der Normalität werben, um so einen höheren Aufmerksamkeitsgrad zu erzielen. So würde dann im Winter für die Figur geworben. Welches Konzept sinnvoll ist, kann nur durch eine vorherige Analyse erarbeitet werden. Welche Zielgruppe spreche ich wie und wo am besten an? Bei dieser Planung sollte der Wettbewerb berücksichtigt werden.
Aus diesen Überlegungen und Analysen ergibt sich nun das gesamte Werbekonzept, das sich im zuvor beschriebenen Werbeplan wiederfinden sollte.

Z Der Werbeplan sollte so erstellt werden, dass sich Werbeaktionen – in welcher Form auch immer – wiederholen. Es wurde nachgewiesen, dass beispielsweise eine Zeitungsanzeige bewusst erst nach der 6.–7. Schaltung wahrgenommen wurde. Dieser Umstand ist ein Kostenfaktor, der das Budget erheblich schmälern kann. Ist der Geldbeutel klein, so sollte dennoch nicht auf Werbung verzichtet werden. Starten Sie Aktionen, die Sie regelmäßig wiederholen können!

Werbekonzept

Das Werbekonzept bildet den äußeren Rahmen oder den Richtungs- und den Arbeitsplan für die Werbeaktivitäten und Maßnahmen, die es zu planen und durchzuführen gilt.
Das Werbekonzept beschreibt demnach, welche Aktionen und Ideen umgesetzt werden sollen. Die Planungen sollten sich immer in Form einer Grobplanung auf ein Geschäftsjahr beziehen und immer wieder neu angepasst und ggf. überdacht und überarbeitet werden. Für einzelne Aktionen kann es durchaus auch sinnvoll sein, ein spezielles Konzept zu entwickeln. Dennoch sollte auch dieses in die Gesamtkonzeption passen. Sonst besteht die Gefahr, dass die Aktionen sowohl für die Mitarbeiterinnen als auch für die Kunden unübersichtlich werden.
Hat man dieses Konzept festgelegt, muss das Vorhaben budgetiert werden. In diesem Zusammenhang spricht man auch von einem Werbebudget (Werbeetat).

Werbebudget

Das Werbebudget bezeichnet die finanziellen Mittel, die zur Beschaffung und zur Durchführung der geplanten Werbemaßnahmen für ein Jahr zur Verfügung stehen sollen. Die Bereitstellung und Festlegung des Werbebudgets sollte vorher genau geplant werden. Die Verteilung der Gelder wird entweder willkürlich oder auf Grundlage der Vorjahresgrößen erfolgen. Hat man noch keinerlei Erfahrungen, muss eine willkürliche Summe festgelegt werden. Das Werbebudget sollte als strategische Kostenstelle gesehen werden. Voraussetzung ist die richtige und zielgruppenorientierte Vorgehensweise.
Grundsätzlich dienen folgende Fragen zur Ermittlung des Werbebudgets:

- Muss ich einen großen Aufwand betreiben, um an meine Zielgruppe zu gelangen?
- Welche Kosten sind damit voraussichtlich verbunden? Angebote einholen!
- Wie viel Prozent machen diese Kosten vom Umsatz des Vorjahres aus, sofern eine solche Umsatzsumme schon vorhanden ist?
- Wie kann ich vielleicht durch andere, kostengünstigere Maßnahmen mein Ziel auch erreichen? Gegebenenfalls den Werbeplan noch einmal überdenken und ergänzen!

Grundsätzlich sollte man einen Prozentsatz von 10–15 Prozent vom Vorjahres- oder dem zu erwartenden Umsatz für das Budget bereitstellen. Ebenso ist diese „Kostenstelle“, wie alle anderen auch, regelmäßig auf Richtigkeit hin zu überprüfen. Es gibt verschiedene Ansätze zur Budgetfestlegung. Welcher der richtige ist, muss individuell entschieden werden.

Werbegrundsätze

- **Klarheit** = Angebote sollten klar definiert sein: Was erhalte ich für ...
- **Wahrheit** = Werbung sollte keine Wirkversprechen geben, die sie nicht halten kann.

Werbeplan = advertising schedule
Werbekonzept = advertising concept
Werbebudget = advertising budget
Werbegrundsätze = principles of advertising

ethisch = sittlich, allgemein anerkannten Werten entsprechend

- **Wirksamkeit** = Werbemaßnahmen sollten ihren Zweck (Neukundengewinnung usw.) auch erfüllen.
- **Wirtschaftlichkeit** = Die Werbemaßnahmen sollten, was den finanziellen Einsatz betrifft, im Verhältnis zum Ergebnis stehen.
- **Werbekontrolle** = Die eingesetzten Werbemittel (Zeitungsanzeige, Flyer, Direktmailing usw.) sollten auch auf die Erfolge hin kontrolliert werden. Tipp: Kunden befragen, wie sie auf das Institut aufmerksam geworden sind.

Unter Beachtung dieser Werbegrundsätze soll erreicht werden, dass alle Überlegungen und Maßnahmen im Zusammenhang mit der Werbung auch einem positiven Nutzen dienen, z.B.:

- Neukundengewinnung
- Imagewerbung
- Kundenbindung

Vor allem die ethischen Grundsätze sind zu beachten (s. Wahrheit). So ist es wichtig, dem Kunden keine Versprechungen zu machen, die nicht gehalten werden können, z.B. die „ultimative Faltenbehandlung“, die eine faltenfreie Haut ohne Skalpell verspricht. Auch sollten keine Bilder verwendet werden, die verletzend wirken können. Grundsätzlich ist immer zu bedenken, dass mit der Werbung mitunter auch geheime Wünsche und Vorstellungen des Umworbenen angesprochen werden. Gerade im Bereich der Kosmetik und der Schönheit hat man es oft mit Idealen und damit verbundenen Hoffnungen zu tun und auch die Verantwortung, diese zu erkennen und zu beachten.

Werbestrategie

Die Werbestrategie erfasst und beschreibt die Vorgehensweise, mit der die gesetzten Werbeziele auch möglichst schnell erreicht werden können. Es geht konzeptionell in erster Linie um die Planung der Werbemittel.

Folgende Entscheidungen müssen u.a. im Rahmen der Werbestrategie getroffen werden:

- In welchem **Werbezeitraum** soll geworben werden?
- In welchem **Werbegebiet** soll geworben werden?
- Welche **Zielgruppe** soll angesprochen werden?
- Sollen klassische oder nichtklassische **Werbemittel** eingesetzt werden?
- Welche Formate der Werbemittel sollen eingesetzt werden?
- Welche Gestaltungselemente werden gewählt?

Kleines Werbelexikon

Werbegebiete

Wo soll geworben werden?

- lokal
- regional
- national
- international

Werbestrategie = advertising strategy
Werbegebiet = advertising area
Werbeziele = advertising objectives
Zielgruppe = target group

Werbeziele

Weshalb soll geworben werden und was soll Werbung erreichen?

- Produktneueinführung
- Neukundengewinnung

- Kundenbindung
- Firmenimage
- Absatzförderung

Werbeobjekte

Welche Produkte/Dienstleistungen sollen beworben werden?

- einzelne Produkte oder ein besonderes Angebot
- komplette Produktgruppen/Sortimente
- Firmenname

Werbesubjekte

Welche Zielgruppe soll beworben werden?

- Jugendliche mit Problemhaut
- 50+ mit reifer Haut
- Sportler mit besonderen Ansprüchen (z.B. Sonnenpflege im Hochgebirge) usw.

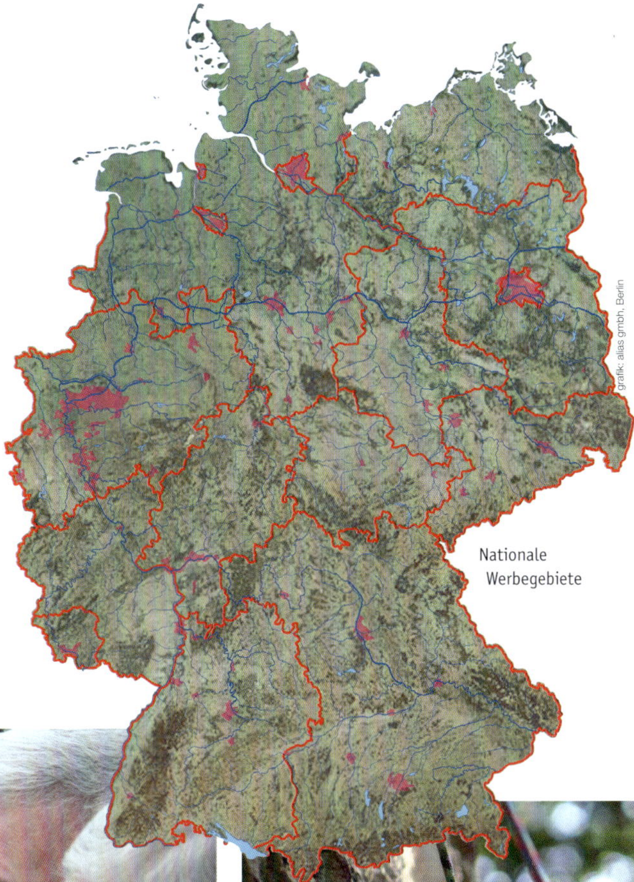

Nationale Werbegebiete

Zielgruppe: Jugendliche mit Problemhaut

Zielgruppe: 50+ mit reifer Haut

Zielgruppe: Sportler (Bergsteigerin)

> Der zu verteilende „Kuchen“ wird immer kleiner und meist locken finanzkräftige Anbieter mit immer interessanteren Angeboten, z. B.:
> Wellness-Tempel werben mit „Oasen der Ruhe und Entspannung“ für Jung und Alt gleichermaßen.

A

1. Projektwoche: Eine besonders gute Methode, sich mit Marketing und Werbung auseinanderzusetzen, bietet die Möglichkeit einer Projektwoche in der Schule:

Situation

Für das kommende Frühjahr möchte das Kosmetikinstitut „Beauty Star" Cellulitebehandlungen als Kur oder einzeln erfolgreich anbieten.

Preise stehen noch nicht fest. Es muss auch noch eine Wettbewerbsanalyse (Wer spricht die gleiche Zielgruppe mit ähnlichen Behandlungen an?) durchgeführt werden. „Beauty Star" möchte auf alle Fälle besser sein als die Mitbewerber.

Tipp: Sammeln Sie, bevor es losgeht, Ideen und Prospekte, Preislisten und Angebote aus „echten" Instituten. Diskutieren Sie in der Gruppe und machen Sie es anders.

Das Ergebnis kann anschließend präsentiert und prämiert werden. Vielleicht finden Sie ja auch ein Kosmetikinstitut, das sich über Ihre Arbeit freuen würde, und Sie könnten so direkten Nutzen bieten.

Bilden Sie zwei Projektgruppen:

1. Projektgruppe: **Die Marketingabteilung**
Die Projektteilnehmerinnen aus dem Marketing überlegen sich einen entsprechenden Marketing-Mix und beauftragen dann die Werbeabteilung, diesen nach den gesetzten Vorgaben kreativ umzusetzen. So kann die Aufgabe lauten, Flyer und Angebote design- und aussagetechnisch aufzubereiten.

2. Projektgruppe: **Die Werbeabteilung**
Das „kreative Team" der Werbeabteilung sammelt Ideen, die unter kommunikationspolitischen Gesichtspunkten umgesetzt und später vorgestellt werden. Ebenso muss die Werbeabteilung Angebote über Druckkosten der gewählten Werbeträger einholen. Nutzen Sie auch das Internet für die Recherche.

2. Erstellen Sie einen Jahreswerbeplan, diskutieren Sie in der Gruppe die Ergebnisse mit Pro und Contra.
3. Wovon ist die Werbebudgetplanung abhängig?
4. Weshalb sollten Sie auch ethische Grundsätze bei Ihrer Werbekonzeption beachten?
5. Wozu dienen Kontrollmaßnahmen in der Werbung?
6. Welche Werbemaßnahmen empfehlen Sie dem Kosmetikinstitut „Beauty Star"?

9.2 Warenpräsentation

visuell = das Sehen betreffend
auditiv = das Hören betreffend
olfaktorisch = den Geruchssinn betreffend
taktil = das Tasten betreffend
gustatorisch = den Geschmackssinn betreffend

Das Geheimnis des Geschäftserfolges liegt nicht nur in der richtigen Sortimentsauswahl, sondern auch in einer ansprechenden und überzeugenden Präsentation der Waren. So gehört die Warenpräsentation mit zu den wichtigsten verkaufsfördernden Maßnahmen. Hierbei sollte es selbstverständlich sein, dass die Waren **ordnungsgemäß verpackt** und unbeschädigt sowie **ordentlich ausgezeichnet** sind. Ein abgekratztes und überklebtes Preisetikett lässt vermuten, dass die Ware schon länger im Laden steht und nicht mehr besonders frisch bzw. schwer verkäuflich ist. Sicherlich gibt es Unterschiede zwischen Waren des alltäglichen Bedarfs und solchen Waren, die zur Gruppe der Luxusartikel zählen.
Für den Kunden sollte der Produktkauf im Kosmetikinstitut zum Erlebnis werden, deshalb spricht man in diesem Zusammenhang auch vom **Erlebnishandel**.
Demgegenüber steht der **Versorgungshandel** mit Verbrauchsartikeln des täglichen Lebens, bei denen es weniger auf eine „schöne Verpackung" ankommt.

Beispiel:
Es macht eben einen Unterschied, ob Frau Meyer mal eben ein Deodorantspray für ihren Sohn aus dem Supermarkt mitbringt oder ob sie sich eine besondere Nachtpflege mit Kaviarextrakten aus dem Kosmetikinstitut leisten möchte.

Gelungene Warenpräsentation

Wahrnehmung des Kunden

Kunden lassen sich im Hinblick auf das Kaufverhalten durch ihre Sinneswahrnehmungen „verführen", z.B. durch die Wirkung von Farben, Düften und Musik.
Die Werbepsychologen erklären dieses Verhalten mit den unterschiedlichen Sinneskanälen des Menschen, mit denen Informationen aufgenommen und verschiedene Gefühlsreaktionen ausgelöst werden.

Man unterscheidet:

- visuelle Wahrnehmung: betrifft das Sehen und somit Farben, Ausstattung, Sauberkeit, Ausleuchtung und Ambiente
- auditive Wahrnehmung: betrifft das Hören und somit Geräusche, angenehme oder unangemessene Hintergrundmusik, Sprache, Tonlage usw.
- olfaktorische Wahrnehmung: betrifft den Geruchssinn und somit angenehme oder unangenehme sowie aufdringliche Düfte
- taktile Wahrnehmung: betrifft den Tastsinn und somit Druck, Temperatur, Vibrationen
- gustatorische Wahrnehmung: betrifft den Geschmack

Seien Sie sich der Wirkung auf den unterschiedlichen Wahrnehmungskanälen bewusst und nutzen Sie diese Kenntnisse für Ihre Warenpräsentation.

Es ist sinnvoll, die zuvor beschriebenen Sinneskanäle bei der Warenpräsentation und der Gestaltung von

- Schaufenstern,
- Institutsräumen,
- Behandlungskabinen,
- Internetauftritt

zu beachten und daraufhin auszurichten.

Warenpräsentation = presentation of goods
Schaufenster = shop-window
Internetauftritt = internet presence

Prüfen Sie diese Aspekte auch in den Behandlungs- und Umkleidekabinen, der Toilette, den Duschen usw. Achten Sie möglichst auf jedes Detail.

Hierzu kann die folgende Checkliste „Kundenkontaktpunktanalyse" nützlich sein.

Checkliste Kundenkontaktpunktanalyse:

1. Wo wird der Kunde das erste Mal mit dem Geschäft konfrontiert? Gibt es ein **Schaufenster** oder handelt es sich um ein Etagengeschäft?
2. Ist der **Eingang** barrierefrei gestaltet oder stehen **Verkaufsständer** und Straßenaufsteller so ungünstig, dass die Kunden Slalom laufen müssen, um in das Geschäft zu gelangen?
3. Wie ist der **Eingangsbereich** gestaltet? Hat der Kunde sofort den positiven Eindruck vom Geschäft, den Sie vermitteln möchten? Ist der Eingangsbereich offen und freundlich gestaltet?
4. Wie sind die **Regale** angeordnet, sind diese für den Kunden frei zugänglich oder gibt es Barrieren?
5. Gibt es eine **Sitzecke** oder eine **Testbar**, an der beispielsweise Produkte in Ruhe und unbeobachtet von außen getestet und ausprobiert werden können? Sind die **Testtiegel** immer sauber, die Ware einwandfrei und frisch? Gibt es genügend Spatel, Watte und Kosmetiktücher, die für Hygiene und Sauberkeit sorgen?
6. Wie sind der Boden und die **Ausstattung** des **Geschäftes** gestaltet? Sind die Farben und der **Stil** harmonisch aufeinander abgestimmt, oder wirkt es eher disharmonisch und zusammengewürfelt (s. S. 212 ff.)?
7. Wie ist die **Ausleuchtung** der Geschäftsräume, kalt und klinisch oder eher angenehm und warm? Vielleicht gibt es auch eine spezielle **Präsentationsecke** für das Make-up? Hier sollte der Tageslichteinfall berücksichtigt werden. Denn Farben wirken dann realistischer und man vermeidet spätere Reklamationen der Kunden, weil die Farbe des Make-ups doch nicht deren Vorstellung entspricht.
8. Achtung! Licht lässt auch Staub sichtbar werden. Achten Sie auf regelmäßiges Staubwischen, sonst ist die schönste Warenpräsentation eben „angestaubt".
9. Gibt es eine **Beduftung** und ist die **Klangatmosphäre** ruhig und entspannt?

Unbedingt vermeiden: Auf dem WC oder in der Dusche die Produkte vom Discounter aufstellen.

Werden spezielle Waren, z.B. die Sonnenpflege im Sommer, hervorgehoben, so sollte sich das Thema auch wie ein „roter Faden" durch das gesamte Geschäft ziehen. Die Themen sollten lieber öfter gewechselt werden, anstatt viele Themen gleichzeitig zu präsentieren. Kunden sind im zweiten Fall oft reizüberflutet und dann unsicher in ihrer Kaufentscheidung.
Die Kosmetikerin hat schließlich die Möglichkeit, die individuellen Pflegeprodukte jedem Kunden in einem Verkaufsgespräch (s. S. 215 ff.) einzeln zu präsentieren.

Je häufiger das Auge des Kunden die Waren wahrnimmt, je mehr werden sich diese in sein Unterbewusstsein „eingraben". Sind diese Wahrnehmungen dann mit positiven Gefühlen verbunden, ist die Warenpräsentation erfolgreich.

Verkaufsstand = sales both
Hygiene = hygiene
Geschäft = shop

Warenpräsentation und Service

Ein angenehmer Service des Kosmetikinstituts für die Kunden ist die Bereitstellung von Waren für die eigene Nutzung während des Aufenthalts im Geschäft.
Produkte wie Handcremes und Körperpeelings sollten den Kunden im Wartebereich zum Testen, auf der Toilette oder in der Dusche zur Nutzung zur Verfügung gestellt werden. So werden mehrere Sinne gleichzeitig angesprochen und die Chance auf einen Verkauf steigt enorm.
Mitunter wird auf diese Form der Warenpräsentation mit dem Argument eines möglichen Diebstahls verzichtet. Sicherlich besteht die Gefahr, dennoch ist dieser „Schwund" deutlich geringer zu bewerten als die Chance, Waren zu verkaufen.

Testprodukte im Wartebereich

9.2.1 Schaufenstergestaltung

Das Schaufenster ist die Visitenkarte eines Kosmetikinstituts und soll die Zielgruppe ansprechen.
Ein attraktives Schaufenster signalisiert dem potenziellen Kunden, was dieser beim Betreten des Geschäfts erwarten kann. Es sollte deshalb mit dem Angebot des Instituts übereinstimmen. Auch hierbei können die Themen den saisonalen Gegebenheiten angepasst werden. Weniger ist dabei oft mehr. Die präsentierten Produkte müssen thematisch und optisch zusammenpassen, sonst wirkt das Schaufenster unruhig und nicht professionell.
Die nötigen Dekorationsartikel erhält man im Fachhandel oder im Möbel- und Wohnkaufhaus. Das nötige Zubehör ist oft gar nicht so teuer, kann immer wieder abgeändert und neu verwendet werden und ist sogar manchmal in freier Natur (Sand, Steine, Laub usw.) zu finden. Mitunter lohnt sich auch das Stöbern auf Omas Dachboden und man entdeckt so manch verwertbares „Schätzchen". Bei aller Fantasie sollten die Kunden immer den Bezug zur Kosmetik eindeutig erkennen können.

Schauwerbegestalter findet man in den örtlichen Branchenverzeichnissen.

Das Schaufenster sollte regelmäßig, also alle vier bis sechs Wochen, neu dekoriert werden.
Idealerweise lässt man diese **Dekoration** von Schauwerbegestaltern durchführen, die ihr Handwerk gelernt und meist gute Ideen haben. Sie können die Vorstellungen der Auftraggeber originell umsetzen.
Wem der Einsatz eines Schauwerbegestalters auf Dauer zu kostspielig ist, der sollte zumindest ein Jahr lang den Service eines Profis nutzen (wichtig: vorher im Werbebudget berücksichtigen), die jeweiligen Schaufenster fotografieren und es danach selber versuchen.

Ansprechend dekoriertes Schaufenster

Schaufenstergestaltung = window dressing

Fakticen = nachempfundene Flakons und Tiegel
authentisch = zuverlässig, verbürgt, echt
puristisch (engl. pur) = ohne viel „Schnickschnack", gediegen, echt

Checkliste zur Schaufenstergestaltung:

- Die Schaufensterscheiben sollten sauber sein. Also regelmäßig den Fensterputzer bestellen!
- Die Waren sollten in unterschiedlichen Höhen präsentiert werden. Hierzu bietet der Fachhandel (Hinweise im Internet) Plexiglassäulen und vieles mehr.
- Produktgruppierungen und optische Highlights setzen, d.h. eine hochwertige Produktlinie als Gruppe besonders hoch platzieren, damit sie schnell ins Auge fällt. Produktgruppen nicht durcheinandermischen.
- Die Farb- und die Stilgebung sollte der des Geschäftsinneren nicht entgegenwirken. Ebenso sollte es die Schaufenstergestaltung zulassen, einen dezenten Blick in das Innere des Geschäftes werfen zu können.
- Grundsatz: „Weniger ist mehr." Durch die Anordnung der Produkte können symmetrische und asymmetrische Blickpunkte gesetzt werden.
- Verwendung von Fakticen, überdimensionalen Leerpackungen und Flakons, die Kosmetikhersteller den Instituten zur Verfügung stellen.

H Nie Originalwaren ins Schaufenster stellen, da die Ware durch Licht und Wärme verdirbt und nicht mehr verkauft werden darf – stattdessen Fakticen und Leerpackungen verwenden!

A Finden Sie sich in Gruppen zusammen und entwickeln Sie eine Gestaltungsidee für ein Schaufenster.

a) Sammeln Sie originelle Ideen zum Thema „Frühjahrsfigur" und listen Sie diese auf.
b) Suchen Sie sich eine dieser Ideen heraus und überlegen Sie, was genau Sie transportieren möchten und welche optischen Highlights Sie setzen wollen.
c) Präsentieren Sie als Gruppe Ihre Gestaltungsidee vor der Klasse.

9.2.2 Kosmetikinstitut

Im Institut sollte sich das geplante Geschäftskonzept widerspiegeln. Wie auf S. 209 beschrieben, nimmt der Kunde bewusst und unbewusst durch seine Sinne Stimmungen und Atmosphären wahr. Aus diesem Grund ist es besonders wichtig, im Institut die gewählte Konzeptform konsequent durch- und fortzusetzen. Die Wahrnehmungen müssen authentisch sein und mit evtl. gemachten Werbeaussagen auf Flyern und in Werbeanzeigen übereinstimmen.
Wenn die Kosmetikerin für die Wohlfühlbehandlung wirbt, dann muss sich diese Aussage auch in der Institutseinrichtung und -gestaltung wiederfinden. Ist die Kosmetikerin Spezialistin für Anti-Aging sowie Vor- und Nachbehandlungen, kann es sinnvoll sein, das Institut eher kühl und sachlich einzurichten.

Warenpräsentation

Tendenziell wird man auch für die Herrenbehandlung eher die klare, also die puristische Richtung empfehlen.
Bei einer solchen Einrichtung legt man nur Wert auf die wesentlichen Einrichtungsgegenstände, sodass das Auge von anderen Dingen nicht stark abgelenkt wird.
Eine gute Möglichkeit bei der Umsetzung dieser Stilrichtung ist es, mit Künstlern zu kooperieren und Ausstellungen in den Institutsräumen zu organisieren.
Bei einem Wohlfühlambiente ist darauf zu achten, die Räume nicht zu überladen und die gewählte Stilrichtung konsequent beizubehalten.

Es muss auf die Einrichtung einer Beratungsecke geachtet werden. Die Warengruppierungen und Aktionsthemen sollten sich stilvoll und harmonisch sowie farblich abgestimmt in das Gesamtbild des Instituts einfügen.

Moderne Beratungsecke im Institut

Verkaufsregale

Regale sind wichtig für die richtige Warenpräsentation. Regale sollten möglichst offen sein und nicht zu viele „Kaufbarrieren" aufweisen.
Mitunter erweckt es den Eindruck, dass man in manchen Instituten im Wohnzimmer der Kosmetikerin steht. Die Waren sind dann im Schrank verschlossen, wie das gute Bleikristallservice von der Erbtante.
Kunden haben bei solchen Platzierungen oft Hemmungen, nach den Produkten zu fragen, und die gute Erziehung verbietet es ihnen, während der Wartezeit ein solches Produkt in die Hand zu nehmen, um sich zu informieren. Solch gut verschlossene und unerreichbare Produkte machen nicht gerade Lust auf den Kauf.
Eine entsprechend gute Logistik ermöglicht es der Kosmetikerin, auch bei offenen Warenregalen den Überblick in puncto Diebstahl zu behalten.

Beleuchtetes Warenregal

Anordnung im Regal

Es empfiehlt sich, die Produkte immer ähnlich im Regal anzuordnen.
Die Anordnung hat auch einen psychologischen Aspekt, denn das Auge schaut zuerst nach rechts und wir greifen auch eher nach rechts, sofern wir Rechtshänder sind.
Folgende Anordnung im Regal ist zu empfehlen:

- Reinigungsprodukte wie Reinigungsmilch, -sahne, -gel und -mousse
- Toner, jeweils immer von klein nach groß
- Tagespflege, gleiches System
- Nachtpflege, Augenpflege, Pflege für Hals und Dekolleté
- Masken und die weiteren Zusatzprodukte der Serie

Z Stellen Sie immer nur zwei bis drei Produkte einer Serie in das Regal. Dies sieht entsprechend aufgeräumt und nicht nach Massenware aus.

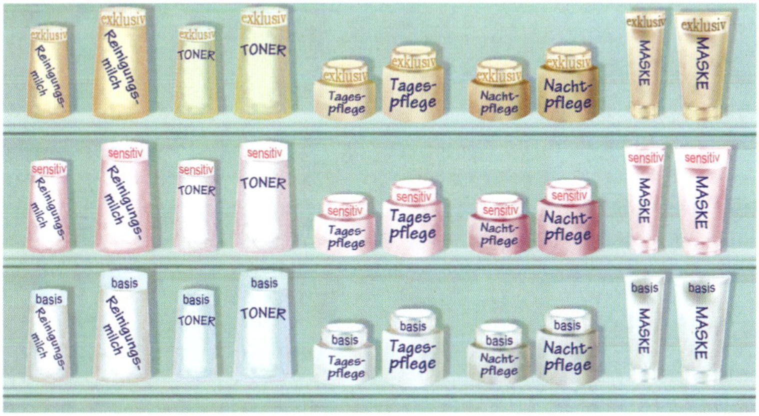

Mögliche Produktanordnung im Regal

Beleuchtung im Regal

Die Beleuchtung ist auch ein „heißes Thema", und das im wahrsten Sinn des Wortes. Schön angestrahlte Regale lassen die Waren im rechten Licht erscheinen, verursachen aber möglicherweise das frühzeitige Verderben der Produkte. Abhilfe können hier spezielle Beleuchtungskörper schaffen, die nicht so stark erhitzen.

Regal = shelf
Reinigungsmilch = cleansing milk
Gesichtswasser = facial toner
Tagespflege = day care
Nachtpflege = night care
Maske = mask
Zusatzprodukte = additional products

GEMA = Gesellschaft für musikalische Aufführungs- und mechanische Vervielfältigungsrechte

Der Fachhandel bietet auch hier entsprechende Möglichkeiten. Ansonsten bleibt nur die Empfehlung, die Waren regelmäßig umzuräumen und nicht stetig der Hitze auszusetzen. Ebenso sollten die Waren im Rahmen der Warenpflege ständig auf Frische und Verderblichkeit überprüft werden.

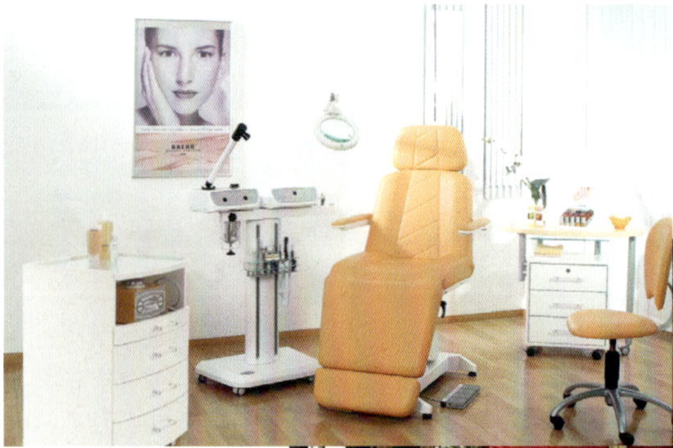

Funktional eingerichtete Behandlungskabine

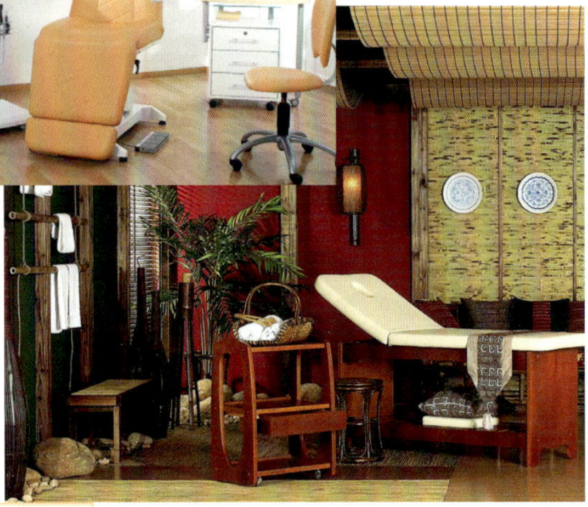

Massageraum mit Wohlfühlcharakter

Behandlungskabinen

Hier werden die meisten Fehler begangen. Oftmals sind die Kabinen funktional eingerichtet, jedoch der Wohlfühlfaktor bleibt außer Acht.

Es wird meist viel Geld in die technische Ausstattung der Behandlungskabine investiert. Wichtig ist hierbei, ergonomische Gesichtspunkte (s. GSt., S. 11) zu berücksichtigen und z.B. hydraulisch verstellbare Liegen zu wählen. Ansonsten sollten eher nicht zu viele technische Geräte herumstehen, es sei denn, es soll eine bestimmte Behandlungsweise präsentiert werden, z.B. bei der Herrenbehandlung oder in der medizinischen Kosmetik. Die Kabinenausstattung sollte dem jeweiligen Thema angepasst sein.

Z: Ideen zur Kabinengestaltung finden interessierte Kosmetikerinnen auf Messen und in entsprechenden Seminaren.

Mit folgenden Maßnahmen kann man die schlichte Einrichtung einer Behandlungskabine aufwerten:

- farbige Handtücher und Liegebezüge
- passende Accessoires (zum Behandlungsthema)
- Beduftung
- Grünpflanzen
- Hintergrundmusik

Außerdem wirken überladene Behandlungswagen nicht einladend. Die Kosmetikerin sollte die Kabinettware in die Vorratsschränke räumen und jeweils die Produkte für den Kunden individuell auf einem schönen Tablett und in speziellen Schalen anrichten.

Bedenken Sie: Werden Musiktitel in der Öffentlichkeit gespielt, so fallen GEMA-Gebühren an. Dies kann man allerdings auch umgehen, indem man sich nur für GEMA-freie Musik entscheidet.

Gut geführte Parfümerien können Vorbilder sein. Vielleicht schauen Sie sich deren Warenpräsentationen aus der Nähe an.

Denken Sie an die Kundenkontaktpunktanalyse (s. S. 210). Die Tipps gelten für alle Bereiche des Geschäfts oder Instituts.

A

1. Gestalten Sie eine Wohlfühlkabine im Asia- bzw. alternativ im Hawaii-Stil. Begründen Sie Ihre Farbauswahl und die Auswahl der Dekorationsgegenstände. Suchen Sie nach einer geeigneten musikalischen Hintergrundmusik. Begründen Sie Ihre Wahl.
2. Gestalten Sie eine medizinisch anmutende Kabinenausstattung. Welche Hintergrundmusik würden Sie in diesem Fall empfehlen?

Behandlungskabine = consulting room

9.3 Das Verkaufsgespräch

kommunikativ = mitteilsam

Das Verkaufsgespräch ist die Basis für den Erfolg der Kosmetikerin und des Instituts. Dazu muss man die entsprechenden Verkaufstechniken beherrschen und eine positive Grundeinstellung zum Thema Verkauf haben. Denn ohne Verkauf der Dienstleistungen und Produkte gibt es keine Nachfrage. Ohne Nachfrage bleiben Umsatz und Gewinn aus, die die Grundlage schaffen, damit ein Institut am Markt bestehen kann und Arbeitsplätze erhalten bleiben.

Ein guter Verkäufer sollte folgende Eigenschaften mitbringen:
- Menschen mögen,
- ehrlich sein,
- zielorientiert Gespräche führen und argumentieren können,
- kommunikativ sein,
- gut zuhören können,
- lösungsorientiert denken und handeln können,
- selbstbewusst und verbindlich auftreten,
- bei Nichtkauf oder Reklamationen diese nicht als persönlichen Misserfolg ansehen,
- Freude an dem haben, was er tut.

Freundlicher und offener Verkaufsraum

Kommunikationsfähigkeit (s. S. 196) ist eine Hauptvoraussetzung für ein gutes Verkaufsgespräch und somit für einen guten Verkäufer. Dies bedeutet, die Fähigkeit zu besitzen, gut zuhören zu können, die richtigen Fragen zur richtigen Zeit zu stellen und sich in die „Welt" des Gegenübers hineinzuversetzen. So etwas nennt man auch Empathiefähigkeit. Wenn alle diese Voraussetzungen gegeben sind und die entsprechenden Techniken, Argumente und Lösungen miteinander verknüpft werden, steht dem erfolgreichen Verkaufsgespräch und -abschluss nichts mehr im Wege.

Damit Kosmetikinstitute nicht am Verkauf scheitern, sollte stets Fachkompetenz mit Verkaufskompetenz verbunden sein!

9.3.1 Verkaufsatmosphäre schaffen

Die positive Gesprächsatmosphäre benötigt das passende Ambiente und die Ausstrahlung der Kosmetikerin wie Freundlichkeit, Ehrlichkeit, Hilfsbereitschaft, Einfühlungsvermögen.
Die Kosmetikerin wird von ihren Kunden als kompetente Ansprechpartnerin in Sachen Haut, Beauty und Wellness angesehen. Man vertraut auf ihre Fachkompetenz bei der richtigen Auswahl der Produkte und Dienstleistungen.
Die **Beratung** dient der Bedarfsermittlung und ihr sollte ein **Verkauf** folgen (s. S. 220f.). Zumindest sollte eine Beratung einen künftigen Verkauf vorbereiten. Vielleicht hat der Kunde sich ja auch erst nur einmal informieren wollen.
Die Beratung muss so gut sein, dass der Kunde nun einen Kaufwunsch hegt oder, wie zuvor beschrieben, der Wunsch danach geweckt wird. Die Beratung ist also ein wesentlicher Teil des Verkaufsgesprächs.

Beachten der Distanzzonen

Menschen haben unterschiedliche Distanzzonen. Diese sagen etwas darüber aus, inwieweit sie sich wohlfühlen, wenn andere ihnen nahe kommen.

Verkaufsgespräch = sales talk

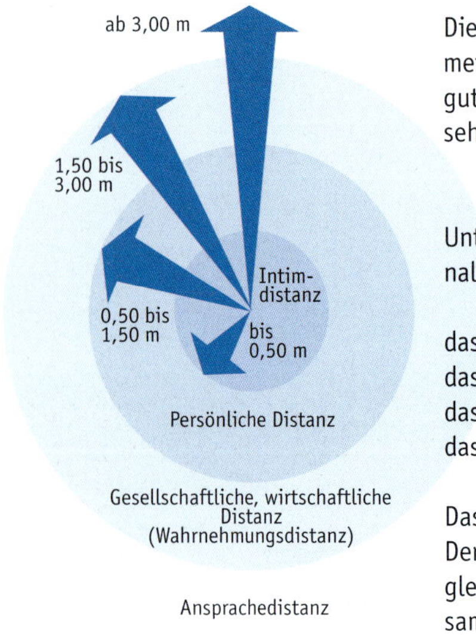

Z

Menschen (= Kunden) entscheiden zu 90 % emotional, also auf der Gefühlsebene und zu 10 % aus sachlichen, also rationalen Gründen.

Die Distanzzone beträgt im wirtschaftlichen Bereich 1,50 m bis zu 3,00 m. Die Kosmetikerin kommt ihrem Kunden während der Behandlung sehr nahe. Deshalb ist es gut nachvollziehbar, dass die Beziehung zwischen Kunde und Kosmetikerin eine sehr intime ist und Vertrauen voraussetzt.

Berücksichtigung der Wahrnehmung

Untersuchungen haben gezeigt, dass die akustischen, visuellen und fühlbaren Signale vom Menschen in folgender Reihenfolge im Gedächtnis behalten werden:

das **Gelesene**	**ca. 10 %**
das **Gehörte**	**ca. 20 %**
das **Gesehene**	**ca. 30 %**
das **Gefühlte**	**ca. 70–90 %**

Das bedeutet für den Verkauf:
Der Verkauf beginnt bereits in der Behandlungskabine, denn hier erlebt der Kunde gleich auf mehreren Wahrnehmungskanälen. Die Kosmetikerin sollte deshalb langsam reden und erklären sowie Wesentliches am Anfang und am Ende des Gesprächs erläutern, damit sich die Chance erhöht, dass die Informationen beim Kunden „ankommen".
Sie zeigt dem Kunden das Produkt und reicht es ihm. Somit hält er es in den Händen, kann es riechen und fühlen und möchte es vielleicht nicht mehr hergeben. Die Kosmetikerin achtet auf die Reaktionen des Kunden. Ist sie sich nicht sicher, ob sie diese richtig verstanden hat, fragt sie nach und baut ihre Argumentation neu auf. Es ist wichtig, auf Einwände (s. S. 220) des Kunden einzugehen, denn sonst wird es nicht zu einem Kaufabschluss kommen.

A

Überprüfen Sie anhand der auf S. 215 aufgeführten Eigenschaften, ob Sie schon die Voraussetzungen für eine gute Verkäuferin mitbringen. Keine Angst, falls es noch Punkte gibt, bei denen Sie sich nicht wiederfinden! Diese können erlernt werden.

9.3.2 Phasen des Verkaufsgesprächs

Das Verkaufsgespräch lässt sich in folgende Phasen gliedern:
1. Kontaktphase
2. Informationsphase
3. Präsentationsphase oder Angebotsphase
4. Zielphase oder Abschlussphase

Kontaktphase

Kennt der Kunde den Verkäufer oder die Kosmetikerin nicht, so bestehen berechtigte oder unberechtigte Ängste vor diesem ersten Kontakt.
Der Kunde hat vielleicht bisher schlechte Erfahrungen gemacht und
- hat Ängste vor einem Kaufzwang,
- steht unter psychischem Druck oder
- hat mangelndes Vertrauen.

Eine **freundliche Begrüßung** und **Gesprächseröffnung** sind Grundvoraussetzungen für eine positiv verlaufende Kontaktphase. Die eventuell beim Kunden vorhandenen Ängste müssen abgebaut werden, damit der Kunde langsam Vertrauen aufbauen kann. Sofern der Kunde neu im Kosmetikinstitut ist, helfen offene **W**-Fragen (s. GSt., S. 45) dabei, den Grund des Kunden für den Besuch des Instituts zu ermitteln. Ist dem ersten Kontakt vielleicht ein Telefonat (Anmeldung zum Kosmetiktermin) vorausgegangen, gilt es, dem Kunden von Anfang an ein gutes Gefühl zu vermitteln.

Z

Vor einem Termin sollten folgende Vorbereitungen getroffen werden:
- Arbeitsplatz aufräumen und säubern
- Kundenkarteikarte heraussuchen und lesen
- Infomaterial bereitlegen

Fazit: Die Kontaktphase dient also in erster Linie dem Vertrauensaufbau.

Denken Sie immer daran:
- Begrüßen Sie jeden Kunden freundlich und hilfsbereit.
- Lächeln Sie und halten Sie Blickkontakt zum Kunden.
- Ihr Äußeres sollte sauber, ordentlich und gepflegt sein sowie dem Stil von Institut und Klientel entsprechen.
- Sprechen Sie klar, deutlich und leicht verständlich.
- Halten Sie die Distanzzone während des Gesprächs ein.
- Versuchen Sie immer, die emotionale Ebene (Gefühlsebene) des Kunden anzusprechen.

Begrüßung während der Kontaktphase

Diese Aussagen sollten im Verkaufsgespräch grundsätzlich vermieden werden:
- „Sie müssen doch zugeben, die Pflege, die Sie bisher verwendet haben, war nicht gut für Ihre Haut."
- „Sie müssen schon entschuldigen, aber das war bei uns bisher noch nie der Fall."
- „Sie müssen regelmäßig die Creme verwenden, sonst werden die Fältchen nicht weggehen."
- „Sie können doch nicht sagen, dass wir nicht alles getan haben, um Sie zufrieden zu stellen."

Informationsphase

In dieser Phase geht es darum, vom Kunden den Grund des Besuchs zu ermitteln und die Bedürfnisse des Kunden zu erfahren.
Erst wenn die Kosmetikerin genügend über die Bedürfnisse des Kunden weiß, kann sie ihm gezielt ihre Produkte und Dienstleistungen anbieten (s. S. 219).
Durch Fragen allein wird die Kosmetikerin jedoch noch kein Gespräch gestalten können. Das Zuhören spielt eine große Rolle und gibt dem Kunden das Gefühl, ernst und wichtig genommen zu werden.

Zuhören

Zwei Arten des Zuhörens werden unterschieden:
1. aufnehmendes Zuhören
2. aktives Zuhören

Bei dem **aufnehmenden Zuhören** hört die Kosmetikerin dem Kunden zu, wenn dieser vielleicht während der Kosmetikbehandlung von der Familie oder dem letzten Urlaub erzählt. Der Gesprächsinhalt ist meist belanglos und der Gesprächsverlauf nicht strukturiert. Oft reden die Kunden mit der Kosmetikerin über ihre Sorgen. Der Zuhörer signalisiert in erster Linie Freundlichkeit.

Nutzen Sie solche Gespräche, denn es ist gar nicht so schwer, das Gespräch durch richtiges Fragen in die gewünschte Richtung zu leiten.

> Beim aktiven Zuhören erfährt man vom Kunden:
> - den Bedarf (sachliche Informationen)
> - Wünsche und Gefühle (emotionale Informationen)
> - Bereitschaft für bestimmte Dienstleistungen und Produkte (emotionale und ggf. sachliche Informationen)
> - Skepsis bestimmten Dienstleistungen und Produkten gegenüber (emotionale und ggf. sachliche Informationen)

Vom aufnehmenden Zuhören zum **aktiven Zuhören** kommt man, wenn es gelingt, ein solches Gespräch in eine gewünschte Richtung zu bewegen. Diese Richtungsänderung gelingt durch gezieltes Nachfragen, wodurch die Kosmetikerin die genauen Bedürfnisse und Wünsche des Kunden erfahren kann. Sie kann heraushören, was ihm besonders wichtig ist und wofür dieser schon einmal bereit war, Geld auszugeben.
Durch aktives Zuhören wird auch das **Vertrauen** des Kunden zur Kosmetikerin aufgebaut. Der Kunde fühlt sich verstanden, denn die Kosmetikerin interessiert sich für seine Wünsche, Sorgen und Nöte. Das aufgebaute Vertrauen ist eine gute Voraussetzung für ein erfolgreiches Beratungs- und Verkaufsgespräch.

Fazit: Wenn aus aufnehmendem Zuhören aktives Zuhören wird, ist dies eine sehr gute Möglichkeit, den Kundenbedarf zu ermitteln, Wünsche zu erfahren und mögliche Lösungen und entsprechende Nutzenargumente zu sammeln. Hierdurch wird schon das aktive Verkaufsgespräch eingeleitet.
Das aktive Zuhören ist eine der Techniken im Verkaufsgespräch.

Systematische Bedarfsermittlung

Kosmetikerin erfragt die Bedürfnisse der Kundin

> ***Beispiel:***
> *„Frau Schöne, Sie sagten, Sie haben im Urlaub bei einer kosmetischen Behandlung eine Liftingbehandlung erhalten und diese hat Ihnen so gut getan.*
> ***Was** genau hat denn die Kollegin gemacht und **was** war da besonders angenehm für Sie?“*

Grundfunktion der Bedarfsermittlung:
- Was braucht mein Kunde, was wünscht er sich?
- Welche Motivation steckt hinter seinen Wünschen?
- Welches Ziel verfolgt mein Kunde mit der Erfüllung seiner Wünsche?

Nutzen der Bedarfsermittlung für den Verkauf
Durch die gezielte Leistungsdarstellung des Instituts kann der Bedarf des Kunden mit den Produkten und Dienstleistungen in Verbindung gebracht werden.
Hinter der Motivation zum Kauf steht oft die Befriedigung der menschlichen Grundbedürfnisse. Diese werden in der „Maslow(schen)-Pyramide“ nach dem gleichnamigen Psychologen Abraham Maslow dargestellt.

Meist geht es bei dem Besuch im Kosmetikinstitut um die Befriedigung von sozialen Bedürfnissen wie „mitreden“, „sich so etwas auch leisten zu können“ und natürlich auch um gesellschaftliche Anerkennung im Privat- und Berufsbereich. Der Kunde möchte eine schönere Haut, ein attraktiveres Aussehen usw. Er glaubt, durch eine schönere Optik erfolgreicher und glücklicher zu werden.

Deshalb stellt sich der Kunde während des Verkaufsgespräches folgende Fragen:
- Benötige ich das?
- Was nutzt mir das?

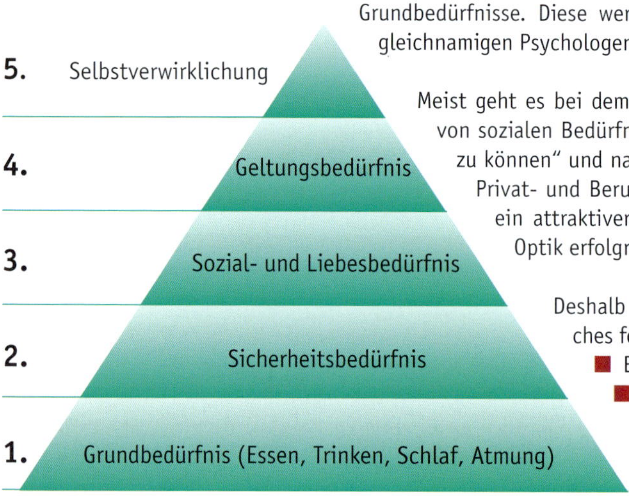

Maslowsche Bedürfnispyramide

Die für den Verkauf wichtigsten **Bedürfnisse** des Kunden sind Sicherheit, Komfort, Ansehen und Freude.

Entscheidend ist die Nähe des Angebots zu den Bedürfnissen der Kunden. Diese Nähe hat entscheidenden Einfluss darauf, wie leicht das Produkt bzw. die Dienstleistung verkauft werden kann.

So hat jeder Kunde, der das Institut betritt, den Wunsch, ein oder mehrere Bedürfnisse mit dem Kauf der Produkte oder Dienstleistungen zu befriedigen. Deshalb ist es wichtig, möglichst diese **Motive** zu erkennen, sodass der Kauf und die Behandlung zum Erlebnis für den Kunden werden. Werden die wahren Kaufmotive des Kunden ergründet, wird er als zufriedener Kunde gerne wiederkommen.

Technik auf dem Weg zum Abschluss:

- Gute **Einstiegsfragen**, die nicht wie Floskeln wirken und mit denen der Kunde etwas anfangen kann,
  z.B.: „Schön, dass Sie den Weg zu uns gefunden haben, welche Erwartung haben Sie an die Behandlung?"
- Mut zur **Pause**, denn der Kunde muss auch Zeit für Antworten haben.
- **Vertiefungsfragen** bedeuten z.B. näher nachfragen, ob es auch so vom Kunden gewünscht ist, wie es verstanden wurde.
- **Bestätigen** und begeistern,
  z.B.: „Sie werden begeistert sein von dem Behandlungserfolg."
- **Zusammenfassen** und **auswerten**
  Nochmals das Gesagte und Vereinbarte wiederholen, damit auch kein Wunsch offen bleibt und Missverständnisse ausgeschlossen werden.

Präsentations- oder Angebotsphase

In dieser Phase präsentiert die Kosmetikerin ihr Produkt bzw. die angebotene Leistung.
Dabei berücksichtigt sie:

- die im Gespräch erhaltenen Informationen (s. S. 218)
- eine zielgerichtete Argumentation
- den Nutzenverkauf
- die Einwandbehandlung

Kosmetikerin präsentiert ihr Produkt

Bei der Präsentation der Produkte oder Behandlungen werden die **Vorteile** für den Kunden herausgestellt. Die Argumentation sollte dann möglichst individuell auf den Kunden abgestimmt sein.
Ein wichtiger Entscheidungsfaktor für oder gegen ein Produkt ist für den Kunden das Preis-Leistungs-Verhältnis.

Z **Grundsatz:**
„Erst den Vorteil, dann den Preis!" und zum Schluss nochmals einen Vorteil nennen.

Der „Preisburger"

Der „Preisburger", auch „Sandwichmethode" genannt, ist eine gute Möglichkeit, den Preis geschickt zu verpacken.
Hierbei werden zuerst mehrere **Produktvorteile** genannt, dann folgt der **Preis** und danach folgen wieder mehrere **Vorteile**. So verliert der Preis seinen „Schrecken" und die Produktvorteile stehen im Vordergrund.
Die Preisnennung nach dieser Methode kann die Kosmetikerin sowohl beim Verkauf ihrer Produkte als auch bei den angebotenen Behandlungen nutzen.

Achtung:
Allzu oft läuft die Kosmetikerin Gefahr, ihre Kunden mit Informationen zu überhäufen. Das ist nicht förderlich, denn der Kunde kann so viel Informationen gar nicht aufnehmen. Auch hier gilt: Auf die Informationen durch den Kunden achten, um diesem dann mit der passenden Lösung zu helfen.

Entscheidet sich der Kunde an dieser Stelle für ein Produkt oder eine Dienstleistung, dann erreicht die Kosmetikerin idealerweise auf **direktem Weg** und ohne Umstände ihr Ziel, den Verkaufsabschluss.
Die andere Möglichkeit führt zwar über einen Umweg, doch durch eine gute Einwandbehandlung erreicht sie ebenso ihr Ziel.

Die Einwandbehandlung

Hat der Kunde **Einwände**, hat das immer etwas mit Unsicherheit zu tun. Er ist noch nicht davon überzeugt, dass das Produkt das richtige ist. Wenn man danach fragt, welche Bedenken er hat oder welche Informationen er noch benötigt, um eine Kaufentscheidung treffen zu können, kommt man meist ans Ziel.

Die Kosmetikerin erhält durch die richtige Einwandbehandlung mehr Informationen zu gemachten Erfahrungen und Ängsten des Kunden und kann sehr gezielt auf diese eingehen und mit den richtigen Argumenten entkräften.

Wenn der Kunde Einwände hat, hat er sich mit der Sache, dem Produkt bzw. der Behandlung schon näher beschäftigt.
Deshalb sollte die Kosmetikerin:

- Einwände nie mit Gegenargumenten behandeln, weil daraus schnell ein Streitgespräch entsteht;
- bei Einwänden ganz genau zuhören und die Hintergründe analysieren, z.B. „Wie meinen Sie das genau?“;
- den Kunden fragen, woher seine Informationen stammen;
- dem Kunden für den Einwand danken und diesen in ein Verkaufsargument umwandeln;
- die Einwände ihrer Kunden sammeln und in Ruhe überlegen, wie sie beim nächsten Mal damit umgeht.

Der Kunde kauft immer für sich den Nutzen. Deshalb argumentieren Sie immer mit dem Kundennutzen!

- Gesagtes ist noch nicht gehört!
- Gehörtes ist noch nicht verstanden!
- Verstanden ist noch nicht einverstanden!
- Einverstanden ist noch nicht angewendet!
- Angewendet ist noch nicht beibehalten!

Einwand	Einwandbegegnung
Zu teuer.	Im Verhältnis wozu?
Überlege noch.	Was ist noch unklar?
Komme später wieder.	Was haben wir noch nicht angesprochen?

Checkliste zur Einwandbehandlung

- Hören Sie sich erst einmal alles an, was der Kunde zu sagen hat.
- Bleiben Sie ruhig und sachlich.
- Haben Sie keine Angst vor Einwänden, sondern nutzen Sie diese als weitere Chance auf dem Weg zum Kaufabschluss.
- Zeigen Sie Verständnis für die Einwände des Kunden.
- Gehen Sie auf den Kunden und seinen Einwand ein.
- Lassen Sie den Kunden stets ausreden.
- Versuchen Sie immer, den wahren Grund für einen Einwand herauszufinden.
- Benutzen Sie die verschiedenen Einwandbehandlungsmöglichkeiten.
- Überzeugen Sie den Kunden durch die richtigen Argumente.
- Versuchen Sie nicht, den Kunden zu überreden.
- Üben Sie keinen Druck auf den Kunden aus.

Ziel- oder Abschlussphase

Die Abschlussphase, die Phase, in der der Kauf getätigt wird, ist eine sehr sensible Angelegenheit. Hier zeigt sich, ob der Verkäufer auch alle Signale erkannt und richtig gedeutet hat.

Einwand = objection

Wichtig ist in diesem Zusammenhang, sich nicht selber und damit den Kunden unter Druck zu setzen. Selbst wenn die Kosmetikerin alles richtig gemacht hat, gibt es Kunden, die dennoch überlegen müssen oder sich anderweitig entscheiden. Solche Entscheidungen sollte die Kosmetikerin nicht als persönliche Niederlage empfinden.

Ebenso sollte der Kunde das Gefühl haben, er hat die Entscheidung selber getroffen und nicht der Verkäufer für ihn.

In der Abschlussphase:

- fasst die Kosmetikerin noch einmal alle Vorteile zusammen,
- begegnet sie Einwänden wie zuvor beschrieben,
- nimmt sie die Entscheidungen gegen ihr Angebot nicht persönlich,
- überlegt sie dennoch, ob sie auch an alles gedacht und alle Informationen richtig beurteilt hat.

Ziel: Der Kunde sollte durch den Kauf zufriedengestellt werden und ein gutes Gefühl mit der Kaufentscheidung verbinden.

Verabschiedung der Kundin

Abschlusstechniken

Der direkte Weg

Diese Technik ist bevorzugt zu wählen, wenn sich die Kosmetikerin sehr sicher ist, das richtige Angebot ausgewählt zu haben.
Sie holt sich die direkte Bestätigung vom Kunden, ob er mit dem Abschluss einverstanden ist.

Z Steigen Sie erst in die Abschlusstechnik ein, wenn Sie sicher sind, das richtige Produkt oder die richtige Dienstleistung ausgewählt zu haben.

Beispiel:
Sabrina: „Frau Liebig, Sie möchten also heute die neue Behandlung kennenlernen?"
Möglichkeit A: Frau Liebig: „Ja, gerne". Der Kauf ist getätigt.
Möglichkeit B: Frau Liebig: „Ich bin mir noch nicht ganz sicher, ob das das Richtige für mich ist."
Sabrina: „Welche Information benötigen Sie noch, damit Sie sicher sind?"
Antwort abwarten und Informationen in der Argumentation verwerten und dann besser in die „Ja-Straßen-Technik" übergehen.

Die „Ja-Straße"

Diese Technik ist bevorzugt zu wählen, wenn die Kosmetikerin noch mehr Bestätigungen für die Auswahl des Angebots benötigt. Sie holt sich die „Jas" vom Kunden durch Abfragen. Dabei veranlasst sie ihre Kunden lediglich, das Besprochene zu bestätigen.

Beispiel:
Sabrina: „Frau Liebig, Sie sagten, Sie möchten die neue Behandlung kennenlernen (Pause, auf „Ja" warten) – ebenso Entspannungsmassage fühlen und genießen!" (Pause und auch hier auf „Ja" warten)
„Gut, dann empfehle ich, fangen wir gleich damit an. Ist das in Ihrem Sinn?"
Jetzt folgt das weitere „Ja" und damit der Verkaufsabschluss, der Kauf ist getätigt.

Die Alternativtechnik

Diese Technik ist bevorzugt zu wählen, wenn die Kosmetikerin glaubt, der Kunde benötigt eine Entscheidungshilfe zwischen zwei möglichen Angeboten.

BGB = Bürgerliches Gesetzbuch

Sie lässt den Kunden zwischen zwei Alternativen wählen und setzt voraus, dass er sich für eine entscheidet.

Beispiel:
Sabrina: „Frau Liebig, wünschen Sie die „Cleopatrabehandlung" oder möchten Sie lieber die „Fit-for-Business"-Behandlung?"

Hat sich der Kunde für den Kauf entschieden, sollte die Kosmetikerin den Kunden in seiner **Entscheidung bekräftigen** und den **Vorteil** für den Kunden nochmals **hervorheben**.
Nach Beendigung des Gesprächs **verabschiedet** die Kosmetikerin ihren Kunden höflich und freundlich und bedankt sich für den Besuch im Institut, unabhängig davon, ob es zu einem Kaufabschluss gekommen ist oder nicht. Sie sollte ihre Bereitschaft zeigen, bei Fragen zur Verfügung zu stehen, und den Kunden zu einem weiteren Besuch motivieren.

A

1. Üben Sie im Rollenspiel ein Verkaufsgespräch.
   a) Situation: Der Kunde ist willens, Ihr Angebot anzunehmen. Achten Sie auf die richtige Vorgehensweise (Präsentation, Preisnennung und Abschluss).
   b) Situation: Die Kundin hat verschiedene Einwände wie „zu teuer", „das muss ich noch einmal mit meinem Mann besprechen". Achten Sie hierbei auf die korrekte Vorgehensweise bei der Einwandbehandlung.
2. Geben Sie im Anschluss an diese Übungen Ihre Eindrücke wieder. Achten Sie darauf, dass die Kritik nicht verletzend, sondern konstruktiv (hilfreich) ist. Die Teilnehmer des Rollenspiels geben ebenfalls ihre Eindrücke wieder.

9.3.3 Die Reklamation

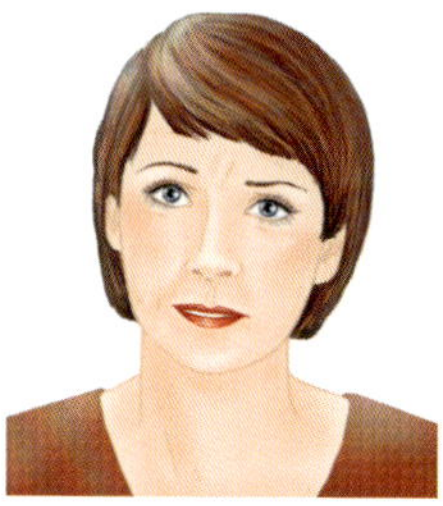
Reklamierende Kundin

Reklamation = complaint

Reklamationen oder Beschwerden kommen immer dann zustande, wenn der Kunde bei der erbrachten Dienstleistung oder der gekauften Ware nicht das erhält, was er erwartet hat.
Der Gesetzgeber regelt über das BGB sämtliche möglichen Reklamationsfälle. So ist für die Kosmetikerin wichtig zu wissen, wie sie sich im Falle einer Reklamation einerseits durch einen ihrer Kunden, andererseits im Falle einer eigenen Reklamation aufgrund einer fehlerhaften oder beschädigten Warenlieferung durch den Kosmetiklieferanten zu verhalten hat.
Grundsätzlich hat der Kunde, vom Gesetzgeber im § 437 BGB geregelt, verschiedene Möglichkeiten der Wiedergutmachung:

Minderung:
Der Kaufpreis wird nachträglich herabgesetzt, danach hat der Kunde keine weiteren Ansprüche mehr.

Nacherfüllung:
Hierbei wird die mangelhafte in mangelfreie Ware umgetauscht oder das Produkt ausgebessert.

Rücktritt vom Kaufvertrag:
Der Kunde kann die Ware zurückgeben und erhält den Kaufpreis, sofern dieser schon bezahlt ist, zurück. Jedoch muss er vorher der Kosmetikerin die Möglichkeit zum Ersatz oder zweimal die Möglichkeit auf Nacherfüllung gewähren.

Schadenersatz:
Der Kosmetikerin muss „schuldhaftes Handeln" nachgewiesen werden. Dann wird eine bestimmte Geldsumme fällig, die beispielsweise den durch die schadhafte oder Fehllieferung entstandenen Verdienstausfall ausgleichen soll.

Das Bestreben sollte es sein, Reklamationen durch den Kunden möglichst von vornherein zu vermeiden und ansonsten „kundenfreundlich" damit umzugehen.

Eine Reklamation muss auf der sachlichen Ebene betrachtet werden:
- Ist die gelieferte Ware tatsächlich verdorben?
- Hat dieses Pflegeprodukt oder die Behandlung zu Hautunverträglichkeiten oder Ähnlichem geführt?
- Stimmt die Qualität nicht mit der Erwartung der Kunden überein?

Wenn einer dieser Fälle eintrifft, sollte sich die Kosmetikerin großzügig zeigen und die Ware „ohne Wenn und Aber" ersetzen. War die Behandlung nicht in Ordnung, könnte sie einen Preisnachlass anbieten oder für die nächste Behandlung eine „Gratissonderleistung" vereinbaren. Gutscheine bieten auch eine Möglichkeit, bei „verpatzten Behandlungen" Kunden zufriedenzustellen. Möchte der Kunde das Geld zurückhaben, ist das für die Kosmetikerin vielleicht mit mehr Aufwand (Geld ist bereits verbucht) verbunden, dennoch ist diese Handhabung mittlerweile bei großen Discountern üblich und sollte auf Wunsch auch angewandt werden.

Die Kosmetikerin sollte bei Reklamationen:
- den Kunden auf jeden Fall ernst nehmen, egal, ob am Telefon oder im persönlichen Gespräch.
- ruhig bleiben, den Kunden nicht unterbrechen, sondern ihn aussprechen lassen. Irgendwann, wenn die erste Wut verflogen ist, wird er sich beruhigen.
- den Kunden bestätigen und Verständnis für seine Wut oder Verärgerung zeigen – auch wenn man nichts mit dem Vorfall zu tun hat. Selbst wenn man selber keinen Fehler gemacht hat, den Vorfall nicht bewerten, das ist nicht nur unfair, sondern wirkt auch nach außen unkollegial und kann dem Image des Instituts schaden.
- in aller Höflichkeit für das Team oder die Kollegen oder sich selber eine Entschuldigung formulieren.
- den Reklamationsgrund nicht bagatellisieren, bewerten oder kommentieren.
- nicht in Verteidigungsposition gehen. Das erhöht nur die Aggression und führt zu keinem Ergebnis. Am besten sie bleibt in der Sprache freundlich und in der Körperhaltung neutral.

Freuen Sie sich grundsätzlich über Reklamationen. Denn reklamiert Ihr Kunde, hat er noch Interesse, künftig mit Ihnen Geschäfte zu machen. Tut er das nicht, bleibt einfach weg, haben Sie keine Möglichkeit, es in Zukunft anders zu machen, und womöglich einen Kunden für immer verloren.

Mimik,
links: genervte Kundin,
rechts: zufriedene Kundin

Schadenersatz = compensation

- den Kunden fragen, wie er sich selber eine Lösung des Problems vorstellt, und wenn möglich darauf eingehen. Ist die Lösung nicht durchführbar oder überzogen, dann mit dem Kunden freundlich und ruhig nach einer Lösungsvariante suchen.

A

1. Welche rechtlichen Möglichkeiten bei Reklamationen kennen Sie? Überlegen Sie sich in der Gruppe einen „Reklamationsgrund“ und bieten Sie dem Kunden mehrere Lösungen an.
2. Was sollten Sie bei einer Reklamation auf alle Fälle vermeiden, damit der Kunde nicht das Gefühl bekommt, nicht ernst genommen zu werden?
3. Weshalb macht es Sinn, auch Bagatellen mit Ernsthaftigkeit zu behandeln?
4. Welche strategischen Gründe bilden die Entscheidungsgrundlage für ein qualitativ gutes Reklamationsmanagement?

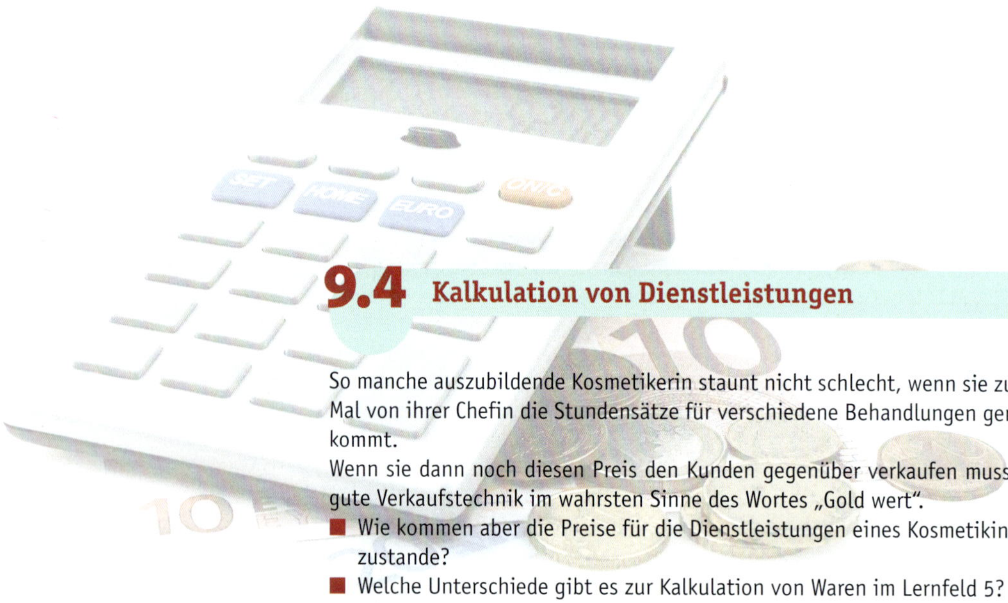

9.4 Kalkulation von Dienstleistungen

So manche auszubildende Kosmetikerin staunt nicht schlecht, wenn sie zum ersten Mal von ihrer Chefin die Stundensätze für verschiedene Behandlungen genannt bekommt.
Wenn sie dann noch diesen Preis den Kunden gegenüber verkaufen muss, ist eine gute Verkaufstechnik im wahrsten Sinne des Wortes „Gold wert“.

- Wie kommen aber die Preise für die Dienstleistungen eines Kosmetikinstituts zustande?
- Welche Unterschiede gibt es zur Kalkulation von Waren im Lernfeld 5?
- Wie viel sollten die einzelnen Dienstleistungen im Kosmetikinstitut genau kosten?

Man hat es hier mit einer der wichtigen unternehmerischen Fragen zu tun. Die Antwort darauf entscheidet, wie gut oder schlecht sich die Dienstleistungen verkaufen lassen und wie rentabel das Institut ist.

Die Preiskalkulation sollte sich an drei wichtigen Faktoren orientieren:

1. **Nachfrage** (nachfrageorientierte Preisbildung): Den Preis an der bestehenden Nachfrage und Kaufbereitschaft der Kunden orientieren.
2. **Kosten** (kostenorientierte Preisbildung): Den Preis so festlegen, dass der erzielte Umsatz die Kosten abdeckt und Gewinne erwirtschaftet.
3. **Konkurrenz** (konkurrenzorientierte Preisbildung): Die Preise sollten konkurrenzfähig sein.

Das Dreieck der Preisbildung

Diese Faktoren spielen sowohl in der Kalkulation von Waren als auch in der Kalkulation von Dienstleistungen des Kosmetikinstituts eine wichtige Rolle. Der entscheidende Unterschied liegt in der Kostenstruktur.
Bei der Kalkulation von Waren sind die Kostenfaktoren weitgehend festgelegt (s. S. 23). Bei den Dienstleistungen eines Kosmetikinstituts sind die Kosten schwieriger zu erfassen. Dies hat damit zu tun, dass bei den Dienstleistungen viele unterschiedliche Kosten anfallen, die unmittelbar mit der Durchführung der Dienstleistung zusammenhängen.

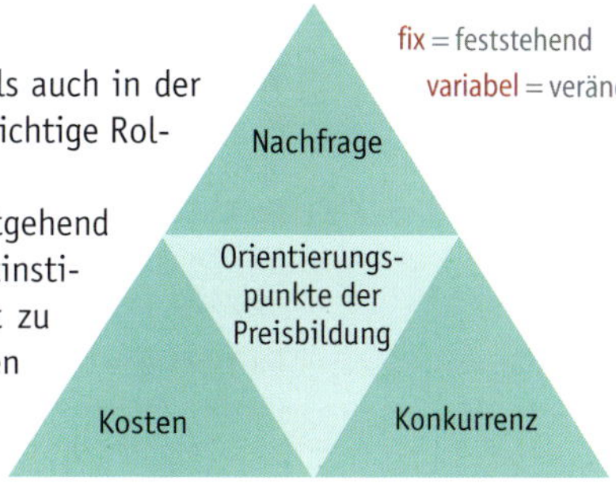

fix = feststehend

variabel = veränderlich

9.4.1 Kosten

Für eine genaue Preiskalkulation der Dienstleistungen muss die Kosmetikerin zunächst ermitteln, welche Kosten bei der Erstellung anfallen. Der Preis sollte später diese Kosten abdecken und einen zusätzlichen Gewinn einbringen. Ein Institut, das seine genau kalkulierten Preise auf dem Markt durchsetzen kann, wird seine Ausgaben sicher wieder einspielen und zusätzlich einen Gewinn erzielen.
Die Kosten, welche der Dienstleistungskalkulation zugrunde liegen, können in vier Kategorien eingeteilt werden:

Fixe Kosten

Bei den fixen Kosten eines Kosmetikinstituts handelt es sich um diejenigen Kosten, die permanent anfallen, und zwar unabhängig davon, ob eine Behandlung stattfindet oder ob das Institut geöffnet ist. Selbst bei Betriebsferien, am Wochenende oder bei Urlaub der Mitarbeiter fallen diese Kosten an. Die fixen Kosten sind sehr konstant und können dadurch leicht festgestellt und berechnet werden.

Zu den fixen Kosten gehören:

- Miete und Nebenkosten
- Heizung
- Versicherungen
- Zinsen
- Fest gebuchte Werbung
- Telefonanschluss
- Internetanschluss
- Büro- und Verwaltungskosten
- Zeitungsabonnements
- PKW-Leasing

Variable Kosten

Variable Kosten stehen im Zusammenhang mit der erbrachten Dienstleistung. So entsteht beispielsweise ein Wasserverbrauch, der bei verschiedenen Behandlungen unterschiedlich groß sein kann. Die Kosmetikerin verbraucht bei kosmetischen Behandlungen verschiedene Cremes und Masken. Schließlich muss man auch den Stromverbrauch bei entsprechendem Geräteeinsatz kostenmäßig erfassen. Man kann die variablen Kosten den einzelnen Dienstleistungen zuordnen.
Zu den variablen Kosten gehören:

- Telefongesprächsgebühren
- Wasser

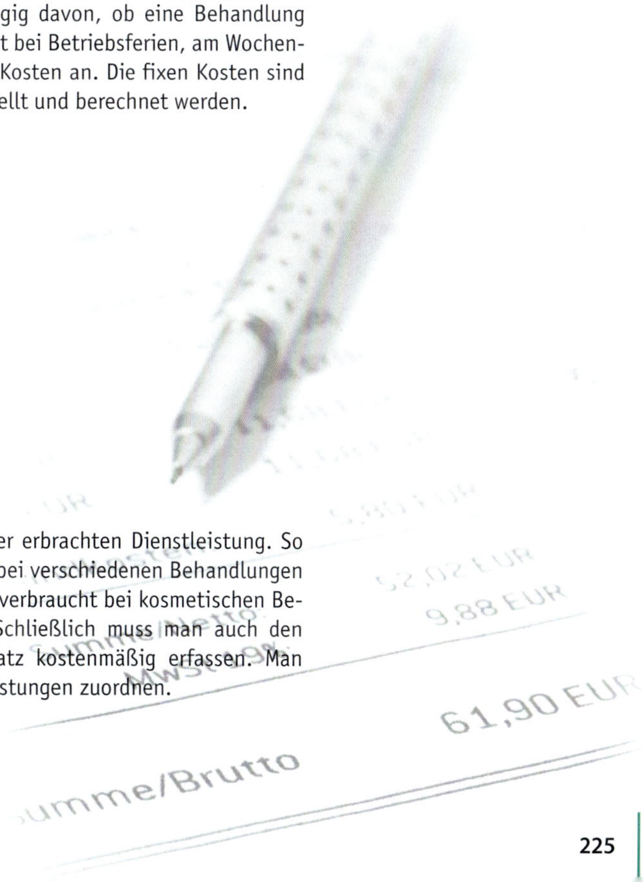

kalkulatorisch = rechnungsmäßig

- Strom
- Reinigung
- Wareneinsatz – z.B. Kabinettware
- Verbrauchsmaterialien
- Reparaturen

Kalkulatorische Kosten

Kalkulatorische Kosten sind Kosten, die zwar in der Realität nicht entstehen, aber in der Preiskalkulation berücksichtigt werden müssen. Wenn die Kosmetikerin dies nicht macht, drohen finanzielle Nachteile.

Zu den kalkulatorischen Kosten gehören:
- Mietkosten (wenn die Geschäftsräume Eigentum sind)
- Unternehmerlohn
- Risikozuschläge
- Abschreibungen
- Zinsen für eingesetztes eigenes Kapital

Es ist wichtig, die Mietkosten mit in die Preiskalkulation einzubeziehen, wenn die Institutsräume im Eigentum des Inhabers sind. Dem Eigentümer gehen dadurch Mieteinnahmen verloren, die er erzielen könnte, wenn er die Räume an jemand anderen vermieten würde.

Als Unternehmer muss der Inhaber eines Kosmetikinstituts aus den Gewinnen seinen Lebensunterhalt bestreiten. Dazu muss er einen **kalkulatorischen Lohn** ansetzen. Nur so kann man nachher feststellen, ob sich die unternehmerische Tätigkeit auch finanziell lohnt. Nicht wenige Kosmetikinstitutinhaber verdienen bei genauer Betrachtung weniger, als wenn sie angestellt arbeiten würden. Oftmals liegt das daran, dass der kalkulatorische Unternehmerlohn bei der Preiskalkulation der Dienstleistungen nicht berücksichtigt wurde.

Nachdem das Institut Geräte angeschafft hat und für die Einrichtung der Behandlungsräume Geld ausgegeben hat, verlieren diese Investitionen ab dem ersten Tag an Wert. Diesen **Werteverlust** kann man steuerlich abschreiben. In festgelegten Tabellen vom Finanzamt ist beschrieben, wie viele Jahre kalkulatorisch für den Werteverlust angesetzt werden.

Beispiel:
Die Chefin von Sabrina hat ein „Ultraplus Sound – Ultraschallgerät" für die Behandlung von Cellulite, Falten, Akne, Besenreisern, Alters- und Pigmentflecken gekauft. Das Gerät hat 2317,00 € netto (ohne Mehrwertsteuer) gekostet. In der AfA-Tabelle (AfA = Absetzung für Abnutzung) des Finanzministeriums ist die Nutzungsdauer eines Ultraschallgerätes mit 5 Jahren festgelegt. Der Kaufpreis von 2317,00 € wird ab dem Kaufjahr für 5 Jahre mit jeweils 20 % = 463,40 € (2317,00 € [= 100 %]/5 Jahre) abgeschrieben und als Kosten verbucht. Der gesamte Preis wurde jedoch sofort beim Kauf gezahlt. Kalkulatorisch fallen jedoch pro Jahr noch 463,40 € Kosten an, die bei der Preiskalkulation von Ultraschallbehandlungen berücksichtigt werden müssen.

Ein weiterer kalkulatorischer Kostenfaktor sind die **Zinsen** für das eingesetzte eigene Kapital. Ein Unternehmer muss bei seiner Kalkulation berücksichtigen, dass er sein Geld in das eigene Unternehmen investiert hat und nicht mit anderen Anlageformen Zinsgewinne erzielen kann. Deswegen muss er bei der Kalkulation der Preise darauf achten, diesen Zinsgewinn kalkulatorisch zu berücksichtigen.

Zusätzliche Kosten

Als zusätzliche Kosten werden alle Kosten zusammengefasst, die bei der Preisbildung von kosmetischen Dienstleistungen ebenfalls berücksichtigt werden müssen.

Zu den zusätzlichen Kosten gehören:
- Steuern
- Abgaben
- Werbung
- Lizenzgebühren

Zu den wichtigsten Steuern, die berücksichtigt werden müssen, gehören die **Umsatzsteuer** (s. S. 25f.) und die **Gewerbesteuer**.
Unter Abgaben versteht man Zahlungen und Mitgliedschaftsgebühren an Berufsgenossenschaften, Industrie- und Handelskammer und an Berufsverbände.

A

1. Fragen Sie Ihre Chefin im Ausbildungsbetrieb, welche fixen und variablen Kosten in ihrem Unternehmen anfallen. Erstellen Sie eine Liste und bringen Sie diese mit in den Unterricht. Wo können Sie Gemeinsamkeiten feststellen und wo sind Unterschiede zu verzeichnen? Woran liegt das gegebenenfalls?
2. Nehmen Sie eine beliebige Dienstleistung aus Ihrem Ausbildungsbetrieb und versuchen Sie alle Kosten zu erfassen, die mit der Abgabe dieser Dienstleistung verbunden sind. Sind die von Ihnen festgestellten Kosten in der Kalkulation der Dienstleistung berücksichtigt?

9.4.2 Preise der Dienstleistungen festlegen

Um den Preis einer Dienstleistung, z.B. einer kosmetischen Behandlung, festlegen zu können, ist die Kenntnis der Kostenstruktur des Kosmetikinstitutes sehr wichtig. Sie bildet die Grundlage für die notwendige Preiskalkulation, die im Folgenden beschrieben wird.
Der Preis der kosmetischen Behandlung sollte jeweils die dadurch entstandenen Kosten abdecken und einen zusätzlichen Gewinn einbringen. Die Kunst bei der Preisbildung liegt darin, den Preis auf der einen Seite so zu kalkulieren, dass er nicht niedriger ist als die Kosten, die mit der Durchführung der Behandlung entstehen. Auf der anderen Seite ist es wichtig, den Preis nicht so hoch anzusetzen, dass niemand die angebotene Dienstleistung kaufen möchte. Dazu ist sehr viel Erfahrung und Fingerspitzengefühl und eine sichere Kenntnis des Kosmetikmarktes notwendig.

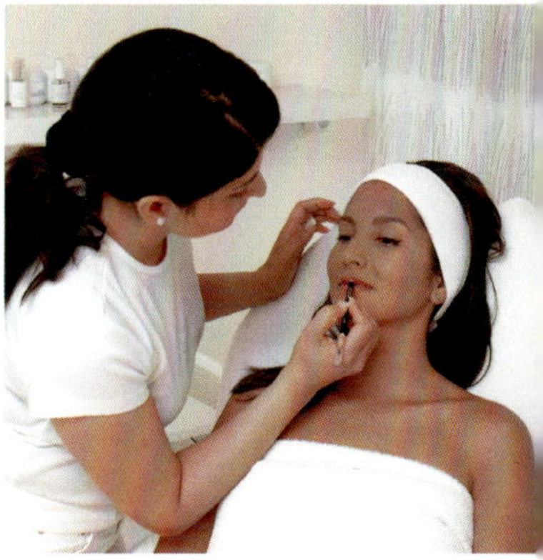

Jede Behandlung hat ihren Preis

Unwägbarkeitszuschlag = Zuschlag für unvorhersehbare Risiken

Es gibt drei grundsätzliche Bestimmungsgrößen für eine erfolgreiche Preisfindung:
1. Kostenorientierte Preisfindung
2. Konkurrenzorientierte Preisfindung
3. Nachfragerorientierte Preisfindung

Alle drei Bestimmungsgrößen der Preisfindung sollten bei einer guten Kalkulation aller Dienstleistungen eines Kosmetikinstituts berücksichtigt werden.

Kostenorientierte Preisbildung

Für die kostenorientierte Preisbildung ist die Feststellung des Stundenverrechnungssatzes eine wichtige Grundlage. Man kann diesen berechnen, indem man alle im Unternehmen anfallenden Kosten zusammenrechnet (außer den Materialkosten, die gesondert eingerechnet werden) und diese Kosten durch die für Behandlungen abrechnungsfähigen Stunden teilt.

Berechnung des Stundenverrechnungssatzes:

1. Schritt: Ermittlung der Kosten im Unternehmen pro Jahr

Kosten	**€ ohne MwSt. pro Jahr**
Löhne, Gehälter, Sozialabgaben	36 000,00
Kalkulatorischer Unternehmerlohn	36 000,00
Mieten und Nebenkosten	10 800,00
Büro- und Verwaltungskosten (Büromaterial, Telefon, Porto, Steuerberater usw.)	2 400,00
Marketing und Werbung	4 800,00
Versicherungen	1 800,00
Betriebliche Steuern	2 400,00
Finanzierungskosten (Tilgung, Zinsen, Leasing)	3 000,00
Kalkulatorische Abschreibungen	2 400,00
Sonstige Ausgaben	4 200,00
Unwägbarkeitszuschlag	2 400,00
Gesamt	**106 200,00**

Fakturierung = Vorgang im Rechnungswesen, bei dem einem Kunden eine Rechnung über erfolgte Lieferungen und/oder Leistungen erstellt wird. Bei der Fakturierung erfolgt auch eine Verbuchung des Geschäftsfalls auf den entsprechenden Konten

2. Schritt: Berechnung der tatsächlich mit Behandlungen belegbaren Arbeitsstunden pro Jahr

Berechnung der Arbeitstage im Jahr		
	Tage im Jahr	365
-	Samstage und Sonntage	104
-	Feiertage	12
-	Urlaubstage	24
-	Krankentage	3
=	**tatsächliche Anwesenheitstage**	**222**
Berechnung der Anzahl der fakturierbaren Dienstleistungsstunden (Stunden, die dem Kunden in Rechnung gestellt werden können)		
Tatsächliche Anwesenheitstage x Stunden pro Tag		1 776
x	produktiv Beschäftigte	2
x	Korrekturfaktor (in Prozent = Zeitverluste, z.B. Vor- und Nacharbeiten wie etwa Herrichten und Aufräumen der Behandlungsräume, Leerlaufzeiten bei schlechter Auftragslage, Besorgungen erledigen usw.)	75%
=	**fakturierbare Stunden**	**2 664**

Bei der Berechnung des Stundenverrechnungssatzes ist es bedeutsam, richtig einzuschätzen, wie viele der tatsächlichen Arbeitsstunden aller Mitarbeiterinnen man realistisch zur Durchführung von Dienstleistungen für die Kunden nutzen kann. Natürlich kann nicht jeder Tag und jede Stunde dafür da sein. Es gibt Zeiten, in denen die Behandlungsräume aufgeräumt oder für die nächste Behandlung vorbereitet werden müssen. Ebenso gibt es in auslastungsschwachen Zeiten Leerlauf im Institut. Behandlungstermine werden auch schon mal abgesagt und können nicht mit Ersatz belegt werden. Ebenfalls müssen in der Arbeitszeit Verwaltungsarbeiten erledigt werden, wie zum Beispiel Tagesabrechnungen erstellen oder Bestellungen von Verbrauchsware aufgeben. Ein Korrekturfaktor von 75 % bedeutet, dass die Mitarbeiterinnen des Kosmetikinstituts durchschnittlich zu 75 % ihrer Arbeitszeit ihre Behandlungen in Rechnung stellen können. Dies ist eine gute Auftragslage. Ist die Anzahl der Behandlungen eines Kosmetikinstituts geringer, muss dies mit einem niedrigeren Korrekturfaktor in der Kalkulation berücksichtigt werden.

3. Schritt: Berechnung des Stundenverrechnungssatzes

$$= \frac{\textbf{Kosten des Unternehmens}}{\textbf{Fakturierbare Stunden}} = \textbf{Stundenverrechnungssatz}$$

Im oben genannten Beispiel beträgt der Stundenverrechnungssatz:
106 200,00 € (Kosten im Jahr) : 2 664 (fakturierbare Stunden) = 39,86 €

Wichtig:
Wenn die Auslastung oder die Kosten sich ändern, hat dies Auswirkungen auf den Stundenverrechnungssatz. Deswegen sollte dieser regelmäßig überprüft und bei Bedarf angepasst werden.

Für eine bessere Anwendbarkeit in der Praxis hat es sich bewährt, die Behandlungen nicht mehr nach Stunden zu berechnen. Sinnvoller ist es, in kürzeren Zeiteinheiten (in der Regel 15 Min.) zu rechnen. Im Beispiel von S. 229 teilt man den Stundensatz von 39,86 € einfach durch 4:

39,86 € (Stundenverrechnungssatz) : 4 (4 x 15 Min. = 60 Min. = 1 Std.) = 9,97 €

Bei diesem Stundenverrechnungssatz ist noch kein Gewinn eingerechnet. Dieser kann vom Unternehmer selbst bestimmt werden. Die meisten Unternehmer kalkulieren mit einem **Gewinnzuschlag** bei Dienstleistungen zwischen **10 % und 30 %**.

Mit dem Stundenverrechnungssatz hat man die Preisuntergrenze einer Dienstleistung bestimmt. Wenn der Preis unter diesem Satz festgelegt wird, macht das Unternehmen Verluste. Die Unternehmerin sollte das Angebot dann aus der Angebotspalette des Kosmetikinstitutes herausnehmen.

Das Hauptproblem bei der alleinigen Berechnung des Preises nach dieser Art liegt darin, dass die Bereitschaft der Kunden, einen bestimmten Preis für eine Dienstleistung oder ein Produkt zu zahlen, von den Kosten des Instituts völlig unabhängig ist. Insofern ist es Zufall, wenn der auf diese Weise gebildete Preis für das Unternehmen wirtschaftlich optimal ist. Deswegen ist die reine kostenorientierte Preisbildung in der Regel nicht ausreichend und muss um einige Faktoren erweitert werden.

Konkurrenzorientierte Preisbildung

Bei der konkurrenzorientierten Preisbildung werden die Preise unter Berücksichtigung der **Preise der Wettbewerber** betrachtet. Nachdem die Kosmetikerin die Preisuntergrenze mit der kostenorientierten Preisbildung festgestellt hat, muss sie diese mit den Durchschnittspreisen der Konkurrenz vergleichen.
Es gibt grundsätzlich drei Möglichkeiten, die eigenen Preise denen der Konkurrenz gegenüber zu gestalten:

- günstiger als die Konkurrenz
- teurer als die Konkurrenz
- gleicher Preis

Je nach Unternehmensausrichtung wird sich das Unternehmen für eine dieser Möglichkeiten entscheiden. Wenn es sich vom Wettbewerber durch niedrigere Preise unterscheiden möchte, dann wird es versuchen, den Preis niedriger festzulegen. Dies birgt jedoch die große Gefahr, dass keine Gewinne mehr erzielt werden können.
Wenn die Kosmetikerin sich durch eine deutlich höhere Qualität unterscheiden möchte, wird sie auch bei den Preisen deutlich höher liegen. Dabei muss man darauf achten, dass zusätzlich zu der hohen Qualität der Behandlungen auch weitere Faktoren, wie zum Beispiel eine hochwertige und luxuriöse Ausstattung des Instituts, das hohe Preisniveau unterstützen.
Einen gleichen Preis wie die Konkurrenz anzubieten bedeutet, dass man sehr viel Wert auf andere Unterscheidungsmerkmale als den Preis legen muss. Es ist wichtig, den Kunden triftige Gründe außerhalb des Preises zu geben, um das eigene Institut immer wieder zu besuchen und nicht das der Konkurrenz. Dazu gehören viele Serviceleistungen und besonders wichtig: die Freundlichkeit und hohe Kundenorientierung aller Mitarbeiterinnen.

Nachfragerorientierte Preisbildung

Bei der nachfragerorientierten Preisbildung orientiert man sich an dem Preisniveau, das den Kunden als angemessen erscheint. Wenn eine Kundin eine Behandlung in Anspruch nimmt, dann tauscht sie eine Summe Geld gegen den Nutzen, den sie sich davon verspricht.

Deswegen lautet einer der Grundsätze bei der nachfragerorientierten Preisbildung:

Ein erfolgreiches Preiskonzept sollte nicht allein auf günstigen Preisen aufbauen. Es muss versuchen, den Nutzen im Verhältnis zum Preis für den Kunden so attraktiv wie möglich zu gestalten.

Die Schwierigkeit bei der nachfragerorientierten Preisbildung liegt darin, dass der Nutzen, den der Kunde mit der Dienstleistung des Kosmetikinstituts verbindet, in der Regel sehr subjektiv ist. Deswegen ist eine hervorragende Kenntnis von Verkaufstechniken und ein umfangreiches Wissen über den Nutzen der zu verkaufenden Behandlungsformen für die Kosmetikerin sehr wichtig. Über den Verkaufsprozess kann die Kosmetikerin direkt Einfluss auf den wahrgenommenen Nutzen nehmen und diesen erhöhen. Als Voraussetzung dafür muss die Kosmetikerin abschätzen, welchen Wert der Dienstleistungsnutzen für die Kunden darstellt. Dementsprechend sollte der Preis zugeordnet werden.

Doch wie kommt man an die hierfür nötigen Informationen?
Preistests geben der Kosmetikerin die Möglichkeit, ihre Kunden direkt zu fragen.

Die drei wichtigsten Preistests sind:

- **Preisschätzungstest:**
  Was darf die Dienstleistung Ihrer Meinung nach kosten?
- **Preisempfindungstest:**
  Ist diese Behandlung sehr teuer, teuer, billig oder sehr billig?
- **Preisbereitschaftstest:**
  Wären Sie bereit, die Dienstleistung zu diesem Preis zu kaufen?

Mithilfe dieser Preistests bekommt man eine Orientierung, wie hoch der Preis für eine bestimmte Dienstleistung sein darf. Wenn das Ergebnis den kostenorientierten Preis nicht unterschreitet und die Preise der Konkurrenten nicht wesentlich günstiger sind, kann man davon ausgehen, dass man genügend Behandlungen verkaufen kann, um einen Gewinn damit zu erwirtschaften.

Fazit

Bei der Preisbestimmung kommt es darauf an, dass man seine Kosten kennt, weiß, was die Konkurrenz macht und den Wert des Nutzens kennt, den die Kunden mit der angebotenen Dienstleistung verbinden. Insofern treffen sich bei der Preisbildung die Bereiche Rechnungswesen und Marketing.
Aus dem **Rechnungswesen** ist eine genaue Kostenrechnung die Grundlage der Preisbildung für die Dienstleistungen des Kosmetikinstituts. Sie bestimmt den Stundenverrechnungssatz und zeigt an, ab wann man mit einem Preis in die Gewinn- oder Verlustzone kommt.
Aus dem **Marketing** kommen die Überlegungen zur Preispolitik hinzu. Insbesondere müssen die Preise der Konkurrenz festgestellt werden und als Orientierung für die eigene Preisgestaltung dienen. Das Wichtigste ist jedoch, danach zu forschen, ob die Kunden den geplanten Preis bereit sind zu zahlen. Jede noch so genau durch-

geführte Kostenanalyse und Wettbewerbspreisanalyse hilft nichts, wenn die Kunden nicht bereit sind, den Preis der Dienstleistung zu bezahlen. Hier sind dann Marketing und Verkauf gefordert, um den Nutzen der Dienstleistungen gegenüber den Kunden herauszustellen und eine entsprechende Preisbereitschaft zu erzielen.

A

1 Finden Sie heraus, wie hoch der Stundenverrechnungssatz in Ihrem Ausbildungsbetrieb für eine Kosmetikerin ist. Wie sieht die Kalkulation für Ihr Unternehmen aus?
2. Vergleichen Sie den Preis für eine Dienstleistung aus Ihrem Ausbildungsbetrieb mit den Preisen der Konkurrenz.
   Wiederholen Sie das mit mindestens 4 Angeboten Ihres Ausbildungsbetriebes. Sind sie günstiger, teurer oder preislich gleich?
3. Machen Sie eine Umfrage am Standort Ihres Ausbildungsbetriebes. Befragen Sie Menschen aus Ihrer Zielgruppe, wie viel Geld sie für eine bestimmte Behandlungsform ausgeben würden. Vergleichen Sie die Ergebnisse mit Ihrem tatsächlichen Preis. Gibt es Unterschiede? Welche Gründe finden Sie für diese Unterschiede?

9.5 Rentabilitätsberechnung

Rentabilität = Einträglichkeit
Break-even-Point = Gewinnschwelle

Jedes Kosmetikinstitut, das seine Dienstleistungen erfolgreich verkaufen möchte, muss für sich berechnen, ob das Angebot überhaupt einen erwarteten Gewinn erzielt. In der wirtschaftlichen Fachsprache spricht man von der „Rentabilitätsberechnung" des Angebotes. Die einfachste Möglichkeit ist das Gegenüberstellen von Kosten und Gewinn. Aus der Differenz der Kosten des Unternehmens und dem Verkaufserlös ergibt sich der Gewinn. Das Verhältnis des Gewinns zum Umsatz ist die Rentabilität. Sie wird in Prozent ausgedrückt.

Die Umsatzrentabilität berechnet man nach folgender Formel:
Umsatzrentabilität = Gewinn : Umsatz x 100

Beispiel:
Ein Kosmetikinstitut erzielte im letzten Geschäftsjahr einen Umsatz von 130 000,00 €.
Die gesamten Kosten des Unternehmens betrugen im gleichen Zeitraum 80 000,00 €.
Der Gewinn ist die Differenz aus Umsatz und Kosten:
130 000,00 € - 80 000,00 € = 50 000,00 €
Die Umsatzrentabilität beträgt demnach:
50 000,00 € : 130 000,00 € x 100 = 38,46 %

In dem Moment, wo der Verkaufserlös die Kosten übersteigt, wird das Angebot rentabel. Man spricht dann vom „Break-even-Point". Die Umsatzrentabilität ist in diesem Punkt gleich 0 %.

Der **Break-even-Point** ist die Umsatzgröße, die den Kosten des Unternehmens genau entspricht. Er zeigt an, ab welcher Umsatzgröße das Unternehmen oder ein einzelnes Angebot in Relation zu den Kosten Gewinn erzielt.
Man kann den Break-even-Point auch „Gewinnschwelle" nennen.

Umschwung, Wechsel = break
gerade, ausgeglichen = even

Anzahl Arbeitsstunden / Jahr	3 552	
Gesamtkosten / Jahr	70 200,00 €	
Stundenverrechnungssatz	39,86 €	
Gewinnaufschlag (ca. 25 %)	10,04 €	
Verkaufspreis / Std. Dienstleistung	49,90 €	
Break-even-Point	**1 406,81** €	verkaufte Behandlungsstunden
fakturierbare Stunden (75 %)	2 664	
geplante Behandlungsstunden	2 400	
Umsatz	119 760,00 €	
Gewinn	49 560,00 €	
Umsatzrentabilität	**41,38 %**	

psychologische Preisschwelle = „glatter" Preis, ab dem der Absatz eines Produktes oder einer Dienstleistung deutlich sinkt; im Beispiel wäre es ein Preis von 50,00 € statt 49,90 €

Beispiel:
Das Beispiel orientiert sich an dem oben kalkulierten Stundenverrechnungssatz.

Es wird davon ausgegangen, dass die Unternehmerin, Frau Habicht, und eine angestellte Vollzeitkraft jeweils 40 Wochenstunden arbeiten.
Bei angenommenen 222 Arbeitstagen pro Kosmetikerin im Jahr ergeben sich 222 Tage x 8 Std. = 1 776 Std.
Diese Stundenzahl mit 2 multipliziert ergibt 3 552 Stunden insgesamt.
Die Gesamtkosten des Instituts liegen pro Jahr bei 70 200,00 €.
Daraus ergibt sich der Stundenverrechnungssatz:

70 200,00 € : 3 552 Arbeitsstunden = 39,86 € /Arbeitsstunde

Beim Gewinnaufschlag wird nun im Beispiel mit ca. 25 % gerechnet. Daraus ergibt sich unter Berücksichtigung der psychologischen Preisschwelle ein Gewinnaufschlag in Höhe von 10,04 €.
Als Verkaufspreis/Std. an einer Dienstleistung kommen somit 49,90 € zusammen.

*In der Tabelle kann man nun sehen, wie viele Behandlungen zum Preis von 49,90 € verkauft werden müssen, um den **Break-even-Point** zu erreichen:*

70 200,00 € : 49,90 € = 1 406,81

Ca. 1400 Stunden Dienstleistungen im Jahr muss das Institut von Frau Habicht zur Deckung der Kosten verkaufen. Das erfordert ein erfolgreiches Marketingsystem und sehr viele Kunden, auch wenn die Kunden meistens mehrere Male die Dienstleistungen in Anspruch nehmen.

*Die **Umsatzrentabilität** ergibt sich aus dem Verhältnis des Gewinns zu den Umsätzen:*

$$\frac{49\,560{,}00\,€\ (\text{Gewinn}) \times 100}{119\,760{,}00\,€\ (\text{Umsatz})} = \mathbf{41{,}38\,\%}$$

Natürlich ist das Beispiel ein sehr einfaches. Der Verkauf von Kosmetikartikeln und die dadurch erzielten Gewinne wurden nicht berücksichtigt. Bei der Umsatzgestaltung sollte die Inhaberin eines Kosmetikinstituts deswegen immer auf eine gute Mischung aus Umsätzen aus der kosmetischen Behandlung von Kunden und dem Verkauf von Waren achten.

Achtung:
Bei der Rentabilitätsberechnung wird betriebswirtschaftlich der kalkulatorische Unternehmerlohn nicht berücksichtigt. Der Unternehmer erhält seinen „Lohn" aus dem Gewinn seines Unternehmens. Deswegen sollte die Umsatzrentabilität möglichst hoch sein.

A

1 Ein Kosmetikinstitut erzielt in einem Geschäftsjahr 180 000,00 € Umsatz. Die Kosten belaufen sich im gleichen Zeitraum auf 105 000,00 €.
a) Wie hoch ist der Gewinn?
b) Wie hoch ist die Umsatzrentabilität?

2. Ein Kosmetikinstitut erzielt in einem Geschäftsjahr einen Gewinn von 53 000,00 €. Die Kosten betragen im gleichen Zeitraum 72 000,00 €.
a) Wie hoch ist der Umsatz?
b) Wie hoch ist die Umsatzrentabilität?

Wiederholungsaufgaben zum Lernfeld 9

1. Welche Informationsquellen kennen Sie im Hinblick auf Produkt- und Leistungsauswahl?
2. Wie lauten die vier Hauptmarketinginstrumente?
3. Was verstehen Sie unter einer Preisstrategie und welche kennen Sie?
4. Für welche der Ihnen bekannten Preisstrategien sollte sich der Kosmetikfachhandel eher entscheiden?
5. Wodurch unterscheiden sich Repräsentanten und Handelsvertreter?
6. Nennen Sie Gründe, die für einen Onlinevertriebsweg und gegen einen solchen sprechen.
7. Was bedeutet AIDA und auf welche Aktivitäten in Ihrem Fachbereich können Sie AIDA anwenden?
8. Was versteht man unter PR und welche Möglichkeiten empfehlen Sie der ortsansässigen Kosmetikerin in diesem Bereich?
9. Wie lautet der § 4 UWG und welche Verfehlungen kennen Sie?
10. Nennen Sie die Unterschiede zwischen Werbekonzept und Werbegrundsätzen.
11. Nennen Sie vier Möglichkeiten der Warenpräsentation. Worauf ist dabei zu achten?
12. Welche Merkmale sollten eine Kabineneinrichtung auszeichnen, die sich mit pre- und postoperativen Behandlungen befasst?
13. Nennen Sie fünf Eigenschaften, die eine gute Verkäuferin mitbringen sollte.
14. Wie viel Prozent der Wahrnehmung macht das „gefühlte Signal" beim Gegenüber aus?
15. Welche vier Phasen des Verkaufsgesprächs kennen Sie?
16. Was hat die Bedürfnispyramide mit dem Verkaufserfolg zu tun?
17. Wann nennen Sie den Preis beim Verkaufsgespräch?
18. Weshalb sollten Sie keine Angst vor Kundeneinwänden haben?
19. Welche Abschlusstechniken kennen Sie?
20. Welche Möglichkeiten gibt es im Fall einer Reklamation?
21. An welchen drei wichtigen Faktoren orientiert sich die Preiskalkulation?
22. Was sind fixe Kosten?
23. Welche fixen Kosten eines Kosmetikinstituts kennen Sie?
24. Was sind variable Kosten, und welche kennen Sie?
25. Was sind kalkulatorische Kosten, und welche kennen Sie?
26. Was sind zusätzliche Kosten, und welche kennen Sie?
27. Was ist der kalkulatorische Unternehmerlohn?

10 Unterstützen kosmetischer Behandlungen durch gesundheitsfördernde Maßnahmen

Situation

Sabrina und ihre Kollegin Susi haben ein volles Terminbuch und viel zu tun. Berufstätige Kundinnen kommen sogar in ihrer Mittagspause zur Fußpflege oder Maniküre.

Susi klagt immer häufiger über Magendrücken und Völlegefühl, weil sie kaum Zeit für eine vernünftige Mittagspause und keine Ruhe zum Essen hat. Auf Sabrinas Nachfrage, was sie so tagsüber isst, antwortet sie eher zögerlich: Pommes, Burger und Cola vom Fast-Food-Restaurant um die Ecke und zum Nachtisch einen Schokoriegel.

Nach Feierabend zählen beide Susis Kalorien zusammen, die sie täglich unkontrolliert zu sich nimmt. Susi ist ganz erschrocken und fragt Sabrina: „Wie ernährst du dich denn bei unserem stressigen Arbeitstag?"

Wie kann Kollegin Susi ihre Ernährungsgewohnheiten ändern?

Situation

Sabrinas Stammkundin Frau Schön klagt bei ihrem kleinen Vorgespräch über schuppige Haut, vermehrten Haarausfall und schlecht wachsende und brüchige Fingernägel. Sie verwendet die gleiche Gesichtspflege, Shampoo und Nagelpflege wie sonst auch. Die Ursache muss woanders liegen. Sabrina erkundigt sich nach ihren Ernährungsgewohnheiten.

Um abzunehmen, ist Frau Schön vor drei Monaten auf rein vegetarische Kost umgestiegen, und dabei lässt sie sogar alle Milchprodukte und Eier weg.

Welche ernährungsbedingten Mangelerscheinungen könnten bei Frau Schön vorliegen? Sabine macht Frau Schön alternative Vorschläge, um ihr Gewicht, bei gleichzeitig vollwertiger Ernährung, zu reduzieren. Sie vergisst dabei nicht die körperliche Aktivität …

Situation

Der Betriebsausflug von Antjes Beauty-Farm führt dieses Jahr auf die Kosmetikmesse. Ihre Chefin möchte den Kosmetiksalon komplett neu einrichten und achtet dabei besonders auf die Ergonomie am Arbeitsplatz. Jede Kosmetikerin darf sich ihren Arbeitsstuhl selbst aussuchen. Worauf ist bei dem Stuhl und dem richtigen Sitzen am Arbeitsplatz zu achten?

Welche Ausgleichssportarten sollte die Kosmetikerin in ihrer Freizeit betreiben?

Gesunde Ernährung

Schon in der Antike, wenn auch auf anderer theoretischer Grundlage als heute, wurden Hautleiden als Ausdruck innerer Prozesse betrachtet.
Diese Sicht gilt nach wie vor. Grund ist die entwicklungsgeschichtlich enge Beziehung zum Nervensystem, aber auch die funktionale Bedeutung der Haut als Ausscheidungsorgan.

Der Ausspruch „Schönheit kommt von innen" deutet darauf hin, dass seelische Balance und körperliche Gesundheit dazu beitragen, auch die Haut „gut" aussehen zu lassen. Kosmetische Behandlungen ohne gesundheitsfördernde Maßnahmen können durch Schminken lediglich den Anschein gesunder Haut erwecken.

Die Kundenberatung sollte also immer auch auf gesundheitsfördernde Maßnahmen eingehen, was voraussetzt, dass die Kosmetikerin über die erforderlichen Kenntnisse verfügt. Das wird unterstützt durch eigenes Verhalten, welches der Beratung eine erhebliche Überzeugungskraft gibt. So kann sie motivieren und die eigenen Erfahrungen mit Anfechtungen und Hinderungsgründen mitteilen.

Die wesentlichen Maßnahmen zur Gesundheitsförderung sind:
gesunde Ernährung und Bewegung.

Bewegung

10.1 Gesunde Ernährung

Die Haut ist heute vielen Belastungen z.B. durch Schadstoffe, Rauchen, Alkohol und Übergewicht ausgesetzt, deshalb ist die Hautpflege von innen durch vollwertige Ernährung wichtiger denn je.
Generell kann man sagen, je besser der gesamte physische Zustand eines Menschen ist, desto besser ist sein Hautbild.

Z

Zunehmend wird auch die Bedeutung von zusätzlichen Stoffen wie Ballaststoffen (Schleim- und Faserstoffe) und sogenannten sekundären Pflanzenstoffen (Farb-, Duft- und Geschmacksstoffe) für die Verhinderung von Erkrankungen erforscht.

10.1.1 Energiebedarf

Energiehaushalt

Alle Lebensvorgänge, sowohl auf der Ebene der Zellen (Zellaufbau, Stoffwechsel) als auch der Organe und Organsysteme, verbrauchen Energie, nicht nur bei sichtbarer Aktivität (Arbeit), sondern auch in körperlicher Ruhe.
Diese Energie gewinnt der Körper durch Aufnahme der Nahrung und der in ihr enthaltenen Nährstoffe.

Die Nährstoffe haben unterschiedliche Aufgaben:

Nährstoffe	Hauptaufgaben
Kohlenhydrate (s. S. 239)	Energiebereitstellung
Fette (s. S. 240)	Energiebereitstellung
Eiweiß (s. S. 241 f.)	Aufbau der Körperstrukturen (Zellen und Gewebe)
Vitamine (s. S. 242 f.)	ermöglichen Energieproduktion und Eiweißstoffwechsel
Mineralstoffe (s. S. 244 f.)	unterstützen zahlreiche biologische Vorgänge
Wasser (s. S. 245)	Voraussetzung für Stoffwechselvorgänge in den Zellen (Hauptbestandteil des Körpers)

Stoffwechsel (Metabolismus) = Prozess der Aufnahme, des Transports und der chemischen Umwandlung von Stoffen im Körper bis hin zur Ausscheidung

kcal = Kilokalorie

MJ = Megajoule

1 MJ = 1000 kJ

Die im Körper benötigte Energie wird im Wesentlichen durch Umwandlung von Kohlenhydraten, Fetten und Eiweiß gewonnen. Eiweiß nimmt bei den Energieträgern eine Sonderstellung ein, da es auch zum Aufbau von Körperstrukturen benötigt wird.

Der Vorgang der **Energiegewinnung** besteht im Abbau von Fett, Kohlenhydraten und Teilen des Eiweißes; dabei wird Sauerstoff verbraucht und Wärmeenergie sowie chemische Energie werden frei = Energiegewinn. Die entstandenen energieärmeren Stoffe – im Wesentlichen Kohlenstoffdioxid und Wasser, beim Abbau von Eiweiß zusätzlich Stickstoff – werden an das Blut abgegeben, das dann als sauerstoffarmes Blut über den Körperkreislauf und die rechte Herzhälfte wieder in die Lunge gelangt. Dort wird das Kohlenstoffdioxid abgeatmet. Ein Teil des Wassers wird als Dampf über die Lungen und als Schweiß über die Haut abgegeben. Die größte Menge wird als Urin über die Nieren sowie über den Stuhl ausgeschieden.

Energiebedarf

Gemäß gesetzlicher Festlegung müsste der Energiebedarf in der Einheit Joule angegeben werden (1 kcal = 4,184 kJ), allerdings hat sich dies nicht durchgesetzt.

Um die Energiemenge (kcal/Tag), die ein Mensch braucht, berechnen zu können, bestimmt man zunächst den **Grundumsatz**.
Das ist der Energiebedarf, der bei völliger Ruhe im Liegen innerhalb von 24 h bei 20 °C benötigt wird. Er ist abhängig von Alter, Geschlecht, Größe, Gewicht, Klima und Schilddrüsenhormonen.

Grundumsatz unter Berücksichtigung von Geschlecht, Alter und Körpergewicht

Alter	Körpergewicht (kg)		Grundumsatz			
			MJ/Tag		kcal/Tag	
	m	w	m	w	m	w
15 bis < 19 Jahre	67	58	7,6	6,1	1820	1460
19 bis < 25 Jahre	74	60	7,6	5,8	1820	1390
25 bis < 51 Jahre	74	59	7,3	5,6	1740	1340
51 bis < 65 Jahre	72	57	6,6	5,3	1580	1270
65 Jahre und älter	68	55	5,9	4,9	1410	1170

Quelle: Referenzwerte für die Nährstoffzufuhr 2008, DGE

Zu diesem Wert muss dann der **Leistungsumsatz** hinzugefügt werden. Dieser ergibt sich aus der Summe der täglichen Aktivitäten. Hierzu gehören Muskeleinsatz (z.B. körperliche Arbeit, Sport), Wärmeregulation (Anpassung an unterschiedliche Temperaturen), Verdauung und geistige Tätigkeit (gering).
Der „physical activity level" (PAL) ist ein Maß für den Energiebedarf, der je nach Tätigkeit variiert und bei der Berechnung des täglichen Energiebedarfs berücksichtigt werden muss.

PAL	Arbeitsschwere/Freizeitverhalten	Beispiele
0,95	keine Aktivität	Schlaf
1,4–1,5	fast ausschließlich sitzend, wenig Freizeitaktivitäten	Schreibtischtätigkeit
1,6–1,7	überwiegend sitzend, mit zusätzlichen stehenden/gehenden Tätigkeiten	Kraftfahrer, Studierende, Kosmetikerinnen
1,8–1,9	überwiegend stehende/gehende Tätigkeit	Verkäufer/-innen, Kellner, Handwerker, Hausfrauen
2,0–2,4	körperlich anstrengende berufliche Tätigkeit	Landwirte, Waldarbeiter, Gerüstbauer

Beispiel für den Energiebedarf einer 19-jährigen Kosmetikerin:

8 Stunden Tätigkeit mit mittelschwerem Aufwand	8 x	1,60	12,80
8 Stunden Tätigkeit als Kosmetikerin	8 x	1,70	13,60
8 Stunden Schlaf	8 x	0,95	7,60
Summe			34,00
PAL-Faktor (Summe/24)			1,42
1460 kcal x 1,42 = **2073,2 kcal**			

WWW.

Unter www.ernaehrung.de
► software
► Ernährungsassistent
können Sie ein Ernährungsprotokoll zum Ausfüllen downloaden.

A

1. Berechnen Sie Ihren persönlichen täglichen Energiebedarf (PAL-Wert x Grundumsatz).
2. Führen Sie eine Woche lang ein Ernährungsprotokoll mit entsprechender Auswertung.
   Liegen Sie über oder unter den errechneten Werten?
3. Nennen Sie Freizeitbeschäftigungen mit einem hohen und einem niedrigen Energiebedarf.

10.1.2 Nahrungsbestandteile und ihre Funktionen

Von der täglich aufgenommenen Nahrung besteht der überwiegende Teil aus Kohlenhydraten, Fetten und Eiweiß. Hiermit deckt der Körper sowohl den kurzfristigen Nährstoffbedarf als auch den langfristigen Bedarf durch Speicherung in speziellen Depots. Wird langfristig mehr Energie aufgenommen, als der Körper benötigt, entsteht Übergewicht (s. S. 290).
Die Nährstoffe unterscheiden sich in ihrem Energiegehalt.

- 1 g Kohlenhydrate liefert 17 kJ (4 kcal)
- 1 g Eiweiß liefert 17 kJ (4 kcal)
- 1 g Fett liefert 37 kJ (9 kcal)

Kohlenhydrate

Allgemein werden hierunter unterschiedliche Zucker verstanden, einerseits vom menschlichen Organismus verwertbare (z.B. Glucose), andererseits nicht verwertbare (z.B. Cellulose), sogenannte Ballaststoffe (s. S. 245f.).

Kohlenhydrate sind die wichtigsten Energielieferanten für den Menschen. Vor allem die Einfach- und Doppelzucker sind besonders gut geeignet zur kurzfristigen Energiebereitstellung, da sie vom Körper schnell aufgenommen werden. Voraussetzung dafür ist die Anwesenheit des Hormons Insulin, welches den Übertritt in die Zelle ermöglicht. Fehlt Insulin oder sind die Insulinrezeptoren an den Zellen geschädigt (= Insulinresistenz), kommt es zu einer Erhöhung des Blutzuckerspiegels mit Organschäden (Diabetes mellitus, s. S. 255f.).

Kohlenhydrate können in Form von Glykogen in der Muskulatur und der Leber gespeichert werden. Der Körper verfügt nur über kleine Glykogenreserven, die für höchstens vier Tage den Glucosebedarf decken können. Wird über längere Zeit keine Glucose aufgenommen, beginnt der Körper, Körpermasse abzubauen und aus Eiweiß und Fett Glucose zu bilden.
Traubenzucker (Glucose) liegt im Blut in gelöster Form vor und kann so von allen Zellen aufgenommen werden.

Z Durch Verbrauch und Zufuhr wird der Blutzucker bei etwa 55–100 mg Glucose/100 ml Blut stabil gehalten.

Z Kurzkettige Zucker (Einfachzucker) können Auslöser vieler Hautprobleme sein, denn zu viel Zucker begüns-tigt Entzündungen in der Haut.
Lebensmittel mit einem hohen Anteil an kurzkettigen Zuckern lassen den Blutzuckerspiegel enorm ansteigen. Das führt zur Bildung entzündungsfördernder Prostaglandine (Gewebehormone), die die Zell- und Hautalterung beschleunigen.
Empfehlung: Statt Zucker und Süßigkeiten besser Gemüse, Getreide, Kartoffeln und Obst verzehren.

Kohlenhydratreiche Lebensmittel

Kohlenhydrate

Einfachzucker (Monosaccharide)	**Doppelzucker** (Disaccharide)	**Vielfachzucker** (Polysaccharide)	**Mehrfachzucker** (Oligosaccharide)
Traubenzucker (Glucose) Fruchtzucker (Fructose) Schleimzucker (Galaktose)	Kristallzucker (Saccharose) Milchzucker (Lactose) Malzzucker (Maltose)	Stärke Glykogen (Speicherform im menschlichen Körper) Cellulose (pflanzliche Zellwände) Chitin (Zellwände von Pilzen)	Dextrine Maltotriose Maltotetrose
Vorkommen: in Honig, Obst und Süßwaren	Vorkommen: in Haushaltszucker, Marmelade, Limonaden, Milch, Süßwaren	Vorkommen: in Nudeln, Bananen, Getreide, Brot, Kartoffeln, Fleisch, Leber	Vorkommen: in Toast, Knäckebrot, Zwieback

Membran = dünne Haut

Fettreiche Lebensmittel

Fette

Fett ist der energiereichste Nährstoff, denn er liefert mehr als doppelt so viel Energie wie Kohlenhydrate oder Eiweiße. Doch Fette sind nicht nur energiereich, sondern auch Geschmacks- und Vitaminträger.

Funktion der Fette:

- Energielieferanten und -speicher
- Wärmeisolation
- Geschmacksträger
- Bestandteil biologischer Zellmembranen
- schützen als Baufett die Organe vor Druck, Stößen und Reibung
- ermöglichen die Aufnahme der fettlöslichen Vitamine A, E, D, K
- Grundbaustein von Hormonen

Die Fette in der Nahrung (Triglyceride oder Neutralfette) sind im Wesentlichen Moleküle aus Glycerin (einem Alkohol) und drei unterschiedlich langen Fettsäuren. Die Fettsäuren haben unterschiedliche Wirkungen im Körper und sind zum Teil unentbehrlich (essenziell), weil der menschliche Körper sie nicht selbst bilden kann.

Fettsäuren

Die Speicherung der Fettsäuren erfolgt in der Form von Triglyceriden in Fettzellen unter der Haut (Unterhautfettgewebe) und im Bauchraum um die inneren Organe herum sowie zusätzlich in Form kleiner Fetttröpfchen in der Muskulatur.
Bei Inaktivität bewirkt eine fettreiche Mahlzeit einen Anstieg der Fette im Blut und deren Speicherung. Hohe Aktivität mit entsprechendem Energieverbrauch führt zu einer Absenkung des Blutfettspiegels und zur Aufspaltung der Triglyceride, deren Fettsäuren dann zur Energiegewinnung eingesetzt werden.
Im Blut sind die Fette an Eiweißkörper gebunden, um den Transport zu ermöglichen; man spricht in diesem Zusammenhang von Lipoproteinen.

Gesättigte Fettsäuren enthalten keine Doppelbindungen, die Kohlenstoffatome sind also vollständig mit Wasserstoff „gesättigt". Kokosfett, Palmkernfett, Butter und andere tierische Fette haben einen hohen Anteil an gesättigten Fettsäuren.
Ungesättigte Fettsäuren sind in der Nahrung zu bevorzugen. **Einfach ungesättigte Fettsäuren** sind z. B. in Oliven-, Raps- und Erdnussöl sowie in tierischem Fett enthalten. Zu den **essenziellen mehrfach ungesättigten Fettsäuren** gehören

- Linolsäure (Omega-6-Fettsäure), sie kommt vor allem in pflanzlichen Ölen (z.B. Sonnenblumen-, Distel-, Maiskeimöl) und in einigen Margarinesorten vor;
- Linolensäure (Omega-3-Fettsäure), sie ist in pflanzlichen Ölen, z.B. Raps-, Lein-, Walnussöl, und in Fisch (Wildlachs, Hering, Makrele, Tunfisch) enthalten. Zur Deckung des Bedarfs wird wöchentlich eine Fischmahlzeit empfohlen.

Transfettsäuren entstehen u.a. in industriellen Verarbeitungsprozessen, z.B. bei der Fetthärtung. Sie kommen vor allem in Backwaren, Fertigprodukten und auch in einigen Margarinesorten vor. Da sie sich ungünstig auf den Blutcholesterinspiegel auswirken, sollten möglichst wenig Transfettsäuren aufgenommen werden.

Fett ist als Energielieferant, Speicherfett und Grundlage der Talgproduktion für die Haut sehr wichtig. Fette stärken die Ceramidschicht (Kittsubstanz) des Stratum corneum. Ceramide schützen die Haut zusammen mit anderen Hautbestandteilen vor dem Austrocknen.

Besonders wertvoll ist dabei die einfach ungesättigte Omega-6-Fettsäure Linolsäure. Sie stabilisiert den Zellaufbau, fördert den Sauerstofftransport in die Haut und regt die Produktion neuer Hautzellen an.
Durch die Aufnahme von Omega-3-Fettsäuren im Essen wird trockene, schuppige und reizempfindliche Haut wieder glatt und geschmeidig.

kontraktil = zum aktiven Zusammenziehen fähig

Eiweiße (Proteine)

Eiweiße machen mengenmäßig im Körper den größten Anteil (ca. 20 %) von allen organischen Stoffen aus. Sie sind wichtige Baustoffe und Bestandteile von Körperzellen, Haaren, Nägeln, Zellmembranen, Muskelfasern, Bindegeweben, Hormonen und Enzymen.

Proteine finden sich im Körper in unterschiedlichen Formen mit unterschiedlichen **Aufgaben**:

- Strukturproteine bestimmen den Aufbau der Zellen und damit die Beschaffenheit von Geweben sowie die gesamte Körperstruktur.
- Enzyme ermöglichen chemische Reaktionen.
- Kontraktile Proteine ermöglichen die Muskelkontraktion und damit die Bewegung.
- Transportproteine ermöglichen z.B. den Transport von Sauerstoff (Hämoglobin), Eisen (Transferrin) oder Fetten (Lipoprotein).
- Hormone regeln Vorgänge im Körper, z.B. die Glucoseaufnahme in die Zellen (Insulin).
- Antikörper dienen der Infektionsabwehr.

Eiweißreiche Lebensmittel

Proteine sind große Moleküle, welche in den Zellen nach dem „Bauplan“ der genetischen Information zusammengesetzt werden. Als „Bausteine“ dienen **Aminosäuren.**
Menschliche Proteine werden aus 21 Aminosäuren aufgebaut, welche der Körper teilweise selbst herstellen kann. Wie bei den Fetten gibt es aber auch 8 Aminosäuren, welche mit der Nahrung aufgenommen werden müssen (essenzielle Aminosäuren). Zur ausreichenden Bedarfsdeckung sind hierfür tierische Nahrungsmittel oder eine sehr sorgfältige Lebensmittelauswahl erforderlich.
Die in einer Kette angeordneten Aminosäuren bilden als fertiges Protein eine kugelige (**globuläre Proteine**) oder eine faserartige Form (**fibrilläre Proteine**). Diese unterstützt die jeweilige Funktion.

Proteine

- **Globuläre Proteine**
  - **Globulin** – Vorkommen: in Ei, Milch, Fleisch, Fisch, Soja, Getreide, Hülsenfrüchten
  - **Albumin** – Vorkommen: in Ei, Milch, Fleisch, Fisch, Gemüse
- **Fibrilläre Proteine**
  - **Kollagen** – Vorkommen: in Knochen, Knorpel, Sehnen, Bindegewebe
  - **Elastin** – Vorkommen: in Bindegewebe, Sehnen, Bändern, Haut, Blutgefäßen
  - **Keratin** – Vorkommen: in Haaren, Federn, Wolle, Nägeln

Die beim Abbau von Proteinen in der Zelle gebildete Energiemenge entspricht der von Kohlenhydraten. Im Gegensatz zu diesen und zu den Fetten kann ein Überschuss von Eiweiß aber nicht gespeichert werden.

Für die Haut ist Eiweiß als Baustoff für die permanente Zellerneuerung sehr wichtig. Die Eiweißstoffe **Kollagen** und **Elastin** verleihen der Haut und dem Bindegewebe Festigkeit und Elastizität. Durch einen Eiweißmangel wird straffe Haut schnell schlaff.

Viel Eiweiß liefern:
- Fleisch und Fisch
- Eier und Käse
- Hülsenfrüchte (besonders Sojabohnen)
- Kartoffeln (wegen vieler essenzieller Aminosäuren)

Der empfohlene **Eiweißbedarf** liegt etwa bei 0,8 g/kg Körpergewicht. Diese Menge wird mit einer ausgewogenen Mischkost üblicherweise erreicht. Ein Mehrbedarf entsteht nur bei extremer körperlicher Belastung oder nach größeren Verletzungen oder operativen Eingriffen.

Wasserlösliche Vitamine	**Menge/ Tag***	**Vorkommen**	**Funktion**
Thiamin (B_1)	1-1,2 mg	Vollkornprodukte, Hülsenfrüchte, Kartoffeln, Schweinefleisch	Kohlenhydrat- und Eiweißstoffwechsel, Reizleitung im Nervensystem
Riboflavin (B_2)	1,2-1,4 mg	Milch, Milchprodukte, Eier, Rind- und Schweinefleisch, Brokkoli, Pilze	Energiestoffwechsel, körpereigene Abwehr
Niacin	13-16 mg	Erdnüsse, Gerste, Leber, Fleisch, Vollkornreis, -weizen, Fisch, Pilze	Energiestoffwechsel
Pantothensäure	6 mg	Leber, Eigelb, Brokkoli, Soja	alle Stoffwechselvorgänge
Pyridoxin (B_6)	1,2-1,5 mg	Avocado, Nüsse, Bananen, Fleisch, Fisch	Eiweißstoffwechsel, körpereigene Abwehr
Biotin	30-60 µg	Fleisch, Leber, Eigelb, Vollkornprodukte, Nüsse, Sojabohnen, Linsen, Spinat, Champignons	Energiestoffwechsel
Folsäure	400 µg	Gemüse, Leber, Weizenkeime, Vollkornprodukte	Zellteilung, Aminosäuren- und Fettstoffwechsel, Blutbildung
Cobalamin (B_{12})	3 µg	Leber, Fleisch, Fisch, Eier, Käse	Zellwachstum, Blutbildung
Ascorbinsäure (C)	100 mg	Obst, Gemüse, Kartoffeln	Entgiftung, Eisenstoffwechsel

* empfohlene Zufuhr für Erwachsene, 25-50 Jahre (nach DGE)

Fettlösliche Vitamine	**Menge/ Tag***	**Vorkommen**	**Funktion**
Retinole (A)	0,8-1 mg	Leber, Aal, Butter, Möhren, Grüngemüse	Sehvorgang, Wachstum, körpereigene Abwehr
Calciferole (D)[1]	20 µg	Lebertran, Fettfisch, Eigelb, Leber	Knochenaufbau
Tocopherole (E)	12-14 mg	Keimöle, Haselnüsse, Mandeln	körpereigene Abwehr, Schutz der Zellmembranen
Phyllochinone (K)[2]	60-70 µg	Grüngemüse, Fleisch	Bildung von Blutgerinnungsfaktoren, Knochenaufbau

* empfohlene Zufuhr für Erwachsene, 25-50 Jahre (nach DGE)
[1] kann bei Sonnenbestrahlung (Gesicht und Hände 5-20 Min. mittags/Sommer) in ausreichender Menge in der Haut gebildet werden
[2] wird in geringeren Mengen durch Darmbakterien gebildet

Vitamine

Vitamine sind unerlässlich für den Stoffwechsel und lebensnotwendige Bestandteile der Nahrung, denn sie können vom Körper nicht oder nur unzureichend gebildet werden.
Man unterscheidet **wasserlösliche** und **fettlösliche Vitamine** (s. Tab. S. 242).
Wasserlösliche Vitamine können nur über wenige Tage, fettlösliche Vitamine hingegen länger im Fettgewebe des Körpers gespeichert werden.
Die Aufnahme von fettlöslichen Vitaminen kann durch Fett verbessert werden. Vitamine sind relativ hitzestabil, allerdings sauerstoffempfindlich. Wasserlösliche Vitamine werden durch Erhitzung zerstört. Daraus ergeben sich Konsequenzen für die Nahrungszubereitung.
Alle mit der Nahrungszubereitung zusammenhängenden Prozesse wie Lagerung, Zerkleinerung und Kochen senken den Vitamingehalt der Nahrungsmittel.

Vitamine
Vita = Leben
Amine = stickstoffhaltige Verbindungen

Vitaminreiche Lebensmittel

Zu höheren Verlusten kommt es durch:
- Lagerung an sich
- Lagerung bei Zimmertemperatur
- Zerkleinerung mit anschließendem Waschen
- Stehenlassen im späteren Kochwasser (z.B. Kartoffeln)
- Garen (25–40 %)

Karotten z.B. sollten möglichst frisch verbraucht oder in geschlossenen Behältern kühl gelagert werden. Beim Garen (mit möglichst wenig Wasser) sollte ein wenig Fett, z.B. Öl oder Butter, hinzugefügt werden, damit der Gehalt an ß-Carotin (Vorstufe des Vitamin A) weitgehend erhalten bleibt und die Aufnahme gefördert wird.
Petersilie sollte möglichst frisch verarbeitet und roh über das Gericht gegeben werden, um eine maximale Ausbeute an Vitamin C zu erreichen.

Der Vitaminbedarf eines Menschen ist unterschiedlich, Belastungsfaktoren und Gewohnheiten lassen den Bedarf ansteigen. Dazu gehören:
- körperliche Belastungen
- nervliche Belastungen (Negativstress)
- Krankheit
- Nikotinmissbrauch
- Alkoholmissbrauch

Z

Einen erhöhten Vitaminbedarf haben:

- Kinder und Jugendliche im Wachstum
- Schwangere und Stillende
- Ältere Menschen
- Kranke Menschen

Hauptaufgaben der Vitamine sind:
- Unterstützung und Regulierung der Verstoffwechselung von Kohlenhydraten, Fetten und Eiweiß
- Unterstützung der Immunabwehr
- Unterstützung beim Aufbau von Zellen (Blutkörperchen, Knochen, Knorpel, Haut, Zähne)

Z

Es gibt keinen Hinweis auf den Nutzen überhöhter Vitaminzufuhr (z.B. durch Nahrungsergänzungsmittel), in einigen Fällen wurde das Gegenteil festgestellt.
Bei gesunder, abwechslungsreicher Ernährung ist die Versorgung mit Vitaminen ausreichend.

Meist wirken sie dabei als sogenannte Koenzyme, d.h., sie ermöglichen die Leistung der Enzyme.
Hautschäden gehen oft mit einem Vitaminmangel einher. Vor allem durch Umwelteinflüsse wie UV-Strahlen, Ozon und Temperatur wird die Haut sehr strapaziert. Es entstehen in der Haut freie Radikale (s. S. 246), die auch die Hautzellen angreifen. Fehlt der Schutz durch Antioxidanzien, wird die Hautbarriere brüchig und die Haut altert.

Vitamin-Mangel-Erscheinungen der Haut

- **Vitamin-A-Mangel:**

Die Haut wird schuppig und aufgrund zunehmender Verhornungsprozesse weißlich-grau, die Funktionsfähigkeit der Talg- und Schweißdrüsen ist eingeschränkt und es kommt zu Haarausfall.

- **Vitamin C-Mangel:**

Kollagen wird abgebaut und straffes Bindegewebe wird schlaff.

- **Vitamin-E-Mangel:**

Die Haut trocknet aus, die Durchblutung der Haut ist gestört.

- **Vitamin-B-Mangel:**

Seborrhoische Symptome (Überproduktion von Hautfetten), Ekzeme, Wachstums- und Regenerationsstörungen bei Haut, Haaren und Nägeln.

Mineralstoffreiche Lebensmittel

Mineralstoffe

Als Mineralstoffe werden nichtorganische Nährstoffe bezeichnet, die für den Körper lebensnotwendig sind, vom Körper nicht selbst gebildet werden können und mit der Ernährung zugeführt werden müssen.
Je nach der erforderlichen Menge spricht man von **Mengenelementen** (größere Menge im Körper, Aufnahme im Grammbereich) oder von **Spurenelementen** (nur in Spuren im Körper, Aufnahme im Mikrogrammbereich).
Bei der Zubereitung können die Mineralstoffe kaum geschädigt werden. Allerdings kann durch langes Kochen und Verwerfen des Kochwassers die aufgenommene Menge reduziert werden.

Mineral-stoffe	Menge/ Tag*	Vorkommen	Funktion
Mengenelemente			
Calcium	1000 mg	Milch, Milchprodukte, Gemüse, Nüsse	Knochenaufbau, Blutgerinnung, Erregungsleitung im Nervensystem
Phosphor/Phosphat	700 mg	Fleisch, Fisch, Milchprodukte, Hülsenfrüchte	Knochenaufbau, Energietransport
Magnesium	300-350 mg	Fleisch, Fisch, Gemüse, Nüsse	Erregungsleitung im Nervensystem, Aktivierung von Enzymen
Natrium	550 mg	Käse, Wurstwaren, Konserven, Speisesalz	Wasserhaushalt, Erregungsleitung im Nervensystem, osmotischer Druck
Kalium	2000 mg	Gemüse, Obst, Hülsenfrüchte, Getreide, Kartoffeln	Wasserhaushalt, Erregungsleitung im Nervensystem, osmotischer Druck, Herztätigkeit
Chlorid	830 mg	Käse, Wurstwaren, Konserven, Speisesalz	Magensäure, osmotischer Druck
Spurenelemente			
Eisen	10-15 mg	Fleisch, Leber, Eigelb, Hülsenfrüchte, Vollkornprodukte, Gemüse	Sauerstofftransport (Hämoglobin)
Jodid	200 µg	Seefisch (Zusatz zu Speisesalz, Backwaren)	Schilddrüsenfunktion (Hormone)
Fluorid	3 mg	Schwarzer Tee (Zusatz zum Trinkwasser in einigen Regionen)	Zahnschmelzerhalt
Zink	7-10 mg	Fleisch, Käse, Vollkorngetreide	Aktivierung von Enzymen, Insulin- und Proteinaufbau
Selen	30-70 µg**	Fleisch, Eier, Fisch	Immunsystem, Schutz der Zellmembranen

* empfohlene Zufuhr für Erwachsene, 25 bis 50 Jahre (nach DGE)
** Mengen insbesondere für alte Menschen noch nicht abschließend geklärt

Funktion der Mineralstoffe für die Haut

- **Calcium** dient als Stabilisator (Calciummangel äußert sich oft durch brüchige Nägel, schuppige und gereizte Haut)
- **Magnesium** ist Bestandteil vieler Enzyme (Magnesiummangel beschleunigt die Hautalterung und lässt die Haut müde und matt aussehen)
- **Eisen** ist notwendig für den Hautstoffwechsel (Eisenmangel zeigt sich an entzündlicher Haut, Rhagaden an den Mundwinkeln und rauen, schuppigen Haaren)
- **Zink** ist Bestandteil des Eiweißstoffwechsels (Zinkmangel führt zu verzögerter Wundheilung, Ausschlägen, Ekzemen und Pilzinfektionen)

Z Ein erhöhter Mineralstoffbedarf entsteht bei:

- starkem Schwitzen
- anhaltenden Durchfällen
- entwässernden Medikamenten
- bestimmten Diätformen

Wasser

Wasser bildet den Hauptbestandteil unseres Körpers und ist unerlässlich für alle Körperfunktionen. Während es möglich ist, mehrere Tage zu hungern, kann man nur vier Tage ohne Wasserzufuhr überleben.

Wasser ist:

- Lösungsmittel für aufgenommene Nährstoffe
- Transportmittel für Stoffwechselprodukte
- Wärmeregulator (Schwitzen)

Ohne Wasser verlieren die Zellen ihre Form und kommen die in ihnen ablaufenden Vorgänge zum Erliegen.

Etwa 50–60 % des menschlichen Körpers bestehen aus Wasser, wobei mit zunehmendem Alter der Wassergehalt abnimmt.

Folgen eines Wassermangels können sein:

- Verstopfung
- verminderte Leistungsfähigkeit
- Schwäche, Schwindel
- Verwirrtheit
- trockene Zunge
- trockene Schleimhäute
- dunkler, übelriechender Urin

Wasser wird über den Verdauungstrakt aufgenommen und in flüssiger Form in den Blutgefäßen zu den Körperzellen transportiert und über die Nieren als Urin, über die Atmung und die Haut wieder ausgeschieden.

Z Wasser ist das wichtigste Transportmittel für die Haut. Deshalb sollte ein Erwachsener etwa 1,5 bis 2,5 Liter Flüssigkeit täglich zu sich nehmen.
Die besten Durstlöscher sind Leitungs- und Mineralwasser, verdünnte Obst- und Gemüsesäfte sowie Früchte- und Kräutertees.

Wasserbilanz (ml/Tag) eines Erwachsenen

Wasseraufnahme		Wasserabgabe	
Getränke	1440 ml	Urin	1440 ml
Nahrung	875 ml	Stuhl	160 ml
Oxidationswasser	335 ml	Lunge	500 ml
		Haut	550 ml
Summe	2650 ml	Summe	2650 ml

Quelle: Referenzwerte für die Nährstoffzufuhr 2000, DGE

Ballaststoffe

Ballaststoffe sind Bestandteile der pflanzlichen Nahrung, die nicht verdaut werden können.
Untersuchungen an Afrikanern, welche sich vorwiegend von Hirse und Gemüse und daher sehr ballaststoffreich ernähren, führten zur Feststellung, dass diese seltener an Krankheiten des Herz-Kreislauf-Systems, Darmkrebs oder Diabetes mellitus leiden. In der Folge wurden zunehmend positive Eigenschaften dieser Nahrungsbestandteile entdeckt und deren Wert propagiert. Mittlerweile wird auf Ballaststoffe in der Ernährung geachtet.

Z Eine ausreichende Zufuhr an Ballaststoffen (mind. 30 g/Tag) kann der Entstehung von Dickdarmkrebs, Gallensteinen, Übergewicht, Diabetes und Arterienverkalkung entgegenwirken.

Ballaststoffreiche Lebensmittel

Funktionen der Ballaststoffe im Verdauungstrakt:
- binden giftige Substanzen und machen sie damit unschädlich
- erhöhen das Stuhlvolumen und verkürzen die Passagezeit
- beugen bei ausreichender Flüssigkeitszufuhr Verstopfung vor

Unterschieden werden lösliche (z.B. Pektin) und unlösliche Ballaststoffe wie Cellulose und Chitin.
Sie kommen vorwiegend in Getreide, Obst, Gemüse, besonders Kartoffeln und Hülsenfrüchten vor.

Sie wirken unter anderem cholesterinsenkend und unterstützen durch ihre Fähigkeit, Wasser zu binden, die Darmentleerung.

Sekundäre Pflanzenstoffe

Neben den oben beschriebenen Stoffen enthalten Pflanzen weitere wichtige Bestandteile, welche als sekundäre Pflanzenstoffe bezeichnet werden.
Dies sind im Wesentlichen in den Pflanzen natürlich vorkommende **Farb- und Aromastoffe mit gesundheitlicher Wirkung.**
Sekundäre Pflanzenstoffe dürfen nicht verwechselt werden mit Nahrungszusatzstoffen in Fertiglebensmitteln (z.B. natürliche oder naturidentische Farb- und Aromastoffe).

Rote Weintrauben

In Äpfeln konnten bisher 40 verschiedene Farb- und Aromastoffe erfasst und 15 analysiert werden.
Die meisten befinden sich in der Schale und dienen der Frucht zur Abwehr von Mikroorganismen, Insektenschädlingen und starker UV-Strahlung.
Im menschlichen Körper sind sie in der Lage, freie Sauerstoffradikale abzufangen.

Sauerstoffradikale sind schädliche Formen des Sauerstoffs, die bei der Energiegewinnung in den Zellen entstehen, aber auch z.B. im Zigarettenrauch vorkommen. Sie führen zu Zellschäden, z.B. im Rahmen der Arteriosklerose, aber auch einer vorzeitigen Zellalterung (s. Rauchen S. 303).

Flavonoide, welche auch in der Schale roter Weintrauben vorkommen, beugen z.B. Arteriosklerose vor und schützen daher vor Herz-Kreislauf-Erkrankungen.

Andere sekundäre Pflanzenstoffe stärken das Immunsystem, wirken entzündungshemmend, senken den Blutdruck und den Cholesterinspiegel.

Wegen der positiven Wirkung wird empfohlen, bei der Auswahl von Gemüse und Früchten „farbige" Varianten vorzuziehen, auch bittere und saure Pflanzen sollten auf den Speiseplan gesetzt werden.

> **Z**
> Grüne Salate z.B. mit Radicchio (rot), Eichblatt (bräunlich), Endivie (weiß) mischen.
> Obstsalate nicht nur wegen des Aussehens möglichst farbig gestalten, z.B. mit Kiwi, blauen Trauben, Pflaumen, Nektarinen, Grapefruit.

A

1. Beschreiben Sie kurz die wichtigsten Energieträger in unserer Nahrung mit je einem Beispiel.
2. Welche Vorschläge würden Sie Ihrer Kundin zur Deckung ihres Kohlenhydratbedarfs zu den verschiedenen Mahlzeiten geben? (Bsp. anstelle von Weizenbrötchen ...)

3. Ermitteln Sie je zehn besonders fettreiche und besonders fettarme Lebensmittel.
4. Informieren Sie sich über den Fettgehalt und die Fettsäurezusammensetzung von Butter, Pflanzenmargarine, Halbfettmargarine, Rapsöl und Schweineschmalz.
5. Besuchen Sie einen Supermarkt in Ihrer Nähe und stellen Sie einen Preisvergleich an zwischen Lightprodukten und herkömmlichen Produkten.
6. Stellen Sie einen Salat zusammen, der auch das Wissen über sekundäre Pflanzenstoffe berücksichtigt.

Schleimstoffe = Muzine
Immunglobulin = dient der Markierung und Abtötung von Bakterien
Lysozym = ein Eiweißstoff, der Bakterienwände auflöst

Z Kaut man trockenes Brot sehr ausgiebig, fängt es an süßlich zu schmecken. Die Stärke hat sich in süßen Malzzucker gespalten.

light = leicht

10.1.3 Verdauung

Die wichtigsten Bausteine der Energiegewinnung werden dem Körper durch die Nahrungsaufnahme und anschließende Verdauung (d.h. Aufbereitung) zur Verfügung gestellt. Ein problemloses Funktionieren der Verdauungsorgane ist dafür Voraussetzung und trägt zum Wohlbefinden bei.

Aufbau der Verdauungsorgane

Die Zähne stehen am Beginn des Verdauungstraktes. Sie zerkleinern die Nahrung durch Beiß- und Mahltätigkeit. Der Speisebrei wird dabei durch die Zunge in der Mundhöhle bewegt und umgewälzt, bis er hinreichend zerkleinert und durchfeuchtet ist. Dies ist die Voraussetzung für den Angriff von Enzymen und den Weitertransport durch den Schluckakt. Hinter der Zahnreihe befinden sich die mit Schleimhaut ausgekleidete Mundhöhle, die Zunge und die Speicheldrüsen.

Die im Speichel enthaltenen Schleimstoffe machen den Bissen schlüpfrig und damit schluckfähig. Einzelne Nahrungsbestandteile werden im Speichel gelöst und ermöglichen so den Beginn der Verdauung schon im Mund und das Wirksamwerden von Geschmacksreizen. Durch das Enzym Amylase wird die Verdauung der Kohlenhydrate bereits beim Kauen eingeleitet. Der Speichel hat auch die Fähigkeit, Krankheitserreger abzuwehren, das beruht auf seinem Gehalt an Immunglobulin und Lysozym.

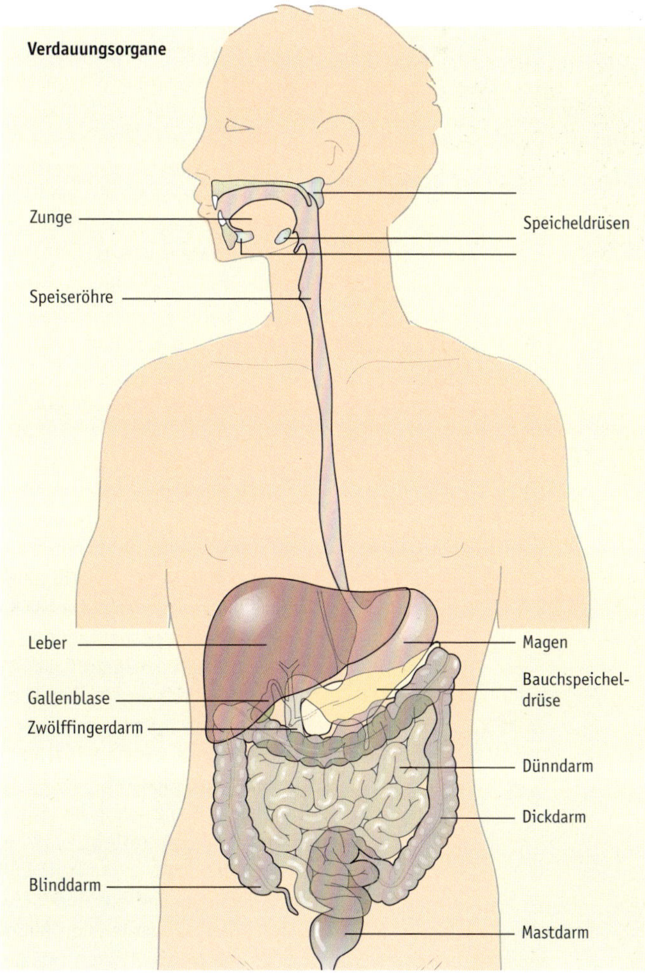

Papillen = Geschmacksknospen
umami (jap.) = herzhaft, wohlschmeckend, für eiweißreiche Nahrung
Leerdarm = Jejunum
Krummdarm = Ileum
bindegewebsartiges Aufhängeband = Mesenterium
Epithel = oberste Zellschicht des Haut- und Schleimhautgewebes
re (lat.) = zurück
sorbere (lat.) = hineinschlürfen

Funktionen des Magens:

- Speisendepot für ca. 1,5 l
- Verflüssigung der Nahrung durch Magensaft
- Aufschluss von Eiweiß durch Enzyme
- Abtötung von Keimen durch Salzsäure

Die **Zunge** ist – der Vielzahl ihrer Aufgaben entsprechend – ein kompliziert aufgebauter **Muskel**. Sie unterstützt das Kauen, Schlucken, Saugen, Sprechen und ist auch empfindliches Tastorgan. Sie ist von einer Schleimhaut mit rauer Oberfläche überzogen. Dieser raue Eindruck entsteht durch die Papillen. In diesen befinden sich hochempfindliche Nervenendigungen zur Wahrnehmung von

- Geschmacksqualitäten: süß, sauer, bitter, salzig, umami
- Wärmequalitäten: heiß, kalt
- Tasteindrücken: weich, hart

Nach dem Schluckakt gelangt der Speisebrei über die **Speiseröhre** in den **Magen** und von dort in den Darm. Dafür zieht sich die Speiseröhre rhythmisch zusammen (Peristaltik) und transportiert den Brei oder Flüssigkeiten aktiv in den Magen, welcher direkt unter dem Zwerchfell liegt.
Der Magen hat die Form des zunehmenden Mondes. Die in der mittleren Wandschicht befindliche glatte Muskulatur verläuft längs, schräg und ringförmig. Dadurch kann sich der Magen dem jeweiligen Füllungszustand anpassen. Der Speisebrei kann im Magen bewegt und mit dem Magensaft vermengt werden. Dieser wird von in der Schleimhaut befindlichen Drüsen produziert (ca. 2 Liter/Tag).
Der Magensaft besteht aus einem Schleim zum Schutz der Magenwand, Enzymen zum Aufspalten von Eiweiß und aus Salzsäure. Die Salzsäure ist für die Abtötung von Krankheitserregern in der Nahrung erforderlich, sie setzt Eisen aus der Nahrung frei und fördert dessen Aufnahme im Dünndarm.

Vom Magen gelangt der Speisebrei in den **Zwölffingerdarm**. Das ist der erste Abschnitt des Dünndarms, ihm schließen sich weitere Dünndarmabschnitte an, der Leerdarm und der Krummdarm. Leerdarm und Krummdarm sind insgesamt etwa 3 m lang und stark gewunden. Sie sind mit einem bindegewebsartigen Aufhängeband an der hinteren Bauchwand befestigt. Durch dieses „Band" verlaufen von der hinteren Bauchhöhle her kommend die Gefäße und Nerven. Die einer Kreppmanschette ähnliche Kräuselung hat zu dem deutschen Namen Gekröse geführt.

Der Hauptanteil verdauungswirksamer Stoffe für die Aufbereitung der Nahrung in körpergerechte und resorbierbare Bestandteile stammt aus der Bauchspeicheldrüse und aus dem Leber-Gallenblasen-System. Sie werden dem Nahrungsbrei im Zwölffingerdarm durch einen gemeinsam mündenden Gang zugegeben.
Die Schleimhaut des **Dünndarms** ist zur Vergrößerung der Oberfläche in ringförmige Falten gelegt. Zur weiteren Oberflächenvergrößerung bildet die Schleimhaut winzige fingerartige Ausstülpungen, die Zotten. Sie sind so fein, dass die Schleimhaut ein samtartiges Aussehen hat. Durch zusätzliche Fältelung des Epithels entsteht ein Bürstensaum, der die Resorptionsleistung steigert.
Zur Resorption der Nahrungsbestandteile aus dem Dünndarm in Blut- und Lymphbahn findet sich in der Wand, bis in die Zotten hineinreichend, ein dichtes Netz von Blut- und Lymphkapillaren.
Kohlenhydrate, die hauptsächlich als **Disaccharide** vorliegen, werden zu **Einfachzuckern aufgespalten**.
Die **Eiweiße**, die schon im Magen in kleinere Einheiten gespalten wurden, werden in **Aminosäuren zerlegt**.
In der Dünndarmschleimhaut finden sich außerdem spezialisierte Zellen, die Enzyme liefern, die den Abbau der Eiweiße und Kohlenhydrate vervollständigen.
Die Kapillaren übernehmen Aminosäuren, Glucose, Salze, Vitamine und Spurenelemente und transportieren sie über die Pfortader zunächst zur Leber.

Blinddarm = Caecum
Mastdarm = Rektum
After = Anus

Die Fette werden in Fettsäuren und Glycerin gespalten. Kurzkettige und mittelkettige Fettsäuren werden von den Blutgefäßen und langkettige Fettsäuren von den Lymphgefäßen aufgenommen.

Aus dem Dünndarm werden die nicht resorbierten Nahrungsbestandteile weiter in den **Dickdarm** transportiert, sein Beginn im rechten Unterbauch heißt Blinddarm. An diesem findet sich als Ausstülpung der etwa kleinfingerlange Wurmfortsatz. Im Volksmund wird dieser fälschlicherweise „Blinddarm" genannt, häufig im Zusammenhang mit der Entzündung dieses Darmabschnittes. Hier läuft der Dickdarm aufwärts (s. S. 81).

Es folgt ein quer verlaufender Abschnitt, etwa eine Handbreit unter dem Rippenbogen, und ein absteigender Anteil auf der linken Bauchseite. Daran schließt sich ein S-förmiger Dickdarmteil an, der durch das kleine Becken zum Mastdarm führt. Im oberen Anteil des Mastdarms, der sogenannten Ampulle, befindet sich der Kot, bis er abgesetzt wird. Der Mastdarm schließt mit dem Darmausgang, dem After, den Magen-Darm-Kanal ab.

Funktion der Verdauungsorgane

Die oberen Abschnitte bis einschließlich Magen dienen der Vorbereitung des Nahrungsbreis und dessen Transport.
Im **Dünndarm** findet dann die eigentliche Aufnahme der Nahrungsbestandteile in löslicher Form statt.
Der **Dickdarm** dient neben dem Weitertransport auch der Rückgewinnung von Wasser, welches zur Lösung und zum Transport der Enzyme aus den Drüsen in den Darm gegeben wurde (insgesamt 9 Liter/Tag).
Die unverdaubaren Nahrungsbestandteile (z.B. Cellulose) werden von Darmbakterien unter Gasbildung zersetzt. Diese natürlicherweise vorkommenden Bakterien wirken jedoch in anderen Körperregionen krank machend. So wird z.B. die Blasenentzündung am häufigsten durch Kolibakterien verursacht.
Eine weitere Aufgabe der Bakterien des Dickdarms ist die Produktion von Vitamin K, das für die Blutgerinnung und die Abwehr von Krankheitserregern eine wichtige Rolle spielt.

Belastungsmomente

Üblicherweise müssen sich gesunde Menschen nicht besonders mit der Funktion des Magen-Darm-Traktes auseinandersetzen, auch wenn man bei älteren Menschen manchmal das Gefühl hat, alles drehe sich darum. Dies hat aber damit zu tun, dass Störungen eher zunehmen und Ablenkungen eher seltener werden. Gut ist es daher, schon in jungen Jahren vermeidbare Belastungen auszuschalten.

Unregelmäßige Nahrungsaufnahme

Nahrungsmittel haben je nach ihrer Zusammensetzung unterschiedliche, auch individuell variierende Passagezeiten. Die „Bearbeitung" ist also abhängig von der Auswahl der Nahrungsmittel. Die Produktion von Verdauungsenzymen folgt wie alle biologischen Vorgänge im Körper einem Tages-Nacht-Rhythmus, entsprechend spielt sich auch bei der Entleerung eine gewisse Regelmäßigkeit ein, welche nicht gestört werden sollte.

Essen unter Stress

Nachts werden weniger Verdauungsenzyme produziert, dafür steigt die Ab- und Umbauleistung der Leber. Der Verdauungsapparat ist also nicht auf größere Nahrungsmengen eingestellt.
Häufig reagiert der Darm auf z.B. lange Flüge oder Autofahrten mit einer Entleerungsverzögerung, die sich allerdings innerhalb von 1–2 Tagen wieder einspielt.
Unregelmäßige und zu späte Nahrungsaufnahme kann zu unangenehmem Völlegefühl mit Schlafstörungen, aber auch zu Unregelmäßigkeiten bei der Entleerung führen. Essen unter Stress verlangsamt die Verdauungstätigkeit.

Mengenüberlastung

Übermäßige Magenfüllung und Beengung durch Kleidung oder Sitzhaltung sollten vermieden werden. Durch eine aufrechte Position wird eine bessere Weiterleitung der Nahrung ermöglicht.
Durch die Vergrößerung des Magens kommt es zu einer Beeinträchtigung der Bewegungsmöglichkeiten des Zwerchfells mit deutlicher Einschränkung der Atemtiefe. Außerdem werden die Blutgefäße im Bauchraum eingeengt, was zu einer Verschlechterung der Durchblutung führt. Gerade bei der Verdauung sollte die Durchblutung gut funktionieren.

Gasbildung

Gasbildung im Darm ist ein natürlicher Vorgang als Folge des Verschluckens von Luft und der Tätigkeit der Darmbakterien. Normalerweise entweicht es auf natürlichem Wege und macht keinerlei Beschwerden.
Übermäßige Gasansammlungen stören aber durch Völlegefühl, Aufstoßen und Übelkeit. Eine Überblähung des Darms kann zu kolikartigen Schmerzen führen. Darüber hinaus wirkt sich das nötige häufige Aufsuchen der Toilette auch insgesamt störend aus.

Blähende Lebensmittel

Gründe der Gasbildung sind:
- vermehrtes Luftschlucken
- blähende Lebensmittel
- Unverträglichkeiten wie Lactoseintoleranz (Enzymmangel)

Blähende Lebensmittel:
- ballaststoffhaltige Getreideprodukte
- Obst
- Gemüse (Kohl)
- Hülsenfrüchte

Diese enthalten schwer verdauliche Kohlenhydrate (Ballaststoffe, s. S. 245f.) die vom Verdauungssystem schlecht abgebaut und im Dickdarm von den Darmbakterien unter vermehrter Gasbildung verstoffwechselt werden.

Unverträgliche Nahrungsmittel

Unverträgliche Nahrungsmittel können nach der Aufnahme Missempfindungen auslösen (Kopfschmerzen, Gesichtsrötung). Sie können zu Reaktionen des Darms führen (Durchfall). Sie können aber auch allergische Reaktionen von Schwellungen der Schleimhäute über sichtbare Hautreaktionen bis zu lebensgefährlichen Allgemeinreaktionen auslösen.
Unverträglichkeiten werden durch die Nahrungsmittel selbst (z.B. Pilze), Inhaltsstoffe (z.B. gefäßaktive Aminosäuren wie Serotonin) oder Zusatzstoffe (Farbstoffe, Antibiotika, Insektenvernichtungsmittel) ausgelöst.

Verstopfung

Von Verstopfung spricht man (erst) dann, wenn weniger als zweimal pro Woche Stuhlgang besteht, wenn der Stuhl sehr hart ist und er nur durch starkes Pressen abgesetzt werden kann. Nahezu jeder dritte Bundesbürger leidet an Verstopfung.
Die Verstopfung ist meist vor allem auf Fehler in der Auswahl der Nahrungsmittel zurückzuführen. Es fehlt an ballaststoffreichen Getreide- und Gemüseprodukten. Gleichzeitig werden leicht zu kauende Fertigwaren bevorzugt. Ergebnis ist eine verzögerte Magen-Darm-Passage.
Weitere Auslöser sind Erkrankungen der Darmwand oder Störungen des Transportes (Peristaltik), ungenügende Bewegung und Unregelmäßigkeiten sowohl bei Nahrungsaufnahme als auch Entleerung. Der Vorgang der Darmentleerung kann – anders als beim Wasserlassen – für längere Zeit unterdrückt werden. Der Darm reagiert darauf aber immer mit längerer Trägheit.

Verstopfung = Obstipation

Verstopfung

Fördernde Maßnahmen

Wie bei vielen anderen Problemen körperlicher Natur sind die Probleme miteinander verbunden, sodass allgemeine Ratschläge schon in vielen Fällen helfen.

- In Ruhe essen und gründlich kauen.
- Vermeidung zucker- und fettreicher Lebensmittel.
- Bewegung nach dem Essen.
- 1,5 Liter kalorienfreie Flüssigkeit pro Tag trinken.
- Fenchel-, Kümmel-, Anis- oder Pfefferminztee haben beruhigende und entblähende Wirkung.
- Bei akuten Problemen hilft meist eine Wärmflasche.

Z

Antiverstopfungsmüsli

- 2–3 EL grobe Getreideflocken
- 1 EL Leinsamen
- 1 geriebener Apfel
- 1 Becher Joghurt

Nahrungsauswahl

Bei genauer Beobachtung ergibt sich meist eine Anzahl von Lebensmitteln, welche nicht so gut oder gar nicht vertragen werden.
Manchmal helfen allgemeine (z.B. Lebensmittel garen) oder spezielle (z.B. Kümmel zum Kohl) Zubereitungsweisen, um die Nahrungsmittel verträglicher zu machen.
Bei Unsicherheit zunächst kleine Portionen probieren, bei wiederholten Problemen konsequent streichen.
Unter Umständen kann unter ärztlicher Begleitung eine sogenannte Elementardiät mit Reis und Kartoffeln durchgeführt werden (vor allem bei Lebensmittelallergien), der dann unter aufmerksamer Beobachtung nach und nach die normalerweise verzehrten Nahrungsmittel zugefügt werden, um Unverträglichkeiten sicher zuordnen zu können.
Eine Abklärung der Zusatzstoffe ist allerdings nur in einer Klinik möglich.

1,5 Liter Flüssigkeit am Tag

Flüssigkeitsaufnahme

Die ausreichende Aufnahme von Flüssigkeit (Wasser) ist für alle Lebensvorgänge, also auch die Verdauung notwendig und empfohlen. Der allgemeinen Empfehlung von 1,5 Liter pro Tag kann von Gesunden auf jeden Fall gefolgt werden.

Bewegung

Durch unzureichende Bewegung im Alltag verringert sich die Darmtätigkeit und der Transport des Nahrungsbreis wird verlangsamt. Kommt noch Essen unter Stress hinzu, wird die Nahrung unzureichend weiterverarbeitet. Völlegefühl und vermehrte Gasbildung sind die Folgen.

Vollkornprodukte

Z

An der Sporthochschule Köln wurden drei Übungen entwickelt, die sowohl akut als auch vorbeugend helfen. Die Dehnungs- und Kräftigungsübungen setzen an der Bauchmuskulatur an. Diese wird gekräftigt und ist damit besser in der Lage, den Darm zu massieren und damit bei seiner Arbeit zu unterstützen.

Bewegung bringt den Darm wieder in Schwung und unterstützt seine Tätigkeit. Die in den folgenden Kapiteln vorgestellten Ausdauersportarten haben ebenfalls positive Auswirkungen auf das Magen-Darm-System.

Ausscheidungsregulation

Um Probleme zu vermeiden, sollte eine ungestörte regelmäßige Entleerung ermöglicht werden.

Erfolgreich sind Änderungen von Lebensweise und Ernährung sowie gymnastische Übungen im Sinne einer Obstipationsprophylaxe:

- Änderung der Essgewohnheiten:
  richtig kauen, die Mahlzeiten in Ruhe einnehmen, regelmäßig essen.
- Nahrungszusammenstellung:
  Im Sinne einer vollwertigen Ernährung sollten Vollkornprodukte und faserreiche, nicht blähende Gemüsesorten bevorzugt gegessen werden. Diese binden Wasser und erhöhen damit die Menge des Stuhles, was zu einer schnelleren und besseren Passage führt. (100 g Karotten, Äpfel oder Orangen binden z.B. 200 ml Wasser.)
- Trinkgewohnheiten:
  vor dem Frühstück und zu jeder Mahlzeit etwas trinken,
  bevorzugt Mineralwässer, vitaminreiche Säfte, Buttermilch und Tees (Sauermilchprodukte führen ab, Fencheltee verhindert Blähungen).
- Körperliche Betätigung:
  morgendliche Gymnastik mit Dehn- und Atemübungen (innere Darmmassage), Spaziergang vor dem Frühstück.
- Darmtraining:
  Wenn jeden Tag zur gleichen Zeit die Toilette aufgesucht wird (ohne Pressen), spielt sich langsam ein Rhythmus der Entleerung ein. Hektik oder äußere Störungen müssen verhindert werden, sonst verschlechtert sich die Situation.
- Hilfreich können auch äußere Dickdarmmassagen sein. Diese werden mit mäßigem Druck und flacher Hand ausgeführt. Dabei wird streng dem Verlauf des Dickdarms gefolgt, also vom rechten Unterbauch zum Rippenbogen, quer hinüber zum linken Rippenbogen, dann zum linken Unterbauch – eine Maßnahme, die sich gut mit der täglichen Körperwäsche verbinden lässt (s. S. 81).

Wichtig ist auch, die Angst vor einer ungenügenden Entleerung zu nehmen. Von drei spontanen Entleerungen pro Tag bis zu zwei Entleerungen pro Woche erstreckt sich die Bandbreite einer normalen Dickdarmfunktion.

Morgendliche Dehnungsübungen fördern die Darmtätigkeit

A

1. Erläutern Sie die einzelnen Abschnitte des Verdauungstraktes.
2. Tragen Sie Bedingungen zusammen, welche die Verdauung stören können.
3. Nennen Sie Speisen, die besonders leicht verdaulich bzw. schwer verdaulich sind.
4. Nehmen Sie einer Kundin die Angst vor Verstopfung. Klären Sie sie über die normalen Vorgänge auf und entwickeln Sie mit ihr ein Programm zur Regulation der Ausscheidung.

10.1.4 Gesunde und abwechslungsreiche Ernährung

DGE = Deutsche Gesellschaft für Ernährung

Eine Orientierung für die Zusammensetzung und die Verteilung der Nahrungsmittel stellt die sogenannte Ernährungspyramide dar:

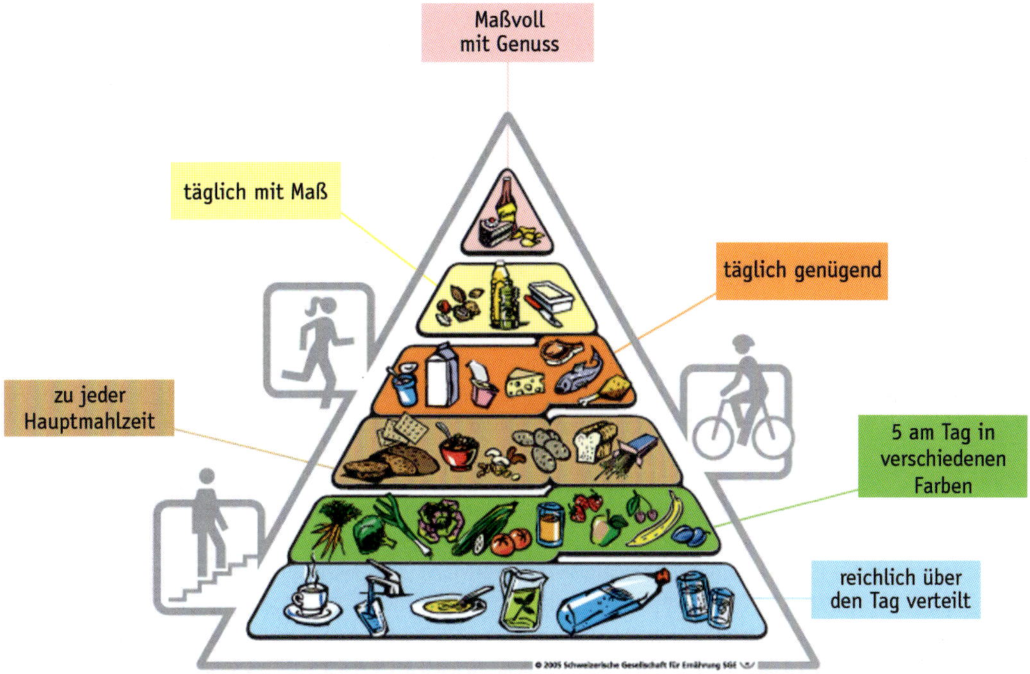

Ernährungspyramide

Der Energiebedarf soll
- zu 55 bis 60 % aus Kohlenhydraten,
- 10 bis 15 % aus Eiweiß,
- 30 % aus Fett gedeckt werden.

Empfehlungen:
- Lebensmittel mengenmäßig entsprechend der Ernährungspyramide zusammenstellen
- Lebensmittel nur so weit wie nötig bearbeiten
- auf Frische achten (Vitamin- und Geschmacksverlust, Verderb)
- hochwertiges Eiweiß bevorzugen (z.B. Fisch, Milch)
- abwechslungsreich essen

Die DGE hat zehn Regeln entwickelt, die helfen sollen, sich genussvoll und gesund zu ernähren. Sie bieten Anleitungen, die im Alltag leicht umzusetzen sind.

Zehn Regeln der DGE:

1. Vielseitig essen

Genießen Sie die Lebensmittelvielfalt. Merkmale einer ausgewogenen Ernährung sind abwechslungsreiche Auswahl, geeignete Kombination und angemessene Menge nährstoffreicher und energiearmer Lebensmittel.

2. Reichlich Getreideprodukte und Kartoffeln
Brot, Nudeln, Reis, Getreideflocken, am besten aus Vollkorn, sowie Kartoffeln enthalten kaum Fett, aber reichlich Vitamine, Mineralstoffe, Spurenelemente sowie Ballaststoffe und sekundäre Pflanzenstoffe.
Verzehren Sie diese Lebensmittel mit möglichst fettarmen Zutaten.

3. Gemüse und Obst – Nimm „5 am Tag"...
Genießen Sie 5 Portionen Gemüse und Obst am Tag, möglichst frisch, nur kurz gegart, oder auch eine Portion als Saft – idealerweise zu jeder Hauptmahlzeit und auch als Zwischenmahlzeit: Damit werden Sie reichlich mit Vitaminen, Mineralstoffen sowie Ballaststoffen und sekundären Pflanzenstoffen (z.B. Carotinoiden, Flavonoiden) versorgt. Das Beste, was Sie für Ihre Gesundheit tun können.

4. Täglich Milch und Milchprodukte; ein- bis zweimal in der Woche Fisch; Fleisch, Wurstwaren sowie Eier in Maßen
Diese Lebensmittel enthalten wertvolle Nährstoffe, wie z.B. Calcium in Milch, Jod, Selen und Omega-3-Fettsäuren in Seefisch. Fleisch ist wegen des hohen Beitrags an verfügbarem Eisen und an den Vitaminen B_1, B_6 und B_{12} vorteilhaft. Mengen von 300–600 Gramm Fleisch und Wurst pro Woche reichen hierfür aus. Bevorzugen Sie fettarme Produkte, vor allem bei Fleischerzeugnissen und Milchprodukten.

5. Wenig Fett und fettreiche Lebensmittel
Fett liefert unentbehrliche (essenzielle) Fettsäuren und fetthaltige Lebensmittel enthalten auch fettlösliche Vitamine. Fett ist besonders energiereich, daher kann zu viel Nahrungsfett Übergewicht fördern. Zu viele gesättigte Fettsäuren erhöhen das Risiko für Fettstoffwechselstörungen, mit der möglichen Folge von Herz-Kreislauf-Krankheiten. Bevorzugen Sie pflanzliche Öle und Fette (z.B. Raps- und Sojaöl und daraus hergestellte Streichfette). Achten Sie auf unsichtbares Fett, das in Fleischerzeugnissen, Milchprodukten, Gebäck und Süßwaren sowie in Fast-Food- und Fertigprodukten meist enthalten ist. Insgesamt 60–80 Gramm Fett pro Tag reichen aus.

6. Zucker und Salz in Maßen
Verzehren Sie Zucker und Lebensmittel bzw. Getränke, die mit verschiedenen Zuckerarten (z.B. Glucosesirup) hergestellt wurden, nur gelegentlich. Würzen Sie kreativ mit Kräutern und Gewürzen und wenig Salz. Verwenden Sie Salz mit Jod und Fluorid.

7. Reichlich Flüssigkeit
Wasser ist absolut lebensnotwendig. Trinken Sie rund 1,5 Liter Flüssigkeit jeden Tag. Bevorzugen Sie Wasser – ohne oder mit Kohlensäure – und andere kalorienarme Getränke. Alkoholische Getränke sollten nur gelegentlich und nur in kleinen Mengen konsumiert werden.

8. Schmackhaft und schonend zubereiten
Garen Sie die jeweiligen Speisen bei möglichst niedrigen Temperaturen, soweit es geht kurz, mit wenig Wasser und wenig Fett – das erhält den natürlichen Geschmack, schont die Nährstoffe und verhindert die Bildung schädlicher Verbindungen.

9. Nehmen Sie sich Zeit, genießen Sie Ihr Essen
Bewusstes Essen hilft, richtig zu essen. Auch das Auge isst mit. Lassen Sie sich Zeit beim Essen. Das macht Spaß, regt an, vielseitig zuzugreifen, und fördert das Sättigungsempfinden.

10. Achten Sie auf Ihr Gewicht und bleiben Sie in Bewegung
Ausgewogene Ernährung, viel körperliche Bewegung und Sport (30 bis 60 Minuten pro Tag) gehören zusammen.
Mit dem richtigen Körpergewicht fühlen Sie sich wohl und fördern Ihre Gesundheit.

A Vergleichen Sie die Ergebnisse Ihres einwöchig geführten Ernährungsprotokolls (s. S. 238) mit den Ernährungsempfehlungen der DGE. Arbeiten Sie Abweichungen heraus und überlegen Sie sich, falls erforderlich, wie Sie Ihre Ernährungsgewohnheiten ändern können.

10.1.5 Ernährungsmitbedingte Erkrankungen

Diabetes mellitus

Diabetes mellitus heißt in der Übersetzung soviel wie süßer Harnfluss. In dieser alten Beschreibung wurden schon damals zwei wichtige Symptome erkannt. Denn erste Anzeichen sind Durst und vermehrtes Wasserlassen.
Der ebenfalls gebräuchliche Begriff **Zuckerkrankheit** weist auf den Stoffwechselweg hin, der als Erstes gestört ist. Wegen der allgemeinen Wirkungen des Insulins kommt es zu einer Störung der anderen Stoffwechselwege sowie bei längerem Bestehen der Erkrankung zu Schäden an nahezu allen Organsystemen, „Spätschäden" genannt (s. S. 290).

Neben einer erblichen Belastung hat die Lebensweise Einfluss auf die Häufigkeit der Erkrankung:
- Abnahme körperlicher Arbeit
- Tendenz zu weniger Bewegung
- Überernährung
- Bevorzugung fetter, süßer Nahrungsmittel

Beim Diabetes mellitus ist die Aufnahme von Glucose in die Zellen gestört. Die aus dem Darm aufgenommene Glucose verbleibt im Blut, und der Blutzucker steigt allmählich an. Hat der Blutzuckerspiegel einen Wert von 180 mg/dl erreicht, wird Zucker mit dem Urin ausgeschieden. Dies geht nur in gelöster Form. Es muss also viel Wasser mit dem Zucker zusammen ausgeschieden werden, was zu auffällig hohen Urinmengen führt. Dies löst ein starkes Durstgefühl aus. Ferner kommt es zur Austrocknung der Haut mit Rötung und Juckreiz. Weitere Krankheitszeichen ergeben sich aus dem Energiemangel, den die Zellen erleiden. Die Erkrankten sind blass, ständig müde und in ihrer Belastbarkeit eingeschränkt.

Eine Grundlage der Behandlung von Diabetes mellitus ist eine bewusste, an die Stoffwechselstörung **angepasste Ernährung**.
- Sparsamer Umgang mit Fett, wenig tierische Fette:
  günstig sind Öle mit mehrfach ungesättigten Fettsäuren (z.B. Olivenöl, Rapsöl) oder Früchte (z.B. Avocados)
- Lebensmittel mit hohem Gehalt an komplexen Kohlenhydraten bevorzugen:
  frisches Obst, Gemüse, Salat, Hülsenfrüchte, Vollkorn- und Getreideprodukte, Nudeln, Reis und fettarme Milchprodukte
- Zuckerverzehr vermeiden,
  keine zuckerhaltigen Getränke, Süßstoff gestattet (aber kritisch zu sehen)

Fehlernährung, die zu Diabetes führen kann

Z Es gibt zwei wichtige Diabetesformen:
10 % der Erkrankten leiden an **Diabetes mellitus Typ I**. Dieser ist angeboren und es besteht ein absoluter Mangel an Insulin, der durch Injektion des Hormons ausgeglichen werden muss.
Nahezu 90 % aller Diabetiker leiden unter dem **Diabetes Typ II**, damit also fast 4 % der Gesamtbevölkerung. Grundlage ist auch hier eine angeborene Veranlagung mit stark erhöhtem Risiko für Kinder und Geschwister von Erkrankten. Hier ist die Ansprechbarkeit der Zellen für Insulin gestört. Ein Auftreten der Krankheit steht meist im Zusammenhang mit Überernährung und der Bevorzugung zu süßer und zu kalorienreicher Nahrungsmittel bei unzureichender Bewegung.

Z Diabetes in der Familie, Bluthochdruck und Übergewichtigkeit sollten immer Anlass für eine Überprüfung des Blutzuckerspiegels sein.

- Alkoholische Getränke in Maßen:
  z.B. ein Glas trockenen Wein oder Bier (bei Übergewicht, erhöhten Blutfettwerten, Bluthochdruck kein Alkohol!)

Fettleibigkeit (Adipositas)

Man versteht hierunter eine übermäßige Körpergewichtserhöhung durch Zunahme des Fettgewebes. Grundlage sind Erbfaktoren und Regulationsstörungen im Stoffwechsel. Ursache ist ein Ungleichgewicht von Energieaufnahme und Energieverbrauch – häufig als Folge falscher Ernährung, ungenügender Bewegung, seelischer Belastung. Lebensqualität und Lebenserwartung sind eingeschränkt. Für das Risiko von Herz-Kreislauf-Erkrankungen ist die Fettverteilung maßgebend. Ein hohes Risiko haben Personen mit einem erhöhten Taillenumfang (Frauen > 88 cm, Männer > 102 cm).

Übergewichtiger Junge

Z Messung des Taillenumfangs: zwischen Rippenbogen und Beckenkamm

Begleit- und Folgeerkrankungen der Adipositas betreffen:
- den Stoffwechsel (Diabetes mellitus, Fettstoffwechselstörungen, Gicht),
- das Herz-Kreislauf-System (Bluthochdruck, Herzinsuffizienz, Krampfaderleiden),
- den Bewegungsapparat (Gelenkverschleiß),
- die Atmungsorgane (erhöhtes Risiko für Lungenentzündungen).

Eine eventuell bestehende Erkrankung muss behandelt werden. Die Nahrungsaufnahme wird nach Menge und Zusammensetzung den tatsächlichen Erfordernissen des Organismus angepasst. Das ist eine schwer umzusetzende Forderung, da das Essverhalten stark von Erziehung und Gewohnheiten geprägt ist und Essen schon mehr bedeutet als nur reine Nahrungsaufnahme. Insbesondere bei älteren, einsamen Menschen ist das Essen auch Ersatz für viele Dinge, die sonst das Leben lebenswert machen.

Der Weg zur Körperfettreduzierung ist langwierig und erfordert viel Durchhaltevermögen (s. S. 267)!
Angestrebt wird eine Reduzierung des Grundumsatzes um 500 bis 800 kcal täglich vor allem durch Reduzierung der Nahrungsfette. Dies entspricht einer Abnahme von etwa 0,3–1 kg/Woche. Um den Durchhaltewillen zu stärken, kann es sinnvoll sein, diese Menge pro Monat zu planen.

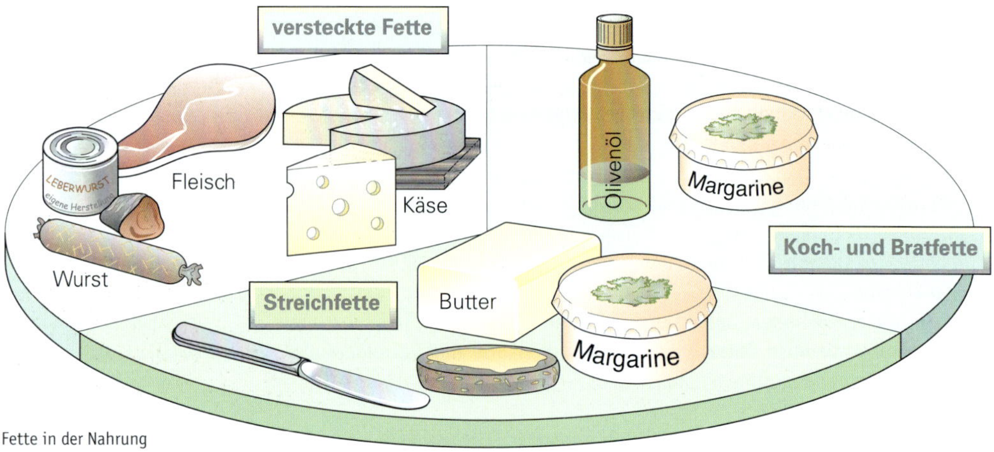

Verteilung der Fette in der Nahrung

Die größten Erfolge zeigen Menschen, die z.B. eine Aufnahme von 1200 kcal/d über ein halbes Jahr durchhalten (sog. Reduktionskost).

Neben der Kalorienreduktion orientieren sich die Empfehlungen an den Empfehlungen zu gesunder Ernährung generell:

- Ausgewogene Kost
  - Reduzierung der tierischen Fette
  - Bevorzugung komplexer Kohlenhydrate
  - Ballaststoffreiche Kost
- Reduzierung der Gesamtkalorienaufnahme pro Tag auf etwa 1200 kcal
  - Bei weiterer Reduzierung ist ärztliche Begleitung erforderlich
- Reduzierung der Gesamtfettaufnahme auf 60 g (einschließlich versteckter Fette, s. S. 256)
- Täglich mindestens 1 Stunde Bewegung (s. S. 268)

Während der Gewichtsabnahme muss auf eine ausreichende Trinkmenge geachtet werden.

chronisch (lat.) = sich langsam entwickelnd, Gegenteil von akut
WHO (Worlds Health Organisation) = Weltgesundheitsorganisation

Bluthochdruck

Eine chronische Erhöhung des arteriellen Druckes wird als Hochdruck bezeichnet. Nach Definition der WHO besteht eine Hochdruckkrankheit, wenn in körperlicher Ruhe – unabhängig vom Alter – Werte über 140/90 mmHg gemessen werden. Bei der Bewertung des Blutdruckes muss beachtet werden, dass körperliche Arbeit, Aufregung, Kaffee oder starker Tee den Blutdruck kurzfristig erhöhen. 12 bis 15 % der erwachsenen Bevölkerung leiden an erhöhtem Blutdruck, entsprechend etwa 8 bis 9 Mio. Menschen.
Etwa 90 % der Betroffenen leiden an einer Form, bei der ein Auslöser nicht gefunden werden kann. Vererbung spielt eine Rolle. Rauchen, erhöhter Kochsalzgenuss, kaliumarme Kost, Übergewicht (Adipositas), Alkoholgenuss und psychosozialer Stress können die Krankheitsentwicklung fördern.

Der Hochdruckkranke ist lange Zeit beschwerdefrei. Die dann auftretenden Krankheitszeichen sind Auswirkungen des Druckes auf Gehirn, Herz und Nieren. Es kommt zu Kopfschmerzen, Schwindel, Herzklopfen und Atemnot bei Belastung. Häufig treten Sehstörungen, Ohrensausen und Blutungen aus der Nase und in die Bindehaut des Auges auf.

Ziel der Hochdruckbehandlung ist eine Senkung des Druckes auf Normalwerte durch:

- Gewichtsnormalisierung,
- kochsalzreduzierte Kost,
- ausreichend Schlaf,
- Vermeidung von ständigen psychischen Belastungen,
- Einstellen des Rauchens,
- mäßigen oder gar keinen Alkoholgenuss.

Darüber hinaus ist meist eine medikamentöse Behandlung erforderlich.

Frische Kräuter als Alternative zum Salzen

Purine = Zellkernbestandteile
hyper (lat.) = übermäßig
lipid (lat.) = Fett
ämie (lat.) = im Blut befindlich

Fehlernährung

Gicht

Es handelt sich um die Folgen einer erblichen Störung des Harnsäurestoffwechsels. Harnsäure ist das Abbauprodukt von Bestandteilen des Zellkerns, den sogenannten Purinen. Diese nehmen wir mit der Nahrung auf, wobei unterschiedliche Produkte sehr unterschiedliche Konzentrationen enthalten. Normalerweise wird die Harnsäure, wie der Name nahelegt, mit dem Urin ausgeschieden. Ist dieser Mechanismus gestört oder wird zu viel Harnsäure gebildet, kommt es zu Ablagerungen in Gelenken, Sehnen und Sehnenscheiden.

Charakterisiert wird die Krankheit durch eine akute, schmerzhafte Gelenkentzündung, häufig nur eines Gelenks. Meist ist das Großzehengrundgelenk geschwollen, gerötet und überwärmt. Die Harnsäureablagerungen führen auch ohne Beschwerden allmählich zu einer Zerstörung der Gelenke.

Neben der Veranlagung wird das Ausbrechen der Erkrankung durch eine hektische Lebensweise, Alkoholmissbrauch sowie Fehlernährung mit Übergewicht gefördert. In Notzeiten war und ist das Auftreten der Gicht seltener. Männer erkranken 10- bis 20-mal häufiger als Frauen. Zwischen 1 und 3 % aller Männer über 65 sind betroffen.

„Der Dicke aber – autsch! mein Bein! – hat wieder heut das Zipperlein“.
(Wilhelm Busch, 1832-1908, Holzstich)

Die Gicht kann durch richtiges Essverhalten und – bei Bedarf – Behandlung mit Medikamenten gut kontrolliert werden.

- Verzicht auf purinreiche Lebensmittel
  - Linsen
  - Kalbs-, Lamm- und Schweinefilet, Leber
  - Fischsorten wie Sardellen, Ölsardinen
- Kein übermäßiger Alkoholgenuß, insbesondere Bier

Zusätzlich nützlich sind Bewegung und Abbau von Übergewicht.

Fettstoffwechselstörungen (Hyperlipoproteinämie)

Zahlreiche Erkrankungen können zu hohen Blutfettwerten (Hyperlipidämie) führen. Am häufigsten sind ein zu hoher Cholesterinanteil (Hypercholesterinämie) und eine zu hohe Menge an Triglyceriden (Hypertriglyceridämie).

Cholesterin liegt im Blut in zwei Formen vor. Dem **LDL-Cholesterin**, welches an der Entstehung der Arteriosklerose wichtigen Anteil hat, und dem **HDL-Cholesterin**, das in der Lage ist, Arteriosklerose zu verhindern. Regelmäßige körperliche Bewegung steigert den HDL-Cholesterin-Anteil. Zur Bestimmung des Risikos für das Herz-Kreislauf-System ist das Verhältnis der beiden Formen zueinander wichtiger als die Gesamtmenge.

Fettstoffwechselstörungen können Folgen einer Erkrankung wie Diabetes mellitus sein. Häufigste Ursache für eine Hyperlipoproteinämie ist jedoch eine falsche Lebensweise durch:

- Übergewicht
- Überernährung mit Bevorzugung tierischer Nahrungsmittel
- fettreiche und cholesterinreiche Ernährung
- hohe Zufuhr von gesättigten Fetten
- mangelnde Zufuhr von Ballaststoffen
- Stress
- mangelnde Bewegung

Die tägliche Cholesterinzufuhr sollte 300 mg nicht überschreiten. Diese finden sich z.B. in:

1 Eigelb
120 g Butter
300 g Käse
120 g Leber
200 g Krabben

Blutfettwerte

mg/100 ml Blut	normal	grenzwertig	bedenklich
Gesamtcholesterin	< 200	200–240	> 240
LDL-Cholesterin	< 150	150–190	> 190
HDL-Cholesterin	> 50	35–50	< 35
Triglyceride	< 150	150–200	> 200

Quelle: nach www.ernaehrung.de

WWW.

Cholesteringehalt von Lebensmitteln:
www.ernaehrung.de/tipps/fettstoffwechselstoerungen/fett16.php

A

1. Beschreiben Sie Symptome, welche auf einen Diabetes mellitus hindeuten.
2. Tragen Sie Folgeerkrankungen der Adipositas zusammen.
3. Überlegen Sie in einer Gruppe, welche Auswirkungen Adipositas auf die Lebensqualität haben kann.
4. Wie würden Sie Ihre Kundin mit Bluthochdruck hinsichtlich einer Veränderung ihrer Lebens- und Ernährungsgewohnheiten beraten?

10.1.6 Ernährungsempfehlungen bei Hauterkrankungen

Akne

Akne ist weltweit die häufigste Hauterkrankung. 70 bis 90 Prozent aller Jugendlichen weisen Akne-Hautveränderungen auf, 10 bis 30 Prozent davon benötigen eine medikamentöse Therapie. Am häufigsten ist die sogenannte gewöhnliche Akne (Acne vulgaris), die sich in der Pubertät durch Einfluss der hormonellen Umstellung auf die Talgdrüsenfunktion entwickelt und üblicherweise nach einigen Jahren abklingt (s. GSt., S. 125 f.).

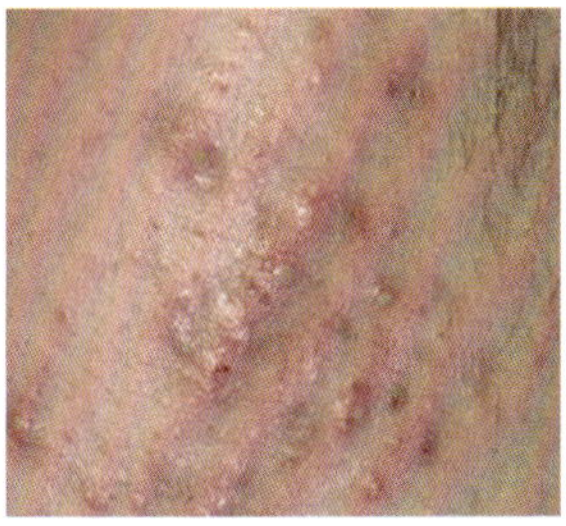

Akne

Es gibt bisher keine verbindlichen Empfehlungen zur Ernährung bei Akne. Am ehesten ist eine Orientierung an „unverträglichen" Lebensmitteln möglich, d.h., dass versucht werden sollte, Lebensmittel, welche die Akne verschlechtern, aus dem

Ernährungsplan zu streichen. Dies erfordert eine genaue Beobachtung und regelmäßige Aufzeichnungen über einen längeren Zeitraum. Dabei ist zu beachten, dass eine Aknepustel etwa 8 Wochen braucht, um sich voll zu entwickeln, kurz vorher Gegessenes also nicht im Zusammenhang stehen muss. Erleichtert wird ein solches „Ernährungstagebuch" durch eine zumindest für einen gewissen Zeitraum überschaubare Zahl unterschiedlicher Lebensmittel.

Angaben von Menschen, die unter Akne leiden, beziehen sich häufig auf:

- fettreiche Lebensmittel
  - Käse, Vollmilch
  - Wurst, Schweineschmalz, Schweinefleisch
- Gebratenes (Fleisch, Fisch)
- Nüsse, Schokolade, Margarine
- Seefisch
- scharfe Gewürze
- Genussmittel
- Süßigkeiten, Kaffee, alkoholische Getränke

Generell lässt sich festhalten, dass sich schlechte Ernährungsgewohnheiten (unregelmäßige Nahrungsaufnahme, hastiges Essen, s. S. 249 f.), wenig Schlaf, psychosozialer Stress und Zigarettenrauchen ungünstig auswirken.

Die in den vorherigen Kapiteln gemachten Vorschläge zur Lebensgestaltung und Gesunderhaltung sind also auch hier nützlich.

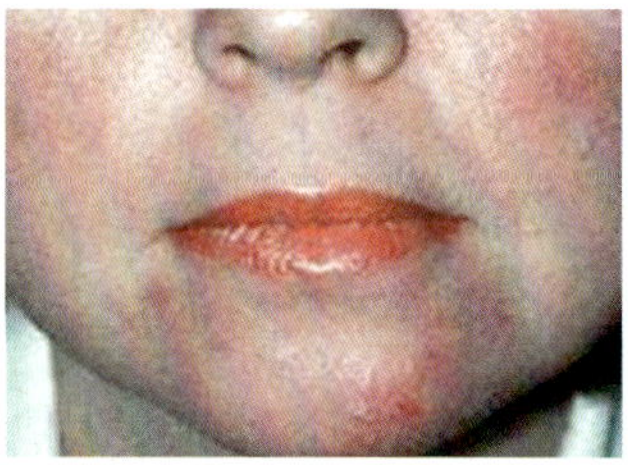

Rosacea

Rosacea

Rosacea, umgangssprachlich auch als Kupferrose bezeichnet (s. GSt., S. 127 f.), äußert sich durch Rötung der Nase und der mittleren Wangenpartien, manchmal auch unter Einbeziehung von Stirn oder Kinn. Es besteht eine Erweiterung der Kapillargefäße der Haut. Neben der Rötung kann es zu Knötchenbildung, fallweise auch zu juckenden Ekzemen kommen. Im Bereich des Ekzems (s. GSt., S. 129 ff.) sind Eiterungen möglich, eine Abheilung erfolgt häufig unter Narbenbildung.
Meist findet sich bei der Entstehung ein Zusammenhang mit Gefäßveränderungen (z.B. Bluthochdruck) und Genussmitteln, welche die Weite der Gefäße beeinflussen, wie Kaffee, schwarzer Tee und alkoholische Getränke. Auswirkungen haben darüber hinaus heiße Getränke und scharfe Gewürze.
Es gibt keine spezielle Diät, aber Nahrungs- und Genussmittel, die zu einer Gefäßerweiterung im Gesicht führen, sollten gemieden werden, z.B.:

- Alkohol
- Öle mit hohem Anteil an Omega-6-Fettsäuren (Distelöl, Sonnenblumenöl)
- heiße Getränke (Kaffee, Tee, Glühwein, besonders mit zusätzlichem Alkohol)
- scharfe Gewürze (Meerrettich, Senf, Pfeffer, Paprika, Chili)

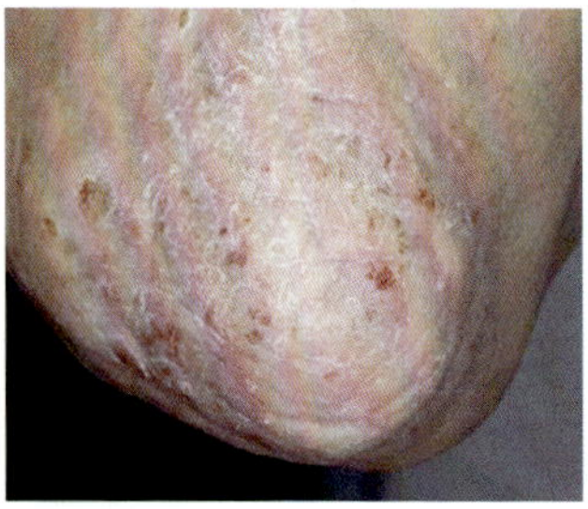

Psoriasis

Psoriasis

Schuppenflechte (Psoriasis) ist eine Störung der Verhornung der oberen Hautschicht. Dies geht einher mit Entzündung und Schuppenbildung der Haut sowie Gefäßveränderungen. Meist finden sich Herde mit silbrig glänzenden Schuppen. Psoriasis tritt an bestimmten Stellen der Haut bevorzugt auf (s. GSt., S. 108 f.).
Auch diese Hauterkrankung lässt sich durch Ernährungsumstellung nicht heilen,

allerdings ist eine Beeinflussung des Verlaufs möglich. Dabei sind die Zusammenhänge besser geklärt als z.B. bei der Rosacea. Bedeutung kommt der Versorgung des Körpers mit Omega-3-Fettsäuren und dem gleichzeitigen Verzicht auf Omega-6-Fettsäuren zu.

Grundsätzlich ist eine gesunde und ausgewogene Ernährung empfehlenswert (s. S. 253 ff.). Wegen möglicher Verschlechterung der Befunde sollte auf Alkoholgenuss und Zigaretten verzichtet werden.
In den entzündlichen Hautarealen werden vermehrt Sauerstoffradikale gebildet, sodass der ausreichenden Versorgung mit Aroma- und Farbstoffen sowie Vitaminen aus Gemüse und Obst große Bedeutung zukommt (s. S. 246).
Für Menschen, die keinen Fisch mögen oder vertragen, ist eine Zufuhr von Omega-3-Fettsäure in Kapselform als Nahrungsergänzung sinnvoll. Die erhöhte Aufnahme von Omega-3-Fettsäure ist allerdings nur dann wirksam und nützlich, wenn die Ernährung gleichzeitig arm an Omega-6-Fettsäuren ist, durch Einschränkung von tierischen Fetten aus Wurst, Käse und Fleisch.

Urtikaria

Nesselsucht (Urtikaria) ist eine allergische Reaktion in Form von Quaddeln (s. GSt., S. 106), meist verbunden mit starkem Juckreiz. Sie ist häufig eine Reaktion auf Nahrungsmittel, Zusatzstoffe und Arzneimittel.
Während viele Menschen in Bezug auf die Nahrungsaufnahme keinerlei Einschränkungen unterlegen sind (außer natürlich Menge und Zusammensetzung), reagieren andere auf verschiedene Substanzen. Eine generelle Empfehlung ist von daher nicht möglich. Jeder muss versuchen, die entsprechenden Nahrungsmittel durch Beobachtung einzugrenzen (s. S. 251).

Relativ häufig sind Reaktionen auf:

- tierisches Eiweiß in Fisch (Thunfisch, Makrele), Muscheln, Eiern, Schweinefleisch
- sekundäre Pflanzenstoffe in Ananas, Tomaten, Kiwi, Nüssen, Erdbeeren
- Zusatzstoffe wie Aromastoffe, Konservierungsstoffe, Geschmacksverstärker, Farben

Bei gesunder, abwechslungsreicher Ernährung lassen sich die oben genannten Nahrungsmittel gut umgehen. Darüber hinaus ist bei dem allgemein vorhandenen Angebot an frischen Produkten ein Verzicht auf Fertiggerichte kein wirkliches Problem. Zutatenlisten auf den Produkten helfen bei der Identifizierung unverträglicher Stoffe.

A

1. Sie haben jetzt viele Informationen über die Bedeutung von Bewegung und gesunder Ernährung bekommen.
   a) Überlegen Sie, ob Sie in Ihrem eigenen Alltag dies alles beherzigen.
   b) Tauschen Sie sich darüber mit einer Kollegin oder Freundin aus, zu der Sie Vertrauen haben.
   c) Beschließen Sie gemeinsam, was Sie ändern wollen, und fangen Sie heute an!
2. Wie würden Sie einen jungen Mann mit Akne hinsichtlich seiner Ernährung beraten?

Indikation (lat. indicare = anzeigen) = Angezeigtsein

Z Omega-3-Fettsäuren sind an der Funktion des Immunsystems beteiligt und wirken entzündungshemmend.
Omega-6-Fettsäuren können den Effekt von Omega-3-Fettsäuren hemmen.

Z Nahrungsmittel mit hohem Omega-3-Fettsäuren-Gehalt:

- Kaltwasserfisch
  - Hering
  - Lachs
  - Makrele
- Öle
  - Rapsöl
  - Leinöl
  - Walnussöl

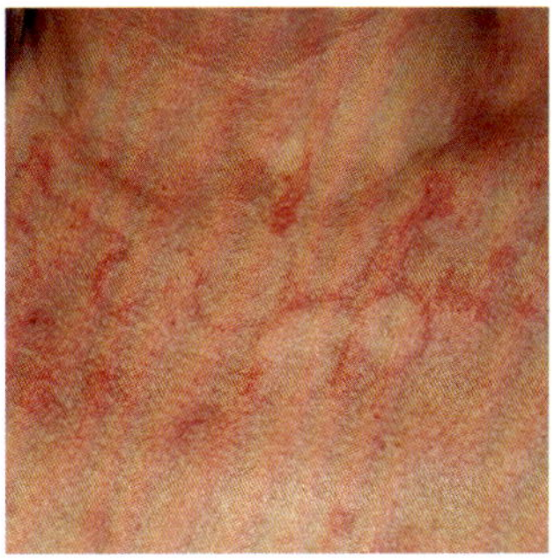

Urtikaria

Z Arzneimittel, nicht nur zur Vermeidung von allergischen Reaktionen, nie ohne Indikation einnehmen.

10.2 Diätprogramme

Diät (griech.) = Lebensart
Hippokrates von Kos = (ca. 460–375 v. Chr., Griechenland) berühmtester Arzt des Altertums (hippokratischer Eid der Ärzte)
Zöliakie = Getreideeiweißunverträglichkeit

„Nutze die Energie des Essens, um Deine eigene Lebensenergie zu stärken!" (Zitat aus der chinesischen Ernährungslehre)

Diätetik ist die Lehre von der gesunden Lebensweise. Diät wird als Begriff insbesondere im Zusammenhang mit Ernährung verwendet.

10.2.1 Diät

Diät bedeutet gesunde Lebensweise. Diese beruht auf einer Mischung von Essen und Trinken, Bewegung, seelischem Wohlbefinden, Anspannung und Entspannung, förderlichen Beziehungen, klaren Gedanken usw.

Z Schwangeren Frauen sollte von jeglicher Diät abgeraten werden.

Nach Hippokrates bedeutet „Lebensart" im medizinischen Sinne eine ärztlich vorgeschriebene Lebensweise. Mediziner meinen meist eine bestimmte Ernährungsweise. Eine Diät als Krankheitsspezialkost, auch Schonkost genannt, wird empfohlen, wenn eine bestimmte Krankheit, z.B. Fettsucht, Diabetes mellitus, Gicht, Rheuma, Zöliakie, Lebensmittelallergie, Bluthochdruck, Herz-Kreislauf-Erkrankungen und andere, diagnostiziert wurde. Mit Unterstützung von bestimmten Nahrungsmitteln, hier zählen auch Getränke dazu, sollen für den Stoffwechsel wieder optimale Funktionsbedingungen geschaffen werden. Die **Nährstoffe**, die wir aus den Nahrungsmitteln entnehmen, liefern uns Energie. Die **Energie** wird benötigt, um die Funktion der Organe, der Gewebe, der Zellen und der Flüssigkeiten in uns aufrechtzuerhalten. Somit können z.B. Gehirn, Herz, Muskeln, Blut, Hormone, **Haut**, Schlaf-Wach-Rhythmus und Körpertemperatur optimal geregelt werden.

Die Diätfrage

Im Volksmund sagt man Diät und meint damit vor allem bei gesunden Personen eine mehr oder weniger kurzfristige Maßnahme, um gegen (vermeintliches) Übergewicht anzugehen. In der Regel sollen diese Diäten schnell wirken und nicht lange dauern. Disziplin im Hinblick auf regelmäßige Zufuhr von Nahrungsmitteln, Getränken, bewusstes Essverhalten sowie Bewegung soll nicht zu lange erforderlich sein. Regelmäßig werden Diäten in Zeitschriften oder in Büchern angepriesen. Eine soll besser wirken, d.h. schneller Erfolg versprechen, als die andere. Demnach wäre es gesund, sich tagelang von gleichen Nahrungsmitteln zu ernähren, Suppen mit künstlichem Geschmack zu schlürfen, sich einseitig zu ernähren oder Stunden mit dem Einkauf von Rezeptzutaten zu verbringen.
Jeder will rank und schlank sein. Das superschlanke **Schönheitsideal** aus der Zeitschrift oder vom Laufsteg ist das Vorbild, dem nachgeeifert wird. Ein ansprechendes Äußeres wird in repräsentativen Umfragen meist als Hauptgrund für die Durchführung einer gewichtsreduzierenden Diät genannt. Lediglich eine Minderheit gibt als Priorität für die Gewichtsreduktion gesundheitliche Gründe an.

Schönheitsideal

Viele Menschen, Männer wie Frauen, legen jedoch keinen besonderen Wert auf die Gesundheitsverträglichkeit während und nach der Gewichtsreduktion. Hauptsache, die Kilos schwinden in kurzer Zeit. Der Leidensweg von einer Diät zur nächsten beginnt. Die Nahrung wird dahingehend umgestellt, dass bei der Diät für Kranke sowie für Gesunde bestimmte Nährstoffe oder Nahrungsmittel weggelassen bzw. stark reduziert werden.

Der Jo-Jo-Effekt

Bei den Diätprogrammen für eine Gewichtsreduzierung ist es in erster Linie die Menge an Fett, die eingespart wird. Bei Diätprogrammen für Kranke (s. S. 255 ff.) werden aber auch Kohlenhydrate oder Eiweiße weggelassen. Der Körper stellt seine Arbeit so weit ein, dass er die Energie, die er aus den Nährstoffen gewinnt, ökonomisch verarbeitet. Das heißt, es läuft ein Notprogramm, um alle lebensnotwendigen Funktionen (s. S. 262) aufrechtzuerhalten. Die Reserven im Körper werden „weggeschmolzen" und man verliert sichtbar und messbar ein paar Kilo. Wird das Diätprogramm beendet, hat der Organismus sich auf die reduzierte Nahrungsmenge eingestellt. Isst man wie vor Beginn der Diät, ist diese Menge an Kalorien bereits zu viel, um das Gewicht weiterhin zu halten. Es erfolgt eine Gewichtszunahme. Der Körper nimmt ein, zwei Kilo zu und die nächste Diät wird durchgeführt. Somit öffnet man dem gefürchteten **Jo-Jo-Effekt** Tür und Tor. Das Abnehmen wird jedes Mal schwerer, weil der Organismus mit immer weniger Energie auskommt. Nach den Hungerphasen wird jede **Kalorie** genutzt, um die Fettvorräte aufzustocken und den Organismus für die nächste Notzeit vorzubereiten. Durch die häufigen Diäten gerät der Stoffwechsel nachhaltig durcheinander. Hunger- und Sättigungsregulation sind gestört. Wiederholte Schwankungen des Körpergewichts und Gewichtsverluste durch Crashdiäten sind nachweislich gesundheitsschädigend. Aus medizinischer Sicht sind Diäten zur Gewichtsreduzierung kaum notwendig, wenn sonst keine gesundheitlichen Probleme bestehen (s. S. 256). Nach einer gewichtsreduzierenden Diät ist die Erhaltung eines gesunden Körpergewichts die wahre Herausforderung.

Frustration bei erneuter Gewichtszunahme

Änderung der Ernährung

Möchte man sein Gewicht mithilfe einer Diät reduzieren, sollte man sich dazu vorher zwei Fragen stellen.

1. Ist dies der erste Schritt zu einem dauerhaften besseren Essverhalten?
   Nur dann besteht Aussicht auf Erfolg. Jo-Jo-Effekt, Frustration und weitere Zunahme sind ansonsten so gut wie sicher.
2. Muss ich wirklich abnehmen?
   Besser ist regelmäßige körperliche Aktivität (s. S. 267 f.). Die Muskulatur wird straffer und hilft, die unerwünschten Proportionen in die gewollte Richtung zu verschieben. Bewusste Ernährung ist dauerhaft günstiger für eine gesunde und elegante körperliche Erscheinung.

Vertretbare Gründe für eine Ernährungsänderung sind Steigerung des Wohlbefindens und Verbesserung der Gesundheit. Wichtiger als jedes gezählte Kilo auf der Waage ist das **Wohlfühlgewicht**.

Ein Ziel sollte das Erlernen einer Ernährungsstrategie sein, an die man sich hält. Wenn man sich bewusst mit den Zusammenhängen bei der Zunahme des Körpergewichts auseinandersetzt und die Rolle körperlicher Aktivität kennt, kann man mühelos sein Wohlfühlgewicht über Jahre halten.

A Schauen Sie sich in einem Zeitschriftenladen nach Frauenzeitschriften um, in denen „neue Wege zur Traumfigur" angepriesen werden. Sammeln Sie die Artikel und gestalten Sie ein Wandboard in Ihrem Klassenzimmer. Diskutieren Sie über deren Erfolgsversprechen.

Junge Frau mit Wohlfühlgewicht

10.2.2 Reduktionsdiäten

„Das Erste, was man bei einer Abmagerungskur verliert, ist die gute Laune." (Gert Fröbe)

Im Folgenden werden verschiedene Schlankheitsdiäten und Schlankheitskuren vorgestellt. Hier geht es bei der Reduktionskost vor allem darum, Gewicht zu verlieren.

Fasten

In der Regel sind den meisten Menschen gewichtsreduzierende Maßnahmen bekannt. In Zeitschriften oder durch Mundpropaganda wird regelmäßig vom erfolgreichen Weg zum Wunschgewicht berichtet.
Oft hat man eine genaue Vorstellung von der Menge Kilos, die verschwinden sollen, jedoch nur eine vage Vorstellung von der Schlankheitskur, die man beginnen möchte. Die folgenden Maßnahmen sollten auch unter dem Aspekt eines Weges zu dauerhafter gesunder Ernährungsumstellung (s. S. 253 ff., 267 f.) betrachtet werden.

Fasten

Fasten hat eine jahrtausendealte Tradition und ist religiösen Ursprungs. Es sollte einerseits zur Stärkung der geistig-seelischen Kräfte dienen und andererseits Reinheit und Erkenntnis bringen. Es gibt nahezu in allen Religionen unterschiedliche Fastenzeiten und dazugehörige Rituale. Im 18. und 19. Jahrhundert wurde Fasten als Therapieform gegen Krankheiten eingesetzt.
Heute noch bekannt ist das **Naturheilfasten** nach Otto Buchinger (Arzt im deutschsprachigen Raum, 1878–1966).
Wie von Buchinger eingeführt, werden zwei bis drei Liter Getränke täglich in Form von Kräutertee, Gemüsebrühe, verdünnten Obst- und Gemüsesäften sowie reichlich Wasser über einen Zeitraum von drei Wochen empfohlen. Alles, was nicht lebensnotwendig ist, wird weggelassen. Hier sind insbesondere Nikotin, Alkohol und Kaffee gemeint. Alle Ausscheidungsvorgänge müssen beim Fasten gefördert werden. Dazu gehören Darmentleerung, gründliches Durchspülen der Nieren, Schwitzkuren oder Atemübungen, um auch über die Haut und Atemwege auszuscheiden. Da die Zeit des Fastens gleichzeitig eine Zeit der **Besinnung** sein sollte, gilt es zu schauen, „was passiert, wenn nichts passiert".
Es gibt jedoch Gegenanzeigen, bei denen auch Fastenexperten vom Fasten abraten, z.B. bei Krebs oder Tuberkulose.

Z

Varianten zum Heilfasten nach Buchinger sind die Schroth-Kur und die Mayer-Kur.

WWW.

gesund-heilfasten.de/schrothkur/

Pulverdrinks – Formula-Diät

Pulverdrink

Nach der wissenschaftlichen Definition werden bei den Formula-Diäten **Instant-Konzentrat-Pulver** mit Wasser oder fettarmer Milch zu Drinks oder Suppen angerührt. Je nach individuellen Bedürfnissen werden eine oder mehrere Mahlzeiten am Tag ersetzt, um Gewicht zu reduzieren, zu halten bzw. um Gewicht zu erhöhen. Die Zusammensetzung der Formula-Diätpulver unterliegt seit 1999 gesetzlichen Regelungen nach der Diätverordnung der Europäischen Union. Eine Tagesration muss mindestens 800 und höchstens 1200 Kalorien enthalten. Soll nur eine Mahlzeit ersetzt werden, beträgt der Energiegehalt zwischen 200 und 400 Kalorien. Dazu kommen Mindest- und Höchstmengen an Fett und Eiweißen sowie Ballaststoffen und bestimmte Mengen von zwölf Vitaminen und elf Mineralstoffen. Die Geschmacksrichtungen sind frei erlaubt. Damit es keine Fehler bei der Einnahme gibt, müssen Zubereitungsanleitungen und Angaben zum Kalorien- und Nährstoffgehalt auf der

Verpackung angegeben sein. Darüber hinaus ist eine ausreichende Flüssigkeitszufuhr von mindestens zwei Litern täglich und regelmäßige Bewegung notwendig. Ansonsten ist eine ausgewogene Mischkost einzuhalten.

Monodiäten

Bald alljährlich, besonders im Frühjahr, wird eine Sorte Gemüse oder ein Nahrungsmittel wie Reis oder Nudeln auserkoren, über den ganzen Tag verteilt in verschiedenen Zubereitungsformen als Wunderwaffe gegen zu viele Pfunde zu wirken. Bekannt sind zum Beispiel die *Reis-* oder *Kartoffeldiät, Kohlsuppendiät* oder die *Hollywood-Star-Diät* auf Basis von tropischen Früchten, z.B. Ananas. Diese Blitzdiäten sind meist auf ein oder zwei Wochen angelegt. In dieser Zeit wird sehr monoton gegessen. Die Nahrungsmittel enthalten sehr wenig Kalorien, sodass bei einer Tagesration an Nahrungsmitteln nur 600 bis 800 Kalorien gegessen werden. In der kurzen Zeitspanne der Durchführung verliert der Körper zunächst Wasser, und Muskeleiweiß wird abgebaut, die Pfunde purzeln. Fettabbau findet nicht statt, da die Zeit zu kurz ist, um die Fettreserven zu schmelzen. Gesundheitlich bedenklich sind diese Monodiäten insofern, weil über einen gewissen Zeitraum auf der einen Seite zu viel einseitige Nährstoffe zugeführt werden. Andererseits werden die anderen wichtigen Nährstoffe nicht oder zu wenig zugeführt.

Tropische Früchte für die Hollywood-Star-Diät

A

1. Informieren Sie sich über den genauen Ablauf der genannten Fastenkuren.
   a) Wie wird eine Fastenkur eingeleitet und wie wird nach dem Fasten wieder mit der Nahrungsaufnahme begonnen?
   b) Welche Veränderung im Nahrungsverhalten ergibt sich aus einer Fastenkur?
2. Informieren Sie sich über den genauen Ablauf von Formula-Diäten.
   a) Wo liegen die Unterschiede zwischen den verschiedenen Produkten?
   b) Welche Nahrungsempfehlungen werden für die festen Mahlzeiten des Tages gemacht?
   c) Diskutieren Sie, ob es Tagesabläufe oder Lebensabschnitte gibt, bei denen eine Nahrungsergänzung durch Pulverdrinks eine Alternative darstellt.
   d) Informieren Sie sich über die Kosten einer dreiwöchigen Nahrungsmittelergänzung durch Pulverdrinks.
3. Probieren Sie selbst einmal, zwei oder drei Tage eine Monokost zu essen.

10.2.3 Ausgewogene Diäten

Brigitte-Diät

Ein Klassiker unter den empfohlenen gewichtsreduzierenden Programmen ist die Brigitte-Diät. Schon seit Jahrzehnten wird diese Ernährungsform immer wieder auf den Stand der neuesten wissenschaftlichen Erkenntnisse gebracht. Der Körper erhält alle Nährstoffe, die er braucht. Gekocht und gegessen wird nach einem Plan, der für 14 Tage ausgerichtet ist. Im Laufe der Jahre haben sich so viele Rezepte angesammelt, dass man über einen langen Zeitraum hinweg jeden Tag etwas anderes essen kann, ohne sich zu wiederholen. Außerdem werden viele Bereiche wie z.B. vegetarisches

WWW. brigitte.de/figur/brigitte-diaet/

Brigitte

Essen, Einsteigergerichte, Gerichte für Kochfaule und Gerichte für Fleisch- und Fischesser angeboten. Für jeden Geldbeutel ist diese Mischkost erschwinglich. Diese abwechslungsreiche fettarme und schmackhafte Mischkost mit viel Obst und Gemüse ist für eine Person berechnet und jederzeit auf eine Familie erweiterbar. Außerdem werden Mahlzeiten für den Arbeitsplatz eingerichtet, damit man den ganzen Tag die gewichtsreduzierenden Maßnahmen einhalten kann. Die Kalorienmenge beträgt ca. 1200 kcal pro Tag und der Gewichtsverlust beträgt circa ein Pfund pro Woche. Anleitungen für ein sinnvolles Bewegungsprogramm ergänzen die Brigitte-Diät.

Fit-for-Fun-Diät

Hier stehen viel Bewegung und ein sehr vielfältiges Sportprogramm zur Auswahl. Egal ob Outdooraktivitäten oder Sport im Fitnesscenter, die Trainingsmethoden und die richtigen Belastungsintensitäten werden erläutert. Für die kalorienreduzierte Ernährung steht auch hier fettarme gemischte Kost mit etwa 1400 bis 1800 Kalorien pro Tag auf dem Programm. Langsame Abnahme des Gewichts, etwa ein Kilogramm pro Monat, soll das veränderte Essverhalten festigen. Jeder kann sich nach dem Baukastenprinzip seine Nahrung zusammenstellen.

„Ich nehme ab" – Konzept der DGE

Das Ernährungsverhalten soll nach und nach umgestellt werden. Dazu sind mindestens drei Monate angesetzt. Mithilfe wissenschaftlicher Unterstützung durch Übergewichts-Fachexperten kann man seine Gewohnheiten selbst beobachten. Ein Ess- und Bewegungsprotokoll dient zur Erkennung von Problemen und dazu, sich über gemachte Fortschritte zu freuen. Die Rezeptesammlung gibt Anregungen, wie aus fettarmen Zutaten leckere Speisen zubereitet werden. Es gibt zwölf Programmschritte, bei denen jeweils ein anderer Aspekt im Mittelpunkt steht. Mal geht es um die dick machenden Gewohnheiten, ein anderes Mal geht es um die richtige Entspannung. Außerdem wird auch hier ein ausgewogenes Bewegungstraining vorgestellt. Dieses Konzept ist zum Durchhalten auf einen langen Zeitraum angelegt. Es eignet sich, die Zeit für Veränderungen in den Ess- und Lebensgewohnheiten zu investieren.

Gemeinsam abnehmen – Weight Watchers

Ebenfalls ein Klassiker: Weight Watchers, d.h. in der Gruppe Gleichgesinnter gemeinsam gegen die Pfunde anzugehen. Einmal wöchentlich steigt man bei der Gruppenleiterin auf die Waage.

Auf der Basis von Fett- und Kaloriengehalt werden die Lebensmittel in „Points" berechnet. In einer Tabelle können Teilnehmer bei den Weight Watchers nachlesen, welche Lebensmittel bzw. Gerichte wie viele Points haben, und daraus ihr Tagesprogramm zusammenstellen. Ihre tägliche Points-Zahl (18-30) erfahren die Teilnehmer, wenn sie die Points-Analyse durchführen. Zu den Empfehlungen für eine ausgewogene Ernährung gehören viel Obst und Gemüse, fettarme Milchprodukte und mageres Fleisch. Ansonsten gibt es die Möglichkeit, pro Tag eine kleine Menge Points aufzusparen und sie am Wochenende genüsslich zu verspeisen. Die Wochenbilanz soll am Ende stimmen.

In der Gruppe ist Zeit und Gelegenheit, das Essverhalten zu beleuchten und zu einer Veränderung zu führen. Abgerundet wird das Konzept der Weight Watchers durch ein Bewegungsprogramm, das man in den Alltag einbauen kann sowie spezielle Anleitungen für Ausdauer- und Kräftigungsübungen.

fit = in guter körperlicher Verfassung
fun = Vergnügen
point = Punkt
outdoor = im Freien, draußen

Fazit

Wenn das Ernährungsgrundgerüst mit allen guten Bausteinen aufgebaut ist, kann man sich auch ohne größere Anstrengungen fit, schlank und schön halten. Der Stoffwechsel sportlich aktiver Menschen gerät bei ernährungsbedingten Belastungen nicht so leicht aus der Bahn. Ein ungesundes Lebensmittel wird leichter verkraftet und macht außerdem Spaß.
Letztendlich sind superdünne Models und Fernsehschönheiten unter Umständen im quälenden Dauerzustand mit Diäten und dem Erhalt ihrer Figur beschäftigt. Und es haben sich noch keine wirklichen Probleme dadurch gelöst, dass man ständig ans Essen und vor allem ans Nichtessen denkt.

A

1. Informieren Sie sich im Internet über eine zweiwöchige Brigitte-Diät.
2. Stellen Sie für sich selber ein Sportprogramm zusammen, das Sie vier Wochen durchhalten können.
3. Führen Sie selbst zwei Wochen lang ein Protokoll über Ihre Ess- und Lebensgewohnheiten.
4. a) Welche Vor- und Nachteile hat das Konzept der Weight Watchers in Bezug auf die Gruppendynamik?
   b) Welche sportlichen Betätigungen können Sie in Ihren Alltag einbauen?

10.2.4 Veränderung der Lebensgewohnheiten

Ausgehend von der Definition „Diät“ (s. S. 262) sollen hier nun Möglichkeiten aufgezeigt werden, wie durch **gesunde, ausgewogene Ernährung** nicht nur das Gewicht reduziert und auf Dauer gehalten werden kann, sondern auch langfristig eine gesunde Lebensweise herbeigeführt wird.
Auf den drei Säulen **Ernährung**, **Bewegung** und **Essverhalten** aufbauend, muss geduldig ein Abnehmkonzept erstellt werden, damit sich dauerhafter Erfolg einstellt. Jahrelanges Fehlverhalten lässt sich nur durch kleine Schritte ausgleichen, wenn nicht schon bei der ersten Hürde, z.B. Gewichtsstagnation, aufgegeben wird. Im Bereich des Sports haben Wissenschaftler herausgefunden, dass es etwa ein Jahr dauert, bis regelmäßige Bewegung als Prinzip im Lebensalltag integriert wurde.

Säule: Ernährung

Diese Säule baut auf **ausgewogener energie- und fettreduzierter Mischkost** auf. Der Körper soll seine Reserven angreifen, und hier sind vor allem die Fettpolster gemeint. Durch die reduzierte Zufuhr von entsprechender energiearmer Nahrung entsteht eine negative Energiebilanz und der Körper versucht, das Energiedefizit auszugleichen, indem er die Fettpolster angreift.

Beim Abnehmen lassen sich also Kalorien am besten beim Fett einsparen. Je weniger Fett auf dem Speiseplan steht, desto weniger schnell kann der Körper überschüssiges Fett direkt in die Speicher befördern. Als Austausch dafür stehen nun **ballaststoffreiche Kohlenhydrate** (s. S. 245 f.) auf dem Speiseplan. Aufgrund der gut sättigenden ballaststoffreichen, kohlenhydratreichen Kost ist es unmöglich, zu viele Kalorien zu sich zu nehmen. An ballaststoffreichen Kohlenhydraten wie Gemüse, Salat, Obst, Brot, Pasta und Hülsenfrüchten kann man sich satt essen. Durch die ausgewogene Kost erhält der Körper auch seine notwendige Menge an Eiweiß,

Vitaminen und Mineralstoffen. Zusätzlich sollte bei einer Reduzierung des Körpergewichts auf ausreichende Zufuhr von Getränken geachtet werden. Wasser, ungesüßte Kräuter- und Früchtetees, verdünnte Obstsäfte sollten reichlich, dagegen Kaffee und schwarzer Tee in Maßen getrunken werden.
Mit Geduld stellt sich bei den Programmen langsam das Wohlfühlgewicht ein und kann gehalten werden, wenn die energiereduzierte Mischkost selbstverständliche Grundlage des Speiseplans geworden ist. Einige Lieblingsspeisen aus der Gruppe der konzentrierten Kohlenhydrate können dann und wann gegessen werden. Absolute Verbote stören eher das Essvergnügen und bringen einen strengen Diätplan zum Kippen.

Säule: Essverhalten

Das Essverhalten wird von Kindesbeinen an mitgegeben und letztendlich in die Erwachsenenwelt übernommen. Bei der Gewichtsreduzierung liegt also ein Schwerpunkt auf der **dauerhaften Veränderung** des Essverhaltens (s. S. 263). Das Ziel soll sein, mit gutem Gewissen das richtige Maß zu finden.
Erst wenn man den eigenen Essgewohnheiten auf die Spur gekommen ist, kann man Strategien entwickeln, um gezielte Änderungen zu bewirken. Es gibt kein Patentrezept.

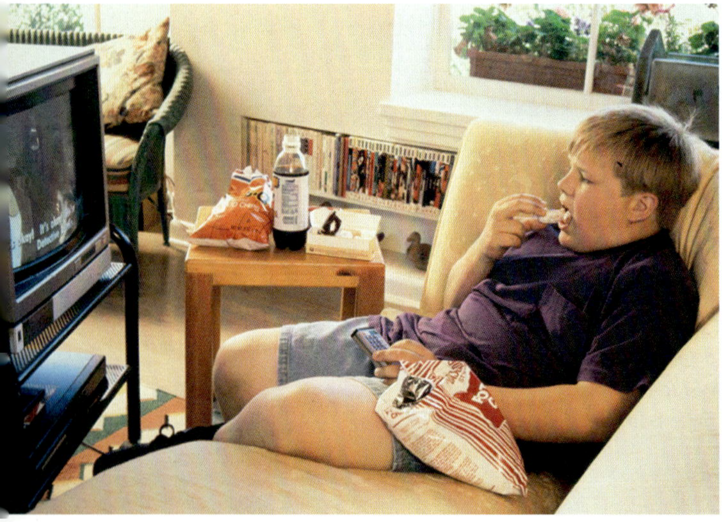

Essverhalten: So nicht!

Säule: Bewegung

Auch hier gibt es kein Patentrezept für eine geeignete Sportart. Jeder muss für sich ein Bewegungsprogramm finden. Bei der Kombination von Ausdauertraining und muskelkräftigender Gymnastik (s. S. 295) geht es darum, Energie zu verbrauchen und Muskulatur aufzubauen, denn bei der Gewichtsreduzierung wird nicht nur Fett, sondern auch Muskelmasse abgebaut.
Da die Muskelmasse jedoch erhalten bleiben soll, bietet die sportliche **Bewegung mehrere Vorteile**:

- Die Haut und die gesamte Muskulatur bleiben straffer
- Der Mensch fühlt sich leistungsfähiger
- Die hohe Stoffwechselaktivität der Muskulatur verbraucht auch in Ruhe mehr Energie

Der Energieverbrauch ist also insgesamt höher bei zusätzlicher sportlicher Aktivität. Hier gilt wie bei den anderen Säulen auch: **mäßig, aber regelmäßig**. Kleine Schritte führen zum Erfolg.

A

Sabrina soll für ihre Kundin Frau Maine einen vierwöchigen Plan zur Gewichtsreduzierung zusammenstellen.

a) Helfen Sie Sabrina dabei. Beachten Sie die Grundsätze der drei Säulen zur Veränderung der Lebensgewohnheiten (siehe oben).
b) Erstellen Sie den Plan so, dass Frau Maine ihren Berufsalltag vollständig beibehalten kann. (Denken Sie dabei an Ihren eigenen Berufsalltag.)

10.3 Maßnahmen für den Bewegungsapparat

Apparat (lat.) = zusammengesetztes mechanisches Gerät
Kontraktion = Zusammenziehen

10.3.1 Anatomie des Bewegungsapparates

Durch das harmonische Zusammenspiel von Knochen und Muskeln entsteht Bewegung. Der Bewegungsapparat ist zusammengesetzt aus zwei deutlich unterschiedenen Teilsystemen, ohne die seine Funktion nicht gewährleistet wäre: dem **Skelett**, welches einen inneren Stabilisierungsrahmen liefert, und der **Muskulatur**, die die Bewegung ermöglicht.
Da die Knochen sich selbst nicht bewegen können, bezeichnet man die Gesamtheit des Skeletts auch als **passiven Bewegungsapparat**. Dazu gehören die durch Gelenke verbundenen Knochen mit ihren Knorpelkappen und die die Gelenke stabilisierenden Bänder.
Alle Skelettmuskeln zusammen bilden den **aktiven Bewegungsapparat**. Sie sind über Sehnen mit den Knochen verbunden und können diese durch Kontraktion in den Gelenken bewegen. Gesteuert wird die Bewegung durch Nervenimpulse aus der Großhirnrinde.

Skelett

Füße und Beine bilden zusammen mit dem Beckenring die Basis des Skeletts. Die Oberschenkelknochen sind in die Hüftpfannen fest eingepasst und sorgen so für Stabilität.
Ebenfalls in den Beckenring eingepasst ist der untere Teil der Wirbelsäule. Diese erhebt sich vom Kreuzbein aus mit 24 Wirbelkörpern, auf deren oberstem der Schädel sitzt. Zwischen den einzelnen Wirbelkörpern befinden sich elastische Scheiben, die Bandscheiben. Eine gewisse **Grundstabilität** wird schon durch die gelenkige Verzahnung der einzelnen Wirbel miteinander hergestellt.
Darüber hinaus ist die gesamte Wirbelsäule durch straffe bindegewebige Bänder verbunden und stabil gehalten, sodass die einzelnen Wirbel sich nicht gegeneinander verschieben können.

Im Bereich der Brustwirbelsäule finden sich sozusagen als Verlängerung der seitlichen Fortsätze der Wirbelkörper die Rippen, welche über knorpelige Verbindungen mit dem Brustbein den Brustkorb bilden (s. S. 64).
Unterhalb der Halswirbelsäule setzt der Schultergürtel an. Er ist mit Wirbelsäule und Brustkorb nur durch Muskulatur verbunden, und die Oberarmköpfe werden im Wesentlichen durch Bänder in der Gelenkpfanne gehalten (s. S. 36 ff.), was den Armen und Händen ein hohes Maß an Beweglichkeit gibt.

Das Skelett besteht also aus vielen einzelnen Knochen, die nicht für sich allein im Gewebe liegen (Ausnahme ist das Zungenbein), sondern miteinander verbunden sind. Diese Verbindungen unterscheiden sich je nach Funktion.

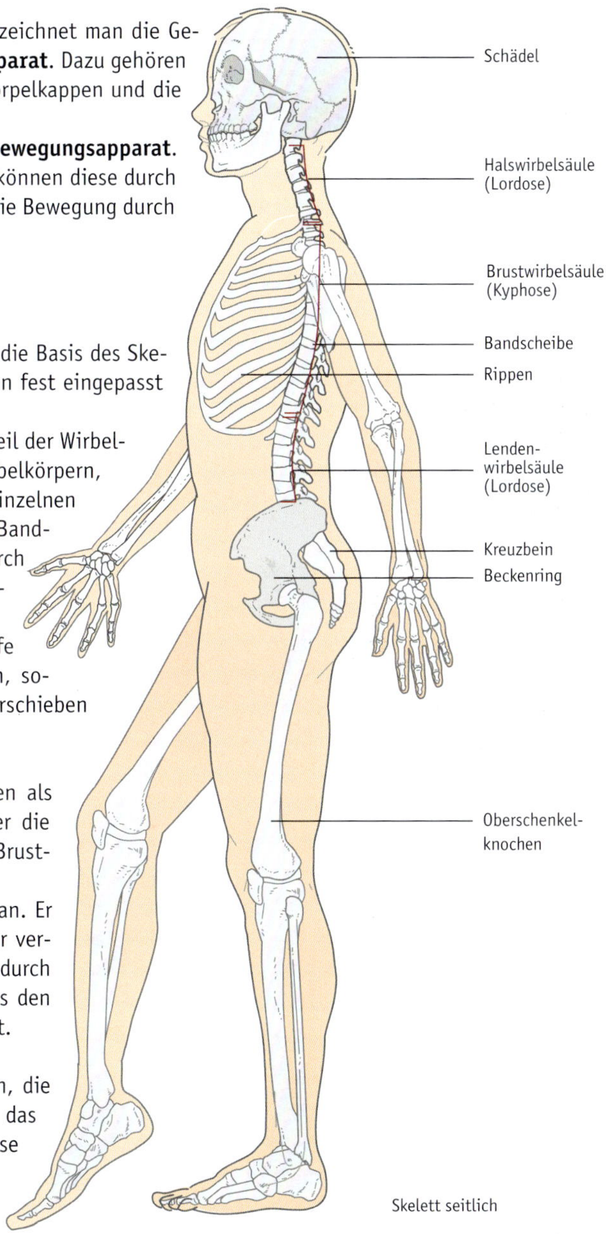

Skelett seitlich

Os ilium = Darmbein
Os sacrum = Kreuzbein

Die festesten Verbindungen sind die sogenannten Fugen und Haften, an denen die einzelnen Knochen durch Knorpel oder straffes Bindegewebe verbunden sind. Hierzu gehören u. a. die feste Verzahnung der Schädelknochen und knorpelige Verbindung der Schambeine miteinander bzw. der Rippen mit dem Brustbein. Die Verbindung der Wirbelkörper untereinander erfolgt durch die Bandscheiben aus Faserknorpel.
Sehr straffe Gelenke, in denen fast keine Beweglichkeit möglich ist, finden sich zwischen Kreuzbein und den Darmbeinschaufeln (Iliosakralgelenk).
Alle anderen Gelenke dienen der Bewegung, ihr Bewegungsausmaß ist abhängig von der Form und dem Ansatz der Muskulatur.

Muskulatur

Die Strukturen, welche das Skelett in Bewegung versetzen, sind die Skelettmuskeln. Diese werden sowohl sprachlich als auch funktionell von den Eingeweidemuskeln und dem Herzmuskel unterschieden (s. S. 38, 287).
Die aktive Leistung des einzelnen Skelettmuskels besteht in der **Kontraktion**. Diese wird ermöglicht durch das Ineinandergleiten von Fasern. An der einen Faser befinden sich sogenannte Myosinköpfchen, welche sich in der anderen Faser verhaken und durch eine kleine Nickbewegung ein Zusammenziehen bewirken. Vergleichbar dem Tauziehen, wo durch Nachfassen in eine Richtung gezogen wird. Dieses „Nachfassen" geschieht 5- bis 50-mal/Sekunde.

Die Muskelfasern unterscheiden sich darin, wie häufig sie den Vorgang wiederholen und wie lange sie ihn durchführen können. „Schnelle" Fasern können schnell kontrahieren, sind für eine große Kraftentfaltung zuständig, dafür aber nicht sehr ausdauernd. „Langsame" Fasern sind enorm ausdauernd, dafür aber nicht so kräftig.

Beispiel:
Der Bizeps, zuständig für kurzes Anheben von Lasten, besteht fast nur aus „schnellen" Fasern.
Der tief liegende Wadenmuskel, zuständig für das Stehen, Gehen und Laufen, enthält viele „langsame" Fasern.

Über die Sehnen werden die Muskelbewegungen auf das Skelett übertragen. Da Muskeln neben der Kontraktion nur über die Fähigkeit der Entspannung verfügen, gehören zu einer Bewegung mindestens zwei gegensinnig arbeitende Muskeln (Antagonismus, s. S. 40).
Koordinierte komplexe Bewegungsmuster erfordern aber über die aktive Arbeit der direkt betroffenen Muskulatur hinaus eine Stabilisierung durch Haltearbeit anderer Muskelgruppen.

Beispiel:
Das Anheben einer Kiste mit Wasserflaschen ermöglichen die Muskeln der Arme. Gleichzeitig müssen aber Rücken- und Beinmuskulatur für einen sicheren Stand sorgen und den Körper gegen das Kippen nach vorn stabilisieren.

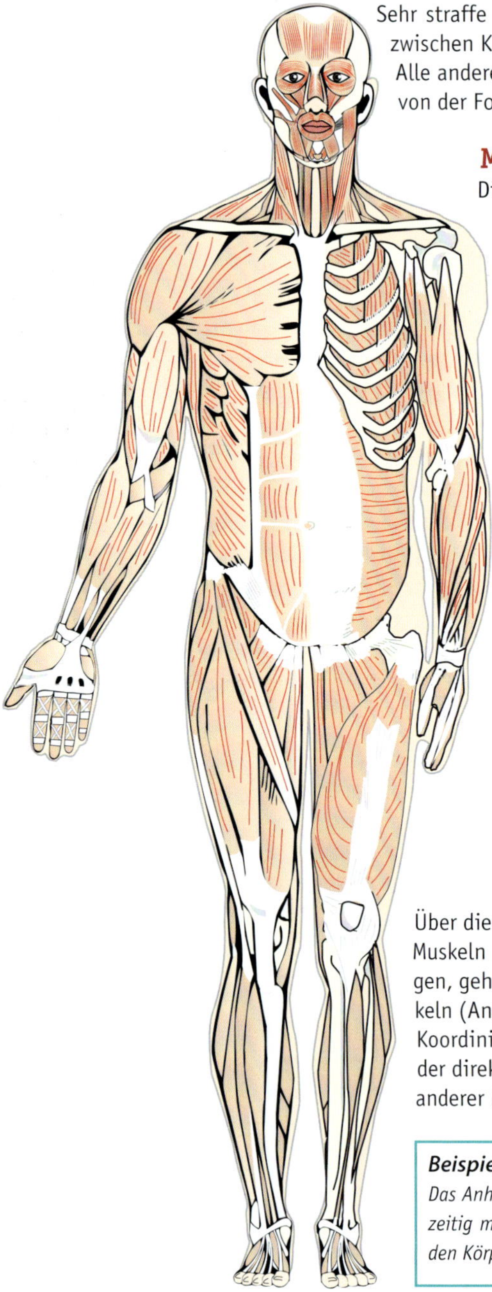

Muskulatur des Menschen

Altersveränderungen

Wie alle biologischen Systeme ist auch der Bewegungsapparat Altersveränderungen ausgesetzt, welche allerdings je nach Lebensweise unterschiedlich stark und unterschiedlich früh auftreten.

Sichtbare Zeichen sind Veränderungen von **Haltung** und **Größe**.
Mit zunehmendem Alter wird ein Schrumpfungsprozess beobachtbar, welcher zwar schon in der Jugend beginnt, aber sich erst etwa im 70. Lebensjahr deutlicher bemerkbar macht. Wegen des Zusammentreffens unterschiedlicher Ursachen sind Frauen davon stärker betroffen als Männer.

Wie alle Gewebe verlieren auch die **Bandscheiben** im Laufe des Lebens Wasser und verschmälern sich dadurch. Die Abstände zwischen den Wirbeln nehmen ab, was bis zu 5 cm Größenverlust im Alter ausmachen kann.
Auch das Knochengewebe ist einer Alterung unterworfen. Osteoporotische Veränderungen betreffen dabei besonders die Wirbelsäule und die Hüften. Wegen der Belastung durch das Körpergewicht, der gebeugten Haltung bei vielen Arbeiten, verbunden mit ihrer zum Rücken gerichteten Krümmung, ist die Brustwirbelsäule häufiger Ort derartiger Veränderungen. Die Wirbelkörper sacken im vorderen Bereich zusammen (Keilwirbel), was zu einer Zunahme der ohnehin vorhandenen Beugehaltung führt („Witwenbuckel“, s. Foto rechts).

Das Gleichgewicht zwischen Muskelzug und Druck der Bandscheiben ist nun gestört. Dies führt zu Fehlbelastungen in den kleinen Gelenken zwischen den Wirbeln. Schmerzhafte Arthrosen der Wirbelsäulenabschnitte können sich entwickeln. Die vornübergebeugte Haltung erschwert das Gehen deutlich und Hilfsmittel müssen zur Behebung der Unsicherheit eingesetzt werden. Durch die schmerzbedingte Immobilität nimmt die Muskulatur stärker ab und die Koordination wird schlechter.

Osteoporose = Schwund des Knochengewebes
Arthrose = degenerative (lat.entarten) Gelenkveränderung
Arthritis = entzündliche Gelenkveränderung (z.B.Gichtarthritis, s. S.258)
Tonus = Grundspannung
Spastik = Verkrampfung
Kollaps = plötzlich auftretendes Kreislaufversagen

Ältere Frau mit „Witwenbuckel“

A

1. Benennen Sie die Teilsysteme des Bewegungsapparats.
2. Erläutern Sie typische Altersveränderungen des Bewegungsapparats.
3. Erklären Sie das Prinzip der Antagonisten bei der Muskelarbeit am Bein.

10.3.2 Funktion des Bewegungsapparates

Entwicklungsgeschichtlich hat sich der Mensch zum aufrecht gehenden Wesen entwickelt, was ihn von anderen Lebewesen deutlich unterscheidet. So ist der „aufrechte Gang“ auch Ausdruck für ein selbstbewusstes Bewegen in der Gesellschaft.
Für die aufrechte Haltung sorgt der **Muskeltonus**. Er wird einerseits durch **Erkrankungen** beeinflusst, z.B. fühlt man sich „schlapp“ bei einer grippalen Erkrankung, und andererseits zeigt er auch sehr deutlich die **psychische Befindlichkeit** von Menschen. So erkennt man deutlich die typisch zusammengesunkene Haltung bei Depression, die lockere Haltung einer selbstbewussten Tänzerin oder die steife Haltung eines Menschen, der sich „zusammenreißen“ muss.
Der Muskeltonus kann krankhaft erhöht sein mit Verspannungen bis hin zur Spastik. Er kann aber auch akut erniedrigt sein, z. B. bei einem Kollaps. Der Mensch sackt dann in sich zusammen und ist kaum zu halten.

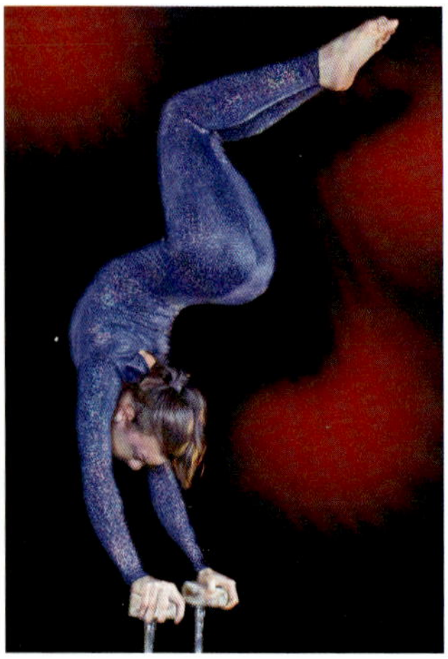

Akrobatin

Das ganze Ausmaß möglicher Bewegungen kann man an unterschiedlichen Sportformen oder artistischen Darbietungen sehen. Dabei ist allerdings zu bedenken, dass oft bis an die anatomischen Grenzen gegangen wird oder diese fast überschritten werden (z.B. beim Kunstturnen und in der Akrobatik). Für die Alltagsbewegungen und die gesundheitsfördernde sportliche Betätigung ist eine Orientierung hieran nicht zu empfehlen.
Allerdings deuten auch schon geringe Einschränkungen im Alltag (beruflich und privat) auf eine unvollständige Funktion hin.
Die Muskeltätigkeit wird mitbestimmt durch die Verteilung „schneller" und „langsamer" Fasern im Körper (s. S. 270). Somit ist weitgehend genetisch festgelegt, ob der eine mehr für das Radfahren und der andere mehr für den Sprint geeignet ist.

A Demonstrieren Sie der Klasse an einer Mitschülerin das Prinzip des Antagonismus an der Muskulatur des Oberarms.

10.3.3 Belastungsmomente

Das tägliche Leben, berufliche Belastungen, aber auch das Freizeitverhalten stellen unterschiedliche Anforderungen an den Bewegungsapparat. Diese können sich förderlich, aber auch belastend auswirken.

Überlastung

Der Bewegungsapparat ist auf einen Wechsel von Belastung eingerichtet, d.h. dass auch Ruhepausen erforderlich sind. Oft werden diese durch körperliche Signale (Kraftlosigkeit, Atemnot, Schmerzen) erzwungen. Häufig sind dies aber schon Zeichen einer deutlichen Überlastung des Bewegungsapparates.
Diese droht insbesondere bei einseitigen, sich wiederholenden Tätigkeiten. Akute Überlastungen können dann zu Reizzuständen am Übergang von Sehne zu Knochen führen (Tennisellenbogen). Bei chronischer Überlastung sind Entzündungen im Verlauf der Sehnen möglich (Sehnenscheidenentzündung).
Besonders gefährdet sind die Gelenke. Ist bei unzureichender Kraft die Bewegungskoordination gestört, kann es zu Fehlbelastungen mit Schädigungen des Knorpels (Arthrose) kommen. Ein zusätzliches Belastungsmoment ist Übergewicht verbunden mit Bewegungsmangel.

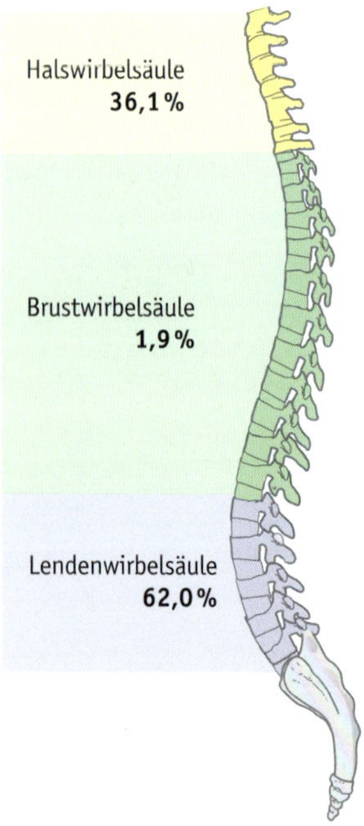

Schadensverteilung an der Wirbelsäule

Unterforderung

Alle Organe des Körpers reagieren auf Unterforderung nicht nur mit einer Abnahme der Leistungsfähigkeit, sondern werden anfälliger für Krankheiten und sind umso weniger in der Lage, schädigende Umwelteinflüsse auszugleichen.
Viele Menschen haben zu wenig Bewegung, wenn sie neben der täglichen, meist sitzenden beruflichen Tätigkeit körperlich keine aktiven Formen der Freizeitgestaltung (z.B. in Sportvereinen) bevorzugen. Damit fehlen notwendige Bewegungs- und Belastungsreize. Tätigkeiten, die in jungen Jahren keine Mühe machen, werden dann mit zunehmendem Alter zur Anstrengung.
Muskuläre Unterforderung führt zu einer Abnahme der Muskelmasse und der Kraft. Dies macht sich besonders im Bereich der Wirbelsäule und Rückenmuskulatur bemerkbar, die dann ihre Haltearbeit nicht mehr ausreichend durchführen, was mit einer Bewegungsinstabilität und Rückenschmerzen einhergeht.

Fehlbelastung

Ein erhebliches Problem sind Fehlbelastungen des Bewegungsapparates, insbesondere der Wirbelsäule. Diese wird wesentlich durch die Bauch- und Rückenmuskulatur stabil gehalten.
Schwache Muskulatur hingegen lässt den Bauch nach vorn sacken, die Lendenwirbelsäule entwickelt eine vermehrte Krümmung hin zum Hohlkreuz. Im Verbund müssen sich die anderen Abschnitte der Wirbelsäule ebenfalls dieser Krümmung anpassen und es kommt zu einer vermehrten Vorbeugung in der Brustwirbelsäule (erkennbar durch hängende Schultern). Zuletzt muss auch die Halswirbelsäule nachgeben und in die Überstreckung gehen, um den Kopf in seiner Position halten zu können oder vorzuschieben.
Je schwächer die Muskulatur entwickelt ist, desto stärker werden Wirbelgelenke, Bandscheiben und Bandapparat belastet.

Das Kreuz mit dem Kreuz

- 90 % der Bevölkerung hatten schon einmal Rückenbeschwerden.
- 30 % der Anträge auf Frühberentung werden mit Beschwerden des Bewegungsapparates begründet (davon 60 % Rückenbeschwerden).
- 60 % aller Arbeitsunfähigkeitsbescheinigungen gelten Rückenleiden.

Haltungsschwäche

Die schlaffe und bequeme Haltung entsteht durch:

- Beckenvorschub im Bereich der Lendenwirbelsäule
- Überhang der Brustwirbelsäule (runde Haltung des oberen Rückens)
- Überstreckung der Halswirbelsäule

Diese Haltungsschwäche zeigt einen mangelnden Muskeltonus in der gesamten Körperhaltung.
Daraus und aus falschem Alltagsverhalten (z.B. beim Bücken, Heben und Tragen) können sich echte **Fehlhaltungen** wie

- Rundrücken (Hyperkyphose der Brustwirbelsäule)
- Hyperlordose der Halswirbelsäule

entwickeln, die medizinisch therapiert werden müssen.

Ein zweiter wesentlicher Faktor sind berufsbedingte Fehlhandlungen. Wegen ihrer Bedeutung sind Erkrankungen des Rückens mittlerweile als Berufskrankheiten anerkannt und begründen damit Leistungen von der Umschulung bis zur Berufs- oder Erwerbsunfähigkeitsrente. Um dem vorzubeugen, sollte die Kosmetikerin auf ihre Arbeitsplatzeinrichtung (s. GSt., S. 11) und abwechselnde Arbeitshaltung achten. Dabei sollte sie auf eine aktive und mobile Sitzhaltung, die richtige Bück-, Hebe- und Tragetechnik sowie auf ausreichende Bewegung zwischendurch Wert legen.

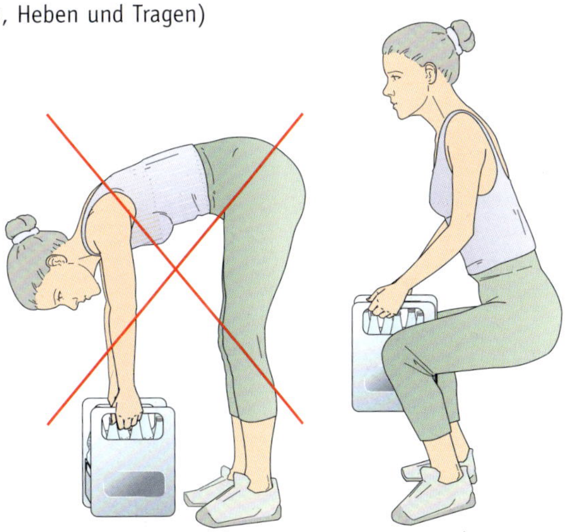

Falsches Heben — Richtiges Heben

Schädigend sind

- erzwungene Fehlhaltungen,
- falsche Arbeitshaltung (körperfernes Tragen von Lasten, gebeugter Rücken beim Heben) und
- Störungen der Gewebeernährung durch Zwangshaltungen über längere Zeit (z.B. langes Sitzen ohne Positionsänderung beim Autofahren).

A

1. Betrachten Sie Ihren Alltag (Ausbildung und Freizeit) hinsichtlich belastender Körperhaltungen und -bewegungen. Tragen Sie die wesentlichen Belastungsmomente zusammen.
2. Entwickeln Sie in einer Gruppe Alternativen oder Gegenstrategien. Beziehen Sie dabei das Kapitel 10.3.4 mit ein.

Rehabilitation (lat.) = Wiederherstellung
Integration (lat. integer = ganz) = Herstellung eines Ganzen
ADL/ATL = Activities of daily life = Aktivitäten des täglichen Lebens

Z Körperliche Aktivität steigert die Hirndurchblutung um circa 30 Prozent, verbessert die Stimmung und mindert die Schmerzempfindung (Endorphinausschüttung).

Z **Was dem Rücken gut tut:**
- Sich bewegen
- Sport treiben
- Sich gerade halten
- Beim Bücken in die Hocke gehen
- Keine schweren Gegenstände heben
- Lasten dicht am Körper tragen (Rucksack)
- Lasten verteilen (Einkäufe in zwei Taschen transportieren)
- Oberkörper beim Sitzen abstützen
- Sitzposition häufig wechseln
- Nicht mit geraden Beinen stehen (durchgedrückte Kniegelenke)
- Beim Liegen die Beine anziehen

„Es gibt nichts Gutes, außer man tut es."
(Erich Kästner, dt. Schriftsteller, 1899–1974)

WWW. www.tk.de
▸ Medizin & Gesundheit
▸ Bewegung
▸ Gesunder Rücken
▸ Rückenschule & Tipps

10.3.4 Fördernde Maßnahmen

Die Notwendigkeit **ausreichender Bewegung** ist lange bekannt, denn schon Hippokrates empfahl **Gehen**, **Laufen** und **Gymnastik**.
Bewegung hat allgemein positive Auswirkungen auf die Funktionsfähigkeit des Gehirns, des Immunsystems und den Stoffwechsel.
Der Bewegungsapparat wird leistungsfähig erhalten und der Körper kann an besondere Belastungen angepasst werden, sodass die Wiederherstellung eines verloren gegangenen Belastungsniveaus möglich ist (Rehabilitation).
Bewegung dient aber nicht nur der Gesunderhaltung, sondern hat auch soziale (gemeinsame Spaziergänge) und integrative Aspekte (Mannschaftssportarten).

Rückenschule

Unter Rückenschule wird die Veränderung schädigender Bewegungsmuster verstanden. Der Begriff Schule verweist darauf, dass dies üblicherweise nur durch einen Lernprozess möglich ist. Denn die individuellen Bewegungsabläufe jedes Einzelnen haben sich über die Jahre entwickelt, ohne dass es sofort zu Beschwerden gekommen ist. Sie sind also ebenfalls „erlernt" und stark fixiert, was Veränderungen schwer macht, sodass die reine Vermittlung von Informationen in den meisten Fällen nicht ausreichend ist.
In der Rückenschule geht es um das Erlernen von wirbelsäulengerechten Bewegungsformen und Haltungen, welche in den privaten und beruflichen Alltag übernommen werden sollen. Die individuelle Umsetzung wird unterstützt durch Hinweise zur systematischen Selbstbeobachtung.

Es gibt unterschiedliche Angebote, welche je nach Zielsetzung auch unterschiedliche Inhalte vermitteln.

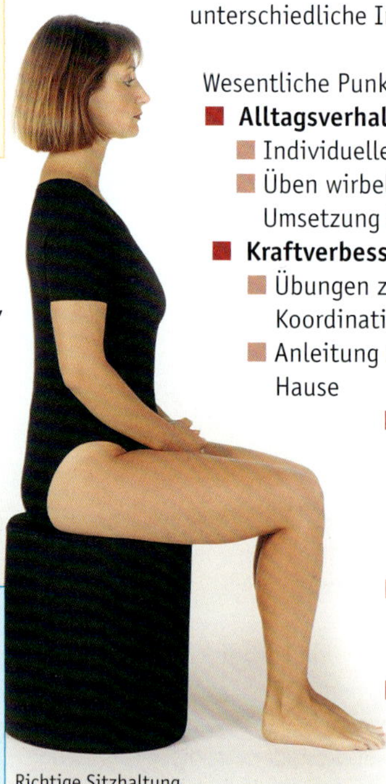
Richtige Sitzhaltung

Wesentliche Punkte sind:
- **Alltagsverhalten** (ADL/ATL)
  - Individuelle Korrektur von Haltung und Bewegung
  - Üben wirbelsäulengerechter Hebe- und Tragetechniken, Umsetzung in Alltagssituationen
- **Kraftverbesserung**
  - Übungen zur gezielten Verbesserung von Kraft und Koordination
  - Anleitung zu gezielten Übungen für ein Training zu Hause
- **Entspannung**
  - Vermittlung von Entspannungstechniken (z.B. progressive Muskelentspannung nach Jacobson, s. S. 297 f.)
  - Anleitung zur Durchführung zu Hause
- **Umgang mit Rückenschmerzen**
  - Vermittlung schmerzlindernder Haltungen (z.B. Stufenlagerung)
- **Gestaltung des Arbeitsplatzes**
  - Hinweise zu Sitzhöhe, Entfernung und Platzierung des Monitors
  - geeignete Bürostühle, Sitzkissen

Krafttraining

Die Abnahme der Muskelkraft kann mit zunehmendem Alter spürbare Auswirkungen auf die Gesundheit und die Lebensqualität haben. Untrainiert nimmt die Muskelmasse vom 20. bis zum 70. Lebensjahr um ca. 40 % ab. Eine deutliche Reduzierung wird ab dem 30. Lebensjahr spürbar.
Bedeutung hat Muskelkraft nicht nur in speziellen beruflichen Zusammenhängen (z.B. im Handwerk), sondern im Alltag allgemein (z.B., um Einkäufe zu erledigen, Hausarbeiten verrichten zu können oder eine rückengerechte Haltung beim Stehen oder Sitzen einnehmen zu können). Darüber hinaus hat Muskelkraft im Alter Bedeutung im Zusammenhang mit der Vorbeugung gegen Osteoporose und der Vermeidung von Stürzen.

Ziele des Krafttrainings sind:
- Körperformung durch gezielten Muskelaufbau an den gewünschten Körperstellen
- Gewebestraffung
- Abbau von Fettdepots

Krafttraining hat damit wesentliche positive Effekte. Es steigert das Selbstwertgefühl, hilft Körperbewusstsein zu entwickeln („Mein Körper ist wichtig.") und verbessert die Körperwahrnehmung („Wie geht es meinem Körper?").

Krafttraining ist in jedem Alter durchführbar und ein Einstieg jederzeit möglich. Allerdings sollte dies nur in Form eines individuell abgestimmten Trainingsprogramms erfolgen. Bei längerer Inaktivität oder fortgeschrittenem Alter sollte vorher Rücksprache mit einem Arzt genommen werden, welcher eine Leistungsdiagnostik durchführen kann.
In Sportvereinen und Fitnesscentern gibt es ein großes Angebot an speziellen Möglichkeiten, Krafttraining zu betreiben.

Es gibt mehrere Möglichkeiten, die Kraft zu trainieren:
- Übungen gegen die Schwerkraft
  - in unterschiedlichen Körperhaltungen (z.B. Liegestütz, Kniebeuge, Anheben der Beine in Bauchlage)
  - durch Bewegen von Gewichten in unterschiedlichen Körperhaltungen (z.B. Hochdrücken einer Hantel in Rückenlage, Anheben von Kurzhanteln im Stehen)
- Bewegen von Hebeln an Geräten, welche mit umgelenkten Gewichten oder elektromechanischen Widerständen arbeiten

Da die Beratung sich sicher nicht an Menschen richtet, welche sich in einem guten Trainingszustand befinden, sollte Krafttraining an Geräten empfohlen werden.

Krafttraining gegen die Schwerkraft mit Gewichten oder ohne erfordert eine gewisse Grundkraft und Koordination, welche nicht immer vorausgesetzt werden kann. Neben den Muskelgruppen, die trainiert werden sollen, muss die gesamte Muskulatur so weit gekräftigt sein, dass die nötige Haltearbeit geleistet werden kann, um die Übungen durchzuführen. Ist dies nicht der Fall, kommt es zu den oben beschriebenen Überforderungen und Fehlbelastungen.
Beim Training mit Geräten ist diese Gefahr deutlich gemindert durch geführte Sitz- und Liegepositionen, wobei allerdings auch hier eine präzise Durchführung und angepasste Belastung erforderlich sind, um Schäden zu vermeiden.

Krafttraining an Geräten

konzentrisch = überwindend (positiv dynamisch), Muskelarbeit mit Verkürzung der Muskulatur (der Ausführende arbeitet gegen das Gerät)
exzentrisch = nachgebend (negativ dynamisch); Muskelarbeit mit Verlängerung der Muskulatur (Abbremsbewegungen, das Gerät arbeitet gegen den Ausübenden)

Z Kein Krafttraining ohne individuelle Beratung und Beaufsichtigung!

An den Geräten z. B. der Firma milon (Train-Tec) ist ein individuelles Training mit kurzem Zeitaufwand und hohem Effekt möglich, wobei insbesondere die gut gesicherte Sitzposition und die Möglichkeit, Gewichtssteigerungen in 1-kg-Schritten durchzuführen, den Bedürfnissen Untrainierter und älterer Menschen entgegenkommt.
Die Einstellung der individuellen Daten (Sitzposition, Hebelposition), aber auch das aktuelle Trainingsgewicht werden auf einer Chipkarte gespeichert, welche zu Beginn des Trainings automatisch das Gerät in entsprechende Positionen bringt.
Während des Trainings können über ein Display die Anzahl der Wiederholungen, die Geschwindigkeit und damit Intensität der Ausübung und die bewegten Gewichte gesehen werden. Bei entsprechender Ausrüstung mit einem Pulsabnehmer (Brustgurt) wird auch die aktuelle Pulsfrequenz als Belastungsmaß angezeigt.
Der Widerstand der Geräte wird nicht über Gewichte, sondern über Elektromotoren erzeugt, was eine sichere Anwendung garantiert und die Möglichkeit einer Effektivitätssteigerung gegenüber anderen Methoden liefert.
Die Geräte ermöglichen nicht nur ein Training der Muskulatur beim aktiven Bewegen und Heben des „Gewichtes“ (konzentrische Belastung), sondern auch bei der Rückkehr in die Ausgangsposition (exzentrische Belastung), was den Effekt des Trainings deutlich steigert.
Der Multitrainer der Firma Kettler z. B. ermöglicht durch die Kombination von Doppelkabelzug und individuell einstellbarem Trainingsbügel ein umfassendes Ganzkörpertraining. Die Trainingsbank ist ebenfalls verstellbar; dadurch sind zahlreiche verschiedene Übungen an einem einzigen Gerät möglich.

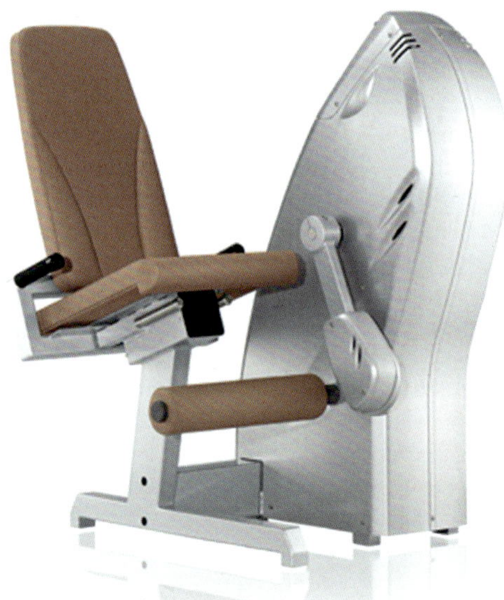

Nordic Walking

Nordic Walking ist im Wesentlichen eine Sportart, welche der Verbesserung der Ausdauer dient (s. S. 293 f.). Sie ist aufgrund der Stöcke dem Skilanglauf ähnlich und wurde zunächst in Finnland als sommerliche Alternative populär. Mittlerweile findet dieser Sport auch bei uns immer mehr Anhänger, besonders unter älteren Menschen oder Menschen, die wegen eingeschränkter Beweglichkeit und Belastbarkeit in den Kniegelenken nicht joggen können. Die Stöcke geben Halt und führen zu einer Entlastung der Kniegelenke.

Die Grundform des Nordic Walkings entspricht dem normalen Gehen (Kreuzgang), d.h., der linke Arm und das rechte Bein und umgekehrt gehen gleichzeitig nach vorn.

Nordic Walking

Der Stockeinsatz gestaltet sich dabei folgendermaßen:
- Führung der Stöcke dicht am Körper
- Stöcke werden kraftvoll mit Schulterrotation nach hinten geschoben
- Die Hand öffnet sich dabei in Höhe der Hüfte, der weitere Schub erfolgt über die Handschlaufe (ohne diese geht es nicht)
- Stöcke nach vorn schwingen, mit geschlossener Hand aufsetzen und drücken

Je länger die Schritte werden und je weiter der Arm nach hinten geführt wird, desto intensiver wird der Trainingseffekt.
Durch den Einsatz der Stöcke ist Nordic Walking ein Ganzkörpertraining, bei dem (richtige Technik vorausgesetzt) bis zu 80 % der Körpermuskulatur (Beine, Oberkörper mit Rücken-, Schulter- und Armmuskulatur) trainiert werden. Durch die harmonische rhythmische Bewegung werden darüber hinaus Verspannungen im Schultergürtel gelöst.

Nordic Walking kann in deutlich unterschiedlicher Intensität (langsames Gehen bis Laufen in unterschiedlichen Geländen) durchgeführt werden und ist damit auch für Untrainierte gut geeignet.
Der Einstieg sollte trotzdem über angeleitete Stunden erfolgen (auch zur Klärung von Fragen zu Stöcken, Schuhen und Kleidung). Angebote hierfür gibt es bei Sportvereinen und Fitnesscentern. In vielen Städten und Gemeinden sind Walkingtreffs entstanden, um mit Gleichgesinnten in Kontakt zu kommen. Mittlerweile gibt es auch eine große Vielfalt an ausgeschilderten Walkingrouten unterschiedlicher Schweregrade.

Schwimmen

Schwimmen gilt als eine der gesündesten Bewegungsformen und ist darüber hinaus selbst sportlich betrieben mit dem geringsten Verletzungsrisiko verbunden.
Durch den Auftrieb des Wassers werden die Gelenke geschont und Einschränkungen durch das Körpergewicht weitgehend aufgehoben. Im Wasser sind Bewegungen möglich, welche unter den Bedingungen der Schwerkraft wegen der erforderlichen Stabilisierungsarbeit der Muskulatur (s. S. 270) auf festem Boden nicht möglich sind.
Das Herz wird (bei langsamem Schwimmen) durch Förderung des venösen Rückstroms entlastet.

Schwimmen

Das Schwimmen selbst fordert fast die gesamte Muskulatur und ist von daher als Ganzkörpertraining sehr zu empfehlen. Je nach Schwimmstil (Brust-, Kraul- oder Delfinschwimmen) werden Arme, Beine und Oberkörper unterschiedlich stark trainiert. Die Möglichkeit, Trainingsreize zu setzen, kann durch zunehmende Geschwindigkeit wegen des Wasserwiderstandes schnell, aber auch dosiert gesteigert werden.

Schwimmen ist in jedem Alter möglich, Kurse zum Erlernen werden mittlerweile auch für Erwachsene angeboten.

Wassergymnastik

Wassergymnastik

Für Menschen, die nicht schwimmen können, gibt es spezielle Gymnastikangebote, welche die Vorteile der Entlastung des Bewegungsapparates mit dem Nutzen des Wasserwiderstandes verbinden.

Aqua-Power

Hierbei werden nicht nur Übungen zur Verbesserung der Beweglichkeit durchgeführt, sondern auch ein Muskeltraining erreicht durch:

- Bewegen des ganzen Körpers (Aqua-Jogging) oder
- Einsatz unterschiedlicher Schwimmkörper bzw. Spezialhanteln und Gewichtsmanschetten, die gegen den Wasserwiderstand wirken (Aqua-Power).

Nebeneffekt des Trainings im Wasser ist eine Verbesserung des Gleichgewichtssinns und der Koordination durch Übungen „in der Schwebe". Darüber hinaus übt das Wasser eine Massage der Haut aus, welche die Durchblutung der Haut, der Muskeln und des Bindegewebes fördert.

WWW. www.nordic-walking-infos.de

A

1. Informieren Sie sich bei Ihrer Krankenkasse oder im Internet über Angebote zur Rückenschule.
2. Besuchen Sie Sportvereine und Fitnesscenter in Ihrer Umgebung und fragen Sie nach Möglichkeiten zum Krafttraining.
3. Lassen Sie sich in einem Fitnesscenter die Geräte zeigen und probieren Sie unterschiedliche Geräte aus.
4. Suchen Sie über die Internetadresse www.nordic-walking-infos.de Routen zum Walken in Ihrer Umgebung. Fragen Sie außerdem Ihre Krankenkasse nach Übungsangeboten und Lauftreffs.

10.3.5 Haltungsübungen für den Rücken und den Bauch

Z Die folgenden Übungen können gut im täglichen Umfeld Ihrer Kunden integriert werden. Führen Sie diese Übungen mit einem erfahrenen Sportlehrer der Schule durch. So erfahren Sie selber, wie diese Übungen wirken.

Oft wird der Rücken zu wenig beachtet: Langes Sitzen und einseitige Belastung führen oft zu Rückenproblemen wie Verspannungen, Hexenschuss und Rückenschmerzen. Meistens bewegt sich der Betroffene dann noch weniger und nimmt eine Schonhaltung ein, damit der Rücken weniger schmerzt. Dies führt dann wieder zu einseitigen Belastungen des Rückens. Wenn man diesem Teufelskreis entgegenwirken möchte, muss man den Rücken in Bewegung bringen und die Muskulatur stärken. Im kosmetischen Zusammenhang ist ein gut trainierter Rücken die Voraussetzung für eine aufrechte Haltung. Wenn man aufrecht steht und geht, wirkt man automatisch schlanker und strahlt mehr Selbstbewusstsein aus. Dabei ist das ausgewogene Verhältnis von Kraft und Beweglichkeit entscheidend für geschmeidige Bewegungsabläufe und eine lockere und aufrechte Haltung.

Eine starke Rückenmuskulatur koordiniert den gesamten Bewegungsablauf des Rumpfes, stabilisiert die Wirbelsäule und sorgt für eine aufrechte Haltung. Für ein reibungsloses Zusammenspiel der Rückenmuskeln spielt auch die Bauchmuskulatur eine wichtige Rolle. Starke oder einseitige Belastungen, z.B. durch falsche Körperhaltung, führen häufig zu Muskelschmerzen oder Bandscheibenschäden und dadurch bedingte Fehlhaltungen. Mit gezielten Übungen für die Rücken- und Bauchmuskulatur kann dazu beigetragen werden, Fehlbelastungen und Schmerzen zu vermeiden und eine aufrechte Haltung mit allen kosmetischen Vorteilen zu erzielen.

Übung 1: Kräftigung der Schulter-, Rücken- und Brustmuskulatur (Liegestütz an der Wand)

Übungsmaterial: Tür oder Wand

Der Übende stellt sich aufrecht mit gestreckten Armen an eine Wand. Dabei sollten die Hände ungefähr in Höhe der Schulter flach an der Wand liegen. Aus dieser Position wird der gesamte Körper nun in gerader Linie langsam zur Wand hin gesenkt. Dabei das Becken stabilisieren! Die Fußsohlen bleiben vollständig am Boden. Von dieser Position geht es dann wieder zurück in die Ausgangsposition.

Wiederholung der Übung: 10- bis 20-mal (je nach Kraftniveau)

Übung 2: Kräftigung der geraden Rückenmuskulatur beim geraden Sitzen (Grundhaltung)

Übungsmaterial: Stuhl oder Hocker

Der Übende sitzt aufrecht auf einem Hocker oder Stuhl. Die Füße stehen locker auf dem Boden. Nun stellt sich der Übende vor, dass er am Scheitel wie eine Marionette nach oben gezogen wird. Dabei werden der Rücken und der Hals ganz lang. Unter ruhigem Weiteratmen wird diese Position für ca. 10–15 Sekunden gehalten. Dann wird die Spannung gelöst. Der Rücken wird rund und der Kopf hängt nach unten.

Wiederholung der Übung: 10- bis 20-mal (je nach Kraftniveau)

Übung 3: Kräftigung der gesamten Rückenmuskulatur

Übungsmaterial: Matte oder großes Handtuch

Der Übende legt sich flach auf den Bauch, die Nase ist ca. 1 cm knapp über dem Boden. Die Arme werden seitlich am Körper entlanggeführt. Aus dieser Position wird der Oberkörper nun so weit wie möglich nach oben gezogen. Dabei bleiben Kopf und Hals in Verlängerung des Rückens gerade. Die Nase zeigt weiterhin zum Boden. Die Position wird 5–10 Sekunden gehalten und dann wird der Oberkörper wieder langsam in die Ausgangsposition zurückgeführt.

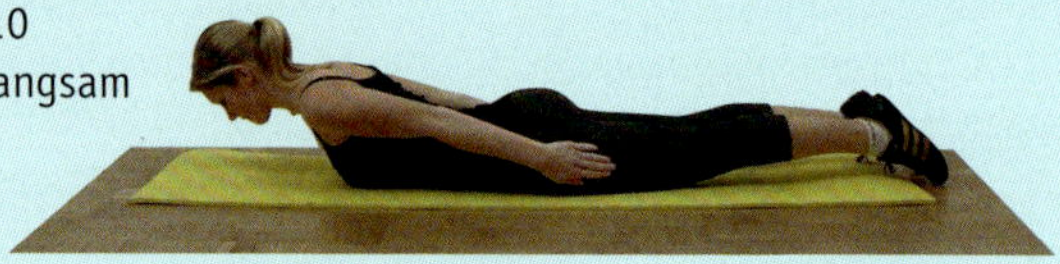

Wiederholung der Übung: 5- bis 6-mal

Übung 4: Kräftigung der gesamten Rückenmuskulatur, speziell der oberen Rückenmuskulatur zwischen den Schulterblättern

Übungsmaterial: Matte oder großes Handtuch

Der Übende legt sich flach auf den Bauch, die Nase ist knapp über dem Boden. Die Arme werden leicht angewinkelt neben den Kopf gelegt. Nun wird der ganze Körper angespannt und die Arme werden langsam mit dem Oberkörper zwischen 10 und 15 cm vom Boden abgehoben. Diese Position wird für ca. 5–10 Sekunden gehalten. Dann geht der Übende wieder langsam in die Ausgangslage zurück.

Wiederholung der Übung: 5- bis 6-mal

Übung 5: Kräftigung der Gesäß- und unteren Rückenmuskulatur

Übungsmaterial: Matte oder großes Handtuch

Der Übende legt sich flach auf den Bauch, der Kopf liegt auf der „bequemen" Seite. Die Arme werden leicht angewinkelt neben den Kopf gelegt. Das rechte Bein wird im Kniegelenk ca. 90 Grad gebeugt, sodass die Fußsohle zur Decke zeigt. Nun wird der ganze Körper angespannt und das gebeugte Bein wird mit der Fußsohle Richtung Decke ca. 10–15 cm vom Boden abgehoben. Diese Position wird je nach Kraftniveau für ca. 5–10 Sekunden gehalten. Dann geht es wieder zurück in die Ausgangslage. Danach die gleiche Übung mit der rechten Seite durchführen.

Wiederholung der Übung: 5- bis 6-mal jede Seite

Übung 6: Wirbelsäulenmobilisation und Kräftigung der Gesäß- und gesamten Rückenmuskulatur

Übungsmaterial: Matte oder großes Handtuch

Der Übende geht in den Vierfüßler-Kniestand und stützt sich mit den Händen am Boden ab. Nun zieht er das rechte Knie und den linken Ellenbogen zusammen und der Rücken wird nach oben hin rund. Aus dieser Position werden nun das rechte Bein und der linke Arm langsam gestreckt, sodass sie gemeinsam mit dem Rumpf eine Waagerechte bilden. Diese Position wird je nach Kraftniveau für ca. 5–10 Sekunden gehalten. Dann werden rechtes Knie und linker Ellenbogen zur Wirbelsäulenmobilisation (s. Abb. links) wieder zusammengeführt. Diese Übung wird nun mit der gleichen Seite 5-mal hintereinander in langsamer Bewegungsausführung durchgeführt. Danach wechselt der Übende die Seite.

Wiederholung der Übung: 3-mal je 5- bis 10-mal jede Seite (je nach Kraftniveau)

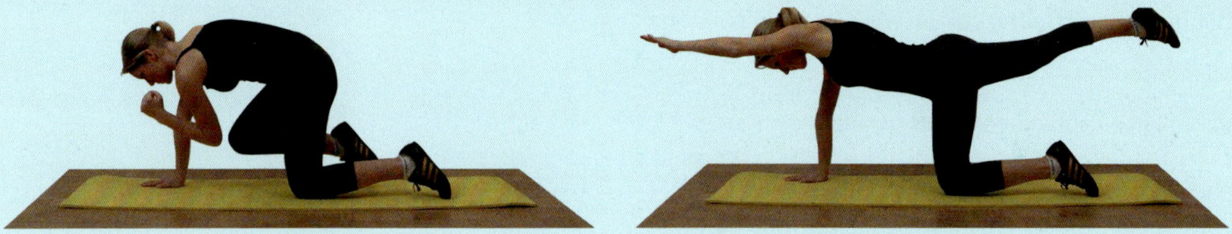

Übung 7: Kräftigung der schrägen Bauchmuskulatur (isometrische Übung – leichte Variante)

Übungsmaterial: Matte oder großes Handtuch

Der Übende liegt in der Ausgangslage auf dem Rücken. Beide Beine sind gestreckt. Das rechte Bein wird nun angebeugt und die linke Hand wird zum Knie geführt und drückt gegen das Knie. Die Spannung wird in dieser Position für ca. 10 Sekunden gehalten. Danach geht der Übende wieder in die Ausgangslage zurück. Die gleiche Übung wird anschließend mit der anderen Seite durchgeführt.

Wiederholung der Übung: 5- bis 6-mal jede Seite

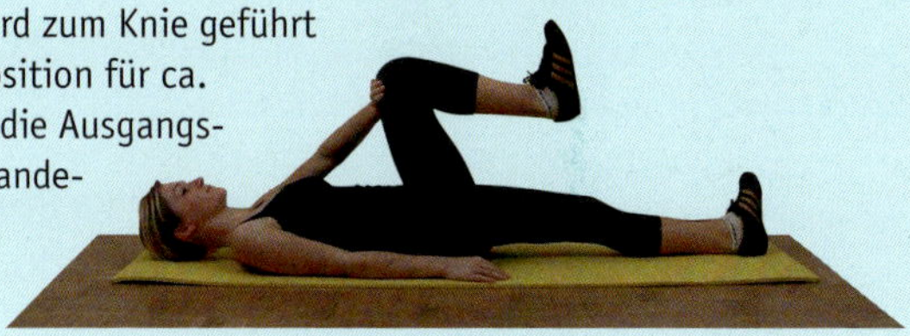

Übung 8: Kräftigung der schrägen Bauchmuskulatur (dynamische Übung – mittelschwere Variante)

Übungsmaterial: Matte oder großes Handtuch

In der Rückenlage stellt der Übende beide Fersen auf den Boden auf. Er verschränkt die Hände hinter dem Kopf und hebt den Kopf leicht an. Nun zieht er langsam die rechte Schulter mit einer aufrollenden Bewegung des Oberkörpers diagonal in Richtung linkes Knie und rollt anschließend langsam wieder in die Ausgangsposition zurück. Das Gleiche wird abwechselnd mit der anderen Seite durchgeführt.

Wiederholung der Übung: 10- bis 15-mal jede Seite (je nach Kraftniveau)

Übung 9: Kräftigung der schrägen Bauchmuskulatur – anspruchsvolle Variante

Übungsmaterial: Matte oder großes Handtuch

Der Übende liegt auf dem Rücken und streckt beide Beine senkrecht nach oben. Er verschränkt beide Hände hinter dem Kopf und hebt den Kopf leicht an. Aus dieser Position versucht er nun, abwechselnd mit der rechten und linken Hand, langsam die Füße zu berühren. Dabei bleibt der Kopf leicht angehoben.

Wiederholung der Übung: 10- bis 15-mal jede Seite (je nach Kraftniveau)

Übung 10: Kräftigung der geraden Bauchmuskulatur

Übungsmaterial: Matte oder großes Handtuch

Der Übende liegt auf dem Rücken. Die Arme werden hinter dem Kopf verschränkt. Die Beine werden so angewinkelt, dass Oberkörper und Oberschenkel einen rechten Winkel bilden. Nun wird der Oberkörper so weit es geht, langsam nach oben Richtung Knie gerollt, dann wieder zurück.

Wiederholung der Übung: 10- bis 20-mal (je nach Kraftniveau)

Die dargestellten Übungen erfordern eine fachgerechte Anleitung durch ausgebildete Sportlehrer, Physiotherapeuten oder Übungsleiter. Wenn diese Techniken und Übungen vom Kosmetikinstitut begleitet und angeleitet werden sollen, ist es unbedingt notwendig, dass die Kosmetikerin eine entsprechende Aus- oder Fortbildung hat. Der deutsche Sportbund und viele andere Anbieter stellen entsprechende Angebote zur Verfügung.
Eine zusätzliche Ausbildung zur **Wellness-Trainerin** ist sicher eine sinnvolle Ergänzung des Kosmetikberufes. Diese Ausbildung beinhaltet u.a. die Vermittlung und Anwendung von verschiedenen Massagearten, Entspannungstechniken, Nordic Walking, Funktionsgymnastik, Aqua-Aerobic und aufbauend die Anerkennung als Übungsleiterin. Dadurch erweitern sich die beruflichen Einsatzmöglichkeiten, wie die Arbeit in einem Wellnesshotel, Fitnessstudio mit Kosmetik und in einer Schönheitsfarm.
Sport und Bewegung dienen der Schönheit von innen, weil das Erscheinungsbild des Einzelnen auch von seiner aufrechten Körperhaltung, gut trainierter Muskulatur und einer gesunden Hautdurchblutung geprägt wird. Durch die pflegende und dekorative Kosmetik kann das Gesamtbild der Schönheit erhalten oder auch verbessert werden. Hier ist die gut aus- und fortgebildete Kosmetikerin als Expertin und Kundenberaterin gefragt!

WWW.
www.dosb.de
www.IST.de

A

1. Benennen Sie die Voraussetzungen für eine gute Haltung.
2. Sehen Sie Modezeitschriften durch und betrachten Sie die Haltung der Modelle. Was drückt diese für Sie aus?
3. Vergleichen Sie die Haltung verschiedener Menschen in unterschiedlichen Situationen. Was können Sie daran ablesen?
4. Stellen Sie für eine Kundin ein Übungsprogramm von ca. 30 Min. zur Verbesserung der Haltung zusammen. Nutzen Sie dazu die Übungen aus diesem Kapitel. Suchen Sie auch nach weiteren Übungen im Internet.
5. Probieren Sie die Übungen im „Bewegungsprojekt" der Schule selber aus. Korrigieren Sie sich gegenseitig.

Mimik = Bewegungsspiel der Gesichtsmuskeln

10.3.6 Mimische Bewegungsübungen

Mit sogenannten mimischen Bewegungsübungen kann man die Haut des Gesichts positiv beeinflussen.
Mimik bezeichnet sichtbare Bewegungen der Gesichtsoberfläche durch die Kontraktion der Gesichtsmuskeln, vor allem der um Augen und Mund. Da die einzelnen Bewegungen der Gesichtsmuskulatur in Sekundenbruchteilen ablaufen, entsteht ein Gesichtsausdruck aus dem Gesamteindruck der mimischen Facetten.
Der Gesichtsausdruck, also das Mienenspiel oder die Miene, ist ebenso wie die Gestik ein wichtiger Bestandteil der nonverbalen Kommunikation.

Z Mimische Bewegungsübungen helfen gegen:
- Stirnfalten
- Lachfalten und Krähenfüße
- Lippenfalten und Schmallippigkeit
- schlaffe Wangen
- Halsfalten, Konturverluste und Doppelkinn

Das Gesicht ist oftmals entscheidend dafür, welchen ersten Eindruck andere Menschen von uns gewinnen. Die Mimik wird von der Gesichtsmuskulatur beeinflusst und zeigt unsere aktuellen Stimmungen, Empfindungen, Gefühle und Gedanken. Über Jahre formt sich daraus der individuelle Gesichtsausdruck eines Menschen.
So gibt es beispielsweise den volkstümlichen Ausdruck: „Die Lebensgeschichte ist ihr ins Gesicht geschrieben."

Bestimmte Gesichtspartien werden unbewusst immer wieder angespannt. Andere bleiben eher unbewegt. Und das ist bei jedem Menschen anders. Gerade für die Muskeln, die im Alltag nur selten bewegt werden, ist das An- und Entspannen wichtig. Hierdurch werden jeder Zelle der Gesichtshaut mehr Sauerstoff und Nährstoffe zugeführt. Mimische Bewegungsübungen trainieren auch die weniger genutzten Gesichtsmuskeln. Das fördert die Durchblutung, sorgt für eine größere Elastizität der Haut, wirkt langfristig Falten entgegen und sorgt für Harmonie der Mimik.
Wenn man die Gesichtsmuskulatur an- und entspannt, wirkt das wie eine Pumpe auf die Durchblutung und die Lymphzirkulation in den tiefen Hautschichten. Dadurch wird sie von den Stoffwechselendprodukten intensiv befreit. Dies wiederum treibt die innere Reinigung voran.
Durch die mimischen Bewegungsübungen wird auch die Produktion der Schweiß- und Talgdrüsen angeregt. Dadurch trocknet die Haut weniger aus und wird geschmeidig gehalten. Dennoch sollte die Gesichtshaut vor dem Üben leicht gecremt werden.

Z Bei mimischen Bewegungsübungen sollten An- und Entspannung nicht ruckartig, sondern stets langsam, etwa in 6 Sekunden, erfolgen.

Kleines mimisches Bewegungsprogramm

Übung 1: Gute Kopfhaltung – schöner Hals

Übungsmaterial: Stuhl und ein größeres Buch

Der Übende setzt sich aufrecht hin und lenkt seine Aufmerksamkeit auf die Kopfhaltung. Als Bild kann man sich vorstellen, dass der Kopf wie eine Blüte auf dem Stängel fein ausbalanciert werden soll. Zunächst wird nun das Kinn leicht zurückgeschoben. Dabei kann man die Bewegung mit einem Zeigefinger am Kinn unterstützen. Anschließend wird der Hinterkopf nach oben gereckt. Der Übende kann sich dabei ein Buch auf den Kopf legen. Das wird dabei ohne runterzufallen nach oben gehoben.

Wiederholung der Übung: 10- bis 15-mal

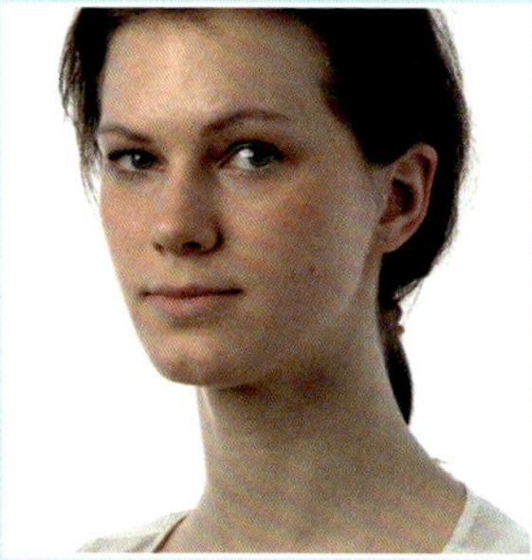

Übung 2: Vermeiden eines Doppelkinns, straffe Wangen

Übungsmaterial: nicht notwendig

Der Übende legt eine Faust unter das Kinn und öffnet den Unterkiefer gegen den Widerstand der Faust. Die Spannung sollte 5–10 Sekunden gehalten werden, anschließend locker lassen. Die Übung bewirkt, dass sich der Kinnboden und der Kiefermuskel zusammenziehen.

Wiederholung der Übung: 5- bis 6-mal

Übung 3: Straffe Wangen

Übungsmaterial: nicht notwendig

Der Übende legt beide Zeigefinger an die Mundwinkel. Dann stellt er sich ein Clownlächeln vor. Nun zieht er zuerst nur den rechten Mundwinkel hoch in Richtung Jochbein. Er sollte nun die Anspannung des großen Jochbeinmuskels spüren. Dieser Muskel ist beim Menschen für das Lächeln zuständig. Die Anspannung soll 5–10 Sekunden gehalten werden. Danach das Gesicht wieder entspannen. Dann kann die linke Seite trainiert werden.

Wiederholung der Übung: 5- bis 6-mal pro Seite

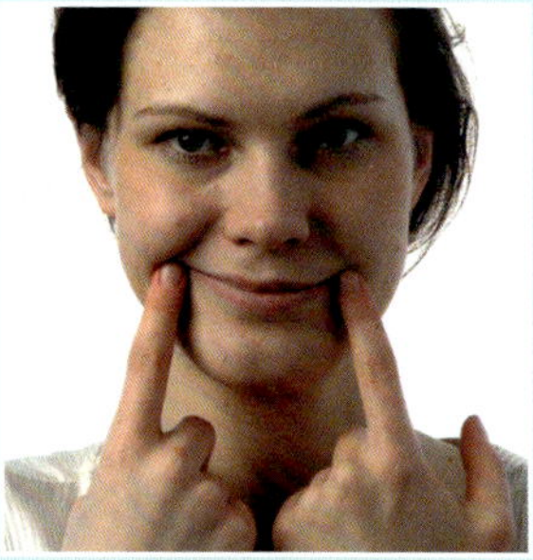

Übung 4: Vermeidung von Oberlippenfältchen

Übungsmaterial: Korken

Der Übende macht die Lippen breit und presst sie kräftig aufeinander. Er sollte nun die Spannung im Mundringmuskel spüren. Der Mundringmuskel erstreckt sich rund um den Mund. Die Spannung soll etwa 5–10 Sekunden gehalten werden. Danach wird wieder entspannt und der Übende spürt dieser Entspannung bewusst nach. Eine mögliche Variation der Übung besteht darin, bei der Übung einen Korken zwischen die Lippen zu legen.

Wiederholung der Übung: 5- bis 6-mal

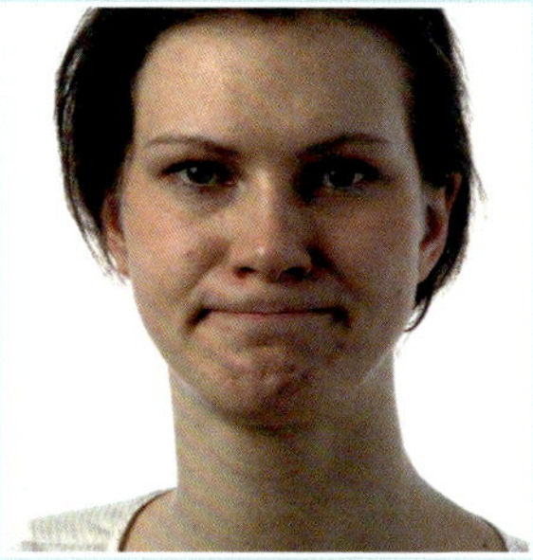

Übung 5: Feste Wangen

Übungsmaterial: nicht notwendig

Der Übende bläst beide Backen kräftig auf. Danach beklopft er sie mit den Fingern beider Hände. Beim Klopfen soll die Luft langsam abgelassen werden. Eine Variation der Übung besteht darin, dass man bei aufgeblasenen Backen die Luft von einer Seite zur anderen hin- und herschiebt. Die Übungsdauer sollte pro Durchgang zwischen 5 und 10 Sekunden liegen.

Wiederholung der Übung: 5- bis 10-mal

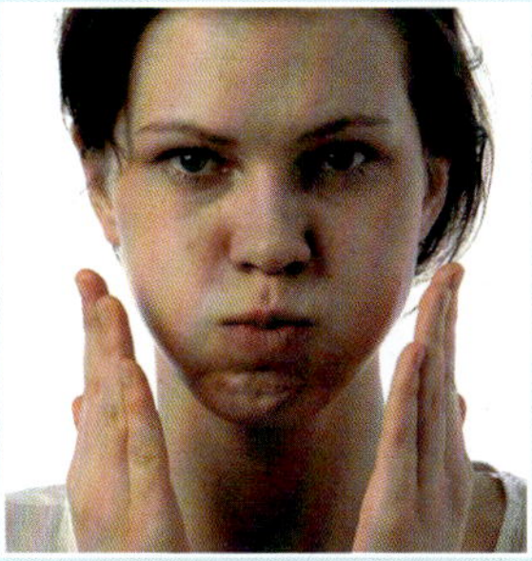

Übung 6: Glatte Stirn

Übungsmaterial: nicht notwendig

Der Übende legt die Finger der beiden Hände quer auf die Stirn. Dabei zieht er die Augenbrauen und Lider gegen den Widerstand der Finger nach oben. Die Spannung wird etwa 5–10 Sekunden gehalten. Danach wird die Stirn wieder entspannt.

Wiederholung der Übung: 5- bis 6-mal

Übung 7: Straffe Augenpartie

Übungsmaterial: nicht notwendig

Daumen und Zeigefinger der beiden Hände werden unter die Augenbrauen und auf das Jochbein unterhalb des Auges gelegt. Dann werden die Augen zuerst weit aufgerissen. Danach werden sie geschlossen und gleichzeitig geblinzelt. Beim Blinzeln sollte man die Anspannung im Augenringmuskel spüren. Anschließend werden die Augen im geschlossenen Zustand entspannt.

Wiederholung der Übung: 5- bis 10-mal

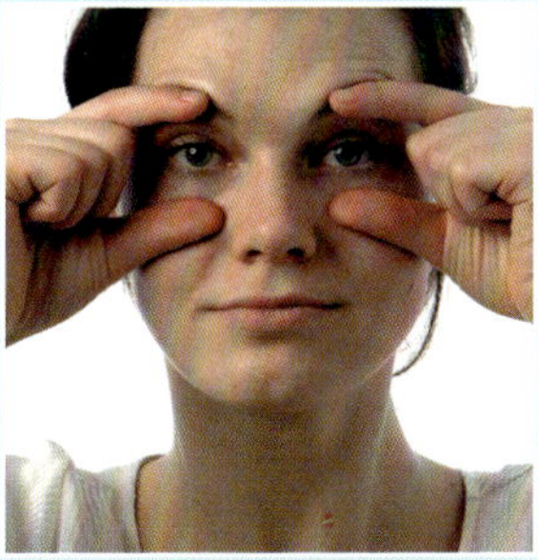

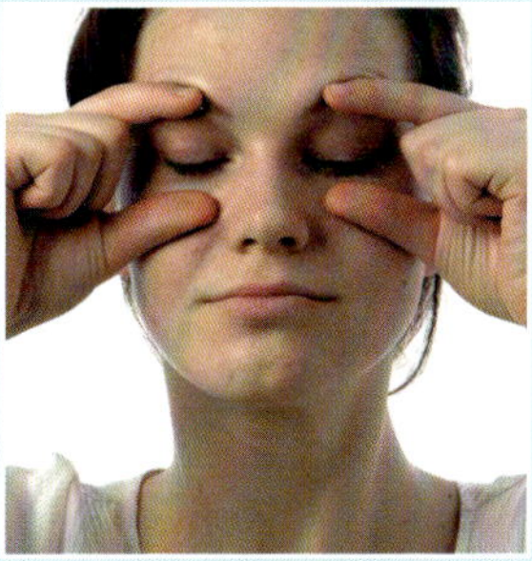

A

1. Setzen Sie sich vor oder in ein Eiscafé und schauen Sie den Menschen ins Gesicht, die vorübergehen. Nehmen Sie sich einen kleinen Notizzettel mit und schreiben Sie auf, was man alles aus den Gesichtern „lesen“ kann.
2. Welche Schwierigkeiten könnten auftauchen, wenn Sie Ihren Kunden ein mimisches Bewegungsprogramm empfehlen?
3. Schauspieler sind gute Vorbilder für mimische Bewegungsübungen. Besonders in Komödien kann man viele extreme Bewegungen der Gesichtsmuskulatur sehen. Besorgen Sie eine DVD Ihrer Lieblingskomödie und suchen Sie gezielt nach Ideen für mimische Bewegungsübungen. Probieren Sie die gefundenen Übungen in der Klasse aus. Es darf gelacht werden!

Isometrische Kontraktion
iso = gleich
metrisch = Maß
= eine Kontraktion, die keine äußerlich sichtbare Bewegung hervorruft
statisch = keine Bewegung aufweisend

10.3.7 Isometrische Übungen

Isometrische Übungen sind statisch ausgeführte Übungen. Die Muskeln, welche man trainieren möchte, werden mit oder ohne Gewichtsbelastung statisch in einer Position gehalten. Einen isometrischen Effekt kann man beispielsweise erleben, wenn man einen Eimer Wasser mit gebeugtem Ellenbogen in einem 90-Grad-Winkel versucht so lange wie möglich zu halten. Auch das bayerische Bierkrugstemmen ist ein schönes Beispiel.

Der Sinn von isometrischen Übungen ist es, den **Muskeltonus** zu **verbessern**, der direkt die Spannung der Haut und die Festigkeit des Bindegewebes beeinflusst. Deswegen kann man mit isometrischen Übungen die Haut straffen und das Bindegewebe festigen. Gleichzeitig wird die Haltung des Körpers verbessert.

Isometrische Übungen (statische Haltearbeit):
Die Muskulatur wird so fest wie möglich angespannt, ohne dass eine Bewegung stattfindet.

- Die Muskulatur wird über das Nervensystem angeregt, alle Muskelfasern zu aktivieren, die zur Verfügung stehen, um ein scheinbares Hindernis zu überwinden.
- Man kann isometrische Übungen insbesondere einsetzen, wenn bestimmte Muskeln geschwächt sind, denn sie fördern den schnellen und dosierten Muskelaufbau.
- Isometrische Übungen sind besonders geeignet für den Aufbau der Rücken- und Gesichtsmuskulatur. Das Erlernen und Erfühlen der Muskelspannungen ist eine wichtige Grundvoraussetzung für die Durchführung der Übungen.
- Isometrische Übungen sind besonders für die Anfangsphase eines Krafttrainings geeignet.
- Isometrische Übungen haben aber auch Nachteile:
  - gefährlich bei Herz- und Kreislauferkrankungen
  - Gefahr der Pressatmung
  - veränderte Durchblutung der Muskeln
  - deutlicher Blutdruckanstieg

Die Reaktionsfähigkeit der Muskulatur nimmt bei ausschließlich isometrischen Übungen ab.

Wichtige Grundsätze bei isometrischen Übungen:
Intensität: 50–70 % der individuellen maximal möglichen Anspannung
Wiederholungen pro Übung: max. 5–6
Anspannungszeit: 6–10 Sekunden
Unbedingt beachten: Pressatmung vermeiden, während der Übungsdurchführung ruhig weiteratmen.

Beispiele für isometrische Übungen: Kapitel 10.3.5, S. 279 ff., Übungen 2, 3 und 7.
Beispiele für isometrische Übungen für das Gesicht: Kapitel 10.3.6, S. 284 f., Übungen 2, 3, 4 und 6.

A

1. Stellen Sie ein Programm zur Haltungsverbesserung zusammen, in dem mindestens 70 % der Übungen isometrisch sind.
2. Erstellen Sie eine Liste mit den wichtigsten Gefahren bei isometrischen Übungen.

10.4 Maßnahmen für das Herz-Kreislauf-System

10.4.1 Aufbau des Herzens und der Gefäße

Das Herz-Kreislauf-System steht im Mittelpunkt aller Aktivitäten. Es versorgt alle Organe mit den notwendigen Grundbausteinen der Energiegewinnung. Ohne regelmäßige Versorgung mit Blut kommen die Organfunktionen zum Erliegen.

Ausschlaggebend für die Leistungsfähigkeit des Körpers (Kondition) ist damit die Leistungsfähigkeit des Herz-Kreislauf-Systems, d.h. die Möglichkeit der Steigerung der Pumpleistung des Herzens entsprechend unterschiedlicher Anforderungen und der Zustand des Gefäßsystems.

Das **Herz** ist etwa faustgroß und befindet sich im Brustkorb etwas nach links verschoben hinter dem Brustbein. Es besteht aus einer speziellen Art von Muskelzellen, welche eine kontinuierliche Leistung ermöglichen (s. S. 41 ff.).

Das Herz wiegt durchschnittlich 300 bis 350 g bei normaler täglicher Beanspruchung. Durch regelmäßiges Training kann es zu einer Zunahme des Herzgewichts bis zu ca. 500 g durch Vergrößerung der vorhandenen Herzmuskelzellen kommen. Eine weitere Zunahme ist nicht möglich, da die herzversorgenden Arterien (Koronargefäße) nicht entsprechend mitwachsen können. Man spricht daher vom kritischen Herzgewicht.

Das vom Herzen geförderte Blut wird über das Gefäßsystem (s. S. 41 ff.) im Körper verteilt und versorgt die einzelnen Organsysteme.

Koronargefäße (lat. corona = Kranz) = Herzkranzgefäße

Überlebenszeiten der Gewebe ohne Sauerstoff:
Gehirngewebe: 5 Minuten
Herzgewebe: 15 bis 30 Minuten
Nieren- und Lebergewebe: 30 bis 35 Minuten
Lungengewebe: ca. 1 Stunde
Muskelgewebe: ca. 8 Stunden
Darmgewebe: ca. 24 Stunden

Das Herz in Zahlen:
Längsdurchmesser: 15 cm
Gewicht: 300 g
Fördermenge/Schlag: 70 ml
Fördermenge/Minute/Ruhe: 4 900 ml
Fördermenge/Minute/Anstrengung: 20 000–30 000 ml

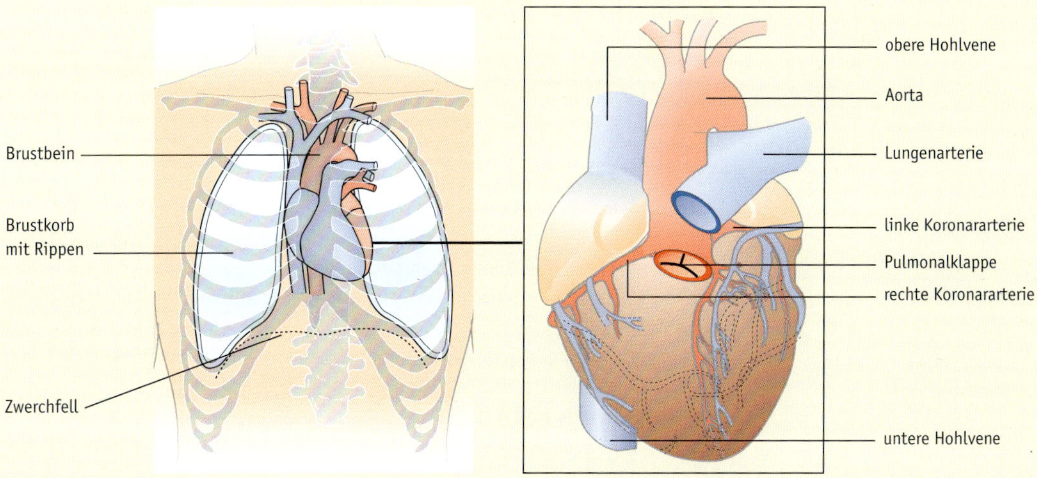

Aufbau und Lage des Herzens

A Erläutern Sie den Begriff „Kondition". Welches System hat daran den entscheidenden Anteil?

Aorta = Hauptschlagader, ist ein großes Blutgefäß, das direkt aus der linken Kammer des Herzens entspringt. Sie leitet das Blut in die Gefäße des großen Blutkreislaufs

10.4.2 Funktion des Herzens

Der Blutkreislauf wird durch das Herz angetrieben. Die für die Organe jeweils nötige Blutmenge wird durch die Schlagfolge des Herzens (s. S. 42), aber auch durch die Weite der Gefäße reguliert.
Durch die Elastizität der Arterien, insbesondere der **Aorta**, wird aus den einzelnen Pumpstößen eine fast kontinuierliche Strömung. Die Blutmenge jedes Pumpstoßes wird von der sich weitenden Aorta aufgenommen und durch das elastische Zusammenziehen in der Ruhephase des Herzens kontinuierlich an das Gefäßsystem abgegeben.

Z

Das arterielle System enthält jeweils etwa 15 % der Gesamtblutmenge, 85 % befinden sich im druckarmen venösen System.

Herz und Lunge werden von der gesamten im Körper kreisenden Blutmenge durchströmt.
Die Verteilung des Blutes in den übrigen Organen ist abhängig von der Dehnbarkeit der Gefäßabschnitte und dem jeweiligen Bedarf der einzelnen Organe: z.B. steigert sich die Durchblutung der Bauchorgane nach Nahrungsaufnahme, die Durchblutung der Muskulatur bei Arbeit.
Stabil gehalten wird dagegen die Durchblutung von Gehirn, Rückenmark und Nieren.

Eine Besonderheit stellt die Durchblutung des Verdauungssystems (s. S. 248) dar. Die Versorgung erfolgt wie bei den anderen Organsystemen durch Arterien, welche sich aus der Aorta abzweigen. Die Venen müssen hier jedoch die aufgenommenen Bestandteile der Nahrung wie Aminosäuren und Glucose sowie z. B. Medikamente transportieren. Ziel des Transportes ist die Leber, in der die weitere Verarbeitung erfolgt. Die Venen von Speiseröhre, Magen, Darm, Milz und Bauchspeicheldrüse sammeln sich daher in der sogenannten Pfortader, welche in die Leber mündet. Erst nach Passage der Leber findet das Blut über die Lebervenen wieder Anschluss an den Kreislauf.

A

Das Herz schlägt das ganze Leben lang. Wie viele Schläge sind das ca. in 70 Jahren?

10.4.3 Belastungsmomente

Das Herz kann nur einwandfrei arbeiten und sich an Leistungsspitzen anpassen, wenn die Durchblutung des Herzmuskels ausreichend ist. Die Durchblutung erfolgt in der Erschlaffungsphase durch die relativ kleinen Herzkranzgefäße. Alle Einflüsse, welche diese Arterien schädigen, wirken sich also direkt auf die Herzfunktion aus. Darüber hinaus muss auch das Gefäßsystem des Körpers voll funktionstüchtig sein, um sicherzustellen, dass das Herz nicht gegen einen zusätzlichen Widerstand anpumpen muss.
Eine Gefäßschädigung mit Auswirkungen auf die Gefäße selbst, das Herz und fast alle anderen Organe, ist die sogenannte **Arteriosklerose**, wegen der Bildung von Ablagerungen auch als „Arterienverkalkung" bezeichnet. Die Arterienwände verlieren ihre Elastizität und werden durch Ablagerungen eingeengt. In der Folge werden die Organe nur unzureichend durchblutet. Es kann zu Verschlüssen und Einblutungen durch gerissene Gefäße kommen.
Regelmäßiges Ausdauertraining (Jogging, Nordic Walking, Schwimmen) beugt der Arteriosklerose und anderen Herz-Kreislauf-Erkrankungen vor.

Folgen der Arteriosklerose können u.a. sein:

- Herzinfarkt
- Schlaganfall
- Verschluss der Beinarterien mit Absterben von Gewebe

Alle Erkrankungen und Verhaltensweisen, welche zur Arteriosklerose und damit zu einer Schädigung des Herz-Kreislauf-Systems führen, werden unter dem Begriff Risikofaktoren zusammengefasst.

Stress

Unter Stress versteht man körperliche, geistige und seelische Belastungen, die schwer zu bewältigen sind.
Die Reaktion des Körpers auf Stress ist biologisch gesehen sinnvoll. Durch sie wird der Körper in Leistungsbereitschaft versetzt. Sie ist für eine Notsituation gedacht, in der der Körper mit allen zur Verfügung stehenden Kräften reagieren muss.

Stressreaktion

Im Gehirn kommen Signale an, die über eine Notfallsituation informieren. Es wird „Alarm" ausgelöst. Der Sympathikus des vegetativen Nervensystems (s. S. 46) aktiviert die hormonproduzierenden Nebennieren (Nebennierenmark) zur Ausschüttung des Hormons Adrenalin. Das Adrenalin gelangt über die Blutbahn zu verschiedenen Organen und bewirkt eine Erhöhung des Energiestoffwechsels, verstärkte Herzaktion, bessere Durchblutung, verstärkte Atmung sowie allgemeine Wachheit des Organismus. Für kurze Zeit garantiert dies dem Körper höchste Leistungsbereitschaft.
Heute sind körperlich fordernde Notsituationen nur noch selten. Die Belastungen der heutigen Zeit sind eher geistig oder seelisch bedingt. Hektik auf dem Weg zur Arbeit, Belastungen am Arbeitsplatz, Ärger mit Mitmenschen. Auch das Alleinsein, niemanden zu haben, mit dem man sprechen kann, ist für viele Menschen eine große Belastung. Oft reiht sich eine Belastung an die andere: Es kommt zum Dauerstress.
Die nach einem Stress normalerweise sich anschließende Erholungsphase fehlt.

Stress

Der Körper hat keine Möglichkeit zur Regeneration und arbeitet ständig auf Hochtouren. Unmittelbare **Stresssymptome** sind Schweißausbrüche, Herzrasen, Denkblockaden und Magenbeschwerden.
Längerfristig treten Organschäden auf. So kommt es im Herz-Kreislauf-System zu einer nicht notwendigen dauerhaften Aktivitätssteigerung, d.h. hohem Blutdruck und erhöhter Herzfrequenz. Bestehen bereits arteriosklerotische Veränderungen

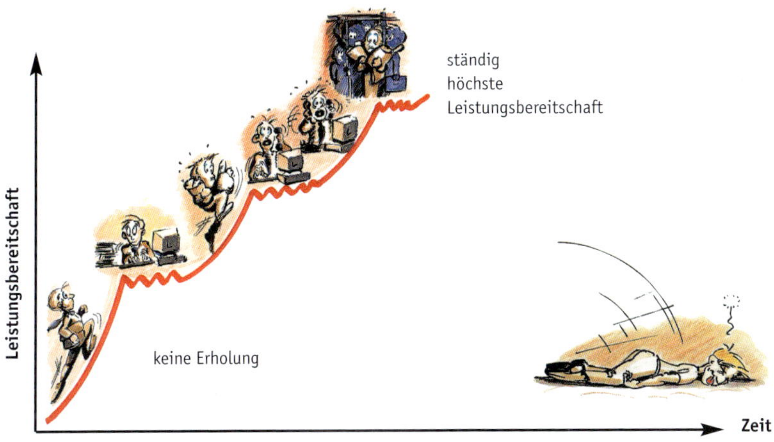

Dauerstress: dauernde Höchstleistung ohne Erholungspausen.
Hält diese Fehlregulation an, wird der Mensch krank.

Body-Mass-Index (BMI) =

$$BMI = \frac{\text{Körpergewicht (kg)}}{\text{Körpergröße x Körpergröße (m)}}$$

Zur Bewertung gibt es die folgende Einteilung:

Bewertung	BMI m	BMI w
Untergewicht	< 20	< 19
Normalgewicht	20–25	19–24
Präadipositas	25–30	24–30
Übergewicht	25–30	24–30
Adipositas Grad 1	30–35	30–35
Adipositas Grad 2	35–40	35–40
Adipositas Grad 3	> 40	> 40

(Bewertung des Körpergewichtes modifiziert nach DGE, Ernährungsbericht)

der Herzkranzgefäße, führt Stress zu einer deutlichen Verengung dieser Abschnitte. Menschen, die hohem Stress ausgesetzt sind, erleiden dreimal häufiger einen Herzinfarkt als Menschen, die sich nicht gestresst fühlen.

Übergewicht

Von schwerem Übergewicht (Adipositas) spricht man ab einem Body-Mass-Index (BMI) von mehr als 30 kg/m². Der BMI ist die zurzeit gebräuchlichste Methode zur Bestimmung des Übergewichts.

Übergewicht belastet das Herz-Kreislauf-System direkt, ist darüber hinaus wegen der meist zugrunde liegenden Fehlernährung (zu viel, zu süß, zu fett) auch Grundlage weiterer Risikofaktoren für eine Arteriosklerose sowie Diabetes und erhöhte Fettbelastung. Es ist des Weiteren häufig mit Bluthochdruck verbunden.

Der Begriff „Übergewicht" findet seine Erklärung darin, dass ein über ein bestimmtes Maß erhöhtes Gewicht sich längerfristig negativ auf den Stoffwechsel, den Bewegungsapparat, das Herz-Kreislauf-System und andere Organe auswirkt. Zusätzlich steigt das Risiko von Komplikationen.

Das Herz muss bei Übergewicht dauerhaft Mehrarbeit verrichten. Übergewicht entspricht einem entsprechend gepackten Rucksack, der nicht abgelegt werden kann.

Nikotinmissbrauch

Das im Zigarettenrauch enthaltene Nikotin führt zur Ausschüttung von Adrenalin (Stress, s. S. 289). Es beschleunigt damit den Herzschlag und erhöht den Blutdruck. Durch Verengung der Arterien wird die Versorgung mit Sauerstoff und Nährstoffen verschlechtert.

Raucher haben dreimal häufiger Herzinfarkte als Nichtraucher.

Depression

Nach entsprechenden Bevölkerungsstudien stellt die Depression einen eigenständigen Risikofaktor für Veränderungen der Herzkranzgefäße dar. Nach einem Herzinfarkt ist bei bestehender Depression das Risiko eines erneuten Infarktes deutlich erhöht.

Bluthochdruck

Durch krankhaft erhöhte Blutdruckwerte kommt es zu einer Belastung der Gefäße mit Innenschichtschäden, welche eine Arteriosklerose „vorbereiten". Der erhöhte Widerstand in den Gefäßen belastet das Herz zusätzlich. Bluthochdruck selbst ist häufig eine Reaktion auf Dauerstress.

Diabetes mellitus

Spätfolgen der Zuckerkrankheit sind Veränderungen der großen und kleinen Blutgefäße, am häufigsten kommt es zu einer Arteriosklerose und in der Folge zu Organschäden. Diabetiker erleiden bis zu 10-mal häufiger einen Herzinfarkt oder Schlaganfall als Nichtdiabetiker.

Erhöhter Blutfettspiegel

Zu hohe Spiegel der Blutfette (s. S. 258 f.), insbesondere Cholesterin, führen über Ablagerung ebenfalls zur Arteriosklerose. Erhöhte Spiegel finden sich bei falscher Ernährung (zu viel Fett, Bevorzugung von Fleisch und Wurstwaren), bei krankhafter Unterfunktion der Schilddrüse und schlecht eingestelltem Diabetes mellitus.

Schädlicher Zigarettenrauch

A

1. Benennen Sie Belastungsmomente für das Herz-Kreislauf-System. Wie wirken sich diese Belastungen aus?
2. Berechnen Sie Ihr Körpergewicht nach der BMI-Formel.
3. Packen Sie einen Rucksack mit 5 kg „Übergewicht“ und tragen Sie ihn (rückengerecht!) einige Stunden bei unterschiedlichen Aktivitäten. Wie fühlen Sie sich?

Rückengerecht trägt sich´s leichter und befreit die Arme

10.4.4 Fördernde Maßnahmen

Bewegung ist für das Herz-Kreislauf-System wichtig. So nimmt mit zunehmendem Alter der Vorteil körperlich aktiver Menschen gegenüber inaktiven in Bezug auf das Erkrankungs- und Sterberisiko zu.
Ein Mehrverbrauch von 2000 kcal/Woche (s. S. 237 f.) hat den größten Nutzen, aber auch geringere, regelmäßige Aktivitäten haben Vorteile.
Machbar ohne zusätzlichen Aufwand sind Änderungen alltäglicher Gewohnheiten wie Treppensteigen statt Benutzung des Aufzuges oder Einkäufe zu Fuß oder mit dem Rad erledigen, statt das Autos zu benutzen.
Darüber hinaus können eine gesunde Ernährung und die Vermeidung von Stresssituationen die Gesundheit fördern.

Stressmanagement

Es liegt sozusagen im Trend, ständig zu wenig Zeit zu haben und immer im Stress zu sein. Obwohl bekannt ist, dass Stress negative Folgen hat, wird das „Ich bin im Stress“ teilweise mit positiven Aspekten verbunden.
Wer stets viel zu tun hat, ist oder fühlt sich wichtig. Die berufliche Hetze wird damit schon fast zu einem Statussymbol.
Allerdings kann sich dies auch sehr schnell drehen und „gestresst sein“ als Unfähigkeit interpretiert werden, nämlich unfähig zu sein, die gestellten Aufgaben zu bewältigen oder ein geeignetes Zeitmanagement durchzuführen.

Stress macht deutlich, dass der Betroffene nicht ausreichend in der Lage ist, förderlich mit sich selbst umzugehen.

Stress liegt die Unfähigkeit zugrunde, eigene oder von außen kommende Anforderungen bewältigen zu können, oder das Gefühl, dies nicht zu können. Das Erleben von Stress ist damit abhängig vom Gleichgewicht zwischen Anforderungen und Fähigkeiten.

Stressmanagement besteht aus Bewertung und Bewältigung.
Die **Bewertung** einer Situation als unwichtig, positiv oder stressig misst sich einmal am damit verbundenen persönlichen Wohlbefinden, zum Zweiten an der Einschätzung der eigenen Möglichkeiten, damit umzugehen. Diese sind je nach Ausbildung, Erfahrung und Selbstbeurteilung sehr unterschiedlich und werden durch Rückmeldungen des sozialen Umfeldes beeinflusst.
Dies bedeutet, dass eine Veränderung durch gedankliche Bewertungsprozesse möglich ist.

WWW.

Antistressübungen unter:
http://www.beratung-therapie.de

Stressoren = Stressauslöser

Beispiel:
Eine Angst machende Situation wird gut überstanden. Es macht einen wesentlichen Unterschied, ob dies als „Glück" bewertet wird oder als Ausdruck eigener Fähigkeiten.

Liebe und Geborgenheit sind Balsam für die Seele

Je nachdem, in welchem Zusammenhang Stresssituationen entstehen, gibt es zwei wesentliche Möglichkeiten der **Bewältigung**:

- Bearbeitung der Beziehung zum sozialen Umfeld (Familie, Kollegen)
- Innere Bewältigung durch Neubewertung oder Umbewertung, insbesondere der durch eigene Ansprüche ausgelösten Stresssituationen. Hilfreich können hier Entspannungstechniken wie autogenes Training (s. S. 296f.) oder Yoga sein.

Psychohygiene

Eine Orientierung ist möglich an für den Menschen formulierten Grundbedürfnissen:

- Liebe,
- Sicherheit,
- Anerkennung, Bestätigung, Erfolgserlebnisse,
- Raum zu freiem schöpferischem Tun,
- Erlebnisse mit Erinnerungswert,
- Selbstachtung.

Die Erfüllung oder das Streben nach Erfüllung dieser Bedürfnisse trägt insgesamt zur Gesundung bei und hilft, mit Stressoren besser umgehen zu können. Wesentlich sind in diesem Zusammenhang auch soziale Kontakte, welche für Menschen unerlässlich sind, indem z.B. die nachfolgend vorgestellten Aktivitäten in Gruppen oder einem Verein durchgeführt werden.

Gesunder Snack im Büro: Salat

Ernährungsumstellung

Eine abwechslungsreiche, ausgewogene und vollwertige Ernährung sollte angestrebt werden (s. S. 253ff.).

Das ist mit ein wenig Organisation und Überlegung auch bei Berufstätigkeit möglich.

- Viel frisches Obst, Gemüse, Salate
- Täglich Kartoffeln und Vollkornprodukte (Vollkornbrot, -reis, -nudeln)
- 2- bis 3-mal wöchentlich mageres Fleisch (z.B. Geflügel)
- 1- bis 2-mal wöchentlich Fisch
- Pflanzliche Öle zur Zubereitung und an Dressings
- 1,5 Liter Flüssigkeit am Tag (mindestens 1 Flasche Mineralwasser, Früchte- und Kräutertee), zusätzlich möglichst 1 Glas Milch

Umgang mit Genussmitteln

Genussmittel tragen in kleinen Mengen zur Gesundheitsförderung bei: einerseits über direkte Auswirkungen auf den Organismus und andererseits über eine Verbesserung der Lebensqualität, der Entspannung und Förderung sozialer Kontakte.

„All Ding' sind Gift und nichts ohn' Gift; allein die Dosis macht, dass ein Ding kein Gift ist."
Theophrastus Bombast von Hohenheim (Paracelsus), 1493–1541

Entscheidend ist allerdings die Menge.

So haben kleine **Alkoholmengen** (insbesondere Rotwein) einen schützenden Effekt auf die Blutgefäße. Bier hat entwässernde Wirkung. Größere Mengen sind aber organschädigend und lösen Abhängigkeit aus.

Wein

1–2 Tassen **Kaffee** morgens (auch schwarzer Tee) dienen der eventuell wünschenswerten oder notwendigen Anregung des Kreislaufs, Antrieb und Konzentration verbessern sich. Größere Mengen führen zu Blutdrucksteigerung und Erhöhung der Herzfrequenz.

Aufgabe des Rauchens

Mit körperlicher Aktivität und Nichtrauchen kann das Risiko der Herz-Kreislauf-Erkrankungen am ehesten gemindert werden (45 bis 60 Prozent).

Ausdauertraining

Unter Ausdauertraining werden Trainingsprogramme und -formen zusammengefasst, deren Ziel es ist, die Fähigkeit des Körpers zu erhöhen, über einen längeren Zeitraum Leistung zu erbringen. Es ist wesentlich für die Aufrechterhaltung eines guten Gesundheitszustandes.
Training ist die Durchführung einer kontrollierten Belastung (Zeit, Dauer) mit dem Ziel einer Steigerung der Leistungsfähigkeit. Dies erfordert einen optimalen Wechsel von Belastung und Erholung sowie das Überschreiten einer bestimmten Belastungsschwelle.

Beispiel:
Der Sonntagsspaziergang ist zwar empfehlenswert und insgesamt dem Sitzen auf der Couch vorzuziehen. Der Belastungsreiz ist allerdings für einen gesunden Menschen nicht ausreichend, um die Ausdauerleistung zu verbessern.

Erreicht werden Ausdauereffekte erst nach etwa 30 Minuten Training. Erforderlich sind mindestens zwei Trainingseinheiten pro Woche. Für Einsteiger empfiehlt sich eine langsame Steigerung der Dauer der Ausübung.
Die optimale Herzfrequenz (Maß für die Belastung) liegt bei 70–80 % der maximalen Herzfrequenz. Diese kann man über Messgeräte kontinuierlich bestimmen. An entsprechenden Trainingsgeräten sind Messvorrichtungen gegeben. Orientierung ist auch möglich über die Atmung (s. Jogging, S. 295).

Ausdauersportarten:
Wandern, Bergwandern, Walking, Nordic Walking, Langstreckenlauf, Jogging, Radfahren, Ergometertraining, Eisschnelllauf, Inlineskating (Rollschuhlauf), Schwimmen, Skilanglauf, Rollski, Nordic Blading (Inlineskating mit Stöcken), Rudern, Paddeln

Ausdauerkombinationen:
Triathlon (Schwimmen, Radfahren, Laufen),
Duathlon (Laufen, Radfahren, Laufen),
Aquathlon (Schwimmen, Laufen),
Wintertriathlon (Laufen, Radfahren, Skilanglauf)

Neben einer Steigerung der Leistungsfähigkeit des Herz-Kreislauf-Systems unterstützt Ausdauersport den Abbau von Übergewicht, senkt erhöhte Blutdruckwerte und Cholesterin.

Steigerung der Herzleistung bei Training durch:

- Zunahme der Herzmasse
- Ökonomisierung der Herzaktion
- Steigerung des Fassungsvermögens von 700 ml auf 900 ml
- Steigerung der Pumpleistung um 25 %

(Für 40 Liter Blut braucht ein Untrainierter 150 Schläge/Minute, ein Trainierter 120.)

Es gibt eine Fülle geeigneter Sportarten, sodass entsprechend der Neigungen oder Möglichkeiten für jeden etwas dabei ist.

Radfahren

Radfahren

Erfreulicherweise lässt sich beobachten, dass Radfahren wieder an Attraktivität gewinnt.
Bei richtiger Einstellung der Sitzposition zur Pedalposition ist Radfahren schonender für die Kniegelenke als Laufsport. Durch den Einsatz der gesamten Bein- und Gesäßmuskulatur wird das Herz-Kreislauf-System hinreichend gefordert. Ängstliche Menschen (Straßenverkehr, Unsicherheit, Gleichgewichtsprobleme) können den positiven Effekt auch auf einem Stand- oder Liegerad (Ergometer) erreichen.

Walking

Walking ist eine Variante der olympischen Sportart Gehen und zeichnet sich durch einen „natürlicheren" Bewegungsablauf aus. Die Geschwindigkeit ist höher als beim normalen Gehen. Der natürliche Armschwung (Mitschlenkern der Arme) wird hier aktiv ausgeführt und teilweise auch durch leichte (!) Gewichte unterstützt.
Mit dem Einsatz von Stöcken wird es zum Nordic Walking (s. S. 276f.).

Walking

Jogging

Jogging ist eine Form von Dauerlauf zur Verbesserung der Ausdauer. Es hat wie alle Ausdauersportarten auch Auswirkungen auf das Körpergewicht.
Allerdings werden die Gelenke (Hüfte, Knie) belastet, sodass Menschen mit Übergewicht eher zu anderen Sportarten geraten werden sollte (z.B. Schwimmen, Walking).
Darüber hinaus sind die Belastungen für Sehnen, Bänder und Gelenke nicht unerheblich, sodass ein langsamer Einstieg nur angeraten werden kann. Hinzu kommt die Notwendigkeit passender Laufschuhe, deren Kauf eine gute fachliche Beratung mit Untersuchung der Füße voraussetzt. Im Zweifelsfall sollte man sich, bevor man sich fürs Jogging entscheidet, beim Orthopäden oder Sportmediziner ärztlichen Rat einholen.

Als Einstieg in das Jogging empfiehlt sich ein Intervalltraining, d.h. ein Wechsel von Laufen (1 Minute) und Gehen (5 Minuten). Hiermit wird durch langsame Steigerung der Intervalle eine Grundausdauer erarbeitet, auf der dann das eigentliche Jogging aufbaut. Dies ist der Fall, wenn man ohne Beschwerden und subjektiv empfundene Anstrengung 30 Minuten ohne Unterbrechung laufen kann.

Um Überlastungen zu vermeiden, sollte man sich an der Atmung orientieren. Ist man in der Lage, sich während des Laufens zu unterhalten, ist die Geschwindigkeit optimal.
Eine schonende Variante stellt das langsame Jogging, Joggeln genannt, dar. Dabei liegt die Geschwindigkeit nur wenig über dem normalen Gehen. Die Anforderungen sind also auch von Untrainierten ohne Vorbereitung zu erfüllen.
Zum Erhalt der Leistungsfähigkeit sind täglich 15 Minuten ausreichend, wobei der Effekt sich durch die Regelmäßigkeit einstellt, eine unregelmäßige zeitlich längere Betätigung hat keinen Effekt.

Jogging

Schwimmen

Schwimmen eignet sich wegen des Beanspruchens großer Muskelgruppen gut zur Verbesserung der Ausdauer (s. S. 277). Besondere Voraussetzungen sind nicht erforderlich (wenn man schwimmen kann).
Schwimmen ist sehr gelenkschonend und besonders geeignet als Einstiegssportart für übergewichtige Menschen. Optimal ist Rückenschwimmen mit Kraultechnik.

Training an Geräten

Wie Krafttraining lässt sich auch Ausdauertraining an Geräten durchführen.
Hierfür gibt es eine große Auswahl unterschiedlicher Geräte, die aber vom Prinzip her **drei Ausdauersportarten** ermöglichen. Dies sind **Laufbänder**, an denen vom Jogging bis zum schnellen Laufen alle Geschwindigkeiten möglich sind; **Ergometer**, auf denen in üblicher Sitzposition oder in halb liegender Haltung „Radfahren" möglich ist.
Die dritte Gruppe sind die sogenannten **Stepper** (oder **Cross**trainer), auf denen mit (Nordic Walking) oder ohne Armeinsatz das Gehen nachempfunden wird.

Crosstrainer

Alle Geräte können der Belastungsintensität jedes Einzelnen angepasst werden, haben die Möglichkeit einer an der Herzfrequenz orientierten Belastungssteuerung (Vermeidung von Überlastung) und verfügen über unterschiedliche Programme, mit denen auch die Ausübung im Gelände (Hügel) simuliert werden kann.

Beim sogenannten **Zirkeltraining** an Geräten werden reine Kraftgeräte (s. S. 275f.) mit Ergometer und Stepper verbunden und ermöglichen so ein effektives Ausdauer-Kraft-Training.

A

1. Überlegen Sie, was Sie tun könnten, um im Alltag mehr Bewegung zu haben.
2. Führen Sie über eine Woche eine „Stressliste", d.h. notieren Sie, wann und aus welchem Grund Sie „genervt" waren.
3. Überlegen Sie, mit welchen Maßnahmen (Psychohygiene) Sie gegensteuern könnten. Recherchieren Sie dazu auch im Internet.
4. Nennen Sie die förderlichste Einzelmaßnahme gegen Herz-Kreislauf-Probleme.
5. Erläutern Sie den Nutzen und die Durchführung eines Ausdauertrainings.
6. Sie beraten eine etwas ängstliche Kundin mit leichten Knieproblemen. Welche Möglichkeiten bezüglich mehr Bewegung können Sie ihr empfehlen?

WWW.
Sehr hilfreich:
www.zeitblueten.com
▶ Stressmanagement

trotten = to jogg
treten = to step
quer (feldein) = cross

autosuggestiv = selbsteingebend, selbsteinflüsternd
auto (Wortteil) = selbst

10.4.5 Entspannungsübungen

Stress (s. S. 289) und Anspannung führen zu Gereiztheit, innerer Unruhe, Erschöpfung, angespannten Muskeln, Konzentrationsstörungen sowie psychisch bedingten Beschwerden, die sogar verschiedene Krankheiten auslösen können.
Die meisten Stressfolgen haben damit sehr negative Auswirkungen auf die Ausstrahlung und das Aussehen eines Menschen.

Viele Menschen haben in einer von Leistungsdruck, Sorgen und Informationsüberflutung geprägten Welt die **Kunst des Entspannens** verlernt. Gerade in der heutigen Zeit ist die Fähigkeit, zur Ruhe zu kommen und sich wieder auf sich selbst zu besinnen, sehr wichtig geworden.

Entspannung bedeutet, sich von den Belastungen des Alltags lösen zu können. Man lässt die belastenden Gedanken in den Hintergrund treten und stoppt die Überflutung der Sinne mit ständig neuen Reizen. Zum allgemeinen Stressabbau gehören Maßnahmen wie Sporttreiben, Musikhören, Träumen, Lesen, Baden usw.

Durch spezielle Entspannungsübungen kann man die tieferen Schichten der **Psyche** erreichen. Man kann mit den richtigen Übungen sogar auf das vegetative (unbewusste) Nervensystem einwirken. Das vegetative Nervensystem steuert die unbewussten Lebensprozesse wie Atmung, Herzfrequenz, Kreislauf und Verdauung.

Für eine Kosmetikerin ist es nützlich, die Grundzüge der wichtigsten Entspannungstechniken zu kennen, damit sie ihren Kundinnen bei Bedarf eine entsprechende Empfehlung geben kann und die Kundin sich bei der Massage auch wirklich entspannen kann.

Zu den bewährten und wissenschaftlich anerkannten Entspannungstechniken gehören:
- autogenes Training nach Schultz
- progressive Muskelrelaxation nach Jacobson
- Atemübungen (s. S. 304 ff.)
- Körper- und Phantasiereisen

Sie alle geben Körper und Geist die Gelegenheit, sich zu regenerieren. Das gemeinsame Ziel dieser unterschiedlichen Methoden ist die bewusste Umschaltung vom Leistungs- und Stresszustand zum Erholungszustand.

Autogenes Training

Das autogene Training nach Schultz regt durch zielgerichtete, intensive Vorstellungen körperliche Umschaltvorgänge an. Diese versetzen den Übenden in einen körperlichen und seelischen Ruhezustand. Das Empfinden für die Vorgänge im eigenen Körper soll durch die Übungen verstärkt werden. Beim autogenen Training werden Übungen durchgeführt, die Gefühle von Körperschwere und Körperwärme erzeugen und den Atem regulieren. Die erreichbare Entspannung ermöglicht die Aufnahme autosuggestiver Formeln. Diese wirken im Alltag fort und helfen, mit Stressoren besser umgehen zu können.

Das Training kann im Liegen oder für Geübte im Sitzen durchgeführt werden.
Der Übende legt sich bequem auf einer warmen Unterlage auf den Rücken.

Kopf und Knie können mit einem Kissen unterstützt werden. Die Arme liegen locker und gelöst neben dem Körper, die Handflächen nach unten. Die Beine werden entspannt ausgestreckt und die Fußspitzen fallen möglichst nach außen.
Die Augen sind geschlossen.

progressiv = voranschreitend

Grundübungen des autogenen Trainings

1. **Schwereübung: „Mein rechter (linker) Arm ist schwer"**
   Diesen Satz wiederholt der Übende sechs- bis zehnmal und er spürt dabei, wie zuerst der Arm und dann der restliche Körper in einen Zustand der angenehmen Schwere verfällt. Ist einem dieser Zustand am Anfang zu unheimlich, kann man ihn jederzeit durch den Befehl „Augen auf" beenden.
2. **Wärmeübung: „Mein rechter (linker) Arm ist warm"**
   Hier suggeriert sich der Übende wie bei der Schwereübung, dass sich sein rechter (linker) Arm ganz warm anfühlt. Diesen Satz wiederholt er sechs- bis zehnmal und er spürt dabei, wie zuerst der Arm und dann der restliche Körper in einen Zustand der angenehmen Wärme kommt. Man spürt bei dieser Übung deutlich die Wärme im ganzen Körper.
3. **Atemübung: „Es atmet mich"**
   Die Atmung, die zwar in einem bestimmten Maß beeinflussbar ist, aber ansonsten selbstständig abläuft, wird in ihrem natürlichen Atemrhythmus wahrgenommen.
4. **Herzübung: „Herz schlägt ganz ruhig"**
   Mit der Herzübung kann man Kontrolle auf den eigenen Herzschlag ausüben und ihn bewusst erleben.
5. **Bauchübung: „Sonnengeflecht strömt warm"**
   Bei der Bauchübung konzentriert sich der Übende auf den Oberbauch. Dabei lenkt er in Gedanken Wärme in diesen Bereich des Körpers. Der Teil des sympathischen Nervensystems, der die Bauchorgane versorgt, wird entspannt. Wärme wird wahrgenommen, die zu Erholung und Entspannung führt.
6. **Stirnübung: „Stirn ist angenehm kühl"**
   Bei der Stirnübung versucht der Übende, Gedanken, die unkontrolliert umherirren, unter Kontrolle zu bekommen. Der Kopf wird als geistig steuerndes Zentrum aus dem übrigen Körperbereich herausgenommen. Es entsteht ein Gefühl von Wachheit, als streiche ein leichter kühler Windhauch über die Stirn.

Liegehaltung beim autogenen Training

Man lernt das autogene Training am besten in einer Gruppe mit einem erfahrenen Kursleiter (ausgebildeter Psychotherapeut oder Arzt). Regelmäßiges Üben ist Voraussetzung dafür, dass man zur Entspannung gelangt. Es sind etwa 3 bis 4 Monate Übungszeit nötig, um die Methode im Ansatz zu beherrschen.

Progressive Muskelrelaxation

Bei der progressiven Muskelrelaxation (PMR) nach Jacobson handelt es sich um eine Entspannungstechnik, bei der mit dem aufmerksamen Beobachten von Spannungs- und Entspannungszuständen des Übenden gearbeitet wird. Mit der bewussten Konzentration auf willkürliche Spannungswechsel der Muskulatur kann der Übende eine tiefe Entspannung im ganzen Körper erreichen.

Bei Stress, Angst oder Schmerzen spannt sich die Muskulatur automatisch an. Hierin liegt der Ansatzpunkt für die progressive Muskelrelaxation nach Jacobson, denn umgekehrt können Stress, Angst oder Schmerzen durch bewusst wahrgenommene Entspannung der Muskeln verringert werden.

Die progressive Muskelrelaxation nach Jacobson wird auch Jacobson-Entspannungstraining oder Tiefenmuskelentspannungstraining genannt. Die Kosmetikerin kann eine Fortbildung dazu besuchen.

Muskelrelaxation in der Gruppe

Grundübung der progressiven Muskelrelaxation nach Jacobson

Grundsätzlich werden bei der progressiven Muskelrelaxation die einzelnen Muskelgruppen ungefähr 5 bis 7 Sekunden angespannt und wieder gelöst.

Die anschließende Entspannungsphase sollte 30–45 Sekunden betragen. Jede Übung sollte mindestens 2-mal wiederholt werden. Bei Anfängern können, je nach Körperbewusstsein, deutlich mehr Wiederholungen notwendig sein, bis der Unterschied zwischen Spannung und Entspannung deutlich wird. Wichtig ist, dass die Konzentration auf die Gefühle der Spannung und Entspannung gerichtet wird.
Die Anspannung sollte langsam und wenig intensiv durchgeführt werden. Der Übende soll lernen, möglichst geringfügige Anspannungen wahrzunehmen. Anschließend sollte die Spannung schnell gelöst werden. Damit wird der Unterschied zwischen Spannung und Entspannung sehr deutlich.
Die folgende Übung kann man sehr gut unter Anleitung eines Lehrers im Unterricht ausprobieren:

Ich setze mich ganz gemütlich auf meinen Stuhl.
Und recke und strecke mich etwas.
Meine Arme lege ich bequem auf meinen Schoß.
Ich senke meine Augenlider ganz locker, sodass meine Augen halb oder vollständig geschlossen sind.
Ich atme tief ein und aus.
Ich spüre, wie ich auf dem Stuhl sitze
und spüre, ob ich noch etwas an meiner Lage verändern möchte.
Ich nehme meinen Atem wahr.
Das Aus- und Einatmen.
Ich spüre die Sitzfläche unter mir.
Ich spüre mein Gewicht.
Bei jedem Ausatmen gebe ich mehr Gewicht an den Stuhl ab und spüre wie der Stuhl mich trägt.
Ich fühle mich getragen vom Stuhl.

Ich gehe nun mit meiner Aufmerksamkeit zu meinem rechten Arm.
Ich balle jetzt meine rechte Hand zu einer Faust
und spüre die Spannung in meiner Faust, im Arm bis hoch zu den Schultern.
Ich atme dabei ganz ruhig weiter.

Und gut, ich entspanne den rechten Arm.
Öffne die rechte Hand, die Spannung weicht.
Meine rechte Hand ist entspannt und schwer.
Ich fühle in die Hand hinein und spüre vielleicht auch eine angenehme Wärme.

Nun wiederhole ich die Übung.
Ich spanne jetzt wieder meine rechte Hand zu einer Faust.
Ich spüre die Spannung in meiner Faust, im Arm bis hoch zu den Schultern.
Atme dabei ganz ruhig weiter.

Und gut, lass wieder los.
Meine rechte Hand ist entspannt und schwer.
Ich versuche, einen Unterschied zwischen Spannung und Entspannung zu spüren.
Und vergleiche das Gefühl meiner rechten Hand mit dem Gefühl meiner linken Hand.
Wie fühlt sich jede Seite an?

Nun strecke ich meine Arme und balle meine Fäuste.
Atme dreimal kräftig ein und aus.
Und öffne meine Augen!

Andere Entspannungstechniken

Neben den bisher genannten gibt es viele weitere Entspannungstechniken, die zu einer wohltuenden Entspannung führen können. Dazu gehören die auf S. 304ff. beschriebenen Atemübungen, die es in vielen Variationen gibt. Auch sogenannte **Körperreisen** und **Phantasiereisen** als mentale Entspannung gehören dazu. In einer gut sortierten Buchhandlung findet man CDs, die solche Entspannungsübungen professionell unterstützen und anleiten. Neben sportlicher Betätigung, Musizieren, Lesen usw. und gezielt eingesetzten Entspannungstechniken sollte man auch eine positive Grundhaltung dem Leben gegenüber einnehmen. Eine Aussprache mit einem Freund oder einer Freundin tut oftmals gut und hilft mit Sicherheit auch, Spannungen loszuwerden.

Yoga

In diesem Zusammenhang spielt auch **Yoga** eine wichtige Rolle, das aber nicht als reine Entspannungstechnik zu verstehen ist, sondern vielmehr als eine ganzheitliche Lehre, bei der Körper, Seele und Geist in Einklang gebracht werden. Das in der westlichen Kultur vorwiegend verbreitete Hatha-Yoga (Hatha = Kraft, dynamische Anstrengung) wird als Weg der Energie verstanden und besteht aus drei Komponenten:

- Die **Asanas** sind alle Yogastellungen oder -übungen, die die Beweglichkeit von Gelenken und Muskulatur fördern und das Drüsen- und Nervensystem stärken. Die Übungen sind bis ins hohe Alter durchführbar und erhalten die Geschmeidigkeit der Körperbewegungen.
- **Pranayama** betrifft die Atmung, d. h. bewusstes Einatmen, dann die Luft etwas anhalten und danach tief ausatmen. Durch diese gelenkte Atmung ergibt sich die entspannende Wirkung des Yoga, das die mentale und physische Energie steigert, indem der Geist vom beständigen Strom ungelenkter Gedanken befreit wird.
- **Pratyahara** ist der Rückzug der Sinne von der äußeren Welt, die Meditation. Diese Art von Meditation kann man als eine Sammlung der Aufmerksamkeit bezeichnen, die zur Beruhigung des Geistes, zur Stärkung der Intuition und zur Fähigkeit zur willentlichen (gelenkten) Entspannung führt.

Wer regelmäßig Yoga macht, spürt langfristig positive physische und psychische Veränderungen:

Körperliche Vorzüge: Steigerung der Beweglichkeit, Straffung der Muskulatur, Verbesserung der Verdauung und Ausscheidung, Durchblutungsverbesserung, Stärkung der Immunabwehr, Erhöhung des Körperbewusstseins und eine verbesserte Entspannungsfähigkeit.

Mentale Vorzüge: Beruhigung des Verstandes, bessere Konzentrationsfähigkeit und Aufmerksamkeit und eine gewisse Befreiung des Geistes.

In der Kosmetik kann Yoga deshalb eine sinnvolle Ergänzung auf dem Weg zur vollkommenen inneren und äußeren Schönheit sein.

WWW.

Eine Zusatzausbildung oder -fortbildung, um Yoga unterrichten zu können, bieten verschiedene Institutionen wie z.B. der Deutsche Turnerbund oder verschiedene Yoga-Institute an: www.yoga-balance.de

A

1. Führen Sie in Ihrer Klasse die Übung zur progressiven Muskelrelaxation durch. Wählen Sie dafür eine Mitschülerin aus, die die Übung mit ruhiger Stimme anleitet.
2. Recherchieren Sie im Internet unter den Begriffen „Entspannungsübungen", „Entspannungsmethoden" und „Entspannungstechniken". Wie viele unterschiedliche Techniken können Sie finden? Erstellen Sie eine Tabelle mit je zwei typischen Merkmalen zu jeder Entspannungsmethode.

Lunge = Pulmo

10.5 Maßnahmen für die Atmungsorgane

Die Atmung führt dem Körper den lebensnotwendigen Sauerstoff zu, welcher über den Kreislauf zu den einzelnen Organen transportiert wird. Eine gesunde, funktionsfähige Lunge ist daher neben dem Herz-Kreislauf-System Grundlage unserer Leistungsfähigkeit und der Gewebedurchblutung.

10.5.1 Aufbau der Atmungsorgane

Die Atemwege sind reine Transportwege. Sie befördern Sauerstoff und Kohlenstoffdioxid, aber auch andere gasförmige Substanzen der Atemluft und Stoffwechselprodukte, die über die Lunge ausgeschieden werden, z.B. nach Genuss von Knoblauch oder Alkohol. Ferner sorgen sie für die Ausscheidung von Wasser in Form von Wasserdampf. Der Wandaufbau ist an diese Funktion angepasst. Ein Gasaustausch ist hier nicht möglich, er findet ausschließlich in den **Lungenbläschen** statt.

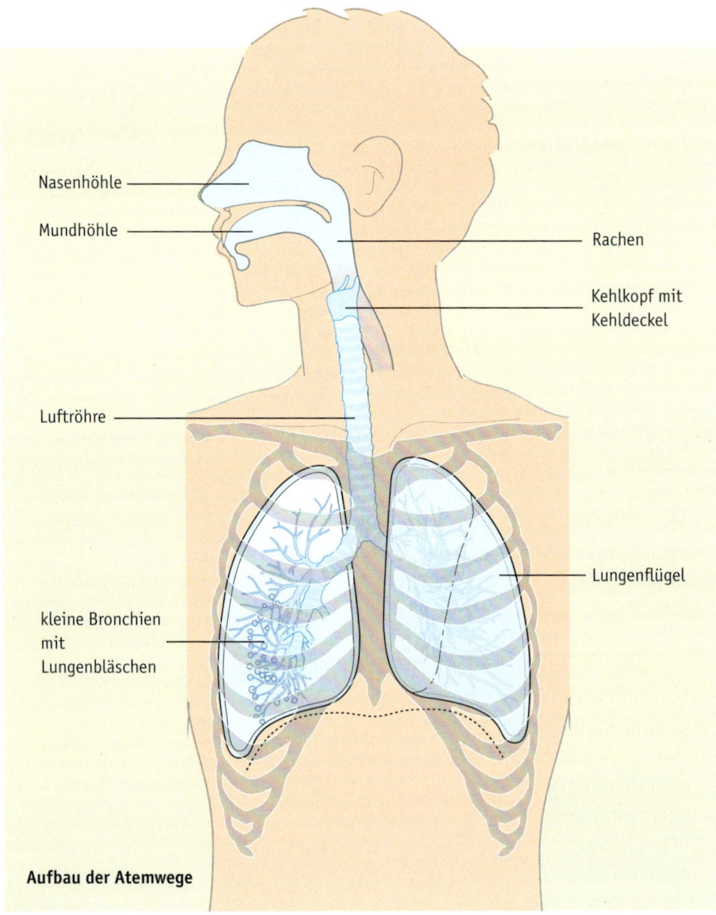

Aufbau der Atemwege

Aufgaben der Atemwege:

- Erwärmung der Atemluft
  Dies wird erreicht durch die gute Durchblutung der Schleimhaut. Die vielen Blutgefäße wirken ähnlich wie die mit heißem Wasser gefüllten Rippen der Zentralheizung.
- Reinigung der Atemluft
  Schmutzpartikel kleben an der Schleimhaut fest und werden durch Flimmerhärchen aus den Atemwegen heraustransportiert.
- Anfeuchten der Atemluft
  Der sehr wasserhaltige Schleim gibt ständig Wasserdampf an die vorbeiziehende Luft ab.

Die oberhalb des Kehlkopfes befindlichen Anteile werden obere Atemwege, die unterhalb befindlichen untere Atemwege genannt.

Obere Atemwege

Als Erstes passiert die Atemluft die Nase. Die Schleimhaut ist im Bereich des Nasenraums besonders stark durchblutet. Durch die Nasenmuscheln ist die Oberfläche vergrößert, wodurch eine gute Erwärmung der Atemluft erfolgen kann. Zahlreiche Schleimzellen und Drüsen befeuchten die Atemluft, und

Kehldeckel = Epiglottis
Luftröhre = Trachea
Brustfell = Pleura

Staubteilchen werden durch Verkleben eingefangen. Diese Reinigung wird unterstützt durch feine Haare, die sich im Naseneingang befinden, ebenso wie kleine Flimmerhärchen auf den Schleimhautzellen, die einen Transport aus der Nase heraus ermöglichen.
Im oberen Teil des Naseninnenraums beginnen die Nervenfasern für den Geruchs- und teilweise auch Geschmackssinn. Von der Nasenhöhle aus gelangt die Luft durch die hinteren Nasenausgänge in den Rachenraum und zum Kehlkopf. Der Kehldeckel verschließt den Kehlkopf beim Schluckakt, was verhindert, dass Nahrungsteile in die Luftröhre gelangen.
Im Kehlkopf befinden sich die Stimmbänder. Diese sind mit Schleimhaut überzogene Sehnen. Sie können durch den Luftstrom der Ausatmung in Schwingungen gebracht werden. Damit wird zunächst ein Ton erzeugt, der durch An- und Entspannen der Stimmbänder höher oder tiefer wird.
Durch Veränderung des Luftraums in der Mundhöhle – durch Zungen-, Wangen- und Gaumenstellung – wird dann die Sprache geformt.

Untere Atemwege (Bronchialsystem)

Vom Kehlkopf aus zieht die Luft in die Luftröhre. Diese verzweigt sich nach rechts und links in die Hauptbronchien, die Lappenbronchien, die Segmentbronchien und immer feiner werdende Bronchienäste.

Lunge

Das Bronchialsystem geht nach feinster Verzweigung in das eigentliche Lungengewebe, die Lungenbläschen (Alveolen), über. Die traubenartig angeordneten Lungenbläschen, die von einem einzelnen Bronchiolus abgehen, bilden zusammen ein **Lungenläppchen**. Erst hier findet der Gasaustausch statt. Die Wand der Lungenbläschen besteht aus einer dünnen Zellschicht, die durch elastische Bindegewebsfasern verstärkt ist. Die **Lungenbläschen** sind von einem Kapillarnetz umgeben, das den An- und Abtransport der Atemgase ermöglicht.
Der rechte und der linke **Lungenflügel** enthalten insgesamt etwa zwei Millionen Lungenbläschen mit einer Fläche von ca. 80 m^2.
Das Brustfell ist ein doppelwandiger Hautsack, der die Lungenflügel umhüllt. Der mit der Lunge verwachsene Teil wird Lungenfell, der mit den Rippen verwachsene Teil Rippenfell genannt. Zwischen diesen beiden Häuten befindet sich ein feiner Spalt. Dieser ist von einer klaren Flüssigkeit ausgefüllt. Außerdem herrscht in dem Spalt ein Unterdruck. Dadurch sind die beiden Häute miteinander verhaftet, aber trotzdem verschiebbar (ähnlich den Saugnäpfen, mit denen man Haken an Kacheln befestigen kann). Dies ermöglicht einerseits die reibungsfreie Bewegung der Lunge im Brustraum beim Ein- und Ausatmen, andererseits führt ein Anheben der Rippen zu einer Mitbewegung der Lunge bei der Einatmung.

A Erläutern Sie den Aufbau der Atmungsorgane und deren Hauptaufgabe.

Zyanose = blaurote Färbung von Haut und Schleimhaut bei Sauerstoffmangel

10.5.2 Funktion der Atmungsorgane

In den Lungenbläschen wird der Sauerstoff vom Blut aufgenommen, das Kohlenstoffdioxid aus dem Blut abgegeben. Das Blut wird also mit Sauerstoff angereichert, welcher von den roten Blutkörperchen transportiert wird.

Gasaustausch in den Lungenbläschen = äußere Atmung

Das sauerstoffreiche Blut gelangt nun über die linke Herzhälfte in den Körperkreislauf und dort über die Arterien zu den Arteriolen und schließlich in das Kapillargebiet, welches das Blut an die Körperzellen heranführt. Dort wird der Sauerstoff zur Energiegewinnung verbraucht.
Die roten Blutkörperchen verändern ihre Farbe ins Bläuliche, wenn sie keinen Sauerstoff transportieren. Zustände, bei denen ein Mangel an Sauerstoff beteiligt ist, führen daher zu einer Blaufärbung der Haut, die besonders an den Lippen und unter den Fingernägeln sichtbar wird. Sie wird als Zyanose bezeichnet.

Energiegewinnung unter Sauerstoffverbrauch in den Zellen = innere Atmung

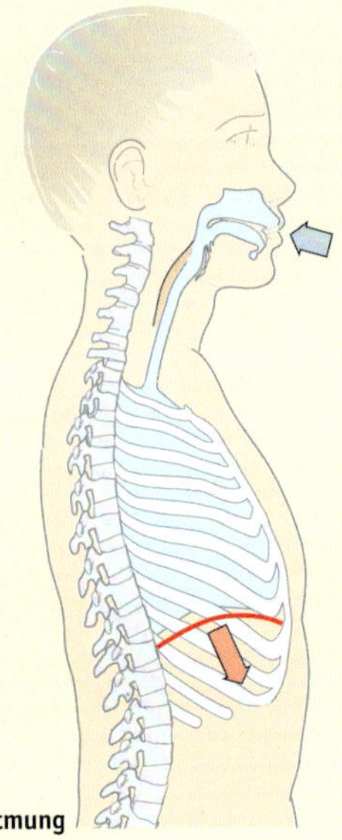
Einatmung

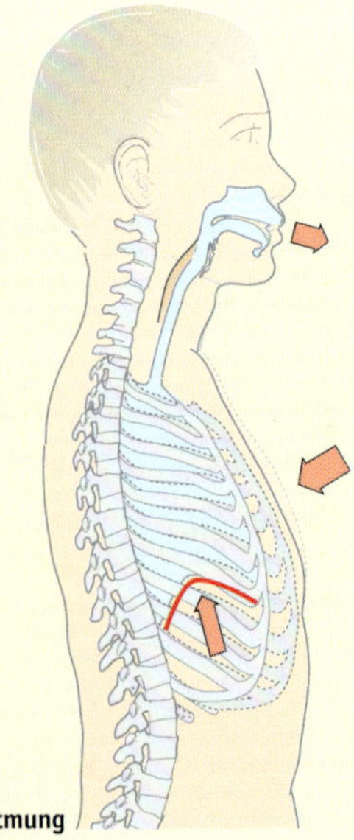
Ausatmung

Ein- und Ausatmung

Zur **Einatmung** weitet sich der Brustraum zunächst durch Anheben der Rippen. Dies bewerkstelligen Muskeln, die zwischen den Rippen schräg verlaufen. Daraufhin senkt sich das Zwerchfell, indem es sich zusammenzieht. Die Lunge selber besitzt keine Muskeln. Sie bewegt sich nur durch die Bewegungen der Rippenmuskeln und des Zwerchfells. Die Lungenflügel folgen diesen Bewegungen und dehnen sich aus. Die Luft gelangt nun über die Atemwege bis in die Lungenbläschen.

Bei der **Ausatmung** senken sich die Rippen. Das Zwerchfell erschlafft und wölbt sich durch den Druck der Bauchmuskeln auf die Eingeweide wieder in den Brustraum. Dieser wird kleiner, die Lungen ziehen sich infolge ihrer Eigenelastizität zusammen. Die in den Lungen vorhandene Luft wird ausgeatmet.
Die Zwischenrippenmuskulatur und das Zwerchfell werden gemeinsam als Atemmuskulatur bezeichnet.
Sogenannte Atemhilfsmuskeln werden bei erschwerter Atmung eingesetzt. Für die Einatmung sind dies Muskelgruppen des Halses und des Schultergürtels. Sie heben den Brustkorb bei aufgestützten Armen (unbeweglicher Schultergürtel) und aufrechtem Oberkörper.
Für die Ausatmung sind es die Bauchmuskeln, die allerdings dafür zuvor möglichst entspannt sein müssen. Dies wird durch Anwinkeln der Beine erreicht.
In Ruhe, im Schlaf oder bei Bewusstlosigkeit haben wir eine ruhige, regelmäßige Atmung ohne unser bewusstes Zutun. Auch die Anpassung an körperliche Arbeit müssen wir nicht „wollen". Was wir jedoch können, ist die Luft anhalten, schnell atmen, tief atmen, flach atmen, je nachdem wie wir wollen, solange wir genügend Sauerstoff aufnehmen. Unruhe, Angstzustände und seelische Belastungen führen zu einer beschleunigten Atmung und zu Aufregung. Dies kann sich bis ins Krankhafte steigern. Andererseits kann aber auch durch eine Beruhigung der Atmung, durch Lockerung verspannter Muskulatur im Brustbereich eine seelische Entspannung erzielt werden.

Bei der Ausatmung wird durch Verkleinerung des Brustraums ein Druck erzeugt, der die Atemluft aus den Lungenbläschen treibt. Da dieser Druck aber auf die gesamte Lunge wirkt, werden die zu- und abführenden Blutgefäße und die Bronchiolen ebenfalls minimal zusammengedrückt.
Die Einengung der Lungenarterien erfordert eine geringe Mehrarbeit der rechten Herzhälfte. Sind Herz und Lunge gesund, macht sich dies nicht bemerkbar. Bei Lungen- und Atemwegserkrankungen wird das Herz jedoch stark belastet.

obstruere (lat.) = verbauen

Z

Die Atmung in Zahlen:
Atemzüge in Ruhe:
14–20/Min.
Luftmenge/Atemzug in Ruhe:
500 ml
Luftmenge/Atemzug/Anstrengung:
3000 ml

A

1. Benennen Sie die an der Atmung beteiligten Muskelgruppen.
2. Überlegen Sie, wie sich Übergewicht auf die Atmung auswirkt.

10.5.3 Belastungsmomente

Neben den vom Einzelnen kaum zu beeinflussenden Auswirkungen der Umweltverschmutzung (Autoabgase, industrielle Abgase) ist es im Wesentlichen die Belastung durch Zigarettenrauch, welche die Lungen schädigt und zu einer Einschränkung der Funktion führt. Mittlerweile hat sich die Erkenntnis durchgesetzt, dass auch passives Rauchen schädigend ist und Räume, in denen geraucht wurde, hohe Konzentrationen nicht nur an Teer und Nikotin, sondern bis zu 2000 anderen potenziell schädigenden Substanzen aufweisen (100 davon krebserregend). Schwedische Forscher fanden darüber hinaus 120-fach erhöhte Konzentrationen von Bakterienbestandteilen, welche bei normaler Konzentration ungefährlich sind, bei hohen Konzentrationen aber Entzündungen hervorrufen können.

§

Die gesundheitlichen Auswirkungen des Rauchens sind so gravierend und so eindeutig, dass jetzt gesetzliche Regelungen zum Schutz von Nichtrauchern durchgesetzt wurden.
Gesetz zum Schutz vor den Gefahren des Passivrauchens vom 20.07.2007

Neben den direkten Auswirkungen auf das Herz-Kreislauf-System (s. S. 290) schädigen Bestandteile des Zigarettenrauches das Lungengewebe. Es kommt zur Entwicklung einer chronisch obstruktiven Lungenerkrankung (COPD).

Diese führt zu:
- entzündlicher Schwellung der Schleimhäute
- Verengung der Bronchien
- Bildung zähen Schleims, der abgehustet werden muss, weil die geschädigten Flimmerhärchen nicht mehr arbeiten

Als Folge kommt es zu erschwerter Atmung mit ungenügender Sauerstoffversorgung und Belastung der rechten Herzhälfte, die gegen höheren Widerstand arbeiten muss. Die ungenügende Sauerstoffversorgung zeigt sich z.B. an einer eher grauen Gesichtsfarbe und deutlicher vorzeitiger Alterung der Haut.
Gefährlichste Folge des Zigarettenrauches ist die Entstehung von Krebs (Bronchialkarzinom).

Z

Bronchialkarzinom:
- 50 000 Neuerkrankungen/Jahr
- 95 % Raucher
- Verhältnis Männer:Frauen 3:1 mit zunehmender Angleichung

A

1. Versuchen Sie mit Rauchern über die Auswirkungen des Rauchens zu diskutieren. Sammeln Sie Argumente für eine Fortbildung.
2. Diskutieren Sie in der Gruppe die Auswirkungen des Rauchens. Stellen Sie eine Pro-und-Kontra-Liste zum Rauchen auf und untersuchen Sie Ihre Argumente auf deren Stichhaltigkeit.

Z Häufig werden „Gewohnheitszigaretten" nach dem Essen, nach dem Sex, beim Kaffee oder beim Telefonieren geraucht.

10.5.4 Fördernde Maßnahmen

Nicht rauchen

Auch wenn Raucher diese Konsequenz häufig nicht wahrhaben wollen, es gibt nur eine Lösung und die heißt: **Schluss mit dem Rauchen.**

Nikotinpflaster

Dabei ist zu bedenken, dass Rauchen meist mit Alltagshandlungen eng verflochten ist und sozusagen zur Verhaltensnormalität gehört. Entsprechend schwer können Änderungen fallen, wenn nicht auch bestimmte andere Gewohnheiten geändert werden.

Empfehlung ist:

- ärztliche Begleitung
- sofort aufhören
- Entzugserscheinungen abmildern (Antidepressiva, Nikotinpflaster)
- alternative Rituale erproben

Leichter fällt das Abgewöhnen gemeinsam mit einem Freund oder einer Gruppe. Erstrebenswert ist bei Partnerschaften, dass sich beide gleichzeitig das Rauchen abgewöhnen.

Vor großen Anspannungen (z.B. Prüfungen) oder in Lebenskrisen sollte nicht versucht werden, mit dem Rauchen aufzuhören. Dies wäre eine Überforderung und das eintretende Scheitern würde das eigene Vertrauen in die Kraft, es zu schaffen, mindern.

Ausdauertraining an frischer Luft

Wegen des engen Zusammenhangs des Atemsystems mit dem Herz-Kreislauf-System sind alle im vorherigen Kapitel genannten Ausdauersportarten (s. S. 294 f.), soweit sie an frischer Luft durchgeführt werden können, geeignet.

A Erkundigen Sie sich bei Ihrer Krankenkasse nach Unterstützung für die Nikotinentwöhnung.

10.5.5 Atemübungen

Es gibt manchmal Situationen, in denen es „einem den Atem verschlägt". Oder man hat nicht mal „Zeit zum Luftschnappen". An diesen Redensarten kann man erkennen, wie sich die Atmung und der geistig-seelische Zustand gegenseitig beeinflussen. Aber auch der gesamte Stoffwechsel wird vom richtigen Atmen beeinflusst. Falsches, vor allem zu flaches Atmen kann zu einer Unterversorgung des Körpers mit Sauerstoff führen. Dadurch wird er in seiner Leistungsfähigkeit und seinem Wohlbefinden oftmals sehr stark eingeschränkt.

Atemübungen versuchen diese Defizite auszugleichen. Mir ihrer Hilfe soll es möglich werden, dass der Übende **kontrolliert und richtig atmet**. Dann wird dem Körper wieder ausreichend Sauerstoff zugeführt und der Stoffwechsel kann in allen Bereichen optimal ablaufen. Gleichzeitig können Muskelverspannungen aufgelöst werden und das Hautbild kann sich verbessern.

Auch in der Rehabilitation haben Atemübungen ihren festen Platz. Nach Operationen im Brustbereich spielen sie in der Genesung eine wichtige Rolle, und auch bei der Behandlung von Atemwegserkrankungen kommen sie in der Therapie zum Einsatz.

Bekannt ist ebenfalls, dass in der Geburtsvorbereitung das Erlernen der richtigen Atmung ein wichtiges Element ist.
Die Atmung wird über das unbewusste (vegetative) Nervensystem gesteuert und auch umgekehrt. In diesem Fall kann die Atmung durch das unbewusste Nervensystem beeinflusst und harmonisiert werden. Dabei dienen Atemübungen als Entspannungstraining.

Mit Atemübungen kann man seine Atemtechnik so optimieren, dass sich die Sauerstoffversorgung aller Körpergewebe verbessert. Die Muskeln und Organe, das Gehirn und die Haut werden damit wieder voll leistungsfähig, und das allgemeine körperliche und seelische Wohlbefinden steigt.

Grundposition

Der Übende steht mit schulterbreit gegrätschten Beinen aufrecht auf einem festen Untergrund. Die Arme sollten locker seitlich am Körper hängen. Wichtig ist eine entspannte Haltung in dieser Ausgangsposition. Das Gewicht ruht auf den Beinen und Füßen.

Z Achtung: Bei den Übungen mit vornübergebeugtem Oberkörper ganz langsam aufrichten. Bei zu schneller Aufrichtung fließt zu viel Blut zu schnell zum Herzen zurück und es kann Schwindel auftreten.

Grundsätzliches zur Atemtechnik

Der Übende atmet zunächst ruhig und gleichmäßig durch die Nase ein und aus. Jede der folgenden Übungen soll mit einer tiefen Vollatmung begonnen werden. Dazu atmet der Übende zunächst in den Bauch, dann in die Brust und anschließend in die seitlichen Rippenbögen.

Für die richtige Technik bei der Vollatmung ist folgender Ablauf wichtig:
Die Lungen sollten sich als Erstes von unten füllen. Der Bauch wölbt sich dabei leicht vor. Gleichzeitig sollte sich der untere Teil des Brustkorbs weiten. Dann erst füllen sich die oberen Lungenabschnitte. Zum Ende dieser tiefen Einatmung hebt sich der obere Teil des Brustbeins.

Hinweise zu den Rahmenbedingungen

- Es sollte nicht unter Zeitdruck geübt werden.
- Man sollte nicht mit vollem Magen üben.
- Es ist wichtig, zu Beginn in einer ruhigen Umgebung zu üben.
- Bequeme Kleidung ist vorteilhaft.
- Eine entspannte Grundhaltung sollte zu Beginn der Übungen eingenommen werden.
- Die Raumluft sollte immer frisch sein. Eventuell auch während der Übungen lüften.
- Die Übungen sollten regelmäßig (z.B. täglich) durchgeführt werden.

Kleines Atemübungsprogramm

Übung 1

Beim Einatmen werden die Arme nach vorne und dann nach oben gestreckt. In dieser Position wird die Spannung kurz gehalten. Beim Ausatmen werden die Arme langsam wieder heruntergenommen.

Wiederholung der Übung: 5- bis 10-mal

Übung 2

Der Übende atmet tief ein. Dabei werden die Arme erst nach vorne und dann nach oben gestreckt. In dieser Position soll kurz die Spannung gehalten werden. Oberkörper, Schultern und Arme werden anschließend vornüber fallen gelassen. Der Übende soll dabei hörbar ausatmen.
Jetzt werden mit den Händen die Fußgelenke umfasst. Beim Ausatmen soll einmal laut „ha“ ausgerufen werden, sodass auch die restliche Atemluft aus der Lunge herausgepresst wird. Der Kopf soll dabei so weit wie möglich an die Knie geführt werden.

Wiederholung der Übung: 5- bis 10-mal

Übung 3

Beim Einatmen werden die Arme seitlich ausgestreckt, die Handflächen zeigen zum Boden. Beim Ausatmen werden die Arme langsam gesenkt. Nun werden die ausgestreckten Arme gleichmäßig im Atemrhythmus bewegt.

Wiederholung der Übung: 5- bis 10-mal

Übung 4

Die Beine werden etwas mehr als schulterbreit auseinandergestellt.
Beim Einatmen streckt man die gefalteten Hände hoch. Der Oberkörper wird dabei leicht zurückgebogen. Anschließend wird die Spannung in dieser Position kurz gehalten. Nun atmet man hörbar aus und schlägt die gefalteten Hände nach unten durch die Beine. Die Hände lösen sich beim Einatmen voneinander und man kommt mit dem Oberkörper langsam wieder hoch.

Wiederholung der Übung: 5- bis 10-mal

Übung 5

Die Arme werden beim Einatmen zu den Seiten ausgestreckt. Dann wird kurz die Spannung gehalten. Beim Ausatmen werden die Arme vorm Körper über Kreuz zusammengebracht, so als wollte man sich selbst umarmen.

Wiederholung der Übung: 5- bis 10-mal

Übung 6

Die Arme werden angewinkelt vor der Brust gehalten. Die Fingerspitzen berühren sich. Die Ellenbogen werden beim Einatmen so weit es geht nach hinten gezogen. Die Schultern sind weit nach hinten gebogen. Danach wird die Spannung kurz gehalten. Die Ellenbogen kommen beim Ausatmen wieder nach vorne. Die Finger berühren sich wie in der Ausgangsposition.

Wiederholung der Übung: 5- bis 10-mal

Übung 7

Beim Einatmen werden die Arme seitlich ausgestreckt. Dann werden die Arme nach hinten geführt. Die Hände können sich dabei fassen. Die Position wird kurz gehalten. Der Übende atmet hörbar aus und beugt den Körper vornüber. Die gefalteten Hände sollen nach oben zeigen. Die Hände werden dann beim Einatmen gelöst. Danach soll der Übende langsam mit dem Oberkörper wieder nach oben kommen.

Wiederholung der Übung: 5- bis 10-mal

A

1. Führen Sie das kleine Atemübungsprogramm in der Klasse gemeinsam durch und erleben Sie die Wirkung.
2. Recherchieren Sie im Internet unter dem Begriff „Atemübungen".
   Wie viele verschiedene Übungen können Sie finden?
   Welche „Einsatzgebiete" für Atemübungen können Sie noch feststellen?

Wiederholungsaufgaben zum Lernfeld 10

1. Welches sind die Hauptenergieträger und welcher ist in der Ernährung zu bevorzugen?
2. Welche Nahrungsmittel sind wichtig für die Versorgung mit Eiweiß?
3. Was haben Lagerung und Zubereitung von Lebensmitteln für eine Bedeutung für die Ernährung?
4. Sind Vitaminpräparate erforderlich? Nennen Sie die Bedingungen.
5. Welche wesentliche Wirkung haben sekundäre Pflanzenstoffe?
6. Nennen Sie die Hauptaufgabe von Dünn- und Dickdarm.
7. Was sind verhaltensabhängige Belastungsmomente für den Darmtrakt?
8. Wie ist Verstopfung definiert?
9. Welche Funktion hat die Bauchmuskulatur für den Verdauungstrakt?
10. Nennen Sie die ersten Symptome eines Diabetes mellitus.
11. Welche Verhaltensweisen können zu einem Ausbruch von Diabetes mellitus führen?
12. Was ist von Diabetikermarmelade zu halten?
13. Welche Organsysteme werden durch Übergewicht belastet oder geschädigt?
14. Welche Verhaltensweisen können zu einem Gichtanfall führen?
15. Suchen Sie aus den Ernährungsempfehlungen für Hauterkrankungen die Gemeinsamkeiten heraus.
16. Welche Nahrungsbestandteile spielen bei Psoriasis eine wichtige Rolle?
17. In welchen Nahrungsmitteln sind diese in höheren Mengen enthalten?
18. Wie lässt sich das Auftreten von Nahrungsmittelallergien reduzieren?
19. Geben Sie Beispiele für die typische Körperhaltung von Menschen in unterschiedlichen Stimmungslagen.
20. Nennen Sie wichtige Belastungsmomente des Bewegungsapparates.
21. Welche Art von Fehlbelastung ist typisch für die Arbeit einer Kosmetikerin?
22. Was sind Hauptmerkmale unserer Lebensweise, entsprechen sie einem förderlichen Umgang mit dem Rücken?
23. Welche „Haltungsfehler“ machen Sie in Ihrer täglichen Arbeit und wie ist Ihr Verhalten diesbezüglich in der Freizeit?
24. Welche positiven Effekte hat Krafttraining?
25. Inwieweit könnte Krafttraining Ihren Alltag unterstützen?
26. Was ist die Voraussetzung für einen vollen Effekt des Nordic Walkings?
27. Welche Funktion hat eine gut trainierte Rückenmuskulatur im kosmetischen Zusammenhang?
28. Wo finden Sie Ausbildungsangebote für die Leitung von sportlichen Kursangeboten?
29. Was ist die Mimik?
30. Welche Vorteile bieten mimische Bewegungsübungen?
31. Was sind isometrische Übungen?
32. Was sind die wichtigsten Grundsätze bei isometrischen Übungen?
33. Welches ist der entscheidende Faktor für die Funktion des Herzens?
34. Welche Folgen hat Arteriosklerose?
35. Nennen Sie die Risikofaktoren für Herz-Kreislauf-Erkrankungen.
36. Welche dieser Risikofaktoren sind beeinflussbar?
37. Welcher Risikofaktor hat die größte Bedeutung für das Herz-Kreislauf-System?
38. Was ändert sich am Herzen bei Ausdauertraining?
39. Warum reagieren Menschen auf Stress unterschiedlich?
40. Welche sechs Grundübungen gibt es im autogenen Training?
41. Was ist die progressive Muskelrelaxation?
42. Welche Aufgaben haben die Atemwege?
43. Welche Funktion hat die Lunge?
44. Nennen Sie das Hauptbelastungsmoment für die Atemwege. Welche Folgen sind zu erwarten?
45. Welches sind ungünstige Momente, sich das Rauchen abzugewöhnen?
46. Welche Rahmenbedingungen sollten bei der Durchführung von Atemübungen gegeben sein?
47. Welche Gefahren für die Gesundheit hat Passivrauchen?

11

Unterscheiden kosmetischer Spezialbehandlungen

Situation

Katja ist jetzt im dritten Ausbildungsjahr und nutzt jede Gelegenheit zur Weiterbildung. Sie hat bereits verschiedene Messen besucht und das Durchführen einer Shiatsu-Massage in einem Wochenendseminar gelernt.

Heute wird in ihrem Ausbildungsbetrieb ein Solarium angeschlossen. Sie weiß, dass UV-Licht nicht nur Vorteile hat, und möchte ihre Kunden richtig beraten. Katja erklärt sich sofort bereit, die vom Hersteller angebotene Unterweisung zu besuchen. Ihre Chefin ist einverstanden. Katja wird alles schriftlich festhalten, die Aufzeichnungen ihren Kolleginnen zur Verfügung stellen und die Sonnenbank selbst ausprobieren. Worauf sie wohl achten muss?

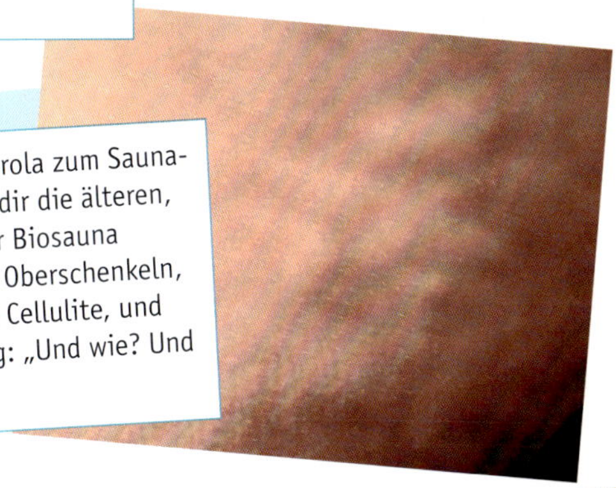

Situation

Seit langer Zeit hat sich Sabrina mit ihrer Freundin Carola zum Saunabesuch verabredet. Auf dem Rückweg fragt Carola: „Sind dir die älteren, korpulenten Frauen aufgefallen, die rechts von uns in der Biosauna saßen? Sie hatten die von mir so gefürchteten Dellen an Oberschenkeln, Hüfte, Bauch und Po." Sabrina: „Diese Dellen nennt man Cellulite, und du kannst ihr schon jetzt vorbeugen." Carola fragt hastig: „Und wie? Und warum entsteht sie überhaupt? Ist jeder betroffen? ..."

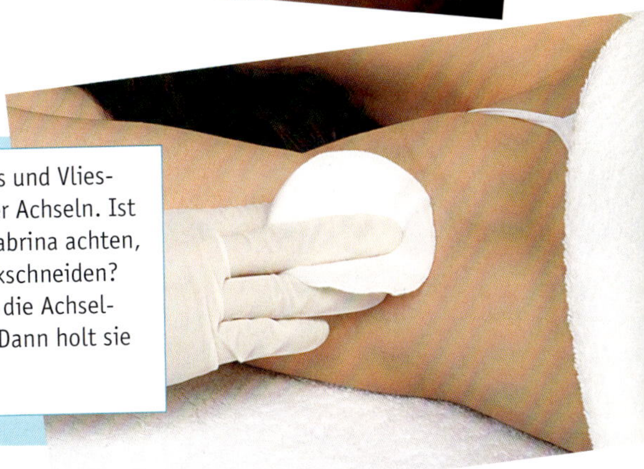

Situation

Die Beine ihrer Kunden hat Sabrina schon oft mit Kaltwachs und Vliesstreifen enthaart. Aber Frau Cordes wünscht die Enthaarung der Achseln. Ist man dort nicht besonders schmerzempfindlich? Worauf muss Sabrina achten, wie soll sie die Haut spannen, womöglich die Haare erst zurückschneiden? Kann sie die Verantwortung übernehmen? Sie reinigt zunächst die Achselhöhlen vom Schweiß, trocknet gründlich ab und pudert nach. Dann holt sie doch lieber ihre Chefin. Wie reagiert diese?

Zirbeldrüse = kleines Organ im Zwischenhirn, wo das Hormon Melatonin produziert wird

Melatonin = Hormon, das die Zirbeldrüse in Abhängigkeit vom Licht produziert und das den Tag-Nacht-Rhythmus des Körpers steuert

Licht = elektromagnetische Schwingungen unterschiedlicher Wellenlängen

UVC = UV-Strahlen kürzer als 280 nm, werden durch den Ozongürtel der Atmosphäre zurückgehalten, gelangen nicht auf die Erde

Kosmetische Spezialbehandlungen sollen ein breit gefächertes und doch individuell passendes Angebot für die speziellen Kundenbedürfnisse bieten. Schon bei der Anamnese und dem ersten persönlichen Gespräch können bestimmte Wünsche und Erwartungen des Kunden, die über die normale Gesichtsbehandlung hinausgehen, herausgehört werden, und die Kosmetikerin kann diese in den Folgeterminen als Zusatz- oder Spezialbehandlung anbieten. Ob es sich dabei um die Behandlung von Celluliteproblemen, den Wunsch nach einer dauerhaften Haarentfernung im Gesicht oder einfach nur das Verlangen des Kunden nach absoluter Entspannung mit besonderen Aromen handelt, spielt dabei keine Rolle. Die Initiative und fachliche Beratung sollte von der Kosmetikerin ausgehen, denn Zusatzdienstleistungen mit ergänzendem Produktverkauf sichern ihre Existenz.
Die Voraussetzung dafür bildet die eigene Fortbildungsbereitschaft und die Spezialisierung auf einige wenige Fachgebiete und Spezialbehandlungen. Zudem ist die passende apparative Ausstattung eine wichtige Voraussetzung.
Der Rahmenlehrplan für die Kosmetikerin sieht die folgende Auswahl an Spezialbehandlungen vor, die in erweiterter Form in diesem Lernfeld 11 vorgestellt wird:

- Kosmetische Bestrahlungen
- Kosmetische Wasseranwendungen
- Cellulitebehandlungen
- Depilations- und Epilationsmethoden
- Kosmetische Lymphdrainage
- Aromabehandlung

11.1 Kosmetische Bestrahlungen

Wie in der Medizin folgen die in der Kosmetik verwendeten technischen Geräte (s. S. 311ff.) der wissenschaftlichen Forschung und den neuesten Erkenntnissen bezüglich Hautverträglichkeit und Wirksamkeit. Das trifft auf Bestrahlungsgeräte ebenso zu wie auf verfeinerte Techniken für Cellulitebehandlungen oder Epilationsmethoden (s. S. 334ff.).
Für die Kosmetikerin bedeutet es, ein Arbeitsleben lang dazuzulernen, um mit den neuesten Geräten vertraut zu sein.
Gerätehersteller und -vertreiber kommen diesem Bestreben entgegen, indem sie beim Neukauf dieser Geräte Schulungen anbieten und ein altes Gerät in Zahlung nehmen.
Allen Bestrahlungen liegen Kenntnisse zum natürlichen Sonnenlicht zugrunde, denn jeder Mensch wird in seinem Biorhythmus, seinen Tages- und Nachtabläufen sowie seinen Empfindungen stark vom Licht beeinflusst. Nach Tagen mit trüber Witterung wird strahlender Sonnenschein als besonders wohltuend erlebt. Bei Helligkeit hebt sich die Stimmung, und der Mensch kann seine körperliche und geistige Aktivität steigern.
Der Weg des Lichtreizes ist bekannt: vom Auge über das Gehirn zum vegetativen Nervensystem und an die Zirbeldrüse, die die Ausschüttung des dämpfenden Hormons Melatonin bremst. Dagegen wird bei trübem Wetter und nachts der Mensch durch Melatonin müde und antriebsschwach.
Ohne Licht gibt es kein Leben. Licht als unbunte Strahlung ist Teil der uns umgebenden elektromagnetischen Strahlung. Wird es durch ein Prisma geschickt, lässt es sich je nach Wellenlängen in seine Spektralfarben zerlegen.
Je langwelliger das Licht, z.B. seine roten und infraroten Bereiche, umso mehr durchwärmt es organische Gewebe. Je kurzwelliger das Licht, umso gefährlicher wird es für organische Gewebe, z.B. als UVC, Röntgenstrahlen, Höhenstrahlen.

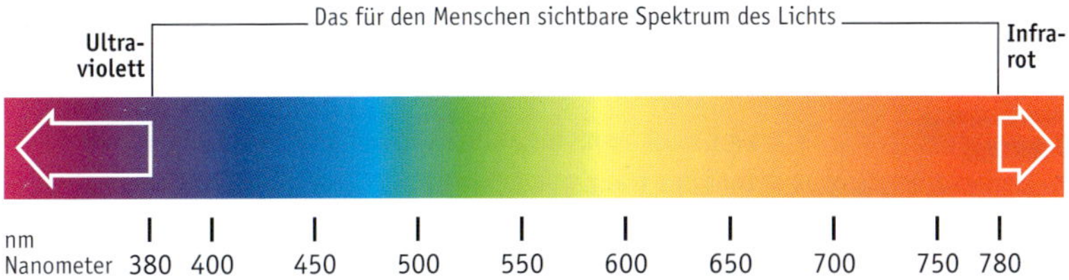

Tiefenwärme = Wärmestrahlung, die nicht nur die Hautoberfläche wärmt, sondern tief im Gewebe anregend wirkt

Rekonvaleszenz (lat.) = Genesung nach schwerer Krankheit

Strahlenarten des Sonnenlichts		
Ultraviolettes Licht (UV) 280–380 nm	**Sichtbares Licht 380–780 nm**	**Infrarotes Licht (IR) 780–3000 nm**
UVB-Strahlen, 280 bis 320 nm, dringen bis zur Basalschicht der Epidermis vor. **UVA-Strahlen,** 320 nm (UVA-1) bis 380 nm (UVA-2), dringen tief in die Dermis ein. Sie werden in Solarien bevorzugt.	Die sichtbaren Farben von Violett über Indigo, Blau, Grün, Gelb, Orange zu Rot haben über das Auge starken Einfluss auf die Psyche und wirken konzentriert in den oberen Epidermisschichten.	Die unsichtbaren Wärmestrahlen dringen tief ins Gewebe bis zur Subcutis und den Muskeln vor, Wellenlängen von 780–1400 nm wirken am tiefsten.

Z

Bei richtiger Dosierung gelten Licht, Luft und Sonne als wertvolle natürliche Mittel der Gesunderhaltung. Die fachliche Beratung der Kosmetikerin ist auch dazu gefragt.

11.1.1 Anwendungen mit Tiefenwärme

Die Anwendung von Wärme (Infrarotstrahlung) gehört ebenso wie die von Kälte, Wasser, Strom, Ultraschall oder mechanischen Hautreizungen zu den physikalischen Behandlungen. Ein jeder auf die Haut treffende Reiz löst eine Folge von Reaktionen im Körper aus. Die erste Reaktion erfolgt an der Stelle des auftreffenden Reizes, die weiteren Reaktionen wirken sich über das Nervensystem und den Blutkreislauf im gesamten Organismus aus. Der Körper kann aber nur entsprechend reagieren, wenn er weder „überreizt" noch unterfordert wird.

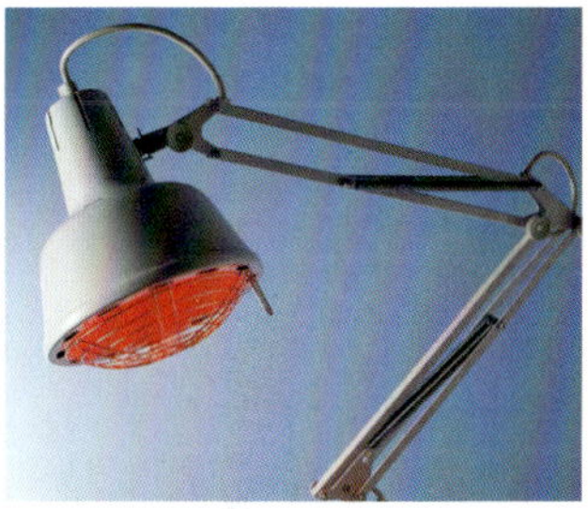
Infrarotlampe

Geräte zur Erzeugung von Wärmestrahlen

Mit elektrischen Geräten zur Wärmebehandlung in der Kosmetik werden ausgewählte Wellenlängen auf die Haut des Kunden gebracht. Die **Strahler** lassen sich in der Regel 10–15 Minuten im Abstand von etwa 30 cm zur Haut verwenden. Eine Schutzbrille oder feuchte Augenpads für den Kunden sind zu empfehlen.

Infrarotstrahler (auch Ultrarotstrahler)

Mit großen, an ihrer Rückseite verspiegelten Spezialglühbirnen wird der Infrarotbereich abgestrahlt. Für Gesichts- oder Körperbehandlungen gibt es Einzelgeräte auf Stativ, Kombinationen mit Lupenleuchten oder Rotlichtstrahlern und ganze IR-Kabinen, die in Sauna- und Wellnesseinrichtungen Verwendung finden. Für die Selbstpflege zu Hause werden vom Fachhandel preiswerte Tischgeräte angeboten.

Infrarotkabine

Infrarotstrahlung sieht man nicht, sondern spürt sie als intensive Durchwärmung. Sie durchdringt alle Hautschichten, das Fettgewebe und die Muskeln. Sie ist bewährter Bestandteil von Körperbehandlungen zur

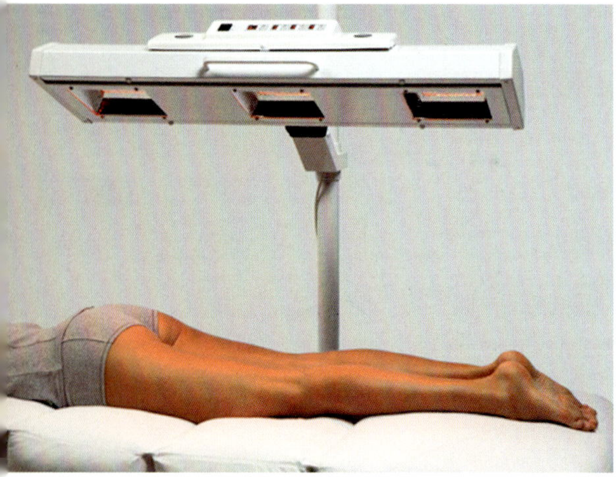

Infrarotstrahler

Aktivierung von Haut- und Muskelfunktionen, z.B. gegen Cellulite, in der Rekonvaleszenz oder bei Pflegevernachlässigung.
Wellenlängen von 780–1400 nm gelten als „optisches Fenster" der Haut.

Rotlichtlampen

Bei den sog. Solluxlampen werden durch vorgesetzte Filter nur die gelb-orange-roten Bereiche (600–780 nm) aus dem sichtbaren Licht der Halogenlampe abgestrahlt. Dieses Licht wirkt durchblutungsfördernd, im Gegensatz zum Blaufilter, der eher eine dämpfende und kühlende Wirkung auf die Haut hat. Die Solluxlampen sind sinnvoll zum Einwirken von Packungen und Masken bei Gesichts- und Körperbehandlungen. Kombinationen aus Lupenleuchte mit zuschaltbaren Infrarotstrahlern dienen auch der Durchblutungsförderung und zur Wirkungsverstärkung von Masken und Packungen.
Werden bei Solluxlampen Blaufilter verwendet, wird eine dämpfende Wirkung angestrebt.

Rotlicht sieht man und spürt es als Wärme. Die Eindringtiefe ist geringer als die von Infrarot.

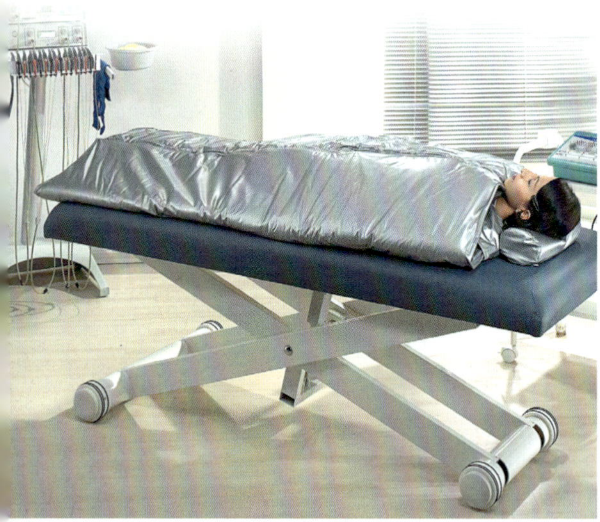

Wärmezufuhr über eine Thermodecke

Alternative Wärmequellen

Außer durch Bestrahlungen wird in der Kosmetik Wärme durch elektrisch betriebene **Heizunterlagen** und **Thermodecken** auf die Haut gebracht.
Auch **Wasser** dient bei Kompressen, Bedampfung, Dusche und Bad als Medium, mit dem Wärme übertragen wird. Stets fördert Wärme die Entspannung und Aufnahmebereitschaft des Organismus für andere Anwendungen, z.B. für mechanische Reizungen, Wirkstoffe, Aromen oder Farben.

Wirkungen von Tiefenwärme:

- lokale Durchwärmung des Gewebes
- leichte Erhöhung der Hauttemperatur
- Rötung, Teintbelebung blasser Haut
- Durchblutungsanregung und Stoffwechselaktivierung
- Lockerung von Verspannungen in den Muskeln
- Förderung der Schweißbildung, Entwässerung und Entschlackung
- psychische Entspannung und gesteigertes Wohlbefinden

Anwendungsmöglichkeiten von Tiefenwärme:

- zur Durchwärmung als Vorbereitung auf Gesichts- oder Körperbehandlungen, speziell vor Massagen, z.B. bei Blässe, fahler Raucherhaut, Pflegevernachlässigung, Alterung
- zur Steigerung der Penetration von Wirkstoffen in die Haut (Thermophorese)
- zum beschleunigten Antrocknen von Schleifmedien oder Masken
- in Programmen bei Cellulite und zur Muskelstimulation
- zur Stärkung der Psyche

-therm (griech.) = Wärme
Thermophorese = kosmetisches Einschleusverfahren für Wirkstoffe mittels Wärme

Helios (griech.) = Sonne

Kontraindikationen von Tiefenwärme:

- Herz-Kreislauf-Probleme, speziell Bluthochdruck, überstandener Infarkt, Herzschrittmacher
- Krampfadern, überstandene Thrombosen
- Rötungen, z.B. bei Couperose, Rosacea, Neurodermitis, Psoriasis, Teleangiektasien, zu Unreinheiten neigender Haut
- Allergien

A Frau Masur ist bei Ihnen für eine Rückenmassage angemeldet. Stellen Sie einen Behandlungsplan auf und begründen Sie, zu welchem Zeitpunkt der Behandlung Sie eine Tiefenwärmeanwendung empfehlen.

11.1.2 Anwendungen mit UV-Licht

Bei **Sonnenbädern** und in **Solarien** wird der unsichtbare UV-Bereich des Lichtes für Bräunung und Aktivierung von Haut- und Körperfunktionen genutzt. Da UV-Strahlen heute jedoch als Hauptverursacher der sichtbaren Alterung (Lichtalterung) und bösartiger Hauttumoren (Hautkrebs) gelten, müssen sie mit großer Verantwortung richtig dosiert, bevorzugt unterdosiert werden.
Während beim Sonnenbad im natürlichen Sonnenlicht das gesamte Strahlenspektrum aus sichtbaren, infraroten und ultravioletten Strahlen auf die Haut trifft, kann bei Bräunungsgeräten wie Höhensonne, Sonnenbank und Solarium ein bestimmtes UV-Spektrum ausgewählt werden.

Die Wirkung der Sonnenstrahlen wird abgeschwächt durch Wolken, Industrie- und Autoabgase in der Luft und durch starke Lichtschutzfilter. UVC wird durch den Ozongürtel der Atmosphäre zurückgehalten.
Schnee- und Eisflächen, Sand, Salzkristalle oder Wasser verstärken die Sonnenwirkung durch Reflexion. Wind verstärkt die Sonnenwirkung, weil der schützende Schweiß schneller verdunstet.
Die älteren **Höhensonnen**, als Quecksilberdampflampen gebaut, enthielten das gesamte Strahlenspektrum. Neuere Geräte, die in Hautarztpraxen zur Fototherapie z.B. der Neurodermitis oder Psoriasis eingesetzt werden, haben neben UVA-Strahlen ein bewusst reduziertes UVB-Strahlungsspektrum mit Wellenlängen um 311 nm. Durch diese Ausfilterung wird nachweislich die Entzündungsneigung der Haut herabgesetzt. Kleine Tischgeräte sind auch als Heimsonnen im Fachhandel erhältlich.
Um Krankheitsschübe auszuheilen, wird UV-Licht bei der **Heliotherapie** mit Salzbädern oder mit Medikamenten, durch die eine erhöhte Lichtempfindlichkeit entsteht, kombiniert.

Intensive Wintersonne im Gebirge

Elastose = dauerhaft unelastisches Bindegewebe durch Schädigung der elastischen Fasern der Dermis

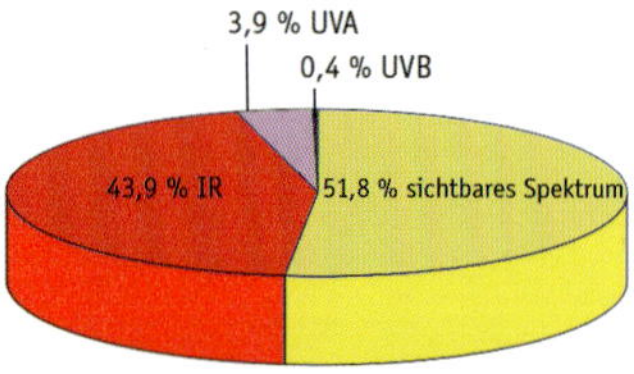

Auf die Erde auftreffende Anteile des Sonnenlichts

Wirkung der UVA- und UVB-Strahlen

UVA-Strahlen: direkte Bräunung

Bei dieser primären Bräunung werden die in der Epidermis vorhandenen farblosen Pigmentvorstufen durch Oxidation mit Sauerstoff eingefärbt und so verdunkelt.
Bereits nach wenigen Stunden ist diese Sofortbräunung sichtbar, ohne dass eine Rötung erfolgte. Allerdings ist die Haltbarkeit der Bräunung gering, weil sie mit der Abschuppung der Haut wieder verloren geht. Die Besuche im Solarium müssen also wiederholt werden. Wer es damit übertreibt, riskiert eine vorzeitige Faltenbildung, Austrocknung und Lichtalterung durch Elastose und freie Radikale. Dafür werden UVA-Strahlen bevorzugt verantwortlich gemacht, weil sie bis zur Dermis vordringen können.

UVB-Strahlen: indirekte Bräunung

UVB-Strahlen regen die in der Basalschicht befindlichen Melanozyten an, mehr farblose Melaninvorstufen zu bilden. Die Bräunung erfolgt langsam, in 2–4 Tagen, und ist haltbar. Allerdings geht immer eine Rötung voraus. Zugleich verdickt sich das Stratum corneum schützend zur Lichtschwiele. UVB-Strahlen können an der Entartung von Zellen zu Hautkrebs beteiligt sein, weil sie bis zur Basalschicht der Epidermis gelangen, wo die Zellneubildung erfolgt.

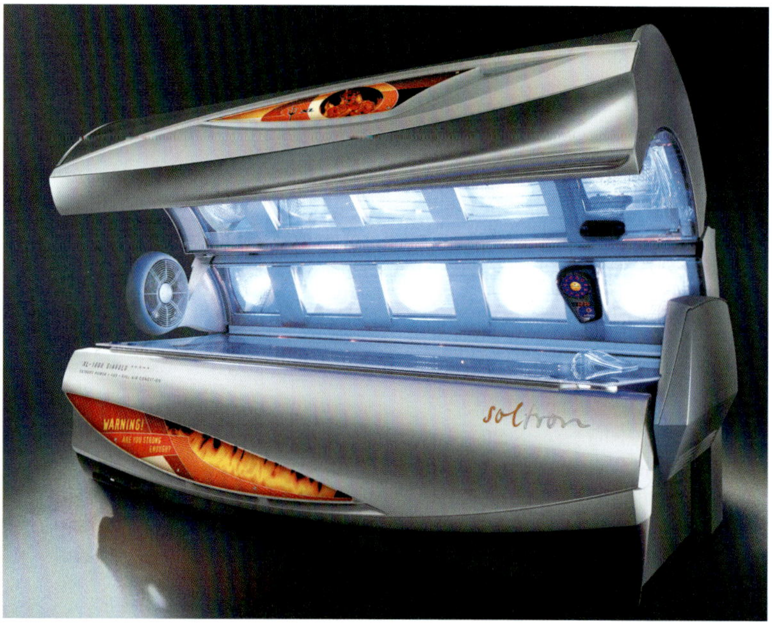

Solarium

Geräte zur Erzeugung von UV-Licht

Moderne Bräunungsgeräte zur künstlichen UV-Bestrahlung tragen das GS-Zeichen. Sie zeichnen sich aus durch Sicherheit in der Anwendung und höchste Bräunungsleistung. Um den Sonnenbrand zu vermeiden, werden überwiegend UVA-Strahlen verwendet. Der Anteil von UVB- und Infrarot-(IR-)Strahlen dagegen ist gering.
Die **Sonnenbänke** sind **ergonomisch** geformt, gestatten zur Körperbräunung sowohl bequeme Rücken- als auch Bauchlage. Ein integriertes **Kühlsystem** vermeidet eine Überhitzung des Körpers. Ein Teil der Kühlluft wird vom Kopfende unter die Liegefläche geleitet, der andere Teil sanft über den Körper. Sonnenfluter bestrah-

GS geprüfte Sicherheit

GS-Prüfzeichen

len als „Sandwichliegen" zugleich die Vorder- und Rückseite des Körpers mit Niederdrucklampen in Form von Leuchtstoffröhren.
Integriert sind zumeist mehrere Gesichtsbräuner mit Hochdrucklampen in Form von Quarzbrennern mit dunklen Spezialglasfiltern und Reflektoren für eine schnell sichtbare Bräune.
Solarien werden als Einzeldienstleistung angeboten und sind häufig mit Kosmetik- oder Friseurstudios kombiniert. Sie finden sich in Sauna- und Fitnesseinrichtungen sowie in Hotelanlagen.
Durch geeignete Pflegemittel, die vor und nach der künstlichen Bestrahlung verwendet werden, sollen Feuchtigkeitsverlust und Trockenheit reduziert sowie der hauteigene Reparaturmechanismus unterstützt werden.

Anwendungsmöglichkeiten von UV-Licht:

- zur Bräunung, obwohl dieser Effekt eigentlich eine Schutzmaßnahme darstellt; dabei beinhaltet die jährliche Begrenzung auf 50 Sonnenbäder sowohl natürliche Sonne als auch künstliche Bestrahlung
- zur Vorbräunung blasser Haut vor einem Sonnenurlaub, z.B. 2–4 Wochen lang je eine wöchentliche Bestrahlung mit kleinem UVB-Anteil; allerdings wird dabei kein verlässlicher Schutz vor dem natürlichen Sonnenlicht aufgebaut, weil Eigenpigmentierung und Lichtschwiele kaum angeregt werden
- zur Aknenachbehandlung als Teilbestrahlung zur Herabsetzung der Entzündungsneigung

Kontraindikationen von UV-Licht:

- besondere Lichtempfindlichkeit, z.B. Vitiligo (s. Gst., S. 117)
- Hypersensibilität
- Gefäßlabilität
- Risikogruppen: Babys, Menschen vom höchst lichtempfindlichen Bräunungstyp I, bei familiärer Häufung von Sommersprossen, Pigmentflecken und Chloasmen (s. Gst., S. 120), Muttermalen, Hautkrebs oder während der Einnahme von fotosensibilisierenden Medikamenten, z.B. Antibiotika

Z

Beim Besuch von Solarien ist zu beachten:

- Fachlich betreute Solarien den Münzeinrichtungen vorziehen.
- Vor der Erstbestrahlung die Schutzhinweise und Gebrauchsanweisung des Solariums lesen.
- Künstliche Bräunung nicht auf das gesamte Jahr ausdehnen, sondern Sonnenpausen einlegen.
- Nur einmal wöchentlich und richtig dosiert anwenden.
- Schutzbrille tragen.
- Die Haut stets zuvor abschminken und abreinigen.
- Vor dem Erstbesuch fördert ein Peeling die gleichmäßige Bräune.
- Haut sorgfältig nachpflegen: reizlindernd, kühlend und feuchtigkeitsspendend.

H

Vor und nach jeder Benutzung müssen Sonnenbänke desinfiziert und gereinigt werden, alternativ können sie auch mit Einmalfolien bedeckt sein.

A

In Ihrem Institut wird ein Solarium eröffnet. Entwerfen Sie dazu einen Aushang für den Verkaufsraum. Mit welchen Argumenten können Sie Ihre Kunden für einen Solariumsbesuch gewinnen? Stellen Sie diese besonders heraus.

11.1.3 Anwendungen mit Farblicht

Menschen nehmen Farben (Farbenlehre, s. S. 362 ff.) mit den Augen unterschiedlich wahr, und auch deren Einfluss auf ihr Empfinden wird vom Gehirn individuell verarbeitet. Unbestritten ist bei geeigneter Farbauswahl deren positiver Einfluss auf die Psyche.
Physikalisch gesehen sind Farben Schwingungen verschiedener Wellenlängen der elektromagnetischen Strahlung, und zwar des sichtbaren Lichtes im Bereich von 380–780 nm.

stimulare (lat.) = anregen
Biostimulation = hier Anregen, Reizen natürlicher Hautfunktionen

Verschluckt ein Gegenstand alle Wellenlängen, so erscheint er schwarz, reflektiert er alle, so erscheint er weiß. Auch die Grundfarben Rot, Gelb und Blau ergeben bei gleichen Anteilen Weiß. Dies funktioniert nur bei der additiven Farbmischung mit beleuchteten Farbfiltervorsätzen der drei Grundfarben.

Grundfarben werden zu Mischfarben:
- Rot mit Gelb gemischt wird zu Orange
- Gelb mit Blau gemischt wird zu Grün
- Blau mit Rot gemischt wird zu Lila

Für kosmetische Farbbehandlungen werden die Schwingungen der Farben gezielt als Biostimulation eingesetzt.

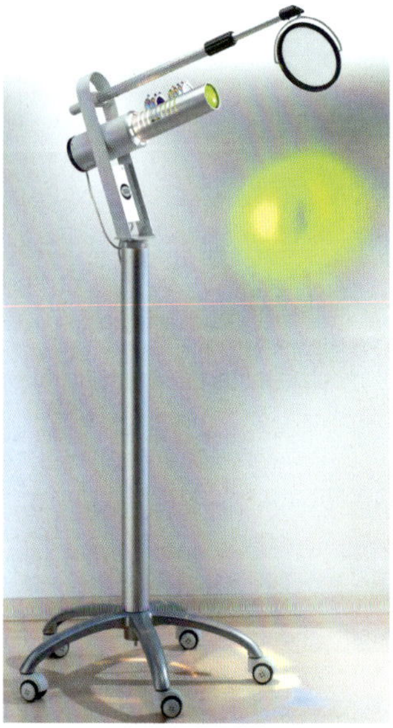
Farblichtleuchte

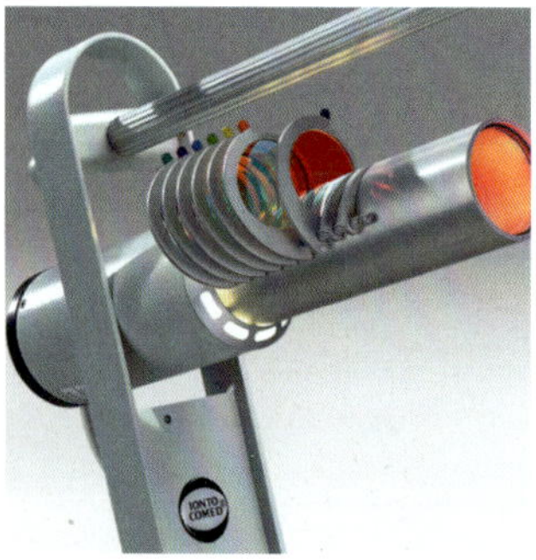
8-Farben-Set

Geräte für Farblichtbehandlungen

Farblichtstrahler oder **Halogenleuchten** arbeiten mit Spiegeln als Reflektoren, sodass nur die jeweils gewünschte Wellenlänge auf die Haut gelangt. Die entstehende Wärme wird abgestrahlt und vom Körper ferngehalten. Die Strahler stehen sicher auf 5-Rollen-Stativen und haben Schwenkarme für die bequeme Anwendung. Auch mit vorgesetzten, leicht auswechselbaren Farbfiltern wird gearbeitet. Diese werden passend zum jeweiligen Gerät im **8-Farben-Set** (rot, orange, gelb, grün, türkis, blau, violett, magenta) angeboten.

Es gibt Geräte, die punktgenau einzelne Hautpartien bestrahlen. Andere beeinflussen das gesamte Gesicht, den Körper, die Kabine oder den Raum mit mehreren Lichtquellen.
Solche Geräte ergänzen manuelle Behandlungen. Sie werden auch in der Biosauna, im Whirlpool und im Wellnessschwimmbad verwendet, um die Raumwirkung zu verbessern. Der Farbwechsel erfolgt dort kontinuierlich über Zeitschaltuhren.

Farben	Wirkung	Anwendung bei
Rot	anregend, durchblutungsfördernd, stoffwechselaktivierend	Atrophie, Cellulite und trockener, fahler und regenerationsbedürftiger Haut
Orange	entspannend, stimmungsaufhellend, lymphflussaktivierend, hautfestigend, zellerneuernd	Atrophie, Akne, Cellulite
Gelb	fördert den Gasaustausch über die Kapillaren, stimuliert die Drüsenfunktionen, regt die Psyche an, stärkt das Schutzsystem der Haut	Atrophie, Mischhaut, irritierter Haut
Grün	beruhigend, regenerierend, harmonisiert die Drüsentätigkeit	Mischhaut und Seborrhö
Blau	durchblutungshemmend, dämpft Hautreaktionen, beruhigend	empfindlicher, unreiner und geröteter Haut, Couperose
Violett	dämpft die Fettproduktion, entspannend, stärkt Schutzfunktion der Haut	Hypersensibilität, fettiger Haut, Akne
Magenta	ausgleichend, besänftigend	irritierter Haut, jedem Hauttyp
Türkis	lymphflussanregend, stimuliert die Immunfunktion der Haut	trockener Haut

Anwendungsmöglichkeiten von Farblicht:

- nach schmerzhaftem Ausreinigen und Entfernen von Milien zur psychischen Entspannung
- bei unruhigen Kunden zum Stressabbau
- zur Unterstützung von Produkten oder entspannenden Anwendungen
- als Behandlungsabschluss zur Unterstützung des Wohlbefindens

Kontraindikationen von Farblicht sind nicht bekannt.

monochromatisch = einfarbig, z.B. hier Licht einheitlicher Wellenlänge
Photonen = Lichtteilchen der elektromagnetischen Strahlung
Reflexion = Rückstrahlung von Licht, Schall, Wärme

A Ihre Kundin kommt stets abgehetzt zur Behandlung und schaut ständig auf die Uhr. Bei ihr sind meist viele Milien zu entfernen. Für welches Farblicht würden Sie sich entscheiden?

11.1.4 Anwendungen mit Laser und Pulslichtsystemen

Obwohl Lasergeräte überwiegend mit sichtbarem Licht arbeiten, sind es keinesfalls harmlose Geräte. Mit ihnen gefahrlos und optimal zu arbeiten, setzt stets eine gründliche Schulung der Kosmetikerin durch den Hersteller des Gerätes voraus. Dabei lernt sie die Grundlagen der Lasertechnik allgemein, die Besonderheiten des gewählten Lasergerätes speziell kennen, dessen Anwendungsmöglichkeiten ebenso wie die richtige Handhabung. Ihr Wissen über Vorsichtsmaßnahmen, Grenzen kosmetischer Möglichkeiten, Kontraindikationen, Unfallverhütungsvorschriften und Arbeitsschutzbestimmungen wird außerdem aufgefrischt. Gerätehersteller beteiligen sich an der Werbung für die neue Dienstleistung unter Vermeidung von „Grenzüberschreitungen“, d.h. Lasergeräte dürfen in der Kosmetik keinesfalls therapeutisch eingesetzt werden.

Z Bei Laserbehandlungen tragen sowohl Kunde als auch Kosmetikerin eine Schutzbrille (DIN EN 207, 2008-02), die Absorption und/oder Reflexion von Strahlen bewirkt.

H Der Arbeitsbereich, in dem mit dem Laser gearbeitet wird, sollte von anderen Bereichen gut abgegrenzt sein.

Geräte

Laser

Laser arbeiten mit **gebündeltem** roten Licht von hoher Energiedichte und von einer bestimmten Wellenlänge (monochromatisch). Der Begriff „Laser“ setzt sich aus den Anfangsbuchstaben der Gerätefunktion zusammen:
„**L**ight **a**mplification by **s**timulated **e**mission of **r**adiation“ =
Lichtverstärkung durch Aussendung angeregter Strahlen.
Neben sichtbarem Licht werden auch Infrarotstrahlen verwendet. Die durch eine Blitzlampe erzeugte Energie wird in einem Lasermedium verstärkt. Dazu dienen Edelgasgemische wie Argon, Helium, Neon, Xenon, aber auch Kristalle, z.B. aus Quarz, Saphir, Neodym, oder Halbleiter. Zusätzlich zum Aufeinanderprallen der Photonen erfolgt deren Verstärkung durch Reflexion mittels Verspiegelung. Über einen halbdurchlässigen Auskopplungsspiegel wird das Licht schließlich freigesetzt. Ein gepulster Laser setzt unterschiedlich lange Lichtblitze (Pulse) frei, ein kontinuierlicher Laser bestrahlt anhaltend, punktförmig oder auch kleinflächig. Je nach ihrer Intensität und nach ihrem Gefahrenpotenzial werden bei diesen Geräten die Laserklassen 1–4 unterschieden. Während die in der Medizin gebräuchlichen Laser vorwiegend der Klasse 4 (Hochenergielaser) angehören, werden in

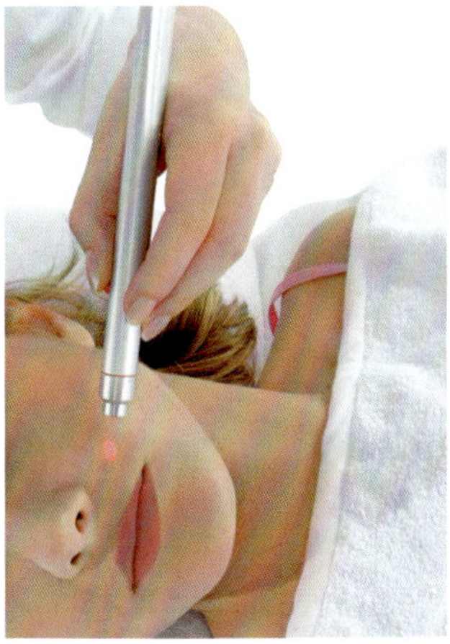

Softlaser in der Anwendung

modular (lat. und engl.) = mit sich ergänzenden, erweiterungsfähigen Bau- und Schaltelementen

der kosmetischen Anwendung die Laserklassen 1–2 verwendet. Für diese Niedrigenergielaser ist auch die Bezeichnung „**Softlaser**" gebräuchlich. Die Geräte arbeiten zielgerichtet bei möglichst kleinem Streuungsbereich der Strahlung.

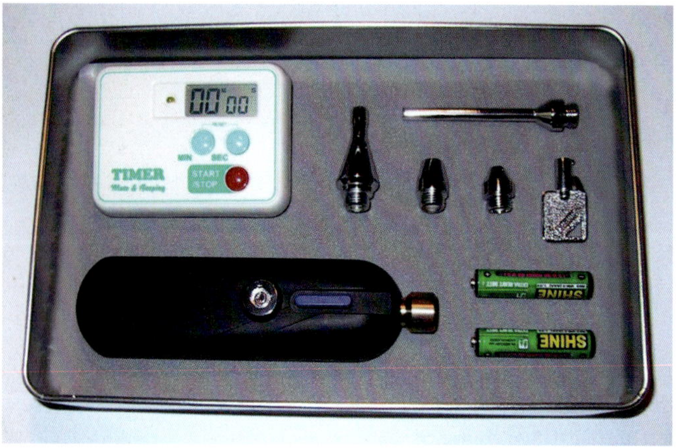

Softlaser

Pulslichtsysteme

Pulslichtgeräte arbeiten mit hochenergetisch **gepulstem** Licht. Durch ständige Weiterentwicklungen sind **Pulslichtsysteme** in modularer Bauweise entstanden, die der Gefahrenklasse 3 angehören und im kosmetischen Bereich überwiegend zur Fotoepilation, aber auch zur Stimulierung von Binde- und Fettgewebe dienen.

Pulslichtgeräte zerstören z.B. lästige Körperhaare aufgrund von **Fotothermolyse**. Dabei macht man sich die Tatsache zunutze, dass die verschiedenen Strukturen der Haut unterschiedliche Aufnahmeeigenschaften für Licht haben. Ihre Besonderheit ist ihr Wirkungsspektrum im Wellenlängenbereich von etwa 400 bis 1000 nm, aus dem je nach Anwendung durch schnell auswechselbare Polymerfilter im Handstück der wirksame monochromatische Bereich sehr genau dosiert werden kann. Sie sind mit integrierter Kühlung ausgestattet, sodass die Lichtimpulse unmittelbar nach der Kühlung gesetzt werden können. Das schützt vor Verbrennungen der Hautoberfläche. Sowohl Laser als auch Pulslichtsysteme sind teure Geräte, vor deren Anschaffung die Kosmetikerin gründlich recherchieren muss, ob dafür ausreichender Bedarf in ihrem Kundenkreis besteht.

Z

Softlaser werden punktuell zum schnellen Abheilen von Pusteln und zur Stärkung des Immunsystems bei Herpesanfälligkeit eingesetzt.

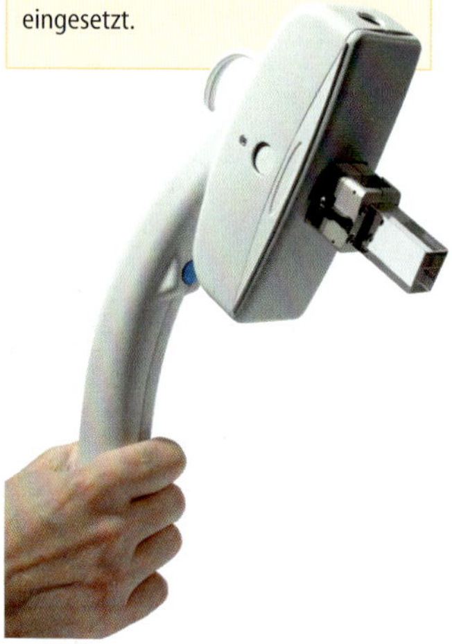

Modernes Pulslichtsystem

Anwendungsmöglichkeiten von Lasern und Pulslichtsystemen

Das auf die Haut auftreffende Licht einer Wellenlänge wird in Wärme umgewandelt. Nur ein kleiner Teil davon wird von der Hautoberfläche reflektiert, der größere Teil wird von den Geweben, besonders vom Wasser in den Zellen, von Hämoglobin im Blut und Melanin der Haare oder Haut recht unterschiedlich absorbiert. Daraus resultieren die Wirkungen. Was wirkt, trägt auch die Gefahr von Nebenwirkungen in sich, z.B. Fehlpigmentierungen, je nach Lasertyp als Hyper- oder Hypopigmentierung, oder Narben. Darauf muss in einem ausführlichen Beratungsgespräch ebenso hingewiesen werden wie auf das Verhalten nach den Anwendungen, z.B. Sonne/Solarium zu meiden und entzündungshemmend zu pflegen.

Anwendung in der Kosmetik:

- für **Fotoepilationen** an Gesicht und Körper, auch mit Pulslichtsystemen wie Fotosilk, Deka, IPL-Geräten, mit denen der in der Haut befindliche Haarteil einschließlich der Bildungszellen dauerhaft geschädigt werden soll
- zur Anregung des **Hautstoffwechsels**, der Mikrozirkulation, des Lymphflusses im Rahmen von Anti-Aging-Behandlungen, bei Aknegefährdung und in Celluliteprogrammen
- zur Verbesserung der **Hautelastizität**, zum Straffen und Formen im Rahmen von Anti-Aging-Programmen und Cellulitebehandlungen

Handeln Sie verantwortungsvoll! Händigen Sie Ihrer Kundin einen Fragebogen aus, den sie in Ruhe zu Hause lesen und unterschreiben kann. Die Behandlung erfolgt erst am nächsten Termin.

Anwendung in der Medizin:

Kein Lasergerät kann alles, sondern ist ein Problemlöser in Abhängigkeit von seiner Wellenlänge und Energiedichte.

- In der Operationstechnik sorgt z.B. ein Erbiumlaser als Lichtskalpell für saubere, glatte Schnitte. Er verdampft das Gewebe an der Schnittlinie, ohne das verbleibende Gewebe zu erhitzen. Damit lassen sich auch kleine gutartige Hautveränderungen abtragen.
- Mit dem CO_2-Laser können z.B. Warzen oder Muttermale entfernt werden. Der Gewebeerhitzung folgt dabei eine längere Heilphase über Rötung und Krustenbildung.
- Zur Blutgerinnung und zum schnellen Gefäßverschluss in der Endoskopie dient z.B. der Neodym-YAG-Laser.
- Zur Entfernung von Sommersprossen, Pigmentflecken, Altersflecken, Tätowierungen, Permanent-Make-up und Aknenarben wird z.B. der Argonlaser, Alexandritlaser, Rubinlaser, Neodym-YAG-Laser oder ein Pulslichtsystem eingesetzt.
- Zum Veröden von Teleangiektasien und Venektasien oder zum Entfernen von Hämangiomen wird z.B. der Argonlaser oder ein Pulslichtsystem verwendet.
- In der Hornhaut- und Linsenchirurgie der Augenheilkunde kommt z.B. der Excimerlaser (Xenon-Chloridgaslaser) zum Einsatz. Da er mit UV-Licht arbeitet, wird er auch zum Ausheilen von Hautkrankheiten verwendet (Psoriasis und Vitiligo).

Zur Fotoepilation (s. S. 345) dienen z.B. Rubinlaser, Alexandritlaser oder Diodenlaser mit längerer Pulsdauer. Diese Laserfotoepilationen werden nur vom Arzt durchgeführt.
Die modernen Pulslichtsysteme zur Fotoepilation, wie das IPL (intense pulsed light, s. S. 345 f.), können von der Kosmetikerin angewendet werden.
Die verschiedenen Laser können gepulst auch zur Faltenbehandlung in der Schönheitschirurgie eingesetzt werden. Der Arzt trägt mit dem gepulsten CO_2-Laser die obersten Schichten der Epidermis ab, sodass die Haut mit dem Schutzmechanismus des „Collagenshrinking" reagiert. Eine Straffung der behandelten Hautpartie, z.B. der Nasolabialfalte, wird deutlich sichtbar.
Die negativen Nebenwirkungen sind jedoch nicht zu unterschätzen. Starke Hautrötung, mögliche Narbenbildung und eine hohe UV-Lichtempfindlichkeit der Haut sind typische Folgen der CO_2-Laser-Faltenbehandlung.
Die in der Kosmetik verwendeten Softlaser der Typklassen 1 und 2 (Niedrigenergielaser) dienen eher indirekt zur Faltenbehandlung. Die Stimulation der Zellaktivität und der lokale Stoffwechsel sollen in den behandelten Hautarealen z.B. durch den Rotlicht-Soft-Laser mit ca. 650 nm verbessert werden. Gute Behandlungsergebnisse sind bei unreiner Haut, Falten und der Stimulation von bestimmten Energiepunkten sowie einer allgemein entspannenden Wirkung auf den Kunden zu verzeichnen.
Das Tragen einer Schutzbrille ist für die Kundin und die Kosmetikerin Pflicht, um mögliche Augen- und Netzhautschädigungen zu verhindern.

A Ihre Chefin erwägt, in ein Lasergerät zu investieren. Zuvor aber sollen Sie anhand der Kundenkartei herausfinden, für welche Kunden Laseranwendungen überhaupt geeignet erscheinen. Sie will wissen, ob sich eine so teure Anschaffung rechtfertigt.

Collagenshrinking = Kontraktion und Neubildung von Bindegewebskollagen

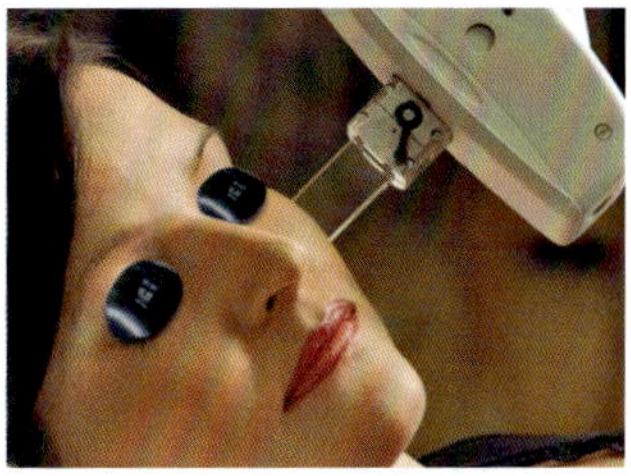

Pulslichtsystem in der Anwendung

Z Die Rechtslage für Laser- und Pulslichtanwendung in der Kosmetik ist unklar und in einzelnen Bundesländern voneinander abweichend. Medizinisch geschulte und zertifizierte Kosmetikerinnen wagen sich z.B. auch an das Veröden von Besenreisern. Sie sind jedoch bei solchen Tätigkeiten, die zur „Körperverletzung" gezählt werden, nie so geschützt wie der Arzt.
Deshalb sollten Laser- und Pulslichtsysteme in der Kosmetik vorrangig dazu dienen, unerwünschten Haarwuchs zu beseitigen und Hautpflegemöglichkeiten zu erweitern und zu optimieren.
Therapie mit dem Lasergerät ist der Kosmetikerin verboten!

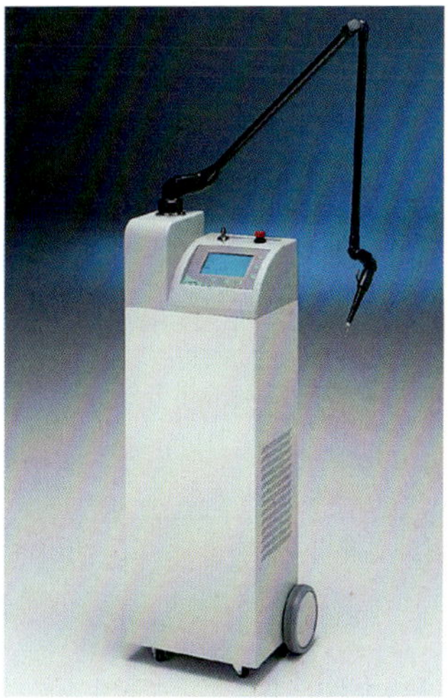

Medizinischer Laser

Hydro (griech.) = Wasser
Parasympathikus = dämpfender Nerv des vegetativen Nervensystems
Sympathikus = anregender Nerv des vegetativen Nervensystems (s. S. 46)

11.2 Kosmetische Wasseranwendungen

Bereits im Grundstufenband ab S. 164 wird auf die Vielfalt von Wasseranwendungen für Gesicht und Körper, speziell beim Waschen, Duschen, Baden und im Zusammenhang mit der Sauna, verwiesen.

Wasser – Schönheitsmittel

Wasser ist das am meisten benutzte Schönheitsmittel. Es ist unentbehrlich als Löse- und Transportmittel für wasserlösliche Inhaltsstoffe von kosmetischen Produkten. In der Kosmetik werden die Erfahrungen der Medizin übernommen, dass bei Hydroanwendungen mit Wasser in allen drei Aggregatzuständen – flüssig, fest als Eis oder gasförmig als Dampf – thermische Reize auf die Haut zu übertragen sind. Hinzu kommen mechanische Hautreizungen, z.B. durch Massagedüsen beim Duschen, im Whirlpool, d.h. in Sprudelbädern. Alle kosmetischen Wasseranwendungen dienen der Erhaltung, Verbesserung oder Wiederherstellung natürlicher Hautfunktionen, dem Wohlbefinden und der Gesunderhaltung gesunder Menschen.
Für Hydrotherapien zu Heilzwecken dagegen sind medizinische Bademeister ausgebildet, die diese nach ärztlicher Verordnung kranken Menschen verabreichen.

11.2.1 Wärme- und Kälteanwendungen

Wasser hat sich in der Hautpflege im Institut ebenso wie zu Hause bewährt als Vermittler unterschiedlicher und auch wechselnder Temperaturen.
Neben dem Befeuchten der Hautoberfläche und der lokalen Reaktion von Wärme- und Kältepunkten der Haut sind stets – wie beim Massieren auch – allgemeine Wirkungen über das Herz-Kreislauf-System und reflektorische Wirkungen über das Nervensystem zu erwarten.

Wärmeanwendungen

Die Wärmepunkte der Haut haben ihr Maximum bei 38–43 °C. Sie nehmen den Wärmereiz z.B. einer warmen Kompresse auf, leiten ihn über sensible Nervenbahnen zum Gehirn und/oder Rückenmark weiter.
Wird Durchwärmung als angenehm empfunden, folgen Entspannung, Beruhigung, Ermüdung und Passivität über den Parasympathikus des vegetativen Nervensystems.
An der Stelle der Erwärmung erhöht sich die Hauttemperatur, die Haut rötet sich. Die Hautblutgefäße erweitern sich, der Gefäßtonus sinkt. Aus den prall mit Blut gefüllten Gefäßen in der Körperperipherie wird mehr Wärme nach außen abgegeben. Bei Vollbädern kann sogar die Körperkerntemperatur steigen. Von feuchter Wärme geht eine besondere Tiefenwirkung aus, die sich als Schmerzlinderung und Krampflösung äußern kann.

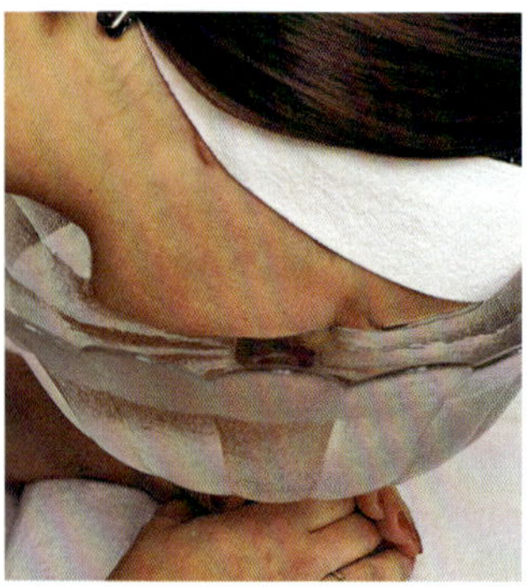

Gesichtsbad

Kälteanwendungen

Die zahlreicher als Wärmepunkte vorhandenen Kältepunkte der Haut haben ihr Maximum bei 30–18 °C. Sie senden einen Kältereiz z.B. aus einem kalten Gesichtsbad über sensible Nervenbahnen zum Gehirn und/oder Rückenmark. Darauf reagiert der Körper durch Erregung des Sympathikus mit Munterkeit, Erfrischung, Aktivität und Leistungssteigerung. Andererseits erklärt das, warum nervöse Menschen, deren nervliche Prozesse bereits übersteigert ablaufen, kaltes Wasser weniger gut vertragen.

Die gekühlte Hautstelle sieht blass aus, die Hautblutgefäße ziehen sich zusammen, halten Blut im Körper zurück, um Wärmeverluste zu vermeiden. Zugleich kontrahieren die in der Dermis gelegenen Haarbalgmuskeln und richten die Flaumhaare auf. Es entsteht das als „Gänsehaut" bekannte Phänomen des „wärmenden Luftpolsters".
Der Gefäßtonus steigt – ein besonderer Vorteil bei Gefäßlabilität und schlaffen Gefäßwänden. Lässt ein richtig dosierter Kältereiz nach, löst sich die Spannung, die Gefäße erweitern sich wieder, Wärmeempfindung entsteht und die Hautdurchblutung ist besser als zuvor. Kaltes Wasser wird allerdings nur an der warmen Haut gut vertragen. Die Haut muss also vor der Anwendung von Kältereizen erwärmt werden, z.B. durch warmes Wasser, Bürstung, Massage, Sauna, Dampfbad oder sportliche Aktivität.

indifferent = unbestimmt, wirkungslos, hier lauwarm

Z

Ein junger Mensch besteht zu 60 %, ein älterer noch etwa zu 50 % seines Körpergewichts aus Wasser.

Wechselanwendungen

Der stärkste Reiz für Kreislauf, Stoffwechsel, Nervensystem und Abwehrkräfte entsteht durch heiß-kalte Wechselreize. Diese werden bei mehrmaligem Wechsel stets heiß begonnen und kalt beendet. Der Wärmereiz soll 6- bis 10-mal länger dauern als der Kältereiz.
Mit solchen Wechseltemperaturen sind Hautrötung, wohliges Wärmegefühl und Gefäßtraining verbunden. Sie schützen vor peripheren Durchblutungsstörungen, trainieren die Anpassungsfähigkeit des Körpers für Witterungsreize und stärken die Immunabwehr des Körpers.
Ob Wärme oder Kälte bevorzugt werden, ist nicht nur von der Hautbeurteilung und dem aktuellen Hautzustand abhängig, sondern auch von den Besonderheiten der Jahreszeit.

Indifferente Anwendungen

Wird Wasser in Hauttemperatur bei etwa 34 °C angewendet, so unterbleibt jede Anregung, das Wasser wird als lau (indifferent) empfunden.
Dennoch verbessert sich die Aufnahmefähigkeit der Haut für nachfolgende Wirkstoffe, und der Parasympathikus wird auf sanfte Weise gestärkt. Bewährt haben sich indifferente Anwendungen z.B. an gewitterschwülen Tagen, bei nervösen, abgehetzten Kunden, bei starken Rötungen und Hypersensibilität der Haut.

Auswirkungen von Wasseranwendungen

	bei Wärmeanwendungen	bei Kälteanwendungen
Hauttemperatur	steigt	sinkt
Hautblutgefäße	weit gestellt	verengt
Blutfluss	verlangsamt	gesteigert
Hautfarbe	rosig, rot	blass
Gefäßtonus	sinkt	steigt
Ergebnis	Beruhigung, Entspannung, Ermüdung	Wachheit, Anregung, Leistungssteigerung
Bei Fehlern, z.B. bei zeitlicher Ausdehnung	Hitzegefühl, starke Rötung, Brennen, Gefäßerschlaffung	Gefäßkrämpfe, „nadelnder" Schmerz, bläuliche Hautverfärbung, Schwierigkeiten beim Wiedererwärmen

A

Der Kunde kommt abgehetzt zur Gesichtspflege und hat ein stark gerötetes Gesicht mit sichtbaren Äderchen. Wie würden Sie die Temperatur bei Wasseranwendungen wählen?

11.2.2 Duschen und Baden

Z

Duschen ist die beliebteste Art der täglichen Körperreinigung. Zu ausgedehntes, zu heißes Duschen ohne Kaltabschluss bei zu großzügiger Verwendung von Duschgelen laugt die Haut durch Auswaschen der hauteigenen Feuchtigkeitsbinder aus.

Im Vergleich zu Waschung oder Auflage gelangen beim Duschen oder Baden größere Wassermengen an die Haut.
Neben der reinigenden Wirkung, die durch entsprechende Produkte noch intensiviert wird, sind mit der richtigen Anwendung Vorteile für den gesamten Organismus verbunden.

Duschen

Aus vielen Düsen treffen Wasserstrahlen unterschiedlicher Temperatur und Druckstärke auf die Haut. Das Wasser vermittelt sanfte oder kräftige Massagereize und rieselt wieder ab. Die Klopfmassage belebt Durchblutung und Stoffwechsel von Haut und Organismus. Während warmes Duschen angenehm durchwärmt und entspannt, ist kurzes kaltes Abduschen belebend und erfrischend. Außerdem strafft es Haut und Gefäße und hält die Wärme im Körper.

Geräte

H

Gemeinschaftsduschen müssen in regelmäßigen Abständen desinfiziert und sorgfältig mit fließendem Wasser gereinigt werden.

In Kosmetikinstituten sind Duschkabinen erforderlich, wenn Ganzkörperbehandlungen angeboten werden. In Sauna-, Fitness- und Wellnesseinrichtungen sind funktionstüchtige Duschen eine wichtige Voraussetzung für erfolgreiche Programme. Kunden erwarten z.B. große, leicht verstellbare Duschköpfe, Mischbatterien, die schnell eine konstante Wassertemperatur halten, Ablageflächen für Kosmetika und saubere Fliesen mit zügigem Abfluss für Restwasser, Reinigungsmittel, Hautschuppen und Haare. Dabei sollten Funktionalität und Ästhetik eine Einheit bilden. Mit Schwallduschen in der Sauna oder einem künstlichen Wasserfall in Erlebnisbädern wird ein stärkerer Kälte- und Massagereiz vermittelt.

Anwendung

Warmes Abduschen ist die hygienische Voraussetzung für jedes Ganzkörperprogramm. Nach Einwirkungszeit werden Körperpeeling oder Körperpackung gründlich abgeduscht. Auch nach durchwärmenden apparativen Anwendungen, z.B. mit Tiefenwärme oder Reizstrom, müssen Schweißreste abgeduscht werden.

Duschkabine für Ganzkörperprogramme

Mit warmem Duschen beginnt das Saunieren. Kaltes Abduschen erfolgt nach jedem Schwitzgang. Trainierte verstärken mit der Schwalldusche das Gefäßtraining.

Kontraindikationen

Gefäßlabile Hautpartien mit starken Rötungen und sichtbaren weit gestellten Gefäßen vertragen keinen starken Druckreiz durch kräftig aufprallende Wassertropfen. Über sonnengeschädigte Haut darf kaltes Wasser nur sanft rieseln.
Nach operativen Eingriffen mit OP-Narben besteht häufig für mehrere Wochen Duschverbot.

Baden

Bei den verschiedenen Teil- oder Vollbädern wird der Körper mit Wasser ummantelt. Der damit verbundene hydrostatische Druck beeinflusst die Körperfunktionen nachhaltig:
Bei **Teilbädern**, z.B. Hand- und Unterarmbad, Fuß- und Unterschenkelbad, gelangt mehr Blut in die gebadete Hautpartie. Die Hautfarbe belebt sich, der Stoffwechsel wird angeregt.
Bei **Vollbädern** wird die Blutmenge in der Haut so verstärkt, dass Herz und Kreislauf entlastet sind. Zudem steigert sich die Ausscheidungsfunktion der Niere. Im warmen Wasser lockern sich muskuläre Verspannungen und Bewegungsschmerzen schwächen sich ab.
Wirbelsäule und Gelenke werden entlastet, weil sie im Wasser nur noch ein Zehntel des Körpergewichts tragen müssen. Über die gesamte Badezeit wirkt die gewählte Temperatur auf Haut und Körper ein.
Durch die von der warmen Wasseroberfläche aufsteigenden Dämpfe, intensiviert noch durch die verschiedenen Badezusätze, wird die Atmung erleichtert.

Z Bäder sind weniger ein Mittel der Hautreinigung als eine Möglichkeit der Beeinflussung von Haut- und Körperfunktionen.

Wannenbad

Geräte

Moderne Badewannen werden nach ergonomischen Gesichtspunkten gestaltet.
In Wellnesseinrichtungen sind sie häufig in den Fußboden eingelassen. Für bequemes Liegen sorgen Nackenablagen, für sicheres Ein- und Aussteigen gibt es Haltegriffe.

Moderne Badewanne

Z

Chronisch Hautkranke, z.B. Neurodermitiker und Psoriatiker, können zwischen den Schüben Salzbäder zu Hause anwenden. Alternativ können bei gefährdeter Haut zur Wiederherstellung des physiologischen pH-Wertes auch der Saft einer Zitrone oder die gleich große Menge Obstessig dem Wannenbad zugesetzt werden.

Multifunktionswannen können mit Farblicht, Massagedüsen oder Matten in wechselnder Höhe ausgestattet sein. Solche Matten können auf verschiedene Ebenen herabgelassen werden, je nachdem ob für Peeling, Massage oder zum Baden.
In Badelandschaften finden sich Anlagen mit Massagedüsen für Sprudelbäder, z.B. als Whirlpool oder als Vibrationsfußwanne.

Anwendung

Warme Wannenbäder sind ein bewährtes Mittel, ausgekühlte Körperteile zu durchwärmen und für nervliche Entspannung zu sorgen. Kerzenlicht, Entspannungsmusik und Düfte unterstützen das Wohlfühlerlebnis.
Die Wassertemperatur von 35–38 °C sollte mit einem Badethermometer überprüft, die Badedauer auf 10–20 Minuten begrenzt werden. Zum Schluss empfiehlt es sich, kaltes Wasser zulaufen zu lassen, gründlich abzutrocknen und zu ruhen.
Mit Badezusätzen können bestimmte Wirkungen erreicht oder intensiviert werden.

Aromabad

Aromabäder

Im Vordergrund steht der auf die Kundenwünsche abgestimmte Duft, z.B. nach Rosen, Lavendel, Orange. Dazu werden Blütenblätter aus biologischem Anbau direkt in das Badewasser gegeben oder ätherische Öle zur Harmonisierung natürlicher Hautfunktionen ausgewählt. Allergien müssen zuvor ausgeschlossen sein.
Aromen werden sowohl über die Atemwege inhaliert als auch von der Psyche wahrgenommen.

Kräuterbäder

Aus Kräutern, z.B. Kamille, Rosmarin, Minze, Salbei, wird ein Teeaufguss hergestellt, der nach Ruhezeit abgegossen und ins eingelaufene Badewasser gegeben wird.

A

Suchen Sie aus der INCI-Liste (s. S. 411 ff.) Kräuter für ein beruhigendes Wannenbad heraus.

11.2.3 Anwendungen mit Spray

Z

Wird das Gesicht besprüht, sollten die Augen zuvor mit feuchten Pads geschützt sein.

Mit dem Aufsprühen kühler Flüssigkeiten ist stets eine Erfrischung von Haut und Körper verbunden, allgemein der Anwendung von kaltem Wasser vergleichbar. Die Tröpfchen werden mit mehr oder weniger Druck aufgepresst, massieren, kühlen zunächst und bilden schließlich einen feuchten Film. Dieser entzieht der Haut beim Verdunsten Wärme.
Enthält die Flüssigkeit Alkohol, wie z.B. bei Gesichts- und Körperlotionen, wird deren Verdunstung beschleunigt und der Haut in kurzer Zeit mehr Wärme entzogen. Ist der Prozess abgeschlossen, erwärmt sich die besprühte Partie schnell und ist besser durchblutet als zuvor.

Geräte

Manuell werden Wasser, Thermalwasser oder Lotionen mit Pumpzerstäubern versprüht. Durch den Druck der Hand wird Luft in die Flüssigkeit gepumpt und diese als feiner Nebel herausgedrückt. Handelsübliche Sprays, z.B. für Gesichts- und Körperlotionen, Schaummasken, Haarfestiger, sind mit einem Treibgas ausgestattet, z.B. mit den ungiftigen Gasen Propan oder Butan.
In Gerätetürme für die Kosmetikkabine sind **elektrisch betriebene Zerstäubereinrichtungen** integriert. Sie arbeiten mit Druckluft, erzeugen einen besonders feinen und gleichmäßigen Sprühnebel und entlasten die Hand der Kosmetikerin.

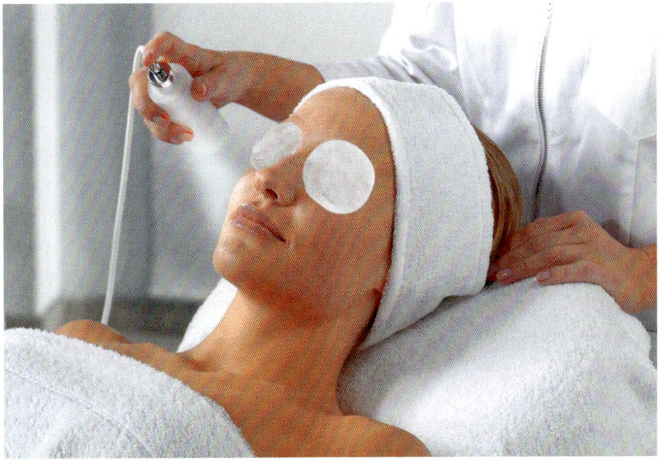

Besprühung mit elektrischem Zerstäuber

Anwendung

Für Gesicht und Körper sind kühle Besprühungen erfrischend und belebend, z.B.

- nach langer Durchwärmung durch Bedampfung, Wickel, Massage, Packung, Tiefenwärme, Teil- oder Vollbäder,
- beim Feuchthalten von Peelings, Packungen, Vliesen oder der Hautoberfläche selbst,
- innerhalb von Behandlungsprogrammen bei Cellulite,
- als Behandlungsabschluss z.B. bei Bartträgern oder bei der Pediküre.

Manueller Pumpzerstäuber

Kontraindikationen

Auf einen fröstelnden Körper und auf die ausgekühlte Haut darf nicht gesprüht werden. Bei Hypersensibilität und Nervosität wird es zumeist als unangenehm empfunden.

A Stellen Sie Möglichkeiten zusammen, zu welchem Zeitpunkt während der Gesichtsbehandlung es sinnvoll ist, Flüssigkeiten aufzusprühen.

11.2.4 Anwendungen mit Dampf

Für Institutsbehandlungen des Gesichts sind Bedampfungsgeräte unerlässlich. Deshalb gehören Dampfgeräte neben Lupenleuchte und Bürstenschleifgerät zur Grundausstattung von Kosmetikkabinen.
Bedampfung wird am häufigsten mit Intensivreinigung durch Peeling oder mit einem Vorreinigungsmittel kombiniert. Auch anregende Packungen, die länger feucht bleiben sollen, können bedampft werden.
Weiterhin hilft Bedampfung in Körperpflegeprogrammen, die Hautoberfläche zu erwärmen, zu erweichen und für nachfolgende Wirkstoffe durchlässig zu machen. So können z.B. bei Celluliteprogrammen die jeweiligen Hautpartien bedampft werden, entweder in Kombination mit einem Körperpeeling oder einer Packung,

Z Damit das Stratum corneum nicht zu sehr aufquillt, Bedampfung auf 10 Minuten begrenzen.

Hamam (arabisch) = warmes Bad
Rasul = spezielle Heilerde
modular = aus Modulen (Bauelementen) zusammengesetzt

die nicht antrocknen soll. Zusätzlich kann der Dampf mit verschiedenen Kräutern oder ätherischen Ölen je nach Hautzustand angereichert werden und zudem einen positiven Effekt auf die Atemwege des Kunden haben. Eine Zuschaltung von Ozon hat eine desinfizierende Wirkung auf die gereinigte und ausgereinigte Haut.

Im Gegensatz zum Dampfgerät sind von der Dampfsauna größere Effekte zu erwarten, weil dort die feuchte Wärme den gesamten Körper betrifft. Der Kunde sitzt oder liegt dazu entspannt auf warmen Steinbänken. Die Luft ist etwa 45 °C warm und hat 90 % Feuchtigkeit. Durch die starke Anregung der Schweißsekretion wird der Körper entwässert und von Stoffwechselendprodukten befreit.

Im „Hamam" wird das Dampfbad mit würzigen Düften und einer türkischen Seifenmassage mit Spezialhandschuh kombiniert. Im „Rasul" ergänzt ein vor der Bedampfung aufgetragener spezieller Rasulschlamm die Anwendung.

Die Wirkung auf nach der Dampfbehandlung folgende Anwendungen, wie Cellulite-ampullen, Massage, Reizstromstimulation, kann durch die vorangegangene Bedampfung verstärkt werden.

Dampfsauna

Geräte

Moderne Dampfgeräte sind zur Sicherheit des Kunden vollelektronisch gesteuert und stehen sicher auf einem 5-Rollen-Stativ oder auf vier feststellbaren Rollen und Sockelplatte. Bei Gerätetürmen im Modularsystem sind Ablageflächen kombiniert, z. B. für Handstücke und Schalen.

Bis zu 6 Modulargeräte, z. B. Bürstenschleifgerät, Vakuum-Sauggerät, Iontophorese-einheit, Hochfrequenzgerät, können mit dem Dampfgerät eine Einheit bilden.

Der Dampfarm ist höhenverstellbar sowie leicht dreh- und schwenkbar. Gespeist wird der Dampf aus einem Wasserbehälter. Je nach Herstellervorgabe wird destilliertes Wasser benötigt oder kann kalkarmes Leitungswasser verwendet werden. Die Heizspirale befindet sich zumeist im Topfboden.

Das Wasser wird zum Kochen gebracht, der von der Wasseroberfläche aufsteigende Dampf zur Austrittsdüse geleitet und als warme, feinst vernebelte Feuchtigkeit zur Hautoberfläche geführt. Auf seinem Weg gelangt er über das Kräutersieb.

Wahlweise können getrocknete/frische Kräuter oder ätherische Öle (diese auf Wattebausch) ins Kräutersieb gegeben werden. Ätherische Öle können außerdem auf die im Dampfkopf befindlichen Filzringe geträufelt werden. Gerätehersteller bieten zumeist auch eine Vielfalt an getrockneten Kräutern und Aromaölen an.

Der Abstand zwischen Dampfdüse und Haut sollte 30–35 cm betragen, bei Rötungen und Empfindlichkeiten kann er vergrößert werden.

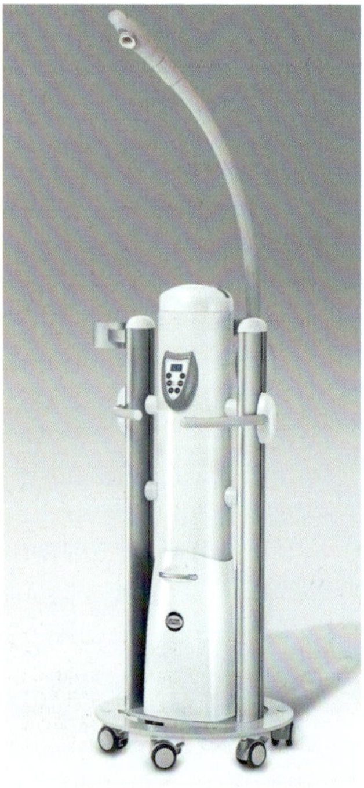

Modernes Dampfgerät

Kombinierte Geräte beinhalten zusätzlich die Möglichkeit, aktivierten Sauerstoff O_3 = Ozon zuzuschalten.

Der **Ozondampf** kommt dicht und feinstvernebelt mit typischem Geruch aus der Dampfdüse.

Solche Geräte besitzen nahe der Dampfdüse zusätzlich einen Niederdruckbrenner, der ultraviolettes Licht erzeugt.

Aus dem Wasserdampf (H_2O), der am Brenner entlanggeführt wird, spaltet sich dessen molekularer Sauerstoff O_2 ab. Kurzfristig bildet sich Ozon = O_3, durch dessen Zerfall atomarer Sauerstoff O entsteht, der zur Desinfektion genutzt werden kann.

$$2\,H_2O \rightarrow 2\,H_2 + 1\,O_2$$
$$3\,O_2 \rightarrow 2\,O_3$$
$$1\,O_3 \rightarrow 1\,O_2 + 1\,O$$

Die Ozontaste sollte stets erst zugeschaltet werden, wenn bereits Dampf aus der Dampfdüse austritt.
Ozon wird z.B. bei aknegefährdeter Haut eingesetzt. Dann muss allerdings auf Aromen verzichtet werden, weil Ozon deren Moleküle schädigt.

Anwendung

- bei Gesichts- und Körperbehandlungen zum Feuchthalten der Hautoberfläche, z.B. vor der oder kombiniert mit der Intensivreinigung
- zum Verteilen und Inhalieren ätherischer Öle
- zum Anregen des Hautstoffwechsels
- zum Befeuchten von Peeling und Packung
- zur psychischen Entspannung

Kontraindikationen

- akut sonnengeschädigte Haut
- Hypersensibilität; bei Gefäßlabilität, Rötungen, sichtbaren Äderchen muss individuell abgewogen werden, ob auf Bedampfung verzichtet wird oder z.B. mit größerem Abstand, geringerer Dampfmenge, kürzerer Bedampfungszeit oder zusätzlichen wasserfeuchten Abdeck- oder Couperosepads auf der Haut gearbeitet wird.

A Welche Vorsichtsmaßnahmen sind im Umgang mit heißem Dampf zu berücksichtigen?

Peloide = Sammelbegriff für organische Schlamme und anorganische Erden

Kräutersieb

Z Ozonbedampfung sollte nur auf der „puren" Haut und nicht in Verbindung mit aufgetragenen Produkten erfolgen, da Ozon die Produkte nachteilig verändert.

11.2.5 Auflagen und Wickel

Mit Auflagen und Wickeln sind vielseitige Möglichkeiten verbunden, die Haut kosmetisch zu bedecken, zu befeuchten, anzuregen oder auszugleichen.

Auflagen

Als die typischen Auflagen gelten **Kompressen**. Dazu werden Mull- oder Frotteetücher und Pads unterschiedlicher Größe mit Wasser, Lotionen, ätherischen Ölen oder Kräuterextrakten getränkt und eine gewisse Zeit auf Gesicht oder Körperpartien aufgedrückt. Kompressen unterstützen partielle Vor-, Intensiv- und Nachreinigungen im Wischverfahren. Sie dienen warm, kalt, wechselwarm oder dampfend der Durchblutungsanregung und Aktivierung des Hautstoffwechsels.
Ein intensiver Austausch zwischen der Haut und einer aufgetragenen Mischung ist durch **Packungen** für Gesicht und Körper möglich. Neben fertigen Creme- oder Gelpackungen und Ölen werden Schlamm- und Erdarten bevorzugt dazu verwendet. Peloide zeichnen sich durch ihre besondere Wärmespeicherfähigkeit aus. Sie werden bereits als vorgewärmter Brei (Wasserbad, Mikrowelle) aufgetragen, als **Dunstpackung** mit Zellstoff und zusätzlich mit Folie bedeckt. In Leinenkompressen eingearbeiteter Schlamm ist bequem zu verwenden. Auch Folienanzüge zum Einmalgebrauch werden angeboten. Darüber gehört eine wär-

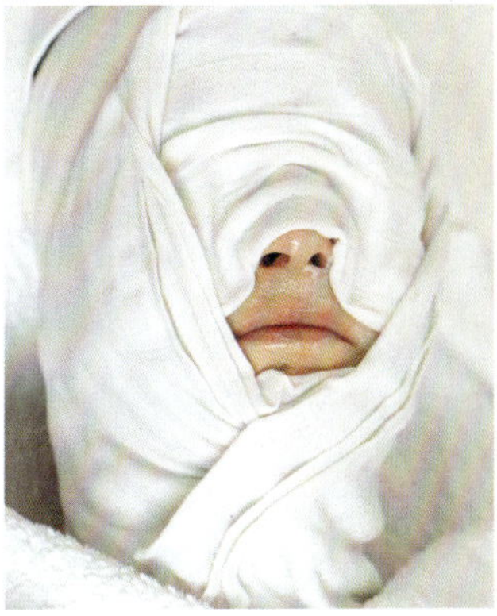

Warme Kompresse als Teil einer Dunstpackung auf Gesicht und Hals

Kompression = Zusammendrückung, Verdichtung
okklusiv = luftdicht abschließend

Z Zur Bereitung heißer Dampfkompressen dienen spezielle Kompressenwärmer.

Z Aus warmen Kräuterstempeln werden auf der Haut ätherische Öle freigesetzt.

Z Auch die dünnen waschbaren Waschfaserlaken eignen sich als Unterlagen oder Wickel bei Körperpackungen.

H Körperpackungen immer mit Folie sichern, um die Behandlungsliege, deren Bezüge, Tücher und Wärmedecken sauber zu halten und vor Flecken zu schützen.

mende Decke, damit der Kunde während der Ruhezeit von 15–20 Minuten nicht auskühlt und fröstelt.
Auch **heiße Steine** oder **Kräuterstempel**, die wegen ihrer hohen Wärmespeicherung entlang der Energiebahnen des Körpers gelegt werden, zählen zu den Auflagen.
Zum Zweck der Durchwärmung werden außerdem **Wärmeträger** verwendet, bei denen eine Hitze speichernde Substanz, bevorzugt in Gelform, in Folie eingeschweißt ist. Zumeist lassen sich diese nicht nur im Wasserbad immer wieder durchwärmen, sondern auch im Tiefkühlfach zur Kälteübertragung vorbereiten.

Anwendung

- zur lokalen Durchwärmung (oder Kühlung), Durchblutungsanregung
- als Hautstoffwechselanregung
- zum Quellen und Durchlässigmachen der Hautoberfläche für Wirkstoffe
- zur Harmonisierung physiologischer Hautfunktionen
- zur Heilungsförderung bei Unreinheiten
- im Rahmen von Celluliteprogrammen

Wickel, Body-Wrapping

Mit kosmetischen Wickeltechniken sind Kompressions- und Okklusivwirkung auf die Gewebe zu übertragen. Gewickelt werden können Teilbereiche oder der gesamte Körper. Als Wickelmaterial stehen elastische Mullbinden, Mullbandagen oder Folien zur Wahl. Gewickelt wird von herzfern nach herznah (von peripher nach zentral) z. B. am liegenden Kunden Fuß und Unterschenkel, am stehenden Kunden Oberschenkel, Hände, Arme und Rumpf. Zuvor wurde die Körperhaut gereinigt, gepeelt und mit einem entsprechenden Wirkstoffpräparat versorgt. Mit dem Druck von außen erhöht sich auch der Strömungsdruck in den Gefäßen, der venöse und lymphatische Abfluss wird beschleunigt. Zugleich werden die Wirkstoffe tiefer ins Gewebe gedrückt in Form einer „Mikromassage". Hinzu kommt der luftdichte Abschluss und das Schwitzen darunter.
Obwohl fest und zügig gewickelt wird, darf es nicht zu Abschnürungen kommen. Dazu sind die Aussagen des Kunden beim Wickeln zu berücksichtigen.

Body-Wrapping/Wickel

Anwendung

- zur Entwässerung und Entgiftung der Gewebe vor Reizstromstimulationen
- zur Intensivierung von Konzentraten, Cremes, Gelen, Ölen im Rahmen von Celluliteprogrammen
- zur Unterstützung von Diätprogrammen zur Umfangreduzierung

Kontraindikationen

- Kreislaufschwäche
- Befindlichkeitsstörungen
- Platzangst bei jeder Art von Einengung
- Magenverstimmungen

Schlamm = mud
heiße Steine = hot stones
wickeln, aufwickeln, einhüllen = to wrap

A Der Rücken Ihres Kunden ist fettig, schweißfeucht und voller Komedonen. Begründen Sie, für welche Auflage Sie sich entscheiden.

11.2.6 Salz- und Thermalwasseranwendungen

Bei der Vielfalt von Wasseranwendungen wurde bisher von Leitungswasser oder destilliertem Wasser ausgegangen.
Mit Salz- oder Thermalwasser erweitern sich die Möglichkeiten.

hypotonisch = Salzgehalt ist geringer als der oberer Hautschichten
hypertonisch = Salzgehalt ist höher als der oberer Hautschichten
isotonisch = Salzgehalt entspricht dem der oberen Hautschichten
Thalasso (griech.) = Meer

Meerwasser

Natürliches Salzwasser ist Meerwasser. Beim Baden im Meer schmeckt man das Salz. Verursacher sind die enthaltenen Salze, vorwiegend Natriumchlorid (NaCl), aber auch Kalium- und Magnesiumchlorid, Calcium- und Magnesiumsulfat. Hinzu kommen gelöste Mineralien und Spurenelemente, z.B. Kalium, Magnesium, Calcium, Phosphor, Brom, Fluor, Jod. Künstliches Salzwasser lässt sich durch Zugabe von Meersalz zu Leitungswasser herstellen. Das in Drogeriemärkten gehandelte Meersalz wird durch Verdunstung von Tiefenwasserkonzentraten des Meeres gewonnen.
Bei Anwendungen mit geringer Salzkonzentration (hypotonische Lösung) nimmt die Haut Wasser auf, wird vorteilhaft durchfeuchtet.
Bei starker Salzkonzentration (hypertonische Lösung) wird die Haut entwässert, schuppt ab, verringert ihre Schutzfunktion und erhöht die Durchlässigkeit für UV-Strahlen. Deshalb muss nach dem Bad im Meer der Lichtschutz erneuert werden.

Z Während das Meerwasser der Ozeane etwa 3,5 % Salz = (35 g/l) enthält, hat das **Tote Meer** einen außergewöhnlich hohen Salzgehalt von 28 % = (280 g/l) aufzuweisen. Auch wegen des hohen Anteils an Kalium- und Magnesiumsalzen sowie Brom sind Klimakuren am Toten Meer bei Psoriasis und Neurodermitis so erfolgreich.

Z Hypertonische Salzlösungen werden z. B. als **Solebäder** bei der Balneo-Fototherapie im Zusammenhang mit UV-Bestrahlungen bei Psoriasis und Ekzemen genutzt.

Thermalwasser

Natürliches Thermalwasser erwärmt sich im Erdinneren je 30 m Tiefe um etwa 1 °C. Die enthaltenen Mineralien, z.B. Calcium, Schwefel, Lithium, Magnesium, Eisen, Silicium und Spurenelemente wie Kobalt, Kupfer, Zink u. a., stammen aus den Gesteinsschichten des Erdinneren. Thermalwasser zählt zu den hypotonischen oder isotonischen Lösungen. Der Salzgehalt ist geringer als bei Oberflächenmeerwasser. Es durchfeuchtet die Haut und versorgt sie mit Mineralien und Spurenelementen.
Künstliches Thermalwasser wird für die Badelandschaften von Thermen durch Erwärmen und Zugabe von Mineralien, Spurenelementen und Salzen erzeugt.

Anwendung

Salz- und Thermalwasser werden für kosmetische Teil- und Vollbäder sowie Kompressen und Wickel verwendet.

Thalassobehandlungen
Nicht nur das Meerwasser selbst, sondern auch Meersalz, Algen, Seetang und Meeresschlick werden kosmetisch eingesetzt:

- **Salzwasser** für Teil- und Vollbäder oder Kompressen und Wickel, z.B. bei Unreinheiten, zur Stoffwechselaktivierung, bei Cellulite
- **Meersalz**, mit Pflanzenöl oder Sahne verrührt, als Körperpeeling, z.B. in Verbindung mit der Dampfsauna oder mit Bürstung und Dusche

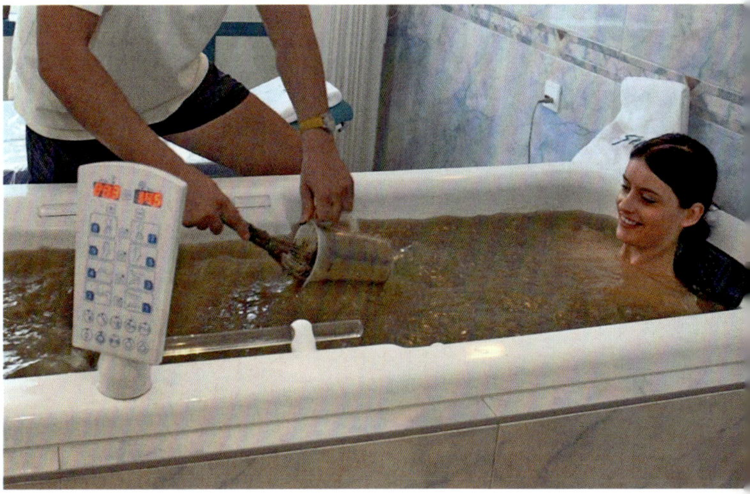
Thalassobehandlung

Schlickpackung

Floaten auf dem Wasserkissen

- **Algen und Tang** wegen ihres Gehaltes an Mineralien, Aminosäuren, Vitaminen in Körperpackungen für minderdurchblutete, pflegevernachlässigte oder unreine Hautpartien
- **Meeresschlick** als Konzentrat von Mineralien und Spurenelementen zu Schlammpackungen zwecks Aktivierung des Hautstoffwechsels, zur Heilungsförderung bei Pusteln, Papeln, im Rahmen von Cellulitebehandlungen

In manchen Wellnesseinrichtungen wird neben Thermalbecken, in denen sich der Badende ruhig bewegen soll, auch das **Floating** angeboten. Dabei schwebt der Kunde in einem flachen, mit warmem hypertonischem Salzwasser gefüllten Becken in Rückenlage wie schwerelos, auch ohne sich zu bewegen. Bei gedämpftem Licht und leiser Entspannungsmusik ist eine tiefe ganzkörperliche Entspannung zu erzielen.

Groß ist außerdem die Zahl von Fertigprodukten mit den genannten Inhaltsstoffen von Thermalwasser und aus dem Meer: Reinigungsprodukte für Gesicht und Körper, Lotionen, Konzentrate, Cremes, Packungen und Badezusätze. Vorrangig dienen diese Produkte der Versorgung der Haut mit Mineralstoffen und Spurenelementen, zur Verbesserung des Hautstoffwechsels und zur Durchfeuchtung oberer Hautschichten.

Kontraindikationen

- sonnengeschädigte Haut
- sehr trockene, überempfindliche, dünne, feuchtigkeitsarme Haut

A Suchen Sie im Internet Anbieter von Thalassoprodukten und vergleichen Sie Ihre Rechercheergebnisse mit denen Ihrer Mitschülerinnen.

schwebend, schwimmend, treibend = floating

11.3 Cellulitebehandlungen

11.3.1 Begriff Cellulite

Cellulite wird nicht zu den Krankheiten gezählt, sondern eher zu den geschlechtsspezifischen, typ- und hormonell bedingten Hautveränderungen. Die typischen Vertiefungen und Dellen an der Hautoberfläche entstehen durch den Zug auf die parallel angeordneten Bindegewebsfasern der Subcutis. Dieser Zug verstärkt sich durch Volumenzunahme und die traubenartige Zusammenlagerung der Fettzellen in der Subcutis. Die Dermis und Epidermis sind selbst an den Veränderungen nicht aktiv beteiligt, sondern machen sie nur sichtbar. Die Haut ähnelt dann der einer Orange, weshalb auch die Bezeichnung „Orangenhaut", aber auch „Matratzenphänomen" auf drastische Weise die Problematik darstellen.

Betroffen sind Frauen, weil die Stützfasern ihres Bindegewebes in der Subcutis parallel verlaufen, um bei einer Schwangerschaft die erforderliche Ausdehnung der Bauchdecke zu ermöglichen. Dagegen ist das Bindegewebe des Mannes dichter gefasert und hat eine straffe Gitterstruktur. Und so bleibt die Cellulite ein Problem von Frauen.

Ursächlich müssen neben diesen Bindegewebseigenschaften herangezogen werden:

- hormonelle Veränderungen durch Pubertät, Schwangerschaft, Klimakterium, Hormonersatztherapie (das weibliche Geschlechtshormon Progesteron lockert den Zellverband im Bindegewebe auf, sodass sich die Zellen durch Speicherung vergrößern können)
- Muskel- und Bänderschwäche und geschwächte „Muskelpumpe", die für den venösen und lymphatischen Abfluss unerlässlich ist (s. S. 41)
- Bindegewebsschwäche auch in den Gefäßwänden mit erhöhter Durchlässigkeit
- Störungen von Mikrozirkulation und Stoffwechsel mit der Neigung zu Ödemen bei mangelhaftem Abtransport von Stoffwechselendprodukten durch das Lymphsystem
- genetische Veranlagung bei Konstitutionstyp und Fettverteilungsmuster sowie Übergewicht

Starling, Ernest Henry, 1866–1927, genialer britischer Physiologe

Z Cellulite findet sich häufiger bei Frauen mit großem Busen und breiten Hüften als bei knabenhaftem Körperbau.

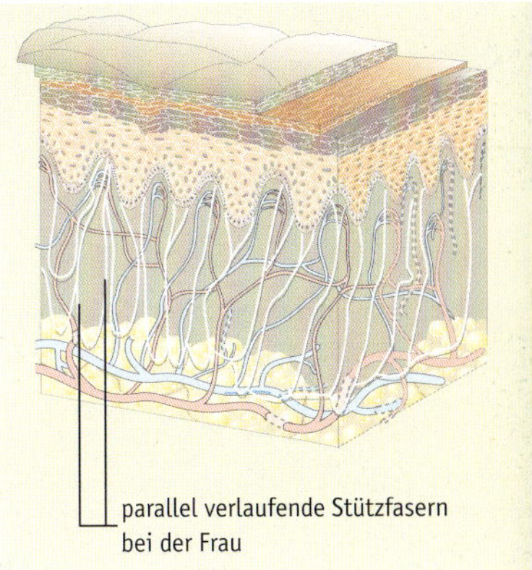

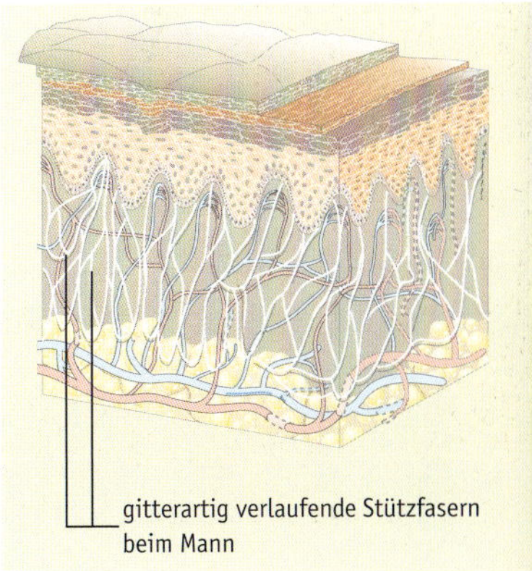

Unterschiedliche Bindegewebsstruktur bei Frau und Mann

Stets ist im Cellulitegewebe das **Starling'sche Fließgleichgewicht** an den Blutkapillaren (s. S. 43) gestört. Das Starling'sche Fließgleichgewicht bedeutet, dass in einem gesunden Bindegewebe die Kräfte von Filtration und Reabsorption (s. S. 347) ausgeglichen sind, d.h., dass genauso viel Wasser, wie aus den Blutkapillaren zum Transport der Nährstoffe ins Bindegewebe filtriert wird, durch die Kräfte der Reabsorption wieder in die Blutkapillaren zurückgelangt. Durch erhöhte Filtration dagegen befindet sich zu viel Flüssigkeit zwischen den Bindegewebszellen. Die entstandenen Ödeme sind verbunden mit einem stärkeren Druck auf die Gefäße. Venöser und lymphatischer Abtransport sind gestört.

Verschlimmernd können sich weiterhin auswirken:

- berufliche Tätigkeiten, überwiegend einseitig stehend oder sitzend
- allgemeiner Bewegungsmangel, fehlender Freizeitsport
- Fehlernährung durch Überangebot kalorienreicher Nahrung, gestörtes Säure-Basen-Gleichgewicht im Körper durch zu viel säurebildende Nahrung, wie Fleisch, Wurst und Süßigkeiten; Flüssigkeitsmangel

Lipolyse = Spaltung des Neutralfettes aus dem Fettgewebe

- Eiweißmangel, verursacht z. B. durch einseitige Schlankheitsdiäten
- Jo-Jo-Effekt nach zu schneller Abnahme bei Crashdiäten
- Nieren- oder Herzschwäche
- Genetisch bedingt schwaches Bindegewebe verbunden mit Übergewicht (BMI größer als 26, s. S. 290)

Obst, Gemüse, Mineralwasser – geeignete Lebensmittel bei Cellulite

Die Cellulite wird in drei Stadien eingeteilt:
Stadium I: Erst durch den „Kneiftest" zwischen Daumen und Mittelfinger zeigen sich Dellen.
Stadium II: Im Gegenlicht zeigen sich auch ohne Druckeinwirkung leichte Vertiefungen.
Stadium III: Ständig vorhandene deutlich sichtbare Vertiefungen im Sitzen oder Stehen ohne Druckeinwirkung.

Behandlungskonzepte gegen Cellulite sind nur erfolgreich, wenn sie sich an den Ursachen orientieren, Ernährungsgewohnheiten und Freizeitverhalten positiv beeinflussen und erst dann die Hautpartien gezielt zu verbessern suchen.
Vom Betroffenen wird kontinuierliche aktive Mitarbeit auf verschiedenen Ebenen gefordert. Dazu gehört die Ernährungsumstellung sowie regelmäßiges Ausdauer- und Krafttraining, um die Lipolyse zu fördern.

A Erklären Sie einer von Cellulite betroffenen Kundin die ursächlichen Zusammenhänge dieser Problematik.

11.3.2 Manuelle, thermische und Kompressionsbehandlungen

Bei den ersten Anzeichen von Wellen und Dellen der Cellulite empfiehlt es sich, mit Anticelluliteprodukten in manueller Anwendung zu beginnen. Von Vorteil sind zwei Institutsbehandlungen pro Woche, günstiger als Zehnerkarte gekauft, und entsprechend der Anleitung durch die Kosmetikerin fortführende Anwendungen zu Hause.

Celluliteprodukte

Die enthaltenen Wirkstoffe sollen den Hautstoffwechsel verbessern, entweder über besseren Antransport von Sauerstoff und Nährstoffen oder über den Abtransport von gestauter Flüssigkeit und Stoffwechselendprodukten. Die Haut rötet sich sofort oder reflektorisch. So soll die Haut gestrafft werden und glatter wirken.
Als Wirkstoffe eingesetzt werden häufig z. B. Coffein, Carnitin, Efeu, Mäusedornextrakt, Menthol, Algenextrakte, Mineralien im Thermalwasser, Meeresschlamm, Meersalz, adstringierende Kräuterextrakte, Mate, Tigergras, Ginkgo, Ginseng, Ruskus, Granatapfelextrakt oder ätherische Öle wie Sandelholz, Rosmarin, Lemongras, Patschuli u. a.

Celluliteprodukte

Um die Hautbarriere zu überwinden, werden Konzentrate zumeist von Liposomen umhüllt. Dennoch kann nicht davon ausgegangen werden, dass extern applizierte Wirkstoffe die Fettzellen der Subcutis erreichen. Ihr Einfluss ist vielmehr ein indirekter im Zusammenhang mit dem mechanischen, manuellen und apparativen Einfluss auf die Durchblutung.

Z Auch zu Hause fördert das wöchentliche Peeling die Aufnahme von Wirkstoffen aus den Celluliteprodukten.

Vorarbeiten

Um das Penetrieren von Wirkstoffen zu fördern, wird zumindest vor der Erstbehandlung ein Peeling angewendet. Befinden sich Besenreiser und Krampfadern im Cellulitebereich, so wird das lauwarm-feucht gehaltene Enzym- oder Fruchtsäurepeeling bevorzugt, ansonsten kommen abrasive Peelings, z. B. mit Meersalz, zum Einsatz. Gründliches Abduschen löst nach Einwirkungszeit alle Reste.

Massagezubehör

Massagen

Beim Einmassieren der Spezialpräparate wird mit Effleuragen (s. S. 54) und Friktionen (s. S. 55) an den Beinen aufwärts begonnen und mit Petrissagen (s. S. 55) auf den Problemstellen länger massiert. Außen an Po, Oberschenkeln und Hüften kann etwas kräftiger geknetet werden als innen an Oberschenkeln und Bauch. Zur Massage der Rückseite legt sich der Kunde auf den Bauch.
Als Massagezubehör können zusätzlich Sisalhandschuhe, Luffagurken, Massageigel, Massageroller oder Körperbürsten verwendet werden. Darin liegt auch die Chance für Betroffene, zu Hause erfolgreich weiterzubehandeln.
Entwässernde Gele und O/W-Emulsionen werden vorteilhaft mit den Pumpgriffen der manuellen Lymphdrainage (s. S. 351) eingearbeitet. Aber auch ohne Produktanwendung sind ML-Griffe stets entwässernd und entschlackend, weil sie das Starling'sche Fließgleichgewicht wiederherstellen.

Z Mit dem genannten Massagezubehör können sowohl Peelings als auch Celluliteprodukte intensiver an die Haut gebracht und ausgenutzt werden.

Auflagen

Algen- oder Schlammpackungen werden dick auf Problemzonen aufgetragen. Die einmassierten Produkte können darunter verbleiben. Darüber werden je nach Wirkstoffeinsatz Kompressen für eine klassische Dunstpackung oder heiße oder kühle (bei Besenreisern) Körperwickel angebracht und Ruhezeiten von 20-50 Minuten verordnet.

Z Beispiel einer manuellen Cellulitebehandlung:

- Alles Zubehör bereitlegen, Liege vorwärmen, mit Folie schützen,
- Problemstellen der Kundin peelen, abduschen, trocknen,
- Einmalslip anlegen,
- Mineralwasser oder Kräutertee reichen,
- Kundin bequem lagern,
- Cellulitekonzentrat einmassieren,
- Packung auftragen, Salzwasserkompresse darüberlegen,
- straff wickeln, ohne einzuschnüren,
- mit Wärmedecke umhüllen,
- bei leiser Musik 30–50 Minuten ruhen lassen,
- Befinden ständig kontrollieren.

Kompression

Wird der Körper zwischen Füßen und Taille über den Spezialprodukten mit Mullbandagen oder Folien straff gewickelt, so wird das Gewebe von rückgestauter Flüssigkeit und Stoffwechselendprodukten befreit. Mit der Okklusivwirkung ist stärkeres Schwitzen verbunden, umso mehr, wenn der Körper zusätzlich mit Wärmedecken umhüllt ist. Zudem werden die verwendeten Wirkstoffe optimal ausgenutzt.

Komplette Thalassoprogramme mit Peeling, Bad, Packung, Kompressen oder Wickeln darüber machen Behandlungen erfolgreich.
Für Aromawickel kommen z.B. Zimt, Ingwer, Arnika, Rosmarin, Eukalyptus und Pfefferminze zum Einsatz.

A Entwerfen Sie einen manuellen Behandlungsplan für eine Kundin mit Cellulite für die Institutsanwendung und ergänzende Heimpflege.

Leasing (engl. to lease) = pachten, verpachten, mieten, vermieten

11.3.3 Apparative Behandlungen

Mit einer Vielzahl elektrischer Geräte lassen sich Cellulitebehandlungen erweitern. Manche Geräte entlasten die Kosmetikerin, die während deren selbstständiger Laufzeit andere Arbeiten übernehmen kann. Bei anderen Geräten muss die Kosmetikerin selbst aktiv die Intensität steuern und regulieren. Alle Geräteanwendungen nehmen Einfluss auf natürliche Vorgänge im Körper, um sie anzuregen oder zu dämpfen, zu erhalten und zu verbessern.
Bevor sich die Kosmetikerin zum Erwerb oder zum Leasing eines Gerätes entschließt, sollte sie auf Messen genügend Vergleiche anstellen und recherchieren, ob mit ihrem Kundenkreis die Geräte auszulasten sind.
Vorrang haben sollten die im Modularsystem kombinierten Geräte wegen ihrer Erweiterungsfähigkeit bei nur einem Steuergerät.
Vergleiche lohnen sich auch dazu, wie der Gerätehersteller sich an den Werbeaktionen der Kosmetikerin beteiligen wird. Manche Firmen verleihen Geräte zum Testen gegen eine Leihgebühr, die beim Kauf angerechnet wird.

Dampfgerät

Das auf Problemstellen aufgetragene Peeling wird durch Bedampfung feucht gehalten und in der hornlösenden Wirkung verstärkt. Auch anregende Konzentrate, Packungen oder Cremes lassen sich bedampfen (s. S. 325 f.).

Bürstenschleifgerät

Bürstenschleifgerät

Mit großen Teller- und Rollenbürsten lassen sich Peeling- oder Schleifpasten intensiver an den Problemstellen und -zonen verarbeiten als mit den Händen. Cremes oder Reste von Cremepackungen lassen sich ebenfalls zusätzlich mit dem Gerät einmassieren. Neben der Glättung der Hautoberfläche werden im Gewebe eine Durchblutungs- und Stoffwechselanregung erreicht.

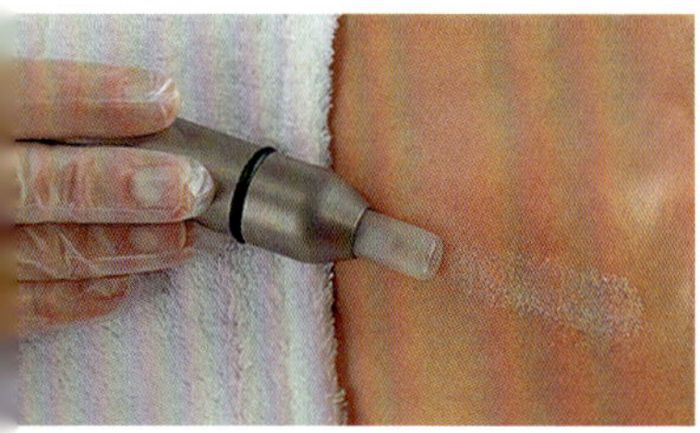

Mikrodermabrasion

Mikrodermabrasionsgerät

Über eine Glasdüse zwischen 1,2 mm und 1,8 mm werden mit einem Handstück Mikrokristalle unterschiedlicher Körnung auf die Haut gebracht. Diese schleifen die Hautoberfläche mechanisch ab, erhöhen die Aufnahmebereitschaft für nachfolgende Wirkstoffe und fördern die Durchblutung. Das Gerät wird vor allem bei Hyperkeratosen, Mangeldurchblutung, Falten, Narben, Dehnungsstreifen und bei Cellulite eingesetzt. Auf größeren Hautflächen ist die Anwendung sehr aufwendig und langwierig.

H

Nach jeder Körperbehandlung werden die verwendeten Folien, die Wäsche und die Abfälle entsorgt, Arbeitsflächen, verwendete Geräte und deren Zubehör im Sprüh- oder Wischverfahren desinfiziert und gereinigt. Am Ende des Arbeitstages wird der Kabinenfußboden im Wischverfahren desinfiziert.

Vakuumsaug- und -druckmassage

Diese Geräte erzeugen einen Unterdruck, der mit großen Saugglocken auf die Problemstellen übertragen wird. Es gibt zudem eine Methode, die rhythmisch zwischen Unter- und Überdruck abwechselt und die Durchblutung und den Lymphfluss anregt. Ohne dass Produkte verwendet werden, steigert sich die Durchblutung und der Hautstoffwechsel.

Gleitwellenmassage

Über entwässernden Produkten trägt die Kundin einen Folienanzug. Darüber werden Massagemanschetten angelegt, deren Druckluftkammern automatisch gesteuert zwischen Luftfüllung und Luftentleerung wechseln. Die erzeugten Gleitwellen ähneln denen der manuellen Lymphdrainage und werden auch als mechanische Lymphdrainage bezeichnet.

Reiterhosen = Bezeichnung für ausladende Fettpolster an den Oberschenkelaußenseiten

Phonophorese = Einbringen von Wirkstoffen in die Haut mittels Ultraschall

geglätteter Gleichstrom = galvanischer Strom

Rollenmassage

Elektrisch betriebene Massageroller vermitteln ein passives Training des Gewebes durch Dehnung der elastischen Fasern, fördern die Durchblutung und mobilisieren den Fettstoffwechsel.

Vibrationsgerät

Von den auf Problemstellen aufgesetzten Noppenplatten werden Vibrationswellen tief ins Gewebe übertragen. Sie lösen Verhärtungen und bringen Stoffwechselendprodukte auf den Weg zur Ausscheidung.

Ultraschallgerät

Schallwellen wirken mechanisch, thermisch und chemisch. Sie regen den Zellstoffwechsel in der Subcutis an. Das Gerät wird außer bei Cellulitebehandlungen auch zur Umfangsreduzierung eingesetzt, z. B. bei speziellen Problemzonen wie „Reiterhosen".

An der Hautoberfläche wirkt das Kontaktgel feuchtigkeitsspendend und als Leitmedium für den Ultraschall, der am Körper mit ca. 880 000 Hertz (880 kHz) oder 1 Megahertz angewendet wird.

Die Wirkstoffe der zuvor aufgetragenen Celluliteprodukte können durch die Ultraschallwellen bei der Phonophorese besser in die Haut eindringen und eine Depotwirkung erreichen. Zugleich verbessern sich Durchblutung und Sauerstoffaufnahme der Zellen.

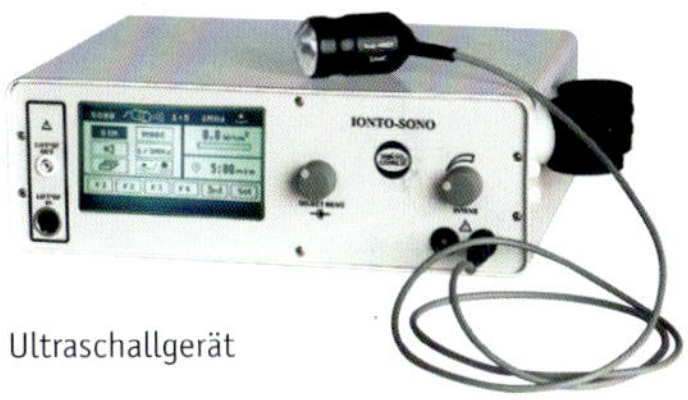

Ultraschallgerät

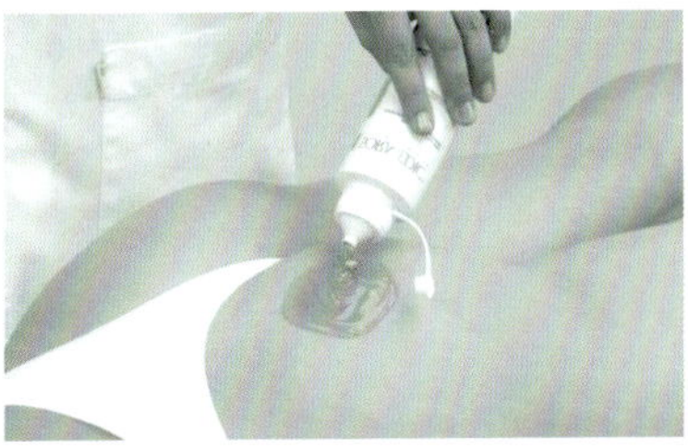

Als Koppelungsmittel für die Übertragung der Schallwellen vom Ultraschallkopf zum Gewebe wird ein spezielles Anticellulitegel aufgetragen.

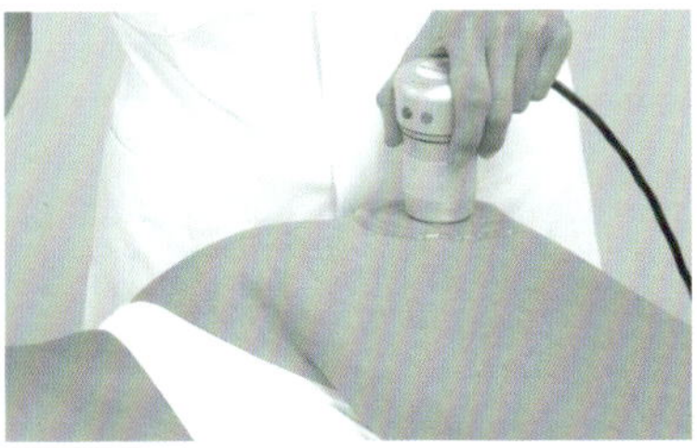

Der Ultraschallkopf wird auf das Gel aufgesetzt und auf dem Hautareal bewegt.

Kälte- und Wärmegerät

Stufenlos regelbar werden der Haut über ein Edelstahlhandstück Temperaturbereiche von unter 20 °C (Kälte) bis maximal 45 °C (Wärme) angeboten. Die Umschaltung Wärme auf Kälte funktioniert über einen Kondensator im Gerätekopf. Wärme regt direkt beim Auftragen des Wirkstoffpräparates den Stoffwechsel an und Kälte als Behandlungsabschluss hat eine straffende Wirkung und dient der Gewebsfestigung. Die Kältebehandlung hat eine indirekte stoffwechselanregende Wirkung.

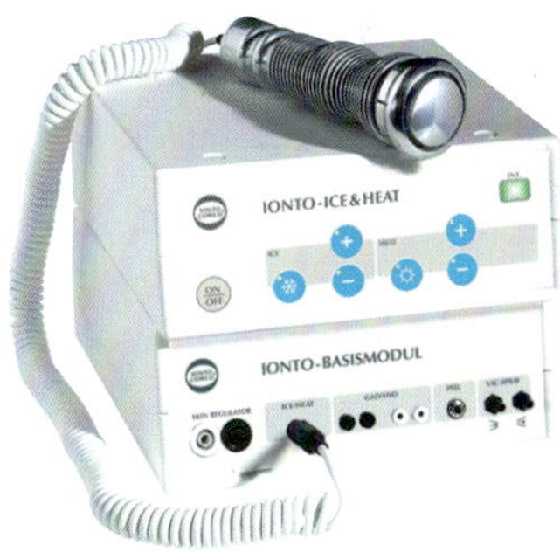

Kälte- und Wärmegerät

Iontophoresegerät

Mit dem vom Gerät erzeugten geglätteten Gleichstrom lassen sich wasserlösliche Wirkstoffionen intensiver in die Haut bringen:

- Bei der Desinkrustation (s. GSt., S. 147 f.) sind es Makromoleküle, die über die Kathode an die Hautoberfläche gebracht werden, dort die Kittsubstanz zwischen den Hornschuppen lösen und die Haut glätten.
- Bei der Iontophorese sind es Mikromoleküle, die bei Cellulite ebenfalls mit der Kathode tiefer ins Gewebe eingeschleust werden.

Impulsstrom = pulsierender unterbrochener Gleichstrom
Interferenzstrom = zwei sich überlagernde Wechselströme
Endoprothesen = innen im Körper befindlicher Ersatz von Gelenken, Gelenkteilen
Intrauterinpessar = Spirale zur Schwangerschaftsverhütung

Z Beispiel einer apparativen Cellulitebehandlung:

- Geräte und alles Zubehör bereitstellen,
- Liege vorwärmen, mit Folie schützen,
- Mineralwasser oder Kräutertee reichen,
- Kundin bequem auf die Liege betten,
- Desinkrustation der Problemstellen, Reste mit warmen Kompressen entfernen,
- Celluliteampulle auftragen, iontophoretisch einschleusen,
- Cellulitepackung auftragen,
- unter Tiefenwärme 30 Minuten wirken lassen,
- Packungsreste mit warmen Kompressen entfernen,
- Gleitwellen-, Rollen- oder Vakuumsaugmassage anwenden,
- O/W-Pflegeprodukt mit Bürstengerät einarbeiten,
- Kundin warm eingehüllt 20 Minuten nachruhen lassen.

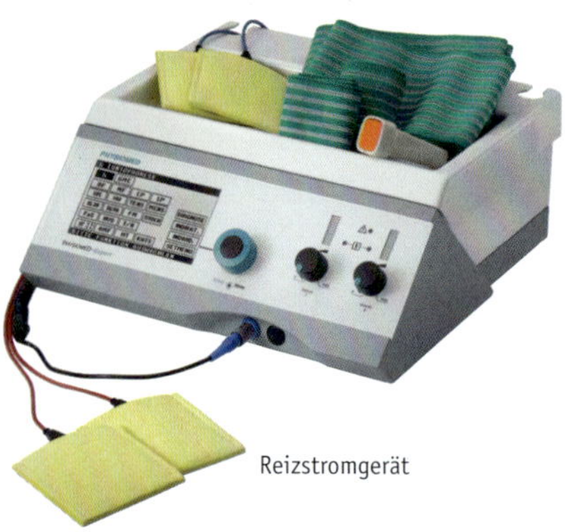

Reizstromgerät

Am Körper wird im Bereich von 0–10 mA mit großen Flächenelektroden in feuchten Viskoseschwammhüllen gearbeitet, um den Strom zu leiten.
Am Kunden muss die Gegenelektrode befestigt sein, damit der Gleichstrom fließen kann und die Wirkstoffmoleküle eingeschleust werden können.

Tiefenwärmegerät

Zum Einsatz kommen Infrarotstrahler oder Geräte mit Gummi- oder Silikonmanschetten, in denen sich Heizdrähte bis zu 40 °C erhitzen. Bei Cellulite und zur Umfangsreduzierung wird die Durchwärmung genutzt, um Wirkstoffe einzuschleusen und den Kreislauf zu aktivieren.

Reizstromgerät

Mit elektrischen Impulsen werden nervliche Impulse nachgeahmt, um Muskelkontraktionen zu erzeugen. Manche Geräte arbeiten mit Impulsstrom, andere mit Interferenzstrom. Mit großen Flächenelektroden wird der Elektroreiz auf die Gewebe übertragen. Höhere Frequenzen (z. B 100 Hz) wirken oberflächlich und lockernd, niedrigere Frequenzen (z. B. 10 Hz) wirken in der Tiefe eher muskelkontrahierend. Der angeregte Lymphfluss transportiert Stoffwechselendprodukte schneller ab. Das Ziel sind Muskeltraining, Muskelaufbau, Lösen von Verspannungen, Steigerung des Fettstoffwechsels und Körperformung.

Bei allen Geräteanwendungen können die nicht behandelten Körperpartien unter elektrisch beheizten Thermodecken warm gehalten werden. Deren Besonderheit sind drei unterschiedlich regulierbare Wärmezonen – für Oberkörper, mittleren Körperbereich und Beine –, Nackenrolle, Klettverschlüsse und abwaschbare Kunststoffoberfläche. Aber auch bei den anregenden Cellulitebehandlungen, die zusätzliches starkes Schwitzen nutzen, kommt die Thermodecke zum Einsatz.

Kontraindikationen apparativer Cellulitebehandlungen

- kranke Menschen, z. B. Herz- und Kreislaufkranke, nach Thrombosen, Venenentzündung, Herzinfarkt, mit Herzschrittmacher, Bypässen, Stents, starken Blutdruckschwankungen, bei Nierenschwäche, Varizen oder unbekannten Hautstörungen
- Schwangere
- Gleichstromanwendungen nicht bei Metall im Körper, z. B. genagelten Brüchen, Platten in Gelenken, Endoprothesen, Intrauterinpessaren, Stents

A Welche Geräte sind in Ihrem Ausbildungsbetrieb vorhanden? Stellen Sie anhand der Karteikartennotizen deren Auslastung zusammen und teilen Sie Ihre Ergebnisse Ihrer Ausbilderin mit. Beraten Sie gemeinsam die notwendigen Werbemaßnahmen.

11.3.4 Lipolyse und Liposuction

Der Vollständigkeit halber sollen zwei Verfahren erwähnt werden, die ausschließlich vom Arzt ausgeführt werden dürfen. Sollte die Cellulite und damit verbundene Fettpolster einen besonders starken Leidensdruck ausüben und alle kosmetischen Möglichkeiten ausgeschöpft sein, kann die Kosmetikerin darüber informieren.

Bei Geräten zur **Elektrolipolyse** werden extrem dünne lange Nadeln bis in die aufgeblähten Fettzellen von Cellulitebereichen geschoben. Unter Strom findet die Lipolyse statt, bei der Fette in freie Fettsäuren und Glycerin aufgespalten und über das Lymphsystem abtransportiert werden. Das Stromempfinden darf ein leichtes Kribbeln nicht überschreiten.
Bei manchen Geräten werden die Nadeln durch anatomisch geformte Elektroden ersetzt.

Lipo = Wortteil Fett
Lipolyse = hydrolytische Spaltung des Neutralfettes aus dem Fettgewebe, Fettausschüttung aus den Fettzellen
hydrolytisch = Spaltung unter Wasseraufnahme
Embolie = Verschluss eines lebenswichtigen Gefäßes in Herz oder Lunge durch Blutpfropfen (Thromben)
Fettembolie = Gefäßverschluss durch eingeschwemmte Fetttropfen

Bei der **Liposuction** werden die Fettzellen unter örtlicher Betäubung direkt mit langen Hohlnadeln abgesaugt. Das ist ein verantwortungsvoller ärztlicher Eingriff, bei dem die Gefahr der Fettembolie besteht.

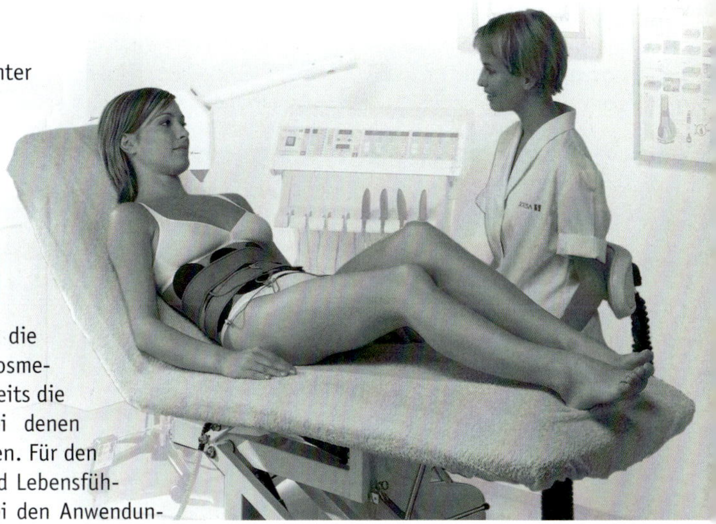

Gerät zur Elektrolipolyse

11.3.5 Kundenberatung

Bei Körperformung und Cellulitebehandlung ist die aktive Zusammenarbeit zwischen Kundin und Kosmetikerin ganz besonders gefragt. Zwar gibt es bereits die unterschiedlichsten Behandlungskonzepte, bei denen sich manuelle und apparative Techniken ergänzen. Für den Erfolg entscheidend jedoch sind Einstellung und Lebensführung der Kundin. Dazu gehören Konsequenz bei den Anwendungen, deren Fortführung und Ergänzung zu Hause, die richtige Ernährung und die geeignete sportliche Betätigung.
Deshalb geht den Behandlungen stets ein ausführliches Beratungsgespräch voraus. Es sollte die Behandlungen einfühlsam begleiten, keine schnellen Ergebnisse versprechen, aber die ersten sichtbaren Erfolge als Motivationsschub nutzen.
Es gilt, die Einsicht zu gewinnen, dass alles, was bei Cellulite hilft, auch die Gesunderhaltung allgemein begünstigt.

Konsequenz bei der Behandlung

Wer sich entschlossen hat, seiner Cellulite gegenzusteuern, muss bereit sein, dafür Geduld, Zeit, körperliche Anstrengung und Geld zu investieren. Erfolge entstehen nur in einem langen, komplexen Prozess. Nicht die regelmäßigen Anwendungen bei der Kosmetikerin allein schaffen Abhilfe, sondern erst in Verbindung mit diszipliniertem Verhalten der Betroffenen bei Körperpflege, Ernährung und Sport.

Ernährung

Zu einer gesund erhaltenden Vollwertkost (s. S. 253 ff.) gehören das ausgewogene Verhältnis zwischen Kohlenhydraten, Eiweißen und Fetten sowie genügend Vitamine, Mineralstoffe und Spurenelemente. Auch das Säure-Basen-Gleichgewicht im Körper spielt eine wichtige Rolle. Im Hinblick auf die Gefährdung für Cellulite sollte säure-

lastige Kost wie z.B. Fleisch- und Wurstwaren, Zitrusfrüchte, Früchtetee und Kaffee reduziert werden, weil diese sowohl die Menge der anfallenden Stoffwechselendprodukte erhöht als auch deren Einlagerung ins Bindegewebe von Gelenken und Muskeln sowie ins Fettgewebe begünstigt. Um das Normal- oder Idealgewicht zu halten bzw. zu erreichen, sollte jede unkontrollierte Nahrungszufuhr in Qualität und Menge vermieden werden. Mit Süßem ist zu sparen, weil Kohlenhydrate in Fett umgewandelt und als Polster abgelagert werden können. Zu fettreiches Essen, insbesondere tierische Fette, gehen in den Fettspeicher. Zu viel Salz im Essen hält Wasser im Körper zurück und behindert das Ausschwemmen von Stoffwechselendprodukten. Genussmittel sollten seltene Genüsse bleiben. Nachteilig wirken sich auch alle Schlankheitsdiäten aus, bei denen schnelles Abnehmen zunächst zu schlaffen Geweben und schnelles Zunehmen danach zu Überdehnungen führt (Jo-Jo-Effekt, s. S. 263).
Im Hinblick auf ein gesundes Bindegewebe sind z. B. Silicium, Kalium, Magnesium, Eisen, Zink und Vitamin C aus Gemüse und Obst besonders wichtig. Der Körper braucht 1,5–2 Liter Flüssigkeit täglich, bevorzugt als stilles Mineralwasser, Leitungswasser und Kräutertee, um seine Stoffwechselaufgaben leichter erfüllen zu können.

Z

Zu Hause gegen Cellulite:

- beim Duschen die Problemstellen kräftig mit der Körperbürste oder dem Sisalhandschuh massieren
- wöchentliches Peeling
- Celluliteprodukte nach Anleitung regelmäßig einmassieren
- gesund erhaltend ernähren und genügend trinken
- mindestens zweimal in der Woche für 30 Minuten sportlich bewegen

Ausdauersport

Sport

Bei sportlicher Aktivität werden Energien verbraucht und Gewichtszunahme verhindert. Besonders regelmäßig betriebene Ausdauersportarten gelten als ideale Fatburner und dienen gleichzeitig dem Aufbau von Muskelgewebe. Zu empfehlen sind z. B. Joggen, Walken, Nordic Walking, Radeln, Schwimmen, Inlineskaten, Skilanglauf und auch das Tanzen. Ergänzendes regelmäßiges Krafttraining (s. S. 275), unter fachlich kompetenter Anleitung im Fitnesscenter, verbessert den Muskelaufbau und erhöht somit den Grundumsatz. Das Gewebe wird straffer. Ein Hometrainer, z.B. ein Crosstrainer, der die gesamte Körpermuskulatur beansprucht, kann zusätzlich genutzt werden.
Jeder kann eine Sportart finden, die ihm auch Spaß macht, und er sollte sich dabei gern bewegen. Zur langfristigen Bekämpfung von Cellulite sollte mindestens 2 bis 3 Mal pro Woche Ausdauer- und Kraft-Ausdauer-Training betrieben werden. Gleichzeitig wirkt sich regelmäßiges Training präventiv auf das Herz-Kreislauf-System aus und sorgt für eine gute periphere Durchblutung und somit für einen positiven Hautzustand.

Fettverbrenner = Fatburner

A

Wie würden Sie eine Kundin mit beginnender Cellulite und leichtem Übergewicht bezüglich Behandlung, Ernährung und Bewegung beraten?

11.4 Depilations- und Epilationsmethoden

Hirsutismus (lat. hirsutus = stachelig) = verstärkte Gesichts- und Körperbehaarung bei Frauen

Haare sind Anhangsgebilde der Haut und bestehen aus Keratin. Sie haben ihre Wurzeln in der Dermis, wo sie über Blutgefäße und Nerven versorgt werden. Gebildet in der Haarpapille, wächst das Haar im Haarfollikel, nach außen sichtbar als Haarschaft. Gefettet werden Haare über die Talgdrüsen und, als schützendes Polster gegen Kälte, aufgerichtet durch die Haarbalgmuskeln.
Schönes, dichtes Kopfhaar ist bei allen Menschen beliebt. Mit seiner Körperbehaarung jedoch gibt sich nicht jeder zufrieden.
Wachsen bei Frauen an Armen und/oder Beinen oder im Gesicht ähnlich viele kräftige Haare wie bei Männern, so wird das als Überbehaarung (Hirsutismus) bezeichnet. Ursächlich können hormonelle Veränderungen sein, z.B. in Verbindung mit dem Klimakterium, oder es kann eine erbliche Disposition vorliegen.
Nicht jeder Mann findet sich mit seinem kräftigen Bartwuchs ab, der sich sowohl an den Wangen hoch ausbreitet als auch am Hals weit nach unten reicht. Auch starke Behaarung an Brust und Rücken ist manchem Mann ein lästiges Übel, das kosmetisch behandelt werden soll. Für Enthaarungen gibt es deshalb einen wachsenden Kreis männlicher Kunden.
Für lästigen Haarwuchs, z.B. als überlange, dichte, dunkle, kräftige Haare an Armen und Beinen, in den Achseln, in der Bikinizone, um Mund und Kinn oder an den Ohren, hat die Kosmetik die verschiedenen Enthaarungsmethoden entwickelt.

11.4.1 Arbeitsplatz und Vorbereitung

Beratungsgespräch

Jeder Enthaarung geht ein Beratungsgespräch voraus. Darin sollte anklingen:

- Wie ist die Ausgangssituation des Kunden? Sind sein Leidensdruck und seine Erwartungen nachvollziehbar oder überhöht?
- Bestehen Einschränkungen durch Hautbeschaffenheit und Allgemeinbefinden?
- Welche Methode der Enthaarung empfiehlt die Kosmetikerin?
- Welche Möglichkeiten und Grenzen bietet die gewählte Methode?
- Aufstellung eines Behandlungsplans.

Die Ergebnisse des Beratungsgesprächs werden auf der Kundenkarteikarte vermerkt und stetig ergänzt.

> **H** Zum hygienisch einwandfreien Enthaaren gehören: saubere Kabine und Liege, persönliche Hygiene der Kosmetikerin, desinfizierte Geräte bzw. sterile Einmalinstrumente, einwandfreie Präparate, Hautdesinfektion am Kunden.

Arbeitsplatz

Zur Vorbereitung jeder Enthaarung gehört das Bereitstellen von Materialien, Instrumenten und Geräten:

- Reinigungsmittel, Zellstofftücher, Öltücher, Feuchttücher, Watte, Vlies- oder Foliestreifen, unparfümierter Körperpuder, eventuell Enthaarungscreme, Creme zur Nachpflege
- Einmalhandschuhe, Schnelldesinfektion
- Pinzette, Spatel, Blutlanzette, Einwegkanüle, Haarschere
- Wachserhitzer, Wachs für Depilationen
- Gerät für Epilationen

> **Z** Für Haarenden, die unter Schuppen liegen oder in der Hautoberfläche eingewachsen sind, werden zur Einzelentfernung Einwegkanüle, Blutlanzette und Pinzette benötigt.

Da Enthaarungen nicht ganz schmerzfrei sind, ist die bequeme Lagerung des Kunden besonders wichtig. Dazu gehört, dass er sich warm und geborgen fühlt.

Depilation = zeitweise Haarentfernung
de = weg
pili = Haare
Follikulitis = Entzündung des Haarfollikels

Enthaarungen im Gesicht, wie z.B. das Formen der Augenbrauen oder Entfernen des „Damenbartes“ um Mund und Kinn, werden meistens in eine Gesichtsbehandlung integriert, z.B. zu Behandlungsbeginn, nach der Reinigung, nach dem Peeling, aber auch isoliert angeboten. Für eine erfolgreiche Enthaarung muss die Haut fettfrei und trocken sein.

Für Körperenthaarungen empfiehlt es sich, die Liege in Massageposition zu bringen, damit z.B. auch die Bauchlage bei Enthaarungen an der Beinrückseite möglich ist. Die richtige Höheneinstellung der Liege sorgt für ergonomisch richtige Arbeitsbedingungen und schont den Rücken der Kosmetikerin.

Z

Brauenzupfen: z.B. nach Vorreinigen, Peelen, Ausreinigen, Färben, vor der Massage
Damenbart: nach Hautbeurteilung als erste praktische Arbeit mit Warmwachs oder
parallel zum Brauenzupfen mit der Pinzette

A

Worüber würden Sie Ihre interessierte Kundin vor der ersten Haarentfernung informieren?

11.4.2 Methoden der Depilation

Depilation bedeutet zeitlich befristete Haarentfernung. Das Haar wird zwar in unterschiedlicher Länge entfernt, es wächst jedoch wieder nach, weil die Matrixzellen des Haares in der Haarpapille unbeschädigt erhalten bleiben. Wie schnell ein Haar nachwächst (s. GSt., S. 67), ist sowohl vom individuellen Haarzyklus als auch vom Alter und der Jahreszeit abhängig.

Zum mechanischen Depilieren werden neben dem Zupfen, Schneiden, Rasieren und der Wachsenthaarung auch elektrisch betriebene Geräte für den Hausgebrauch angeboten. Jede Methode hat Vor- und Nachteile, stets müssen Kontraindikationen beachtet werden.

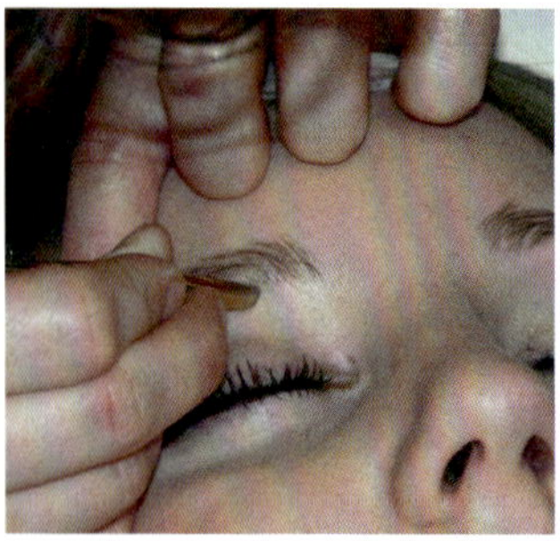

Hautspannen beim Zupfen

Zupfen

Mit Qualitätspinzetten, optimal schließend, vorn gerade oder abgeschrägt, lassen sich einzelne Haare um Mund, Kinn und Hals ebenso entfernen wie die Augenbrauen formen oder korrigieren. Automatikpinzetten ermöglichen einen schnelleren Ruck als den der Hand. Stets muss die Haut gegen die Haarwuchsrichtung gespannt, das Haar flach gefasst und in ganzer Länge mit einem kurzen Ruck in seiner Wuchsrichtung entfernt werden. Gelegentlich entstehen punktförmige Blutungen. Deshalb sollte sich in der Haltehand immer ein mit Schnelldesinfektion getränktes Wattepad für Vor- und Nachdesinfektion befinden. Müssen sehr viele Haare gezupft werden, so kann zur Kühlung und Beruhigung zwischendurch eine Kühlkompresse aufgelegt werden. Die vom Handel angebotenen Depiliergeräte für den Hausgebrauch imitieren das Zupfen. Sie üben bei gleichzeitiger Verdrehung und Verwirbelung eine Zugwirkung auf das Haar aus, ziehen viele Haare zugleich ganz heraus, reißen jedoch andere nur ab. Die Werbeaussage „schmerzfrei“ ist kritisch zu sehen.

Angeschrägte Pinzette

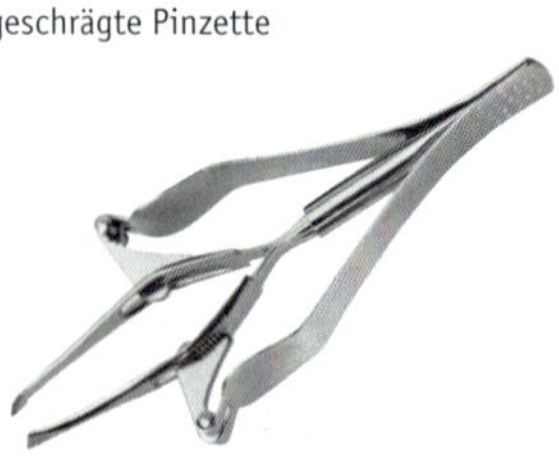

Automatische Pinzette

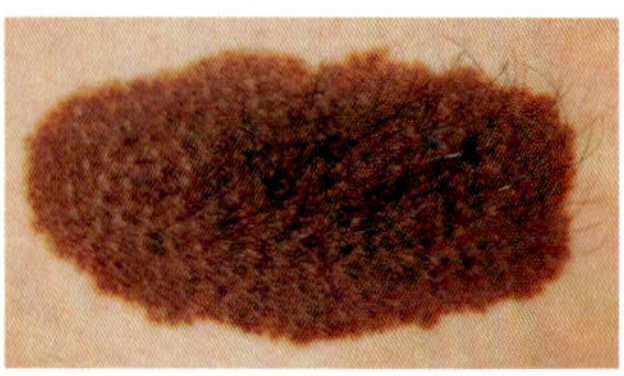

Pigmentnaevus, Zupfen verboten

Vorteile	Nachteile	Kontraindikationen
bei exakter Ausführung wird das Haar in gesamter Länge entfernt, Ergebnis relativ haltbar, ein neues Haar wird erst sichtbar, wenn der in der Haut liegende Teil nach 2–4 Wochen nachgewachsen ist	nicht schmerzfrei, zeitaufwendig, Miniblutungen, Rötungen und Hautreizungen möglich	Haare auf Muttermalen (Pigmentnaevi), weil mechanische Reizungen zu beschleunigtem Zellwachstum, Zellentartung, Hautkrebs führen können, akut sonnengeschädigte Haut, Herpes labialis, Follikulitis

Schneiden

Mit scharfen Haarschneidescheren oder vorn gerundeten medizinischen Scheren lassen sich einzelne Haare entfernen, z.B. bei erhöhter Schmerzempfindlichkeit gegen das Zupfen, auf Muttermalen, in Nasenlöchern und Ohren. Außerdem können zu lang gewachsene Haare für weitere Depilations- oder Epilationsverfahren auf geeignete Länge gekürzt werden.
Die Haut wird mit der Haltehand gegen die Wuchsrichtung gespannt, das Haar mit einem Schneidbacken der Schere angehoben und abgeschnitten.
Weil das dünne Ende des Haares entfernt wird und ein kurzes Haar mehr Standvermögen hat, wirkt das Haar danach härter.

Vorteile	Nachteile	Kontraindikationen
schmerzfrei, hautfreundlich, nebenwirkungsfrei	äußerst kurzlebiges Ergebnis, weil das Haar maximal 1–2 mm über dem Hautniveau abgetrennt werden kann, nachwachsend wirkt das Haar härter	sind keine bekannt

pre shave (engl.) = vor dem Rasieren
after shave (engl.) = nach dem Rasieren

Rasieren

Falls der Mann keinen Vollbart trägt, gehört das Rasieren zu seinen regelmäßigen kosmetischen Pflegepflichten. Nass- und Trockenrasur haben wohl gleichermaßen Fans. Durch ständige Weiterentwicklungen von Scherköpfen, Klingen, Preshave- und Aftershave-Produkten ist das Rasieren hautfreundlicher geworden. Für schnelles Entfernen von Körperhaaren gibt es für Frauen zierliche Einwegrasierer: „Lady-Shaver". Allerdings ist Frauen davon abzuraten, unerwünschten Haarwuchs im Gesicht zu rasieren, weil durch ständiges Abschneiden des dünnen Haarendes die feinen Flaumhaare hart und borstig wirken. Außerdem verbleibt bei dunklen Haaren und dichtem Haarwuchs trotz sauberer Rasur ein dunkler Schatten von den in der Haut befindlichen Haarenden zurück.

Z Das gezupfte Haar wurde nicht abgerissen, sondern in ganzer Länge entfernt, wenn das untere Ende deutlich sichtbar kugelig verdickt ist (Haarzwiebel).

Vorteile	Nachteile	Kontraindikationen
schmerzfrei, außer bei stumpfen Klingen, hautfreundlich, zeitsparend, schnell erfolgreich	kurzlebiges Ergebnis, weil das Haar lediglich im Hautniveau gekürzt wird, nachwachsend wirkt es härter, borstiger	akut sonnengeschädigte Haut, Allergieschub, frische Narben, verletzte Haut

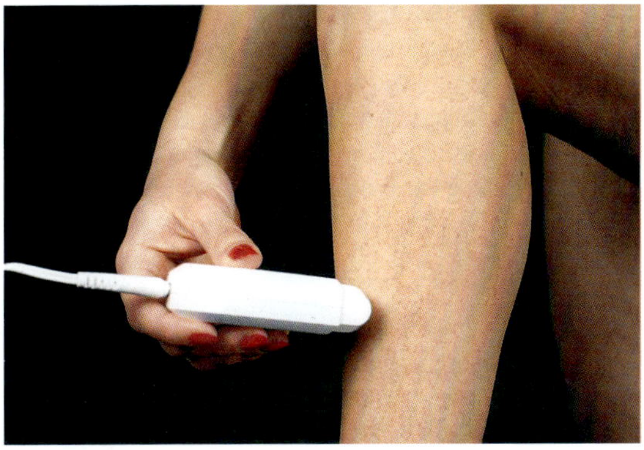

Depiliergerät

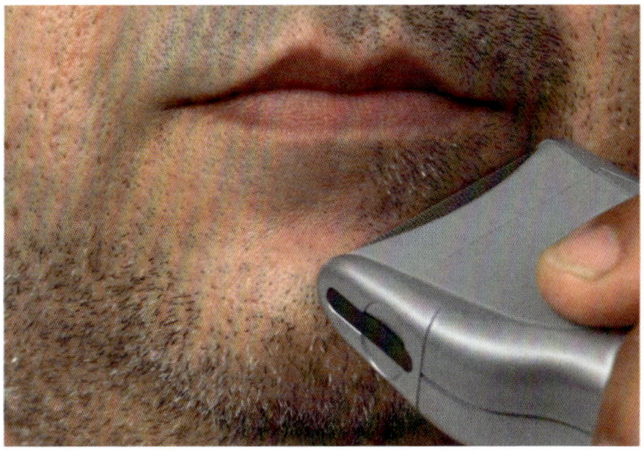

Mann beim Rasieren

Enthaarungsmittel

Enthaarungsmittel

Mit Spezialpräparaten wird eine chemische Enthaarung angeboten. In Enthaarungsprodukten als Gel, Creme oder Schaum sind Wirkstoffe enthalten, die im alkalischen Milieu, optimal bei pH-Wert 12, die Disulfidbrücken des Haarkeratins spalten. Als Wirkstoffe werden z.B. Calciumthioglykolat, Kaliumthioglykolat, Salze der Thiomilchsäure verwendet. Die enthaltenen Haarwuchshemmer sollen das Nachwachsen verzögern.

Wenige Minuten nach dem gleichmäßigen Auftragen mit dem Spatel hat sich das Keratin aufgelöst und das Haar wird weich, gummielastisch und korkenzieherartig gekräuselt. Die Enthaarung ist erfolgreich, wenn sich ein mit der Pinzette gefasstes Haar mühelos von der Hautoberfläche abheben lässt. Die Mischung aus Creme und Haaren wird großflächig mit dem Spatel entfernt und mit lauwarmen Kompressen gesäubert.

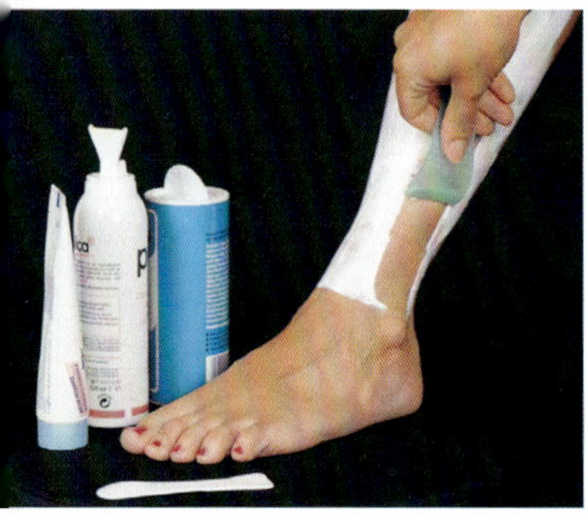

Chemische Depilation

Vorteile	Nachteile	Kontraindikationen
bis auf gelegentliches Brennen schmerzfrei, zeitsparend, Alternative bei mechanischer Überempfindlichkeit z.B. der Achselhöhlen, Bikinizone, geeignet für Behaarung über Krampfadern, Besenreisern	kurzlebiges Ergebnis, weil das Haar nur etwas unter Hautniveau entfernt wird, nachwachsende Haare wirken borstig, weil stets das dünne Ende abgelöst wird, Gefahr von Rötungen, Hautreizungen sowie Fehlpigmentierungen beim späteren Sonnenbad	chemische Überempfindlichkeit gegen die genannten Wirkstoffe, Allergiegefährdung

Wachsenthaarung

Wachse sind das im Kosmetikinstitut bevorzugte Material für Depilationen kleiner und großer Partien. Es werden Kalt- oder Warmwachse verwendet. Sie können wasser- oder öllöslich sein. Die Haare, mindestens 5 mm lang, kleben im Wachs fest und werden beim Abziehen in ihrer gesamten Länge herausgezogen. Befinden sich Pigmentnaevi in den zu enthaarenden Flächen, so werden diese vor dem Auftragen des Wachses mit Pflaster bedeckt und so ausgespart. Da Wachsenthaarungen stets auch einen Peelingeffekt haben, kann das sonst übliche Peeling entfallen.

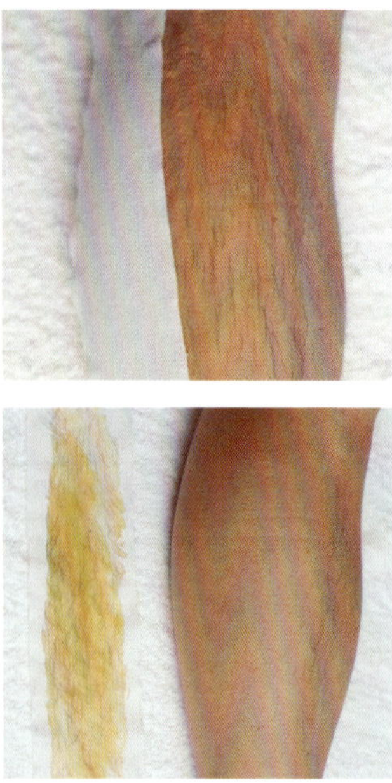

Arbeit mit Kaltwachs

Wachs = Wax

Als **Kaltwachs** wird eine bei Zimmertemperatur zähflüssige wasserlösliche Wachsmischung, z.B. aus Bienenhonig, Zucker, Fetten und Bienenwachs, angeboten. Es wird für Körperbehandlungen in dünner Schicht in Bahnen mit dem Spatel in Wuchsrichtung der Haare aufgetragen und mit einem passenden Leinen-, Vlies- oder Cellophanstreifen abgedeckt. Nach kräftigem Andrücken spannt die Haltehand in Wuchsrichtung, und die Arbeitshand zieht Streifen und Wachs gegen die Wuchsrichtung mit kräftigem flachen Ruck ab. Kurzes Handauflegen beruhigt. Die Reste werden mit lauwarmen Kompressen oder Feuchttüchern entfernt.

Für die Verwendung in der Heimpflege werden gebrauchsfertige, mit Wachs beschichtete Vlies- und Cellophanstreifen angeboten.

Warmwachs ist eine Mischung aus Wabenwachs, Harzen, Paraffinen und Kolophonium mit höherem Schmelzpunkt. Es eignet sich für Gesicht und Körper. Es wird in Blöcken, als Linsen, in Kartuschen oder in Patronen mit unterschiedlichen Aufsätzen angeboten und ist meist öllöslich. Hautfreundliche Zusätze sind Honig, Kräuter- und Fruchtextrakte, Azulen, Panthenol, Rotwein u.a.

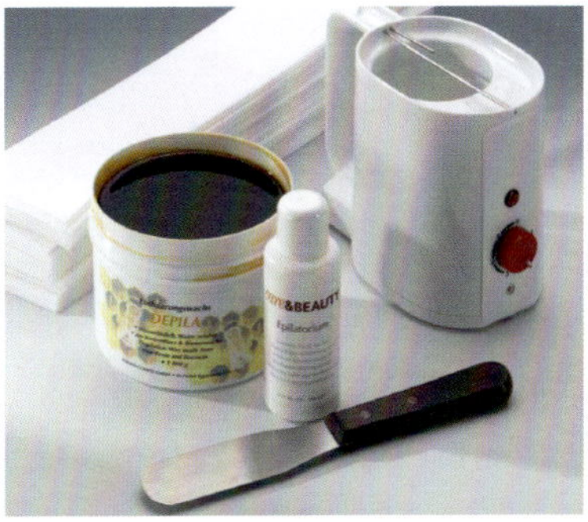

Wachserhitzer für Warmwachs mit Zubehör sowie Kaltwachs

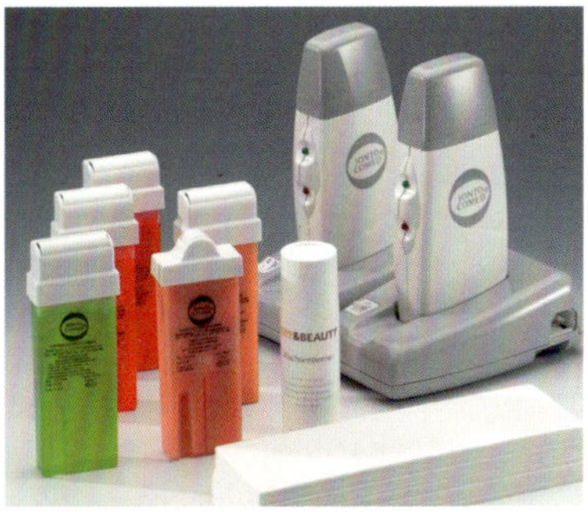

Körperenthaarung mit Warmwachsrollern und Basisstation

Seiner Verflüssigung dienen z. B. heißes Wasserbad, Mikrowelle oder wesentlich bequemer moderne Thermostationen. Wachslinsen werden in wärmespeichernden Aluminiumdosen erwärmt. Bei den Roll-on-Stationen werden Wachspatronen und unterschiedlich breite Applikatoren angeboten, aus denen das erwärmte Wachs gleichmäßig fließt. Solche Geräte haben eine kurze Aufwärmzeit und halten die Temperatur durch Thermostate konstant. Aus Sicherheitsgründen sollte die Temperatur vor dem ersten Auftragen in der Pulsgegend der Kosmetikerin am Handgelenk überprüft werden.
Warmwachse sind bei kleinflächiger Applikation im Gesicht so elastisch, dass Fixierstreifen entbehrlich sind. Das Wachs wird dick in Haarwuchsrichtung aufgetragen und mit zügigem Ruck in Gegenrichtung abgezogen. Für die Körperenthaarung wird wie bei Kaltwachs mit Vliesstreifen gearbeitet. Das Wachs wird dünn mit dem Abroller oder Spatel in Wuchsrichtung in Bahnen aufgetragen, mit Vlies bedeckt, in Wuchsrichtung gespannt und gegen die Wuchsrichtung zügig abgezogen. Reste werden mit Öltüchern entfernt.

Vorteile	Nachteile	Kontraindikationen
zeitsparend, weil viele Haare in Gesamtlänge in kurzer Zeit entfernt werden; abhängig von der individuellen Regenerationsfähigkeit des Haares ist das Ergebnis wochenlang zufriedenstellend haltbar	nicht schmerzfrei, aber gewöhnungsfähig, der Ruck beim Abziehen kann Rötungen, Hitzegefühl, sichtbare rote „Stippchen" verursachen, Haare müssen mindestens 3–5 mm lang sein, damit das Wachs sie festhalten kann	ungeeignet für Haare über Krampfadern, Besenreisern, Pigmentnaevi

Nach jeder Wachsenthaarung wird das Ergebnis unter der Lupenleuchte kontrolliert. Eventuell einzeln verbliebene Haare werden mit der Pinzette entfernt. Die enthaarte Haut sollte in den nächsten Stunden keinen Kontakt mit UV-Licht, Deodorants, Make-up oder Duftwässern haben.
Die Erfahrung zeigt, dass nach wiederholter Wachsenthaarung das Nachwachsen der Haare verzögert erfolgt und immer mehr Lücken in der Behaarung entstehen, weil Follikel in ihrer Regenerationsfähigkeit erschöpft sein können. Das nachwachsende Haar ist weich und fein.

Z

vor jeder Enthaarung:
entfetten, desinfizieren, evtl. mit unparfümiertem Körperpuder trocken halten (Babypuder)

nach jeder Enthaarung:
desinfizieren, kühlen, mit entzündungshemmender Creme oder unparfümiertem Puder beruhigen

A

Welche Möglichkeiten zur Depilation kennen Sie? Stellen Sie diese mit ihren Vor- und Nachteilen in einer Tabelle zusammen.

Epilation = dauerhafte Haarentfernung
„e" für ex = Wortteil für aus
pili (lat.) = Wortteil für Haare
Anagenphase = aktive Wachstumsphase des Haares
koagulieren = verkochen von Eiweiß, gerinnen, veröden
Katagenphase = Ablösungsphase des Haares
Telogenphase = Ruhephase des Haares
galvanischer Strom = geglätteter Gleichstrom
Elektrolyse = elektrische Zersetzung chemischer Verbindungen
Hochfrequenzstrom = Wechselstrom mit einer Frequenz über 0,5 MHz
Thermolyse = thermische Zersetzung chemischer Verbindungen
blend (engl.) = mischen
sequenzial (engl.) = folgend
Pinzettenepilation = Form der Elektroepilation, bei der das Haar mit einer stromführenden Pinzette gehalten und geschädigt werden soll

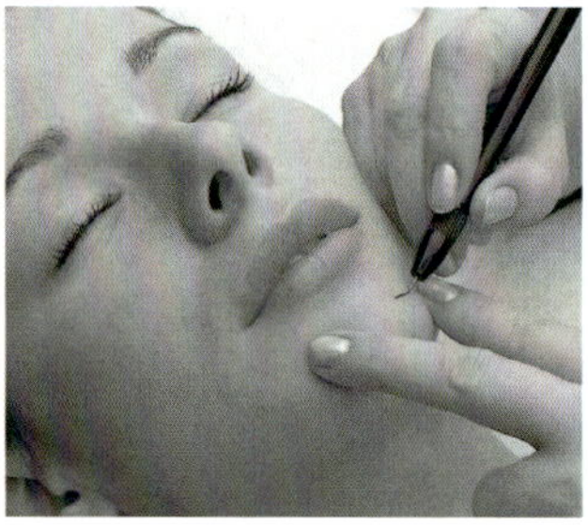

Sondenepilation im Kinnbereich

Z Bei der Pinzettenepilation wirkt das Haar selbst als Stromleiter in die Tiefe des Follikels. Ein aufgetragenes Leitgel unterstützt diesen Vorgang.
Jedes Haar wird mit dem Strom führenden Teil der Spezialpinzette gefasst und so lange gehalten, bis es sich schmerzlos abhebt. Die Erfolgsquote ist gering, weil das Leitgel nicht bis zur Haarpapille in den Follikel eindringen kann.

11.4.3 Methoden der Epilation

Epilation bedeutet dauerhafte apparative Haarentfernung durch ein elektrisches Gerät. Dabei werden die Matrixzellen des Haares in der Haarpapille so geschädigt, dass kein neues Haar gebildet werden kann. Der Erfolg hängt nicht nur vom verwendeten Gerät und der Kompetenz der Kosmetikerin ab, sondern auch davon, dass das Haar in der Anagenphase epiliert wird. Nur dann kann die Sonde als Strom- und Wärmeleiter bis zur Haarpapille dringen und die entstehende Hitze dort das Eiweiß verkochen oder koagulieren. Bei diesem Vorgang liegt eine permanente Haarentfernung vor, die jegliches Nachwachsen des Haares ausschließt.
Die meisten Haare müssen deshalb mehrmals epiliert werden, weil die in der Katagen- und Telogenphase befindlichen wieder neu wachsen. Die Behandlung ist zeitaufwendig und kostenintensiv und fordert von Kunden und der Ausführenden viel Geduld.
Während die Techniken der Depilation in der Grundausbildung der Kosmetikerin vermittelt werden, erfordert die Anwendung einer Epilation immer eine gründliche Schulung zur Elektrologistin durch Gerätehersteller und Ausbildungszentren für Elektrologisten.
Neben der Elektroepilation gibt es immer mehr Anbieter von Geräten für die Fotoepilation.

Elektroepilation

Epiliert wird mit Hochfrequenzströmen, auch in Kombination mit galvanischem Strom. Damit Energie nicht nach außen entlang langer Haare verloren geht, werden die zu epilierenden Haare zunächst bis auf etwa 5 mm gekürzt. Aber auch eine Wachsenthaarung etwa sechs Wochen vor dem Beginn der Epilation ist zu empfehlen. Sonne, Solarium und Selbstbräuner dagegen sollten in den Wochen vor der Epilation gemieden werden.
Bei der **Sondenepilation** wird eine der Haarstärke entsprechende Sonde am Haar entlang in den Follikel eingeführt. Die Sondenspitze überträgt die Hochfrequenzenergie erst, wenn sie tief im Follikel an der Haarpapille sitzt und der Strom durch ein Fußpedal gegeben wird. Diese Energie wird in starke Wärme (Hitze bei 27 MHz) umgewandelt, und die Eiweißstruktur der Haarmatrix koaguliert (verkocht).
Nach Beendigung der Stromgabe sollte sich das Haar widerstandslos mit einer Pinzette herausheben lassen.
Bei modernen Stromkombinationen in den Geräten geht der Haarentfernung eine keratolytische Vorschädigung durch die Bildung von Natronlauge im Haarfollikel voraus.
Das Haar wird durch Laugenbildung mithilfe des galvanischen Stroms vorgeschädigt (Elektrolyse) und die Haarpapille mit Hochfrequenzstrom durch die Hitze zerstört (Thermolyse).

Blendmethode: Hochfrequenzstrom und galvanischer Strom werden gemischt angewendet.
Sequenzialmethode: Hochfrequenzstrom und galvanischer Strom folgen in kurzen Impulsen aufeinander.
Sequenzial-Blend-Technik: Hochfrequenzstrom und galvanischer Strom werden automatisch optimiert, moduliert und gepulst.

Fotoepilation

Fotoepilation erfolgt mit intensiv gepulstem Licht von einem Lasergerät oder einem Pulslichtsystem. Die Lichtenergie wird vom Pigment des Haares absorbiert, in Wärme umgewandelt und indirekt auf die Matrixzellen der Haarpapille übertragen. Die Haarpapille wird fotothermisch zerstört. Am Tag vor der Anwendung solcher Geräte werden die Haare rasiert, damit diese nicht im Lichtimpuls verbrennen.

foto = Licht
thermisch = durch Wärme
monochromatisch = Licht einer bestimmten Wellenlänge
IPL = intense pulsed light

Laserepilation

Jeder Laser erzeugt monochromatisches Licht einer konstanten Wellenlänge, überwiegend aus dem Bereich des sichtbaren Lichtes (400–800 nm). Alexandritlaser z.B. arbeiten mit einer Wellenlänge bei 755 nm, Diodenlaser bei 810 nm, Rubinlaser bei 694 nm. Sie benötigen ein Lasermedium, z.B. Kristalle, Gase, eingefärbtes Wasser, zur Verstärkung der Energie.
Das Licht wird durch Spiegel verstärkt, reflektiert und über ein Handstück auf die Haut gebracht. So kann ein kleiner Bereich von 1–1,5 cm^2 epiliert werden. Nur dunkle, schwarze oder braune Haare mit hohem Anteil von Melanin können erfolgreich epiliert werden. Erschwerend wirkt sich aus, wenn das einzelne Haar besonders dünn und hell ist und die Haut gebräunt. Diese Haare epiliert man erfolgreich mit der Blendmethode (s. S. 344).

H

Epilationen werden mit Einmalhandschuhen unter der Lupenleuchte mit sterilen Sonden oder desinfizierten Pinzetten ausgeführt. In der Haltehand befindet sich ein Wattepad mit Schnelldesinfektion, um anfangs, zwischenzeitlich und abschließend die Hautstellen zu desinfizieren.

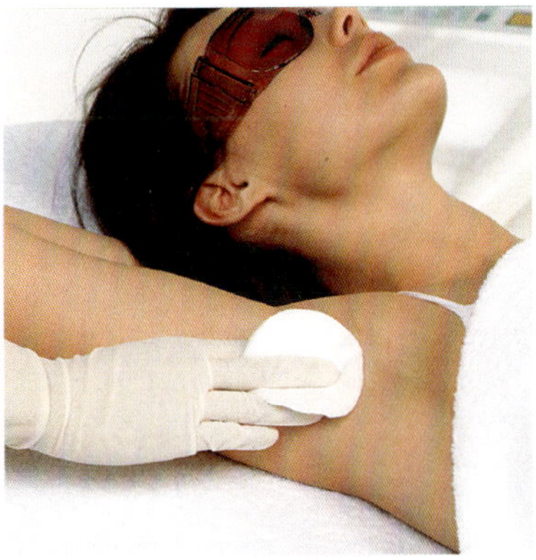
Der zu epilierende Bereich wird mit Watte und einer Desinfektionslösung sorgfältig gereinigt.

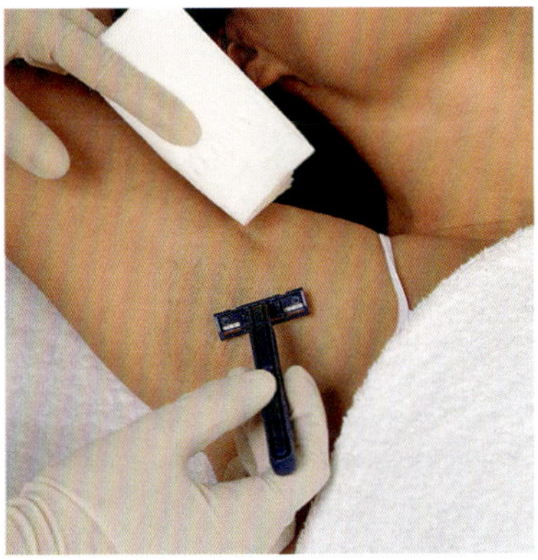
Der zu epilierende Bereich wird rasiert, damit keine hervorstehenden Haarreste verbleiben.

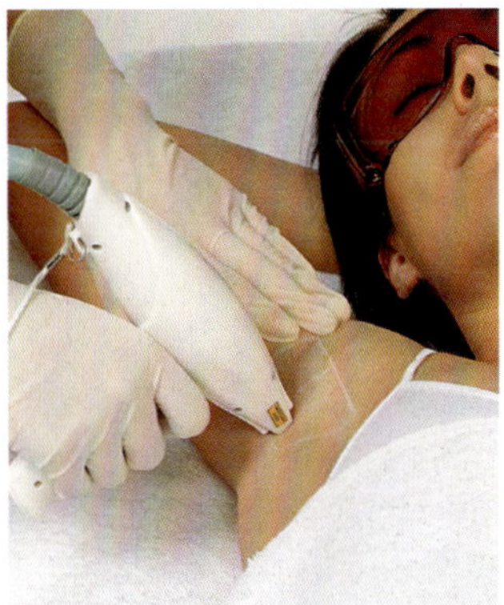
Der Laserkopf wird an die Haut angedrückt und das Pedal betätigt. Während der Laser pulsiert, wird der Laserkopf bewegt, um den zu epilierenden Bereich abzufahren.

Pulslichtepilation mit IPL-Geräten, Blitzlampen

Pulslichtgeräte arbeiten mit hochenergetischem polychromatischem Licht, ausgehend von einer Xenon-Blitzlampe. Sie bieten die Möglichkeit, aus einem breiten Emissionsspektrum von 400 nm bis etwa 1400 nm je nach Sonnentyp, Haarqualität sowie Haar- und Hautfarbe des Kunden die Energiedichte computergesteuert auswählen zu können. Ideale Bedingungen für den Erfolg bestehen bei dünner, heller Haut und dunklen, dicken Haaren.
Bei dunkler Haut und hellen Haaren ist die Fotoepilation nicht erfolgreich.
Die Filter sind bequem auszuwechseln. Manche Geräte benutzen Absorptionsfilter, mit denen die Lichtenergie ausgesuchter Wellenlänge in Wärme umgewandelt wird. Andere benutzen Dielektrikfilter, von denen die Lichtenergie reflektiert wird. Im ergonomisch geformten Handstück befindet sich ein Quarzkristall zur Lichtübertragung. Lichtstreuung wird weitgehend vermieden.

Lymphe = Flüssigkeit in den Lymphgefäßen
Drainage = Entwässerung
Torr = altes Maß für den Luftdruck
1 Torr = nach Torricelli der Druck, den 1 mm² Quecksilbersäule ausübt

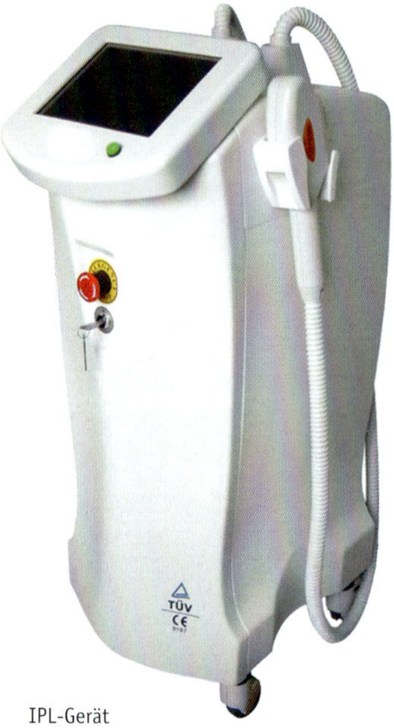

IPL-Gerät

Z

Der richtige Massagedruck kann nur durch erfahrene Lehrmeister vermittelt werden. Er darf weder schmerzhaft noch unangenehm sein.

Gekühlt wird die Haut auf etwa 10 °C, z.B. entweder ähnlich dem Ultraschallgel mit einem im Kühlschrank kühl gehaltenen Aquagel, durch das außerdem das Filterfenster optimal aufliegt. Größere Vorteile hat eine im Pulslichtgerät integrierte Kontaktkühlung, weil der Lichtimpuls unmittelbar nach der Kühlung erfolgen kann.

Vorteile	Nachteile	Kontraindikationen
Haare in der Anagenphase werden dauerhaft entfernt, Pinzettenepilation oder Fotoepilation sind kaum schmerzhaft, je nach Gerät werden bei Fotoepilation Flächen von 1,5 bis 8,3 cm² enthaart	Haare in der Katagen- oder Telogenphase wachsen heller und dünner nach, sind später schwerer zu epilieren, Gefahr von Verbrennungen, Narben, Fehlpigmentierungen, Sondenepilation ist schmerzhaft, Sonden- und Pinzettenepilation sind zeitaufwendig und langwierig	Lichtallergien, Herzschrittmacher, Schwangerschaft, Haare der Augenbrauen dürfen wegen der Gefahr der Augenschädigung nicht epiliert werden, entzündete Hautareale

A Stellen Sie Elektroepilation und Fotoepilation in den Anwendungsbesonderheiten gegenüber.

11.5 Kosmetische Lymphdrainage

Den Begriff „Lymphdrainage" wählte der dänische Biologe und Physiotherapeut Dr. phil. Emil Vodder bereits 1932 für diese besondere, von ihm entwickelte Massagetechnik. Er wagte es, die Lymphbahnen zu bearbeiten, und geriet damit in Widerspruch zur damaligen Schulmedizin. Die verblüffenden Erfolge beim Entwässern des Bindegewebes und bei der Besserung des Immunsystems an chronisch Kranken gaben ihm recht.
Heute wird diese Massagetechnik von Ärzten empfohlen und verordnet, um Ödeme abzubauen, und von den meisten Physiotherapeuten praktiziert.
Die manuelle Lymphdrainage (künftig **ML** genannt) basiert auf vier mit den Händen ausgeführten Grundgriffen. Für apparative Lymphdrainage gibt es Geräte, die diese Pumpgrifftechnik imitieren. Bei beiden soll der Massagedruck 30–40 Torr nicht überschreiten, um arterielle Durchblutungsförderung zu vermeiden. Bei klassischen Massagen dagegen steigert sich der Druck bis auf 60 Torr.
Von der Kosmetikerin werden manuelle Lymphdrainagen ausschließlich an Gesunden zur Gesunderhaltung ausgeführt. In jedem Fall muss eine sorgfältige Anamnese vorausgehen, weil die Lymphdrainage auch bei Teilanwendung wie jede Massage ganzkörperliche Auswirkungen hat. Kenntnisse über den Gesundheitszustand des Kunden, z.B. über Blutdruck, Entzündungen, Viruserkrankungen, Medikamente, Operationen, Schilddrüsendruckempfindlichkeit, Krebserkrankungen oder Asthma, sollten vorhanden sein, um Kontraindikationen auszuschließen.
Für die Aneignung der theoretischen Grundlagen und praktischen Fertigkeiten der ML ist eine intensive Schulung erforderlich. Ein Spezialkurs kann während oder nach der Grundausbildung zur Kosmetikerin erfolgen. Die bestandene Prüfung wird mit einem Zertifikat bescheinigt.

11.5.1 Das Besondere der manuellen Lymphdrainage

Aufgabe der Lymphdrainage ist es, das Bindegewebe von Wasseransammlung und Ballaststoffen zu befreien, damit das Gewebe wieder normal funktionieren und gesund bleiben kann.
Ein Grundprinzip in der Kosmetik ist die Anregung von natürlichen Hautfunktionen, z.B. zur Verbesserung der Aknegefährdung oder der Raucherhaut, zur Verzögerung der Lichtalterung oder gegen Hypersensibilität. Das geschieht zumeist über Durchblutungssteigerung, also verbesserten Antransport von Sauerstoff und Nährstoffen. Wärme oder Kälte durchbluten, klassische Massagen, Bedampfung, Bestrahlungen, elektrische Ströme und viele Wirkstoffe ebenso. Das ist zwar sinnvoll, aber einseitig. Als Folge einer ständigen Hyperämie kann eine Disharmonie zwischen Antransport und dem ebenso wichtigen Abtransport im Gewebe entstehen.
Mit der manuellen Lymphdrainage wird ein Gegengewicht möglich. Sie bewirkt keine Durchblutungssteigerung, keine arterielle Anregung, sondern ausschließlich eine lymphatische und venöse Abflusssteigerung, verbunden mit Entwässerung, Entgiftung, Tiefenreinigung.
ML bietet die Möglichkeit, im kosmetisch schwer beeinflussbaren Bindegewebe und damit in tieferen Hautschichten eine Kette nützlicher Vorgänge einzuleiten.
Zum Verständnis dessen, was durch ML geschieht, müssen die körpereigenen Transportsysteme in Erinnerung gebracht werden.

Hyperämie = Blutüberfüllung eines Organs
Prälymphe = Bindegewebsflüssigkeit, Gewebswasser außerhalb der Lymphgefäße
Diffusion = Bewegung von Molekülen vom Ort der hohen Konzentration zum Ort der niedrigeren Konzentration
Osmose = Bewegung von Lösungsmitteln, z.B. Wasser, durch eine halbdurchlässige Membran, die den gelösten Stoff zurückhält

Transportsysteme im Körper

Zellversorgung ist nur über die Gewebeflüssigkeit möglich. Gewebeflüssigkeit wird auch als Prälymphe bezeichnet.
Die wichtigsten Transportsysteme, die bei den komplexen Aufgaben im Körper zusammenarbeiten, sind Blutkreislauf, Diffusion/Osmose und Lymphsystem.

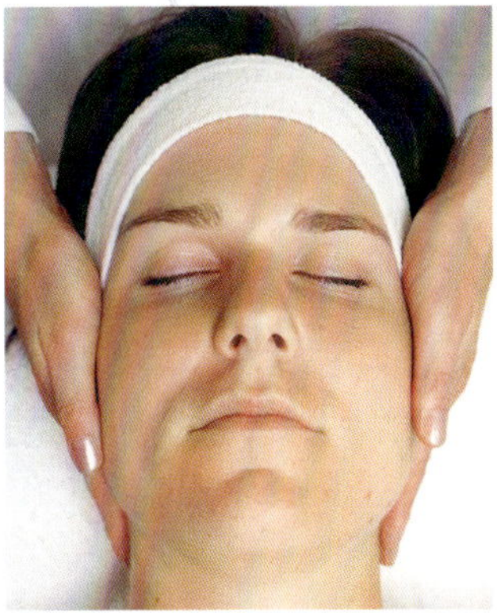

Lymphgriff

Blutkreislauf

Der Blutkreislauf bewirkt den schnellen An- und Abtransport über **weite Strecken.** Während der arterielle Antransport von Sauerstoff und Nährstoffen durch die Pumpleistung des Herzens zumeist zügig funktioniert, ist der venöse Abtransport oftmals erschwert, z.B. verursacht durch Bewegungsmangel, Venenschwäche, Negativstress, Fehlernährung. Zur Bewältigung der Flüssigkeitsmengen ist das **Starling'sche Fließgleichgewicht** an den Blutkapillaren von großer Bedeutung:
Mit jedem Pulsschlag gelangt Wasser aus den Blutkapillaren ins Bindegewebe.
Unter **Filtration** ist die Wasserabgabe aus den Blutkapillaren ins Bindegewebe zu verstehen. Jede Hyperämie steigert die Filtration.
Als **Reabsorption** wird die Wiederaufnahme von Wasser aus dem Bindegewebe in die Blutkapillaren verstanden.

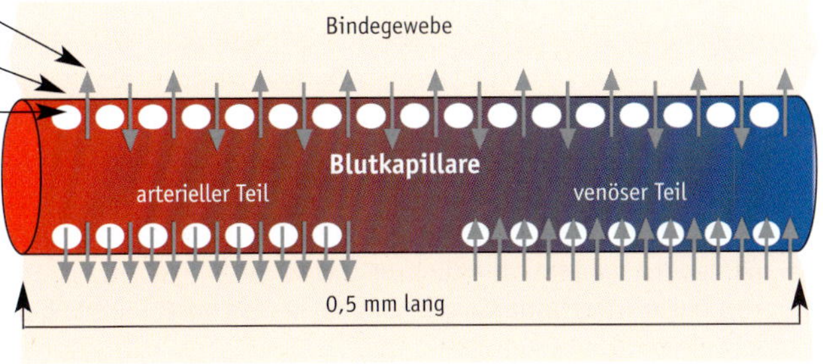

interzellulär = zwischen den Zellen durch Diffusion
semipermeabel = halb durchlässig, zwar nach draußen und drinnen, aber nur für kleinmolekulare Stoffe
transzellulär = von Zelle zu Zelle durch Osmose
Leukozyten = weiße Blutkörperchen, Teil des Immunsystems
lymphpflichtige Last = z.B. Eiweiße, Erreger, Zelltrümmer, aber auch Fette, Hormone, Vitamine
Lymphozyten = Sonderform von Leukozyten, gebildet in Lymphknoten, Milz, Drüsen
Lymphangione = durch zwei Klappen begrenzte Abschnitte in Lymphgefäßen

Befindet sich das Starling'sche Fließgleichgewicht in Harmonie, dann gelangt ebenso viel Wasser aus den Blutkapillaren hinaus wie wieder zurückfließt. Wird weniger reabsorbiert, so entstehen Ödeme.

Diffusion und Osmose

Als Diffusion und Osmose erfolgt die Molekülbewegung über **kurze Strecken** zwischen Blutkapillaren, Bindegewebe und Zellen.
Als Diffusion wird die Molekülbewegung vom Ort der hohen Konzentration zum Ort der niedrigeren Konzentration bezeichnet (interzellulärer Molekültransport).
Als Osmose wird die Bewegung von Lösungsmitteln, z.B. Wasser, durch semipermeable Membranen bezeichnet (transzellulärer Molekültransport).

Alle Moleküle bewegen sich ständig – durch Diffusion wird ein Konzentrationsausgleich angestrebt. Entsprechend diesem Konzentrationsgefälle werden Sauerstoff und Nährstoffe also bei Bedarf, bei Mangel, zur Zelle gebracht, bei Wärme schneller, bei Kälte langsamer.
Diffusion braucht kurze Wege, möglichst nur die Strecke von der Größe einer Zelle. Zu viel Wasser und Stoffwechselendprodukte im Bindegewebe sind nachteilig, denn die Diffusionszeit steigt, wenn der Weg länger wird. Nährstoffe würden nicht genutzt, Stoffwechselendprodukte blieben im Bindegewebe liegen. Alle durchblutungsfördernden Maßnahmen würden die Situation verschlechtern, ML kann sie verbessern.

Lymphsystem

Mit seinen blind im Gewebe beginnenden Lymphkapillaren, seinen Lymphgefäßen und Lymphknoten ist das Lymphsystem das Transportsystem für alles, was die Blutkapillaren an Menge – wie z.B. Wasser – oder an Molekülgröße – z.B. Eiweiße, Leukozyten, Erreger, Zelltrümmer – überfordert. Es entlastet den Blutkreislauf und sorgt für ein gesundes, sich ständig regenerierendes Bindegewebe. Lymphgefäße sind überall im Körper vorhanden, wo es Bindegewebe gibt (Ausnahme sind die Bandscheiben).
Bindegewebsflüssigkeit außerhalb der Lymphgefäße wird als „Prälymphe" bezeichnet. Als Lymphe im engeren Sinn des Wortes gilt nur die Flüssigkeit, die sich innerhalb der Lymphgefäße befindet.
Als „lymphpflichtige Last" sind große Moleküle zu verstehen, die mit der Prälymphe und der Lymphe transportiert werden müssen. Die dazwischengeschalteten zahlreichen Lymphknoten filtern Schadstoffe aus der Lymphe heraus, machen sie unschädlich durch Einkapseln oder Abbau.
Außerdem werden die für die körpereigene Abwehr wichtigen Lymphozyten in den Lymphknoten auf die jeweiligen Krankheitserreger vorbereitet, „geprägt".
Das Lymphsystem hat keine dem Herzen für den Blutkreislauf vergleichbare Pumpe. Der Lymphfluss wird bewegt durch die Pulsation benachbarter Arterien, durch die Kontraktion der Skelettmuskeln und der mimischen Muskulatur, durch die Atmung als Sog auf die Lymphgefäße im Thorax. Durch den Dehnungsreiz eines jeden prall gefüllten Lymphangions entsteht eine eigene Kontraktion (zwölfmal pro Minute). Im Schlaf, bei Bewegungsmangel, bei Dauerstress und bei Kälte verlangsamt sich der Lymphfluss.
Durch die großen Halsvenen links und rechts hinter den Schlüsselbeinen wird die gereinigte Lymphe dem Blutkreislauf wieder zugeführt. Dieser wichtige Punkt trägt den Namen „**Terminus**". Die Lymphe ist also vom Blut ins Blut unterwegs.

Physiologische Wirkungen der manuellen Lymphdrainage

- Durch die typischen Pumpgriffe der ML schräg ins Gewebe hinein geht die Grundsubstanz des Bindegewebes vom Gel- in den Solzustand über, sie wird dünnflüssig. Das erleichtert die Molekülwanderung und den Abtransport von Stoffwechselendprodukten, eine Tiefenreinigung des Bindegewebes ist das wünschenswerte Ergebnis. Nur so kann es seine Aufgaben als Nahrungsspeicher, als Transitstrecke, bei Polsterung und Formgebung und bei der Regeneration erfüllen.
- Während der ML findet keine Filtration, sondern maximale Reabsorption an den Blutkapillaren statt, weil der Massagedruck dem Gewebedruck und dem osmotischen Sog des Blutes zugeordnet werden kann. Er liegt im physiologischen Bereich. Wasserüberschuss und großmolekulare Abfallstoffe werden im Bindegewebe abtransportiert, kleinmolekulare Stoffe in die Blutkapillaren zurückgeführt. Die Zellernährung hat sich verbessert.
- Durch das sanfte Quer- und Längsverschieben des Gewebes öffnen sich die Lymphkapillaren schneller und nehmen mehr Prälymphe und lymphpflichtige Last auf. Zusätzlich werden die elastischen Fasern des Bindegewebes trainiert.
- Bei verstärktem Angebot von Lymphe füllen und entleeren sich die Lymphangione bis zu zwanzigmal schneller.
- Mit dem schnelleren Lymphdurchfluss verbessert sich das Immunsystem.
- Durch die monotonen Pumpgriffe wird im vegetativen Nervensystem auf den Parasympathikus umgeschaltet. Der Blutdruck sinkt, ganzkörperliche Beruhigung und Entspannung folgen. So vermittelt ML über Zuwendereflexe ein tiefes Wohlbefinden.

A Warum kann ständige Durchblutungsförderung der Haut auch Nachteile bringen?

11.5.2 Grundgriffe der manuellen Lymphdrainage

Jede Lymphdrainage beginnt und endet mit behutsamen flächigen Effleuragen. Vor jeder Teil-ML erfolgt die Lymphkettenentleerung, um den Weg für den nachfolgend beschleunigten Lymphfluss frei zu machen. Dafür werden bevorzugt stehende Kreise verwendet.

Bei der ML wird zwar auch wie bei klassischen Massagen von distal nach proximal gearbeitet, jedoch muss immer erst das herznähere Gebiet von den regionalen Lymphknoten aus bearbeitet werden, um den Weiterfluss der Lymphe zu ermöglichen, z.B. an den Beinen zunächst die Leiste, dann der Oberschenkel vor dem Unterschenkel oder beim Arm zunächst die Lymphknoten in der Achsel, dann der Oberarm vor dem Unterarm.

Gleitmittel sind zur ML nicht erforderlich, weil die Griffe nicht über die Haut gleiten, sondern die Haut gegen die Knochen drücken. Konzentrate aber für Gesicht, Hals und Dekolleté, z.B. Lösungen aus Ampullen, Kapseln, Gele oder O/W-Emulsionen, lassen sich mit den Griffen der ML intensiv einarbeiten. Allerdings sollten keine durchblutenden Wirkstoffe darin enthalten sein.

„stehende" Kreise = auf der Stelle, in die Tiefe – im Gegensatz zu „liegenden" Kreisen, fortschreitend, z. B. bei Friktionen

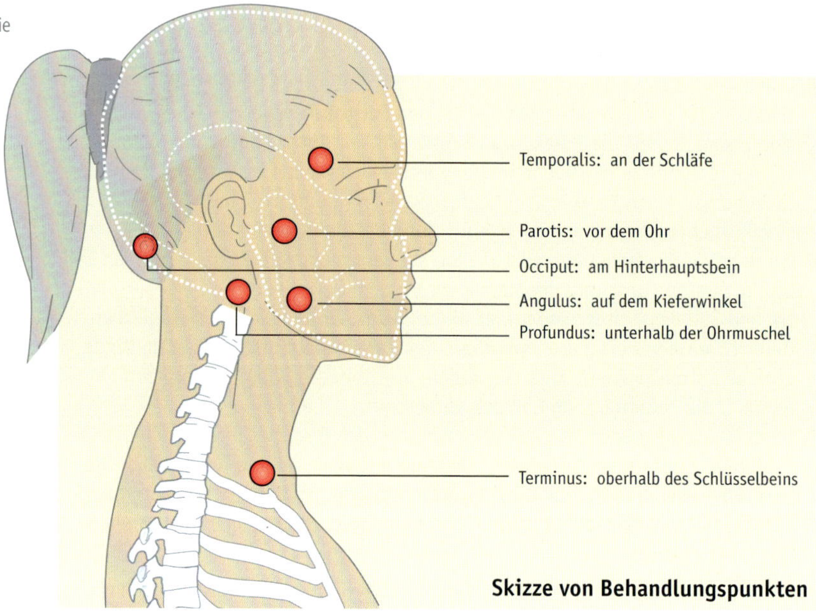

Skizze von Behandlungspunkten

Wichtige Behandlungspunkte zu Beginn einer ML (Lymphkettenentleerung): Hierbei handelt es sich um Sammelpunkte der Lymphe mit einer Ballung von Lymphknoten, bevor die Lymphe oberhalb der Schlüsselbeine in den venösen Blutkreislauf übernommen wird.

Die **Grifftechnik** muss sorgfältig unter kompetenter Anleitung erlernt werden. Die Griffe werden 5- bis 7-mal auf einer Hautstelle ausgeführt, ehe die nächste bearbeitet wird. Der Rhythmus der Griffe entspricht etwa dem Puls, also 60 je Minute. Als ML-Griffe werden stehende Kreise, Pumpgriffe, Schöpf- und Drehgriffe verwendet. Dabei verschieben die gestreckten Finger oder Handflächen die gesamte Haut mit Subcutis, Bindegewebe, Lymph- und Blutgefäßen gegen die knöcherne Unterlage. In jedem Kreis liegt eine Druckdifferenz, beginnend ohne Druck, in der ersten Kreishälfte anschwellend bis auf etwa 30 Torr, in der zweiten Kreishälfte abschwellend bis auf 0 Torr. Zudem soll die Druckphase länger dauern als die drucklose.

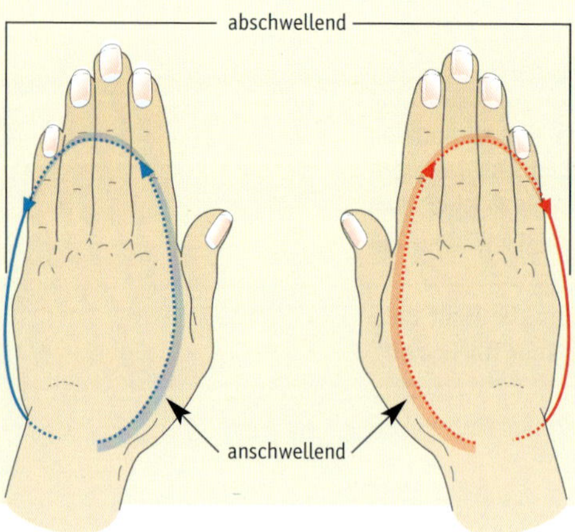

Stehende Kreise

Ausführung: Mit flach aufgelegten Finger- und Handflächen werden langsame rhythmische Kreisbewegungen hin zur Kleinfingerseite ausgeführt. Es sind „stehende Kreise", schräg in die Tiefe gerichtet, mit möglichst viel Hautkontakt, um viele Lymphgefäße zugleich zu erreichen. Nach jedem Griff hebt die Hand unmerklich ab und setzt neu auf oder geht spiralig weiter.

Anwendung: für die Behandlung von Gesicht, Hals und Dekolleté.

Pumpgriff

Ausführung: Bei flach aufgelegter Hand mit gestreckten Fingern bilden Daumen und übrige Finger einen Bogen, mit dem sie das Gewebe umfassen. Durch Drehung des Handgelenks bewegt sich die Hand in ovalen Kreisen im Winkel von 45° Richtung Lymphfluss. In der Druckphase führt die Hand die Haut, drucklos folgt die Haut der Hand.
Anwendung: an Armen und Beinen.

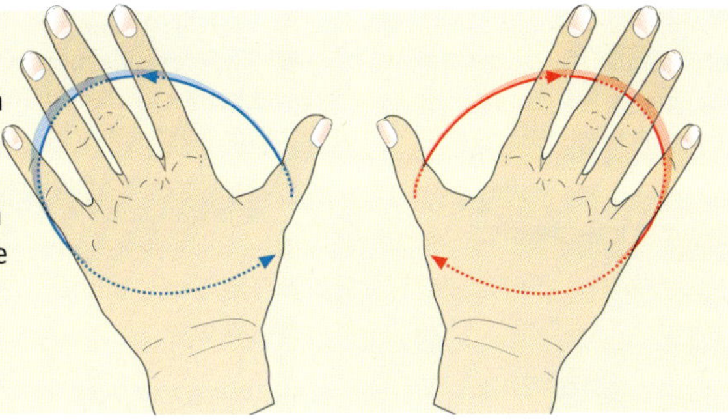

Schöpfgriff

Ausführung: Zu Beginn zeigt die Handinnenfläche nach oben, d.h., die Massagehand greift z.B. unter den Arm oder unter das Bein. Das Gewebe liegt zwischen Daumen und übrigen Fingern, Drehpunkt ist das Zeigefingergrundgelenk. Durch Drehen des Handgelenks wird die Haut in schraubenförmigen, ovalen Kreisen auf den Daumen zu nach oben geschöpft.
Anwendung: an großflächigen Körperpartien, an Armen und Beinen.

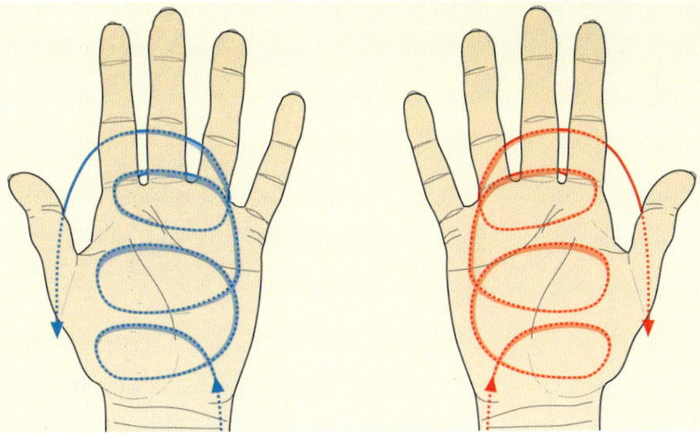

Drehgriff

Ausführung: Der Daumen ist abgewinkelt, das Handgelenk hebt und senkt sich, und die vier Finger wandern weiter und verschieben das Gewebe seitlich, der Daumen wird herangeführt.
Anwendung: an ebenen Körperregionen, z.B. Brust, Bauch, Rücken.

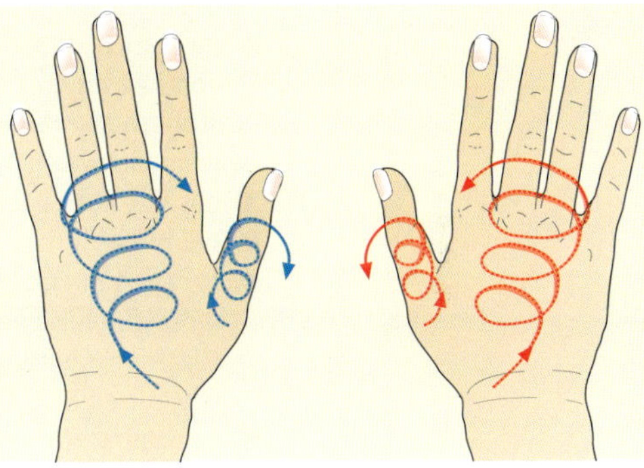

A Beschreiben Sie die Grifftechnik der ML an einem Beispiel im Vergleich zur klassischen Massage.

11.5.3 Indikationen und Kontraindikationen für die manuelle Lymphdrainage in der Kosmetik

Indikationen

Innerhalb kosmetischer Programme kann die in ML geschulte Kosmetikerin bei folgenden Befunden die ML der klassischen Massage vorziehen:

- aknegefährdete Haut, abheilende Akne, Zustand nach Akne
- Stauungszustände, z.B. Gefäßlabilität mit Teleangiektasien und Venektasien, Couperose, Tränensäcke

Herzinsuffizienz = Herzmuskelschwäche, unzureichende Funktion des Herzens

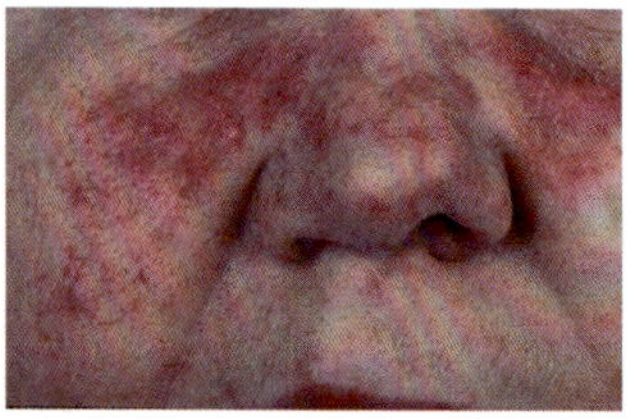
Couperose

- Gesichtsödeme und Blutergüsse nach Facelifting
- **Hautveränderungen** als Langzeitfolgen abgeklungener Allergien, chronischer Ekzeme, chronischer Entzündungen, Verbrennungen, nach Langzeitverwendung von Cortison
- bei Narben, Keloiden nach Abheilung, z.B. nach Facelifting zur Bindegewebsreinigung
- sonnengeschädigte Haut
- Hypersensibilität
- Cellulite
- bei erregten, erhitzten Kunden
- mit dem Ziel der allgemeinen Regeneration durch Wiederherstellung des Starling'schen Fließgleichgewichts bei Behandlungen an heißen Sommertagen, z.B. auch bei Kosmetikbehandlungen in warmen Ländern

Die ML sollte so in Programme integriert werden, dass danach jede Durchblutungsförderung unterbleibt. ML sollte nicht mit Iontophorese kombiniert werden, weil die iontophoretisch eingeschleusten Wirkstoffe durch nachfolgende ML wieder aus dem Gewebe geschwemmt würden. Die Nachruhe ist ideal mit einer beruhigenden Packung zu verbinden.

Kontraindikationen

Im Zweifelsfall, weil der Kunde z.B. zu viele chronische Gesundheitseinschränkungen schildert, sollte vor einer ML stets der Hausarzt konsultiert werden.
Verboten ist ML:

- bei hart tastbaren Lymphknoten, weil diese arbeiten, z.B. an der Vernichtung von Bakterien, Viren, entarteten Zellen oder an der Einkapselung von Fremdstoffen. ML würde die abfließenden Gefäße öffnen und alles ins Lymphsystem weiterschwemmen,
- bei akut Krebskranken wegen der Gefahr der Metastasierung,
- bei Herzinsuffizienz,
- bei **akuten** Entzündungen im Körper oder **akuten** Viruserkrankungen, weil sich diese durch ML verschlechtern würden. Nach abgeklungenen Erkrankungen ist ML jedoch äußerst sinnvoll, um Zelltrümmer und Reste von Keimen aus dem Gewebe zu befördern,
- auf Hautpartien mit Varizen oder Naevi, auf denen direkt keine ML-Griffe ausgeführt werden sollen, bei akuten Venenerkrankungen,
- bei Schwangeren.

Mögliche Nebenwirkungen der ML

- Was stark wirkt, kann auch starke Nebenwirkungen haben. Durch ML fließt alles besser im Körper, z.B. auch als starker Speichelfluss, häufiger Schluckreflex, vermehrte Urinausscheidung.
- Die Monatsblutung kann verstärkt oder verfrüht einsetzen.
- ML kann „schlafende Hunde“, alte Störfelder wecken, z.B. an Zähnen, Mandeln, Nasennebenhöhlen.

Alte Defektheilungen können wieder schmerzen, z.B. verheilte Knochenbrüche.

A Erklären Sie an drei Hautproblemen, warum die Kosmetikerin bei diesen die ML der klassischen Massage vorzieht.

11.6 Aromabehandlung

Äther = feiner Urstoff der griech. Philosophie
ätherisch = flüchtig, himmlisch, zart

Zu den pflanzlichen Duftstoffen zählen Balsame, Harze und ätherische Öle mit vielfältigen Einsatzmöglichkeiten in der Kosmetik.
Bei der Herstellung kosmetischer Produkte werden die angenehm duftenden ätherischen Öle von Pflanzen oder ihnen nachempfundene synthetische Duftstoffe verwendet, um Inhaltsstoffe mit unbeliebtem Geruch zu überdecken. Eine Creme, die der Nase angenehm ist, wird erfahrungsgemäß viel lieber angewendet. Synthetisch hergestellte Duftstoffe sind in ihren Inhaltsstoffen standardisiert, Naturstoffe oftmals recht unterschiedlich in ihren Anteilen je nach Bodenbeschaffenheit, Jahrgang, Erntezeit usw. Unverträglichkeiten müssen immer berücksichtigt werden.
In der Naturkosmetik werden reine ätherische Öle nicht nur in Produkten, sondern auch als Zusatz zu Kompressen, Bädern und Massagen verwendet. Sie lassen sich individuell mischen, um Körper, Geist und Seele zu harmonisieren, die Gesunderhaltung zu unterstützen und die Selbstheilungskräfte zu aktivieren.
Ätherische Öle werden sowohl über den Geruchssinn als auch von der Haut aufgenommen. Deshalb wirken sie stets physisch und psychisch.

Jasmin als beruhigendes Kraut

Beim Einatmen von Düften reagiert zunächst die Riechschleimhaut in der Nasenhöhle. Über die Rezeptoren der Riechsinneszellen wird der Riechnerv stimuliert. Dessen Impulse werden vom Gehirn wahrgenommen. Über das vegetative Nervensystem bewirken sie im Körper Dämpfung oder Anregung. Schleimdrüsen in der Nase spülen die Geruchsmoleküle weg und ermöglichen so, neue Gerüche wahrzunehmen.

In die Haut penetrieren die kleinen Moleküle ätherischer Öle interzellulär und transzellulär und auch über die Haarfollikel. Sie greifen nicht nur in den Hautstoffwechsel ein, sondern werden über die Blutgefäße im Körper transportiert. Allein deshalb, aber auch wegen der Gefahr möglicher Allergien, ist die Arbeit mit ätherischen Ölen sehr gewissenhaft und verantwortungsvoll auszuführen.

WWW. www.aromatherapie.at

11.6.1 Ätherische Öle

Diese ölartigen Flüssigkeiten enthalten zahlreiche Duftstoffe, durch die sie jeweils einen charakteristischen Geruch verströmen. Im Gegensatz zu den fetten Ölen sind sie leicht flüchtig und meistens lichtempfindlich. Deshalb werden sie in dunkle Glasflaschen gefüllt und nach Gebrauch stets verschlossen aufbewahrt. Ätherische Öle haben eine keimhemmende, desinfizierende Wirkung. Es sind komplexe Substanzen, bei denen bereits Hunderte von Inhaltsstoffen analysiert wurden. Es sind Wirkstoffkonzentrate, die nur tropfenweise einem Trägeröl zugesetzt werden dürfen. Als Trägeröl dienen natürliche, hautfreundliche Pflanzenöle wie Sesamöl, Sojaöl, Borretschöl, Distelöl, Mandelöl.

Ätherische Öle

Lavendelplantage

Melisse

Salbei

Für die Gewinnung ätherischer Öle aus Pflanzen gibt es verschiedene Methoden:

Kaltpressung: Klein geschnittene Fruchtschalen, z.B. von Zitrusfrüchten, werden mit wenig Wasser vermischt und mechanisch ausgedrückt. Mit einer Zentrifuge können anschließend die ätherischen Öle abgetrennt werden.

Destillation: Wasserdampf nimmt die Duftstoffe aus zerkleinerten Pflanzenteilen mit. Nach Abkühlung schwimmen die ätherischen Öle oben auf dem Wasser und können abgeschöpft werden.

Extraktion: Mit flüchtigen Lösungsmitteln wie Alkohol oder Petroläther wird der Duftstoff aus den Pflanzenteilen herausgezogen.

Enfleurage: Blütenblätter, z.B. von Jasmin oder Tuberose, werden auf fettüberzogene Platten gedrückt, sodass der Duft in die Fette gelangt. Danach werden dem Fett die Duftstoffe mit Alkohol entzogen.

Für reine ätherische Öle sollten nur Pflanzen aus biologischem Anbau verwendet werden, weil sonst auf den genannten Wegen auch Schadstoffe wie Kunstdünger und Pestizide in das ätherische Öl gelangen könnten.

Beispiele häufig verwendeter ätherischer Öle

Bezeichnung der Pflanzen	Wirkungen der ätherischen Öle
Rosmarin	durchblutungsfördernd, stärkend, belebend, heilungsfördernd
Geranie, Patchouli	ausgleichend, mild, reizlindernd, regenerierend
Lavendel, Narde	ausgleichend, beruhigend
Kamille, Thymian	entzündungshemmend, ausgleichend
Orange, Zitrone, Mandarine, Grapefruit, Limette	anregend, psychisch belebend, aufbauend, entspannend, reinigend, deodorierend
Melisse, Rose	ausgleichend, psychisch belebend, anregend
Eukalyptus, Kampfer	anregend, durchblutend, desinfizierend
Teebaum, Palmarosa	entzündungshemmend, heilungsfördernd, stärker antiseptisch, deodorierend
Fichtennadel, Kiefernnadel, Zeder	belebend, erfrischend, durchblutend, deodorierend, erfrischend
Minze	belebend, durchblutend, erfrischend
Zitronengras	durchblutend, erfrischend
Salbei, Immortelle	entzündungshemmend, abschwellend

A Wie werden Düfte vom Menschen wahrgenommen? Geben Sie zwei Duftbeispiele und beschreiben Sie Ihre Empfindungen.

11.6.2 Anwendungsmöglichkeiten

Beim Einsatz ätherischer Öle in der Kosmetik wird das Dufterlebnis vom Kunden unterschiedlich wahrgenommen. Besteht bereits ein Vertrauensverhältnis zum Kunden, fallen Vorschläge zur Wahl ätherischer Öle leichter. Ansonsten helfen Gespräche und Duftproben.

Aromalampe

Aromalampe: Eine in jedem Wellnessbereich beliebte Methode zur Verbesserung des Raumklimas ist das Verdampfen ätherischer Öle in Aromalampen. Die darin erzeugte Wärme beschleunigt die Verbreitung der Düfte in der Raumluft. Diese sollte stets frisch und ausreichend befeuchtet sein. Erfrischende Zitrusnoten sind allgemein beliebt.
Auch in einer Kosmetikkabine kann eine Aromalampe eingesetzt werden, nachdem der Duft den Wünschen des Kunden angepasst wurde. Es gibt fertige Duftmischungen im Handel. Düfte können das Abschalten vom Alltag unterstützen und die Entspannung fördern. Allerdings entsteht durch die anschließende Verwendung von Aromadampf, Massagecremes, Ölen, Packungen usw. oftmals ein Mischduft, der zur Ursache von Kopfschmerzen werden könnte. Es ist zu empfehlen, die Aromalampe zeitlich begrenzt einzusetzen.

Aromakompressen: Der Kunde sollte höchstens an drei verschiedenen ätherischen Ölen riechen und dann seine Wahl treffen. Die Kosmetikerin gibt wenige Tropfen davon ins warme Kompressenwasser, das sie für Kompressen zur Durchblutungsförderung und Hautquellung im Rahmen von Gesichts- oder Körperbehandlungen mehrmals an einem Kunden verwendet.

Aromabedampfung: Wiederum nach den Wünschen des Kunden ausgewählt, wird das ätherische Öl in den Filzring an der Austrittsdüse des Dampfgerätes oder auf einen Wattebausch im Kräutersieb geträufelt, damit der Dampf die duftenden Substanzen mitreißt. Der Duft wird intensiv eingeatmet und die Schleimhäute werden befeuchtet. Für die nächste Bedampfung mit einem anderen ätherischen Öl müssen Filzring oder Wattebausch ausgetauscht werden.

Saunaaufgüsse: In regelmäßigen Abständen verabreichte, zumeist durch eine Zeitschaltuhr programmierte aromatische Aufgüsse in der Heißluftsauna steigern das Schwitzen und befeuchten die Schleimhäute beim Einatmen. Bevorzugt werden fruchtige oder würzige Noten.

Saunaaufguss

Blütenbad

Z

Für Aromabäder empfiehlt es sich, ätherische Öle zunächst tropfenweise in Milch oder Sahne zu verrühren und die Mischung langsam in das eingelaufene Badewasser zu verrühren.

Aromabäder: Besonders dekorativ wirkt es, wenn frische Blütenblätter, z.B. von Rosen, ins warme Wasser von Teilbädern oder Wannenbädern eingestreut werden. Wirkungsvoller allerdings sind die Essenzen selbst. Um die Löslichkeit zu verbessern, sollten die ätherischen Öle zunächst in Sahne getropft und in das bereits eingelassene Wasser behutsam eingerührt werden. Die Haut wird nach dem Bad nicht abgeduscht, sondern für die Nachruhe behutsam getrocknet.

Aromamassagen: Klassische Gesichts- und Körpermassagen lassen sich nicht nur mit Cremes, sondern auch mit Ölen ausführen.
2–3 Tropfen der vom Kunden ausgewählten ätherischen Öle werden in etwa 1 Esslöffel Basisöl, z.B. Distelöl, Mandelöl, Nachtkerzenöl oder Borretschöl, getropft und vermischt.

Der Duft wird zum entspannenden Wohlfühlerlebnis und als Wirkstoff durch die Massage tiefer ins Gewebe gebracht.
Aber auch in duftneutrale Cremes können wenige duftende Tropfen eingerührt werden, um die Sinne zu beleben.

Teebaumöl ist nicht nur stärker wirksam, sondern unterscheidet sich von anderen ätherischen Ölen außerdem in der Anwendung. Es wird auch konzentriert, ohne Trägeröl, auf der Haut vertragen. Seine antiseptische und heilungsfördernde Wirkung ist bei Behandlungen der aknegefährdeten Haut und in der Fußpflege besonders geschätzt.

A

Stellen Sie zusammen, wie ätherische Öle bei den Behandlungen in Ihrem Ausbildungsbetrieb verwendet werden, und vergleichen Sie mit den Erfahrungen Ihrer Mitschülerinnen in Ihrer Klasse.

Wiederholungsaufgaben zum Lernfeld 11

1. Welche Strahlenarten werden kosmetisch genutzt?
2. Unterbreiten Sie einen Behandlungsvorschlag für das Gesicht mit Infrarotbestrahlung.
3. Wie kann die Kosmetikerin den Infrarotstrahler für den Körper nutzen?
4. Welche Wirkungen sind von einer Infrarotbestrahlung zu erwarten?
5. Welche Kontraindikationen müssen bei Anwendung von Tiefenwärme berücksichtigt werden?
6. Wie kann Farblicht innerhalb kosmetischer Behandlungen angewendet werden?
7. Schildern Sie an drei Beispielen, wie Lasergeräte und Pulslichtsysteme in der Kosmetik genutzt werden.
8. Welche Vorteile hat die heiß-kalte Wechselanwendung?
9. Geben Sie Beispiele für nachteilige Wirkungen auf die Haut durch Fehler bei Wasseranwendungen.
10. Welche physiologischen Wirkungen hat Wasserdampf?
11. Vergleichen Sie die Vorteile vom Duschen oder Baden bei Körperbehandlungen.
12. Welche Badezusätze haben eine beruhigende und entspannende Wirkung?
13. Wie führen Sie das Besprühen der Haut aus?
14. Geben Sie Beispiele für die Anwendung elektrischer Sprühgeräte bei Körperbehandlungen.
15. Wie wirkt kaltes Wasser an der Gesichtshaut?
16. Geben Sie Beispiele für Wasseranwendungen an der Gesichtshaut.
17. Schildern Sie an Beispielen, wie die Dampfsauna in Wellnessprogramme integriert werden kann.
18. Welche entzündungshemmenden Kräuter lassen sich mit dem Dampfgerät kombinieren?
19. Welche Auflagen sind im Rahmen der Pflege trockener Hand- und Unterarmhaut sinnvoll?
20. Welche kosmetischen Ziele werden mit dem Auflegen heißer Steine verbunden?
21. Welche Materialien sind für kosmetische Wickel geeignet?
22. Beschreiben Sie die Wickeltechnik bei Arm- oder Beinbehandlungen.
23. Erklären Sie Thalassobehandlungen an Beispielen.
24. Was ist unter „Floating“ zu verstehen?
25. Beschreiben Sie, woran die Stadien I-III von Cellulite zu erkennen sind.
26. Welche Ursachen für Cellulite sind Ihnen bekannt?
27. Schildern Sie eine bewährte manuelle Cellulitebehandlung.
28. Wie können Betroffene selbst bei Cellulite gegensteuern?
29. Schildern Sie an Beispielen, welche Apparate zu Cellulitebehandlungen kombiniert werden.
30. Welche Wirkstoffe werden für Cellulitepräparate eingesetzt?
31. Welche Kontraindikationen müssen bei apparativen Cellulitebehandlungen berücksichtigt werden?
32. Welchen Einfluss haben Ernährung und Bewegung bei beginnender Cellulite?
33. Welche Möglichkeiten der Depilation kennen Sie?
34. Stellen Sie die verschiedenen Methoden der Depilation in Vor- und Nachteilen gegenüber.
35. Beschreiben Sie die Ausführung einer Wachsenthaarung im Gesicht.
36. Zu welchem Zeitpunkt in der Gesichtsbehandlung ist die Wachsenthaarung von Oberlippe/Kinn möglich?
37. Worauf achten Sie bei einer Wachsenthaarung der Beine?
38. Schildern Sie den praktischen Ablauf einer Warmwachsenthaarung der Beine.
39. Welche Präparate werden zur Depilation benötigt?
40. Welche Wirkstoffe kommen in chemischen Enthaarungsmitteln zur Anwendung?
41. Was bedeutet „Epilation“?
42. Unterscheiden Sie die Sonden- und Pinzettenepilation.
43. Was muss bei einer Epilation besonders beachtet werden?
44. Warum dürfen Haare auf Pigmentnaevi nicht gezupft werden?
45. Welche Geräte werden zur elektrischen Epilation verwendet?
46. Welche Kontraindikationen müssen bei Epilationen berücksichtigt werden?
47. Beschreiben Sie, wie Epilationen mit dem neuen Pulslichtgerät in Ihrem Studio ausgeführt werden.
48. Welche Transportsysteme im Körper kennen Sie?

49. Welche speziellen Aufgaben hat das Lymphsystem im Körper?
50. Was soll ML in der Kosmetik an der Haut bewirken?
51. Welche gesundheitsfördernden Wirkungen sind von der ML in der Kosmetik zu erwarten?
52. Welche Kontraindikationen müssen bei der ML berücksichtigt werden?
53. Begründen Sie, bei welchen Hautbildern und Hautproblemen die ML besonders nützlich ist.
54. Worin unterscheidet sich die Ausführung der ML von klassischen Massagen?
55. Mit welchen Grundgriffen wird ML ausgeführt?
56. Was ist unter Aromabehandlung in der Kosmetik zu verstehen?
57. Wie werden Düfte vom Körper aufgenommen?
58. Welche Öle sind als Trägeröle geeignet?
59. Unterscheiden Sie ätherische Öle von fetten Ölen.
60. Beschreiben Sie Methoden der Gewinnung von ätherischen Ölen.
61. Nennen Sie fünf häufig verwendete ätherische Öle und beschreiben Sie deren Wirkungen.
62. Wie werden Aromabäder zubereitet?
63. Beschreiben Sie drei häufige Anwendungsmöglichkeiten ätherischer Öle in der Kosmetik in ihrer praktischen Ausführung.
64. Empfehlen Sie ätherische Öle, die sich für eine Aromamassage des Körpers bei nachlassendem Hautstoffwechsel eignen.
65. Welche Nachteile kann die Verwendung einer Aromalampe in der Kosmetikkabine haben?

12 Gestalten mit dekorativer Kosmetik

Situation

Heute hat Daniela, die neue Auszubildende im Kosmetiksalon „Beauty Star", zum ersten Mal ein Modell für ein Tages-Make-up.

Die Chefin, Frau Berger, bittet Daniela, den Arbeitsplatz dafür vorzubereiten. Daniela legt alles bereit, was sie ihrer Meinung nach benötigt. Doch irgendetwas fehlt, aber ihr fällt einfach nicht mehr ein, was das sein könnte.

Zum Glück gibt es Sabrina, die jetzt bereits im dritten Ausbildungsjahr zur Kosmetikerin ist und die ihr schon so oft hilfreiche Tipps gegeben hat.

Sabrina sieht sofort, was noch fehlt, und hilft Daniela dabei, die restlichen Arbeitsutensilien zusammenzustellen.

Situation

Am Montagmorgen kommt Daniela stolz zur Arbeit. Sie war am Samstag shoppen und hat sich eine neue Bluse gekauft. Allerdings ist sie sich unsicher, ob ihr die Bluse auch wirklich steht, und bittet Sabrina um ihre Meinung.

Sabrina schaut Daniela skeptisch an. Das Muster der Bluse ist in warmen Farbtönen gehalten und passt eigentlich nicht zu dem kalten Farbtyp von Daniela.

Sie bietet Daniela an, nach der Arbeitszeit mit ihr eine Farbanalyse durchzuführen, um festzustellen, ob sich Daniela mit der Bluse wirklich „verkauft" hat.

Situation

Heute hat Janine, die Tochter von Sabrinas Lieblingskundin, einen Termin im Kosmetikinstitut. Janine heiratet in drei Monaten und möchte beraten werden, wie sie sich an ihrem großen Tag am besten schminken kann. Sabrina fragt erst einmal nach, wie das Brautkleid aussehen wird. Janine stellt sich ihr Kleid mit einem weiten Rock und einem spitzenbesetzten Oberteil in einem warmen Beigeton vor.

„Es muss richtig romantisch aussehen", schwärmt sie. Daraus schließt Sabrina, dass Janine an ihrem Hochzeitstag romantisch aussehen möchte. Sie gibt ihr Tipps, wie sie die romantische Ausstrahlung beim Make-up noch unterstreichen kann. Außerdem rät sie ihr, möglichst bald eine Farb- und Stilberatung machen zu lassen, denn dies könnte ihr bei der Wahl des Brautkleides weiterhelfen.

Situation

Janine wird nach dem Beratungstermin von ihrer Großmutter Frau Bauer abgeholt. Sie ist ganz glücklich, weil Sabrina sie so umfassend beraten hat, und schlägt ihrer Großmutter ebenfalls eine Beratung vor. Frau Bauer: „Ach, Janine, ich bin doch eine alte Frau, da sieht doch ein Make-up nicht mehr gut aus." Sabrina erklärt Frau Bauer, dass ein dezent aufgetragenes Make-up sie frischer und jünger erscheinen lässt. Gemeinsam mit Janine überzeugt sie Frau Bauer, dass sie sich am Hochzeitstag ihrer Enkelin auch schminken lässt.

12.1 Aufgaben der dekorativen Kosmetik

In vielen Situationen ist der erste Eindruck eines Menschen entscheidend. Bewusst oder unbewusst beurteilt man sein Gegenüber zunächst nach dem Äußeren. Die Gestalt, die Kleidung, die Frisur und das Make-up ergeben ein Gesamtbild und sind häufig ausschlaggebend für spontane Akzeptanz oder Ablehnung.
Deshalb ist ein gepflegtes Äußeres im Beruf und auch im privaten Bereich wichtig. Keine Frau muss wie ein Model aussehen, aber durch ein typgerechtes Make-up wirkt jede Frau attraktiver.
Verschiedene Techniken und Farben ermöglichen es, die Vorzüge eines Gesichtes hervorzuheben. Dabei ist der Stil- und Farbtyp einer Kundin wichtiger als der aktuelle Trend des Make-ups.

Mit den Schminkmitteln der dekorativen Kosmetik hat die Kosmetikerin eine Fülle gestalterischer Möglichkeiten zur Verfügung, die verborgenen Schönheiten eines Gesichts hervorzuheben und Schwächen zu kaschieren. Das kleine Make-up sollte auch nach der Gesichtspflege im Institut selbstverständlich sein, weil es das positive Erlebnis der Behandlung optisch wirkungsvoll unterstreicht. Selbst in der Herrenkosmetik sind dekorative Anwendungen äußerst nützlich, um Pusteln, Poren, Rötungen oder Pigmentflecken zu verdecken.

Sportlicher Typ

12.2 Stiltypen

Nur die wenigsten Menschen lassen sich eindeutig einem Stil zuordnen, meist handelt es sich um Mischtypen.
Grundsätzlich kann man jedoch folgende Typen unterscheiden:

Sportlicher Typ

Die sportliche Frau wirkt aktiv, dynamisch, zupackend und natürlich.
Sie trägt pflegeleichte Kurzhaarschnitte oder einen Zopf. Ihre Kleidung ist eher praktisch, z.B. Polohemd, Jeans, Sweatshirt, bequeme Schuhe. Sie schminkt sich sehr zurückhaltend.

Klassischer Typ

Die klassisch gekleidete Frau wirkt repräsentativ, edel und erfolgreich.
Sie trägt gern glatte und sehr gepflegte Frisuren. Ihre Kleidung wie Kostüme, Hosenanzüge, klassische Schuhe und der wenige Schmuck sind von hoher Qualität. Das Make-up ist perfekt und harmonisch.

Klassischer Typ

Romantischer Typ

Die Ausstrahlung der romantischen Frau ist mädchenhaft und verträumt. Weich fließende Kleidung mit verspielten Merkmalen, z.B. Rüschen oder Blümchen, betont die Weiblichkeit. Dazu trägt sie gerne nostalgischen Schmuck. Lange, offene, glatte, aber auch lockige Frisuren werden von ihr bevorzugt. Die Farbwahl beim Make-up sind zarte, helle Farben, wobei die Augen besonders betont werden.

Femininer Typ

Die feminine Frau gibt sich sexy und selbstbewusst. Durch weibliche Kleidung wie kurze, enge Röcke, eng anliegende Oberteile, hohe Absätze, transparente, glänzende Stoffe und viel Schmuck betont sie ihre Figur. Voluminöse lange Haare und ein verführerisches, raffiniertes Make-up runden ihr Gesamtbild ab.

Extravaganter Typ

Provokant und kreativ ist die extravagante Frau. Sie verändert gern ihr Äußeres, indem sie die verschiedensten Stile unkonventionell miteinander kombiniert. Ihre häufig wechselnden Frisuren sind ausgefallen in Farbe und Form. Auch beim Make-up beweist sie Mut zur Farbe und probiert gern etwas Neues aus.

Romantischer Typ

Femininer Typ

Extravaganter Typ

A Bilden Sie in Ihrer Klasse fünf verschiedene Gruppen. Jede Gruppe bekommt einen Stiltyp zugeordnet. Wählen Sie in jeder Gruppe eine Schülerin aus, die die Aufgabe des Modells einnehmen soll.
In Gruppenarbeit soll das Modell zum entsprechenden Stiltyp umgestylt werden.
Präsentieren Sie Ihr Modell in Form einer Modenschau. Bestimmen Sie jemanden aus Ihrem Team, der die Moderation übernimmt. Laden Sie zur Präsentation Gäste ein, z.B. eine andere Klasse.

Nanometer = 1 millionstel Millimeter
reflektieren = zurückstrahlen
absorbieren = verschlucken, aufnehmen

12.3 Farben und Farbberatung

12.3.1 Wie entsteht Farbe?

Um farbig sehen zu können, benötigt man Licht.
Sichtbares Licht (künstlich oder natürlich) breitet sich als elektromagnetische Wellen aus. Die einzelnen Strahlen unterscheiden sich durch ihre Wellenlänge. Das menschliche Auge kann Licht bestimmter Wellenlängen zwischen ungefähr 400 und 780 Nanometer als Farben wahrnehmen. In der Netzhaut des Auges gibt es dafür farbempfindliche Sehzellen, sogenannte Zapfen.
Die Lichtstrahlen, die ins menschliche Auge fallen, werden von den Zapfen gesammelt und ans Gehirn weitergeleitet, wo dann die eigentliche Farbempfindung entsteht.

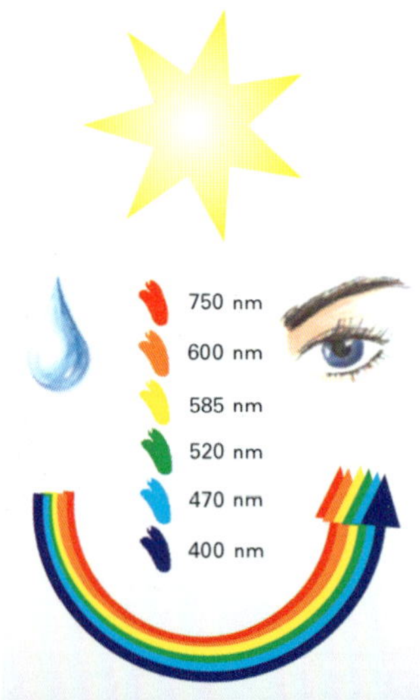

Entstehung der Spektralfarben

Lässt man weißes Licht durch ein Prisma fallen, so erscheinen die Regenbogenfarben Rot, Orange, Gelb, Grün, Blau und Violett. Dieses Phänomen tritt auch beim Erscheinen eines Regenbogens auf. Hier wird das Prisma durch Regentropfen ersetzt. Diese Farben werden als **Spektralfarben** bezeichnet.
In der Farbenlehre unterscheidet man zwischen Farben des Lichts, also den Spektralfarben, und den Körperfarben.
Körperfarben sind Farben, die Pigmente enthalten, z.B. Präparate der dekorativen Kosmetik (Lidschatten, Lippenstifte), künstliche Haarfarben, Wandfarben, Wasserfarben.

Die Farben von Gegenständen, Make-up, Lidschatten usw. kann man nur wahrnehmen, wenn Licht darauf fällt. Ein bestimmter Teil des Lichts wird reflektiert und ein anderer Teil wird absorbiert. Der Teil des Lichts, der reflektiert wird, erzeugt in unserem Gehirn den Farbeindruck des entsprechenden Gegenstands. Wenn ein Gegenstand unserem Auge rot erscheint, reflektiert er die Wellenlängen der Farbe Rot, alle anderen Wellenlängen (Orange, Gelb, Grün, Blau und Violett) werden absorbiert. Erscheint uns ein Gegenstand weiß, werden alle auf ihn treffenden Strahlen reflektiert. Werden alle auf einen Gegenstand treffenden Strahlen absorbiert, so erscheint er schwarz.

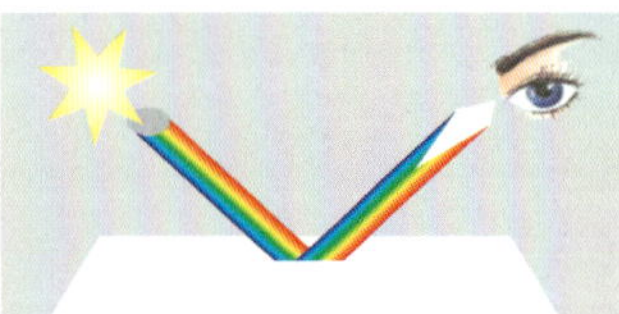
Reflektieren von Farbanteilen

In der Farbenlehre werden die Farben je nach unterschiedlichen Eigenschaften u.a. zu Gruppen zusammengefasst.
Man unterscheidet
- warme Farben und
- kalte Farben.

Absorbieren von Farbanteilen

Den **warmen** Farben werden alle Farben mit einem gelblichen Unterton zugeordnet. Alle Farben, die kein Blau enthalten, werden in Zusammenhang mit Feuer und Sonne gebracht.

Im Gegensatz dazu werden alle Farben mit einem bläulichen Unterton den **kalten** Farben zugeordnet, denn sie werden in Zusammenhang mit Wasser gebracht und enthalten kein oder wenig Gelb.
Diese Farben können aber in ihrer kalten oder warmen Wirkung beeinflusst werden. So kann ein Rot mit einer Beimischung von Blau (siehe im Farbkreis Rotviolett)

kühl oder mit einer Beimischung von Gelb (siehe im Farbkreis Rotorange) warm wirken.
Das Mischungsverhältnis der Farben bestimmt also, in welche Richtung die Farbe geht. Die Wirkung von warm oder kalt bei einer Farbe ist auch abhängig davon, mit welchen Farben eine Farbe kombiniert wird, d.h., wenn Violett neben einer noch kälter wirkenden Farbe steht, wirkt es warm. Umgekehrt, steht Violett neben einer noch wärmeren Farbe, wirkt Violett kalt.

12-teiliger Farbkreis

Im Bereich der **dekorativen Kosmetik** muss die Kosmetikerin wissen, welche Farbtöne den Typ der Kundin wirkungsvoll unterstreichen. Jede Frau (und jeder Mann) kann fast jede Farbe tragen, solange die richtige Nuance gewählt wird. Ist Olivgrün mit einem gelblichen Unterton ungeeignet, kann ein Grün mit bläulichem Unterton ganz harmonisch wirken. Welche Töne einer Person stehen, hängt von Hautfarbe, Haarfarbe und Augenfarbe ab.

Farbbalken

In der **Farbtypberatung** werden die natürlichen Farbtöne eines Menschen als Grundlage genommen.
In Büchern und Zeitschriftenartikeln sind je nach Autor/-innen unterschiedliche Farbtypbezeichnungen festgelegt.
Üblicherweise erfolgt die Einteilung zunächst in kalte und warme Töne und in **vier Grundtypen**.

Grundtyp 1	warm-leuchtend	hell-warm	Frühlingstyp
Grundtyp 2	kalt-gedämpft	hell-kalt	Sommertyp
Grundtyp 3	warm-gedämpft	dunkel-warm	Herbsttyp
Grundtyp 4	kalt-leuchtend	dunkel-kalt	Wintertyp

warm-leuchtend (Frühling)

kalt-gedämpft (Sommer)

warm-gedämpft (Herbst)

kalt-leuchtend (Winter)

Farbbalken für die 4 verschiedenen Farbtypen

Am Anfang ist es nicht leicht, die Farbrichtung der unterschiedlichen Hautpigmentierungen sofort zu erkennen. Vergleicht man aber die verschiedenen Nuancen einer Farbe miteinander, dann kann man feststellen, dass es die unterschiedlichsten Farbrichtungen innerhalb eines Grundtons gibt. So lässt sich für jeden Menschen und seine jeweilige Pigmentierung eine ihm entsprechende Farbrichtung finden. Auch wenn man älter wird, verändert sich der Farbtyp nicht.

Farbanalyse

Um eine Kundin einem Farbtyp zuordnen zu können, muss eine Farbanalyse vorgenommen werden. Die Kundin sitzt dafür im Idealfall entweder bei Tageslicht am Nordfenster oder vor einem Spiegel mit integrierten Tageslichtglühlampen. Analysetücher und sogenannte **Finaltücher** liegen bereit.
Für eine Analyse muss:

- das Gesicht der Kundin ungeschminkt sein,
- die Kleidung mit einem neutralen Tuch abgedeckt werden,
- Brille und Ohrschmuck abgelegt werden,
- gefärbtes Haar ebenfalls abgedeckt werden.

Um festzustellen, ob die Kundin ein warmer oder kalter Farbtyp ist, legt man Analysetücher mit den typischen Farben der vier Farbtypen unter das Gesicht und blättert sie nacheinander ab. Bei der Abfolge der Analysetücher kommen z.B. vier Gelbtöne vor: das warme Dottergelb (warm-leuchtend), das curryähnliche Gelb (warm-gedämpft), das starke, neonartige, kalte Gelb (kalt-leuchtend) und das zarte, kühle Gelb (kalt-gedämpft). Einer der vier Gelbtöne wird zum Pigmentierungstyp der Kundin passen.

Legt man der Kundin anschließend die **ausgewählten Analysetücher** um, dann:

- leuchten die Augen stärker,
- die Haare glänzen schön,
- die Haut wirkt klarer und straffer.

Bei **Analysetüchern**, die **nicht** mit dem Pigmentierungstyp **harmonieren**, zeigt sich Folgendes:

- deutliche Augenränder,
- Haut wirkt fleckig und schattig,
- Gesichtskonturen werden unscharf oder zu stark betont,
- eine kräftige Unterkieferpartie wird zu sehr hervorgehoben,
- das Weiße in den Augen wirkt gelblich,
- die Haare bekommen einen dunklen Ansatz, sehen dann leicht fettig aus oder wirken spröde und unfrisiert.

Z Geschmack, Farbvorlieben oder Modefarben bleiben bei der Analyse zunächst unberücksichtigt.

Nach der Beratung wird der Kundin ein **Farbpass** mit der individuellen Farbzusammenstellung für ihren Pigmentierungstyp ausgestellt. Diesen kann sie somit immer bei sich tragen und ihre Kleidung und das Make-up entsprechend auswählen.

A Sammeln Sie Zeitschriften. Teilen Sie Ihre Klasse in vier gleich große Gruppen ein. Jede Gruppe erarbeitet eine Collage zu den vier Grundtypen: warm-leuchtend, kalt-gedämpft, warm-gedämpft, kalt-leuchtend. Später präsentieren alle Gruppen ihr Ergebnis den anderen und erläutern, ob einzelne Farben schwer oder leicht zu finden waren.

12.3.2 Farbtypberatung

Warm-leuchtender Farbtyp (Frühlingstyp)

Der warm-leuchtende Farbtyp ist weltweit am seltensten. Helle Augen, helle Haare und ein heller Teint sind die herausragenden Merkmale.

Schminkvorschlag für den warm-leuchtenden Farbtyp

Analysetücher

Hautfarbe

Goldener, heller Hautton

Der transparente Teint hat immer einen gelblichen bis goldenen Unterton. Sommersprossen sind, wenn welche auftreten, nur ganz dezent goldbraun.

Augenfarbe

Blau, Blautürkis, Grau- oder Goldbraun. Kaum zu finden sind dunkle Augen.

Haarfarbe

Rötlich schimmernde Blondtöne.

Farbveränderung

Kupferroter Schimmer.

Rothaarige Typen brauchen selten eine Farbveränderung der Haare, denn ihr Haar hat meist von Natur aus einen schönen, warmen kupferroten Schimmer.

Make-up

Bei dem warm-leuchtenden Farbtyp sollte das Make-up den Farbtyp nur zart unterstreichen. Es dürfen nicht zu intensive und grelle Farbtöne eingesetzt werden.

Grundierung: Gelbstichige Nuancen, die Grundierung sollte durchscheinend wirken und transparent bleiben.

Lidschatten: Er hängt von der Augenfarbe ab, vom warmen Goldbraun bis zum zarten Grün ist z.B. alles möglich.

Wimperntusche: Braun

Lippen: Alle hellen Orange- oder Brauntöne eignen sich, sie sollten aber auf keinen Fall zu dunkel sein.

Rouge: Zartes Rouge in hellen Orangetönen.

Ideale Farben
Helle, leuchtende, klare, warme Farben wie Maigrün, Orange, Apricot, Cremeweiß, Lachsrosa, Pfirsichgelb, Kamel in allen Nuancen lassen die Haut frischer und glatter erscheinen.

Schmuck
Gelbgold oder Messing

Kalt-gedämpfter Farbtyp (Sommertyp)
Dieser Farbtyp ist in Nord- und Mitteleuropa sehr häufig zu finden.

Analysetücher

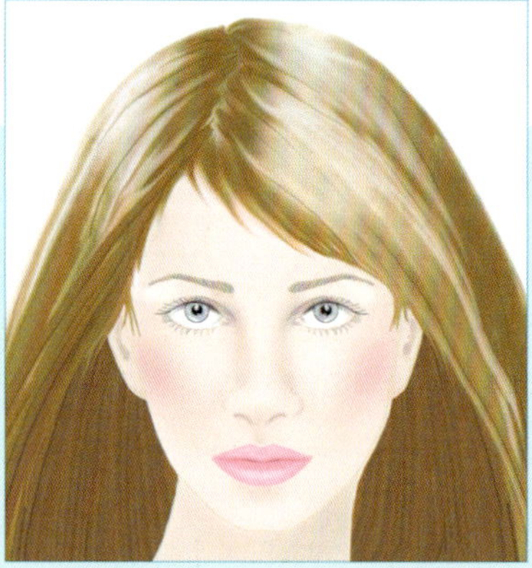

Schminkvorschlag für den kalt-gedämpften Farbtyp

Hautfarbe
Rosiger Hautton.
Sommersprossen sind eher selten.

Augenfarbe
Grau, Graublau, Hellblau, Blaugrün oder Haselnussbraun mit grauem Unterton.

Haarfarbe
Aschblond, Mittel- bis Hellbraun mit deutlich aschiger Nuancierung.

Farbveränderungen
Häufig erscheint die Haarfarbe etwas eintönig. Mit Nuancen in Silber, Nordischblond, Perl, Rosenholz, Hell- oder Mittelblond können interessante Reflexe ins Haar gezaubert werden.
Alle kühlen Töne mit bläulichem Unterton sind ideal für den kalt-gedämpften Farbtyp.

Make-up
Grundierung: Es sollten Nuancen mit rosigem Schimmer gewählt werden.
Lidschatten: Kühle, zarte Farben wie Grau, Lila oder Pink.
Die Farben sollten transparent wirken.

Wimperntusche: Anthrazit oder Braunschwarz
Lippen: Alle Rosatöne, d.h. ein helles Lippenrot mit einem kleinen Blaustich
Rouge: Altrosa ist die ideale Nuance, aber auch Schattierungen von zartem Pink über sanftes Rosa bis hin zu einem dunkleren Weinrot sind denkbar.

Ideale Farben

Hellblau und Rosa sind die idealen Farben. Durch Farben wie Wollweiß, Eierschale, zartes Blaugrau, verwaschenes Jeansblau und Flieder erweitert sich die Farbpalette.

Schmuck

Silber oder Platin

Warm-gedämpfter Farbtyp (Herbsttyp)

Dieser Farbtyp mit seinen gelblichen, bräunlichen und rötlichen Nuancen ist unkompliziert und geht unbeschwert mit Farben in Mode und Kosmetik um. Er kann unbedenklich Bronzepuder zum Auffrischen des Teints einsetzen, wobei erdige Brauntöne, Kupfer- oder Goldnuancen als Lidschatten das Make-up abrunden.

Schminkvorschlag für den warm-gedämpften Farbtyp

Analysetücher

Hautfarbe

Bronzefarbener oder goldbeiger Hautton.
Ein irisch blasser Teint mit rötlichen Sommersprossen zählt ebenfalls zum warm-gedämpften Farbtyp.

Augenfarbe

Goldbraun, Dunkelbraun, Bernstein, Blaugrün, Grün, Oliv. Die Augen leuchten intensiv warm und klar.

Haarfarbe

Hell- bis Dunkelrot, Kastanienbraun, Mittelblond mit Rotstich.
Zumindest haben alle Haarfarben einen leicht rötlichen Schimmer.

Farbveränderung

Rötlich goldene Töne.
Kastanie, Kupferrot, Goldbraun, Schokobraun und Henna unterstreichen die warme Ausstrahlung.

Make-up

Grundierung:	Nuancen mit einem beigegelblichen Grundton heben den besonderen Hautton des warm-gedämpften Farbtyps hervor.
Lidschatten:	Schön sind warme, matte Töne wie Braun, Kupfer, Gold oder Oliv. Durch einen feinen, sanft verwischten Kajalstrich auf dem Unterlid wirken die Augen noch ausdrucksvoller.
Wimperntusche:	Dunkelbraun bis Schwarzbraun
Lippen:	Mit Rotbraun, Rost, Terrakotta, Orange darf der Mund intensiv geschminkt werden, aber immer mit einem warmen Schimmer.
Rouge:	Gedämpfte Töne von Orange bis Terrakotta

Ideale Farben

Alle gedämpften Farben mit goldenem oder bronzefarbenem Schimmer, wie Kupfer, Goldbraun, warmes Cremeweiß, Curry, Rostrot, Tomatenrot, Orange, Flaschengrün, Petrol und Oliv, unterstreichen die warme Ausstrahlung.

Schmuck

Gelb- oder Rotgold

Kalt-leuchtender Farbtyp (Wintertyp)

Weiße Haut oder kühl wirkender olivfarbener Teint, schwarzes Haar, klares Augenweiß und dunkle Pupillen sind die typischen Merkmale dieses Farbtyps.

Analysetücher

Schminkvorschlag für den kalt-leuchtenden Farbtyp

Hautfarbe

Rosige oder olivfarbene Nuancen.
Charakteristisch ist die durchsichtig und kühl wirkende Haut.

Selbst bei Sonnenbräune wird sie niemals tiefdunkel. Der Teint schimmert rosig oder bei südländischen Typen olivfarben.

Augenfarbe
Dunkelgrau, Grün, Dunkel- und Schwarzbraun

Haarfarbe
Dunkelbraun, Schwarz, Blauschwarz, Weißblond

Farbveränderung
Blaustichige Töne, z. B. Aubergine

Make-up
Der kalt-leuchtende Farbtyp braucht nicht viel Farbe, aber kräftige Kontraste. Betont werden die Augen und der Mund. Je kräftiger der Lippenstift ausfällt, desto zurückhaltender sollte das Augen-Make-up sein und umgekehrt.

Grundierung:	Rosige, beige oder olivfarbene Nuancen, die keinen Stich ins Gelbliche haben sollten.
Lidschatten:	Kühle, harte Farben: z. B. Stahlblau, Anthrazit, Mauve, Pink, Nachtblau, ein dunkles Grün. Mit Kajal werden die Augen betont.
Wimperntusche:	Tiefschwarz
Lippen:	Wichtig ist, dass der Lippenstift einen kühlen Blaustich hat.
Rouge:	Ein Hauch Rouge in Nuancen von Rosa bis Pink, denn zu viel Rouge steht dem kalt-leuchtenden Farbtyp nicht.

Ideale Farben
Von allen Farbtypen steht diesem Schwarz und Weiß am besten, doch auch die kalten, eisigen, kräftigen und leuchtenden Töne wie Marineblau, Rot, Pink, Zyklam und Smaragdgrün unterstreichen den Kontrast.

Schmuck
Silber, Platin, Weißgold

A

1. Arbeiten Sie mit Ihrer Tischnachbarin zusammen. Erstellen Sie gegenseitig eine Farbanalyse.
2. Arbeiten Sie eine übersichtliche Tabelle zu den typischen Merkmalen der einzelnen Farbtypen aus. Die Tabelle soll Ihnen später bei der Kundenberatung behilflich sein und als „Beautypass" dienen, den die Kundin nach der Beratung mitnehmen kann.

12.4 Farb- und Formveränderung von Augenbrauen und Wimpern

Vermessen der Brauen:

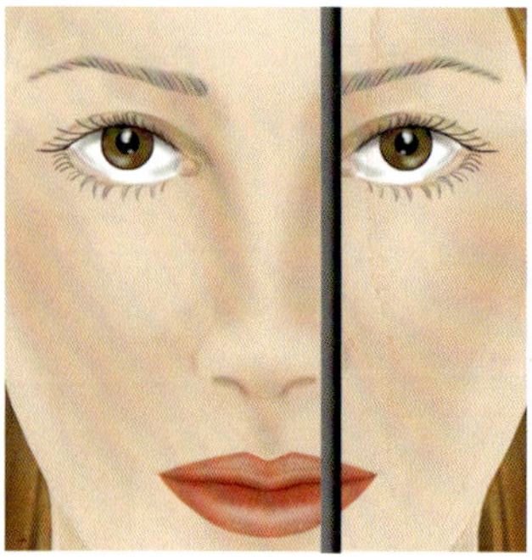

1. Der Beginn der Braue, der innere Augenwinkel und der Nasenflügel bilden eine Linie. Alle Härchen, die in Richtung Gesichtsmitte wachsen, sollten gezupft werden.

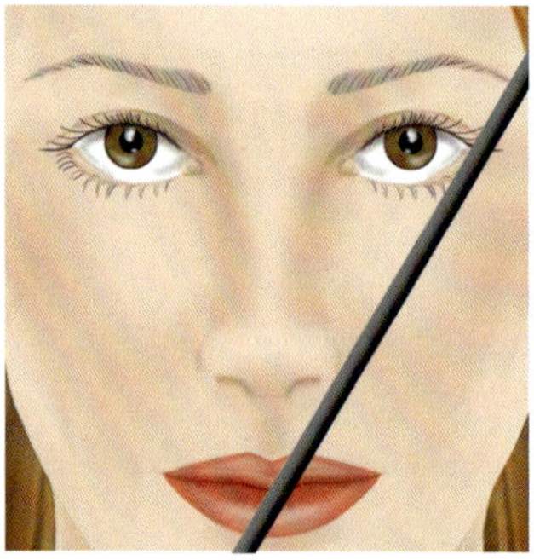

2. Das Ende der Braue, der äußere Augenwinkel und der Nasenflügel bilden ebenfalls eine Linie. Alle Härchen, die in Richtung Haaransatz wachsen, sollten ebenfalls gezupft werden.

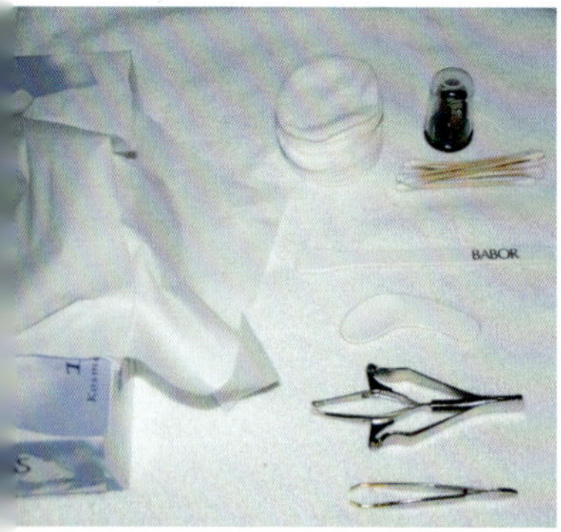

Arbeitsmaterialien

12.4.1 Augenbrauenkorrektur

Die Augenbrauen spielen für ein gekonntes Augen-Make-up eine große Rolle, da sie den Rahmen darstellen. Genauso wie ein schönes Bild ohne Rahmen nicht richtig wirkt, so wenig wirkt das tollste Augen-Make-up ohne passende Augenbrauen. Wenn man die Brauen richtig zupft, können die Augen größer erscheinen, das ganze Gesicht kann sich öffnen.
Deshalb sollten die **Augenbrauen zuerst vermessen** (mit einem Pinsel, Spatel oder Manikürstäbchen) und dementsprechend korrigiert werden.

Augenbrauen bei ideal platzierten Augen

Die klassische Augenbraue steigt die ersten zwei Drittel ihrer Länge und fällt nach dem höchsten Punkt wieder um ein Drittel ab.
Passt genau eine Augenlänge in den Zwischenraum der Augen, dann ist der Augenabstand ideal.

Die Braue beginnt über dem inneren Augenwinkel.

Das Ende der Braue liegt über dem äußeren Augenwinkel.

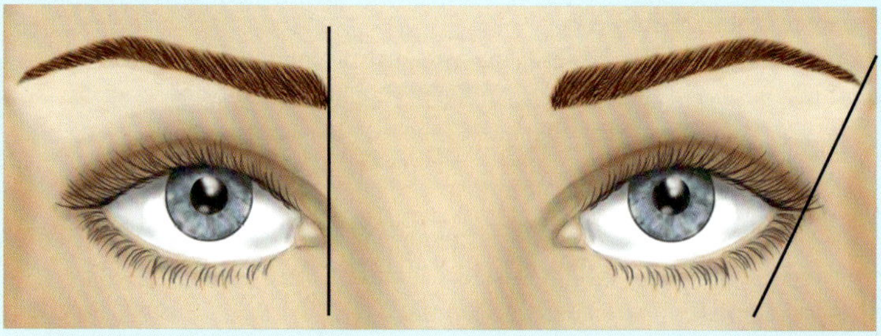

Ideal platzierte Augenbrauen

Augenbrauen bei weit auseinanderstehenden Augen

Wenn der Augenabstand größer ist als der einer Augenlänge, dann stehen die Augen etwas zu weit auseinander.

Die Braue beginnt vor dem inneren Augenwinkel.

Das Brauenende liegt innerhalb des äußeren Augenwinkels.

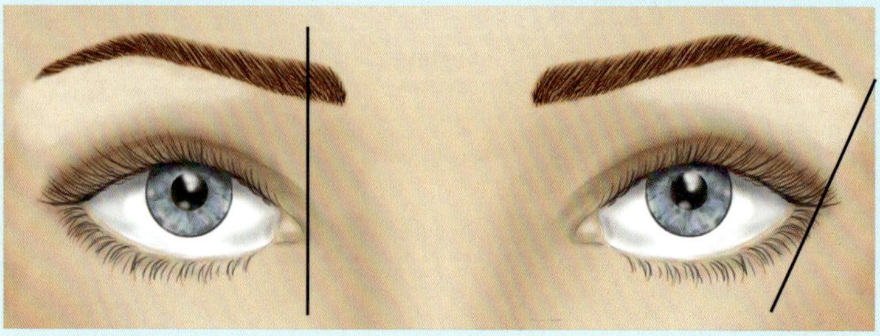

Korrigierte Augenbrauen bei auseinanderstehenden Augen

Augenbrauen bei eng stehenden Augen

Beträgt der Abstand zwischen den Augen weniger als eine Augenlänge, dann stehen die Augen etwas zu eng.

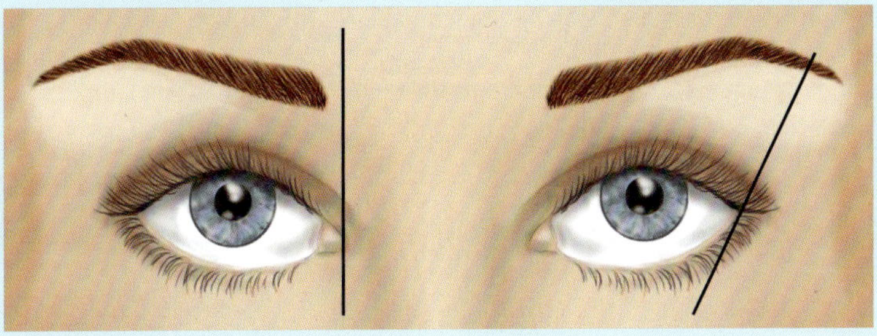

Korrigierte Augenbrauen bei eng stehenden Augen

H Um Entzündungen zu vermeiden, sollte die Haut vor dem Zupfen gründlich gereinigt und nach dem Zupfen mit Alkohol desinfiziert werden.

So treten die Augen optisch auseinander.

Zupfen der Augenbrauen

Am wenigsten schmerzhaft ist das Augenbrauenzupfen, wenn man die Haut zwischen zwei Fingern straffzieht. Gezupft wird von unten nach oben in Wuchsrichtung. Die Pinzette ist beim Zupfen flach anzusetzen.
Nach dem Zupfen werden die Brauen mit einem Bürstchen sanft nach oben gestrichen.
Ungleichmäßige Stellen können mit einem feinen Augenbrauenstift oder Puder ausgeglichen werden.

Bei sehr empfindlichen Kundinnen ist das Rasieren der Brauen eine angenehme Alternative. Hierfür bietet sich ein sanft über die Haut gleitender Brauenshaper (kleines Spezialmesser mit abgerundeten Kanten) an.

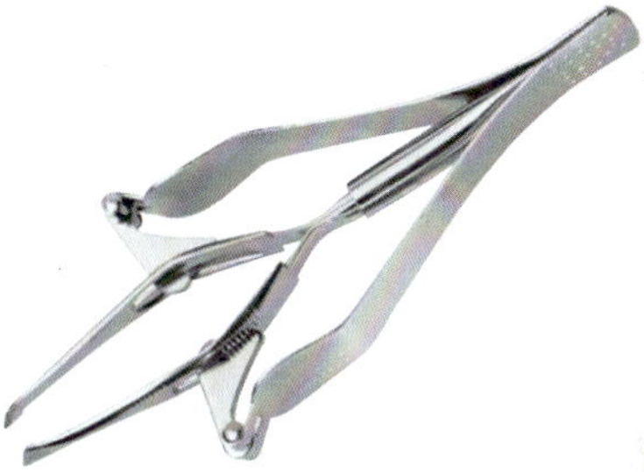

Automatische Pinzette

Spitze Pinzette (zum Entfernen von eingewachsenen Härchen)

Angeschrägte Pinzette

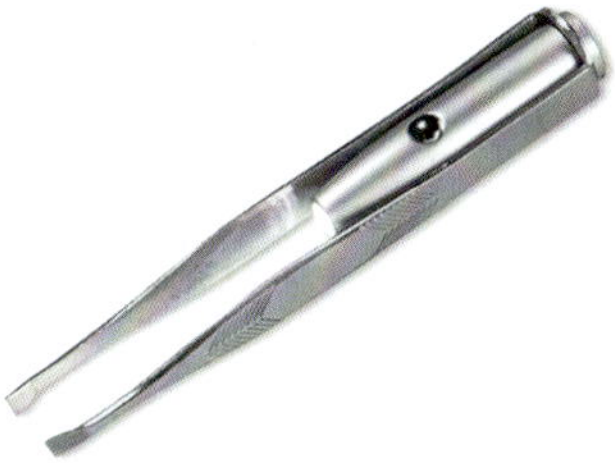

Pinzette mit eingebautem Licht

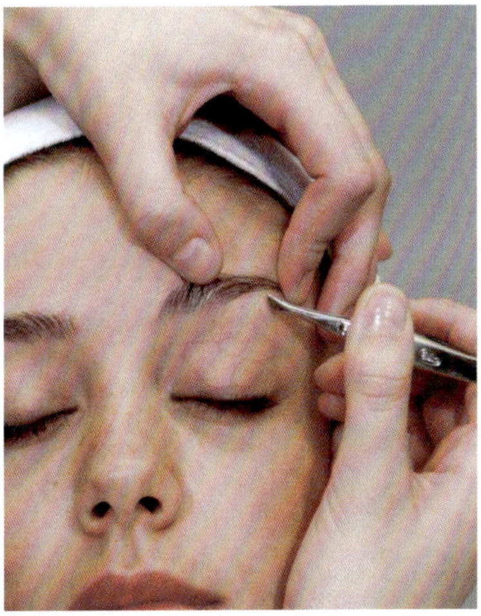

Zupfen der Augenbrauen

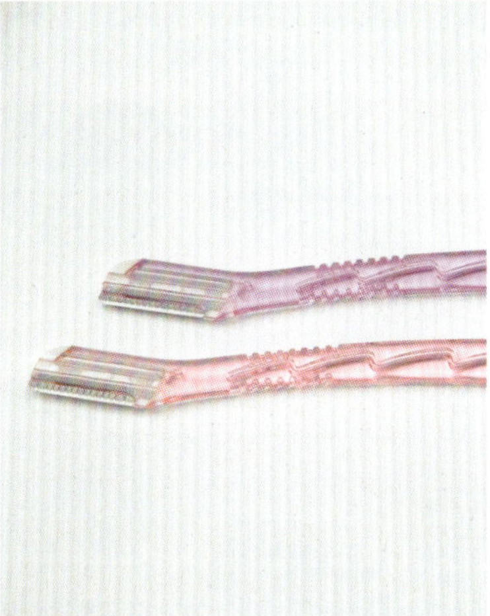

Brauenshaper

Brauenformer = browshaper
bilden, formen, glätten, anpassen = to shape

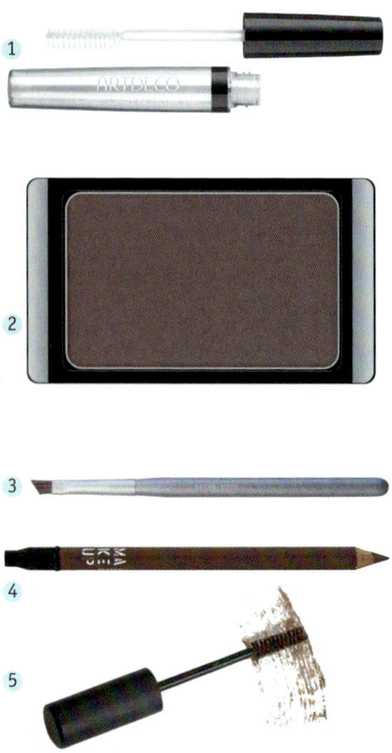

Hilfsmittel für Augenbrauenkorrekturen

1 transparentes Fixiergel
2 Brauenpuder
3 abgeschrägter Pinsel
4 Augenbrauenstift/Bürstchen
5 getöntes Augenbrauengel

Lehnt die Kundin die Entfernung ihrer Augenbrauenhärchen ab, sollten die Augenbrauen wenigstens mit einem Bürstchen gekämmt werden.
Stehen Brauenhärchen nicht in der gewünschten Richtung, kann man sie mit einem farblosen oder, bei zu hellen Brauen, mit einem getönten Gel in die entsprechende Richtung bürsten. Zusätzlich könnte man das Brauenbürstchen noch mit Haarspray besprühen und die Brauen damit in die gewünschte Form bürsten.
Wichtig ist auch, dass die Farbe der Augenbrauen zur Haarfarbe passt.
Ist die Augenbrauenfarbe dunkler als die Haarfarbe, wirkt das Gesicht dramatisch und angestrengt. Ist die Augenbrauenfarbe heller als die Haarfarbe, wirkt das Gesicht weicher.

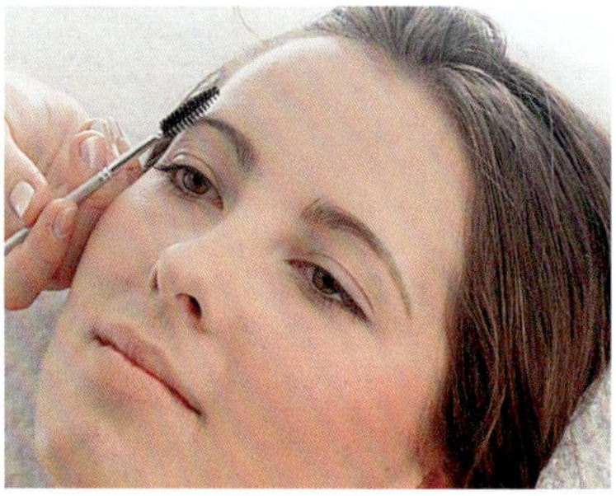

Bürsten der Augenbrauen

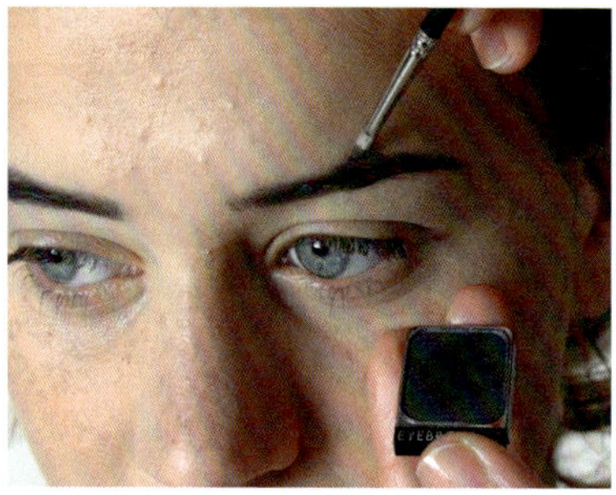

Korrigieren der Augenbraue mit Puder

Zu helle Augenbrauen

Zu helle Augenbrauen können mit passendem Augenbrauenstift, Augenbrauenpuder, Lidschatten oder farbigen Gels getönt werden.
Mit einem abgeschrägten Pinsel wird Augenbrauenpuder im passenden Farbton in Wuchsrichtung der Augenbrauen aufgetragen. So wirkt die Korrektur natürlich.
Es kann dafür auch braune oder schwarze Wimperntusche zum Nachtuschen verwendet werden. Aber Vorsicht: Vor dem Auftragen das Mascarabürstchen mit einem Zellstofftuch abwischen, damit die Farbe nicht zu intensiv wird!

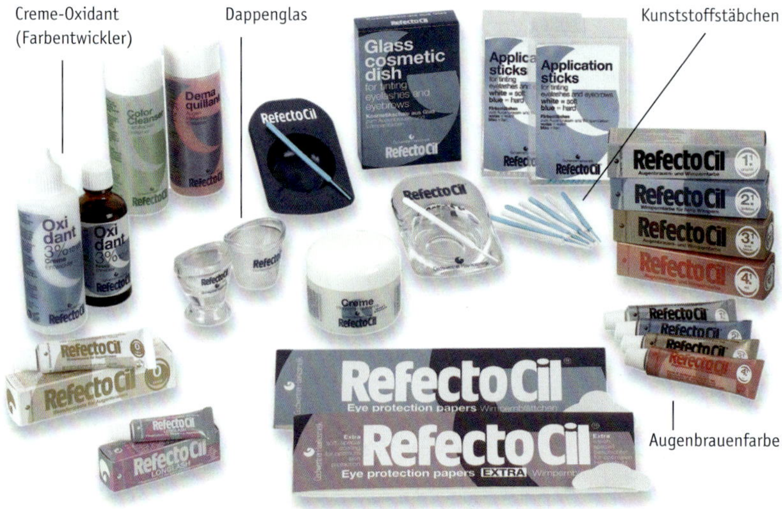

Anwendung: Circa 1 cm Augenbrauenfarbe mit einigen Tropfen Creme-Oxidant in einem Dappenglas mischen und mit einem Kunststoffstäbchen auftragen.

Wenn die Kundin es wünscht, können die Augenbrauen auch gefärbt werden. Dabei sollte immer auf einen Schutz der umgebenden Hautbereiche geachtet werden. Das Auftragen des Färbemittels erfolgt in Wuchsrichtung leicht rollend, wobei keine Farbe auf die Hautumgebung gelangen sollte. Falls dies doch passiert, muss die Farbe sofort mit einem Wattestäbchen entfernt werden. Die Einwirkzeit beträgt bei hellen Farbtönen nur 1 bis 5 Minuten. Bei sehr dunklen Nuancen kann das Färbemittel bis zu 10 Minuten einwirken.

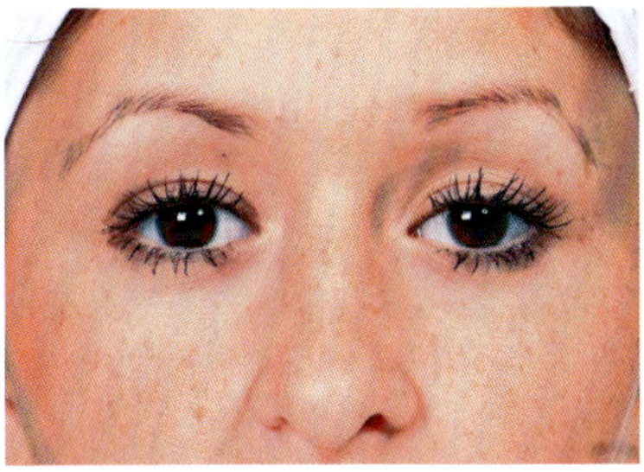
Helle Augenbrauen

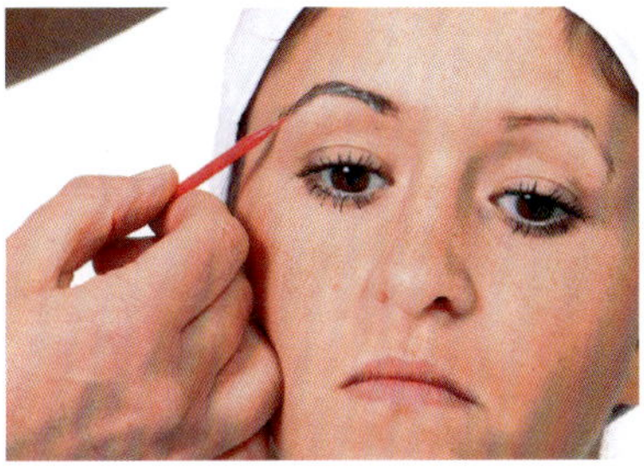
Augenbrauenfarbe auftragen (rechts)

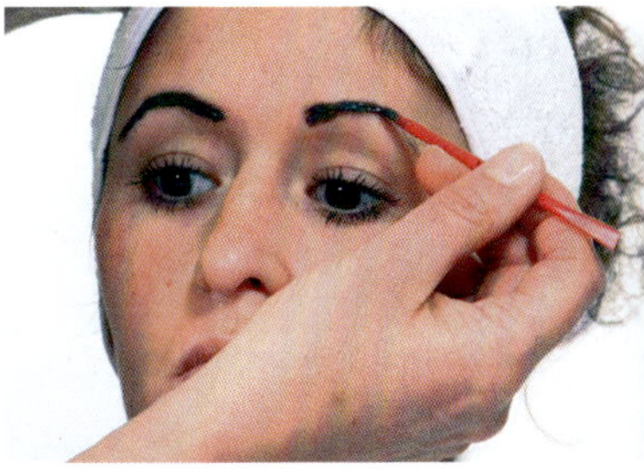
Augenbrauenfarbe auftragen (links)

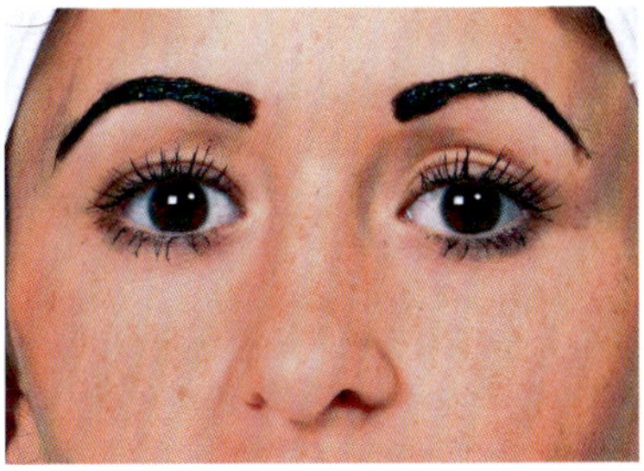
Aufgetragene Farbe einwirken lassen

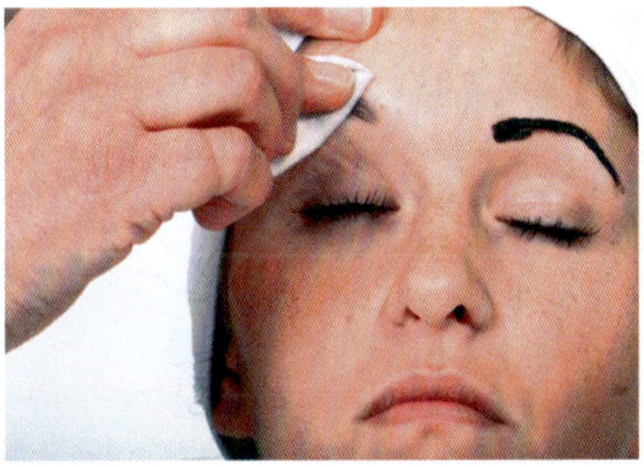
Augenbrauenfarbe abnehmen

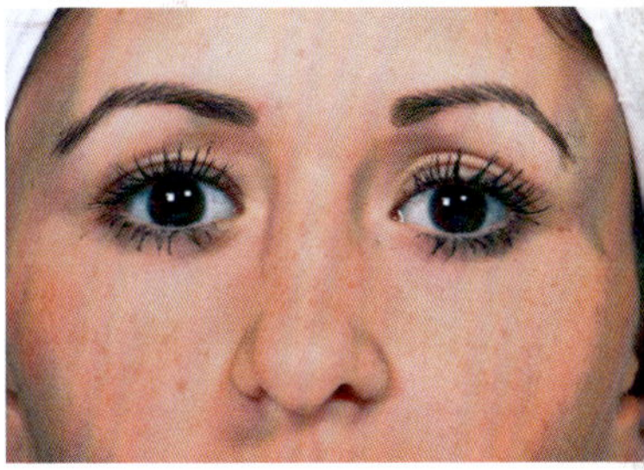
Gefärbte Augenbrauen

Zu dunkle Augenbrauen

Weicher wirkt ein Gesicht, wenn die Augenbrauen ein paar Nuancen heller sind als die Haare. Aufgehellt wird mit einem Bleichmittel in Cremeform, das auf die Brauen aufgetragen wird und zwischen 1 und 15 Minuten lang einwirkt – je nachdem, wie hell die Brauen werden sollen. Vorsicht: Wenn man es zu lange einwirken lässt, kann die Haut gereizt werden. Ist die Haut sehr empfindlich, sollte das Bleichmittel schon nach kurzer Zeit abgenommen werden. Wenn das Ergebnis zu hell geworden ist, kann man die Brauen immer wieder in ihren normalen Farbton zurückfärben.

Zu dünne Augenbrauen

Zu dünne Augenbrauen werden mit einem passenden Augenbrauenstift in Wuchsrichtung der Brauen nachgestrichelt. Um sie natürlich erscheinen zu lassen, können die Striche mit einem Brauenbürstchen verwischt werden. Sie können aber auch mit Augenbrauenpuder oder Lidschatten nachgezeichnet werden. Dazu wird ein harter, schräger Pinsel benötigt.

A Überprüfen Sie jeweils bei Ihrer Banknachbarin die Form der Augenbrauen und nehmen Sie unter Berücksichtigung des persönlichen Wunsches bei ihr eine Augenbrauenkorrektur vor.

Kleine Brauen-Psychologie

Weit auseinanderstehende gewölbte Brauen gelten als Zeichen für heitere, fröhliche Menschen.

Aneinanderstehende und schräg nach außen abfallende Brauen sollen einen verbissenen, etwas mürrischen Charakter kennzeichnen.

Leicht gewölbte, nicht abfallende Brauen sollen Offenherzigkeit, Großmut und Hilfsbereitschaft signalisieren.

Gerade, aufs Auge drückende und leicht abfallende Brauen sind angeblich markant für traurige Menschen.

12.4.2 Wimpernfärben

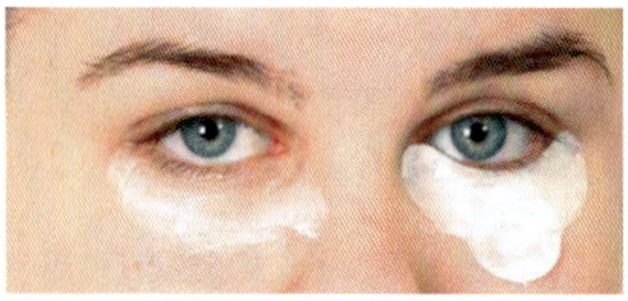

Hautschutzcreme und Wimpernblättchen auflegen

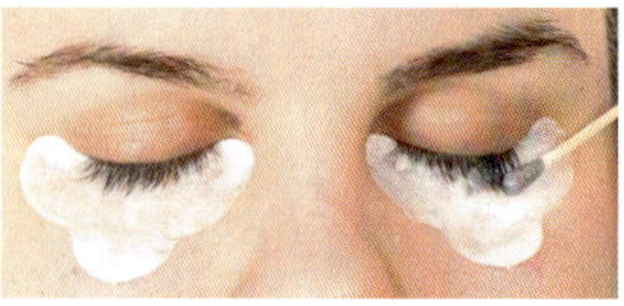

Auftragen der Wimpernfarbe

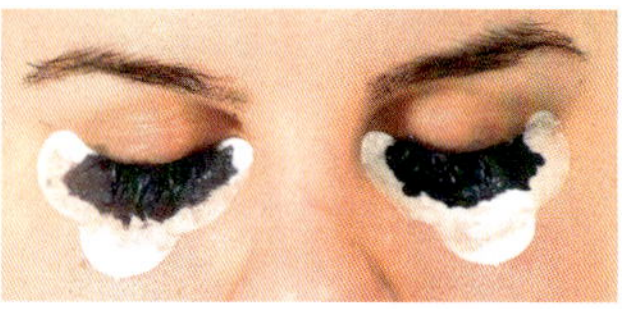

Einwirkzeit ca. 10 Min.

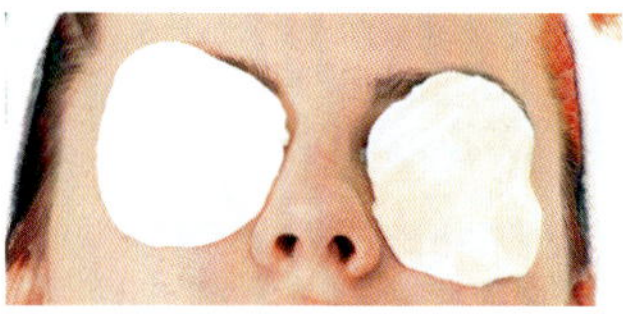

Angefeuchtete Wattepads auflegen

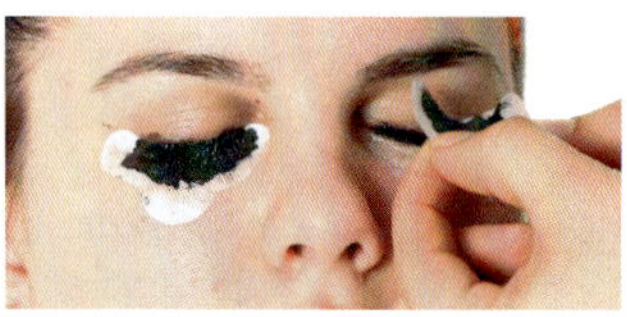

Entfernen der Wimpernblättchen

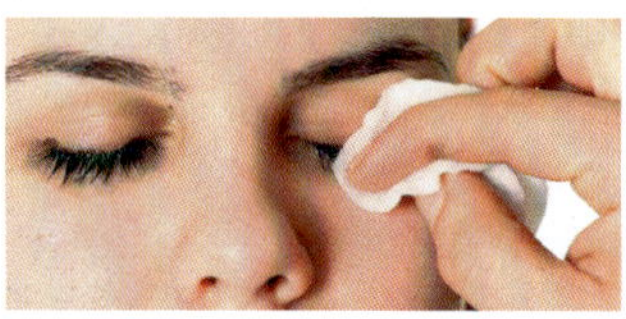

Entfernen der Wimpernfarbe

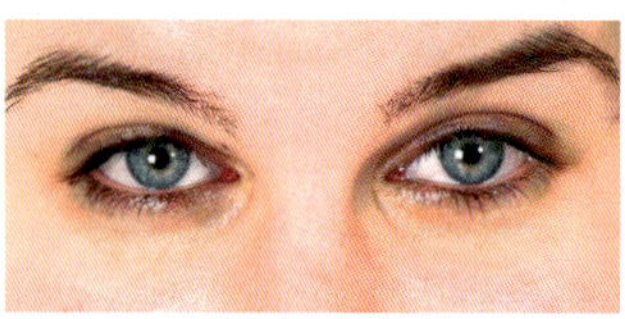

Die Wimpernfarbe ist wasser- und wischfest

Das Wimpernfärben ermöglicht eine wasser- und wischfeste Färbung für mehrere Wochen. Hierfür werden folgende Utensilien benötigt:

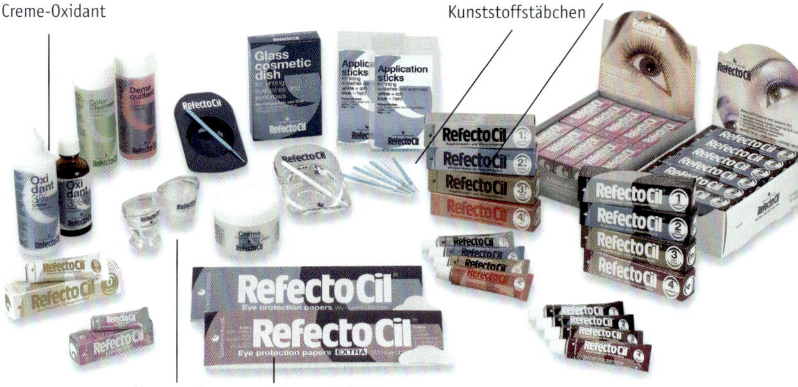

- Das Augen-Make-up muss mit einem fettfreien Augen-Make-up-Entferner abgenommen werden, damit die Wimpernfarbe gleichmäßig einwirken kann.
- Auf die Augenlider und unterhalb des Auges wird eine Hautschutzcreme oder Vaseline aufgetragen. So beugt man Hautverfärbungen und Hautreizungen durch Farbstoffe vor.
- Als Färbeunterlage kann man feine Blättchen aus Vlies oder feuchte Wattepads unter die Wimpern des unteren Augenlids legen. Danach schließt die Kundin die Augen, sodass die Wimpern des Ober- und Unterlides übereinanderliegen.
- Da sich die Farbstoffe der Wimpernfarbe sehr schnell entwickeln, sollte die Farbe erst unmittelbar vor dem Auftragen angemischt werden. Dabei sind unbedingt die Hinweise des Herstellers zu beachten.
- Das Auftragen erfolgt in Wuchsrichtung der Wimpern mit einem Pinsel oder Auftragestäbchen, wobei das Auftragestäbchen leicht gerollt und quer über die Wimpern gezogen wird.
- Die Einwirkzeit beträgt maximal 10 Minuten. Zur Ruhigstellung der Augen und zur besseren Einbettung der Wimpern in die Farbcreme können leicht angefeuchtete Wattepads aufgelegt werden.
- Vor dem Abnehmen der Farbe werden die Wimpernblättchen entfernt. Das Färbemittel wird mit einem nicht zu feuchten Wattepad abgenommen, indem man immer vom äußeren zum inneren Augenwinkel arbeitet. Dieser Arbeitsgang muss mehrmals wiederholt werden, um alle Farbreste zu entfernen. Beim Entfernen der Farbe am unteren Wimpernrand sind die Augen der Kundin geöffnet. Eine weitere Möglichkeit ist, dass die Kundin den Kopf leicht zur Seite neigt und eine Wasserschale (oder Nierenschale) an die seitliche Wangenpartie gehalten wird. So kann die Farbe mit kühlem bis lauwarmem Wasser abgespült werden. Das ist ebenso mit einem Augenbad im Augenglas möglich. Anschließend trocknet man die Augen mit einem Zellstofftuch.

Eventuell entstandene Anfärbungen der Haut können mit Farbreiniger entfernt werden. Das Auftragen einer Augencreme oder einer beruhigenden Augenlotion bildet den Abschluss der Behandlung.

A Die Zufriedenheit der Kunden steht in jedem Kosmetikinstitut an erster Stelle. Verfassen Sie deshalb einen Fragebogen zum Wimpernfärben mit ca. fünf Fragen, die Sie Ihrer Kundin nach der Behandlung stellen würden, z.B. „Was haben Sie an der Behandlung als unangenehm empfunden?". Setzen Sie den Fragebogen über einen begrenzten Zeitraum in Ihrem Ausbildungsbetrieb ein. Diskutieren Sie im Klassenverband, wie die weniger angenehm empfundenen Dinge vermieden oder abgeändert werden könnten.

12.4.3 Wimpernwelle

Die Wimpernwelle ist eine wirkungsvolle Alternative zur herkömmlichen Wimpernzange. Mit der Wimpernwelle ist es möglich, den Wimpern je nach Wunsch einen sanften oder kräftigen Schwung zu geben, gleichgültig ob die Kundin lange oder kurze Wimpern hat.
Die Behandlung dauert ca. 30 Min. und hält 6 bis 8 Wochen.

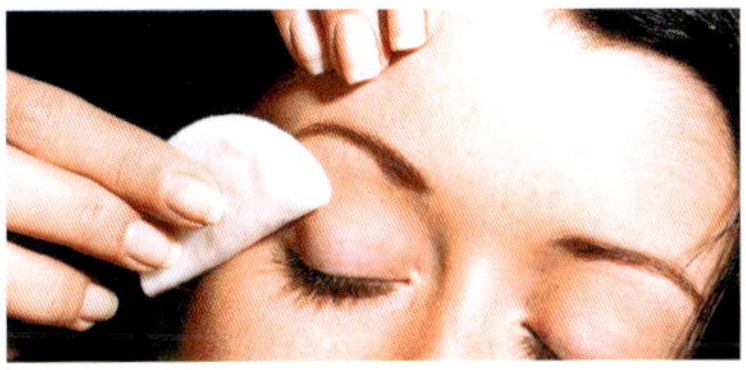

1. Das Augen-Make-up wird entfernt und das Augenlid entfettet.

2. Je nach Länge der Wimpern wird ein entsprechendes selbstklebendes Wimpernröllchen ausgewählt.

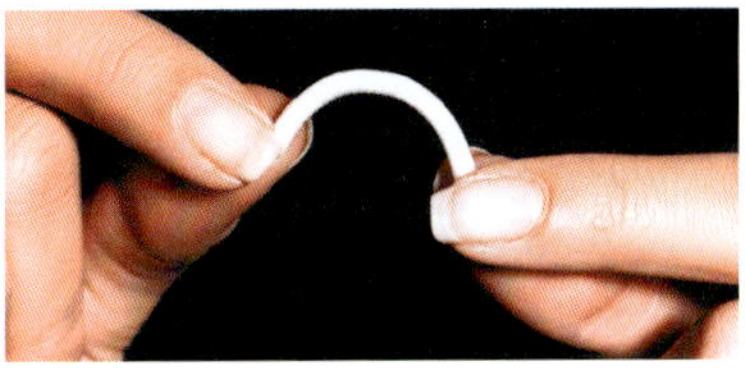

3. Das ausgewählte Wimpernröllchen wird der Lidkrümmung angepasst.

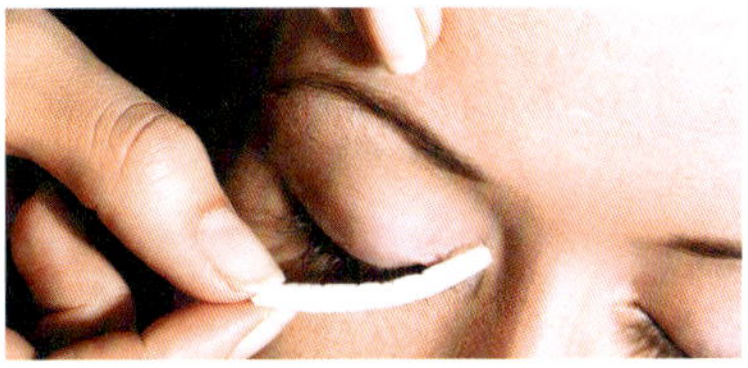

4. Das Röllchen wird am Lidrand angelegt, die Wimpern werden darauf fixiert.

5. Jetzt wird zum Umformen Gel 1 aufgetragen. Nach 20 Min. Einwirkzeit muss das Gel mit einem fusselfreien Wattepad abgenommen werden. Bei immer noch geschlossenen Augen wird Gel 2 aufgetragen.

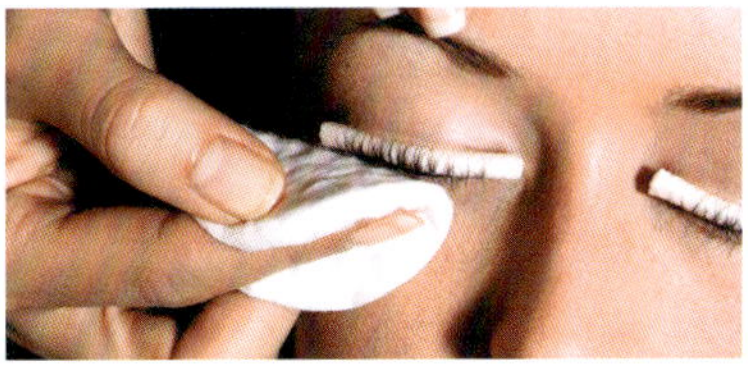

6. Gel 2 wird nach 10 Min. wie Gel 1 mit einem fusselfreien Wattepad abgetupft. Danach das Wimpernröllchen mit einem feuchten Wattepad vorsichtig nach unten abrollen.

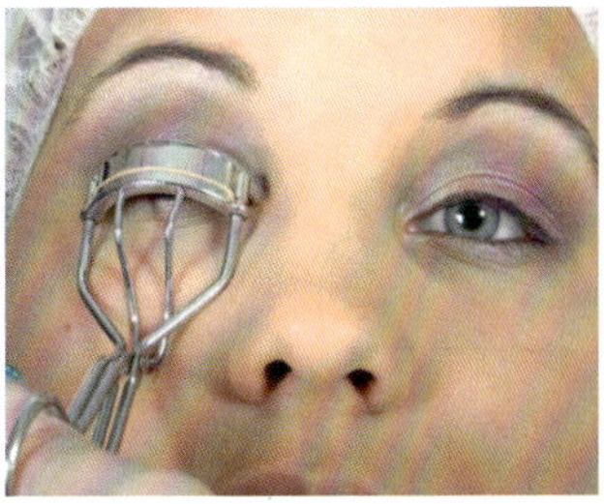

Anwendung einer Wimpernzange

Z Mithilfe einer Wimpernzange können Wimpern (vor allem am oberen Augenlid) so verformt werden, dass sie sich stärker als von Natur aus nach außen wölben.
Die mit Kunststoff gepolsterten Enden werden an das Augenlid angelegt und die Wimpern durch Schließen der Zange für einige Sekunden gepresst. Wimpern danach tuschen! Der Effekt hält mehrere Stunden.

Schöner Schwung mit der Wimpernwelle

A Stellen Sie die Vor- und Nachteile einer Wimpernzange denen der Wimpernwelle gegenüber.

12.4.4 Kleben künstlicher Wimpern

Z **Eyelash Extensions** (eine dauerhafte Wimpernverlängerung) sind der neueste Trend. Nachdem die Wimpern entfettet und mit einem kleinen Bürstchen separiert wurden, werden die künstlichen Wimpern am oberen Lidrand an die natürlichen Wimpern geklebt (ca. 30 Wimpern pro Auge). Die Eyelash Extensions halten genauso lange wie echte Wimpern. Diese fallen im normalen Zyklus alle 2–3 Monate aus und erneuern sich ständig.

Wimpernbänder

Zuerst die Wimpern der Kundin tuschen und dann die Wimpernbänder kleben.

- Die Wimpernbänder ohne Klebstoff an das Augenlid anlegen. Sind sie zu lang, müssen sie mit einer kleinen Schere gekürzt und schräg abgeschnitten werden. Sind sie zu dick, können einzelne Härchen mit der Schere vorsichtig herausgeschnitten werden.
- Die künstlichen Wimpern mit einer sauberen Pinzette fassen, ein wenig Klebstoff auf den Handrücken geben und von dort aus mit einem Stäbchen auf den Rand des Bändchens auftragen. Etwa 30 Sekunden warten, bis der Klebstoff leicht angetrocknet ist 1.
- Die künstlichen Wimpern bei geschlossenen Augen der Kundin im inneren Augenwinkel ansetzen, über die Mitte des Augenlids nach außen kleben und dabei so dicht wie möglich an den Wimpernansatz bringen 2.
- Die Augen vorsichtig öffnen lassen und den Sitz der künstlichen Wimpern überprüfen 3.
- Falls das Ergebnis nicht der Vorstellung entspricht, können die Wimpern erneut in Position gebracht werden. Die künstlichen Wimpern sollten einige Millimeter über das natürliche Ende der eigenen herausstehen. Danach kann man mit einem flüssigen Eyeliner den Wimpernrand nachziehen und somit auch Unregelmäßigkeiten verdecken 4. Mithilfe von Mascara können die künstlichen Wimpern mit den echten noch einmal getuscht werden.

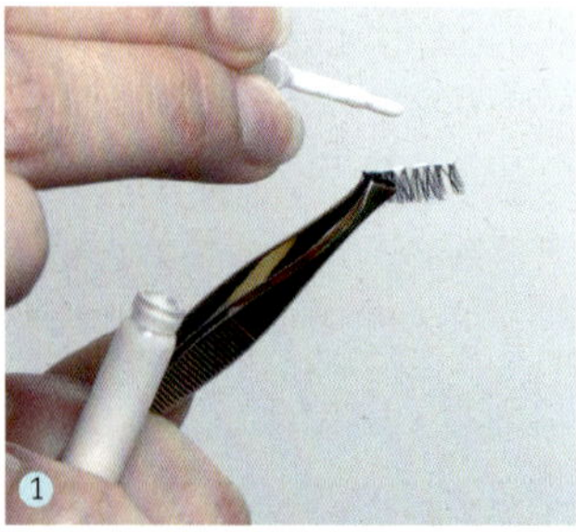
1

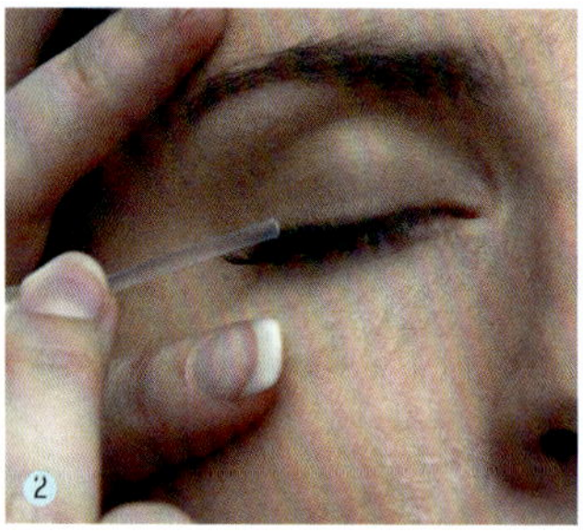
2

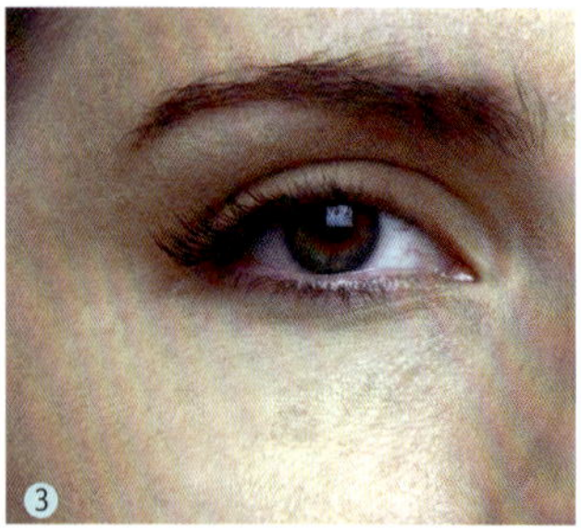
3

4

Wimpernbüschel

Um die Augen natürlicher wirken zu lassen, können statt ganzer Wimpernbänder auch nur einzelne Wimpernbüschel zu den Wimpern geklebt werden. In den äußeren Augenwinkel sollten ein bis zwei kürzere, dann in die Mitte längere und auf die Innenseite hin wieder kürzere Büschel gesetzt werden.

- Etwas Klebstoff auf den Handrücken geben, ein künstliches Wimpernbüschel mit einer sauberen Pinzette fassen und vorsichtig in den Klebstoff drücken.
- Den Klebstoff leicht antrocknen lassen und die einzelnen Büschelchen vom äußeren Augenwinkel zum inneren hin direkt am Wimpernrand aufkleben.

Anders als bei Wimpernbändern wird zuletzt Wimperntusche aufgetragen, damit die echten und die künstlichen Wimpern ohne Rand ineinander übergehen.
Je nach verwendetem Klebstoff halten die Wimpernbüschel einen Abend oder länger.

WWW. www.xtremelashes.info

Wimper = eyelash
Verlängerung, Erweiterung = extension

A Beschreiben Sie mit eigenen Worten das fachgerechte Setzen von Wimpernbändern und Wimpernbüscheln.

12.5 Tages-Make-up durchführen

12.5.1 Arbeitsplatz

Am Arbeitsplatz sollten bereit liegen:

Zur Hautpflege und -reinigung:
Reinigungsmilch 1
Gesichtswasser 2
Tagescreme 3

Zum Abdecken:
flüssiges Make-up 4
cremiges Make-up
kompaktes Make-up
loser Puder 5
Concealer 6
Abdeckstifte 7
Camouflage 8

Zum Schminken der Augen:
Lidschatten 9
Mascara 10
Kajalstifte 11
Eyeliner 12

Zum Schminken der Lippen:
Lippenstifte 13
Lipgloss
Lippenkonturenstifte 14
Lippenpflege 15

Zum Schminken der Wangen:
Puder- und Cremerouge 16

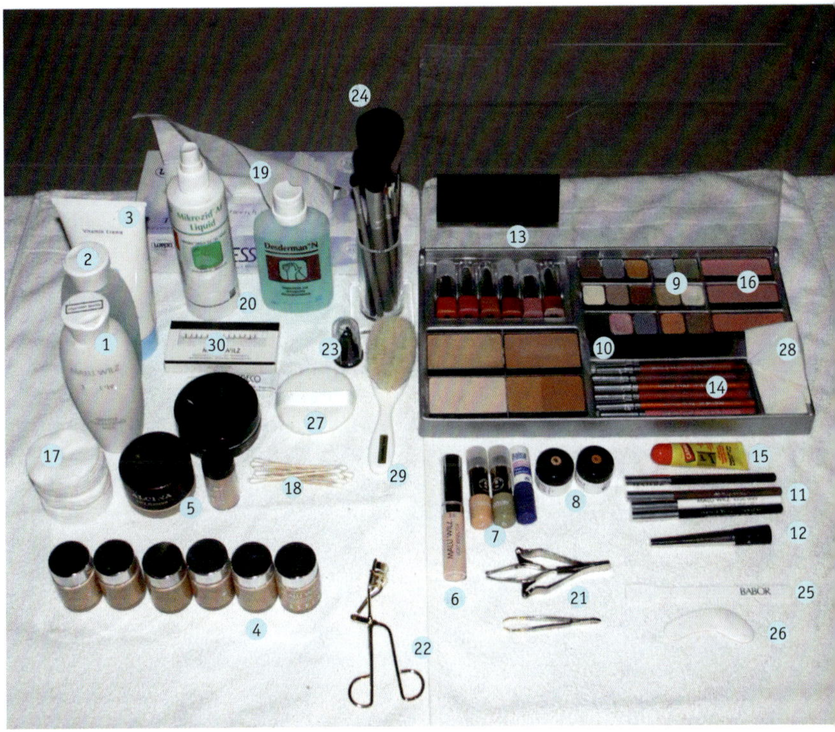

Arbeitsplatz

Weitere Schminkutensilien sind:
Wattepads 17, Wattestäbchen 18, Kosmetiktücher 19, Desinfektionsmittel 20, Pinzetten 21, Wimpernzange 22, Anspitzer 23, Pinselset 24, Applikator, Spatel 25, Spatel 26, Puderquaste 27, Make-up-Schwämmchen 28, Ziegenhaarbürste 29, künstliche Wimpern 30

Selbstverständlich sollte der Arbeitsplatz ausreichend und von allen Seiten mit Licht ausgestattet sein. Die Kundin sitzt auf einem Stuhl und hat im Idealfall einen Spiegel vor sich, in dem sie alle Arbeitsschritte mit verfolgen kann.

A Bereiten Sie einen Arbeitsplatz für ein Make-up vor:
a) nur mit kalten Farbtönen,
b) nur mit warmen Farbtönen.

12.5.2 Wichtige Schminkwerkzeuge

Pinsel

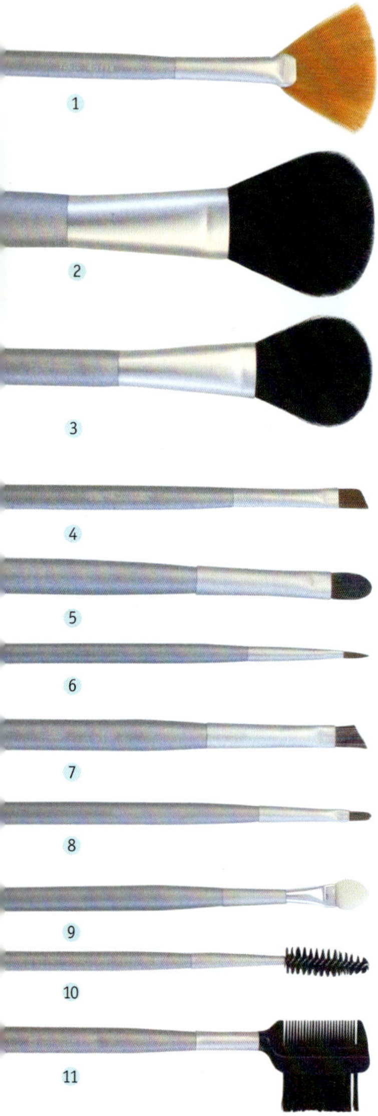

1 Fächerpinsel
2 Puderpinsel
3 Rougepinsel
4 Schattierpinsel
5 Lidschattenpinsel
6 Eyelinerpinsel
7 Augenbrauenpinsel
8 Lippenpinsel
9 Lidschattenapplikator
10 Wimpernspirale
11 Bürstchen/Kamm

Es gibt verschiedene Arten von Pinseln – in unterschiedlichen Längen und Materialien. Am besten sind Echthaarpinsel geeignet, denn sie ermöglichen einen besonders sauberen Farbauftrag.
Bei regelmäßiger Reinigung und Trocknung nach Gebrauch sind sie lange haltbar.

1. Der **Fächerpinsel** (weich) ist zum Abschattieren geeignet.
2. Der **Puderpinsel** ist der größte Pinsel unter den Schminkpinseln.
   Er ist vorn abgerundet und wird zum Auftragen von losem und kompaktem Puder verwendet.
3. Der **Rougepinsel** ist ebenso wie der Puderpinsel vorn abgerundet, aber wesentlich kleiner. Er wird zum Auftragen von Rouge und für Schattierungen verwendet.
4. Der schräge **Schattierpinsel** ist ein Multifunktionspinsel, z.B. zum Auftragen von Lidschatten, Augenbrauenpuder oder zum Nachziehen der Lippenkontur.
5. Der **Lidschattenpinsel** eignet sich nicht nur, um den Lidschatten aufzutragen, er kann auch für das Auftragen von Abdeck- und Schattierungscreme genommen werden.
6. Der **Eyelinerpinsel** ist der feinste Pinsel unter den Schminkpinseln und hat eine pointierte Spitze, um einen feinen Lidstrich zu ziehen.
7. Der abgeschrägte **Augenbrauenpinsel** eignet sich zum Ausbessern der Augenbrauen mit Puder. Auch zum Modellieren von Lidschatten ist er ideal.
8. Mit dem **Lippenpinsel** ist das exakte Nachzeichnen der Lippenkontur möglich. Er kann auch zum Auftragen von Abdeckcreme verwendet werden.
9. Der **Lidschattenapplikator** (Lidschattenschwämmchen) wird ebenfalls zum Auftragen von Lidschatten verwendet. Die Haltbarkeit ist jedoch begrenzt.
10. Die **Wimpernspirale** wird, damit die Wimpern nicht verkleben, nach jedem Tuschvorgang mit Wimperntusche angewandt.
11. Mit dieser Kombination von Bürstchen und Kamm werden die Augenbrauen in Form gebürstet.

Für ein perfektes Make-up werden neben guten Pinseln folgende Utensilien benötigt:

- **Make-up-Schwämmchen:** Nur ein Make-up-Schwämmchen gewährleistet sauberes Auftragen von Make-up, da man mit dem Schwämmchen das Make-up besser verteilen kann. Je poröser die Struktur, desto gröber wird das aufgetragene Make-up.
- **Puderquaste:** Zum Auftragen von losem Puder kann man eine Puderquaste verwenden. Sie wird in den Puder getaucht und dann vorsichtig auf das Gesicht gedrückt.
- **Spatel:** Er besteht aus Plastik und wird aus hygienischen Gründen zum Herausnehmen und Mischen von Produkten verwendet, z.B. für Lippen- und Abdeckstifte.
- **Wattestäbchen:** Wattestäbchen sollte man stets am Arbeitsplatz haben, weil sich Korrekturen damit am besten vornehmen lassen.

Puderquaste

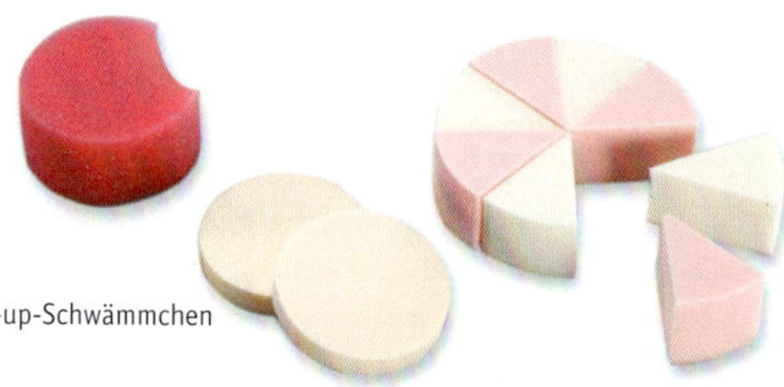

Make-up-Schwämmchen

- **Pinzetten:** Zum „Augenbrauenzupfen" stehen zwei Pinzettenarten zur Verfügung. Es gibt einfache Pinzetten mit abgeschrägten Spitzen und die automatischen Pinzetten (s. S. 371).

A Stellen Sie alle Utensilien für ein Make-up zusammen und erklären Sie Ihrer Mitschülerin deren fachgerechten Einsatz.

Z Profipinsel werden mit einem Pinselreiniger gesäubert und zum Trocknen auf ein Handtuch gelegt. Stellt man sie im nassen Zustand in ein Glas, kann Wasser in den Schaft gelangen und die Borsten lösen.

12.5.3 Vorbereitung des Gesichts

Ein perfektes Tages-Make-up zu gestalten, dauert ca. eine halbe Stunde. Ein Make-up wird, wenn die Kundin es wünscht, immer nach dem Ende einer Pflegebehandlung angeschlossen. Hat die Kundin einen Termin nur für ein Make-up, dann werden die Augen mit Augen-Make-up-Entferner und das Gesicht mit Reinigungsmilch und Gesichtswasser gereinigt. Auf die gründlich gereinigte Gesichtshaut wird eine Feuchtigkeitscreme als Make-up-Unterlage aufgetragen.

Schönes dezentes Make-up

12.5.4 Überblick: Arbeitsablauf

- Man beginnt mit dem **Abdecken von Pusteln, Papeln, Zysten** (antiseptischer Abdeckstift), Pigmentflecken, Feuermalen und Narben (s. S. 380).
- Die **Farbe des Make-ups** am Kinnrand testen und danach das entsprechende Make-up mit einem Make-up-Schwämmchen oder Make-up-Pinsel auftragen. Begonnen wird auf der Stirn. Unter den Augen wird kein Make-up verteilt, die Lippenränder werden aber überschminkt (s. S. 381 ff.).
- Anschließend Augenringe und/oder Tränensäcke abdecken (evtl. mit Camouflage), mit Schwämmchen oder Fingern einarbeiten. Wenn die Grundierung keine hohe Deckkraft hat, ist es eventuell erforderlich, rote Äderchen und Pigmentstörungen nochmals nachzuarbeiten. Mimikfalten werden mit einer helleren Abdeckcreme optisch ausgeglichen (s. S. 381).
- Mit dem Finger oder einem kleinen Schwämmchen auf die Augenlider eine **Lidschattengrundierung** geben, damit sich der Lidschatten später besser verteilen lässt und länger hält (s. S. 389).
- **Modellieren** (mit Camouflage, Puder oder Konturenstift) und dabei auf perfekte Übergänge achten (s. S. 383 ff.).
- Mit der Puderquaste den **Transparentpuder** auftragen. Wird ein farbiger Puder benutzt, sollte er heller als die Grundierung selbst sein (s. S. 387 f.).
- **Augenbrauen** in Form bürsten und evtl. nachstricheln (s. S. 373).
- Mit Applikator oder Pinsel **Lidschatten** auftragen (s. S. 389).
- **Kajal** auftragen (s. S. 391).
- **Lidstrich** auftragen (s. S. 390).
- **Mascara** (meist schwarz, selten braun) auftragen und mit der Spirale nachbürsten (s. S. 391 f.).
- **Lippenkonturenstift** in der Farbe des Lippenstifts oder etwas dunkler wählen und die Lippenkontur nachziehen (s. S. 397).
- **Lippenstift** (evtl. vorher etwas Lippenpflege) auftragen (s. S. 397,399).
- **Rouge** unter Berücksichtigung der Gesichtsform setzen (s. S. 399 ff.).

H Den Kajal- und Lippenkonturenstift aus hygienischen Gründen vor jeder Benutzung immer etwas anspitzen.

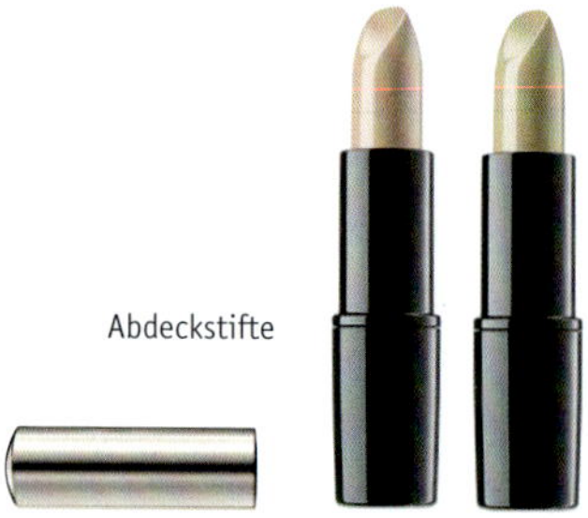

Abdeckstifte

Concealer

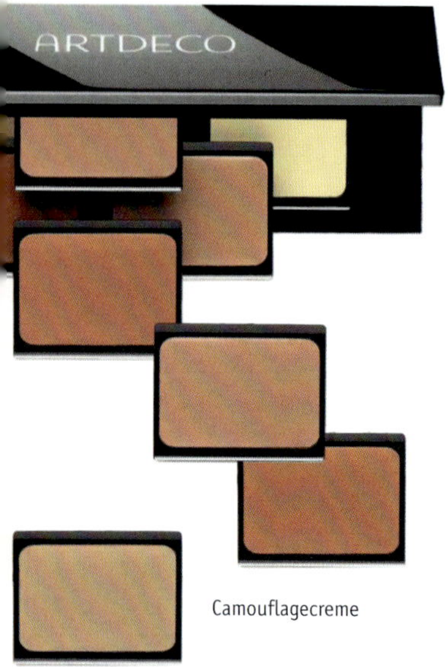

Camouflagecreme

Camouflagestifte

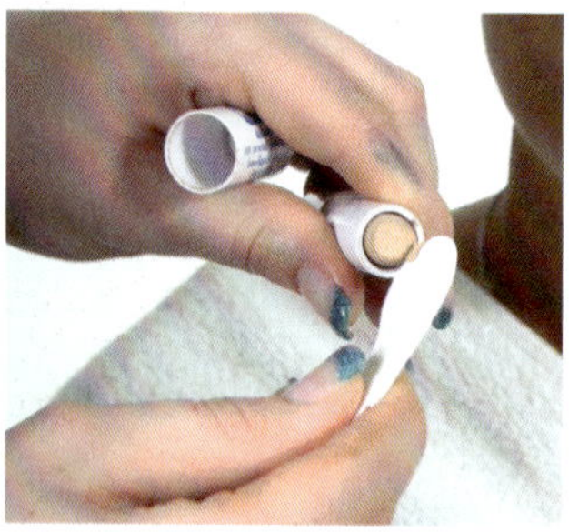

Abdeckstift oder Abdeckcreme werden mit einem Plastikspatel entnommen

12.6 Auftragetechnik von Abdeckprodukten

12.6.1 Abdecken und Aufhellen

Abdeckprodukte

Die Kosmetikindustrie bietet unterschiedliche Abdeckprodukte an, z.B.:

- **Abdeckstifte** in unterschiedlichen Beige- und Grüntönen sowie mit antibakterieller Wirkung.
- **Concealer** soll durch lichtreflektierende Pigmente Augenschatten und kleine Fältchen optisch kaschieren.
- **Camouflagecreme** hat eine hohe Deckkraft und eignet sich sehr gut für Hautveränderungen wie Pigmentstörungen, Feuermale, Narben und unerwünschte Tattoos. Wird die Camouflagecreme auf dem Spatel mit dem Finger etwas erwärmt, lässt sie sich besser auftragen.
- **Camouflagestifte** kommen bei kleineren abzudeckenden Partien zum Einsatz.

Das Abdeckprodukt wird sorgfältig mit dem Pinsel oder Finger auf die zu behandelnden Stellen getupft und eingearbeitet.

Abdecken vor der Grundierung (Make-up)

Ausnahmen, bei denen man vor der Grundierung (s. S. 381 ff.) abdecken sollte:

Bei Pusteln, Papeln, Talgzysten

Hierzu verwendet man am besten einen antiseptischen Abdeckstift, da die normalen kosmetischen Abdeckstifte für die unreine Haut viel zu fett sind.

Bei sichtbar erweiterten Äderchen

Die roten Äderchen werden mit einem grünen Abdeckstift kaschiert, denn „Grün schluckt Rot“.

Bei Pigmentstörungen, Feuermalen, unerwünschten Tattoos und Narben

Hier gelingt das Abdecken am besten mit wasser- und wischfester Camouflage.

Abdecken nach der Grundierung (Make-up)

Nachdem die Grundierung sorgfältig aufgetragen worden ist, können mit einem Abdeckstift oder einer Abdeckcreme noch kleine „Schönheitsfehler“ korrigiert werden:

Bei Pigmentstörungen

Diese werden mit einem Abdeckstift oder einer Abdeckcreme im gleichen Ton der Grundierung abgedeckt.

Bei Augenringen

Augenringe werden mit einem helleren Ton als dem der Grundierung abgedeckt. Die Vertiefung wird mit einem Concealer, Abdeckstift oder Abdeckcreme aufgehellt.

Bei Tränensäcken

Sie werden mit einem dunkleren Ton als dem der Grundierung abgedeckt. Dadurch treten die Tränensäcke optisch zurück.

H Vorsicht! Niemals einen Abdeckstift direkt auf der unreinen Haut anwenden, sonst gibt es eine Bakterienansammlung auf dem Abdeckstift.

Abdecken von Augenschatten mit Concealer

Einarbeiten des Concealers mit einem Schwämmchen

Da die meisten Grundierungen eine hohe Deckkraft besitzen, erübrigt sich sehr oft das vorherige Abdecken. Außerdem werden Vertiefungen wie Augenringe, Nasolabialfalten, Kinneinkerbung und tief liegende Nasenflügel mit einer helleren Abdeckung optisch hervorgeholt.

Würde man nach dem Abdecken erst mit dem Make-up darüberschminken, hätten diese aufzuhellenden Stellen den gleichen Hautton wie die übrige Gesichtshaut. Dadurch wäre ein optischer Ausgleich nicht so effektiv.

A Beschreiben Sie mit eigenen Worten den fachgerechten Einsatz von Abdeckprodukten.

12.6.2 Grundierung

Die Basis fast aller Grundierungen ist **Puder**, der in ein Gemisch aus **Fetten, Ölen und Wasser** eingebunden ist. Der Puderanteil entscheidet über die Deckkraft, und der Emulsionstyp (W/O, O/W) bestimmt, ob eine Grundierung fettreich, fest, cremig, fettarm oder flüssig ist. Die Grundierungen geben der Haut kaum Feuchtigkeit und werden darum über der Tagescreme aufgetragen.

Verschiedene Brauntöne für die Teintgrundierung

Make-up-Arten

Transparent-Make-up lässt, wie schon der Name verrät, die Haut und ihre Pigmentierung durchschimmern.
Dieses Make-up eignet sich besonders gut, um den Ton einer ebenmäßigen Haut zu beleben, ohne etwas zu verdecken.

Arbeitsmaterialien

Fluid-Make-up hat eine leichte bis mittlere Deckkraft. Es kann fleckige und gerötete Haut ebenmäßiger erscheinen lassen.
Viele neue Fluid-Make-ups enthalten Mikroreflektoren, die durch das Reflektieren von Licht die Haut harmonisch und ausgeglichen erscheinen lassen.
Das flüssige Make-up lässt sich vollkommen gleichmäßig und ohne Übergänge verteilen und verschmilzt mit dem natürlichen Hautton, sodass nicht erkennbar ist, wo das Make-up aufgetragen wurde und wo nicht.

Creme-Make-up hat eine sehr hohe Deckkraft. Damit lassen sich sogar rote Äderchen und Pigmentstörungen wegschminken.

Kompaktpuder-Make-up ist besonders bei fettiger Haut zu empfehlen, da es durch den hohen Puderanteil das Hautfett aufsaugt.
Einige neue Make-ups für fettige Haut enthalten Reispuder. Dieser soll überschüssiges Öl auf der Haut absorbieren und die Poren optisch verkleinern.

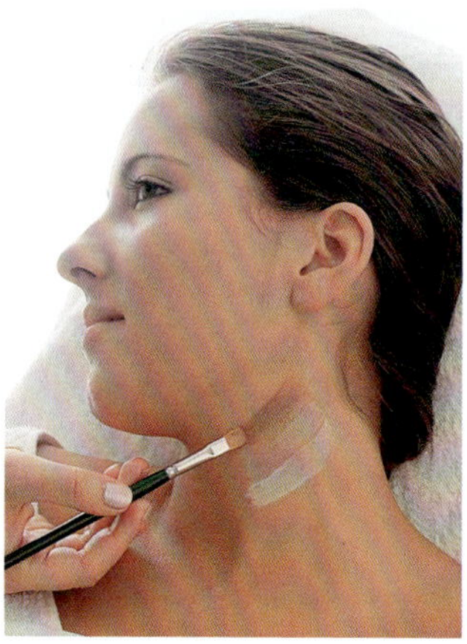

Prüfung des geeigneten Farbtons am Hals

Antiseptisches Make-up ist ein ölfreies Make-up für die aknegefährdete Haut.

Longlasting-Make-up ist ein Make-up, das nicht abfärben oder verblassen soll. Einmal aufgetragen, hält es über Stunden. Eine Kombination aus ultrafeinen Farbpigmenten deckt Unebenheiten ab und braucht über den Tag hinweg nicht erneuert zu werden.

Camouflage ist wasser- und wischfest und wird vorwiegend im Profibereich für Models und Schauspieler verwendet. Dieses Make-up hat unter den Make-ups die höchste Deckkraft.

Wie stelle ich den richtigen Make-up-Farbton fest?

Die Grundierung soll exakt den gleichen Farbton haben wie die Haut (auf keinen Fall sollte der Farbunterschied mehr als einen Ton betragen). Das Make-up soll nicht heller und nicht dunkler, nicht rosiger und nicht grauer als die Haut sein, nur dann sieht das Make-up natürlich aus.
Als Maßstab nimmt man die **Haut am Hals**. Zur Auswahl des richtigen Farbtons wird etwas Grundierung eingeklopft. Wenn man zwischen grundierter Haut und Umgebung keine Farbränder entdeckt, dann ist der Ton richtig gewählt.
Kann man den richtigen Farbton nicht finden, mischt man ihn nach folgender Faustregel: Wirkt er zu rosa, müssen mehr Gelbtöne hinein, ist er zu gelb, muss man mit Rosa abhelfen.

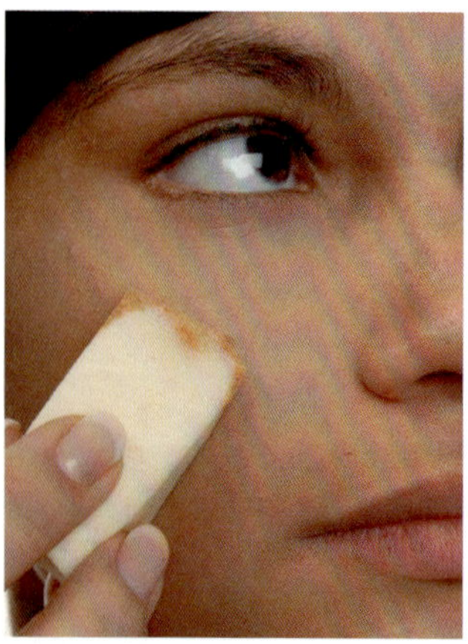

Auftragen mit einem Schwamm

Auftragen der Grundierung

Für das Auftragen der unterschiedlichen Grundierungen gibt es keine festgelegten Techniken. Die Auftragetechnik hängt davon ab, zu welchem Anlass das Make-up getragen werden soll (z.B. auf dem Laufsteg, auf einem Ball, vor der Kamera usw.) und welches Produkt als Grundierung zum Einsatz kommt.

Erfahrene Kosmetikerinnen beherrschen fünf verschiedene Auftragetechniken zum Auftragen einer Grundierung:

- Eine häufig angewendete Technik ist das Auftragen mit einem **Make-up-Schwämmchen.** Diese gibt es in den unterschiedlichsten Formen, Größen und

lang = long
andauern, anhalten = to last

Auftragen mit den Fingern

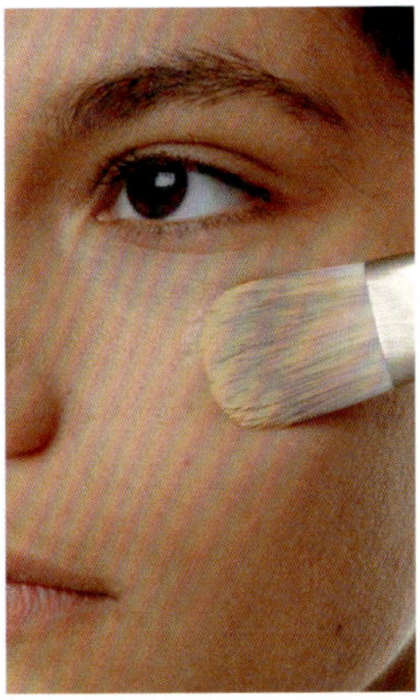
Auftragen mit dem Foundation-Pinsel

Auftragen mit der Profibürste

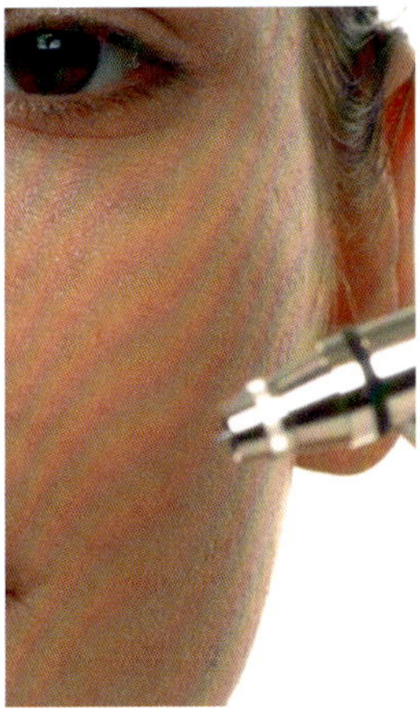
Auftragen mit Air-Brush

Materialien. Je nach gewünschtem Ergebnis kommen sie in trockenem oder feuchtem Zustand zum Einsatz.

- Eine weitere Möglichkeit ist das Auftragen mit den **Fingern**, d.h., die Grundierung wird ohne weitere Hilfsmittel aufgetragen.
- Fluid-Make-ups lassen sich sehr gut mit einem **Foundation-Pinsel** auftragen. Schlecht zu schminkende Bereiche, z.B. an den Nasenflügeln, sind mit dieser Technik kein Problem.
- Für sanfte Übergänge und eine natürliche Grundierung sorgt die **Profibürste**. Nach dem Auftragen der Grundierung z.B. mit den Fingern sind durch drehende Bewegungen mit der Bürste perfekte Übergänge möglich.
- Die **Air-Brush**-Technik erfordert Fachkenntnisse und viel Übung, ist aber im Vergleich zu den anderen Techniken ausgesprochen zeitsparend.

A Erstellen Sie eine tabellarische Übersicht zu den Make-up-Arten. Ordnen Sie die Grundierungen einer Kosmetikfirma Ihrer Wahl den einzelnen Make-up-Arten zu. Falls Sie noch andere Make-up-Arten finden, ergänzen Sie Ihre Tabelle entsprechend.

12.6.3 Modellieren

Entspricht die Gesichtsform nicht dem idealen, harmonischen Oval, kann mit der Technik des Modellierens ausgeglichen werden. Dazu sind zwei Farben erforderlich, mit denen Gesichtspartien abgedunkelt (kaschiert) oder aufgehellt (hervorgehoben) werden.
Abgedunkelt wird immer mit etwa einer Nuance dunkler als der Hautton, und **aufgehellt** wird mit einigen Nuancen heller als der Hautton.

Dabei gilt folgender Grundsatz:
Dunkel tritt optisch zurück und wird dadurch optisch weniger.
Hell hebt optisch hervor und wird dadurch optisch mehr.

Arbeitsmaterialien

Modellieren = künstlich formen, die Proportionen des Gesichts verbessern

Zum Modellieren eignen sich Abdeckcremes, Abdeckstifte, Augenbrauenstifte, Lidschattenpuder (vorher mit Transparentpuder mattieren, damit es nicht fleckig wird) oder Grundierungen.
Mit Rouge kann man nicht schattieren, da Rot eine Signalfarbe ist und dadurch optisch hervortritt. Aber durch den Winkel, wie das Rouge auf der Wange platziert wird, kann die Gesichtsform optisch beeinflusst werden (s. S. 400).

Kein Gesicht gleicht dem anderen. Markante Merkmale wie eine breite Stirn, hervorstehende Wangenknochen, ein spitzes Kinn oder runde Apfelbäckchen beeinflussen die Gesichtsform.

Gesichtsformen können in fünf verschiedene Grundformen eingeteilt werden: **oval, dreieckig, viereckig, lang** und **rund**.

Diese Gesichtsformen kommen in der Natur nur sehr selten in reiner Form vor, trotzdem ist es wichtig, ihre Merkmale zu kennen. So kann man feststellen, aus welchen Grundformen sich ein Gesicht zusammensetzt, und entscheiden, wie seine Vorzüge optimal zur Geltung gebracht werden können.
Das ovale Gesicht galt lange Zeit als Idealform. Schaut man sich die Topmodels heute an, so lässt sich aber feststellen, dass etliche von ihnen Gesichtsformen haben, die nicht diesem Ideal entsprechen.
Vielmehr steht das Individuelle und Charakteristische einer Gesichtsform im Vordergrund, dies gilt es hervorzuheben.

Fast alle Gesichtsformen setzen sich aus den unterschiedlichsten Gesichtsformen zusammen, d.h., es gibt dreieckig-runde, oval-viereckige oder lang-ovale Gesichter usw. Um die Gesichtsform zu bestimmen, sollte nur die **Kontur des Gesichts** berücksichtigt werden. Dazu kämmt man die Haare der Kundin straff zurück und deckt die Ohren mit den Händen ab. Wichtig dabei ist, dass die Oberkante des Gesichts durch den Haaransatz bestimmt wird und nicht durch die Kopfform.

Gesichtsform	Besonderheiten	Korrektur
Ovales Gesicht 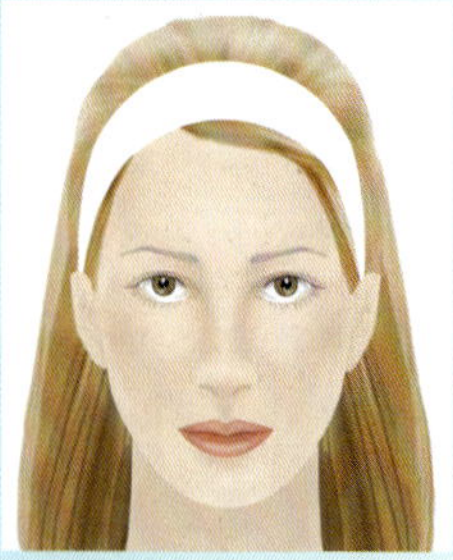	Typisch sind ausgewogene Konturen. Die Wangenknochen sind in der Mitte des Gesichts. Von dort aus verjüngt sich das Gesicht nach oben und unten. Der Augenabstand ist weder zu groß noch zu klein und die Augenlider sind deutlich zu sehen. Die Nase ist proportional ausgewogen, der Mund ist gut ausgeprägt und hat eine klar gezeichnete Kontur.	Häufig sieht man bei dieser Gesichtsform davon ab, durch „Tricks“ die eine oder andere Stelle zu betonen oder abzumildern, um von eventuellen Makeln abzulenken.

Gesichtsform	Besonderheiten	Korrektur
Dreieckiges Gesicht 	Typisch ist eine breite Stirn. Die Wangenknochen liegen höher als beim klassischen ovalen Gesicht. Das Kinn läuft spitz zu, sodass die untere Hälfte des Gesichts deutlich schmaler ist als die Stirn.	Um ein dreieckiges Gesicht gleichmäßiger wirken zu lassen, werden die beiden Seiten der **Stirn und die Kinnspitze** dunkler grundiert, und **oberhalb der Wangenknochen wird heller** schattiert.
Viereckiges Gesicht 	Das viereckige Gesicht hat deutliche Ecken am Kinn und an der Stirn. Es ist oben und unten gleich breit.	Durch dunkler **modellierte Kiefer- und Schläfenpartien** wirkt ein eckiges Gesicht eher oval und weicher. Auch hier kann **oberhalb der Wangenknochen heller** schattiert werden.
Langes Gesicht 	Hier ist der Wangenknochen deutlich schmaler als bei einem ovalen Gesicht. Die hohe Stirn und das längliche Kinn ergänzen diese Optik.	**Die dunkle Schattierung der Stirnansätze** (die in den Haaransatz verläuft) und **des Unterkiefers** verkürzt diese Gesichtsform optisch. **Unterhalb des Wangenknochens** kann ebenfalls **dunkler** und **oberhalb heller** schattiert werden.
Rundes Gesicht 	Diese Gesichtsform hat Breite und Fülle im Wangenbereich, sodass das Gesicht insgesamt rund wirkt.	Um es schmaler erscheinen zu lassen, wird die Partie **unterhalb der Wangenknochen dunkler** schattiert, wobei die Schattierung bis zum Haaransatz verläuft. Die **Kinnspitze** und die Partie **oberhalb der Wangenknochen** werden **aufgehellt**.

A Überprüfen Sie bei Ihrer Tischnachbarin die Gesichtsform und modellieren Sie das Gesicht so, dass die Gesichtsform eher oval wirkt. Hat Ihre Partnerin ein ovales Gesicht, dann betonen Sie durch eine Modelage den Wangenknochen.

12.6.4 Camouflage

Camouflage (franz.) = Verkleidung, Tarnung

Fixierpuder

Auftrageschwamm

Puderquaste

Puderpinsel

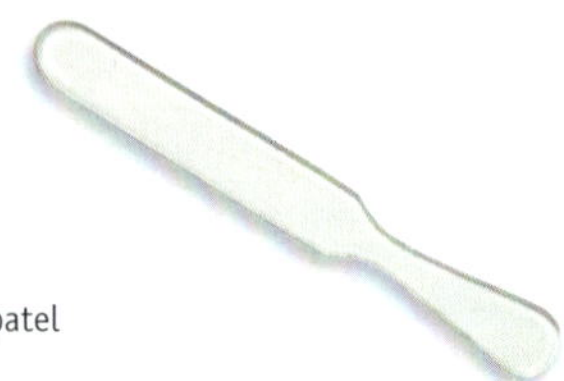

Spatel

Mit der Camouflagetechnik haben sich neue, wirkungsvolle Make-up-Möglichkeiten für Problemfälle und besondere Gelegenheiten, z.B. Hautanomalien wie Vitiligo, Naevus flammeus, Teleangiektasien, Besenreiser, Altersflecken, Leberflecken, Narben, aber auch Augenringe, Akne, Tätowierungen und blaue Flecken entwickelt. Sie deckt bei sachgemäßer Anwendung die problematischen Bereiche zuverlässig ab. Erhöhungen und Vertiefungen können aber nicht ausgeglichen werden.

Camouflage gilt als wasser- und schweißfest. Außerdem schützt sie die Haut vor UV-Strahlung. Selbst extremen Belastungen wie Schwimmen, Hitze und körperlicher Anstrengung hält sie stand.

Sie hält 1 bis 2 Tage und ist für die tägliche Anwendung durchaus geeignet. Im Gesicht sollte die Camouflage jeden Tag erneuert werden. Auf Hautpartien, wo sich wenige Talgdrüsen befinden, kann sie sogar 2 bis 3 Tage auf der Haut bleiben.

Folgende Materialien werden für die Camouflage benötigt:

- mehrere Farbtöne von Hell bis Dunkel, von Rosé bis Gelblich (die alle untereinander mischbar sind) und ein grünlicher Ton
- Fixierpuder (häufig in Weiß und getönt erhältlich)
- Auftrageschwamm
- Puderquaste und Puderpinsel
- Spatel (zum Entnehmen der Produkte)

Arbeitsablauf

- Die Haut vor dem Auftragen der Camouflage gründlich reinigen.
- Als Camouflageunterlage eine Feuchtigkeitscreme verwenden, da eine fettreiche Unterlage keine haltbare Grundlage ist.
- Camouflage auf dem Spatel oder auf dem Handrücken weich aufarbeiten.
- Den Fleck, wenn es notwendig ist, mit der Gegenfarbe (Farben mischen, evtl. mit Weiß aufhellen) abdecken. Wenn die abzudeckende Hautpartie sehr dunkel ist, dann zuerst vor dem hauttypischen Farbton einen etwas helleren Farbton dünn auftragen. Für das Auftragen können ein Pinsel, ein Schaumstoffschwämmchen oder die Finger benutzt werden.
- Effloreszenzen, z.B. Pusteln, extra abdecken.
- Mit den Fingerspitzen oder einem angefeuchteten Einwegschwamm (Camouflage lässt sich aus Latex nicht auswaschen) die Camouflage gleichmäßig dünn einarbeiten. Die Camouflage bis zu 2 cm über den Rand der abzudeckenden Hautpartien auftragen und die Ränder sanft auslaufen lassen.

  Um die Camouflage wasserfest zu machen, den Fixierpuder mit der Puderquaste dick auftragen und mindestens 10 Minuten einwirken lassen. Den überschüssigen Puder mit Ziegenhaarbürste oder einem Puderpinsel vorsichtig entfernen.

Zum **Entfernen** der Camouflage ein Reinigungspräparat auf Watte oder ein Papiertuch geben und sorgfältig abnehmen. Bei großflächigen Hautpartien wird ein Spezialreiniger (nach dem Auftragen einfach abspülen oder abduschen) empfohlen. Zur Klärung der Haut anschließend ein mildes Gesichtswasser verwenden.

Camouflage kann auch bei **besonderen Gelegenheiten** eingesetzt werden, z.B.:

- für Schwarz-Weiß-Fotos
- bei einem Braut-Make-up
- als Make-up für den Laufsteg

Z

Der grüne Farbton dient zur Neutralisation von rötlichen oder violetten Hautstellen, z.B. Teleangiektasien, Feuermalen, Verbrennungen oder Narben. Er wird vor der eigentlichen Camouflage dünn auf die abzudeckenden Hautpartien aufgetragen.

Camouflageprodukte

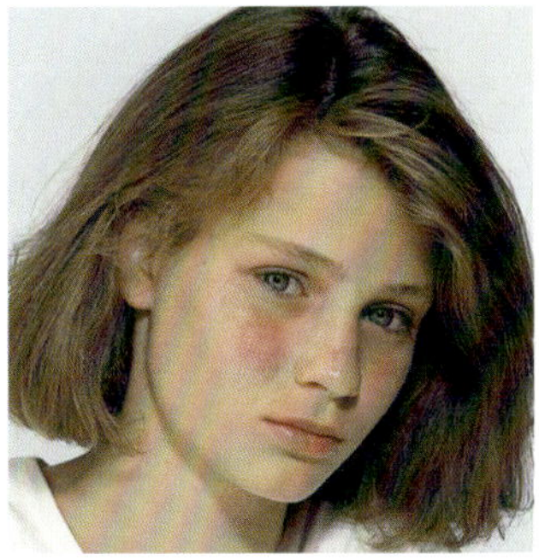
Vorher

Nachher

A Beschreiben Sie mit eigenen Worten das fachgerechte Auftragen einer Camouflage.

12.6.5 Abpudern

Puder mattiert den Teint, lässt Poren feiner erscheinen und macht die Grundierung haltbarer.
Abgepudert wird nach dem Auftragen der Abdeckcreme, der Grundierung und der Lidschattengrundierung. Da Puder Fett aufsaugt, kann er bei fettiger Haut großzügig aufgetragen werden. Bei einer reifen, trockenen Haut sollte mit Puder sparsam umgegangen (evtl. nur in der T-Zone) oder Puder speziell für reife Haut verwendet werden. Diese Puder trocknen die Haut nicht so stark aus, denn sie enthalten feine Puderteilchen, die z.B. mit feuchtigkeitsbindenden Seidenfasern behandelt sind. Für einen besonders „ebenmäßigen Teint" bieten viele Kosmetikfirmen Puder in loser und kompakter Form sowie mit lichtreflektierenden Pigmenten an.

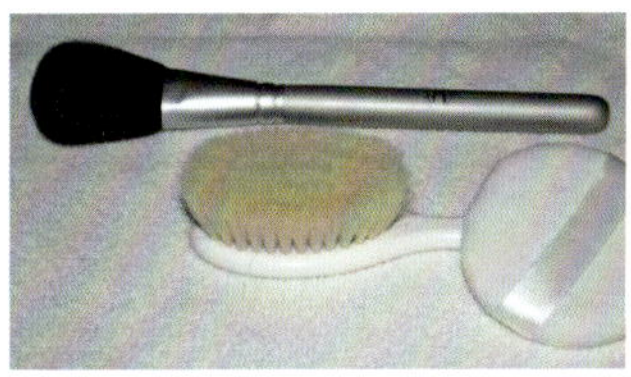
Arbeitsmaterialien

Puderarten

- **Loser transparenter Puder** wirkt am natürlichsten, denn er verleiht der Haut ein seidiges, makelloses Aussehen.
- **Loser getönter Puder** muss mit der Farbe des Make-ups bzw. Hautfarbe (wenn auf eine Grundierung verzichtet wird) übereinstimmen, um natürlich zu wirken.
- **Kompaktpuder** muss vom Ton her ebenfalls zur Grundierung passen. Dieser Puder ist ideal für unterwegs, denn er lässt sich problemlos transportieren.
- **Bräunungspuder** (lose und kompakt erhältlich) verleiht der Haut eine natürlich aussehende Bräune. Spezielle Pigmente ermöglichen ein gleichmäßiges Auftragen und sorgen für ein weiches, seidiges Hautgefühl. Um den Fettfilm der Haut zu binden, muss aber zunächst ein Transparentpuder aufgetragen werden.

Loser transparenter Puder

Loser getönter Puder

Kompaktpuder

Bräunungspuder

Glitterpuder

- **Glitterpuder** (ebenfalls in loser und kompakter Form erhältlich) ist nicht zum Mattieren geeignet. Sparsam auf Gesicht, Hals und Dekolleté verteilt, veredelt Glitterpuder ein Abend-Make-up.

Auftragetechnik

- Der lose Puder wird mit einem Spatel aus der Puderdose entnommen, auf ein Kosmetiktuch gegeben und von dort mit dem **Puderpinsel** aufgenommen. Überschüssigen Puder vor dem Auftragen vom Pinsel klopfen und von oben nach unten in Wuchsrichtung der Gesichtsbehaarung auftragen (damit sich die Gesichtshärchen nicht aufstellen).
- Mit der **Puderquaste** wird der Puder gleichmäßig auf das Gesicht gedrückt. Anschließend überschüssigen Puder mit einem Babybürstchen oder einem Puderpinsel entfernen.

Z Die Augenlider auch abpudern, dann lässt sich der Lidschatten besser auftragen und hält länger.

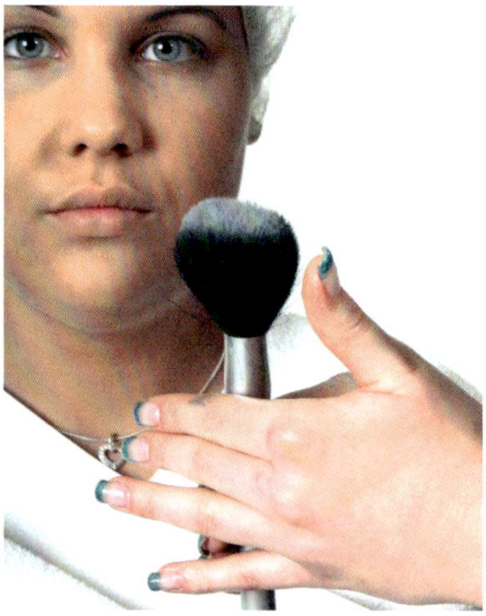

Überschüssigen Puder vom Pinsel klopfen

Puder in Wuchsrichtung der Gesichtshärchen auftragen

A Überprüfen Sie bei einer Mitschülerin, welche Auftragetechnik sich für welche Puderart besonders gut eignet. Begründen Sie Ihre Meinung.

12.7 Schminken der Augen

12.7.1 Lidschatten

Mit Lidschatten kann die Augenfarbe intensiviert und der Blick zum Strahlen gebracht werden. Selten gibt es eine perfekte Augenform, aber mit Lidschatten kann man die natürliche Schattenwirkung der Augenhöhle betonen und ausgleichen, indem man die Augenform mit hellen und dunklen Farben modelliert.
Ob die Farben kräftig oder zart und ob mehrere oder nur eine Farbe gewählt wird, hängt von der Augenfarbe, vom Farbtyp, den Farben der Kleidung, vom Anlass und vom persönlichen Stil ab. Bei modebewussten Kundinnen sollten auch aktuelle Trendfarben berücksichtigt werden.

Shadow (engl.) = Schatten, hier Lidschatten
Eyeliner (engl.) = Dekorativa für Linien an den Augen
Kajal = Kosmetikfarbe zum Umranden der Augen

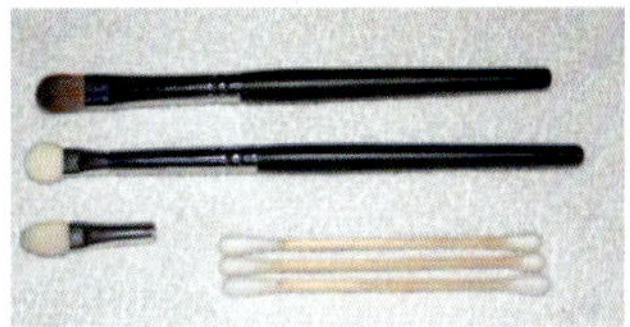
Arbeitsmaterialien

Lidschattenarten

- Bei **Puderlidschatten** gibt es pro Saison die größte Farbauswahl in matten, leicht oder intensiv schimmernden Ausführungen. Hier findet man die meisten Farbneuheiten und ein reichhaltiges Angebot von Paletten mit zwei oder mehreren bunten Pudersteinen vor. Er ist am gebräuchlichsten, denn er lässt sich leicht in den unterschiedlichsten Abschattierungen auftragen und haftet gut auf der Haut. Aufgetragen wird der Puder mit einem Schaumstoffapplikator oder einem flachen, etwas breiteren Lidschattenpinsel.
- **Lidschattenstifte** auf Puder- oder Cremebasis eignen sich sehr gut für Schminkanfängerinnen, denn mit diesen Stiften kann man breite Linien ziehen und sie anschließend mit Pinsel, Applikator oder Fingerspitzen verwischen.
- **Cremelidschatten** gibt es in kleinen Döschen, Patronen und Tuben. Sie werden mit dem Finger oder Applikator aufgetupft und lassen sich leicht verteilen. Der Nachteil ist, dass sie sich nach einiger Zeit in der Lidfalte absetzen können. Dafür haben sie aber keine austrocknende Wirkung.

Lidschatten in diversen Farbtönen

Der Lidschatten wird vor Eyeliner, Kajal und Wimperntusche auf das fettfreie Lid aufgetragen. Zur besseren Haltbarkeit kann vom Wimpernrand bis zur Braue eine Teintgrundierung oder eine spezielle Lidschattengrundierung aufgetragen werden, die aber noch vor dem Lidschattenauftrag mit Transparentpuder leicht abgepudert werden muss.
Im Allgemeinen werden zwei bis drei Lidschattenfarben benutzt, um die Augen zu betonen. Unter der Augenbraue wird grundsätzlich ein „Highlighter", also ein hellerer Ton, aufgetragen. Er sorgt dafür, dass das Auge optisch „geöffnet" wird. Unabhängig von der Farbe sollte der Lidschatten entlang dem Lidrand am dunkelsten sein und zur Braue hin heller werden.

Puderlidschatten

Je nach gewünschter Wirkung werden die dunkleren Töne in der Lidfalte, auf dem Augenlid (bis zur Lidfalte) oder am äußeren Augenwinkel aufgetragen. Schattiert man auch das Unterlid in der Lidschattenfarbe, wirken die Augen noch ausdrucksvoller. Harte Übergänge werden mit einem Lidschattenpinsel verwischt.

Cremelidschatten

Lidschattenstifte

Schattiervorschläge mit unterschiedlichen Betonungen:

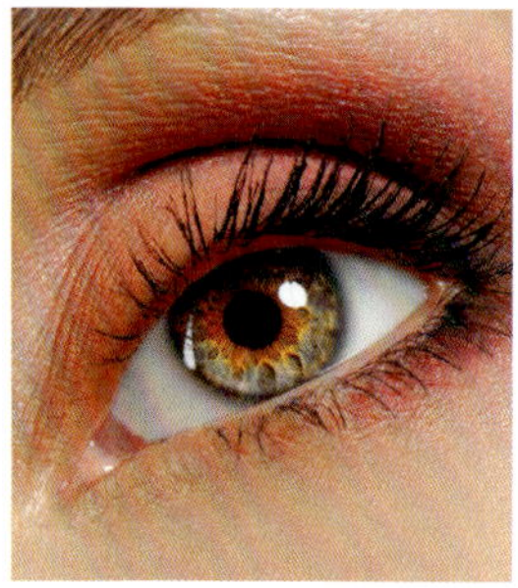

A Erproben Sie bei Ihrer Tischnachbarin das Auftragen von Lidschatten mit mindestens zwei kontrastreichen Farbtönen.

12.7.2 Lidstrich

Arbeitsmaterialien

Der klassische Lidstrich ist schwarz und wird mit einem flüssigen Eyeliner aufgetragen. Farbiger Eyeliner wird meist Ton in Ton zur Verstärkung des Lidschattens verwendet. Eine dünne, fast unsichtbare Linie entlang dem oberen Wimpernrand betont die Augen dezent und lässt die Wimpern voller aussehen.

Flüssiger Eyeliner in Patronen, die wie Wimperntusche aussehen, werden mit dem Pinsel aufgetragen, der bereits in der Patrone steckt.

Im Fläschchen befindlicher Eyeliner wird mit einem feinen spitzen Pinsel aufgetragen.

Außerdem gibt es auf dem Kosmetikmarkt **Lidzeichner**, die wie Filzstifte funktionieren. Hier läuft die Farbe beim Malen automatisch wohldosiert in die Spitze.

Lidstrich ziehen, Hand dabei an der Wange fixieren

Auftragen des Lidstrichs

Wer eine ruhige, geübte Hand hat, zieht den Lidstrich beginnend am inneren Augenwinkel ohne abzusetzen bis zum äußeren Augenwinkel durch.

Weniger Geübte beginnen in der Lidmitte zum äußeren Augenwinkel und füllen den inneren Teil anschließend auf.

Bei einer unruhigen Hand können zuerst Pünktchen auf den Wimpernrand gemalt werden, die man dann Stück für Stück verbindet.

Lidzeichner

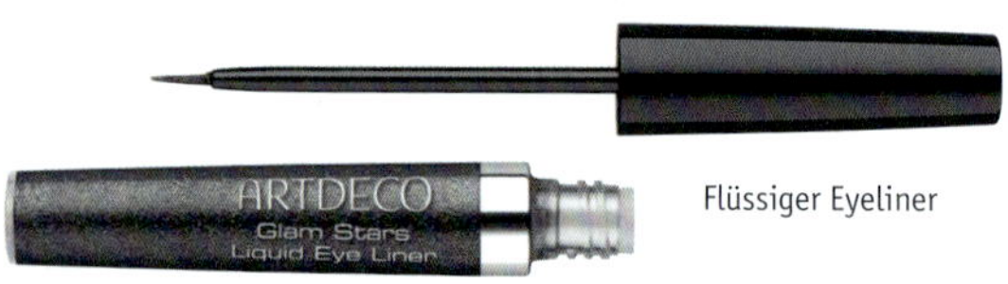

Flüssiger Eyeliner

A Erproben Sie ebenfalls an Ihrer Tischnachbarin das Auftragen eines Lidstriches mit flüssigem Eyeliner in den oben aufgeführten Techniken.

12.7.3 Kajal

Kajal ist eine in Minen gepresste Farbmasse. Es gibt ihn in unterschiedlichen Härten. Weiche Minen eignen sich für das Unterlid und härtere für den Wimpernrand des Oberlids. Sie werden in vielen Farbtönen als Stifte (wie Augenbrauenstifte) und als Drehstifte mit dicken, abgeschrägten Minen angeboten.
Ein Lidstrich mit Kajal am oberen und/oder unteren Lidrand wirkt weicher als ein Lidstrich mit flüssigem Eyeliner.
Mit dunklem Kajal auf dem unteren Augenlid wirken die Augen ausdrucksvoller.
Werden weiße, hellgraue und hautfarbene Kajalstifte am inneren unteren Lidrand verwendet, lassen sie das Auge größer erscheinen.
Ganz natürlich wirkt ein Augen-Make-up, wenn mit Kajal am oberen Wimpernrand ein Lidstrich gezogen und dieser leicht verwischt wird.

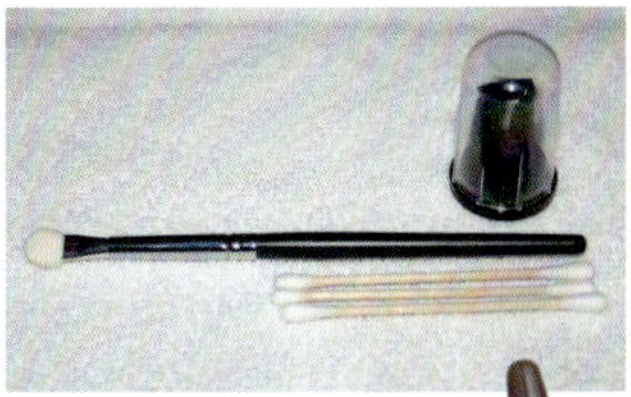
Arbeitsmaterialien

Kajalstifte

Dunklen Kajal auf dem inneren Lidrand auftragen

Lidstrich am Oberlid ziehen

A Üben Sie das Auftragen eines Lidstriches mit Kajal an einem Modell (z.B. eine Mitschülerin). Setzen Sie auch Kajal auf das innere untere Augenlid. Beschreiben Sie die Wirkung der Augen Ihres Modells.

Z Das Auftragen des Lidstrichs wird erleichtert, wenn man die Haut am Oberlid außen mit ein/zwei Fingern spannt.

12.7.4 Wimperntusche

Das Tuschen mit Mascara ist der letzte Schritt beim Augen-Make-up. Sie lässt die Wimpern voller und länger aussehen.
Die Kosmetikfirmen bieten eine Vielzahl von Produkten an, z.B.:

- **volumenaufbauender Mascara**, der mit zusätzlichen Inhaltsstoffen (Silikon, Ceramide) jede einzelne Wimper verstärken und kräftigen soll.
- **Mascara mit speziellen Bürstchen.** Sie ermöglichen ein gleichmäßiges Auftragen, damit die Wimpern nicht verkleben und verklumpen.
- **Wimpernverlängernder Mascara**, der feine Fasern auf die Wimpern bringt.

Silikone = oberflächenaktive, hautverträgliche, wasserunlösliche Verbindungen, chemisch stabil, spreiten optimal; in Dekorativa erleichtern sie das Auftragen und verbessern die Haftfähigkeit
Ceramide = lipophile Verbindungen, verzögern das Austrocknen der Wimperntusche

Die Oberwimpern werden in Zickzackbewegungen von unten nach oben und die Unterwimpern von oben nach unten getuscht.
Wimperntusche sollte in mehreren Schichten (vorhergehende Schicht erst trocknen lassen) aufgetragen werden, so wirken die Wimpern dichter und länger. Zwischen den Schichten die Wimpern mit einem Wimpernbürstchen nachbürsten, damit keine Klümpchen entstehen.

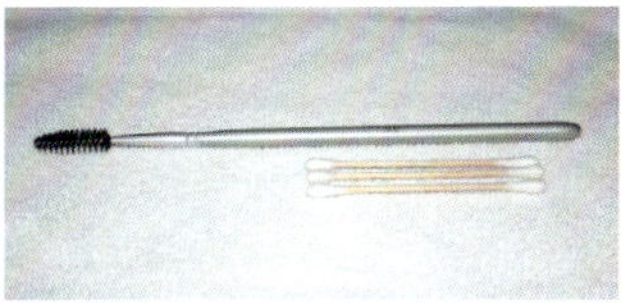
Arbeitsmaterialien

Mascara

Beispiel für Mascara mit wimpernverlängernder Wirkung

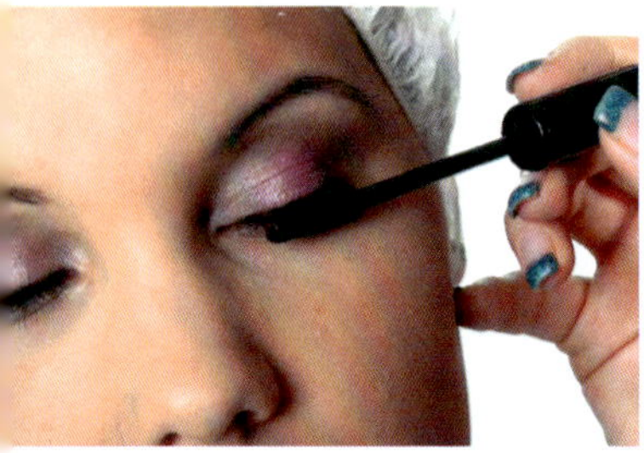

Mascara auftragen 1

Mascara auftragen 2

Mascara auftragen 3

A Bringen Sie Ihre Wimperntusche, die Sie üblicherweise verwenden, zur Erprobung mit in die Schule. Welche „Marke" verwenden Sie? Welche spezielle Wirkung versprechen Werbung und Verpackung?
Bilden Sie Gruppen und überprüfen Sie, welcher Effekt laut Werbeaussage erzielt werden soll und ob dies zutreffend ist. Präsentieren Sie Ihre Ergebnisse gruppenweise der Klasse.

12.7.5 Schminken von Problemaugen

Z Auch beim Modellieren der Augen gilt der Grundsatz:
- Dunkel tritt optisch zurück und
- hell tritt optisch hervor.

Das mandelförmige Auge gilt als optimal geformt. Ziel beim Ausgleichen von Augenformen ist es, sogenannte Problemaugen der mandelförmigen Form optisch anzugleichen. Manche Augenformen sind nicht leicht einzuordnen, denn auch hier gibt es Mischformen, z.B. kleine, tief liegende Augen oder auseinanderstehende Augen mit Schlupflidern.
Analysiert man die auszugleichende Augenform, schaut sich deren Höhen und Tiefen an und vergleicht sie mit dem optimal geformten Auge, dann ergeben sich die zu verändernden Höhen und Tiefen fast von allein. So tritt ein tief liegendes Auge mit hellen Tönen schattiert optisch hervor oder ein hervorstehendes Auge mit dunklen Tönen schattiert optisch zurück.

Zum Modellieren eignen sich alle Naturtöne. Wünscht die Kundin zusätzlich noch einen farbigen Lidschatten, so setzt man auf die dunkle Schattierung einen dunklen farbigen Ton und auf die helle Schattierung einen hellen farbigen Ton.

Nach unten abfallender Augenwinkel

Der äußere Augenwinkel sollte mit einer Abdeckcreme aufgehellt und anschließend mit Puder fixiert werden.

1 Um das Auge anzuheben, wird am Wimpernrand mit einem dunklen Kajalstift eine Linie gezogen, die im äußeren Drittel des Augenlids schräg nach oben betont aufgetragen wird.
2 Darüber einen dunklen Lidschatten setzen.
3 Nach innen versetzt einen helleren Lidschatten auftragen und die Farben leicht ineinander verwischen.

Der Lidstrich muss am Oberlid nach außen breiter sein als im inneren Augenwinkel.

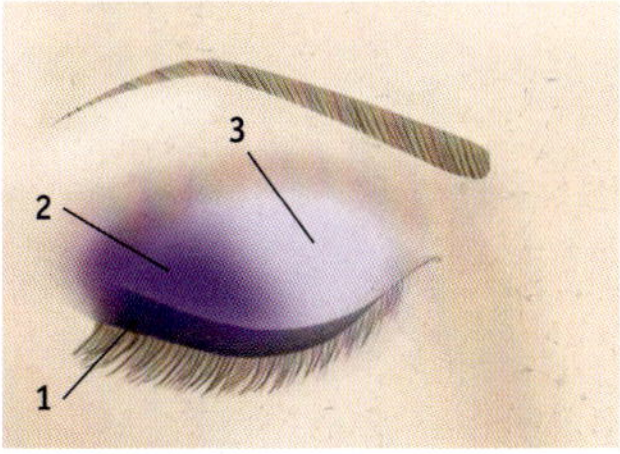

Nach unten abfallender Augenwinkel

Runde Augen

1 Das Oberlid wird mit einem hellen bis mittleren Lidschattenton grundiert.
2 Mit einem dunkleren Ton wird über die Lidfalte in Richtung Schläfen schattiert.
3 Kajal oder Eyeliner sollte zum äußeren Augenwinkel hin fast waagerecht verlängert werden.
4 Am Unterlid sollte der Kajal oder Eyeliner so lange verlängert werden, bis sich die beiden Striche treffen.

Die Augenbrauen sollten keine rundliche Form haben, denn dies betont die Rundung der Augen!

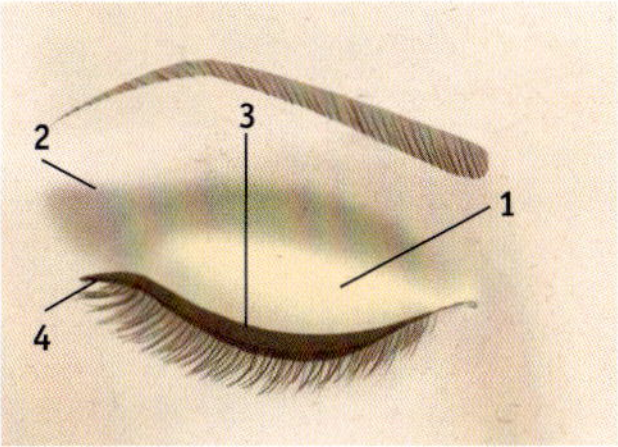

Runde Augen

Kleine Augen

1 Das gesamte Oberlid wird mit einem hellen Lidschatten grundiert.
2 Mit dunklem Lidschatten wird über die Lidfalte hinaus schräg nach außen schattiert.
3 Den dunklen Lidschatten auch im äußeren unteren Augenwinkel und unter den Wimpern auftragen.
4 Kajal am Wimpernrand des Ober- und Unterlids ebenfalls in der Verlängerung nach außen ziehen und die beiden Endungen leicht miteinander vermischen.

Ein weißer oder beigefarbener Kajal im unteren inneren Augenlid lässt die Augen größer und klarer aussehen.

Die Augenbrauen sollten eher schmal gezupft sein.

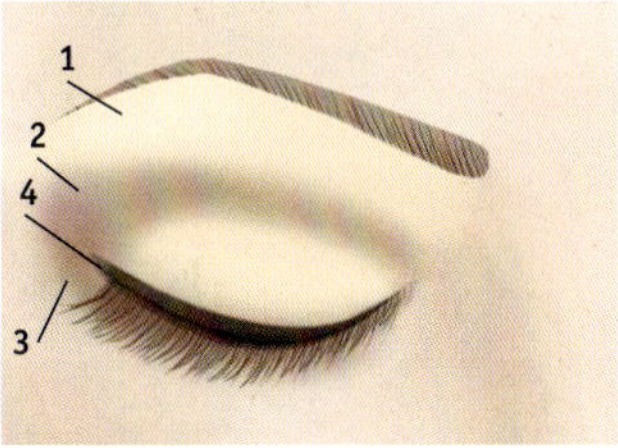

Kleine Augen

Hervorstehende Augen

Bei dieser Augenform sollte auf helle, glänzende Töne verzichtet werden!

1 Das gesamte Oberlid mit einem matten Lidschatten in einem mittleren Farbton grundieren.
2 Auf das Oberlid vom Wimpernrand bis zur Lidfalte einen dunklen, matten Lidschatten setzen, wobei der äußere Augenwinkel deutlich dunkler schattiert wird als der innere.
3 Die dunkle Schattierung wird aus der Lidfalte heraus schräg nach außen verlängert.
4 Eyeliner oder Kajal am Oberlid den Wimpernrand entlang ziehen und nach außen etwas breiter werden lassen (keilförmig).

Auf dem inneren Unterlid Kajal auftragen.

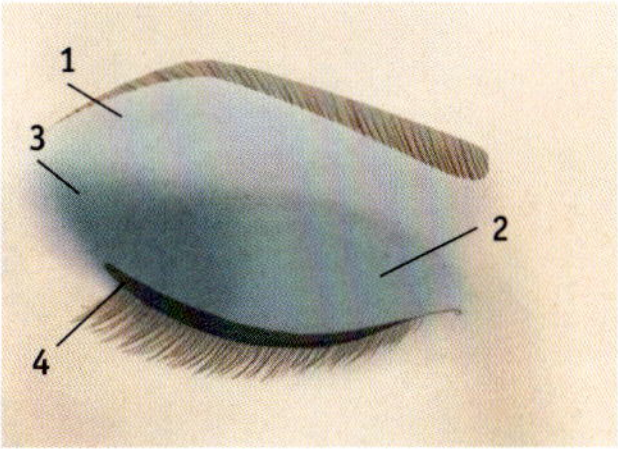

Hervorstehende Augen

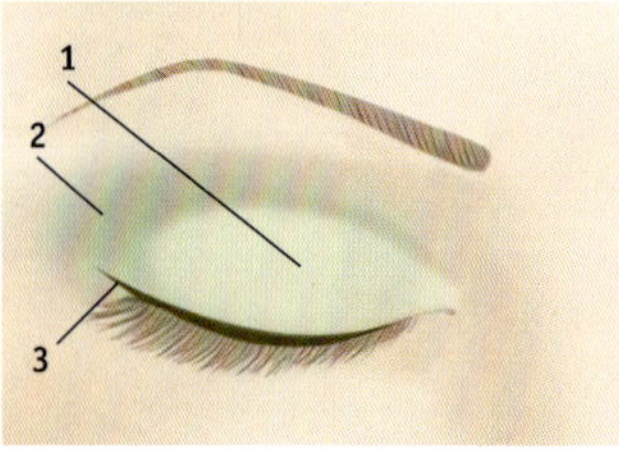

Tief liegende Augen

Tiefliegende Augen

Grundsätzlich sollten tief liegende Augen nicht zu dunkel geschminkt werden.

1 Das ganze Oberlid mit einem hellen Lidschatten grundieren.
2 Einen etwas dunkleren Lidschatten in die Lidfalte setzen. Die dunklere Betonung sollte dabei im äußeren Augenwinkel liegen.
3 Auf dem oberen und unteren Wimpernrand wird ein zarter Lidstrich mit Kajal oder Eyeliner gezogen und die Enden nach außen leicht verlängert.

Auch bei dieser Augenform die Augenbrauen eher schmal zupfen, um das Auge optisch zu vergrößern.

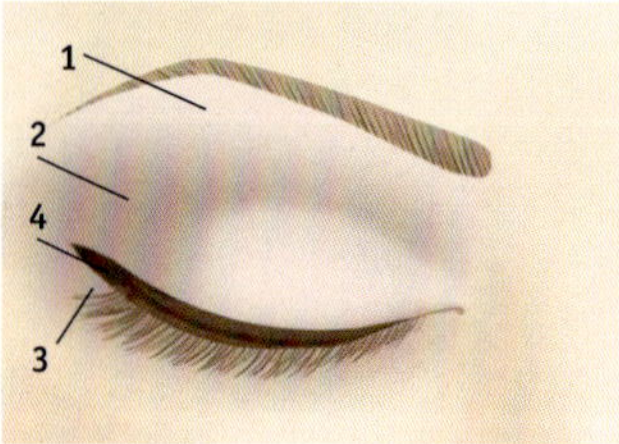

Schlupflider

Schlupflider

1 Einen hellen bis mittleren Grundton auf das ganze Oberlid auftragen.
2 Mit einem dunklen Ton wird die Lidfalte optisch nach oben verlagert, wobei der dunkelste Bereich der modellierten Lidfalte im äußeren Bereich des Lids liegt.
3 Dunkler Lidschatten wird auch am unteren Wimpernrand aufgetragen, wobei er ab der Mitte des Auges nur noch auslaufend nach innen schattiert wird.
4 Mit Kajal oder Eyeliner am Wimpernrand des Ober- und Unterlides einen Lidstrich (mit Betonung des äußeren Augenwinkels) auftragen.

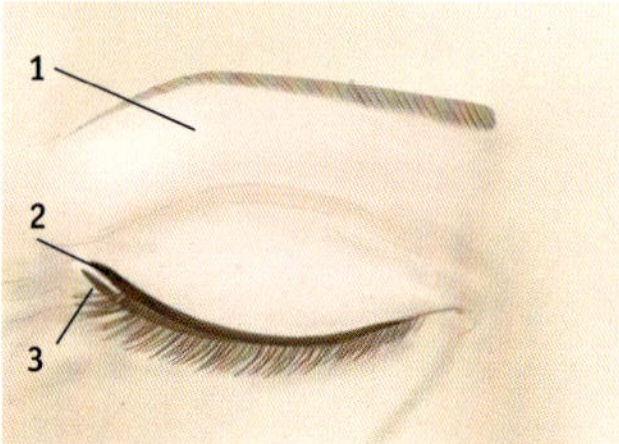

Alternde Augen

Faltige Augenpartie

1 Auf das gesamte Oberlid einen hellen, matten Lidschatten setzen.
2 Ein feiner Kajal- oder Eyelinerstrich sollte auf dem oberen Wimpernrand nach außen hin verlängert werden.
3 Am Unterlid wird ein Kajal- oder Eyelinerstrich unter die Wimpern gesetzt. Dieser Strich soll parallel mit dem oberen Strich auslaufen, d.h., sie treffen sich nicht. In den Zwischenraum der Striche wird ein heller Ton gesetzt, um die Augen „offener" erscheinen zu lassen.

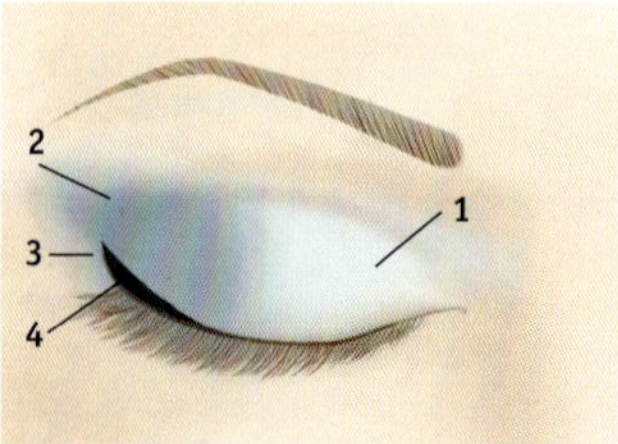

Eng stehende Augen

Eng stehende Augen

Grundsätzlich: Helle Töne im inneren und dunkle Töne im äußeren Augenwinkel auftragen.

1 Das Oberlid wird bis zur Nasenwurzel mit hellem Lidschatten grundiert.
2 Nur der äußere Augenwinkel (beginnend in der Mitte des Lids) wird mit einem dunklen Lidschatten über die Lidfalte nach außen schattiert.
3 Am unteren Wimpernrand wird ebenfalls nur der äußere Bereich mit dunklem Lidschatten betont.
4 Einen Lidstrich nur in den äußeren Augenwinkel setzen.

Die Augenbrauen dürfen nicht zu weit innen beginnen, sonst werden die Augen optisch zusammengedrückt.

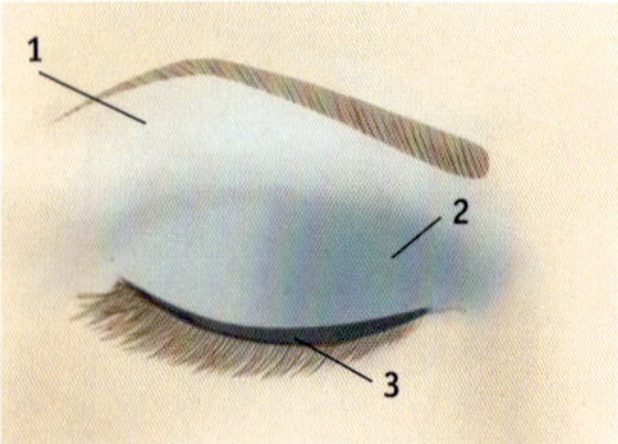

Weit auseinanderstehende Augen

Weit auseinanderstehende Augen

Grundsätzlich: Dunkle Töne im inneren und helle Töne im äußeren Augenwinkel auftragen.

1 Das Oberlid mit hellem Lidschatten grundieren.
2 Ein dunkler Lidschatten wird auf den vorderen Teil des Augenlides in Richtung Nasenwurzel aufgetragen und ein mittlerer Lidschattenton auf den äußeren Teil des Oberlides.
3 Mit einem Lidstrich kann der Wimpernrand in Richtung Nase betont werden, um optisch die Augen zusammenzurücken.

Auf keinen Fall sollte das Augen-Make-up das Auge nach außen hin betonen, denn dadurch würde es optisch noch weiter auseinandertreten.
Der Brauenanfang soll vor dem Augenanfang liegen.

A Üben Sie an einer Mitschülerin die Schminktechniken für die unterschiedlichen Augenformen.

12.7.6 Brillen-Make-up

Bei einem Brillen-Make-up muss neben der Augenform unbedingt berücksichtigt werden, ob die Brillenträgerin kurz- oder weitsichtig ist, denn die Gläser sind unterschiedlich geschliffen und verändern dadurch optisch die Augengröße. Bei Kurzsichtigen wirken die Augen hinter der Brille eher kleiner und bei Weitsichtigen eher größer.

Z Alle Farben des Augen-Make-ups sollten mit dem Brillengestell und der Augenfarbe harmonieren, also kühl zu kühl und warm zu warm.

Augen-Make-up für Kurzsichtige

Zur optischen Vergrößerung helle, glänzende Farbtöne einsetzen, den oberen Wimpernrand mit einem zarten Lidstrich betonen und das Unterlid mit Kajal schattieren. Die Wimpern oben und unten mehrmals kräftig tuschen, denn voluminöse Wimpern vergrößern die Augen.

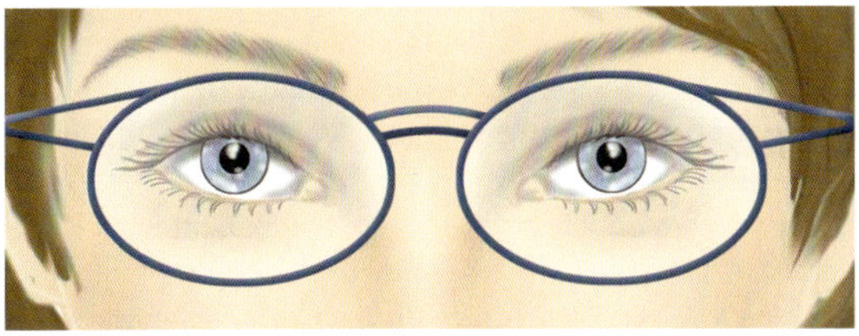
Vorher

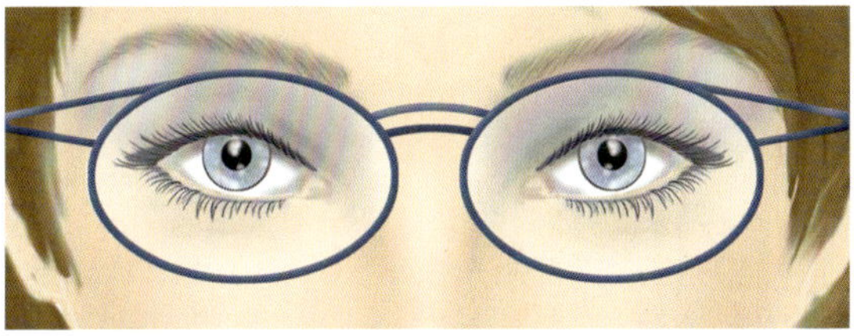
Nachher

Augen-Make-up für Weitsichtige

Durch die Verwendung von matten, mittleren bis dunklen Farbtönen und das Umranden des ganzen Auges mit Kajal oder Eyeliner werden die Augen optisch verkleinert. Die Wimpern sollten insgesamt nur zart getuscht werden. Bei starken Gläsern keine schwarze Tusche, sondern graue, grüne oder blaue verwenden.

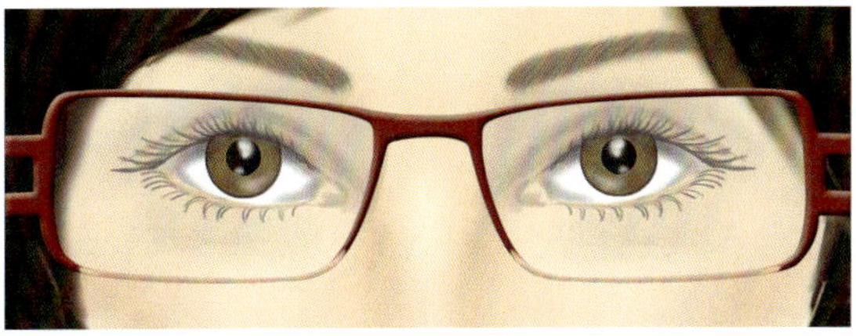
Vorher

Nachher

A Suchen Sie aus einer Zeitschrift oder einem Werbeprospekt zwei unterschiedliche Brillengestelle heraus und erstellen Sie jeweils eine passende Augen-Make-up-Skizze.

12.8 Schminken der Lippen

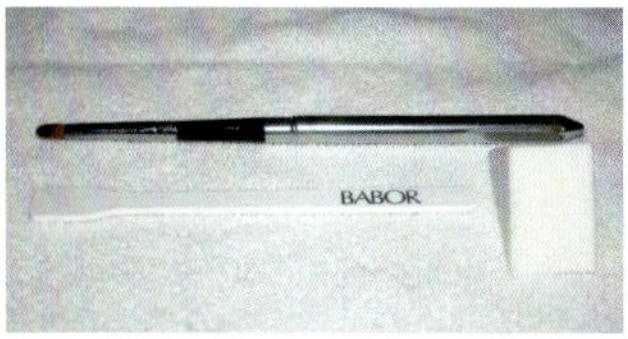

Arbeitsmaterialien

Schöne Lippen gelten als Symbol für weibliche Verführungskunst, denn nur noch die Augen senden so deutliche Signale aus wie der Mund. Das Schönheitsideal bei der Mundform unterliegt wie keine andere Gesichtspartie der Mode. So ist es nicht verwunderlich, dass viele Frauen mit Form und Größe ihres Mundes unzufrieden sind und den Rat der Kosmetikerin suchen.
Bei der Wahl der Lippenstiftfarbe sollte man jedoch nicht nur auf den aktuellen Trend schauen, sondern auch den Farbtyp und die Kleidung berücksichtigen.

Cremig matte Lippenstifte

12.8.1 Produkte

Lippenstifte bestehen aus Ölkombinationen (z.B. Avocado-, Jojoba- und Rizinusöl), Wachsmischungen (Lanolin) und Farbstoffen (in der Regel synthetische Pigmente). Die Art und die Menge dieser Substanzen bestimmen die Eigenschaften des Stiftes.

- **Cremig matte Stifte** haben den höchsten Farbstoffanteil (ca. 10 Prozent). Sie decken und haften deshalb besonders gut.
- **Glossstifte** haben einen Farbanteil um etwa 4 bis 6 Prozent. Der Anteil an Ölen ist entsprechend höher. Sie wirken deshalb glänzend und transparent.
- **Stifte mit Perlglanz** enthalten synthetische Glimmerpartikel, die das Licht reflektieren, wodurch der Mund voller erscheint.
- **Glosscremes** bringen hauptsächlich Glanz. Dafür sorgt in erster Linie ein Lanolinanteil von etwa 45 Prozent. Gloss gibt es farbig oder farblos.
  Es gibt Produkte mit speziellen lichtstreuenden Pigmenten, die einen lippenvergrößernden Effekt erzielen sollen. Mineralpuder sorgen für einen gleichmäßigen Auftrag, und Wachsmischungen ermöglichen eine gute Verteilbarkeit. Man kann sie pur auftragen oder als Glanzpunkt auf die geschminkten Lippen tupfen. Gloss aus dem Döschen wird mit dem Spatel entnommen und mit dem Lippenpinsel auf den Lippen verteilt, Gloss aus der Patrone trägt man mit dem Applikator auf.
- **Konturenstifte** (Lipliner) bestehen aus zu einer Mine gepresster Lippenstiftmasse mit besonders hohem Farbstoffanteil. Sie sind etwa so hart wie ein Kajalstift und sorgen bei sorgfältigem Auftrag für eine präzise Lippenkontur.

Glossstifte

Glosscreme

Konturenstifte

A Erstellen Sie eine tabellarische Übersicht zu den Lippenstiftarten. Ordnen Sie die Lippenstifte einer Kosmetikfirma Ihrer Wahl den einzelnen Lippenstiftarten zu. Falls Sie noch andere Lippenstiftarten finden, ergänzen Sie Ihre Tabelle entsprechend.

12.8.2 Schminktechnik

Grundsätzlich sollte man bei einem Lippen-Make-up die Lippenkonturen nachziehen, gleichgültig ob man anschließend Lippenstift oder Lipgloss verwendet.

- Eine exakte Lippenkontur gelingt besonders gut, wenn die **Grundierung** mit einem Schminkschwämmchen ganz dünn auf die Lippen aufgetragen wird 1.
- Mit losem **Puder** (bei trockenen Lippen mit Kompaktpuder) die Grundierung fixieren 2. Mit einem **Konturenstift**, der die gleiche Farbe wie der Lippenstift haben sollte, die Lippenkonturen nachziehen. Mit Konturenstiften kann die Lippenform leicht korrigiert werden 3. Damit die Konturen nicht als harte Linie stehen bleiben, werden sie mit einem Wattestäbchen nach innen verwischt.
- Mit einem Lippenpinsel (hygienische Gründe) wird der **Lippenstift** aufgetragen, denn mit dem Pinsel kann die vorgezeichnete Kontur exakter ausgefüllt und die Farbe besser dosiert werden 4.

Z Auch die Lippenform darf bei der Farbwahl nicht unberücksichtigt bleiben, denn helle, glänzende Töne vergrößern die Lippen optisch und dunkle Töne lassen die Lippen eher kleiner erscheinen.

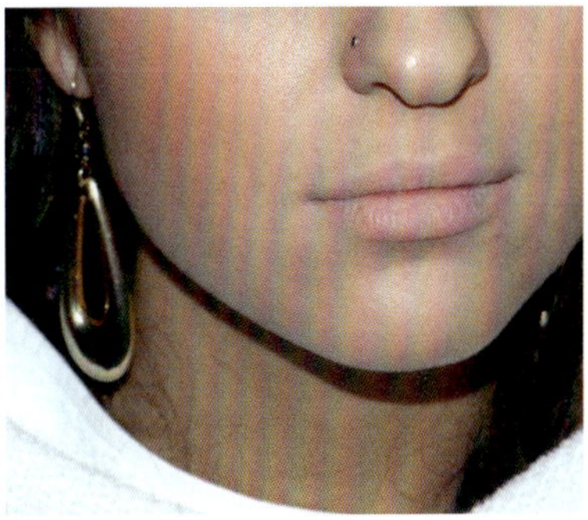

1

2

3

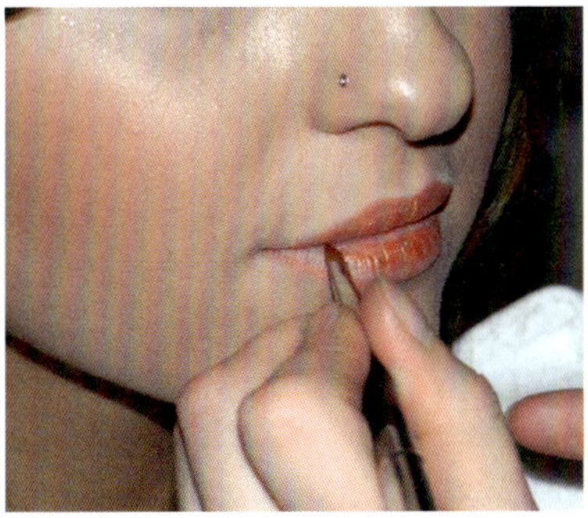

4

A Beschreiben Sie mit eigenen Worten das fachgerechte Auftragen eines Lippen-Make-ups.

Z

Damit es nicht unnatürlich aussieht, sollte beim Korrigieren der Mundkontur nicht hemmungslos übertrieben werden. Besser ist es, ungefähr bei der Originalkontur zu bleiben und nur kleinere Korrekturen vorzunehmen.

12.8.3 Schminken bestimmter Lippenformen

Für eine Lippenkorrektur mit Make-up sollte in jedem Fall die Lippenkontur mit Grundierung, Abdeckcreme oder Abdeckstift abgedeckt und mit Puder abgepudert werden, damit die eigene Kontur kaum noch sichtbar ist.
Auch bei der Korrektur der Lippen den Farbton von Lipliner und Lippenstift aufeinander abstimmen.

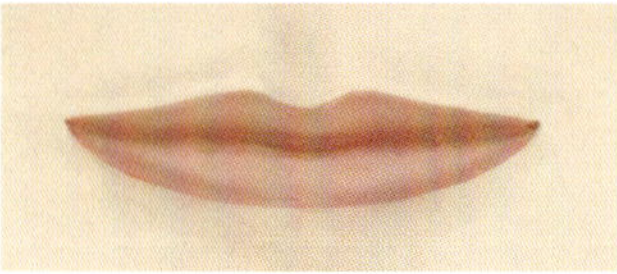

Zu schmale Lippen

Zu schmale Lippen

Die Lippenkontur wird mit einem Konturenstift an der äußeren Linie nachgezogen (nicht übermalt) und mit einem Wattestäbchen nach innen verwischt.
Ein heller, glänzender Lippenstift wird mit dem Lippenpinsel aufgetragen, denn Helligkeit und Glanz sorgen optisch für mehr Volumen (Lipgloss verstärkt den Eindruck).

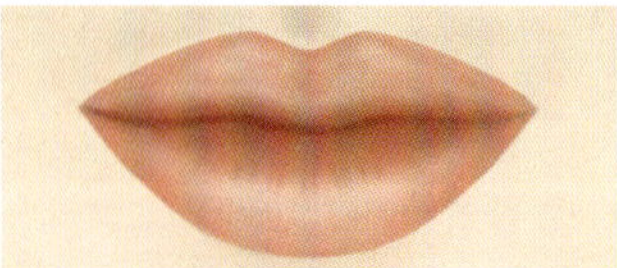

Zu volle Lippen

Zu volle Lippen

Die innere Linie der Lippenkontur wird mit einem Konturenstift nachgezogen.
Mit dem Lippenpinsel einen matten, dunklen Lippenstift (besonders gut geeignet sind Brauntöne) auftragen und dabei auf Lipgloss verzichten, denn er vergrößert die Lippen sonst optisch wieder.

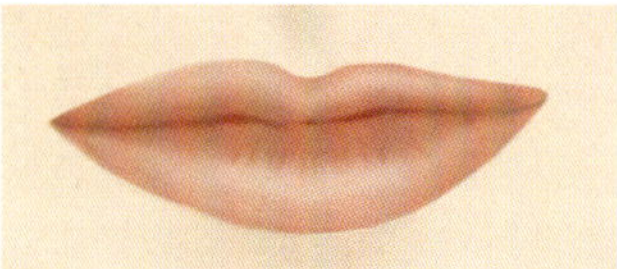

Ungleiche Lippen

Ungleiche Lippen

Je nach Lippenform wird eine Korrektur genauso wie bei schmalen bzw. vollen Lippen vorgenommen.

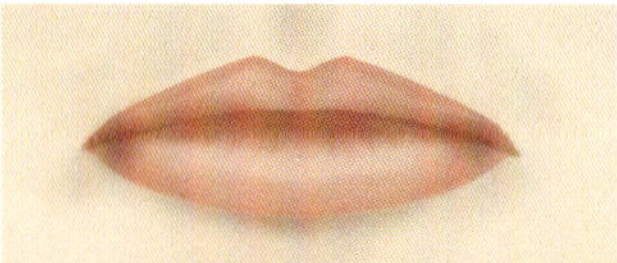

Abfallende Lippen

Abfallende Mundwinkel

Nach dem Abdecken der Mundwinkel wird eine ansteigende neue Lippenkontur gezeichnet, um die Mundwinkel optisch anzuheben.

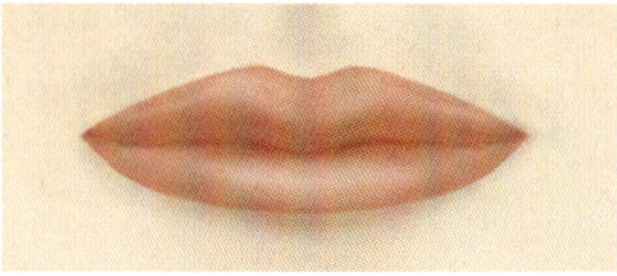

Größere Ober- als Unterlippe

Größere Ober- als Unterlippe

Die Lippenkontur mit Konturenstift auf der Oberlippe innerhalb der natürlichen Kontur und auf der Unterlippe die Kontur an der äußeren natürlichen Lippenkontur nachziehen, um das Gleichgewicht herzustellen.
Um der Unterlippe optisch noch mehr Volumen zu geben, kann auf die Mitte der Unterlippe noch zusätzlich ein hellerer Lippenstift auf den Lippenstift gesetzt werden.

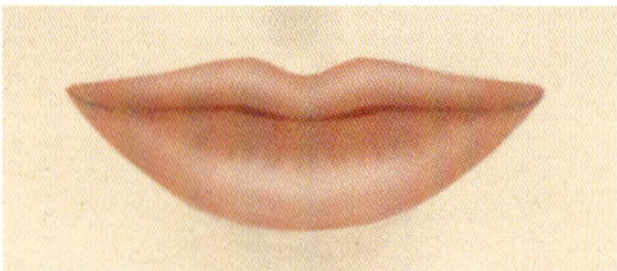

Größere Unter- als Oberlippe

Größere Unter- als Oberlippe

Der Konturenstift wird außerhalb der natürlichen Lippenkontur der Oberlippe und bei der Unterlippe innerhalb der natürlichen Kontur gesetzt. Einen etwas helleren Lippenstift auf die Oberlippe geben.

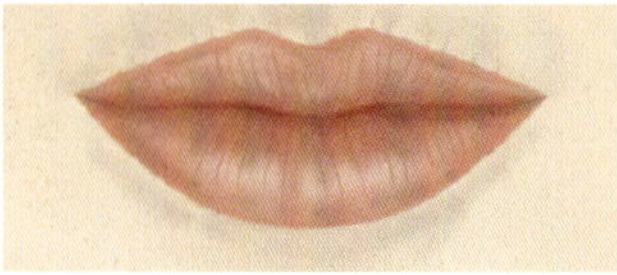

Faltige Lippenpartie

Faltige Lippenpartie

Hier kann unter dem Lippenstift ein „Lip-Fix-Produkt" aufgetragen werden. Es sorgt dafür, dass der Lippenstift länger hält und nicht so leicht in die Fältchen läuft.
Die Lippen mit Zeige- und Mittelfinger spannen, mit dem Konturenstift eine saubere Lippenkontur nachziehen und den Lippenstift auftragen.

A Überprüfen Sie bei Ihrer Tischnachbarin die Lippenform und schminken Sie die Lippen so, dass die Lippenform ausgeglichen wirkt. Hat Ihre Partnerin eine „ideale" Lippenform, dann erproben Sie eine optische Vergrößerung oder Verkleinerung der Lippen.

12.8.4 Lippenpflege

Ein Lippenstift sieht nur auf gepflegten Lippen richtig schön aus, deshalb sollte man bei trockenen Lippen einen Lippenpflegestift mit Lichtschutzfaktor verwenden, der dafür sorgt, dass die Lippen weich und geschmeidig bleiben. Sind die Lippen bereits spröde, kann ein Pflegestift zusätzlich unter dem Lippenstift aufgetragen werden. Außerdem kann man mit einer Zahnbürste in kleinen, kreisenden Bewegungen auf den Lippen eine sanfte Durchblutungsmassage durchführen. Gibt man auf die Zahnbürste noch zusätzlich etwas Bienenhonig, dann werden die Lippen wieder weich und zart. Auch eine Packung mit Quark und Honig macht die Lippen geschmeidig (Einwirkzeit 20 Min.).

A Erstellen Sie eine kleine Anleitung zur Lippenpflege, indem Sie die hier aufgeführten Tipps durch eigene Erfahrungen und durch Internetrecherche ergänzen.

12.9 Auftragen von Rouge

Rot ist eine auffällige Farbe und tritt optisch hervor. Rouge verleiht dem Gesicht Frische und die Gesichtsform kann durch Modellieren mit Rouge optisch verändert werden. Rougetöne sind immer Rottöne. Je nach Modetrend wird Rouge kräftig oder nur zart aufgetragen, denn ein Make-up ohne Rouge ist nur in Ausnahmefällen denkbar.

12.9.1 Produkte

Puderrouge enthält zur Farbgebung Pigmente und Farblacke.
Talkum hat eine glättende Wirkung und Kaolin und Titandioxid sorgen für die notwendige Deckkraft. Es wird nur auf bereits abgepuderter Haut verwendet, da es sonst fleckig aussehen könnte.

In **Cremerouge** ist ein hoher Fettanteil enthalten, daher ist es eher für eine trockene Haut geeignet. Cremerouge wird direkt auf die nicht abgepuderte Grundierung oder auf getönte Tagescreme aufgetragen.
Rougetöne werden in zahlreichen Nuancen angeboten – von Hell bis Dunkel und von Matt bis Glänzend.

A Erprobben Sie bei einer Mitschülerin das Auftragen von Puder- und Cremerouge.

Rouge (franz.) = rot, hier Wangenrot
Talkum = mineralischer Grundstoff für Puder
Kaolin = weißes gereinigtes Aluminiumsilikat, Bolus alba, Pudergrundlage
Titandioxid= Farbpigment mit hoher Deckkraft, physikalischer Lichtschutzfilter
Blusher (engl. blush = erröten) = Bezeichnung für Wangenrot

Z Puderrouge auf Puder, Cremerouge auf Creme

Auftragen von Rouge

12.9.2 Auftragetechnik

Kalte Rougetöne

Warme Rougetöne

Bei der Farbwahl sollte sich eine Farbharmonie in Richtung der Grundierung und des Lippenstifts ergeben, d.h.:

- Hat die Farbrichtung von Grundierung und Lippenstift eine kühle Nuance, dann sollte auch ein kühler Rougeton gewählt werden.
- Hat die Farbrichtung von Grundierung und Lippenstift eine warme Nuance, dann sollte auch ein warmer Rougeton gewählt werden.

Bei einem Tages-Make-up wird Rouge eher zart und dezent aufgetragen. Das Rouge für ein festliches Abend-Make-up darf kräftiger ausfallen, denn künstliches Licht und erst recht Kerzenlicht verschlucken viel von der Farbe. Da glänzende Rougetöne volle Gesichter noch runder erscheinen lassen, zum Modellieren nur mattes Rouge verwenden.
Begonnen wird am höchsten Punkt des Jochbeins, der etwa unter dem äußeren Ende der Iris liegt, dann über den Wangenknochen entlang bis zum oberen Bereich des Ohres. Dabei sind weiche Übergänge zur Grundierung erforderlich, deshalb immer nur wenig Rouge auf den Pinsel geben.
Wenn Rouge zum Abschluss des Make-ups aufgetragen wird, kann man besser einschätzen, wie viel Rouge je nach gewünschter Wirkung benötigt wird.

A Beschreiben Sie mit eigenen Worten das fachgerechte Auftragen von Rouge.

12.9.3 Modellieren mit Rouge

Mit Rouge lässt sich die Gesichtsform optisch korrigierend beeinflussen.

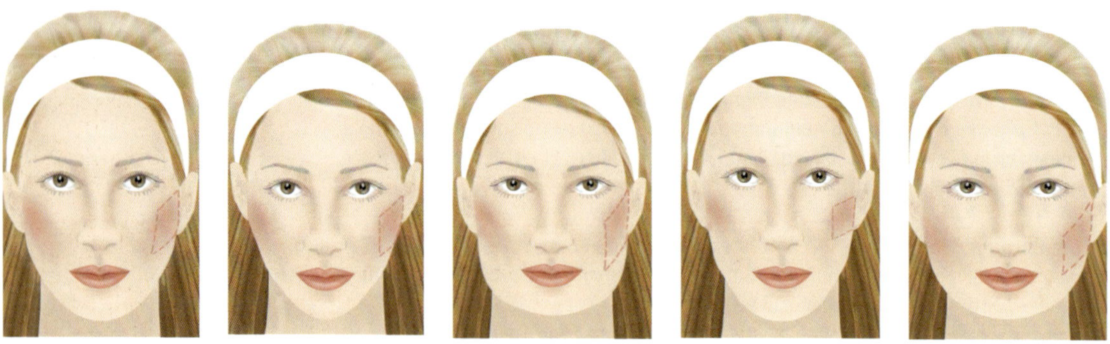

Ovales Gesicht — Dreieckiges Gesicht — Viereckiges Gesicht — Langes Gesicht — Rundes Gesicht

Ovales Gesicht

Das ovale Gesicht gilt als ideale Gesichtsform; deshalb ist hier nur die gewünschte Wirkung (z.B. natürlich, frisch, markant, extravagant oder glamourös) zu berücksichtigen.

Dreieckiges Gesicht

Auf die höchste und breiteste Stelle des Jochbogens das Rouge setzen und von dort aus schräg und weich nach vorne unten auslaufen lassen, sodass es unter dem äußeren Augenwinkel endet.

Viereckiges Gesicht

Rouge seitlich am Wangenknochen und sehr steil platzieren. Man beginnt oberhalb des Ohres am Haaransatz und endet seitlich unterhalb des höchsten Punktes des Wangenknochens.

Langes Gesicht

Hier sollte das Rouge von der Ohrmitte gerade bis etwa zum Augenanfang (relativ großflächig) platziert werden, d.h. nicht zu weit zur Gesichtsmitte, da das Gesicht sonst länger wirkt.

Rundes Gesicht

Rouge mit weichen Farbübergängen seitlich am Wangenknochen entlang in Richtung Mundwinkel auftragen.

A Überprüfen Sie bei Ihrer Mitschülerin die Gesichtsform und modellieren Sie das Gesicht mit Rouge so, dass die Gesichtsform eher oval wirkt. Hat sie ein ovales Gesicht, dann unterstützen Sie mit Rouge eine natürliche, frische, markante, extravagante oder glamouröse Wirkung.

12.10 Besondere Make-up-Gestaltung

12.10.1 Abend-Make-up

Generell sollten bei einem Abend-Make-up die hellen Töne noch heller und die dunklen Töne noch dunkler als am Tage ausgewählt werden, denn künstliches Licht schluckt Farbe. Dies gilt auch für den Farbton der Grundierung, d.h., er sollte etwa um einen Ton dunkler sein als bei einem Tages-Make-up.
Eine feuchtigkeitshaltige Make-up-Unterlage und ein Camouflagefixierpuder nach der Grundierung sorgen dafür, dass das Make-up nicht so schnell glänzt.

Abend-Make-up

Ablauf

- Grundierung auftragen (auch auf die Lippen), den oberen Teil des Halses und, je nach Halsausschnitt des Kleides, das Dekolleté mitschminken.
- Kleine Schönheitsfehler mit Camouflage abdecken.
- Zur besseren Haltbarkeit des Lidschattens eine Lidschattengrundierung auf die Augenlider auftragen.
- Camouflagefixierpuder großzügig auftragen, etwas einwirken lassen.
- Augenbrauen und Augenlider vom Puder befreien.
- Die obere Linie der Augenbraue wird nachgezogen, denn sie sollte eine feste Linie erhalten; evtl. fehlende Härchen mit Augenbrauenpuder ausgleichen.

Make-up-Produkte

- Auf das ganze Augenlid einen hellen Lidschatten auftragen und nach gewünschter Wirkung mit ein oder zwei Tönen das Auge modellieren.
- Das Auge mit Kajal oder Lidschatten umranden.
- Das gesamte Gesicht mit einer Ziegenhaarbürste vom überschüssigen Puder befreien.
- Wimperntusche auftragen.
- Je nach Wunsch werden künstliche Wimpernbänder oder Wimpernbüschel geklebt, wobei Wimpernbüschel natürlicher wirken und sich deshalb auch gut für ältere Augen eignen.
- Lippenkonturen mit einem Stift nachziehen.
- Mit dem Lippenpinsel den Lippenstift auftragen.
- Evtl. Modellage mit dunklem Puder setzen.
- Rouge platzieren.

Etwas Glitzer kann z.B. auf dem Dekolleté, am inneren oder äußeren Augenwinkel appliziert werden. Hier sind der Fantasie keine Grenzen gesetzt, denn die Kosmetikfirmen bieten eine Vielzahl von effektvoll glänzenden Produkten an.

A Schminken Sie bei Ihrer Mitschülerin auf der einen Gesichtshälfte ein Tages-Make-up und auf der anderen Gesichtshälfte ein Abend-Make-up. Der Unterschied muss deutlich erkennbar sein. Beschreiben Sie den anderen, wodurch Sie den Unterschied erzielt haben.

12.10.2 Foto-Make-up

Farbfoto

Augenbrauenzupfen, Wimpernfärben, ein Peeling und eine Feuchtigkeitsmaske sollten einige Tage vor dem Fototermin gemacht werden.

Ein guter Termin für ein Foto ist die Zeit zwischen 11.00 und 12.00 Uhr, dann sind die meisten Menschen entspannt und ausgeruht, um 14.00 Uhr haben die meisten ihren Tiefpunkt.

Zum Fototermin erscheint das Model ungeschminkt, ohne Nagellack und mit frisch gewaschenen Haaren.

Geschminkt und modelliert wird je nach gewünschter Wirkung wie bei einem Tages- bzw. Abend-Make-up. Allerdings sollte ein spezielles Foto–Make-up benutzt werden, denn normales Make-up enthält optische Aufheller, die das Gesicht glänzen lassen. Camouflage ist eine Alternative zum Foto-Make-up, denn es enthält keine optischen Aufheller. Wenn es nicht ausdrücklich gewünscht wird, dann sollten keine glänzenden, sondern eher matte Farbtöne verwendet werden.

Make-up für ein Farbfoto

Schwarz-Weiß-Foto

Auf einem Schwarz-Weiß-Foto sieht der Betrachter später nur Schwarz, Weiß und Grauwerte. Egal welche Farbtöne bei Kleidung und Make-up verwendet werden, wirken helle Farben heller, dunkle Farben dunkler, kalte Farben sauber (deshalb eher blaustichige Farben verwenden) und warme Farben schmuddelig (z.B. Gelb erscheint Grau).

Bei Überbelichtung erscheint die Haut ebenmäßiger, und Unterbelichtung betont Unebenheiten. Deshalb grundsätzlich insgesamt ein wenig heller schminken und gut abdecken, denn Unebenheiten erscheinen als graue Flecke. Als Grundierung eignet sich auch Camouflage hervorragend für ein Schwarz-Weiß-Foto.

Die Augenbrauen werden kräftig nachgezogen und, wenn notwendig, mit Augenbrauenpuder (ohne Rotanteil) aufgefüllt.
Farben sieht man nicht, deshalb werden die Augen nur mit matten hellen und dunklen Grautönen (es kann sogar Schwarz verwendet werden) je nach Augenform modelliert.
Die Wimpern sollten kräftig getuscht und evtl. mit künstlichen Wimpern betont werden.
Weißlicher Stift im inneren unteren Wimpernrand vergrößert das Auge optisch.
Die Lippen werden mit einem kühlen dunkelroten Konturenstift umrahmt und mit mittel- bis dunkelrotem Lippenstift ausgefüllt. Lippen anschließend mit Puder mattieren. Auf Rouge wird eher verzichtet und nur eine Modellage unterstützt die gewünschte Wirkung.

Make-up für ein Schwarz-Weiß-Foto

A Schminken Sie ein Modell für ein Schwarz-Weiß-Foto und fotografieren Sie das Modell. Überprüfen Sie anhand des Fotos, ob alle Farben gut gewählt wurden, und machen Sie evtl. Verbesserungsvorschläge.

12.10.3 Braut-Make-up

- **Einige Wochen** vor der Hochzeit könnte eine Farb- und Typberatung vorgenommen werden, dann hat die Kundin gute Anhaltspunkte beim Kauf des Brautkleides.
- **Drei Wochen** vorher sollte eine pflegende Gesichtsbehandlung (mit Peeling) gemacht werden. Die Kosmetikerin sollte sich das Kleid anschauen und ein Probe-Make-up machen.
- **Drei Tage** vorher sollte eine Maniküre und ein weiteres Peeling durchgeführt werden. Augenbrauen und Wimpern werden gefärbt und die Augenbrauen gezupft.

Braut-Make-up

Braut-Make-ups sollen in den meisten Fällen:
- romantisch aussehen,
- kuss- und tränenfest sein,
- auf den Hochzeitsfotos besonders schön wirken,
- auch am späten Abend noch möglichst frisch aussehen.

Zum einen wünschen sich die meisten Bräute ein besonders romantisches Make-up, zum anderen ist es ihnen sehr wichtig, auf den Fotos schön auszusehen, ein kuss- und tränenfestes Make-up zu haben und eines, das sie auch am späten Abend noch gut aussehen lässt.
Bei so hohen Ansprüchen ist Camouflage als Grundierung empfehlenswert. Fixierpuder sorgt dafür, dass das Make-up viele Stunden hält. Je nach Farbtyp werden mit zarten Farbtönen in Rosé oder Apricot die Augen, Lippen und Wangen modelliert. Durch eine Umrandung mit Eyeliner oder Kajal werden die Augen betont. Kräftig getuschte Wimpern runden das Bild ab. Die Lippenstiftfarbe hält länger, wenn zunächst die Lippen mit Konturenstift ausgemalt werden und dann der Lippenstift darübergesetzt wird. Schön sieht ein Braut-Make-up aus, wenn die Farben auch auf den Brautstrauß abgestimmt sind.

Grundierung für reife Haut

A Suchen Sie aus einer Zeitschrift oder einem Werbeprospekt ein Brautkleid heraus und erstellen Sie hierfür eine passende Make-up-Skizze.

12.10.4 Seniorinnen-Make-up

Bei einem Seniorinnen-Make-up sollten folgende Grundsätze beachtet werden:
- Weniger ist mehr.
- Dunkel tritt optisch zurück und wird dadurch optisch weniger.
- Hell kommt optisch hervor und wird dadurch optisch mehr.
- Im Vordergrund stehen das Kaschieren von Fältchen, Altersflecken und Augenringen sowie das Auffrischen von fahl wirkendem Teint und das Glätten von Unebenheiten.
- Auf starke Glitzerprodukte sollte verzichtet werden, allerdings kann ein leichter Glanz kleine Fältchen mildern.

Wichtig ist es, dass insbesondere die Grundierung pflegende Eigenschaften hat. So gibt es Grundierungen speziell für die reife Haut, die eine feuchtigkeitsspendende und pflegende Wirkung versprechen. Besondere Inhaltsstoffe, z.B. Seidenproteine und lichtreflektierende Pigmente, verleihen der Haut ein seidiges und glattes Aussehen. Außerdem haben sie eine hohe Deckkraft und setzen sich nicht in den Fältchen ab.

Vorher

Nachher

Make-up-Unterlage
Als Make-up-Unterlage wird auf die gründlich gereinigte Haut eine Tagespflege für anspruchsvolle Haut gegeben.

Abdecken und Aufhellen
Für das Abdecken von Altersflecken und Augenringen und zum Aufhellen von Mimikfalten eignen sich besonders Stifte oder cremeartige Produkte, die sanft aufgetupft und eingeklopft werden.

Grundierung
Die Farbe der Grundierung sollte sehr gut auf den Hautton abgestimmt sein, auf keinen Fall darf sie dunkler sein, sonst erscheint das Gesicht noch älter. Sie wird mit einem Make-up-Schwämmchen sorgfältig eingearbeitet.

Abpudern
Puder zum Mattieren und Fixieren des Make-ups ist häufig nicht erforderlich, da die Talgproduktion der älteren Haut ohnehin reduziert ist und sie insgesamt weniger glänzt. Außerdem würde bei Verwendung einer Grundierung mit lichtreflektierenden Pigmenten die gewünschte Wirkung zunichte gemacht werden.

Augenbrauen
Die Augenbrauen in Form bürsten und evtl. mit Brauenpuder auffüllen oder korrigieren.

Lidschatten
Zarte, helle Lidschattenfarben verwenden, besonders auffällige Farben nur sparsam dosieren.

Lidstrich
Wenn die Kundin einen Lidstrich wünscht, eine zarte Linie mit Eyeliner oder Kajal ziehen.

Wimperntusche
Die Wimpern sollten auf jeden Fall getuscht werden, dadurch wirkt das Auge offener und größer. Bei einem Schlupflid sollte wasserfeste Tusche verwendet werden, damit sie sich nicht nach kurzer Zeit auf dem Lid absetzt.

Lippenkonturenstift
Der Lippenkonturenstift gibt den Lippen eine klare Kontur und ermöglicht eine kleine Lippenkorrektur.

Lippenstift
Die Farbe des Lippenstifts sollte nicht zu dunkel (wirkt zu hart) und nicht zu hell (zu wenig Kontur) gewählt werden. Empfehlenswert ist ein kräftiger, mittlerer Farbton ohne metallisch schimmernden Effekt (bringt Lippenfältchen mehr zur Geltung).

Rouge
Ein Hauch von Rouge unter Berücksichtigung der Gesichtsform bringt Frische ins Gesicht.

A

Laden Sie eine ältere Dame (Großmutter, Tante, Nachbarin) als Modell ein und schminken Sie ihr ein Tages-Make-up.

12.10.5 Permanent-Make-up

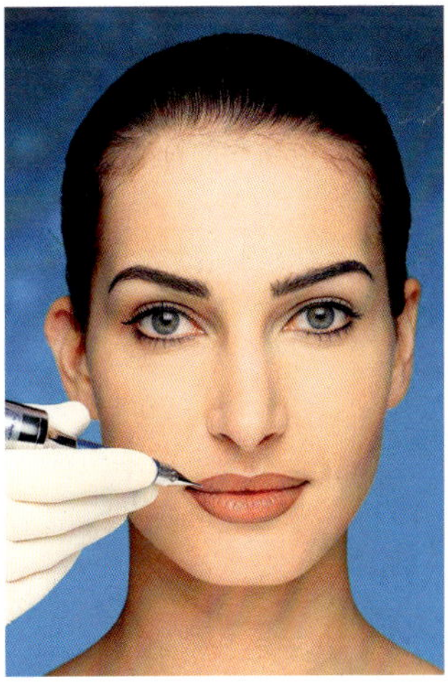

Ein Permanent-Make-up sollte natürlich und zeitlos schön sein

Ein Permanent-Make-up eignet sich für Frauen, die keine Lust haben, sich jeden Tag zu schminken, für Sportlerinnen, die viel schwitzen, für extrem Weitsichtige oder Frauen, die einen Ausgleich von kleinen Schönheitsfehlern wünschen.
Ähnlich wie bei einer Tätowierung werden Farbpigmente mithilfe von hauchdünnen Nadelstichen in die oberste Hautschicht eingebracht. Das Handstück des Pigmentiergeräts sieht aus wie ein großer Kugelschreiber mit Nadeln an der Spitze. Mit blitzschnellen Stichen wird die Farbe aus einer Kanüle in die Haut gebracht.

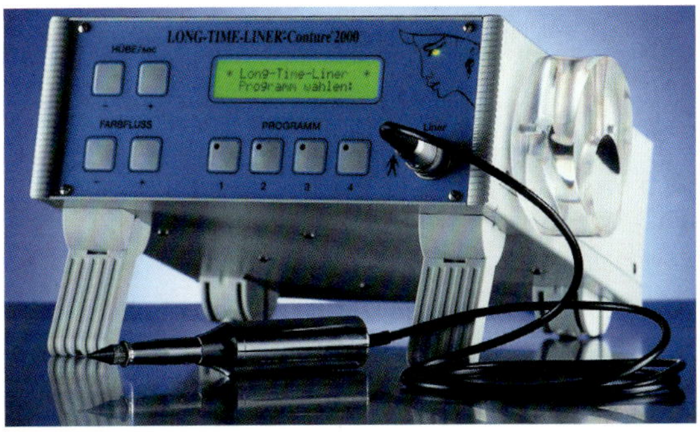

Pigmentiergerät

extrazellulär = außerhalb der Zellen befindlich

Vor jeder Behandlung ist eine ausführliche Beratung unabdinglich.
Das Gesicht wird zunächst zur Probe vorgezeichnet. Gemeinsam mit der Pigmentiererin werden verschiedene Farben ausprobiert.
Mit der Pigmentierung beginnt man erst, wenn die Kundin mit der Vorzeichnung zufrieden ist.
So wird z.B. mit der Long-Time-Liner® Conture® Make-up-Methode ein für einige Jahre haltbares Make-up wie Augenbrauen, Lidstriche und Lippenkonturen gezeichnet bzw. pigmentiert:

- **Augenbrauen** werden in Stricheltechnik (Härchenzeichnung) und in Schattierungstechnik (Formschattierung) pigmentiert.
- **Lidstriche** werden in feinsten Linien an Ober- und Unterlid am Wimpernkranz pigmentiert.
- Bei der **Ober- und Unterlippe** wird zwischen Konturierung und Schattierung unterschieden. Mit der Pigmentierung können die Lippen optisch verkleinert oder vergrößert werden. Zur Betonung der Lippe wird ein heller Schatten über das Lippenherz gesetzt.

Mit der Long-Time-Liner® Conture® Make-up-Methode werden mikrofeine Farbpigmente in die oberen Hautschichten eingebracht, wo sie einige Jahre verweilen. Die in den Hautzellen eingelagerten Farbpigmente werden zu 30 bis 40 % innerhalb von 8 bis 10 Tagen nach der Erstbehandlung beschleunigt abgestoßen. Nach einer Erstbehandlung erfolgen in der Regel ein bis zwei Nachbehandlungen, um die gewünschte Farbintensität zu erhalten.
Die restlichen Farbpigmente verbleiben dann in der sogenannten extrazellulären Masse, um dort mit der circa 3 bis 5 Jahre dauernden Erneuerung langsam zu verblassen. Permanent-Make-up kann dann wieder aufgefrischt werden.

Z

Eine verantwortungsbewusste Pigmentiererin empfiehlt ihrer Kundin vor der Behandlung einen Allergietest beim Hautarzt.

Es können Allergien auftreten, und bei unsachgemäßer Durchführung kann das Gewebe anschwellen und vernarben. Bei Verzeichnungen und falschen Farben kann evtl. mit Camouflagefarben korrigiert werden. Einige Fehler lassen sich ansonsten mit einem Laser korrigieren, aber nicht alle.

Medizinische Pigmentierung

Mit der Pigmentierung steht eine Technik zur Verfügung, Menschen zu helfen, die durch Krankheit oder Unfall optisch benachteiligt wurden, z.B.:

- wenn keine Augenbrauen mehr wachsen;
- bei kreisrundem Haarausfall – es können Farbstriche gesetzt werden, wodurch die Behaarung voller erscheint;
- bei Narben, denn durch Einbringen einer hellen Farbe sind sie weniger auffällig;
- nach Brustoperationen. Hier ist eine optische Rekonstruktion des Brustwarzenhofes möglich.

Eine **Ausbildung** zur Pigmentiererin beinhaltet Formenlehre, Farblehre, Anatomie und Gesichtsvermessung, Morphologie, Stil- und Typenlehre, Pigmentanalyse und Hygienekunde, wobei eine visagistische Ausbildung nicht vorausgesetzt wird. Für optimale und komplikationsfreie Ergebnisse sind die Erfahrung der Pigmentiererin und die Sauberkeit der verwendeten Materialien von großer Bedeutung.
Die Conture® Make-up-Methode darf nur von fachausgebildeten Linergisten® angewendet werden. Die Grundausbildung ist die Ausbildung zum Linergisten®. Des Weiteren gibt es eine gesonderte Ausbildung für die humanmedizinische Feinstpigmentierung.

A

Erarbeiten Sie in Gruppenarbeit Gründe, die für, und Gründe, die gegen ein Permanent-Make-up sprechen. Stellen Sie Ihre Ergebnisse den anderen Gruppen vor.

12.10.6 Bühnen-Make-up

Der Beruf des Maskenbildners, für den eine Friseurausbildung Vorbedingung ist, geht über den Tätigkeitsbereich eines Visagisten hinaus.
Er ist für das Bühnen-Make-up (welches den ganzen Körper umfassen kann) von Schauspielern, Tänzern und Sängern bei Film, Theater, Musical und an der Oper zuständig. Anatomische Grundkenntnisse, genaue Kenntnisse der Kunst- und Kulturgeschichte (historische Make-up- und Frisurgestaltung), der Zeitepochen, der Stilkunde sowie umfangreiches Wissen über Mode der vergangenen Jahrhunderte und der aktuellen Trends werden u.a. von einem Maskenbildner erwartet. Im engen Kontakt mit Künstlern und deren Lampenfieber sollte er Kompetenz, Ruhe und Einfühlungskraft ausstrahlen.
Für seine Arbeit benötigt er ein spezielles Bühnen-Make-up, z.B.:

- **Fettschminke** ist leicht verteilbar, man kann mit ihr gut abschattieren, aufhellen und Übergänge ineinander verwischen; jedoch okklusiv. Für die notwendige Haltbarkeit wird eine abschließende Puderschicht aufgetragen.
- **Wasserschminke** ist stärker deckend als Fettschminke, es ist aber sehr schwierig, Übergänge miteinander zu verwischen. Luftdurchlässig. Die Schminke selbst ist matt. Deshalb erübrigt sich abschließendes Überpudern.

Make-up und Perücke für den Bühnenauftritt

Beide Schminkarten sind in einem umfangreichen Farbsortiment erhältlich. Für Solisten werden auch gut deckende und feuchtigkeitsspendende Grundierungen verwendet, um der Haut nicht zu schaden.
Ein Maskenbildner muss aber auch einen Menschen äußerlich verändern können, wozu ihm etliche **Hilfsmittel** zu Verfügung stehen, z.B.:

- Haarcrêpe, aus dem Bärte oder Augenbrauen auf das Gesicht geklebt werden.
- Mastix, ein Klebemittel für Bärte und Perücken.
- Nasenkitt (knetbar und hautfarben), mit dem die Nasen- oder Kinnform verändert werden kann, aber auch Warzen, Wunden, Ringe unter den Augen u.Ä. können damit geformt werden.
- Zahnlack, mit dem man Zähne anfärben kann (z.B. schwarz, braun, gold).
- Kunstblut, eine rote Substanz, die wie echtes Blut aussieht.
- Latex, ein flüssiger Formgummi zur Herstellung von Glatzen.
- Schaumteile, vorgefertigt, für größere Formveränderungen.

Darüber hinaus sind der Erfindungsgabe keine Grenzen gesetzt, denn es wird auch von ihm erwartet, dass er Fantasiewesen von Kopf bis Fuß gestaltet.
Der Beruf des Maskenbildners ist dem des Visagisten ähnlich, aber nicht gleich. Visagisten sind eher für das „Schönschminken" von Menschen zuständig und arbeiten schwerpunktmäßig im Bereich Tages-Make-up, Braut-Make-up, Abend-Make-up, Gala-Make-up und Laufsteg-Make-up. Es kommt natürlich vor, dass eine Kundin eine Gesichts- oder Körperbemalung für einen festlichen Abend oder zum Karneval wünscht, die auch für einen Visagisten kein Problem darstellen sollte.

Gesichtsbemalung

Gesichtsbemalung:

- Camouflage als Grundierung
- Fixierpuder für die Haltbarkeit
- Gesicht, Augen, Lippen und Wangen erhalten einen goldenen Schimmer.
- Mit schwarzem Lidschatten werden die Augen und Linien schattiert.
- Künstliche Wimpern verstärken die Betonung der Augen.

A Entwerfen Sie eine Gesichtsbemalung für festliche Kleidung. Bilden Sie Gruppen und entscheiden Sie gemeinsam, welcher Entwurf an einem Modell umgesetzt werden soll. Übertragen Sie den Entwurf auf ein Modell aus Ihrer Gruppe, stylen Sie Ihr Modell entsprechend und präsentieren Sie Ihr Ergebnis vor der Klasse.

WWW.

www.cosmoty.de
www.malu-wilz.com
www.nivea.de
www.loreal.de

12.11 Computerberatungsprogramme

Beratungsprogramme für die pflegende und dekorative Kosmetik für Endverbraucher werden über das Internet von allen großen Kosmetikfirmen angeboten. Manche ermitteln über Fragebögen den Haut- und/oder Farbtyp und geben aufgrund der Antworten Empfehlungen zur Produktauswahl und deren Anwendung. Bei einigen Programmen kann das eigene Foto gescannt und eingefügt werden. So kann die Endverbraucherin an ihrem eigenen Gesicht die Wirkung verschiedener Make-up-Töne oder Frisuren erproben.

Auf der Homepage www.lifestyle.de wird für den professionellen Kosmetikbereich eine Software zu folgenden Themen angeboten:

- Farblehre/Farbberatung
- Typ- und Stilberatung
- Körper und Seele

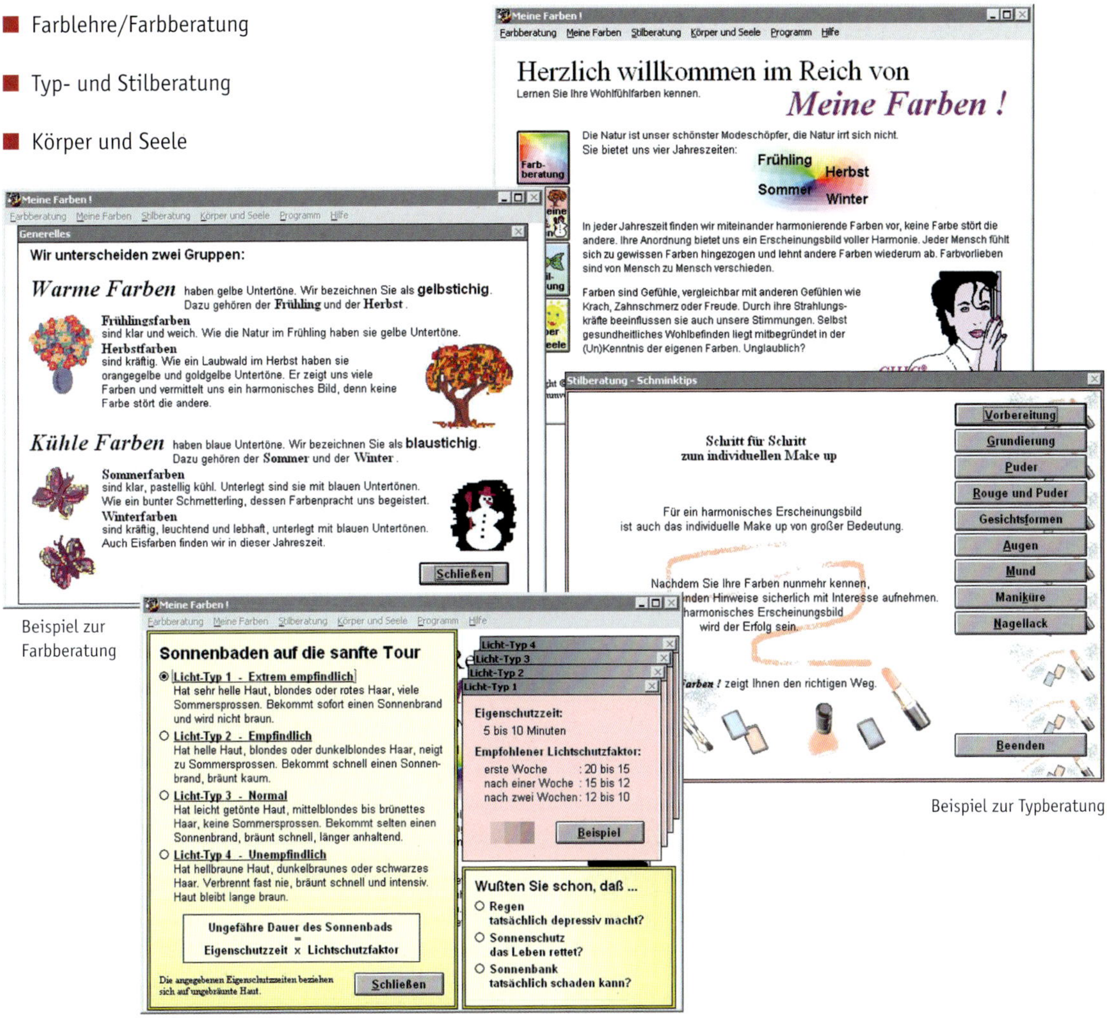

Beispiel zur Farbberatung

Beispiel zur Typberatung

Beispiel für Körper und Seele

Dieses Programm kann eine Ausbildung (Fort- und Weiterbildung) auf keinen Fall ersetzen. Es kann aber in der Ausbildung zur Überprüfung und Festigung der Inhalte behilflich sein. Auch bei der Kundenberatung kann es begleitend eingesetzt werden, denn es ermöglicht der Kosmetikerin, der Kundin die Ergebnisse per Computerausdruck zu überreichen.

A Recherchieren Sie in Gruppenarbeit im Internet nach weiteren Computerberatungsprogrammen und stellen Sie der Klasse ein Beratungsprogramm vor.

Wiederholungsaufgaben zum Lernfeld 12

1. Nennen Sie die Merkmale der einzelnen Stiltypen.
2. Was versteht man unter kalten und warmen Farben?
3. Erklären Sie die Farbanalyse bei der Farbtypberatung.
4. Beschreiben Sie das empfohlene Make-up der vier Farbtypen.
5. Erklären Sie das Vermessen von Augenbrauen, um diese durch Zupfen zu korrigieren.
6. Beschreiben Sie die unterschiedlichen Möglichkeiten einer Augenbrauenkorrektur.
7. Erklären Sie den Ablauf beim Wimpernfärben.
8. Erklären Sie den Ablauf einer Wimpernwelle.
9. Wie werden Pinsel gereinigt?
10. Nennen Sie den Ablauf eines Tages-Make-ups.
11. Welche Abdeckprodukte gibt es und was deckt man damit ab?
12. Nennen Sie die unterschiedlichen Grundierungen.
13. Erläutern Sie die verschiedenen Möglichkeiten, eine Grundierung aufzutragen.
14. Was versteht man unter Modellieren und womit modelliert man?
15. Was versteht man unter Camouflage?
16. Welche Puderarten gibt es?
17. Erklären Sie, wovon die Farbwahl des Lidschattens abhängt.
18. Nennen Sie die Augenformen, die nicht als „ideal“ gelten.
19. Nennen Sie die Lippenformen, die nicht als „ideal“ gelten.
20. Nennen Sie den Unterschied zwischen einem Tages- und Abend-Make-up.
21. Worauf muss in jedem Fall bei einem Make-up für ein Schwarz-Weiß-Foto geachtet werden?
22. Welche Vorbereitungen würden Sie als Kosmetikerin einer Braut vor der Hochzeit empfehlen?
23. Worauf sollte man bei einem Seniorinnen-Make-up achten?
24. Was versteht man unter medizinischer Pigmentierung?

Erläuterung der in der INCI-Liste verwendeten Fachbegriffe

Absorptionsmittel	nehmen wasser- und/oder öllösliche aufgelöste oder fein verteilte Substanzen auf
Antiaknewirkstoffe	reduzieren die Entzündungsneigung, fördern die Heilfähigkeit der Haut
antimikrobielle Stoffe	verringern die Aktivitäten von Mikroorganismen an der Haut, in der Mundhöhle, am Haar
Antioxidanzien	verhindern Oxidationen in Präparaten und damit deren Ranzigwerden, sie erhalten die Qualität von Produkten
Antistatika	verringern die elektrostatische Aufladung von Haut und Haar
Bindemittel	gewährleisten den Zusammenhalt pulver- und puderhaltiger Kosmetika, dicken Flüssigkeiten an
Emollientien	glätten die Haut und erhalten sie geschmeidig
Emulgatoren	verbinden ursprünglich nicht miteinander mischbare Stoffe
Feuchthaltemittel	verhindern das Austrocknen von Cremes, verbessern deren Verteilbarkeit
Feuchtigkeitsspender	wirken dem Austrocknen der Haut entgegen, bewahren die Hautfeuchtigkeit oder stellen diese wieder her
Filmbildner	bilden auf Haut, Haar, Nagel einen schützenden Wasser abweisenden Film
Gelbildner	lösen sich in Flüssigkeiten, bilden eine Art von „Wackelpudding“
Konditionierer	verbessern die Kämmbarkeit des Haares
Konservierungsstoffe	schützen Kosmetika vor dem Verderb durch Mikroorganismen, garantieren die Haltbarkeit von Kosmetika
Konsistenzgeber	verdicken wässrige Kosmetika, z. B. Reinigungsmilch, Shampoos
Lösungsmittel	sind Grundlagen kosmetischer Zubereitungen, machen Inhaltsstoffe löslich und mischbar
Radikalfänger	fangen aggressive freie Radikale ab, sind z. B. Antioxidanzien
Schleifmittel/Putzkörper	entfernen Materialien von verschiedenen Körperflächen, z. B. in Peelings, Zahncremes
Spreitmittel	befähigen Stoffe, sich auf Haut, Haar, Nagel auszubreiten und in diese einzudringen
Trübungsmittel	machen durchsichtige oder durchscheinende Kosmetika undurchdringlicher für Licht
UV-Absorber/Lichtfiltersubstanzen	filtern bestimmte UV-Strahlen, schützen vor Sonnenbrand und lichtbedingter Alterung
Vergällungsmittel	dienen dem Ungenießbarmachen von Ethylalkohol in kosmetischen Mitteln
Viskositätsregler	erhöhen oder verringern die Zähflüssigkeit eines Fertigproduktes

Lateinisch/Englisch	Deutsch	Eigenschaften/Aufgaben
abies balsamea	**Balsamtanne**	pflanzlich, ätherisches Öl belebend, desinfizierend
acacia	**Akazie**	pflanzlich, als Gummi arabicum Film- und Gelbildner
acer	**Ahorn**	pflanzlich, Allantoinspender
acetic acid	**Essigsäure**	pflanzlich, pH-Regler, AHA, Puffersubstanz, hornlösend, adstringierend, spendet Feuchtigkeit
acetone	**Aceton**	Lösungsmittel, Vergällungsmittel, unverdünnt stark entfettend
acetylated lanolin alcohol	**acetylierte Wollwachsalkohole**	Emulgatoren, Antistatikum, oberflächenaktiv, Hautpflegemittel
achillea millefolium	**Schafgarbe**	pflanzlich, reizlindernd, talgregulierend, heilend
adeps lanae	**Lanolin, Wollwachs**	biologisch, Emulgator, tierisches Fett hautglättend, fettend
aesculus hippocastanum	**Rosskastanie**	pflanzlich, adstringierend, straffend, gefäßstärkend, tonisierend
agave rigida	**Sisalagave**	pflanzlich, Schleifmittel
alcohol denat.	**Ethylalkohol, Ethanol denaturiert**	hautverträgliches Desinfektionsmittel, antibakteriell, Lösungsmittel, entfettend, erfrischend
algae	**Alge**	pflanzlich, reizlindernd, entzündungshemmend, bindet/spendet Feuchtigkeit
allantoin	**Allantoin**	heilungsfördernd, hautglättend, spendet Feuchtigkeit
aloe barbadensis	**Aloe vera**	pflanzlich, reizlindernd, entzündungshemmend, bindet/spendet Feuchtigkeit, hornlösend
alpha hydroxyacids	**Fruchtsäuren (AHA)**	pflanzlich, pH-Stabilisatoren, hornlösend
althea officinalis	**Eibisch, weiße Malve**	pflanzlich, beruhigend, reizlindernd
alumina	**Aluminiumoxid**	Schleifmittel, Verdickungsmittel, physikalischer UV-Filter
ammonium benzoate	**Ammoniumbenzoat, Salz der Benzoesäure**	Konservierungsstoff
amylodextrin	**Stärke**	Pudergrundlage
aqua	**Wasser**	Lösungs-, Verdünnungs-, Transportmittel
arachis hypogaea	**Erdnuss**	pflanzlich, Öl hautpflegend, glättend, auffettend, Lösungsmittel, Viskositätsregler
arnica montana	**Arnika (Wohlverleih)**	pflanzlich, belebend, entzündungshemmend, antimikrobiell
ascorbic acid	**Vitamin C, Ascorbinsäure**	Antioxidans, Radikalfänger, pH-Regler, hautglättend, bleichend
azulene, guaiazulene	**Azulen, ätherisches Öl der Kamille**	pflanzlich, entzündungshemmend, beruhigend, reizlindernd
Benzalkonium chloride	**Benzalkoniumchlorid**	quartäre Ammoniumverbindung, Konservierungsmittel
benzimidazole	**Benzimidazol**	chemische Lichtfiltersubstanz, UVB-Absorber
benzoic acid	**Benzoesäure**	Konservierungsmittel, fungistatisch
benzophenone	**Benzophenon**	chemische Lichtfiltersubstanz, UVB-Absorber
beta-carotene, CI 40820	**Betacarotin (Provitamin A)**	natürliches Färbemittel, bräunender Zusatzstoff, Radikalfänger, Lebensmittelfarbstoff
betula alba	**Birke**	pflanzlich, regulierend bei Überfettung, Schuppung
BHA	**Butylhydroxyanisol**	Antioxidans
bioflavonoids	**Bioflavonoide**	pflanzlich, natürliche Färbemittel, Anti-Age-Wirkstoff, Bräunungsbeschleuniger
biotin	**Biotin (Vitamin H)**	haut-, haar- und nagelpflegend in Anti-Age-Präparaten
bisabolol	**Bisabolol, ätherisches Öl der Kamille (Schafgarbe)**	pflanzlich, entzündungshemmend, rötungsmindernd, deodorierend, antimikrobiell
bismuth oxychloride	**Bismuthoxychlorid**	Perlglanzpigment für Dekorativa
bolus alba, aluminiumsilicate	**weiße Tonerde, Kaolin, Porzellanerde**	mineralisch, Absorptionsmittel, Grundstoff für Breipackungen
borago officinalis	**Borretsch**	pflanzlich, Öl mit Linolensäure hautpflegend, glättend, auffettend, Emolliens
boron nitride	**Bornitrid**	Pigment, weißlich, für Stifte und Emulsionen
butyl acetate	**Butylacetat**	Lösungsmittel, z. B. in Nagellackentferner, Duftstoff
butyl methoxydibenzoylmethane	**Butylmethoxydibenzoylmethan, Eusolex 9020**	chemischer Breitbandfilter, UV-Absorber
butylparaben	**Butylparaben, p-Hydroxybenzoesäureester**	häufig verwendetes Konservierungsmittel
butyrospermum parkii	**Schibutter, Karite, sheabutter**	pflanzlich, Konsistenzgeber, hautglättend, rückfettend, hohes Spreitvermögen, Emolliens
buxus chinensis	**Jojoba(öl)**	pflanzlich, Wachs, wird nicht ranzig, hautpflegend, spreitet leicht
calcium alginate	**Kalziumalginat**	pflanzlich, natürlicher Gel- und Filmbildner
calcium carbonate	**Kalziumkarbonat (Kreide, Kalkstein, Marmor)**	Schleif-, Putz-, Puffer- und Trübungsmittel, physikalischer Lichtschutz

Lateinisch/Englisch	Deutsch	Eigenschaften/Aufgaben
calcium sorbate	**Kalziumsorbat, Salz der Sorbinsäure**	Konservierungsstoff
calcium stearoyl lactylate	**Kalziumstearoyllactylat, Salz der Milchsäure**	Emulgator, Hautpflegemittel, feuchtigkeitsspendend, mildes Tensid
calendula officinalis	**Ringelblume**	pflanzlich, Extrakt, Öl reizlindernd, heilend, beruhigt gereizte Haut
camelia oleifera	**grüner Tee**	pflanzlich, Radikalfänger in Anti-Age-Präparaten
camphor	**Kampfer**	pflanzlich, antiseptisch, entzündungshemmend, Filmbildner, Vergällungsmittel
cananga odorata	**Ylang Ylang**	pflanzlich, erregender Duft, antiseptisch, beruhigend, entzündungshemmend, Emolliens
caprylic/capric triglyceride	**Neutralöl**	synthetisch, dünnflüssiges Öl, leicht fettend, gute Haltbarkeit
caprylyl/capryl glucoside	**Caprylyl/Caprylglucosid**	pflanzlich, Zuckerverbindung, hautverträgliches, mildes Tensid, O/W-Emulgator
capsicum frutescens	**Paprika**	pflanzlich, durchblutend, Vitamin-C-Spender
carbonate	**Karbonate allgemein**	Grundstoffe in Badesalzen
carica papaya	**Papaya**	pflanzlich, Enzym Papain für Enzympeeling
carnauba	**Carnaubawachs**	pflanzlich, besonders hartes Wachs, Konsistenzgeber, bevorzugt in Stiften
carrageenan	**Irisch Moos**	pflanzlich, antiseptisch, Gelbildner, Viskositätsregler, Bindemittel, emulgiert Öle
carthamus tinctorius	**Färberdistel**	pflanzlich, Öl hautpflegend, glättend, auffettend, Emolliens
cellulose	**Zellulose**	Viskositätsregler, Absorptions- und Trübungsmittel, Peelingkörper, Pudergrundlage
cera alba (bees wax)	**Bienenwachs, gereinigt**	biologisch, rückfettend, Konsistenzgeber, Emulgator, Filmbildner, z. B. in Enthaarungswachs
cera microcristallina	**mikrokristallines Wachs**	gereinigtes festes Paraffin, Konsistenzgeber
ceramide	**Ceramide**	Sphingolipid, auch pflanzlich, Antioxidans, Liposomenbestandteil
ceresin	**Ceresin**	gereinigtes Ozokerit (Erdwachs), festes Paraffin, Konsistenzgeber
cetearyl glucoside	**Cetearylglucosid**	pflanzlich, milder, hautfreundlicher Zuckeremulgator für O/W
cetearyl octanoate	**Ceteаryloctanoat**	synthetische flüssige, wachsähnliche Verbindung, natürlich in Bürzelöl von Wasservögeln vorkommend, fettend, glättend, Wasser abweisend
cetearyl palmitate	**Cetearylpalmitat**	synthetisches Wachs, hautglättend, rückfettend
cetraria islandica	**Isländisch Moos**	pflanzlich, mit Schleimstoffen, Gelbildner
cetyl alcohol	**Cetylalkohol**	W/O-Emulgator, Trübungsmittel, Viskositätsregler, Emolliens
cetyl dimethicone copolyol	**Cetyldimethicon**	Emulgator auf Silikonölbasis
cetyl palmitate	**Walratersatz**	synthetisches Wachs, Konsistenzgeber, rückfettend
chamomilla recutita	**Kamille**	pflanzlich, antiseptisch, hautberuhigend, reizlindernd, für empfindliche Haut
chlorophyll, CI 75810	**Chlorophyll**	pflanzlich, Naturfarbstoff, Geruchsbinder, Konservierungsstoff
cholesterol	**Cholesterin**	W/O-Emulgator, Liposomenstabilisator, hautglättend
CI (und Ziffern) color index	**Farbstoffe allgemein**	Farbnuancen, z. B. für Dekorativa, empfehlenswert sind Lebensmittel- und Naturfarben (LMF)
cinchona	**Chinarinde**	pflanzlich, adstringierend, straffend, talgregulierend, belebend
cinnamate	**Zimtsäureverbindungen**	chemische Lichtfilter, UV-Absorber
citric acid	**Zitronensäure**	pflanzlich, AHA, pH-Regler, Puffersubstanz, feuchtigkeitsspendend, keratolytisch
citrus bergamia	**Bergamott (Orangenbaum)**	pflanzlich, Duftstoff, deodorierend, ätherisches Öl durch Furocumarine fotosensibilisierend
citrus dulcis	**Süßorange, Apfelsine**	pflanzlich, Duftstoff, ätherisches Öl hautberuhigend, stimulierend
citrus limonum	**Zitrone**	Duftstoff, ätherisches Öl frisch, belebend, reinigend
clotrimazol	**Clotrimazol**	Fungizid
coconut acid	**Kokosfettsäure**	pflanzlich, glättend, rückfettend, Emulgator, oberflächenaktive Substanz
cocos nucifera	**Kokospalme**	pflanzlich, Öl mit Palmitin-, Linol-, Linolensäure, hautglättend, zieht leicht ein, Konsistenzgeber
collagen	**Kollagen**	biologisch, Gewebeextrakt, feuchtigkeitsspendend/-bindend, glättend
colloidal sulfur	**kolloider Schwefel**	mineralisch, antimikrobiell, Wirkstoff gegen Akne und Schuppen
commiphora myrrha	**Myrrhe**	pflanzliches Gummiharz, antiseptisch in Mundpflegemitteln
cucumis sativus	**Gurke**	pflanzlich, feuchtigkeitsspendend, beruhigend durch Lysozym, reinigend, bleichend
cupressus sempervirens	**Zypresse**	pflanzlich, ätherisches Öl frisch, anregend
cyclomethione, dimethicone	**Silikonöl**	hautglättend, hautschützend, Spreitmittel, Antistatikum
cymbopogon martini	**Lemon(gras)**	pflanzlich, Duftstoff, ätherisches Öl frisch, anregend

Lateinisch/Englisch	Deutsch	Eigenschaften/Aufgaben
daucus carota	**Karotte, Möhre**	pflanzlich, Naturfarbstoff, Öl hautglättend und geschmeidig machend, Emolliens
decyl glucoside	**Decylglucosid**	mildes Zuckertensid
decyl oleate	**Ölsäuredecylester**	dermatophile Gleitschiene für Emulsionen
desoxyribonucleinsäure	**Desoxyribonukleinsäure (DNS)**	biologisch, Zellkernsubstanz, revitalisierend in Anti-Age-Präparaten
dibenzoylmethane	**Dibenzoylmethan**	chemische Lichtfiltersubstanz, UVA-Absorber
dihydroxyacetone	**Dihydroxyaceton (DHA)**	Selbstbräuner
dimethicone, cyclomethicone	**Silikonöl**	Hautpflegemittel, Emolliens, auch in dekorativen Präparaten
disodium cocoyl glutamate	**Dinatriumcocoylglutamat**	pflanzlich, mildes, hautschonendes Tensid, Schaumbildner
echinacea angustifolia	**roter Sonnenhut**	pflanzlich, reizlindernd, talgregulierend, entzündungshemmend, heilungsfördernd
elastin	**Elastin**	biologisch, feuchtigkeitsspendend, ergänzt Kollagenpräparate, Emolliens
equisetum arvense	**Ackerschachtelhalm**	pflanzlich, adstringierend, straffend, talgregulierend, belebend
erepsine	**Erepsin**	biologisch, Verdauungsenzym, hornlösend, z. B. im Enzympeeling
ethyl acetate	**Ethylacetat**	Lösungsmittel, z. B. in Nagellackentferner
ethyl cinnamate	**Ethylcinnamat, Zimtsäureverbindung**	chemische Lichtfiltersubstanz, UVA-Absorber
ethylparaben	**Ethylparaben, Benzoesäureester**	häufig verwendetes Konservierungsmittel
eucalyptus globulus	**Eukalyptus**	pflanzlich, ätherisches Öl, anregend, würzig, frisch, entzündungshemmend, antiseptisch
euphrasia officinalis	**Augentrost**	pflanzlich, reizlindernd, beruhigend, regenerierend in Produkten für die Augenpartie
farnesol	**Farnesol**	Duftstoff, natürlicher Blütenalkohol, bakterienhemmend, deodorierend
flavonoids	**Flavonoide, Vitamin P**	pflanzlich, z. B. Rutin, Hesperidin, rötungs- und reizlindernd, Naturfarbstoffe
formic acid	**Ameisensäure**	Konservierungsmittel, pH-Regler
fucus vesiculosus	**Blasentang**	pflanzlich, reizlindernd, spendet/bindet Feuchtigkeit, Radikalfänger, talgregulierend
geranium, pelargonium	**Geranie, Pelargonie**	pflanzlich, ätherisches Öl harmonisierend, mild, reizlindernd
ginkgo biloba	**Ginkgo(baum)**	pflanzlich, mit Phytohormonen, revitalisierend in Anti-Age-Präparaten
glycerin	**Glyzerin**	Vergällungs-, Lösungs-, Feuchthaltemittel, spendet/bindet Feuchtigkeit, hautglättend
glyceryl (mono, iso) stearate	**Glycerylstearat**	O/W-Emulgator, Konsistenzgeber, rückfettend, glättend
glycine soja	**Sojaöl**	pflanzliches Öl, unterstützt die Barrierefunktion, verringert den transepidermalen Wasserverlust
glycolic acid	**Glycolsäure**	AHA aus Zuckerrohr, pH-Regler, hornlösend, feuchtigkeitsspendend, Puffersubstanz
glycosphingolipids	**Glycosphingolipide**	pflanzlich, Emulgatoren, Liposomenbildner, wertvoller Bestandteil von Hautlipiden
glycyrrhetinic acid	**Glycyrrhetinsäure**	enthalten in Süßholzwurzel, bakteriostatisch, entzündungshemmend
guajacum officinale	**Guajakbaum**	pflanzlich, rötungsmindernd, beruhigend durch Azulen/Bisabolol
hamamelis virginiana	**Hamamelis, Zauberstrauch**	pflanzlich, adstringierend, straffend, tonisierend, abschwellend, entspannend
hedera helix	**Efeu**	pflanzlich, entwässernd, z. B. in Zellulitepräparaten
herba euphrasiae	**Augentrost**	pflanzlich, beruhigend, reizlindernd
hesperidin	**Hesperidin (Flavonoid, Vitamin P)**	pflanzlich, rötungsminderndes Flavonoid, Zusatzstoff
hippophae rhamnoides	**Sanddorn**	pflanzlich, Radikalfänger, Kernöl entzündungshemmend, hautberuhigend
histidine	**Histidin**	Aminosäure, Feuchtigkeitsspender, Antistatikum, z. B. für Haarpflegemittel
humulus lupulus	**Hopfen**	pflanzlich, mit Phytohormonen, Blütenextrakt reizlindernd, beruhigend, regenerierend
hyaluronic acid	**Hyaluronsäure**	biologisch, spendet/bindet Feuchtigkeit, Filmbildner, Antistatikum, z. B. für Haarpflegemittel
hydrogenated castor oil	**gehärtetes Rizinusöl**	pflanzlicher Konsistenzgeber, wachsartiges Fett, hautglättend
hydrogenated jojoba oil	**gehärtetes Jojobaöl**	pflanzlich, Wachsgrundlage, Konsistenzgeber, farbiger Peelingkörper, Schleifmittel, Emolliens
hydrogenated vegetable oil	**gehärtetes Pflanzenöl**	verschiedene pflanzliche Öle, Fettgrundlage, Konsistenzgeber, hautglättend
hypericum perforatum	**Johanniskraut**	pflanzlich, Extrakt entzündungshemmend, adstringierend, erhöht die Lichtempfindlichkeit
ichthammol	**Ichthiol, Schiefernölbestandteil**	mineralisch, gefäßverengend, antimikrobiell
iron oxide	**Eisenoxid**	kosmetisches Färbemittel, physikalischer Lichtfilter
isohexadecane	**Isohexadecan**	Kohlenwasserstoff, Fettkomponente, Emolliens, Lösungsmittel

Lateinisch/Englisch	Deutsch	Eigenschaften/Aufgaben
isopropyl alcohol	**Isopropanol, Isopropylalkohol**	hautverträgliches Desinfektionsmittel, antibakteriell, Konservierungsmittel, reinigend, entfettend
isopropyl isostearate	**Isopropylisostearat**	synthetisches Wachs, rückfettend
isopropyl myristate	**Isopropylmyristat (IPM)**	öliger Fettkörper, hohes Spreitvermögen, Träger-, Lösungs-, Bindemittel, Emolliens
isopropyl palmitate	**Isopropylpalmitat (IPP)**	öliger wertvoller Fettkörper, Träger-, Lösungs-, Bindemittel, Emolliens, hautglättend
jasminum officinale	**Jasmin**	pflanzlich, Duftstoff, beruhigend
juniperus communis	**Wacholder**	pflanzlich, Dufstoff, würzig, frisch, belebend, reinigend, antiseptisch, Antiaknewirkstoff
kaolin	**weißer Ton, Kaolin, Porzellanerde**	Absorptionsmittel, Puder- und Maskengrundlage, physikalischer Lichtschutz
krameria triandra	**Ratanhia**	pflanzlich, adstringierend, desinfizierend, heilend, erfrischend
lactic acid	**Milchsäure**	biologisch, AHA, pH-Regler, Feuchthaltemittel, kühlt, lindert, heilt, spendet Feuchtigkeit
lactis proteinum, milk amino	**Kuhmilcheiweiß**	biologisch, reizlindernd, beruhigend, hautpflegend
lanolin alcohol	**Lanolinalkohol, Bestandteil des Lanolinwachses**	Emulgator, Gleitschiene, Feuchtigkeitsspender, Emolliens für Haut und Haar
lanolin cera	**Wollwachs, Lanolin, Adeps lanae**	biologisch, W/O-Emulgator, hautfettend, Emolliens, Filmbildner
lauryl glucoside	**Laurylglucosid**	sehr hautverträgliches Zuckertensid
lauryl PCA	**Laurylester der Pyrrolidon-carbonsäure**	Emulgator, Feuchtigkeitsspender/-binder, keimhemmend
lauryl pyrrolidone	**Laurylpyrrolidon**	Netzmittel, als Konditionierer in Haarpflegemitteln, Tensid/WAS
lavandula angustifolia	**Lavendel**	pflanzlich, balsamischer Duftstoff, ätherisches Öl reinigend, hautberuhigend, deodorierend
lecithin	**Lezithin**	biologisches Fett, O/W-Emulgator, Liposomenbildner, ergänzt Hydrolipid-mantel, glättend
leptospermum scoparium	**Manuka**	pflanzlich, ätherisches Öl desinfizierend, heilend, deodorierend, Antiakne-wirkstoff
linum usitatissimum	**Leinsamen**	pflanzlich, Öl hautglättend und geschmeidig machend, Emolliens
luffa cylindrica	**Luffa (Schwammgurke)**	biologisch, Schleifmittel
lysocym	**Lysozym**	biologisch, Enzym, z. B. im Gurkensaft, bakterizid, entzündungshemmend
macadamia ternifolia	**Macadamianussstrauch**	pflanzlich, Öl hautglättend und geschmeidig machend, Emolliens
macrocystis pyrifera	**Seetang**	pflanzlich, feuchtigkeitsspendend, beruhigend
magnesium aluminium silicate	**Magnesiumaluminiumsilikat**	Absorptions- und Trübungsmittel, Viskositätsregler, Emulsionsstabilisator, Pudergrundlage
magnesium ascorbyl phosphate	**Magnesiumascorbylphosphat**	sehr stabiles Vitamin-C-Derivat, bleichend, Radikalfänger, Antioxidans
magnesium carbonate hydroxide	**basisches Magnesiumkarbonat**	Pudergrundlage, Absorptionsmittel, pH-Regler, geruchsbindend, z. B. in Badesalzen
magnesium sulfate	**Magnesiumsulfat (Bittersalz)**	Gel- und W/O-Stabilisator, Viskositätsregler, hautstraffend
malva sylvestris	**Malve**	pflanzlich, feuchtigkeitsspendend, beruhigend
maris limus	**Meersand**	mineralisch, Schleifmittel
maris sal	**Meersalz**	mineralisch, Zusatz für Badesalze, Peelingpräparate, Tensid-Verdickungsmittel
mel	**Honig**	biologisch, spendet Feuchtigkeit, hautglättend, Emolliens, heilend, belebend
melaleuca alternifolia, tea tree	**Teebaum**	pflanzlich, ätherisches Öl, aromatisch, deodorierend, desinfizierend, heilend, Antiaknewirkstoff
melissa officinalis	**(Zitronen)melisse**	pflanzlich, beruhigend, entzündungshemmend, antimikrobiell, adstringierend, antiseptisch
mentha piperita	**Pfefferminze**	pflanzlich, ätherisches Öl kühlend, belebend, desinfizierend, deodorierend
menthol	**Menthol**	kühlend, Duftstoff, erfrischend, Vergällungsmittel
methylbenzylidene camphor	**Methylbenzylidenkampfer**	chemischer Lichtfilter, UVB-Absorber, öllöslich
methylparaben	**Methylparaben**	häufig verwendetes Konservierungsmittel
mimosa tenuiflora	**Mimose**	pflanzlich, beruhigend, reizlindernd, antibakteriell, Wirkstoff gegen Akne
mustela	**Nerz**	biologisch, tierisches Öl, hautpflegend und hautglättend, Emolliens
myristyl lactate	**Myristyllactat**	wachsähnliches Fett, leicht fettend, hinterlässt fettigen Glanz
nitrocellulose	**Nitrozellulose**	Filmbildner, z. B. in Nagellacken
octyldodecanol	**Octyldodecanol**	Fettalkohol, gutes Lösungsmittel für Wirkstoffe
octyl methoxycinnamate	**Octylmethoxycinnamat, Verbindung der Zimtsäure**	chemische Lichtfiltersubstanz, UV-Breitbandabsorber

Lateinisch/Englisch	Deutsch	Eigenschaften/Aufgaben
octyl stearate	**Octylstearat**	synthetisches dünnflüssiges Öl, ersetzt natürliche Lipide, Emolliens
oenothera biennis	**Nachtkerze, Primerose**	pflanzlich, wertvolles Öl, hautpflegend, ergänzt die Barrierefunktion, Emolliens
olea europaea	**Olivenöl**	pflanzlich, stabiles Öl durch Vitamin E, ergänzt Barrierefunktion der Haut, Lösungsmittel
olivamide DEA	**Olivenölderivate**	oberflächenaktive Substanzen, Tenside/WAS
oleum	**Öl allgemein**	wertvoll sind pflanzliche Öle durch Gehalt an Vitamin E und ungesättigte Fettsäuren
oleyl erucate	**Oleylerucat**	synthetisches flüssiges Wachs, Jojobaölersatz, hautglättend
orbignya oleifera	**Babassupalme**	pflanzlich, Öl hautpflegend, glättend, auffettend, Emolliens
ozokerit	**Ozokerit, Erdwachs**	festes Paraffin, Konsistenzgeber
panax ginseng	**Ginseng**	pflanzlich, mit Phytohormonen, revitalisierend in Anti-Age-Präparaten
pancreatine	**Pankreatin**	biologisch, Verdauungsenzym keratolytisch, für Enzympeeling
panthenol	**Panthenol (Provitamin B_5)**	heilend, granulationsfördernd, feuchtigkeitsspendend/-bindend, reizlindernd, Antistatikum
pantothenic acid	**Pantothensäure**	heilend, granulationsfördernd, feuchtigkeitsspendend/-bindend, reizlindernd, Antistatikum
paraffinum liquidum, mineral oil	**Paraffinöl**	mineralischer Fettkörper, hautfremd, okklusiv, schmutzlösend und -einhüllend
PCA	**Pyrollidonkarbonsäure**	pH-Regler, Puffersubstanz, hornlösend, spendet Feuchtigkeit, NMF
peat	**Moor, Schlamm, Schlick**	pflanzlich, adstringierend, desinfizierend, heilend
persea gratissima	**Avocado**	pflanzlich, Öl hautpflegend, glättend, auffettend, Emolliens
petrolatum	**Vaseline**	Konsistenzgeber, hautfremd, okklusiv, mindert Feuchtigkeitsverlust, glättend
picea excelsa	**Fichte**	pflanzlich, ätherisches Öl anregend, würzig, frisch
pinus	**Kiefer**	pflanzlich, ätherisches Öl anregend, würzig, frisch, Antischuppenwirkstoff
placental lipids	**Lipide der Plazenta**	biologisch, feuchtigkeitsspendend, stoffwechselanregend in Anti-Age-Präparaten, Emolliens
plantago major	**Breitwegerich**	pflanzlich, entzündungshemmend, heilungsfördernd
pogostemon cablin	**Patschouli**	pflanzlich, ätherisches Öl antiseptisch, anregend, regenerierend, deodorierend, heilend
polybutene	**Polybuten**	Kohlenwasserstoff, Gelbildner, Lipidkomponente, Konsistenzgeber
polyglyceryl-3 oleate	**Triglycerinmonooleat**	W/O-Emulgator auf pflanzlicher Ölbasis für paraffinfreie, hochwertige Kosmetika
potassium laurate	**Potassiumlaurat (Schmierseife)**	pflanzlich, Emulgator, Tensid/WAS
potentilla erecta	**Tormentillwurzel**	pflanzlich, Gerbstoffdroge
propolis wax, cera	**Propolis, Wabenwachs**	biologisch, natürliches Antioxidans, antibakteriell, enthält Flavonoide, Konservierungsmittel
propylene carbonate	**Propylenkarbonat**	Emulgator, Konservierungsmittel, Zusatz in Aerosolen
propylene glycol	**Propylenglykol**	Lösungsmittel, Feuchthaltemittel, hauterweichend
prunus armeniaca	**Aprikose**	pflanzlich, Kernöl mit hohem Spreitvermögen, hautpflegend, glättend, auffettend, Emolliens
prunus dulcis	**süße Mandel**	pflanzlich, hautglättend und geschmeidig machend, Emolliens
pyridoxine	**Pyridoxin (Vitamin B_6)**	anregend, Antistatikum, heilungsfördernd, für Akneprävention
quercus	**Eiche**	pflanzlich, Rindenextrakt adstringierend, straffend, talgregulierend, virustatisch
quillaia saponaria	**Seifenrindenbaum**	pflanzlich, schäumend, reinigend, milder Tensidersatz
retinol	**Retinol (Vitamin A)**	Antioxidans, Radikalfänger, fettlöslich, steuert Keratinisierung, natürlich färbend
riboflavin	**Riboflavin (Vitamin B_2)**	kosmetischer Farbstoff, Bräunungsbeschleuniger
rosa canina	**Hagebutte, Hundsrose**	pflanzlich, Antioxidans (Vit. C), feuchtigkeitsspendend, Kernöl hautglättend, heilungsfördernd
rosa centifolia	**(Zentifolien)rose**	pflanzlich, regulierend durch Phytohormone, ätherisches Öl mild, beruhigend
rosa moschata	**Rosenholz, Muskatrose**	pflanzlich, hautglättend, Emolliens, ätherisches Öl mild ausgleichend
rosmarinus officinalis	**Rosmarin**	pflanzlich, ätherisches Öl durchblutend, heilungsfördernd, antiseptisch, Antiaknewirkstoff
royal jelly	**Gelée royale (Weiselfuttersaft)**	pflanzlich, stoffwechselanregend, revitalisierend in Anti-Age-Präparaten

Lateinisch/Englisch	Deutsch	Eigenschaften/Aufgaben
salicylic acid	Salizylsäure	auch pflanzlich, Konservierungsstoff, Feuchtigkeitsspender, NMF, hauterweichend
salix alba	Weide	pflanzlich, adstringierend, schweiß-, entzündungshemmend, talgregulierend, antiseptisch
salvia hispanica officinalis	Salbei	pflanzlich, adstringierend, heilend, belebend, talgregulierend, schweißhemmend, Antiaknewirkstoff
santalum album	Sandelholz	pflanzlich, mild, hautberuhigend
saponaria officinalis	Seifenkraut, rote Seifenwurzel	pflanzlich, schäumend, reinigend
serica	Seide	biologisch, Seidenproteine, feuchtigkeitsbindend, für hochwertige Kosmetika
sesamum indicum	Sesamstrauch	pflanzlich, Öl hautpflegend, glättend, rückfettend, Emolliens
silica	Kieselsäure	Schleif- und Trübungsmittel, Viskositätsregler, Gelbildner, Peelingkörper
sodium benzoate	Natriumbenzoat, Salz der Benzoesäure	Konservierungsmittel
sodium carbonate	Natriumkarbonat	pH-Regler, hornhauterweichend
sodium chloride	Natriumchlorid, Kochsalz	Gelstabilisator, Viskositätsregler, Deowirkstoff, Verdickungsmittel, Badesalz
sodium hyaluronate	Natriumsalz der Hyaluronsäure	biotechnisch, wertvoller Feuchtigkeitsspender/-binder
sodium shale oil sulfonate	helles sulfoniertes Schieferöl (Natriumsalz)	mineralisch, antibakteriell, hyperämisierend
sodium sulfate	Natriumsulfat (Glaubersalz)	Viskositätsregler, Tensid, Absorptions- und Trübungsmittel, Badesalzgrundstoff
sorbitol	Sorbitol	pflanzlich, Zuckeralkohol, feuchtigkeitsspendend, hautglättend
squalane	Squalan	biologisch, fettend, hautpflegend, okklusiv, mindert Feuchtigkeitsverlust, Emolliens
stearic acid	Stearinsäure	Emulgator, Emulsionsstabilisator, hautglättend, rückfettend
stearoxy dimethicone	Stearoxydimethicon	Silikonölverbindung, Emolliens, entschäumt
stearyl heptanoate	Stearylheptanoat	wachsähnliches Fett, Emolliens, rückfettend
sunflower seed oil	Sonnenblumensamenöl	pflanzlich, Hautpflegemittel, Emulgatoren, Emolliens
symphytum officinale	Beinwell, Schwarzwurz	pflanzlich, Allantoinspender, heilend, durchblutend
talc	Talkum	Pudergrundlage, Absorptionsmittel, physikalischer Lichtschutz, abdeckend, glättend
tannic acid	Gerbsäure	pflanzlich, adstringierend, schweißhemmend, glättend
taraxacum officinale	Löwenzahn	pflanzlich, heilend, Antiaknewirkstoff
tartaric acid	Weinsäure	pflanzlich, AHA, Puffersubstanz, pH-Regler, hornlösend, feuchtigkeitsspendend
theobroma cacao	Kakao	pflanzliches Hautpflegemittel, Konsistenzgeber, leicht fettend, in Kosmetika meist durch synthetische Triglyceride ersetzt
thioglycolic acid	Thioglykolsäure	Enthaarungsmittel, Reduktionsmittel
thymus vulgaris	Thymian	pflanzlich, ätherisches Öl anregend, würzig, frisch, desinfizierend, fungostatisch
tilia americana	amerikanische Linde	pflanzlich, reizlindernd, kühlend, beruhigend, antimikrobiell
titanium dioxide, CI 77891	Titandioxid	physikalische Lichtfiltersubstanz (UVA/UVB), Deckmittel, Weiß-, Perlglanzpigment
tocopherol	Tocopherol (Vitamin E)	pflanzlich, Antioxidans, Radikalfänger, fettlöslich, fettend, hautschützend, entzündungshemmend
triethyl citrate	Triethylcitrat, Salz der Zitronensäure	Deowirkstoff, schweißhemmend, Antioxidans, pH-Regler
trimethylsiloxysilicate	Trimethylsiloxysilikat	Silikonöl, Lipidkomponente, Emolliens
triticum vulgare	Weizen	pflanzlich, Keimöl wertvoll, rückfettend, belebend, Emolliens, reich an Vitamin E
tussilago farfara	kleiner Huflattich	pflanzlich, talgregulierend, heilend
urea, diazolidiny urea	Harnstoff(-derivate)	natürlicher Feuchtigkeitsspender, hornlösend, wundheilend, Konservierungsstoff
uric acid	Harnsäure	pH-Regler, Puffersubstanz, NMF
urocanic acid	Urocaninsäure	chemische Lichtfiltersubstanz, UV-Absorber
urtica dioica	Brennnessel	pflanzlich, reizlindernd, heilungsfördernd, adstringierend, durchblutend
vitis vinitera	Weintraubenkernöl	pflanzliches Öl, höchster Gehalt an ungesättigten Fettsäuren, Anti-Aging-Wirkstoff

Sachwortverzeichnis